RESOLUÇÃO Nº 75 DO CNJ

NOÇÕES GERAIS DE DIREITO E FORMAÇÃO HUMANÍSTICA

Coordenação:
BERNARDO MONTALVÃO

RESOLUÇÃO Nº 75 DO CNJ

NOÇÕES GERAIS DE DIREITO E FORMAÇÃO HUMANÍSTICA

Filosofia do Direito
BERNARDO MONTALVÃO

Psicologia Jurídica
JOÃO PAULO LORDELO

Sociologia do Direito
DALLIANA VILAR-LOPES
E GILLS VILAR-LOPES

Teoria Geral do Direito e da Política
GABRIEL DIAS MARQUES DA CRUZ

Estatuto Jurídico da Magistratura
ALEXANDRE HENRY ALVES

3ª edição

Revista, ampliada e atualizada

2020

EDITORA JusPODIVM
www.editorajuspodivm.com.br

EDITORA *Jus*PODIVM
www.editorajuspodivm.com.br

Rua Território Rio Branco, 87 – Pituba – CEP: 41830-530 – Salvador – Bahia
Tel: (71) 3045.9051
• Contato: https://www.editorajuspodivm.com.br/sac

Diagramação: Lupe Comunicação e Design (*lupecomunicacao@gmail.com*)

Capa: Maitê Coelho *(maitescoelho@yahoo.com.br)*
Imagem de Capa: Design by Freepik

N758 Noções Gerais de Direito e Formação Humanística - Resolução Nº 75 do CNJ / coordenador Bernardo Montalvão – Salvador: Editora JusPodivm, 2020.
704 p.

Vários autores.
Bibliografia.
ISBN 978-65-5680-063-9.

1. Gnoseologia jurídica. I. Montalvão, Bernardo. II. Título.

CDD 340.11

SOBRE OS AUTORES

ALEXANDRE HENRY ALVES

Graduado em Comunicação Social (habilitação em Publicidade & Propaganda) pela USP – Universidade de São Paulo, com aprovação em 1º lugar no vestibular. Graduado em Direito pela UFU – Universidade Federal de Uberlândia, também com aprovação em 1º lugar no vestibular. Especialista em Direito Tributário pelo IBET – Instituto Brasileiro de Estudos Tributários, especialista em Direito Público pela Faculdade Católica de Uberlândia e mestre em Direitos Humanos pela Universidad Pablo de Olavide, da Espanha. Foi professor universitário e de cursos de pós-graduação. Exerceu os cargos de Analista-Tributário da Receita Federal (1995 a 2003) e Procurador da Fazenda Nacional (2003 a 2007). É Juiz Federal do Tribunal Regional Federal da 1ª Região, tendo sido aprovado também nos concursos para Juiz de Direito do Tribunal de Justiça de Goiás e Juiz Federal Substituto do TRF da 5ª Região.

BERNARDO MONTALVÃO

Doutor em Direito pela Universidade Federal da Bahia (UFBA). Doutorando em Sociologia pela UFBA. Professor Adjunto (nível III) da UFBA. Analista do Seguro Social.

DALLIANA VILAR-LOPES

Procuradora do Trabalho no Ministério Público do Trabalho (MPT/MPU). Foi analista judiciário – área judiciária – do Tribunal Superior do Trabalho (TST), onde exerceu a função de Assistente de Ministro. Mestranda em *Direitos Humanos e Desenvolvimento da Justiça* (DHJUS) pela Universidade Federal de Rondônia (UNIR). Especialista em *Direito e Processo do Trabalho* pela Escola da Magistratura do Trabalho da 10ª Região (ESMAT-10) e em *Direito Aplicado ao Ministério Público do Trabalho* pela Escola Superior do Ministério Público da União (ESMPU). Bacharela em *Ciências Jurídicas e Sociais* pela Universidade Federal da Paraíba (UFPB). Aprovada também para Analista (apoio jurídico) do MPU e Analista Judiciário (área judiciária) do TRT-10.

GABRIEL DIAS MARQUES DA CRUZ

Mestre e Doutor em Direito do Estado – USP.

Professor Adjunto de Direito Constitucional da UFBA e da Faculdade Baiana de Direito.

GILLS VILAR-LOPES

Professor Adjunto de Ciência Política e Relações Internacionais da Universidade da Força Aérea (UNIFA). Mestre e Doutor em *Ciência Política* pela Universidade Federal de Pernambuco (UFPE). MBA em Gestão Pública pela Universidade Candido Mendes (UCAM). Foi pesquisador do Centro de Direito Internacional (CEDIN); Intercambista SAL/SAJ (Presidência da República e Ministério da Justiça) e do *Ministère des Affaires Étrangères Canadá*; parecerista de períodos Qualis A1 (Revista de Direito Público e Revista de Direito da Cidade); e docente das Universidades Federais da Paraíba (UFPB) e de Rondônia (UNIR), lecionando disciplinas como *Sociologia Aplicada ao Direito, Introdução à Sociologia, Antropologia Jurídica, Teoria Política, Constitucionalismo, Democracia e Direitos Fundamentais.*

JOÃO PAULO LORDELO

Doutor em Direito (UFBA). Pós-doutoramento pela Universidade de Coimbra. Procurador da República.

APRESENTAÇÃO

A presente obra é o resultado de um esforço conjunto, de um trabalho árduo, da dedicação de todos os professores envolvidos neste projeto e de muita determinação.

Esta obra é acadêmica? Também. Mas o seu principal objetivo, não se nega, é atender aos alunos que estão se preparando para os Concursos das Magistraturas Estaduais e Federais, incluindo, é lógico, a Magistratura do Trabalho.

Qual o objetivo desta obra? Oferecer a esses alunos uma abordagem profunda, mas didática, acerca de todos os assuntos exigidos pela Resolução n. 75 do CNJ, todos os assuntos daquela lista de disciplinas conhecidas pela nomenclatura de "humanidades".

Tais matérias, como se sabe, são: Filosofia do Direito, Sociologia do Direito, Psicologia Jurídica, Ética e Estatuto da Magistratura, Teoria do Direito e Política. Tais matérias são muito vastas, mas a Resolução n. 75 delimita os temas a serem exigidos. E é com base nessa lista de assuntos, a lista constante da Resolução n. 75 do CNJ, que este livro foi pensado e construído.

Trata-se de um livro que contém as seguintes vantagens para o leitor: i) questões de prova; ii) somente os assuntos da Resolução n. 75; iii) quadros sinópticos resumindo os temas; iv) quadros comparando a doutrina de diferentes autores; v) todas as matérias num único livro; vi) um linguajar acessível ao aluno; e o melhor; e vii) um preço acessível.

Enfim, espero que gostem da obra e que ela facilite o seu sucesso e lhe permita alcançar os seus sonhos.

Com os meus melhores cumprimentos,

Bernardo Montalvão Varjão de Azevedo

SUMÁRIO

FILOSOFIA DO DIREITO

Bernardo Montalvão

PSICOLOGIA JURÍDICA

João Paulo Lordelo

SOCIOLOGIA DO DIREITO

Dalliana Vilar-Lopes
Gills Vilar-Lopes

TEORIA GERAL DO DIREITO E DA POLÍTICA

Gabriel Dias Marques da Cruz

ESTATUTO JURÍDICO DA MAGISTRATURA

Alexandre Henry Alves

Anexos
RESOLUÇÕES DO CNJ

FILOSOFIA DO DIREITO

Bernardo Montalvão

Capítulo 1

A IDEIA DE DIREITO: A JUSTIÇA COMO IGUALDADE (JUSTIÇA COMUTATIVA) – JUSTIÇA E EQUIDADE – PARTE I

"Nenhuma outra questão foi tão passionalmente discutida; por nenhuma outra foram derramadas tantas lágrimas amargas, tanto sangue precioso; sobre nenhuma outra, ainda, as mentes mais ilustres – de Platão a Kant – meditaram tão profundamente. E, no entanto, ela continua até hoje sem resposta. Talvez por se tratar de uma dessas questões para as quais vale o resignado saber de que o homem nunca encontrará uma resposta definitiva; deverá apenas tentar perguntar melhor". KELSEN, Hans. **O que é justiça?** A justiça, o direito e a política no espelho da ciência. 3ª edição. Tradutor: Luís Carlos Borges. São Paulo: Martins Fontes, 2001, p. 1.

1.1. A IDEIA DE DIREITO: JUSTIÇA EM SENTIDO AMPLO

O que se deve entender por ideia de Direito? Será ela algo real ou apenas ideal? Será ela um axioma, uma hipótese, uma norma fundamental, um princípio regulativo ou uma condição transcendental do Direito? Para Arthur Kaufmann, com quem concordamos, não se deve pensar na ideia de Direito como "algo demasiado alto, e sim compreendê-la como 'modelo' da ideia de Homem na sua tripla configuração"[1].

1 KAUFMANN, Arthur. **Filosofia do direito.** 4ª edição. Tradução: António Ulisses Cortês. Lisboa: Fundação Calouste Gulbenkian, 2010, p. 225.

SINTESE SOBRE A IDEIA DE DIREITO
A ideia de Direito deve ser pensada como um "modelo", o modelo da ideia de Homem na sua tripla configuração.

E qual é essa tripla configuração? A ideia de homem, com a qual a ideia de Direito está vinculada, pode ser concebida a partir de três diferentes perspectivas, a saber: a) o homem como ser autônomo (ou seja, como aquele que cria o Direito); b) o homem como o fim último do seu mundo (sendo possível concluir, então, que ele, o homem, é o fim último do Direito); e c) o homem como ser heterônomo (isto é, o homem como um ser subordinado ao Direito)[2].

QUAL É A TRIPLA CONFIGURAÇÃO DA IDEIA DE HOMEM?
a) o homem como ser autônomo (ou seja, como aquele que cria o Direito);
b) o homem como o fim último do seu mundo (sendo possível concluir, então, que ele, o homem, é o fim último do Direito); e
c) o homem como ser heterônomo (isto é, o homem como um ser subordinado ao Direito).

Portanto, é possível perceber que o mais importante no Direito não é a ideia de Direito, mas, sim, a ideia de homem. De todo modo, há um consenso difundido de que a ideia do Direito é o mais elevado valor do Direito. E este mais elevado valor é a Justiça. O que será então a Justiça?[3]

O QUE É MAIS IMPORTANTE NO DIREITO?	O QUE É MAIS IMPORTANTE NO DIREITO?
Não é a ideia de Direito, segundo Arthur Kaufmann, mas, sim, a ideia de Homem.	Para o consenso difundido, a ideia de Direito é o valor mais importante do Direito. E este valor é a Justiça. Logo, a ideia de Direito é a mesma coisa que a Justiça.

O que vem a ser a Justiça não é algo que se possa dizer – e menos ainda o que seja o conceito de direito – em uma precisa e definitiva definição. O que se pode dizer, inicialmente, é que a Justiça é um conceito fundamental, absolutamente irredutível, da ética, da filosofia social e jurídica, bem como da vida política, social, religiosa e jurídica. No entendimento filosófico e teológico em geral, a Justiça surge como a segunda das quatro virtudes cardinais, são

2 KAUFMANN, 2010, p. 225.
3 KAUFMANN, 2010, p. 225.

elas: prudência, justiça, coragem e temperança (observe-se, desde já, que as virtudes seguintes pressupõem, necessariamente, as antecedentes)[4].

O QUE É A JUSTIÇA?	O QUE É A JUSTIÇA?
Não é possível dar uma definição definitiva sobre a justiça. O máximo que se pode dizer é que ela é um conceito fundamental, irredutível, da ética, da filosofia social e jurídica.	No entendimento filosófico e teológico em geral, a Justiça surge como a segunda das quatro virtudes cardinais, são elas: prudência, justiça, coragem e temperança.

De uma forma toda especial, por exemplo, a Democracia está muito vinculada à forma fundamental da Justiça. E como isso se dá? Por meio do princípio da igualdade enquanto sua mais elevada ideia diretiva. Ou seja, a igualdade é o *ethos* da democracia. Para demonstrar isso, basta pensar nos clássicos do pensamento democrático, *Péricles, Sólon, Tocqueville...*[5]

HÁ UMA LIGAÇÃO PRÓXIMA ENTRE DEMOCRACIA E JUSTIÇA?	QUAL A RELAÇÃO ENTRE JUSTIÇA E DEMOCRACIA?
Sim, ambas estão fortemente ligadas à ideia de Igualdade.	A justiça, por vezes, se confunde com a ideia de igualdade. E a igualdade, por sua vez, é o *ethos* da democracia. Ou seja, justiça é igualdade, mas não é só igualdade. E a democracia se orienta a partir do valor da igualdade.

Segundo a tradição, distingue-se dois tipos de justiça, são elas: a) <u>*justiça objetiva*</u> considerada como o mais elevado princípio de justificação das ordens normativas, das instituições e sistemas sociais (Direito, Estado, Economia, Família...); b) <u>*justiça subjetiva*</u> enquanto virtude já expressa na fórmula do direito romano e de Cícero: "*Iustitia est constans et perpetua voluntas suum cuique tribuens*" (A justiça é a vontade constante e perpétua de dar a cada um o que é seu)[6]. A seguir, na sequência, se tratará primeiro da ideia de Justiça Objetiva.

4 KAUFMANN, 2010, p. 225.

5 KAUFMANN, 2010, p. 225-226.

6 KAUFMANN, 2010, p. 226. Esta fórmula é encontrada tanto na obra de Ulpiano quanto nos escritos de Cícero, e também mencionada por Tomás de Aquino.

HÁ DOIS TIPOS DE JUSTIÇA	JUSTIÇA OBJETIVA	JUSTIÇA SUBJETIVA
a) Justiça objetiva; b) Justiça subjetiva.	O mais elevado princípio de justificação das ordens normativas, das instituições e sistemas sociais (Direito, Estado, Economia, Família...). Ou seja, o princípio que justifica o Direito, justifica o Estado e etc. Objetiva porque é o fundamento.	É a virtude já expressa na fórmula do direito romano e de Cícero: "*Iustitia est constans et perpetua voluntas suum cuique tribuens*" (A justiça é a vontade constante e perpétua de dar a cada um o que é seu). Subjetiva porque é a vontade de alguém.

Normalmente, diante da pergunta sobre o que vem a ser a justiça, responde-se: a justiça é na sua essência *igualdade*. Porém, se a justiça é essencialmente igualdade, isso significa também, como é óbvio, que a justiça não é apenas igualdade. Contudo, no período subsequente a Kant, sobretudo a partir do positivismo, a justiça foi reduzida exclusivamente ao princípio da igualdade, ou seja, à proposição segundo a qual os iguais devem ser tratados igualmente, enquanto que os desiguais devem ser tratados desigualmente[7].

O QUE VEM A SER A IGUALDADE?	COMO OS POSITIVISTAS QUE SUCEDERAM AO JUSNATURALISMO DE KANT ENTENDEM A JUSTIÇA?
Para a maioria dos autores, justiça é, na sua essência, o mesmo que igualdade. Porém, segundo Arthur Kaufmann, a Justiça não é <u>apenas</u> igualdade.	Os positivistas do século XIX reduzem a justiça ao princípio da igualdade. E o princípio da igualdade era compreendido apenas em seu aspecto formal.

Apenas este princípio, compreendido em seu aspecto formal, era considerado como cientificamente seguro, vez que os conteúdos da Justiça, em geral, não eram reputados como possíveis objetos da ciência. Isto porque, em especial segundo Kelsen, os conteúdos da justiça pertencem à política, não podendo, portanto, serem alçados à qualidade de objeto da ciência do direito. Neste sentido, é marcante a pergunta de índole retórica elaborada por Kelsen: o que é a justiça?[8] Ao que ele mesmo responde: não o sabemos e nem nunca o saberemos. Portanto, naquele contexto, a filosofia do di-

7 Convém assinalar que esta assertiva foi, pela primeira vez, elaborada por Aristóteles em sua conhecida obra "Ética à Nicômaco".

8 KELSEN, Hans. **O que é a justiça?** Tradução: Luís Carlos Borges. São Paulo: Editora Martins Fontes, 2001, passim.

reito, a doutrina da Justiça, como quer Arthur Kaufmann, restringia-se ao aspecto formal[9].

COMO O POSITIVISMO JURÍDICO COMPREENDE O PRINCÍPIO DA IGUALDADE?	QUAL O CONTEÚDO DA JUSTIÇA, SEGUNDO KELSEN?
Apenas como algo formal, vez que somente desta forma ele poderia ser considerado como cientificamente seguro, vez que os conteúdos da Justiça, em geral, não eram reputados como possíveis objetos da ciência. Não se pode estudar os conteúdos da justiça de forma científica, de modo seguro, porque a ciência não tem a capacidade de penetrar na consciência de cada indivíduo.	Para Kelsen, os conteúdos da justiça pertencem à política, não podendo, portanto, serem alçados à qualidade de objeto da ciência do direito. Quando Kelsen se pergunta: o que é a justiça? Ele responde: não o sabemos e nem nunca o saberemos. Não porque é um mistério, mas, sim, porque é algo subjetivo e não pode ser estudado cientificamente.

A partir da lição de Gustav Radbruch há uma modificação[10]. E isto se dar porque este autor volta a filosofar sobre os conteúdos da justiça. Porém, também ele – convém destacar que, assim como Kelsen, Radbruch também era um neokantiano – somente considerava como seguras as afirmações sobre as formas. No que se refere aos conteúdos, também ele, Radbruch, defendia o relativismo jurídico filosófico ou axiológico. Por isso, a partir da doutrina de Radbruch, acerca das diferentes vertentes e dimensões da ideia de Direito (ou seja, sobre a Justiça) e de suas relações recíprocas não há, de acordo com ele, *conhecimentos*, mas, sim, e apenas, *convicções*[11]. Em outras palavras, a ciência deve mostrar quais são as proposições racionalmente *possíveis*, por exemplo, sobre os conteúdos da justiça, e prepará-las para a *decisão*[12].

9 KAUFMANN, 2010, p. 226.

10 RADBRUCH, Gustav. **Filosofia do direito.** Tradução: Marlene Holzhausen. Revisão técnica: Sérgio Sérvulo da Cunha. São Paulo: Editora Martins Fontes, 2004, p. 46.

11 RADBRUCH, 2004, p. 47.

12 KAUFMANN, 2010, p. 226-227.

O QUE MUDA A PARTIR DA DOUTRINA DE GUSTAV RADBRUCH?	RADBRUCH É INFLUENCIADO PELA DOUTRINA DE KANT, QUE ERA JUSNATURALISTA?	O QUE PENSA RADBRUCH SOBRE O EVENTUAL CONTEÚDO DA JUSTIÇA?
Há uma modificação no modo de se pensar a justiça. E isto se dar porque este autor volta a filosofar sobre os conteúdos da justiça.	Assim como Kelsen, Radbruch também era um neokantiano e, por isso, somente considerava como seguras as afirmações sobre as formas, ou seja, a ideia de justiça formal.	Que sobre isso há um relativismo jurídico filosófico ou axiológico, vez que há diferentes vertentes e dimensões da ideia de Direito (ou seja, sobre a Justiça) e de suas relações recíprocas não há, de acordo com ele, *conhecimentos*, mas, sim, e apenas, *convicções*.

SEGUNDO RADBRUCH, O QUE PODE FAZER, ENTÃO, A CIÊNCIA ACERCA DO TEMA DA JUSTIÇA?
A ciência deve mostrar quais são as proposições racionalmente *possíveis*, por exemplo, sobre os conteúdos da justiça, e prepará-las para a *decisão*.

Inicialmente, Radbruch falava expressamente sobre as "antinomias da ideia de Direito"[13]. Radbruch também afirma que a justiça é igualdade. Contudo, ele não se limita a dizer apenas isso. Isto porque se o princípio da igualdade tem uma natureza exclusivamente formal, faz-se necessário trazer à baila um princípio material. Porém, Radbruch não concebia esse princípio material como inerente à Justiça, antes o designava por meio do termo "adequação". E, ao fazê-lo, colocava a noção de adequação ao lado das noções de justiça e segurança jurídica. Esta última noção, a segurança jurídica, torna-se necessária, vez que a adequação material apenas vale relativamente e está, por isso, *dependente do poder que estabelece* o que *não pode ser cientificamente estabelecido*[14].

O QUE PENSA RADBRUCH SOBRE O PROBLEMA DA JUSTIÇA?	POR QUE RADBRUCH, APESAR DE FALAR SOBRE O CONTEÚDO DA JUSTIÇA, NÃO ABRE MÃO DA NOÇÃO DE SEGURANÇA JURÍDICA?
Radbruch afirma que a justiça é igualdade (justiça em sentido formal). Contudo, ele não se limita a dizer apenas isso, pois admite que é preciso perceber	A segurança jurídica, torna-se necessária, vez que a adequação material apenas vale relativamente e está, por isso, *dependente do poder que estabelece* o que *não pode ser cientificamente*

13 RADBRUCH, 2004, p. 47-48.

14 KAUFMANN, 2010, p. 227.

o aspecto material da justiça (o seu conteúdo). Porém, Radbruch não concebia esse princípio material como inerente à Justiça, antes o designava por meio do termo "adequação". E, ao fazê-lo, colocava a noção de adequação ao lado das noções de justiça e segurança jurídica.	*estabelecido*. Se não há como, cientificamente, determinar o conteúdo da justiça, então quem irá fazê-lo será o poder que o estabelece, por exemplo, o juiz.

Todavia, em um momento posterior, o próprio Radbruch modificou a sua doutrina sobre a ideia de Direito de modo significativo. Isto porque ele passa a caracterizar a justiça (a igualdade), a adequação e a segurança jurídica como "três faces da ideia de Direito" que "dominam conjuntamente o Direito em todas as suas vertentes" e cujas contradições não se devem entender antinomicamente, mas, sim, como como um "conflito da justiça consigo mesma"[15]. A partir deste momento, como assevera Kaufmann, Radbruch se viu obrigado a apresentar uma "ordem de prevalência dos valores da ideia de direito"[16].

EM UM SEGUNDO MOMENTO, COMO RADBRUCH PASSOU A ENTENDER O PROBLEMA DA JUSTIÇA?
Radbruch modificou a sua doutrina sobre a ideia de Direito de modo significativo. Isto porque ele passa a caracterizar a justiça (a igualdade), a adequação e a segurança jurídica como "três faces da ideia de Direito" que "dominam conjuntamente o Direito em todas as suas vertentes" e cujas contradições não se devem entender antinomicamente, mas, sim, como como um "conflito da justiça consigo mesma".

JUSTIÇA (SEGUNDO RADBRUCH)		
IGUALDADE (JUSTIÇA FORMAL): todos são iguais perante a lei. A lei é quem determina quem são os iguais e quem são os desiguais.	**ADEQUAÇÃO (JUSTIÇA MATERIAL):** o conteúdo da justiça é aquele que melhor se adeque à singularidade do conflito a ser julgado.	**SEGURANÇA JURÍDICA (PAZ JURÍDICA):** justiça é o *poder que estabelece* o que *não pode ser cientificamente estabelecido.*

A partir de tudo que foi dito até aqui, é possível concluir que a Justiça (em sentido amplo) tem três vertentes: a igualdade (justiça em sentido estrito), a adequação (justiça social ou do bem comum) e a segurança jurídica (ou paz jurídica). Na igualdade está em causa, como ensina Kaufmann, a *forma*

15 RADBRUCH, 2004, p.48.

16 RADBRUCH, 2004, p.48; KAUFMANN, 2010, p. 227.

da justiça, na adequação, o *conteúdo da justiça*, e, na segurança jurídica, a *função da justiça*[17].

OS TRÊS ÂNGULOS A PARTIR DOS QUAIS SE PODE OBSERVAR AS DIFERENTES FACES DA JUSTIÇA		
A igualdade (justiça em sentido estrito).	A adequação (justiça social ou do bem comum).	A segurança jurídica (ou paz jurídica).
Observa-se: a *forma* da justiça	Observa-se: o *conteúdo* da justiça.	Observa-se: a *função* da justiça.

Deste modo, a diferença entre a forma, conteúdo e a função da Justiça reside na necessidade de análise sistemática das diferentes variáveis que integram a Justiça. Como leciona Kaufmann, "na verdade, a justiça é sempre simultaneamente forma, conteúdo e função"[18]. A realização da igualdade e do bem comum é função da justiça. O princípio da igualdade não é pensável sem conteúdo. O máximo bem comum não é determinável sem forma. A segurança jurídica não subsiste por si, pois só será seguro o direito que respeite o princípio da igualdade e a justiça do bem comum. Em suma, "a divisão aqui seguida não significa portanto uma diferença de natureza da justiça, mas antes uma diferente acentuação"[19].

PARA ARTHUR KAUFMANN, A JUSTIÇA É:
A justiça é "sempre simultaneamente forma, conteúdo e função". Logo, a divisão aqui seguida não significa portanto uma diferença de natureza da justiça, mas antes uma diferente acentuação".

VAMOS COMPARAR O QUE PENSAM SOBRE O MESMO ASSUNTO ALGUNS FILÓSOFOS DO DIREITO?		
A Justiça, Segundo Hans Kelsen	**Justiça, Segundo Goffredo Telles Jr.**	**A Justiça, Segundo Tercio Sampaio Ferraz Jr.**
"A justiça é uma qualidade ou atributo que pode ser afirmado de diferentes objetos. Em primeiro lugar, de um indivíduo. Diz-se que um indivíduo, especialmente	DEFINIÇÃO DA JUSTIÇA: "Justiça é a RETRIBUIÇÃO EQUIVALENTE DO QUE FOI DADO OU FEITO"[20].	A justiça é um código doador de sentido. "Em suma, a justiça é ao mesmo tempo o *princípio* racional do sentido do jogo jurídico e

17 KAUFMANN, 2010, p. 227.

18 KAUFMANN, 2010, p. 228.

19 KAUFMANN, 2010, p. 228.

20 TELLES JUNIOR, Goffredo. **Iniciação na ciência** do Direito. 4ª edição revista e atualizada. São Paulo: Saraiva, 2011, p. 355.

<table>
<tr>
<td>um legislador ou um juiz, é justo ou injusto. Neste sentido, justiça é representada como uma virtude dos indivíduos. Como todas as virtudes, também a virtude da justiça é uma qualidade moral; e, nessa medida, a justiça pertence ao domínio da moral"[21].
"A justiça é, portanto, a qualidade de uma conduta humana específica, de uma conduta que consiste no tratamento dado a outros homens. O juízo segundo o qual uma tal conduta é justa ou injusta representa uma apreciação, uma valoração da conduta. A conduta que é um fato da ordem do ser existente no tempo e no espaço, é confrontada com uma norma de justiça, que constitui um dever-ser. O resultado é um juízo exprimido que a conduta é tal como – segundo a norma de justiça – deve ser, isto é, que a conduta é valiosa, tem um valor de justiça positivo, ou que a conduta não é como – segundo a norma de justiça – deveria ser, porque é o contrário do que deveria ser, isto é, que a conduta é desvaliosa, tem um valor de justiça negativo. (...) Por outras palavras: o que é avaliado, o que pode ser valioso ou desvalioso, ter um valor positivo ou negativo é a realidade"[22].</td>
<td><u>O QUE É O JUSTO?</u> "É óbvio que o justo é o que está ajustado; é o que se acha na exata medida. Justo é a qualidade de ser conforme, adequado, correspondente, proporcional"[23].</td>
<td>seu problema significativo permanente. Ao criar normas, interpretá-las, fazê-las cumprir a justiça (em seu aspecto material) é o problema que deve ser enfrentado, como num jogo de futebol, em que o objetivo é atingir o gol. Como, porém, no futebol só há jogo se houver onze jogadores de cada lado, um campo conforme certas medidas, de certo tamanho, assim também a produção, a aplicação e a observância do direito estão delimitadas pelo princípio formal da igualdade proporcional a partir do qual o jogo se identifica como jurídico: a justiça forma não pertence ao jogo, mas é o limite do jogo. Se dentro desses limites, porém, o jogo é justo ou injusto, isto é problema da justiça material, de seus princípios éticos e de sua moralidade"[24].</td>
</tr>
</table>

21 KELSEN, Hans. **O problema da justiça.** 5ª edição. Tradução: João Baptista Machado. São Paulo: Martins Fontes, 2011, p. 3.

22 KELSEN, 2011, p. 4-5.

23 TELLES JUNIOR, 2011, p. 359.

24 FERRAZ JR, Tercio Sampaio. **Introdução ao estudo do direito:** técnica, decisão e dominação. 8ª edição. São Paulo: Atlas, 2015, p. 321.

1.2. A JUSTIÇA COMO IGUALDADE: A JUSTIÇA EM SENTIDO ESTRITO

1.2.1. Objeto ou processo?

A questão da justiça move-se em duas direções, a saber: a) *O que* é a justiça?; b) *Como* se conhece ou se realiza a justiça? Trata-se, portanto, de uma ontológica e gnosiológica, respectivamente. A primeira, em busca da suposta essência da justiça. A segunda, voltada ao problema de como conhecer a justiça. Convém destacar que, por muito tempo, pensou-se, e muitos pensam ainda, que se podia lidar e responder a essas duas questões de forma totalmente apartada. A justiça apresentava-se como um objeto material (substancial) exterior (externo àquele que busca alcançá-la), ou seja, como um "objeto" que se contrapõe ao pensamento de quem tenta compreendê-lo e que deveria, também por isso, ser recebido na sua pura objetividade pelo "sujeito" cognitivo. Portanto, de acordo com o pensamento corrente à época, no conhecimento não interviria nada do sujeito cognoscente. Em harmonia com essa tese, ainda hoje se ensinam e se escrevem "filosofias do direito", por um lado, e "metodologias", por outro, sem que haja entre elas, e isso é o pior, qualquer interligação[25].

<table>
<tr><th colspan="2">A QUESTÃO DA JUSTIÇA MOVE-SE EM DUAS DIREÇÕES:</th></tr>
<tr><td>O que é a justiça?</td><td>Como se conhece ou se realiza a justiça?</td></tr>
<tr><td>O problema ontológico da justiça. Ou seja, há uma essência de justiça? Dito de outra maneira, qual o objeto da justiça?</td><td>O problema gnosiológico da justiça. Isto é, como se conhece a justiça? Como se realiza a justiça?</td></tr>
<tr><th colspan="2">COMO SE PENSAVA A RELAÇÃO ENTRE ESSAS DUAS DIREÇÕES?</th></tr>
<tr><td colspan="2">Convém destacar que, por muito tempo, pensou-se, e muitos pensam ainda, que se podia lidar e responder a essas duas questões de forma totalmente apartada.</td></tr>
<tr><td colspan="2">Esta antiga concepção parte do pressuposto de que a há um sujeito que conhece a justiça (o sujeito cognitivo) e um objeto que é conhecido (objeto cognoscível) ou que se deixar conhecer.</td></tr>
</table>

Todavia, é preciso que se advirta, desde já, que o esquema cognitivo sujeito/objeto já está ultrapassado ou, como prefere Kaufmann, pertence ao passado[26]. Até mesmo no cenário das ciências explicativas da natureza, como, por exemplo, a Física, e ainda mais nas ciências hermenêuticas da compreensão, não faz mais nenhum sentido tomar por base o esquema cognitivo sujeito/objeto. Em função disso, nos últimos tempos, tem-se desenvolvido cada vez mais as *Teorias*

25 KAUFMANN, 2010, p. 228.

26 KAUFMANN, 2010, p. 228.

Processuais da Justiça, que compreendem a justiça e, por consequência, também o direito justo, como *produto do processo de determinação do direito*. A pergunta que fica "no ar", porém, é: será, a justiça, exclusivamente, o produto de um tal processo ou, pelo contrário, não teria este processo um fundamento material?[27]

QUAIS AS CONSEQUÊNCIAS DO ESQUEMA COGNITIVO SUJEITO/OBJETO QUE JÁ ESTÁ ULTRAPASSADO OU, COMO PREFERE KAUFMANN, QUE JÁ PERTENCE AO PASSADO?		
O desenvolvimento recente de *Teorias Processuais da Justiça*. Esta parece ser a tendência atual. Nesse sentido, parece ser a lição de autores como, por exemplo, Jürgen Habermas e Robert Alexy.	A justiça e, por consequência, também o direito justo, passa a ser compreendido como o *produto de um processo, o processo de determinação do direito*.	Mas uma dúvida permanece: será, a justiça, exclusivamente, o produto de um tal processo ou, pelo contrário, não teria este processo um fundamento material?

SÍNTESE		
A IDEIA DE DIREITO – JUSTIÇA EM SENTIDO AMPLO		
IGUALDADE	**ADEQUAÇÃO**	**SEGURANÇA JURÍDICA**
(Justiça em sentido estrito).	(Ideia-fim, justiça do bem comum, justiça social).	(Justiça como estabilidade do Direito, paz jurídica).
Forma	Conteúdo	Função
Como devem ser regulados os comportamentos da vida?	O que deve ser regulado?	*Por que meios* devem as exigências, pretensões, proibições ser reguladas para que se evite o arbítrio?
a) Proibição do arbítrio. b) Lei da generalidade do direito. c) *Suum cuique*.	a) Interesses; b) expectativas; c) necessidades, d) bens éticos.	
Perspectiva Formal Absolutamente geral	*Perspectiva do conteúdo Relativa.*	*Perspectiva funcional Autoritária.*
HOMEM	HOMEM	HOMEM
Como ser autônomo – dignidade da pessoa humana.	Como fim concreto, material, histórico do direito, limitação da relatividade do direito através de direitos humanos invioláveis.	Como ser heterônomo (destinatário das normas jurídicas – coercitivas).

27 KAUFMANN, 2010, p. 228.

Sobre as teorias processuais da justiça, tema central da atual filosofia do direito, há muito a ser dito. Contudo, como o tema é complexo e profundo, ele será desenvolvido em um futuro trabalho, pois ele já seria, por si só, um tema para um livro inteiro.

1.2.2. Igualdade, semelhança, equiparação

O princípio da igualdade é, como foi dito, antes de mais puramente formal. Ele afirma apenas que o *igual deve ser tratado forma igual e o diferente de modo proporcionalmente diferente.* Porém, ele nada diz, por exemplo, sobre *o que* é o igual ou o diferente (o que é muito importante no momento da elaboração das previsões legais) nem *como* se deverá tratar o que é igual ou diferente (o que tem grande importância, em especial, para determinação das consequências jurídicas). Sucede que nada no mundo é absolutamente igual ou diferente, sendo sempre apenas, como ensina Kaufmann[28], por referência a um *termo de comparação* (*tertium comparationis*, porventura a *ratio iuris*), mais ou menos *semelhante e dissemelhante* (por isso é sempre logicamente possível em vez da analogia a conclusão a *contrario sensu*). Por conseguinte, a igualdade é a abstração da diferença e esta, por sua vez, é abstração da igualdade. Não há, portanto, uma fronteira lógica entre igualdade e semelhança, a igualdade material é sempre apenas semelhança por referência a...[29]

PRINCÍPIO DA IGUALDADE (JUSTIÇA EM SENTIDO ESTRITO OU FORMAL)			
DEFINIÇÃO:	**DEFICIÊNCIAS:**	**CRÍTICA:**	**CONCLUSÃO:**
O princípio da igualdade é puramente formal. Ele afirma apenas que o *igual deve ser tratado de forma igual e o diferente de modo proporcionalmente diferente.*	Ele nada diz sobre o que é o igual ou o diferente (o que é muito importante no momento da elaboração das previsões legais) nem como se deverá tratar o que é igual ou diferente (o que tem grande importância, em especial, para determinação das consequências jurídicas).	Sucede que nada no mundo é absolutamente igual ou diferente, sendo sempre apenas por referência a um *termo de comparação,* mais ou menos *semelhante* e dissemelhante. Ou seja, é igual porque se escolheu um ponto de referência para fazer uma comparação. Por isso, é	A igualdade é a abstração da diferença e esta, por sua vez, é abstração da igualdade. Não há, portanto, uma fronteira lógica entre igualdade e semelhança, a igualdade material é sempre apenas semelhança por referência a alguma coisa.

28 KAUFMANN, 2010, p. 230.

29 KAUFMANN, 2010, p. 230.

		sempre logicamente possível em vez da analogia a conclusão a *contrario sensu*.	

Deste modo, a igualdade é sempre um *ato de equiparação* (comparação) e este ato não tem por base apenas o conhecimento racional, pressupondo sempre, e principalmente, uma *decisão de poder*[30].

QUAIS OS ELEMENTOS QUE ESTÃO IMPLÍCITOS NA IDEIA DE IGUALDADE?	
Um *ato de equiparação* (comparação): compara-se coisas, pessoas ou situações a partir de um certo ponto de referência.	Este ato, o ato de comparação, não tem por base apenas o conhecimento racional, pressupondo sempre, e principalmente, uma *decisão de poder*. O ponto de referência eleito para fazer a comparação não é determinado pela razão, mas, sim, por um ato de poder.

Neste sentido, Kaufmann oferece um exemplo. Diz ele:

> "O legislador estabelece por força da sua autoridade que, em relação à capacidade de exercício, as crianças desde o nascimento até aos sete anos de idade, as dos sete até aos dezoito anos e os maiores a partir dos dezoito anos de idade são sempre iguais entre si, apesar de uma criança se diferenciar por regra consideravelmente dum menor de dezessete anos; e na distinção entre estes três grupos também se verificam desigualdades: uma pessoa de dezessete anos um dia antes e uma outra de dezoito anos um dia depois de fazer dezoito anos são legalmente diferenciadas"[31].

Um outro exemplo que se poderia dar é, por exemplo, quando se nota que apesar de nenhum assassino ser igual a outro, todos, no entanto, são equiparados ao serem punidos com pena privativa de liberdade. Ou, ainda, por exemplo, no que diz respeito aos "direitos da natureza" e, em especial, dos animais, em que medida e a partir de que perspectiva (porventura, a capacidade de sofrimento) são os animais (e quais animais?) semelhantes ou dessemelhantes do Homem?[32]

Mesmo depois de muitos séculos, ainda hoje o Livro V da "Ética a Nicômaco"[33] de *Aristóteles* é o ponto de partida para qualquer reflexão séria

---

30 KAUFMANN, 2010, p. 230.

31 KAUFMANN, 2010, p. 230-231.

32 KAUFMANN, 2010, p. 231.

33 ARISTÓTELES. **Ética a Nicômaco**. Tradução: Edson Bini. 3ª edição. Bauru-SP: Edipro, 2009, p.145-176.

sobre o problema da justiça. O cerne da justiça é, ensinava o filósofo grego, a igualdade. Enquanto alguns, muito mais tarde, como, por exemplo, Kant, ainda concebiam a justiça como algo puramente formal e numérico (Kant escreveu: "se assassinou, tem de morrer..., assim o exige a justiça enquanto ideia do poder judicial segundo leis gerais fundadas *a priori*")[34], ele, Aristóteles, sustentava, de modo muito mais adequado, que a justiça é algo proporcional, geométrico, analógico. Em outros termos, a justiça não tem apenas um aspecto formal, mas, também, algo de material. Logo, ela não pode ser compreendida apenas em termos absolutos, mas, sim, e também, em termos relativos. A proporção exige, contudo, um critério, como observa Aristóteles. E a busca deste critério e a utilização dele já é, ela mesma, a analogia, um termo de comparação[35]. Aristóteles chamou a este critério de "valor"[36]. E é claro que com isso se trouxe à tona o ponto cardinal, mas também toda a problemática da questão da justiça[37].

O QUE É A JUSTIÇA?	
ARISTÓTELES	**KANT**
Obra: Ética a Nicômaco.	Obra: Metafísica dos costumes.
Justiça é igualdade. Mas a justiça não é apenas formal, sendo também material.	Justiça é igualdade. Justiça é algo apenas formal.
Justiça é algo proporcional, geométrico, analógico.	Justiça é algo aritmético, legal.
A justiça não deve ser compreendida apenas de maneira absoluta (formal), mas também de maneira relativa (conteúdo).	A justiça deve ser compreendida apenas de maneira absoluta (formal).
A justiça material é aquela que admite uma proporção. A justiça exige, portanto, a ideia de proporcionalidade (balança).	A justiça formal não é proporcional, trata a todos de forma equivalente.

34 KANT, Immanuel. **Fundamentação da Metafísica dos Costumes.** Tradução: Paulo Quintela. Lisboa: Edições 70, 2003, p. 39-92.

35 KAUFMANN, 2010, p. 231.

36 Convém notar que a noção de valor, em si, já implica relação, vez que algo só vale para alguém ou em razão de algo. Logo, forçoso é concluir que valor, de onde vem o termo validade, são noções relacionais ou que pressupõe a ideia de relação ou relatividade. Portanto, se a justiça é proporcional, e o seu critério é o valor, então, é preciso reconhecer que a justiça não é uma questão pacífica, não é algo puramente formal, mas há algo nela de material. E é nisso, mas não apenas nisso, que reside o caráter problemático da justiça.

37 KAUFMANN, 2010, p. 231.

O QUE É A JUSTIÇA?	
ARISTÓTELES	**KANT**
O problema da justiça material é que ela exige um critério. Qual o critério a partir do qual será feita a proporção?	Uma justiça formal não tem o problema de identificar um critério para estabelecer a proporção. O seu único critério é a lei.
E a busca deste critério e a utilização dele já é, ela mesma, a analogia, uma semelhança a partir de um termo de comparação. Aristóteles chamou a este critério de "valor".	A justiça não deve ser compreendida como algo que possui uma carga valorativa, mas, sim, como uma medida ou padrão formal.
Justiça é um *problema*. Porque ela, em si, provoca o problema de saber o que ela é.	Justiça é um *limite*. Porque ela, em si, é aquilo que traça o limite que não se deve desobedecer.
Exemplo: no jogo de futebol, a discussão se o juiz foi justo, ou não, ao marcar um pênalti.	Exemplo: para que haja jogo de futebol, obedece-se a um conjunto de mínimo de regras que traçam o limite do jogo, porque permitem identificá-lo e distingui-lo de outros jogos. O jogo de futebol deve ser em um campo, com traves, com bola e etc.

A igualdade é, por conseguinte, uma igualdade de relações, uma correspondência, uma analogia (uma comparação que se faz a partir da eleição de um determinado critério; eleição essa que sempre se vale de um juízo de valor). O caráter analógico do ser (que, diga-se de passagem, não se funda necessariamente na doutrina teológica da *analogia entis*; e, neste caso, o problema seria Deus) é o pressuposto para que se possa alcançar uma ordem no nosso saber e nas nossas relações. Afinal, se tudo fosse igual, se não houvesse diferenças, então seria um absurdo, senão impossível, formar diferentes palavras e diferentes normas. Enfim, se todos são iguais não há porque se falar em norma, pois a norma já implica que há diferença e um critério foi escolhido para regular uma certa situação. Como ensina Kaufmann, "se não houvesse conexões entre as coisas, então teríamos de ter um nome específico para cada coisa e uma norma específica para cada ação. Só existe ordem com base na analogia do ser, que é algo intermédio entre a identidade e a diferença, entre a absoluta igualdade e a absoluta diversidade"[38-39].

38 KAUFMANN, 2010, p. 231-232.

39 A esse respeito escreve Goethe, citado por Kaufmann: "Cada ente é análogo a todos os outros entes; daí que o ser nos pareça sempre simultaneamente distinto e relacionado. Se seguirmos demasiado a analogia, tudo se torna idêntico; se a evitarmos, tudo dissemina até ao infinito.

O QUE É A IGUALDADE, SEGUNDO ARTHUR KAUFMANN?
Uma igualdade de relações, uma correspondência, uma analogia (uma comparação que se faz a partir da eleição de um determinado critério; eleição essa que sempre se vale de um juízo de valor). O caráter analógico do ser é o pressuposto para que se possa alcançar uma ordem no nosso saber e nas nossas relações.

1.2.3. Os tipos de justiça

Já em Aristóteles[40] o aluno encontra uma famosa distinção. O filósofo grego distinguia, como ainda hoje se faz, dois tipos de justiça em que a igualdade se manifestava de duas maneiras diferentes, a saber: a justiça comutativa (*iustitia commutativa*) e a justiça distributiva (*iustitia distributiva*). Aquela, a justiça comutativa, é a *justiça entre os desiguais por natureza, mas iguais perante a lei*. Ela, a justiça comutativa, implica a absoluta igualdade entre prestação e contraprestação, entre aquilo que a lei reputa equivalente (a mercadoria ao preço; o dano à indenização).

Já a justiça distributiva, por seu turno, exige a *igualdade proporcional no tratamento de uma pluralidade de pessoas*. Ou seja, a justiça distributiva se vê expressa na repartição de direitos e deveres de acordo com os critérios de merecimento, capacidade, necessidade, culpa[41]. Em outras palavras, a justiça distributiva é a própria distribuição direitos e deveres entre os membros de uma dada comunidade. A justiça distributiva é a forma primordial da justiça, pois a justiça comutativa do direito privado pressupõe um ato público da justiça distributiva, como, por exemplo, a atribuição de um *status* específico como o são a personalidade jurídica e a capacidade de exercício. Por conseguinte, a fórmula *suum cuique tribuere* (dar a cada um o que é seu) não pode ser entendida a partir de um igualitarismo uniformizante; não significa dispensar a todos o mesmo tratamento, mas, sim, dar a cada um o que é seu, o que é algo muito diferente. Ou seja, "a possibilidade de se tornar naquilo que tem em si de possibilidades positivas"[42].

Em ambos os casos estagna a investigação, num caso por ser excessiva, no outro por ter sido aniquilada", cf. KAUFMANN, 2010, p. 119-120.

40 ARISTÓTELES, 2009, p. 145-150.

41 Kaufmann arremata a explicação fazendo o seguinte comentário: "...assim como 6:3 = 4:2, também o assassinato está para o furto como a pena de prisão perpétua está para pena privativa liberdade", cf. KAUFMANN, 2010, p. 232.

42 KAUFMANN, 2010, p. 232.

OS TIPOS DE JUSTIÇA, SEGUNDO ARISTÓTELES	
Justiça Comutativa (*iustitia commutativa*)	Justiça Distributiva (*iustitia distributiva*)
A *justiça entre os desiguais por natureza, mas iguais perante a lei.*	Já a justiça distributiva exige a *igualdade proporcional no tratamento de uma pluralidade de pessoas.*
Implica a absoluta igualdade entre prestação e contraprestação, entre aquilo que a lei reputa equivalente (a mercadoria ao preço; o dano à indenização).	a justiça distributiva se vê expressa na repartição de direitos e deveres de acordo com os critérios de merecimento, capacidade, necessidade, culpa. Em outras palavras, a justiça distributiva é a própria distribuição direitos e deveres entre os membros de uma dada comunidade.

COMO SE DEVE COMPREEMDER A FÓRMULA *SUUM CUIQUE TRIBUERE* (DAR A CADA UM O QUE É SEU)?
A justiça é a distribuição de direitos entre pessoas que não são absolutamente iguais. Logo, a referida fórmula não significa dispensar a todos o mesmo tratamento, mas, sim, dar a cada um o que é seu, respeitadas as diferenças.

VAMOS LER ARISTÓTELES?
"O princípio da *justiça distributiva*, portanto, é a conjunção do primeiro termo de uma proporção com o terceiro e do segundo com o quarto; e o justo nesse sentido é uma mediania entre dois extremos que são desproporcionais, uma vez que o proporcional é uma mediania e o justo é o proporcional"[43].

Tomás de Aquino completou o sistema aristotélico, como sustenta Kaufmann[44], com uma terceira forma de justiça: a *justiça legal (iustita legalis)*[45], que põe em evidência *o dever do indivíduo em face do todo.* Ou seja, o dever que o indivíduo tem para com a comunidade a qual ele pertence. Neste sentido, é possível dar os seguintes exemplos: dever de votar, deveres judiciais, o dever de uso social da propriedade, dentre outros. Mais adiante serão ilustrados os três tipos de justiça por meio de dois diferentes esquemas (ou quadros sinópticos). Como será ilustrado nestes esquemas, a justiça distributiva é própria do *direito público*, ao passo que a justiça comutativa é típica do *direito privado*. Em ambos se impõe (e vincula) a justiça legal, o mesmo se dando de um modo específico no *direito social*[46] (cujo o Direito do Trabalho é um dos exemplos possíveis).

43 ARISTÓTELES, 2009, p. 153.
44 KAUFMANN, 2010, p. 232.
45 AQUINO, Tomás de. Summa teológica II, II, 57 ss.
46 KAUFMANN, 2010, p. 232-233.

TOMÁS AQUINO COMPLETOU O SISTEMA ARISTOTÉLICO DE JUSTIÇA. POR QUE?
Porque Tomás de Aquino sustenta uma terceira forma de justiça: a *justiça legal (iustita legalis)*[47], que põe em evidência *o dever do indivíduo em face do todo*. Ou seja, o dever que o indivíduo tem para com a comunidade a qual ele pertence.

Mas é preciso dizer algo mais sobre o *princípio suum cuique tribuere*. Ele está intimamente relacionado com um importante imperativo ético. E qual seria ele? O *mandamento da tolerância*[48], o qual, por sinal, é um princípio antiquíssimo. Aliás, já na época dos pré-socráticos, *Anaximandro* ensinava: "tudo que é, é-o enquanto ente na ordem. E isso significa que com a existência se dá também um direito a ser e a ser como se é, um direito de afirmação do seu próprio ser, e que, portanto, também se deve deixar o outro ser o que é e como é"[49].

O QUE MAIS SE PRECISA SABER SOBRE O *PRINCÍPIO SUUM CUIQUE TRIBUERE?*
Ele está intimamente relacionado com um importante imperativo ético. E qual seria ele? O <u>*mandamento da tolerância*</u> (um direito de afirmação do seu próprio ser, e que, portanto, também se deve deixar o outro ser o que é e como é).

O curioso é que tão fácil entender o mandamento da tolerância, mas é tão difícil pô-lo em prática. Pergunta Kaufmann: "deve deixar-se o condenado penal ser o que é e como é?"[50]. Ao que o professor da Universidade de Munique responde: "certamente não, mas ele apenas pode ser responsabilizado com estritas garantias jurídicas"[51] e por meio de um processo justo, vez que na dúvida ele é inocente (*in dubio pro reo*). Em todo caso tem de se deixar as personalidades "fora do normal" serem o que são e como são. Se é que, ainda hoje, se pode ver alguém como "fora do normal"[52]. Por exemplo, aqueles que têm disposições homossexuais já não mais podem ser visto assim, e, por isso, devem ser o que são e como são, quando não for possível que eles sejam identificados como o "normal"[53].

---

47 AQUINO, Tomás de. Summa teológica II, II, 57 ss.

48 Sobre a tolerância, indispensável é a leitura das obras de John Locke e Voltaire acerca do tema.

49 Apud, KAUFMANN, 2010, p. 233.

50 KAUFMANN, 2010, p. 233.

51 KAUFMANN, 2010, p. 233.

52 KAUFMANN, 2010, p. 233.

53 Tão complicado é, hoje, usar o termo normal. Normal, como se pode supor, tem relação com a ideia de norma e, por isso, também, com a noção de padrão e estabilidade. O certo é que este termo é mais um indicativo a denunciar como o mandamento da tolerância é, talvez, na atualidade, o problema mais relevante da Filosofia do Direito na Contemporaneidade.

PRINCÍPIO DA TOLERÂNCIA	
DEFINIÇÃO	**PROBLEMA**
Um direito de afirmação do seu próprio ser, e que, portanto, também se deve deixar o outro ser o que é e como é.	Pergunta Kaufmann: "deve deixar-se o condenado penal ser o que é e como é?". Ao que ele responde: "certamente não, mas ele apenas pode ser responsabilizado com estritas garantias jurídicas".

QUADROS SINÓPTICOS

QUADRO 1.

A JUSTIÇA (*IUSTITIA*) Justiça em sentido estrito: princípio da igualdade	
SOCIEDADE	
Justiça Distributiva (*iustitia distributiva*)	Justiça Legal (*iustitia legalis*)
A sociedade e as suas instituições assumem a obrigação de distribuir, de modo proporcional, os direitos e os deveres entre os indivíduos pertencentes a ela.	Os indivíduos, no exercício dos seus direitos e deveres, assumem, por sua vez, um compromisso com a sociedade que o constitui. Logo, o indivíduo assume um dever em face do todo.
Pessoas Individuais	Pessoas Individuais
JUSTIÇA COMUTATIVA (*IUSTITIA COMMUTATIVA*) **JUSTIÇA SINALAGMÁTICA**	
Os indivíduos são equiparados entre si por meio da lei e, por consequência disso, entre eles há uma absoluta igualdade entre prestação e contraprestação.	

QUADRO 2.

JUSTIÇA		
Justiça Legal	Justiça Distributiva	Justiça Comutativa
Justiça Social Direito Público		Justiça Privada Direito Privado
Direito do Trabalho, Direito Social etc.		

QUADRO 3.

A JUSTIÇA, SEGUNDO GOFFREDO TELLES JÚNIOR
JUSTIÇA COMUTATIVA – "Quando, na operação da *justiça convencional*, a pessoa que deu ou fez e a pessoa que retribuiu o que lhe foi dado ou feito são *pessoas privadas* (ou são pessoas *públicas*, nos casos em que são submetidas às normas de Direito Privado), a justiça é chamada *comutativa*. É operação de justiça comutativa, por exemplo, a entrega de coisa comprada e o pagamento do preço combinado"[54].
JUSTIÇA DISTRIBUTIVA – "Quando, na operação da *justiça convencional*, a pessoa que deu ou fez é o *Poder Público*, e as pessoas que retribuem o que lhe é dado ou feito, como o pagamento do imposto ou taxa correspondente, são pessoas *privadas* (pessoas físicas e pessoas jurídicas *privadas*), a justiça é chamada *distributiva*. São de justiça *distributiva*, por exemplo, as operações realizadas pelo Poder Público, ao oferecer à população os denominados 'serviços públicos', mediante o pagamento dos tributos correspondentes"[55].
JUSTIÇA LEGAL – "A justiça *distributiva* recebe o nome de *justiça legal* quando o Poder Público é encarado como a pessoa *que recebe* o que lhe é dado ou feito, e as pessoas privadas são encaradas como as pessoas *que dão ou fazem* (como, por exemplo, os contribuintes de impostos)."[56]. "Essa alcunha não significa, obviamente, que somente esta última seja a forma da justiça seja *legal*. As outras também são *legais*, uma vez que todas são regidas por leis. O nome *legal*, dado a esta terceira forma, não é mais do que uma designação convencional. Óbvio, também, é que a justiça legal é a própria justiça *distributiva*, vista por outro ângulo. Em conclusão, três são as espécies de justiça convencional: *justiça comutativa*, *justiça distributiva* e *justiça legal*"[57].

A JUSTIÇA POLÍTICA, EM ARISTÓTELES
"A *justiça política* é em parte natural, em parte convencional. Uma regra de justiça natural é aquela que apresenta idêntica validade em todos os lugares e não depende de nossa aceitação ou inaceitação. Uma regra convencional é aquela que, em primeira instância, pode ser estabelecida de uma forma ou outra indiferentemente, ainda que, uma vez estabelecida, deixa de ser indiferente"[58].

1.3. JUSTIÇA E EQUIDADE

Aristóteles também desenvolveu uma interessante reflexão sobre a relação entre justiça e equidade, o que fez, por sinal, com grande acerto. A

54 TELLES JUNIOR, Goffredo. **Iniciação na ciência do Direito**. 4ª edição revista e atualizada. São Paulo: Saraiva, 2011, p. 368.

55 Ib. idem.

56 Ib. idem.

57 TELLES JUNIOR, 2011, p. 369.

58 ARISTÓTELES, 2009, p. 163.

equidade é apresentada por ele como "a justiça do caso concreto"[59]. Na prática, a equidade desempenha uma função específica, qual seja, a de que, no exercício da justiça, aquele que julga não deve negligenciar as circunstâncias e peculiaridades do caso concreto[60]. Ou seja, a equidade cumpre um papel não negligenciável. No direito anglo-americano, que é predominantemente um direito casuístico, apresentando muito pouco de direito legal, a jurisprudência da equidade desenvolveu-se como uma instituição da maior importância no interior da ordem jurídica global.

A RELAÇÃO ENTRE JUSTIÇA E EQUIDADE, SEGUNDO ARISTÓTELES.		
A equidade é apresentada por ele como "a justiça do caso concreto".	A equidade desempenha uma função específica: a de que, no exercício da justiça, aquele que julga não deve negligenciar as circunstâncias e peculiaridades do caso concreto.	A equidade tem por finalidade a correção de uma injustiça provocada pela aplicação da lei.

A questão que fica, então, é saber como é que a equidade pode ser colocada em prática contra a justiça, sendo a justiça o valor jurídico mais importante – ou será que, afinal, ela não o é? Aristóteles deparou-se com este dilema. Por um lado, a equidade seria melhor do que o direito legal, mas, por outro lado, não o seria no sentido de pertencer a um gênero diverso. Ou seja, a equidade seria, por um lado, melhor do que o direito legal porque o ajusta à singularidade do caso, mas, por outro, não o seria por não ser equivalente à justiça em qualquer um de seus tipos (comutativa, distributiva e legal).

QUESTÃO PARA REFLEXÃO: COMO É QUE A EQUIDADE PODE SER COLOCADA EM PRÁTICA CONTRA A JUSTIÇA, NA SUA FORMA DE LEI, SENDO A JUSTIÇA O VALOR JURÍDICO MAIS IMPORTANTE – OU SERÁ QUE, AFINAL, ELA NÃO O É?	
O QUE HÁ DE POSITIVO NA EQUIDADE?	**O QUE HÁ DE NEGATIVO NA EQUIDADE?**
Por um lado, a equidade seria melhor do que o direito legal.	Por outro lado, a equidade não seria melhor do que o direito legal por pertencer a um gênero diverso.

59 ARISTÓTELES, 2009, p. 145-150.

60 Cumpre salientar que a equidade decorre da percepção de Aristóteles que a própria aplicação da lei poderia, por si só, muitas vezes, acabar redundando em injustiça. E ele, ao perceber isso, notou que era preciso que a justiça constante da lei fosse complementada pela noção de equidade, a qual ajusta a generalidade da justiça legal à singularidade do caso concreto.

A equidade seria, por um lado, melhor do que o direito legal porque o ajusta à singularidade do caso.	Por outro, não o seria por não ser equivalente à justiça em qualquer um de seus tipos (comutativa, distributiva e legal).

Convém, então, aqui transcrever as passagens mais importante sobre o assunto na obra de Aristóteles:

> "A razão da dificuldade está em que a equidade, apesar de ser direito, não é direito legal, mas sim a sua correção. Esta pode justificar-se pelo fato de toda a lei ser geral e não ser possível, em muitos casos, obter uma decisão justa através de uma regra geral, que não poderá ser sempre justa, pois apenas considera a maioria dos casos, o que não significa que se ignorem as omissões decorrentes desse procedimento. E tal procedimento não deixa de ser correto. Pois as omissões não resultam nem da lei nem do legislador, mas da natureza do caso... Assim, quando a lei se pronuncia de forma geral e, seguidamente, surge um caso particular a que essa regra geral não se adequa, é justo, visto que o legislador, pronunciando-se de forma geral, não teve em vista esse caso e o ignorou, suprir tal omissão, tal como o próprio legislador teria feito se tivesse o caso diante de si e, tomando conhecimento dele, o tivesse contemplado na lei"[61].

Por conseguinte, não é de todo correto dizer que a equidade é a "justiça do caso concreto". Toda norma tem de generalizar. Uma "norma" individualizante, uma norma especificamente para este, aquele ou aqueloutro caso é uma autocontradição, segundo Kaufmann[62], não sendo, portanto, a rigor, uma norma. É óbvio que a generalização pode ter diferente amplitude, a norma não tem de valer sempre para todas as pessoas, mas, sim, para todos os menores, para todos os comerciantes, para todos os assassinos, enfim, para todos aqueles a quem ela se destina. E é neste ponto que se distinguem a justiça e a equidade. Trata-se, a rigor, de uma diferença de pontos de vista, paradigmaticamente, é possível dizer que a justiça é o ponto de vista do legislador, por um lado, e a equidade é ponto de vista do juiz, por outro lado. E isso se dá porque o legislador parte da norma geral para o caso concreto, valendo-se, para tanto, da dedução, ao passo que o juiz parte do caso concreto para norma geral, recorrendo, para isso, à indução.

61 ARISTÓTELES, 2009, p. 148.

62 KAUFMANN, 2010, p. 236.

É CORRETO DIZER QUE A EQUIDADE É A "JUSTIÇA DO CASO CONCRETO"?	
Para ARTHUR KAUFMANN	A resposta é não.
Motivo	Toda norma tem de generalizar. Uma "norma" individualizante, uma norma especificamente para este, aquele ou aqueloutro caso é uma autocontradição. Não sendo, portanto, a rigor, uma norma.
A generalização da norma pode ter diferentes amplitudes?	A norma não tem de valer sempre para todas as pessoas, mas, sim, para todos os menores, para todos os comerciantes, para todos os assassinos, enfim, para todos aqueles a quem ela se destina.
Em que ponto que se distinguem a justiça e a equidade?	Trata-se, a rigor, de uma diferença de pontos de vista. É possível dizer que a justiça (no sentido de lei) é o ponto de vista do legislador, por um lado, e a equidade é ponto de vista do juiz, por outro lado.
Qual a diferença entre justiça e equidade?	Na justiça, o legislador parte da norma geral para o caso concreto, valendo-se, para tanto, da dedução. Na equidade, o juiz parte do caso concreto para norma geral, recorrendo, para isso, à indução.

Logo, também a equidade, segundo Kaufmann[63], não pode considerar e valorar um resultado singular, uma pessoa individual totalmente por si. Só o poderá o árbitro e – paradoxalmente – "a *graça*, na qual a justiça é efetivamente superada, pois a graça deixa a sua luz brilhar da mesma forma sobre justos e injustos, enquanto a justiça, e não menos a equidade, *têm de repartir o que é de cada um em relação aos outros* (com o que se confirma mais uma vez a ideia do caráter relacional do direito)"[64].

VAMOS LER ARISTÓTELES? A EQUIDADE, SEGUNDO ARISTÓTELES.
"Temos, a seguir, que nos referir à *equidade* e ao equitativo e à relação destes com a *justiça* e com o que é *justo*, respectivamente, pois quando examinadas afigura-se que e equidade não são nem absolutamente idênticas nem genericamente diferentes. Por vezes, é verdade que louvamos a equidade e o homem equitativo a tal ponto que chegamos a empregar a palavra *equitativo* como um termo de aprovação de outras coisas além

63 KAUFMANN, 2010, p. 237.

64 KAUFMANN, 2010, p. 237.

do que é justo e a empregarmos como equivalente de *bom,* querendo dizer com *mais equitativo* meramente que uma coisa é melhor. A origem da dificuldade em distingui-las, é que a equidade, embora justa, não é *justiça legal*, porém retificação desta. A razão para isso é que a lei é sempre geral; entretanto, há casos que não são abrangidos pelo texto geral da lei (ou por esta ou aquela regra legal geral). Em matérias, portanto, nas quais embora seja necessário discursar em termos gerais, não é possível fazê-lo corretamente, a lei toma em consideração a maioria dos casos, embora não esteja insciente do erro que tal coisa acarreta. E isso não faz dela uma lei errada, pois o erro não se encontra na lei e nem no legislador, mas na natureza do caso, uma vez que o estofo das questões práticas é essencialmente irregular"[65].

A EQUIDADE, EM GUSTAV RADBRUCH.

"Todavia, na luta de poder pelo direito, a *equidade* concorre com a justiça. Já naquele famoso capítulo da Ética a Nicômaco, Aristóteles se preocupara com o dilema de que a equidade deveria ser melhor que a justiça, não podendo ser algo que se contrapõe a ela, senão uma de suas espécies. O próprio Aristóteles apontou a solução: justiça e equidade não são valores distintos, mas caminhos diferentes para alcançar o valor uno do direito. A justiça vê o caso singular do ponto de vista da norma geral; a equidade busca no caso singular a sua própria lei que, por fim mas também, precisa se deixar converter em uma lei geral - pois, tal qual a justiça, a equidade é, em última instância, de natureza generalizada. Dessa maneira, na diferença entre justiça e equidade, manifesta-se a distinção metodológica, já apontada anteriormente, entre uma evolução *dedutiva* do direito justo a partir de princípios fundamentais e universais, e um conhecimento *indutivo* do direito justo, segundo a "natureza da coisa". A equidade é a *justiça do caso singular*, e portanto a sua consideração não nos obriga a alterar algo em nossa fórmula: *o direito é a realidade cujo sentido é servir à justiça*"[66].

A TEORIA DA JUSTIÇA, SEGUNDO MIGUEL REALE.

"Eis, por conseguinte, como e porque a justiça deve ser, complementarmente, subjetiva e objetiva, envolvendo em sua dialeticidade o homem e a ordem justa que ele instaura, porque esta ordem não é senão uma projeção constante da pessoa humana, valor-fonte de todos os valores através do tempo"[67].

"É a razão pela qual entendemos insuficiente, não obstante os seus méritos, a compreensão neocontratualista de base kantiana que nos oferece John Rawls, com paradigmas que seriam necessários à legitimidade da experiência jurídica, como, por exemplo, a imparcial, potencial e proporcional correlação que deve haver entre os direitos de um e

65 ARISTÓTELES, 2009, p. 172.

66 RADBRUCH, 2004, p. 51.

67 REALE, Miguel. **Lições preliminares do Direito.** 17 edição. São Paulo: Saraiva, 1990, p. 372.

de outros. São princípios referenciais úteis à focalização do tema, mas que nos deixam no vestíbulo da ordem justa"[68].

"A justiça, em suma, somente pode ser compreendida plenamente como concreta experiência histórica, isto é, como valor fundante do Direito ao longo do processo dialógico da história"[69].

1.4. EXEMPLO: A PENA JUSTA

Sobre a "justiça em geral" poderia ainda dizer-se algo mais, sendo certo que tais desenvolvimentos sempre teriam um considerável grau de abstração. Em vez de continuar com este tipo de consideração, se irá aqui, para terminar esta primeira abordagem sobre a justiça, ilustrar, através de um exemplo, o modo como se interligam as formas de justiça. Escolhe-se, aqui, o exemplo da "pena justa", pois, por mais diferente que as teorias das penas possam ser, todas convergem na tentativa de fundamentar a "pena justa". Além disso, pode explicitar-se através desse exemplo, de forma especialmente expressiva, a doutrina clássica da justiça.

POR QUE DISCORRER SOBRE O PROBLEMA DA PENA JUSTA?
Para demonstrar, a partir do exemplo da pena justa, o modo como se interligam as formas de justiça (justiça formal, justiça material e a justiça como paz jurídica).

O PROBLEMA DA PENA JUSTA.
O problema da pena justa consiste no de justificar a própria pena.

Não se deve, todavia, entender isso como se Aristóteles tivesse já resolvido todos os nossos problemas atuais, vez que isso não é verdade. Contudo, esses modelos clássicos podem eventualmente servir para ordenar os argumentos e contra-argumentos das múltiplas discussões quotidianas, tornando claro para cada um e para os outros, a que nível se está a argumentar. As considerações seguintes não constituem uma solução mágica para todos os problemas, mas poderão, em nosso entender, trazer luz à atual discussão sobre as teorias da pena. A base está no esquema (quadro sinóptico) a seguir, que se pode compreender sem maiores explicações.

Como já foi dito aqui, Kant concebeu a igualdade de modo formal e numérico e, portanto, no espírito do *princípio de talião*. O igual tem de

68 REALE, Ib. idem.

69 REALE, Ib. idem.

ser retribuído com algo exatamente igual: olho por olho, dente por dente – "Se matou, então deve morrer; não existe aqui qualquer outra possibilidade que satisfaça a justiça"[70]. Sobre isso Aristóteles tivera uma concepção muito diferente e mais ajustada da justiça como igualdade: não é a igualdade numérica que tem um papel fundamental, mas, sim, a igualdade proporcional, geométrica, relacional[71]. O igual é um *meio*, diz ele, *um meio termo entre o excesso e a falta.* E visto que o igual é algo intermédio, também o direito é algo intermédio e, portanto, algo proporcional[72].

A PENA JUSTA JUSTIÇA		
JUSTIÇA COMUTATIVA	**JUSTIÇA DISTRIBUTIVA**	**JUSTIÇA LEGAL**
Teorias absolutas da pena *Punitur quia pecatum est*	Prevenção especial	Prevenção geral
Princípio de talião	(Re)integração	Exemplificação
Igualdade absoluta entre culpa e pena (olho por olho...)	Igualdade relativa (*suum cuique*)	Repercussão geral
Retribuição (Compensação da culpa)	Pena adequada à personalidade do agente: a) Ressocialização; b) Advertência; c) Supressão da perigosidade (ou periculosidade).	Pena adequada às exigências comunitárias: *Reparação social:* a) Prevenção geral positiva – *estabilização da sociedade (defesa da ordem jurídica);* b) Prevenção geral negativa: c) Intimidação social.
JUSTIÇA INDIVIDUAL		JUSTIÇA SOCIAL
PROTEÇÃO DE BENS JURÍDICOS		

Como dito linhas atrás, de acordo com a lição de Aristóteles[73], a forma decisiva da justiça é a justiça distributiva enquanto igualdade proporcional no

70 KANT, Immanuel. **Fundamentação da Metafísica dos Costumes.** Tradução: Paulo Quintela. Lisboa: Edições 70, 2003, p.46.

71 ARISTÓTELES, 2009, p. 146.

72 Não à toa os gregos representavam a justiça por meio da balança. A balança que é, em si, a própria ideia de proporcionalidade, de busca do ponto de equilíbrio dos pratos.

73 ARISTÓTELES, 2009, p. 145.

tratamento duma pluralidade de pessoas. Ou seja, a repartição de direitos e deveres segundo algum critério que pode ser o de merecimento, o de capacidade, o de necessidade, dentre tantos outros possíveis. A justiça distributiva é, em outras palavras, o *princípio suum cuique tribuere* (dar a cada um o que é seu). Em suma, ela é a forma primordial da justiça[74].

Na mesma linha do que sustenta Aristóteles, e com o que se concorda, que no Direito está essencialmente em causa a justiça distributiva e, portanto, a igualdade proporcional (e há argumentos de peso neste sentido). A partir desta perspectiva, o principal fim da pena será a *prevenção especial* e, dentro desta, em primeiro plano a ressocialização, como ensina Kaufmann[75]. Ao agente é atribuído "a sua medida de pena", aquilo de que precisa para que possa futuramente viver na comunidade jurídica, para que não reincida. "*Nemo prudens punit, quia peccatum est sed ne peccetur*" (Não é sábio punir, mas uma vez que se tenha pecado, a punição deve ser proporcional ao pecado cometido), diz *Sêneca*. Boa parte dos juristas conhece esta frase, mas poucos sabem que Platão, séculos antes, já havia dito o mesmo[76]. O necessário para a ressocialização do pecador pode ser, muitas vezes, uma renúncia à pena, ou pelo menos à sua execução, o que sob o ponto de vista da justiça (da retribuição) parecerá injusto e, por conseguinte, inadmissível. Kant[77], por sinal, acentuou isso com bastante ênfase.

JUSTIÇA COMUTATIVA	JUSTIÇA DISTRIBUTIVA
TEORIA ABSOLUTA DA PENA.	**TEORIA RELATIVA DA PENA – PREVENÇÃO ESPECIAL**
A pena sempre deve ser aplicada e sempre deve ser correspondente à gravidade da infração.	A pena pode deixar de ser aplicada ou pode ser aplicada.
KANT	SÊNECA

74 KAUFMANN, 2010, p. 239.

75 KAUFMANN, 2010, p. 239. Pessoalmente, discordamos por completo quanto a esta afirmação de Kaufmann. Ao nosso ver, a reintegração social não é a finalidade da pena, nem tampouco é o que resulta, no plano dos fatos, da aplicação da pena. Não se ensina alguém a viver em sociedade retirando este mesmo alguém da sociedade. Como já tivemos ocasião de defender em outra oportunidade, para nós, a finalidade da pena é induzir a reincidência. A inspiração para defesa dessa tese é extraída da lição de Michel Foucault.

76 KAUFMANN, 2010, p. 239.

77 KANT, Immanuel. **Fundamentação da Metafísica dos Costumes.** Tradução: Paulo Quintela. Lisboa: Edições 70, 2003, p.55.

Nos dias que correm a palavra de ordem é a "*estabilização da sociedade*". Com isto o foco é lançado sobre a *justiça legal*. A justiça legal foi pensada por Aristóteles de forma integrada à justiça distributiva. Contudo, a autonomização da justiça legal torna mais evidente o momento da vinculação do indivíduo em face do todo, ou seja, o seu vínculo com a comunidade a qual pertence. Exemplo disso é, por exemplo, perceber que a mesma propriedade que é disponível, nem por isso deixa de ser vinculada, o que explica a sua função social. Sem dúvida, portanto, que aquele que viola direito de outrem tem também deveres perante a comunidade, devendo, por isso, suportar encargos que, sob o ponto de vista da socialização, se mostram desnecessários ou até mesmo prejudiciais[78]. Logo, não é raro, na aplicação da pena, que a justiça legal aponte para um caminho diverso daquele proposto pela justiça distributiva.

JUSTIÇA DISTRIBUTIVA	JUSTIÇA LEGAL
PREVENÇÃO ESPECIAL	**PREVENÇÃO GERAL**
A pena pode deixar de ser aplicada ou pode sê-lo nos limites da lei.	A pena pode ser aplicada com maior rigor, mesmo que a infração não seja tão grave.
A pena é aplicada em razão da lesão provocada pelo crime à vítima.	A pena não é aplicada apenas por força da lesão provocada pelo crime à vítima, mas também por conta dos danos gerados à comunidade.

O melhor para ressocialização do delinquente penal será, muito frequentemente, uma pena moderada e, não raras vezes, deixá-lo mesmo em liberdade. Mas isso não pode ser assim, pelo menos, nos crimes mais graves. Aí a sociedade não aceita. O sentimento de fidelidade ao direito das pessoas cumpridoras corromper-se-ia com a absolvição ou punição ligeira, é possível supor. E, exatamente por isso, se deve, em nome da "defesa da ordem jurídica", impor-se também àquelas penas, e mesmo penas muito severas, que na perspectiva do agente não são necessárias ou são até prejudiciais (prevenção geral positiva). Contudo, o que recomenda aqui o "equilíbrio"? Nada mais nada menos que a originária exigência de uma proporção: tanto entre virtude e recompensa como entre delito e pena[79]. Afinal, é exatamente isso, ensina Kant, "que exige a justiça, segundo as leis gerais fundadas *a priori*"[80]. Esta frase de Kant continua válida, mesmo que não deva ser compreendida com o mesmo rigor que ele sustentou.

78 KAUFMANN, 2010, p. 240.

79 KAUFMANN, 2010, p. 240.

80 KANT, 2003, p. 103.

JUSTIÇA DISTRIBUTIVA	
ASPECTOS FAVORÁVEIS DA PREVENÇÃO ESPECIAL	**ASPECTOS DESFAVORÁVEIS DA PREVENÇÃO ESPECIAL**
O melhor para ressocialização do delinquente penal será, muito frequentemente, uma pena moderada e, não raras vezes, deixá-lo mesmo em liberdade.	Mas isso não pode ser assim, pelo menos, nos crimes mais graves. Aí a sociedade não aceita.

Resta ainda observar um outro aspecto. A pena é, em primeiro plano, um ato de justiça distributiva: deve atribuir-se ao agente "o seu", aquilo que lhe é necessário. Porém, este não pode ser o único princípio, pois o agente não existe isolado e é sempre membro duma comunidade. Por isso, a pena tem também de ter em consideração aquilo que é necessário à comunidade (justiça legal), e aquilo que lhe é necessário, em especial para a manutenção e estabilização da confiança jurídica, é antes de mais a certeza de que, ao fato culpável, é aplicada a "correspondente" pena (justiça comutativa).

OS PLANOS DE OBSERVAÇÃO DA PENA.	
PRIMEIRO PLANO	**SEGUNDO PLANO**
A pena é um ato de justiça distributiva.	A pena é um ato de justiça legal.
A pena aplicada deve ser aquela necessária para o infrator.	A pena tem também de ter em consideração aquilo que é necessário à comunidade.
A pena se destina à reintegração social.	A pena se destina à "*estabilização da sociedade*", ou seja, à "*reparação social*".

Para a comunidade é necessário, como se depreende das palavras de *Kant*, que "se atue em relação a todos de acordo com o valor dos seus atos"[81]. Portanto, aquilo que da "*prevenção geral positiva*" pertence à justiça legal, melhor seria chamado de "*reparação social*", pois, deste modo, fica mais claro que o agente deve isso à comunidade. Levando em consideração que a prevenção geral positiva é um ato de justiça comutativa, não há nenhuma razão para que não se continue a utilizar a expressão tradicional, qual seja, "retribuição"[82].

Logo, o principal fim da pena é a prevenção especial, e particularmente a ressocialização, como defende Kaufmann[83]. A ela se deve acrescer os outros fins

81 KANT, 2003, p. 98.

82 KAUFMANN, 2010, p. 241.

83 KAUFMANN, 2010, p. 241.

da pena: a retribuição (compensação da culpa – justiça comutativa) e *reparação social* (justiça legal) delimitando e modificando (pode se deixar de lado a ideia de intimidação). A tutela de bens jurídicos, que está fundamentalmente sempre presente na pena estatal, não é um fim autônomo ao lado dos outros três. Por conseguinte, ela não é um aspecto parcial da pena, sendo antes o resultado duma articulação ótima entre os três fins da pena[84]. Repita-se, a tutela de bens jurídicos é o resultado duma articulação ótima entre os três fins da pena.

A TUTELA DE BENS JURÍDICOS
É o resultado duma articulação ótima entre os três fins da pena.

Uma, dentre tantas possíveis, numerosas consequências político-criminais que resultam do que foi dito, refere-se à pena de prisão perpétua. O problema principal é o de saber se uma pena, que do ponto de vista da prevenção especial nunca se justificaria, pode *ainda* ser considerada como defensável em nome da estabilização da sociedade. Talvez a resposta tenha que ser no sentido afirmativo *rebus sic stantibus* (mantido o mesmo estado das coisas), ou seja, no quadro de relações atualmente existente. Mas certamente chegará o dia em que a sociedade mantenha o seu equilíbrio, mesmo sem reagir ao homicídio com a pena de prisão perpétua. Também a "pena justa" tem uma *medida histórica*. Ela tem de ser constantemente redefinida[85]. Contudo, sem um ponto de orientação cai-se facilmente no efêmero e no desvinculado.

1.5. QUESTÕES

(XI EXAME OAB) Considere a seguinte afirmação de Aristóteles: "Temos pois definido o justo e o injusto. Após distingui-los assim um do outro, é evidente que a ação justa é intermediária entre o agir injustamente e o ser vítima da injustiça; pois um deles é ter demais e o outro é ter demasiado pouco." (Aristóteles. Ética a Nicômaco. Coleção Os Pensadores. São Paulo: Abril Cultural, 1973, p.329.) De efeito, é correto concluir que para Aristóteles a justiça deve sempre ser entendida como:

A) produto da legalidade, pois o homem probo é o homem justo.

B) espécie de meio termo.

C) relação de igualdade aritmética.

D) ação natural imutável.

GABARITO: **B** (Consulte o item: 1.3. JUSTIÇA E EQUIDADE).

84 KAUFMANN, 2010, p. 241.

85 KAUFMANN, 2010, p. 241.

(TRIBUNAL DE JUSTIÇA – AL. CARGO: MAGISTRATURA) Considerando as alusões à eqüidade pelo ordenamento jurídico brasileiro, revela-se importante identificar a posição dessa figura em face do quadro das fontes do direito. A respeito dessa relação, é correto afirmar que a equidade:

A) não se revela como fonte do direito, pois a autorização de seu emprego apenas permite ao juiz criar normas para o caso concreto com base em preceitos de justiça.

B) não se revela como fonte do direito, pois a autorização de seu emprego apenas permite ao juiz aplicar ao caso concreto normas gerais de justiça previamente positivadas no ordenamento.

C) não se revela como fonte do direito, pois a autorização de seu emprego apenas permite ao juiz buscar uma melhor compreensão hermenêutica das normas particulares que se aplicam ao caso concreto.

D) se revela como fonte do direito, pois ela se compõe de um conjunto de valores e normas preexistentes ao ordenamento positivo, os quais incidirão sempre que autorizadas por este.

E) se revela como fonte do direito, pois ela prescreve parâmetros para a decisão judicial que não se apoiam nas normas positivadas no ordenamento.

GABARITO: **A** (Consulte o item: 1.3. JUSTIÇA E EQUIDADE).

(FCC – 2010 – DPE-SP – DEFENSOR PÚBLICO DISCIPLINA: FILOSOFIA E SOCIOLOGIA DO DIREITO) Ao comentar a doutrina aristotélica da justiça, Tercio Sampaio Ferraz Júnior, em sua obra *Estudos de Filosofia do Direito*, indica aquele que seria o "preceito básico do direito justo, pois só por meio dele a justiça se revelaria em sua atualidade plena". Este preceito, que também pode ser definido como "uma feliz retificação do justo estritamente legal" ou ainda "o justo na concretude", é denominado

A) dignidade.

B) vontade.

C) equidade.

D) piedade.

E) liberdade.

GABARITO: **C** (Consulte o item: 1.3. JUSTIÇA E EQUIDADE).

(BANCA: CESPE; ÓRGÃO: DPE-TO; PROVA: DEFENSOR PÚBLICO, 2013) Com relação ao conceito de justiça, assinale a opção correta.

A) O vocábulo justiça é empregado, em sentido lato, como equivalente a organização judiciária.

B) O sentido estrito de justiça está associado ao conjunto das virtudes que regulam as relações entre os homens.

C) De acordo com a doutrina majoritária, caracterizam o sentido lato de justiça a alteridade, o débito e a igualdade.

D) Consoante a doutrina aristotélica, a justiça comutativa caracteriza-se como aquela em que o particular dá a outro o bem que lhe é devido.

E) Na antiguidade clássica, Platão definiu justiça como a vontade constante e perpétua de dar a cada um o que lhe pertence.

GABARITO: **D** (Consulte o item: 1.3. JUSTIÇA E EQUIDADE).

(BANCA: CESPE; ÓRGÃO: DPE-RO; PROVA: DEFENSOR PÚBLICO, 2012) Com relação ao conceito de direito e de equidade, assinale a opção correta.

A) Equidade pode ser definida como o conjunto de princípios que, atribuídos a Deus, à razão, ou havidos como decorrentes da natureza das coisas, independem de convenção ou legislação, e que seriam determinantes, informativos ou condicionantes das leis positivas.

B) Define-se equidade como a autorização, dada pelo direito objetivo, de fazer ou ter o que não pode ser impedido ou tirado, sem violação da norma jurídica.

C) O direito, definido como conjunto de princípios imanentes, constitui a substância jurídica da humanidade, segundo a sua natureza e o seu fim; tais princípios, imutáveis em essência, se adaptam à realidade histórica e geográfica.

D) Segundo Dante, o direito representa uma proporção real e pessoal, de homem para homem, que, conservada, conserva a sociedade, e, corrompida, corrompe-a.

E) O direito pode ser definido como a justa aplicação da norma jurídica geral ao caso concreto para que o *summum jus* não se transforme em *summa injuria*.

GABARITO: **D** (Consulte o item: 1.3. JUSTIÇA E EQUIDADE).

(BANCA: FGV; ÓRGÃO: OAB; PROVA: EXAME DE ORDEM UNIFICADO – XX – PRIMEIRA FASE, 2016)

A partir da leitura de Aristóteles (*Ética a Nicômaco*), assinale a alternativa que corresponde à classificação de justiça constante do texto: *"... uma espécie é a que se manifesta nas distribuições de honras, de dinheiro ou das outras coisas que são divididas entre aqueles que têm parte na constituição (pois aí é possível receber um quinhão igual ou desigual ao de um outro) ..."*:

A) Justiça Natural.

B) Justiça Comutativa.

C) Justiça Corretiva.

D) Justiça Distributiva.

GABARITO: **D** (Consulte o item: 1.2.3).

VAMOS REVISAR?
1) É correto dizer, a partir de Aristóteles e de Arthur Kaufmann, que a equidade é a "justiça do caso concreto"?
2) É correto dizer que São Tomás Aquino completou o sistema aristotélico de justiça? Por que?

VAMOS CONHECER O QUE PENSA OUTROS AUTORES?	
CONSIDERANDO OS ASPECTOS FILOSÓFICOS RELACIONADOS AO CONCEITO DE JUSTIÇA, O QUE SUSTENTA ***ANAXIMANDRO***?	Segundo Anaximandro, seguidor da escola jônica, autor do primeiro fragmento filosófico acerca da *diké*, justiça é sinônimo de equilíbrio pautado necessariamente na justiça ponderada e métrica de cada situação, tomada isoladamente.

Capítulo 2

A IDEIA DE DIREITO: A JUSTIÇA COMO JUSTIÇA SOCIAL (JUSTIÇA DO BEM COMUM, ADEQUAÇÃO) – PARTE II

A razão da dificuldade está em que a equidade, apesar de ser direito, não é direito legal, mas sim a sua correção. Esta pode justificar-se pelo fato de toda a lei ser geral e não ser possível, em muitos casos, obter uma decisão justa através de uma regra geral, que não poderá ser sempre justa, pois apenas considera a maioria dos casos, o que não significa que se ignorem as omissões decorrentes desse procedimento. E tal procedimento não deixa de ser correto. Pois as omissões não resultam nem da lei nem do legislador, mas da natureza do caso... Assim, quando a lei se pronuncia de forma geral e, seguidamente, surge um caso particular a que essa regra geral não se adequa, é justo, visto que o legislador, pronunciando-se de forma geral, não teve em vista esse caso e o ignorou, suprir tal omissão, tal como o próprio legislador teria feito se tivesse o caso diante de si e, tomando conhecimento dele, o tivesse contemplado na lei". ARISTÓTELES, **Ética a Nicômaco**. Tradução: Edson Bini. 3ª edição. Bauru-SP: Edipro, 2009, p. 148.

2.1. A DOUTRINA DOS BENS ÉTICOS

2.1.1. Socialização: a comunista e a cristã

O princípio da igualdade, já o dissemos, é predominantemente, de natureza formal. Para se especificar *o que* é justo, é necessário lançar mão de um princípio material. Gustav Radbruch denomina tal princípio como "adequação" ou "ideia fim" do direito[1]. A pergunta que surge, então, é: o que corresponde ao *máximo bem comum*? Esta pergunta é objeto tanto da doutrina dos bens éticos como da justiça social, que, apesar de se interligarem de várias formas, não se identificam (sobre a delimitação consulte o capítulo dedicado ao Direito e a Moral). E é aí, exatamente aí, que desempenha um papel de relevo, o princípio da universalização: o que é o bem, o justo *para todos*?[2] Uma coisa é certa para que se possa discutir o que é o máximo bem comum (o que é o justo para todos), necessariamente terá que se discutir o problema dos bens éticos e a questão da justiça social.

A JUSTIÇA EM SENTIDO FORMAL	Princípio da igualdade
A JUSTIÇA EM SENTIDO MATERIAL	Princípio da "adequação" ou "ideia fim"
"IDEIA FIM"	Gustav Radbruch é quem a defende.
O QUE É O MÁXIMO BEM COMUM?	É o justo para todos. E só se pode saber o que é o justo para todos, desde que se aprofunde as discussões em torno doutrinas dos bem éticos e a da justiça social.
O MÁXIMO BEM COMUM	Definir o que ele vem a ser implica em aceitar o Princípio da Universalização.
E O QUE É O PRINCÍPIO DA UNIVERSALIZAÇÃO?	O justo ou o bem para todos!
E O QUE É O JUSTO PARA TODOS?	Este é o problema.

Como nos dá conta Kaufmann[3], várias correntes tentaram dar resposta a essa pergunta, a saber: o hedonismo, o eudemonismo, o pragmatismo, o utilitarismo, o perfeccionismo ético, dentre outras. Através dos séculos os filósofos sempre se perguntaram pelo "bem supremo" (partindo do pressuposto de que há um justo que pode ser universalizado) que deve ser o objetivo de toda ação moralmente adequada. Este foi o intento de pensadores como: Aristóteles, em Ética a Nicômaco; Cícero, em *De finibus bonorum et malorum*; Agostinho, em *De beata vita*; e Kant, em *Metafísica dos Costumes*. Mas o *bem comum* não é um

1 RADBRUCH, 2004, p. 67.

2 Lembra-nos Kaufmann, "toda norma tem de universalizar mesmo quando também possa especializar. Uma 'norma' que pretenda valer apenas para determinados indivíduos, para determinados casos concretos, não é uma norma. Por isso, as generalizações, como já antes se disse, são 'equiparações de realidade diferentes segundo a medida de um termo de comparação' e, portanto, exercício do poder. Não há aqui nada de errado, só temos de o saber e estar preparados para isso", cf. KAUFMANN, 2010, p. 243.

3 KAUFMANN, 2010, p.243-244.

tema que se limita apenas à seara filosófica, é um tema que afeta a todos que fazem parte daquilo que se conhece como vida pública. Neste sentido, portanto, não é um exagero dizer que os Programas dos Partidos Políticos são sempre tentativas de dar resposta à questão de saber como é que se pode realizar o bem comum.

O QUE É O JUSTO PARA TODOS (o bem comum)?	Várias correntes tentaram responder esta pergunta, são elas: eudemonismo, hedonismo, pragmatismo, utilitarismo, perfeccionismo ético etc.
QUAIS OS FILÓSOFOS SE DEDICARAM A TENTAR SABER O QUE É O BEM COMUM?	Aristóteles, Cícero, Agostinho, Kant, dentre outros.
O BEM COMUM É UM TEMA ESPECÍFICO DA FILOSOFIA?	Não, pelo contrário, é tema sobre o qual os Programas dos Partidos Políticos se dedicam, porque é o tema central da Política.

O certo é que a ordem é uma das mais básicas necessidades da humanidade (de certo modo, até para os anarquistas há uma certa ordem). O homem pode, por algum tempo, não muito, viver sem medicina científica, mas não sem ordem[4]. Dois símbolos e tentativas de se definir o que é aquilo que chamamos por *bem comum*, podem ser encontradas em obras construídas a partir de perspectivas completamente diversas, são elas: a) a primeira, o *Manifesto Comunista*, de *Marx e Engels* (de 1872), que oferece uma noção de bem comum a partir da concepção marxista; b) e a segunda, as Encíclicas Papais, desde *Rerum Novarum*, da lavra do Papa Leão XIII (de 1891), até à *Centesimus annus*, da pena do Papa João Paulo II (de 1991), que parte de uma perspectiva cristã para definir o que se pode entender por bem comum[5].

PARA QUE HAJA BEM COMUM O PRESSUPOSTO FUNDAMENTAL É?	Haver ordem. A ordem é uma das necessidades básicas da humanidade. Onde houver direito, haverá sociedade. Onde houver sociedade, haverá direito. Onde houver moral, haverá sociedade. Onde houver sociedade, haverá moral.

4 A questão do interesse individual e do interesse comum é um tema presente, até mesmo, em sistemas sociais como, por exemplo, o das abelhas. Cf. KAUFMANN, 2010, p. 244. Esse tema toca fundo, por outro lado, na concepção sustentada pelo Anarquismo. Como o tema é profundo, no momento, basta apenas fazer alusão a ele. Para uma leitura sobre uma concepção drástica de liberalismo que beira ao anarquismo, consulte-se NOZICK, Robert. **Anarquia, Estado e Utopia.** 1ª edição. Tradução: Fernando Santos. São Paulo: Martins Fontes, 2011, p. 148-159.

5 KAUFMANN, 2010, p. 244.

DOIS SÍMBOLOS E TENTATIVAS DE SE DEFINIR O QUE É BEM COMUM PODEM SER ENCONTRADAS EM OBRAS DE PERSPECTIVAS DIFERENTES.	1) Manifesto Comunista, de Marx e Engels; 2) Encíclicas Papais.

Apesar das enormes diferenças, e não são poucas, entre o "Manifesto Comunista" e as Encíclicas dos Papas, há também pontos de convergência que, à primeira vista, provavelmente, nem sequer se imaginava. Antes de trazer à tona estes pontos de aproximação, convém transcrever, literalmente, por uma questão de cuidado, os trechos das referidas obras acima mencionadas[6]. Vamos às transcrições.

O MANIFESTO DO PARTIDO COMUNISTA E AS ENCÍCLICAS PAPAIS.	Representam vertentes ideológicas completamente diferentes com propostas quase que totalmente divergentes.
O MANIFESTO DO PARTIDO COMUNISTA E AS ENCÍCLICAS PAPAIS E A IDEIA DE BEM COMUM.	Quando o assunto é o bem comum, é possível identificar alguns pontos em comum entre vertentes tão diferentes.

Extrai-se do "Manifesto Comunista", de Marx e Engels, escrito em 1872, a seguinte passagem:

> "Toda a sociedade se divide cada vez mais em dois grandes campos inimigos, em duas grandes classes diametralmente opostas: a burguesia e o proletariado... A burguesia... substituiu a exploração velada, por ilusões religiosas e políticas, por uma exploração descarada, direta e brutal... A burguesia suprime cada vez mais a repartição dos meios de produção, da propriedade e da população. Aglomerou a população, centralizou os meios de produção e concentrou a propriedade num pequeno número de mãos... À medida que cresce a burguesia, quer dizer, o capital, desenvolve-se também o proletariado, a classe dos operários modernos que não vivem senão na condição de encontrarem trabalho... Estes operários, obrigados a vender-se, dia-a-dia, são uma mercadoria, um artigo de comércio como qualquer outro... Eles não são apenas os escravos da classe burguesa... eles são, diariamente, a todas as horas, os escravos da máquina, do contramestre e, sobretudo, do próprio burguês fabricante... O proletariado passa por diferentes etapas de desenvolvimento... Os conflitos entre operário individual e burguês individual assumem cada vez mais o caráter de conflito entre duas classes. Os operários começam por formar coalizões contra os burgueses; juntam-se para defesa dos seus salários... O *Lumpenproletariado* (o proletariado sem consciência de classe), esse apodrecimento passivo das

6 KAUFMANN, 2010, p. 244.

camadas baixas da velha sociedade pode ser arrastado para o movimento por uma revolução proletária... Todas as sociedades anteriores... se basearam no antagonismo entre classes opressoras e oprimidas... Os comunistas são... o setor mais resoluto dos partidos operários de todos os países... O objetivo imediato dos comunistas é o mesmo que o de todos os outros partidos proletários: constituição dos proletários em classe, derrubamento da dominação burguesa, conquista do poder político pelo proletariado... O que caracteriza o comunismo não é a abolição da propriedade em geral, mas antes a abolição da propriedade burguesa... Vós, a burguesia, ficais horrorizados por querermos abolir a propriedade privada. Mas na vossa sociedade atual a propriedade privada está abolida para nove décimos dos seus membros... O comunismo não tira a ninguém a faculdade de se apropriar dos produtos sociais, tira apenas o poder de subjugar o trabalho alheio por meio dessa apropriação... Já acima vimos que o primeiro passo da revolução operária é a elevação do proletariado a classe dominante, a conquista da democracia... O proletariado servir-se-á da sua supremacia política para retirar pouco a pouco à burguesia todo o capital, para centralizar todos os instrumentos de produção nas mãos do Estado... Os comunistas declaram abertamente que os seus objetivos só podem ser alcançados através da subversão violenta de toda a ordem social atual ... Proletários de todos os países, uni-vos!"[7].

OBRA: MANIFESTO COMUNISTA
AUTORES: MARX E ENGELS
SÍNTESE DAS PRINCIPAIS IDEIAS DEFENDIDAS
Toda a sociedade se divide cada vez mais em dois grandes campos inimigos, em duas grandes classes diametralmente opostas: a burguesia e o proletariado.
Todas as sociedades anteriores... se basearam no antagonismo entre classes opressoras e oprimidas...
O que caracteriza o comunismo não é a abolição da propriedade em geral, mas antes a abolição da propriedade burguesa...
... o primeiro passo da revolução operária é a elevação do proletariado a classe dominante, a conquista da democracia...
O proletariado servir-se-á da sua supremacia política para retirar pouco a pouco à burguesia todo o capital, para centralizar todos os instrumentos de produção nas mãos do Estado...
Os comunistas declaram abertamente que os seus objetivos só podem ser alcançados através da subversão violenta de toda a ordem social atual ...

7 MARX, Karl; ENGELS, Friedrich. **Manifesto comunista.** Tradução: Álvaro Pina. São Paulo: Editora Boitempo, 1998, p. 33.

Da Encíclica *"Populorum Progressio"*, do papa *Paulo VI*, de 1967 (nº 23 e 24), extrai-se a seguinte passagem:

> "A propriedade privada não constitui para ninguém um direito incondicional e absoluto. Ninguém tem direito de reservar para seu uso exclusivo aquilo que é supérfluo, quando a outros falta o necessário. Numa palavra, "o direito de propriedade nunca deve exercer-se em detrimento do bem comum, segundo a doutrina tradicional dos padres da Igreja e dos grandes teólogos". Surgindo algum conflito "entre os direitos privados adquiridos e as exigências comunitárias primordiais", é ao poder público que o compete "resolver, com a participação ativa das pessoas e dos grupos sociais" (aqui é citado Santo Ambrósio). O bem comum exige por vezes a expropriação, se certos domínios formam um obstáculo à prosperidade coletiva, pelo fato da sua extensão, da sua exploração fraca ou nula, da miséria que daí resulta para as populações, do prejuízo considerável causado aos interesses do país"[8].

OBRA: ENCÍCLICA "POPULORUM PROGRESSIO".
AUTOR: PAPA PAULO VI
SÍNTESE DAS PRINCIPAIS IDEIAS
A propriedade privada não constitui para ninguém um direito incondicional e absoluto.
O direito de propriedade nunca deve exercer-se em detrimento do bem comum, segundo a doutrina tradicional dos padres da Igreja e dos grandes teólogos
Surgindo algum conflito "entre os direitos privados adquiridos e as exigências comunitárias primordiais", é ao poder público que o compete "resolver, com a participação ativa das pessoas e dos grupos sociais".
O bem comum exige por vezes a expropriação, se certos domínios formam um obstáculo à prosperidade coletiva, pelo fato da sua extensão, da sua exploração fraca ou nula, da miséria que daí resulta para as populações, do prejuízo considerável causado aos interesses do país.

Da Encíclica *"Laborem Exercens"* do papa *João Paulo II*, de 1981 (nº14), colhe-se a seguinte passagem:

> "Por outras palavras, a propriedade, segundo o ensino da Igreja, nunca foi entendida de maneira a poder constituir motivo de contraste social no trabalho. Conforme já foi recordado acima, a propriedade adquire-se primeiro que tudo pelo trabalho e para servir ao trabalho. E isto diz respeito de modo de particular à propriedade dos meios de produção. Considerá-los isoladamente, como um conjunto à parte da propriedade, com o fim de os contrapor, sob a forma

8 Apud, KAUFMANN, 2010, p. 246.

do "capital", ao "trabalho" e, mais ainda, com o fim de explorar o trabalho, é contrário à própria natureza de tais meios e à sua posse. Estes não podem ser ***possuídos contra o trabalho***, como não podem ser possuídos apenas para serem possuídos, porque o único título legítimo para sua posse – e isto tanto sob a forma da propriedade privada como sob a forma da propriedade pública ou coletiva – é ***que eles sirvam ao trabalho;*** e que, consequentemente, servindo ao trabalho, tornem possível a realização do primeiro princípio desta ordem, que é o destino universal dos bens e o direito ao seu uso comum. Sob este ponto de vista, em consideração do trabalho humano e do acesso comum aos bens destinados ao homem, não é de excluir a ***socialização*** de certos meios de produção, contanto que se verifiquem as condições oportunas"[9].

OBRA: ENCÍCLICA "LABOREM EXERCENS"
AUTOR: PAPA JOÃO PAULO II
SÍNTESE DAS PRINCIPAIS IDEIAS
... a propriedade, segundo o ensino da Igreja, nunca foi entendida de maneira a poder constituir motivo de contraste social no trabalho.
... a propriedade adquire-se primeiro que tudo pelo trabalho e para servir ao trabalho.
E isto diz respeito de modo de particular à propriedade dos meios de produção.
Os meios de produção não podem ser ***possuídos contra o trabalho***, como não podem ser possuídos apenas para serem possuídos, porque o único título legítimo para sua posse – e isto tanto sob a forma da propriedade privada como sob a forma da propriedade pública ou coletiva – é ***que eles sirvam ao trabalho.***
Servindo ao trabalho, tornem possível a realização do primeiro princípio desta ordem, que é o destino universal dos bens e o direito ao seu uso comum.
Sob este ponto de vista, em consideração do trabalho humano e do acesso comum aos bens destinados ao homem, não é de excluir a ***socialização*** de certos meios de produção, contanto que se verifiquem as condições oportunas

Bem, foram transcritas acima as passagens do *Manifesto Comunista* e de diferentes encíclicas papais. Não se pode negar que há entre elas ponto de contato. Isto nos permite desconsiderar, ao menos no momento, que há entre Marx e Engels, por um lado, e os *Papas,* por outro, profundas divergências e, porque não, um antagonismo. Tudo leva crer que ambos os lados, os marxistas-comunistas e os Papas, iriam lamentar profundamente a comparação que será aqui levada a efeito realçando os pontos em comum[10].

9 Apud, KAUFMANN, 2010, p. 246.

10 KAUFMANN, 2010, p. 247.

Os autores do "Manifesto Comunista" opunham-se, convictamente, a um "socialismo clerical"[11], que pretenda "dar ao ascetismo cristão uma matriz socialista", e, como que pretendendo condenar as encíclicas sociais dos Papas antes mesmo de elas serem escritas, acrescentavam: "Não levantou também o Cristianismo a sua voz contra a propriedade privada, contra o casamento, contra o Estado? O socialismo cristão é apenas a água benta com o que o clero consagra a irritação dos aristocratas".

OS AUTORES DO "MANIFESTO COMUNISTA":	Opunham-se ao "socialismo clerical".
OS AUTORES DO "MANIFESTO COMUNISTA":	Sustentam que o "socialismo clerical" pretende dar "ao ascetismo cristão uma matriz socialista".
OS AUTORES DO "MANIFESTO COMUNISTA":	Condenam, antecipadamente, as encíclicas sociais dos Papas.

E o que acontece a partir da outra perspectiva? Em que medida se pretende mesmo, de forma séria, a *expropriação* e *socialização* em caso de mau uso da propriedade?[12] Não há qualquer dúvida que elas não são definidas com a mesma ênfase com que se reclamam os mandamentos e proibições na seara da família, da sexualidade, da contracepção, do aborto, dos métodos de inseminação artificial, e assim por diante. Totalmente diferente de *Jesus* (Lucas 6;24: "Pobre de vós que sois ricos"), não há revolta ou indignação diante do luxo dos excessivamente ricos. Em que medida leva realmente a sério o Papa a sua afirmação, de que a justificação da propriedade privada e do patrimônio é unicamente o trabalho, sendo que a realidade faz dela, como se vê, um discurso vazio. Cabe perguntar: será que, realmente, a contracepção é pior que a injustiça social? Se se quer conhecer os ensinamentos dos Papas, pelo que se vê, antes de se consultar as palavras contidas nas suas Encíclicas, deve-se observar os acontecimentos.

SÍNTESE – UMA CRÍTICA À SOCIALIZAÇÃO CRISTÃ:
Em que medida leva realmente a sério o Papa a sua afirmação, de que a justificação da propriedade privada e do patrimônio é unicamente o trabalho, sendo que a realidade faz dela, como se vê, um discurso vazio. Cabe perguntar: será que, realmente, a contracepção é pior que a injustiça social? Se se quer conhecer os ensinamentos dos Papas, pelo que se vê, antes de se consultar as palavras contidas nas suas Encíclicas, deve-se observar os acontecimentos.

11 KAUFMANN, 2010, p. 247.

12 KAUFMANN, 2010, p. 247.

Como nos dá conta Kaufmann[13], uma notícia veiculada no jornal *Süddeutsche Zeitung*, ocorreu, em junho de 1996, no Parlamento alemão, uma constrangedora situação, a saber: um deputado do Partido Social Democrático (SPD), *Hans-Jochen Vogel* (católico), leu em voz alta o texto de *João Paulo II*, linhas acima transcrito, mas o fez sem mencionar a sua autoria. Logo a seguir, disseminou-se na bancada democrata-cristã um perceptível desconforto – especulou-se se seria "socialismo" ou até "comunismo" –, e a embaraçosa situação só se resolveu quando *Vogel* revelou o nome do autor do texto que ele tivera lido. Não deveriam as Encíclicas sociais serem conhecidas pelos políticos cristãos? Como se vê, eles dizem que as conhecem, mas, na verdade, não são muito familiarizados com elas.

EPISÓDIO CONSTRANGEDOR NARRADO POR ARTHUR KAUFMANN
Uma notícia veiculada no jornal *Süddeutsche Zeitung*, em junho de 1996, nos dá conta de que, no Parlamento alemão, ocorreu uma constrangedora situação, a saber: um deputado do Partido Social Democrático (SPD), *Hans-Jochen Vogel* (católico), leu em voz alta o texto de *João Paulo II*, linhas acima transcrito, mas o fez sem mencionar a sua autoria. Logo a seguir, disseminou-se na bancada democrata-cristã um perceptível desconforto – especulou-se se seria "socialismo" ou até "comunismo" –, e a embaraçosa situação só se resolveu quando *Vogel* revelou o nome do autor do texto que ele tivera lido.
O QUE ISSO DEMONSTRA?
Que os políticos cristãos dizem que conhecem as encíclicas papais, mas, na verdade, não são muito familiarizados com elas.

As oposições são invencivelmente abrangentes. Tanto mais sendo evidentes que, na seara da economia, trabalho e propriedade, existem exigências tão elementares que mesmo forças reciprocamente opostas ou até hostis estão dispostas a reconhecê-las de igual modo, mesmo que o façam apenas no plano verbal. E é exatamente isso que se passa no que toca ao tema dos direitos humanos.

HÁ OPOSIÇÕES INVENCIVELMENTE ABRANGENTES ENTRE AS PERSPECTIVAS CRISTÃ E COMUNISTA.	As divergências são muitas, sobretudo no campo da economia, trabalho e propriedade.
HÁ OPOSIÇÕES INVENCIVELMENTE ABRANGENTES ENTRE AS PERSPECTIVAS CRISTÃ E COMUNISTA.	Na seara dos Direitos Humanos, estas vertentes não admitem que há pontos de contato, mesmo que a divergência seja apenas no plano verbal.

13 KAUFMANN, 2010, p. 247-248.

O que até aqui foi apresentado pode ser, também, confirmado de outra maneira: a escolha das palavras é por vezes muito diferente. Enquanto a ética tradicional faz uso da palavra "*bonum*" e, portanto, também de "*bonum ccommune*" (sendo verdade que, ainda hoje, se utiliza na ciência jurídica a expressão "bem jurídico"), a tendência presente[14] é a de se colocar, no seu lugar, o "*fim*" (*Rudolf v. Jhering*[15]) ou o "*interesse*" (*Philipp Heck*[16]). Neste ponto, convém mencionar, sobretudo, a lição de *Max Weber* e a sua distinção entre *racionalidade finalística* e *racionalidade valorativa*[17]. A maior ênfase está na *racionalidade finalística*, que é alheia a valores; a *racionalidade valorativa* que não está ao alcance de um processo científico, tem apenas o significado restrito de um corretivo. Na obra de *Max Weber*, os valores são reconduzidos ao relativismo. Neste aspecto, nota-se um paralelo com a obra de *Gustav Radbruch* que fala também de *fins* e de *adequação*.

ÉTICA TRADICIONAL	Faz uso da expressão bem comum para se referir à justiça como justiça social.
CIÊNCIA JURÍDICA	Faz uso da expressão bem jurídico.
JURISPRUDÊNCIA DOS INTERESSES	Faz uso da expressão fim ou interesse.
OS TIPOS DE RACIONALIDADE, SEGUNDO MAX WEBER.	A Racionalidade *Valorativa* e a Racionalidade *Finalística*.
A DOUTRINA DE GUSTAV RADBRUCH	Faz uso da expressão adequação.

AS RACIONALIDADES DE MAX WEBER	
RACIONALIDADE VALORATIVA	**RACIONALIDADE FINALÍSTICA**
A *racionalidade valorativa* que não está ao alcance de um processo científico.	A *racionalidade finalística*, que é alheia a valores (neutra), está ao alcance do processo científico.
Na obra de *Max Weber*, os valores são reconduzidos ao relativismo.	Na obra de *Max Weber*, a finalidade conduz a ideia de universalidade.

14 KAUFMANN, 2010, p. 248.

15 JHERING, Rudolf von. **A luta pelo direito.** Tradução: José Cretella Jr. e Agnes Cretella. 3ª edição. São Paulo: Editora RT, 2003, p. 27.

16 CANARIS, Claus-Wilhelm. **Pensamento sistemático e conceito de sistema na ciência do direito.** 3ª edição. Tradução e introdução: António Menezes Cordeiro. Lisboa: Editora Fundação Calouste Gulbenkian, 2002, p. 55-65.

17 WEBER, Max. **Economia e sociedade:** fundamentos da sociologia compreensiva. Volume I. Tradução: Regis Barbosa e Karen Elsabe Barbosa. Revisão técnica: Gabriel Cohn. 4 ª edição. Brasília: Editoria Universidade de Brasília, 2000, p. 91.

Tem apenas o significado restrito de um corretivo ou avaliação	Tem o significado de verificar a adequação entre meio e fim.

Todavia, para *Radbruch*[18] os *fins* não são valorativamente neutros; ele equipara, até com relativa frequência, *valores* aos *fins*. Ele é, nitidamente, assim como *Weber*, um defensor do relativismo axiológico, mas os valores são, segundo *Radbruch* passíveis, ainda que de forma limitada, de uma discussão científica (mais adiante, neste capítulo, se tocará neste problema).

TESES DEFENDIDAS POR RADBRUCH
Os fins não são valorativamente neutros.
Há no Direito um certo relativismo axiológico.
Não há diferença entre Valores e Fins.
É possível estudar cientificamente os valores, mesmo que de forma limitada.

Por fim, deve-se, ainda chamar atenção para o seguinte: existe, na atualidade, um intenso debate sobre a questão de saber, se a ética deve ser desenvolvida como a ética dos bens e da virtude (ética subjetiva e objetiva) ou antes deve ser ela uma ética orientada por regras (ética processual, ética do discurso). Sobre a ética do discurso, dada a vastidão de seu campo de estudos, não se irá aqui aprofundá-la, vez que isso implicaria na perda de foco do presente trabalho. Por ora, é possível dizer que ela, a ética do discurso, não exclui a ética dos bens. O principal erro neste debate, quase sempre, está em se considerar a relação entre os dois tipos de éticas como uma relação de exclusão ("ou..., ou..."); quando, a rigor, elas não se excluem.

QUAL O DEBATE TRAVADO NO CAMPO DA ÉTICA ATUALMENTE?	• A ética deve ser desenvolvida como a ética dos bens e da virtude (ética subjetiva e objetiva)? • Ou antes deve ser ela uma ética orientada por regras (ética processual, ética do discurso)? • Conclusão provisória: a ética do discurso, não exclui a ética dos bens.

A ética processual, em especial, a ética do discurso, não pode, por si só, chegar a nenhuma afirmação sobre o que se deve fazer ou deixar de fazer.

18 RADBRUCH, Gustav. **Introdução à ciência do direito.** Tradução: Vera Barkow. Revisão técnica: Sérgio Sérvulo da Cunha. São Paulo: Martins Fontes, 1999, p. 59.

Apesar disso, quando ela, a ética processual, faz tais afirmações, elas são, na verdade, sub-reptícias (ilícitas ou clandestinas). Por outro lado, uma pura ética dos bens orienta, facilmente, à hipostasiação (conferir realidade a algo metafórico) e a ontologização (a condensação e absolutização da essência) do "bem supremo". Logo, não se deve dar preferência qualquer das abordagens possíveis sobre a ética. No momento, por uma questão estratégica e de objetivo, se discorrerá, mais de perto, sobre a ética material. O que não revela qualquer tipo de preferência[19] ou prioridade que se confere aqui a ela[20].

CRÍTICA À ÉTICA DO DISCURSO	CRÍTICA À ÉTICA MATERIAL
a) Não pode, por si só, chegar a nenhuma afirmação sobre o que se deve fazer ou deixar de fazer. b) Apesar disso, quando ela, a ética processual, faz tais afirmações, elas são, na verdade, sub-reptícias (ilícitas ou clandestinas).	Uma pura ética dos bens orienta, facilmente, à hipostasiação (conferir realidade a algo metafórico) e a ontologização (a condensação e absolutização da essência) do "bem supremo".

SÍNTESE – REFLEXÃO ATUAL SOBRE A ÉTICA
Não se deve dar preferência qualquer das abordagens possíveis sobre a ética, nem à ética material (dos bens e da virtude) nem à ética do discurso (ética processual).

2.1.2. A doutrina tripartida de Radbruch sobre os fins supremos do direito e o relativismo jusfilosófico

A teoria da adequação do direito de Radbruch não é, com toda certeza, a última palavra sobre esta matéria. Mas ela, sem dúvida, constitui um "divisor de águas" na construção de uma concepção material de justiça, que não pode ser ignorado[21]. A discussão sobre a justiça material deverá sempre ponderar seriamente a tentativa feita por Radbruch[22].

A TEORIA DA ADEQUAÇÃO DO DIREITO – RADBRUCH
Radbruch elabora uma teoria sobre a justiça. Nesta, ele sustenta uma concepção material de justiça (teoria da adequação do direito). A sua teoria não é a "última palavra" sobre o assunto, mas é um "divisor de águas".

19 KAUFMANN, 2010, p. 249.

20 RADBRUCH, Gustav. **Introdução à ciência do direito.** Tradução: Vera Barkow. Revisão técnica: Sérgio Sérvulo da Cunha. São Paulo: Martins Fontes, 1999, p. 57.

21 KAUFMANN, 2010, p. 249.

22 KAUFMANN, 2010, p. 249.

Radbruch apresentou a sua teoria da adequação do direito, primeiro, na sua obra "Princípios de Filosofia do Direito", em 1914 e, mais tarde, na sua obra "Filosofia do Direito", em 1932. Para exposição que se desenvolverá aqui, tomar-se-á por base o seu "Curso Elementar de Filosofia do Direito", de 1947, quer porque se encontra nesta obra uma exposição bem condensada do assunto, quer por ser a expressão autêntica e mais recente de Gustav Radbruch sobre o problema da justiça material[23]. A seguir, serão transcritas, literalmente, as respectivas passagens da obra, pois não é possível ser tão rigoroso, do ponto de vista científico, de forma mais sucinta:

TEORIA DA ADEQUAÇÃO DE GUSTAV RADBRUCH	Apresentada na obra "Princípios de Filosofia do Direito".
TEORIA DA ADEQUAÇÃO DE GUSTAV RADBRUCH	Desenvolvida na obra "Filosofia do Direito".

> "Para a dedução de proposições jurídicas, a justiça terá de ser complementada pela adequação a fins. Por "fim do direito" não se deve entender uma determinação empírica de fim, mas sim a devida *ideia-fim*. Enquanto o conceito de justiça pertence à filosofia do direito, a ideia-fim tem que se procurar na ética. A ética integra a doutrina do dever e a doutrina dos bens. Deve-se entender por bens éticos os valores que constituem o conteúdo dos deveres éticos. O fim do direito tanto pode estar referido aos bens éticos como aos deveres éticos"[24].

PARA QUE SE DEDUZA PROPOSIÇÕES JURÍDICAS, SEGUNDO RADBRUCH:	A justiça terá de ser adequada a fins.
O QUE É "FIM DO DIREITO"?	"Fim do direito" se relaciona à noção de "ideia-fim".
O CONCEITO DE JUSTIÇA	Pertence à Filosofia do Direito.
A NOÇÃO DE IDEIA-FIM	Pertence à Ética.
A ÉTICA É CONSTITUÍDA.	Pela doutrina do dever e a doutrina dos bens.
O QUE SÃO BENS ÉTICOS?	Os valores que constituem o conteúdo dos deveres éticos.
O FIM DO DIREITO PODE SE REFERIR A... ?	Tanto aos bens éticos como aos deveres éticos.

23 KAUFMANN, 2010, p. 249.

24 KAUFMANN, 2010, p. 249.

"Na doutrina dos bens éticos podem distinguir-se três grupos de valores em função da natureza dos seus portadores: o portador do primeiro é a ***personalidade individual***, do segundo é a ***personalidade coletiva*** e, do terceiro, a ***obra cultural.*** Consoante a ordem de prevalência destes três tipos de valores, distinguimos três sistemas de valores: para o sistema ***individualista*** os bens supremos são os valores da personalidade individual, para o sistema ***supra-individualista*** são os valores da personalidade coletiva e para o sistema ***transpersonalista*** são as obras culturais"[25].

DOUTRINA DOS BENS ÉTICOS DE RADBRUCH			
Grupos de valores em função da natureza dos seus portadores	Portador do primeiro valor: a ***personalidade individual.***	Portador do segundo valor: a ***personalidade coletiva.***	Portador do terceiro valor: a ***obra cultural.***
Três sistemas de valores	Para o sistema ***individualista*** os bens supremos são os valores da personalidade individual.	Para o sistema ***supra-individualista*** são os valores da personalidade coletiva.	Para o sistema ***transpersonalista*** são as obras culturais.

"As formas de convivência que correspondem aos três portadores de valores são a ***"sociedade"*** individualista, a ***"coletividade"*** supra-individualista e a ***"comunidade"*** transpessoal. Para ilustração da ideia, pense-se na sociedade como uma ***relação contratual*** na coletividade como um ***organismo*** do tipo do corpo humano e na comunidade de criação das obras culturais como um ***consórcio de construtores*** em que os seus membros não estão ligados diretamente pessoa a pessoa, mas sim indiretamente através de uma obra comum. O ideal de cada uma dessas três formas sociais de convivência pode exprimir-se sucintamente: ***liberdade, poder, cultura".***

A DOUTRINA TRIPARTIDA DE RADBRUCH SOBRE OS FINS SUPREMOS DO DIREITO.			
Grupos de valores em função dos portadores	Portador: a personalidade individual.	Portador: a personalidade coletiva.	Portador: a obra cultural.
Formas de convivência	Sociedade individualista	Coletividade supra-individualista.	Comunidade transpessoal.

25 KAUFMANN, 2010, p. 249.

Ilustração da ideia	Sociedade: Relação contratual	Coletividade: Organismo.	Comunidade: consórcio de construtores.
O ideal	Liberdade	Poder	Cultura

O ideal individualista é a liberdade e ele encontra forma político-partidária nos partidos liberais, democráticos e socialistas. Segundo a concepção ***liberal***, o valor da personalidade é – matematicamente falando – um valor infinito e, portanto, não multiplicável, e que tem o direito de se impor mesmo face a relevantes interesses da maioria. O pensamento ***democrático***, ao invés, apenas lhe atribui um valor finito, ou seja, a soma dos valores da personalidade duma maioria prevalecem sobre os duma minoria. Enquanto a democracia apenas garante uma liberdade jurídica formal, o ***socialismo*** exige uma democracia material, ou seja, a liberdade individual de fato ou econômica, sem contudo se afastarem do objetivo final individualista".

	DOUTRINA INDIVIDUALISTA
Concepção liberal	O valor da personalidade é – matematicamente falando – um valor infinito e, portanto, não multiplicável, e que tem o direito de se impor mesmo face a relevantes interesses da maioria.
Pensamento democrático	Atribui um valor finito a personalidade, ou seja, a soma dos valores da personalidade duma maioria prevalecem sobre os duma minoria.
Socialismo	Exige uma democracia material, ou seja, a liberdade individual de fato ou econômica, sem contudo se afastarem do objetivo final individualista.

"A doutrina orgânica, supra-individualista é, por seu lado, a base dos partidos ***autoritários*** ou ***conservadores***, de acordo com os quais não é o Estado, o Todo, que existe por causa dos seus membros, mas sim os membros que existem por causa do Todo e as tarefas do Estado estão acima dos próprios interesses da maioria dos cidadãos do Estado. Por fim, a concepção ***transpessoal*** não encontrou expressão em nenhuma doutrina partidária. Ela constitui porém o único padrão para a valoração histórica posterior dos povos já desaparecidos, pois apenas sobrevivem as obras culturais desses povos"[26].

26 KAUFMANN, 2010, p. 250.

DOUTRINA ORGÂNICA (SUPRA-INDIVIDUALISTA).
A base dos partidos ***autoritários*** ou ***conservadores***, de acordo com os quais não é o Estado, o Todo, que existe por causa dos seus membros, mas sim os membros que existem por causa do Todo e as tarefas do Estado estão acima dos próprios interesses da maioria dos cidadãos do Estado.

CONCEPÇÃO TRANSPESSOAL
Não encontrou expressão em nenhuma doutrina partidária. Ela constitui porém o único padrão para a valoração histórica posterior dos povos já desaparecidos, pois apenas sobrevivem as obras culturais desses povos.

"A ordem de prevalência das três classes de valores não se pode unívoca e comprovadamente determinar. Os fins e valores supremos do direito não variam apenas em função das condições sociais dos diferentes povos e épocas, variando também subjetivamente de pessoa para pessoa, consoante o sentimento jurídico, a concepção do Estado, a posição partidária, a religião, a mundividência. A decisão apenas pode provir das profundezas da própria personalidade, só pode ser decisão de consciência, a ciência deve limitar-se a preparar estes três grupos de valores para a decisão".

O RELATIVISMO JUSFILOSÓFICO	
Há uma ordem de prevalência entre as três classes de valores?	Não se pode unívoca e comprovadamente determinar. Os fins e valores supremos do direito não variam apenas em função das condições sociais dos diferentes povos e épocas, variando também subjetivamente de pessoa para pessoa, consoante o sentimento jurídico, a concepção do Estado, a posição partidária, a religião, a mundividência.
De onde provêm a decisão sobre os três valores.	A decisão apenas pode provir das profundezas da própria personalidade, só pode ser decisão de consciência, a ciência deve limitar-se a preparar estes três grupos de valores para a decisão.

"Ela serve esta decisão de três formas diversas; 1. Ao expor de forma sistematicamente completa as valorações possíveis; 2. Ao apresentar os meios para a sua realização e, assim, as exigências delas resultantes; 3. Ao desvendar os pressupostos mundividencionais de cada tomada da posição valorativa. Este ***relativismo*** ensina de três formas diversas o indivíduo, não a reconhecer aquilo que deve, mas aquilo que verdadeiramente quer, ou seja, aquilo que de forma consciente tem de querer caso se submeta à lei da congruência"[27].

27 KAUFMANN, 2010, p. 251

COMO A CIÊNCIA DO DIREITO SERVE À TOMADA DE DECISÃO ENTRE OS TRÊS VALORES?		
Ao expor de forma sistematicamente completa as valorações possíveis.	Ao apresentar os meios para a sua realização e, assim, as exigências delas resultantes.	Ao desvendar os pressupostos mundividencionais de cada tomada da posição valorativa.

Até agora ouviu se as palavras de Gustav Radbruch acerca do assunto. Na sequência do texto acima mencionado, Radbruch apresenta a doutrina dos *deveres éticos* que, segundo o seu parecer, conduz a exigências absolutas face ao direito. Ele menciona aqui, em especial, os *direitos humanos*[28] que toda a ordem jurídica, qualquer que seja a sua cor, tem de garantir (daqui resulta uma relevante limitação do relativismo que não se encontra com esta forma nas primeiras publicações sobre o tema).

A DOUTRINA DOS DEVERES ÉTICOS DE RADBRUCH.	
CONSEQUÊNCIA	EXEMPLO
Conduz a exigências absolutas face ao direito.	Direitos Humanos
Limite ao relativismo jusfilosófico	Toda a ordem jurídica, qualquer que seja a sua cor, tem de garantir (daqui resulta uma relevante limitação do relativismo).

A conhecida *teoria jusfilosófica dos partidos*[29] está, muito sucintamente, refletida nos fragmentos de textos acima transcritos. Seria aqui frutífera a leitura das passagens esclarecedoras de outra obra de Radbruch, o seu "Filosofia do Direito". Convém dizer que esta doutrina não é a última palavra sobre o assunto, mas até o momento dificilmente se encontra algo do mesmo nível[30].

A crítica a Radbruch deverá, sobretudo, voltar-se à sua concepção de que indivíduo, coletividade e obra suprema estão desligados entre si, podendo, por conseguinte, cada um deles, por si só, em tese, determinar o conteúdo do direito[31]. A rigor, o que provavelmente se passa é que os três valores supremos do direito (desde que se tome como ponto de partida de que só há esses três valores) só na sua atuação conjunta conformam o direito. Deste modo,

28 KAUFMANN, 2010, p. 251.

29 KAUFMANN, 2010, p. 252.

30 KAUFMANN, 2010, p. 252.

31 KAUFMANN, 2010, p. 252.

coloca-se a tarefa de determinar, sem arbitrariedade, tal atuação conjunta, tarefa esta de extraordinária dificuldade, pois os três valores jurídicos não estão num harmonia preestabelecida e recíproca (neste ponto Radbruch tem total razão), eles não só se complementam, como também se contrapõem em diversos aspectos.

CRÍTICA À TESE DE RADBRUCH	APRIMORAMENTO À TESE DE RADBRUCH	O DESAFIO DE HARMONIZAR OS TRÊS VALORES
A crítica a Radbruch deverá, sobretudo, voltar-se à sua concepção de que indivíduo, coletividade e obra suprema estão desligados entre si, podendo, por conseguinte, cada um deles, por si só, em tese, determinar o conteúdo do direito.	O que provavelmente se passa é que os três valores (justiças: igualdade, adequação e bem comum ou utilidade) supremos do direito (desde que se tome como ponto de partida de que só há esses três valores) só na sua atuação conjunta conformam o direito.	Coloca-se a tarefa de determinar, sem arbitrariedade, tal atuação conjunta, tarefa esta de extraordinária dificuldade, pois os três valores jurídicos não estão numa harmonia preestabelecida e recíproca, eles não só se complementam, como também se contrapõem em diversos aspectos.

Basta invocar dois exemplos da realidade, que não sendo de modo nenhum muito excepcionais, são, todavia, bem demonstrativos de como são especialmente importantes e problemáticas as regras de prevalência[32]: a promoção de um funcionário parece extraordinariamente "adequada" a uma desejável reconciliação entre o Governo e a Igreja, mas "injusta" ou até "iníqua" tendo em vista os méritos do funcionário. A isenção fiscal da venda de ações do Banco X ao Banco D demonstra-se muito "útil", mas "injusta" na perspectiva da igualdade de tratamento. Repita-se: "útil", mas muito longe de ser "justa"! Marco Túlio Cícero, na Roma Antiga, acreditava poder superar esta tensão, entre justiça e utilidade, através da seguinte constatação: *"est enim nihil utile, quod idem nom honestum, nec, quia utile, honestum, sed quia honestum, utile"*[33]. Da lição de Cícero extrai-se a seguinte lição: verdadeiramente útil é apenas o que é justo, aquilo que contraria o princípio da igualdade não pode ser útil. Se isso deve ser compreendido sempre assim, é algo que pode ser posto, de forma fundada, em dúvida. O certo é que toda a Filosofia do

32 ENGISCH, Karl. **Introdução ao pensamento jurídico.** 6ª edição. Tradução: J. Baptista Machado. Lisboa: Fundação Calouste Gulbenkian, 1988, p. 138.

33 CÍCERO, Marco Túlio. **Retórica a herênio.** Tradução: Ana Paula Celestino Faria; Adriana Seabra. São Paulo: Hedra, 2005, p. 27-29.

Direito que pretenda sustentar uma concepção material de justiça, terá que enfrentar este problema e se pôr à prova diante desta questão[34].

O PROBLEMA DE DETERMINAR AS REGRAS DE PREVALÊNCIA ENTRE OS TRÊS VALORES.	EXEMPLOS	COMO SUPERAR A TENSÃO ENTRE UTILIDADE E JUSTIÇA, SEGUNDO CÍCERO?
Os exemplos são muitos para demonstrar como são especialmente importantes e problemáticas as regras de prevalência entre os três valores ou tipos de justiça (material, formal e social).	a) a promoção de um funcionário parece extraordinariamente "adequada" a uma desejável reconciliação entre o Governo e a Igreja, mas "injusta" ou até "iníqua" tendo em vista os méritos do funcionário. b) A isenção fiscal da venda de ações do Banco X ao Banco D demonstra-se muito "útil", mas "injusta" na perspectiva da igualdade de tratamento.	Pra Cícero, verdadeiramente útil é apenas o que é justo, aquilo que contraria o princípio da igualdade não pode ser útil. Se isso deve ser compreendido sempre assim, é algo que pode ser posto, de forma fundada, em dúvida. O certo é que toda a Filosofia do Direito que pretenda sustentar uma concepção material de justiça, terá que enfrentar este problema e se pôr à prova diante desta questão.

2.1.3. De Aristóteles a Kant: a questão do bem supremo

Como é sabido, a ética aristotélica, que culmina e teve o seu auge na ética tomista, fundava-se no princípio de uma *"vida boa"*. A *felicidade*, segundo Aristóteles, é o bem supremo no campo das ações e, por esse motivo, o "bem viver", o "bem agir" e o "ser feliz" são uma coisa só[35]. As virtudes, e em primeiro lugar a ***phronesis***, a prudência, se encontram a serviço da realização da "vida boa". Deste modo, de acordo com Santo Agostinho, a prudência não é nem mais nem menos do que o "conhecimento daquilo a que se deve aspirar e o conhecimento que se deve evitar". Dito de outro modo: a prudência é a faculdade de reconhecer o bem como bem e o mal como mal e de agir em conformidade com essa compreensão. O *Bem* é, na ética aristotélico-tomista, universalizável no princípio supremo: "fazes o bem, evites o mal"! Este princípio, sem dúvida, goza de validade universal. Porém, ele traz consigo um

34 KAUFMANN, 2010, p. 252.

35 ARISTÓTELES, 2009, p. 145.

inegável problema: o de ser tautológico (redundância). É no conceito de Bem que se esconde o que se deve fazer. Ademais, a "felicidade" só é universalizável, se ela forma pensada de modo muito abstrato e, neste caso, ela seria privada de qualquer conteúdo[36].

EM QUE PRINCÍPIO SE FUNDA A ÉTICA ARISTOTÉLICA?	PARA ARISTÓTELES, A PRUDÊNCIA ENCONTRA-SE A SERVIÇO DE QUE?	O QUE É A PRUDÊNCIA, SEGUNDO SANTO AGOSTINHO?	QUAL É O PROBLEMA DA NOÇÃO DE "BEM" NA ÉTICA ARISTOTÉLICO-TOMISTA?
A ética aristotélica, que culmina e teve o seu auge na ética tomista, fundava-se no princípio de uma *"vida boa"*. A felicidade, segundo Aristóteles, é o bem supremo no campo das ações e, por esse motivo, o "bem viver", o "bem agir" e o "ser feliz" são uma coisa só.	As virtudes, e em primeiro lugar a ***phronesis***, a prudência, se encontram a serviço da realização da "vida boa".	O conhecimento daquilo a que se deve aspirar e o conhecimento daquilo que se deve evitar. Dito de outro modo: a prudência é a faculdade de reconhecer o bem como bem e o mal como mal e de agir em conformidade com essa compreensão.	Ele traz consigo um inegável problema: o de ser tautológico (redundância). É no conceito de *Bem* que se esconde o que se deve fazer. Ou seja, quem define o que se deve fazer (o Bem) é o próprio Bem.

O BEM, SEGUNDO TOMÁS DE AQUINO E ARISTÓTELES É UNIVERSALIZÁVEL?	OUTRA CRÍTICA À NOÇÃO DE BEM.
O *Bem* é, na ética aristotélico-tomista, universalizável no princípio supremo: "fazes o bem, evites o mal"! Este princípio, sem dúvida, goza de validade universal.	A "felicidade" só é universalizável, se ela forma pensada de modo muito abstrato e, neste caso, ela seria privada de qualquer conteúdo.

Caso se pense sobre a *felicidade* de maneira concreta, forçoso será concluir que ela significará para cada *pessoa* algo completamente diferente. *Nicolai Hartmann* considera o "Bem" (poderia se dizer, porque não, a "Felicidade") como um conceito vazio. Ao concretizar o Bem – o que é impossível de evitar –, logo se mostra a sua contingente condicionalidade, e quanto mais concretamente se conceber o Bem, mais relativo ele se torna. Também o moderno jusnaturalismo conduziu a este manifestamente escasso resultado.

36 KAUFMANN, 2010, p. 253.

Deste modo, *Henrich Rommen*[37] considera apenas duas normas de *direito natural* como susceptíveis de universalização: "fazer o justo, evitar o injusto"; e "dar a cada um o que é seu". O que se considera como "justo"? O que é "o seu"? Tais perguntas não conseguem respondidas pelo direito natural; todas a tentativas de concretização do absoluto são antes, como assinala *Johannes Messner*, "deixadas à vontade dos membros da sociedade"[38], sendo, portanto, em última instância, uma questão de poder.

O QUE ACONTECE CASO SE COMPREENDA A FELICIDADE DE MODO CONCRETO?	HENRICH ROMMEN[39] CONSIDERA APENAS DUAS NORMAS DE DIREITO NATURAL COMO SUSCEPTÍVEIS DE UNIVERSALIZAÇÃO:	O QUE SE CONSIDERA COMO "JUSTO"? O QUE É "O SEU"?
Caso se pense sobre a <u>*felicidade*</u> de maneira concreta, forçoso será concluir que ela significará para cada <u>*pessoa*</u> algo completamente diferente.	a) "fazer o justo, evitar o injusto"; e b) "dar a cada um o que é seu".	Tais perguntas não conseguem respondidas pelo direito natural; todas a tentativas de concretização do absoluto são antes, como assinala *Johannes Messner*, "deixadas à vontade dos membros da sociedade", sendo, portanto, em última instância, uma questão de poder.

Enquanto neste conceito se pode, inegavelmente, constatar um certo relativismo das normas e regras mais concretas, *Kant* aspira, pelo contrário, uma ética absoluta, válida incondicionalmente *a priori* para todos os homens[40]. Que as qualidades humanas se apliquem ao bem ou ao mal é algo que apenas depende daquilo que faz uma pessoa agir, ou seja, a sua vontade: "*não há nem no mundo, nem fora dele, algo que possa <u>ser considerado, sem restrição, como bom, a não ser uma boa vontade</u>*"[41]. Não é, do ponto de vista ético, relevante sabermos as inclinações a partir da qual nós agimos.

37 Apud KAUFMANN, 2010, p. 254.
38 Apud KAUFMANN, 2010, p. 254.
39 Apud KAUFMANN, 2010, p. 254.
40 KANT, 2003.
41 KANT, 2003.

A TESE DE KANT SOBRE O TEMA DA JUSTIÇA.	FUNDAMENTO DA TESE DE KANT.
Kant aspira, pelo contrário, uma ética absoluta, válida incondicionalmente *a priori* para todos os homens.	Que as qualidades humanas se apliquem ao bem ou ao mal é algo que apenas depende daquilo que faz uma pessoa agir, ou seja, a sua vontade: "*não há nem no mundo, nem fora dele, algo que possa ser considerado, sem restrição, como bom, a não ser uma boa vontade*".

Quando obedecemos as nossas inclinações, mesmo que sejam tão nobres como o amor e a compaixão, então deixamo-nos determinar por algo que, em última instância, nos é exterior, enquanto o nosso "mais íntimo" reside sempre em nós "e não precisa propriamente de ser ensinado, mas tão-somente iluminado". *Apenas estamos plenamente conosco próprio, quando fazemos aquilo para que aí estamos, ou seja, cumprimos o nosso dever*[42]. Porém, como se pode saber o que se deve fazer, o que é o nosso *dever*? A esta pergunta, como é sabido, Kant responde lançando mão do seu famoso conceito de *imperativo categórico*. Diz o imperativo: *age de tal modo que a máxima da tua vontade possa sempre simultaneamente valer como princípio de uma legislação universal* (Crítica da Razão Prática)[43]. Dito de outro modo, como o próprio Kant, mais tarde, viria a formular em sua obra "Fundamentação Metafísica dos Costumes": "Age de tal modo que trates a humanidade, tanto na tua pessoa como na pessoa de cada um dos outros, sempre simultaneamente como *fim* e nunca apenas como meio"[44].

SÓ SOMOS AUTÔNOMOS, SEGUNDO KANT	PORÉM, COMO SE PODE SABER O QUE SE DEVE FAZER, O QUE É O NOSSO *DEVER*?	IMPERATIVO CATEGÓRICO
Apenas estamos plenamente conosco próprio, quando fazemos aquilo para que aí estamos, ou seja, cumprimos o nosso *dever*.	Kant responde lançando mão do seu famoso conceito de *imperativo categórico*. Diz o imperativo: *age de tal modo que a máxima da tua vontade possa sempre simultaneamente valer como princípio de uma legislação universal.*	Age de tal modo que trates a humanidade, tanto na tua pessoa como na pessoa de cada um dos outros, sempre simultaneamente como *fim* e nunca apenas como meio.

42 KANT, Immanuel. **Crítica da Razão Prática.** Tradução: Arthur Morão. Lisboa: Edições 70, 2001, p. 92.

43 KANT, Immanuel. **Crítica da Razão Prática.** Tradução: Arthur Morão. Lisboa: Edições 70, 2001, p. 93.

44 KANT, Immanuel. **Crítica da Razão Prática.** Tradução: Arthur Morão. Lisboa: Edições 70, 2001, p. 94.

Em total coerência com sua lógica, *Kant* nomeia os *fins* que são simultaneamente *deveres*, a saber: a "perfeição própria" e a "felicidade alheia"[45]. Tais fins, como se vê, subordinam-se perfeitamente ao imperativo categórico sustentado por ele. Um imperativo que poderíamos simplificar da seguinte forma: "não desejes ao outro, aquilo que não desejas para si próprio".

QUAIS SÃO OS *FINS* OU *DEVERES*, SEGUNDO KANT?	SIMPLIFICAÇÃO DO IMPERATIVO CATEGÓRICO.
a) a "perfeição própria" e b) a "felicidade alheia".	Não desejes ao outro, aquilo que não desejas para si próprio.

De acordo com Kaufmann[46], *Hruschka*, sem dúvida, está certo ao sustentar que há uma relação entre o imperativo categórico de *Kant* com a regra de ouro de *Christian Thomasius*, sobretudo, ao afirmar que aquele, o imperativo, deriva dessa, a regra de ouro. Com certeza, portanto, que o princípio da universalização assumiu uma forma no imperativo categórico. A pergunta que fica "no ar" é: até que ponto é difícil para ética e a filosofia do direito "abrirem mão" do universalista imperativo categórico? Esta indagação é a que se faz, por exemplo, Sartre, em sua *"ética da situação"*, no contexto do seu existencialismo. Para ele, *Sartre*, cada um é seu próprio legislador e escolhe a sua própria moral, mas, ao fazê-lo, por meio de outros caminhos, ele acaba chegando a uma "repetição existencialista do imperativo categórico", segundo a qual se deve formular a seguinte pergunta: "o que sucederia se todas as pessoas agissem realmente assim?"[47]. O que aconteceria se todas as pessoas agissem segundo a sua própria moral?

HRUSCHKA ESTÁ CERTO AO SUSTENTAR QUE HÁ UMA RELAÇÃO ENTRE O IMPERATIVO CATEGÓRICO DE *KANT* COM A REGRA DE OURO DE *CHRISTIAN THOMASIUS?*	ATÉ QUE PONTO É DIFÍCIL PARA ÉTICA E A FILOSOFIA DO DIREITO "ABRIREM MÃO" DO UNIVERSALISTA IMPERATIVO CATEGÓRICO?	SARTRE SE APROXIMA DO IMPERATIVO CATEGÓRICO DE KANT?
Sim, sobretudo, ao afirmar que aquele, o imperativo, deriva dessa, a regra de	Esta indagação é a que se faz, por exemplo, Sartre, em sua *"ética da situação"*, no contexto	Sim, sobretudo, quando pergunta: o que aconteceria se todas as pessoas

45 KAUFMANN, 2010, p. 255.

46 KAUFMANN, 2010, p. 255.

47 SARTRE, Jean-Paul. **O existencialismo e o humanismo.** 1ª edição. Tradução: João Batista Kreuch. Petrópolis: Editora Vozes, 2012, p. 23.

ouro. Portanto, o princípio da universalização assumiu uma forma no imperativo categórico.	do seu existencialismo. Para ele, *Sartre*, cada um é seu próprio legislador e escolhe a sua própria moral, mas, ao fazê-lo, por meio de outros caminhos, ele acaba chegando a uma "repetição existencialista do imperativo categórico", segundo a qual se deve formular a seguinte pergunta: "o que sucederia se todas as pessoas agissem realmente assim?"	agissem segundo a sua própria moral?

Logo, como se vê, força é convir que o imperativo categórico possui as suas mazelas. Por exemplo, ele é demasiado abstrato, não há nele uma referência temporal concreta e, o pior, ignora as circunstâncias específicas da situação concreta. Trata-se, portanto, de uma pura ética de convicção, além de ser, como destaca Kaufmann, uma ética impessoal. Aliás, como demonstrou *Werner Maihofer*, tratando sobre o assunto, transmutou a tese ética originária "*Sê tu mesmo*" para o postulado "Sê universal", ou seja, "Sê como se deve ser". Já muito antes, tinha *Max Scheler* levantado contra *Kant* a objeção de que não há apenas um *universal Bem* em si, mas também um Bem para si, *para cada pessoa*. Nas palavras de Scheler, reproduzidas por Kaufmann, literalmente: para quem "não reconhece um bem para si, pretendendo antes fundar com *Kant* a ideia de bem na *validade geral* (e na necessidade) de um *querer*, está excluído reconhecer um bem para mim enquanto pessoa individual"[48].

QUAIS AS MAZELAS DO IMPERATIVO CATEGÓRICO?	*MAX SCHELER* LEVANTA UMA OBJEÇÃO CONTRA *KANT*.	A CRÍTICA DE *MAX SCHELLER* A *KANT*
Ele é demasiado abstrato, não há nele uma referência temporal concreta e, o pior, ignora as circunstâncias específicas da situação concreta. Trata-se, portanto, de uma pura ética de convicção, além de ser, como destaca Kaufmann, uma ética impessoal.	*Max Scheler* levantado contra *Kant* a objeção de que não há apenas um *universal Bem* em si, mas também um Bem para si, *para cada pessoa*.	Nas palavras de Scheler: para quem "não reconhece um bem para si, pretendendo antes fundar com *Kant* a ideia de bem na *validade geral* (e na necessidade) de um *querer*, está excluído reconhecer um bem para mim enquanto pessoa individual".

48 Apud, KAUFMANN, 2010, p. 256.

Por diversas vezes se levantou, contra o imperativo categórico, a crítica de que ele só exige basicamente congruência. Por isso, já *Hegel* entendia que o princípio kantiano de universalização requer apenas e tão-somente a exigência de consistência lógica formal na escolha da máxima a generalizar. Partindo deste raciocínio, *Hare* concluiu que não há qualquer violação do imperativo categórico quando, por exemplo, um racista fanático é tão congruente que aceita que uma lei de eliminação de determinada raça valha também, se for o caso disso, contra si próprio. Mas neste ponto, a bem da verdade, já se começa a ser injusto com *Kant*. Como bem sustentou *Hans Welzel*, a ética de *Kant* não é tão formalista nem tão subjetivista como muitos críticos a apresentam. Antes, é certo dizer que *Kant* pressupõe, ainda que quase sempre de modo irrefletido, *uma ordem moral objetiva das coisas*[49]. *Welzel*, contudo, imagina ter descoberto um círculo na argumentação de *Kant*, pois *Kant* acredita poder extrair o "quê" da ação moral (isto é, o seu conteúdo ético-material) a partir do "como", ou seja, através do imperativo categórico. Kaufmann, no entanto, partilha da opinião de *Günther Patzig*, de acordo com o qual, o imperativo categórico, não é a rigor uma mera fórmula vazia, mas nem por isso ele é suficiente para toda regulamentação da moral[50].

CRÍTICA FREQUENTE AO IMPERATIVO CATEGÓRICO	HEGEL ENTENDIA QUE O PRINCÍPIO KANTIANO DE UNIVERSALIZAÇÃO REQUER APENAS...	PARTINDO DESTE RACIOCÍNIO, *HARE* CONCLUIU QUE NÃO HÁ QUALQUER VIOLAÇÃO DO IMPERATIVO CATEGÓRICO QUANDO, POR EXEMPLO...
Ele só exige basicamente congruência (ou coerência).	A exigência de consistência lógica formal na escolha da máxima a generalizar.	Um racista fanático é tão congruente que aceita que uma lei de eliminação de determinada raça valha também, se for o caso disso, contra si próprio.

SERÁ QUE KANT É TÃO FORMALISTA ASSIM?	QUAL A TESE DE WEZEL SOBRE O PENSAMENTO DE KANT?	*WELZEL* IMAGINA TER DESCOBERTO UM CÍRCULO NA ARGUMENTAÇÃO DE *KANT?*
Segundo *Hans Welzel*, a ética de *Kant* não é tão formalista nem tão subjetivista como muitos críticos a apresentam.	*Kant* pressupõe, ainda que quase sempre de modo irrefletido, *uma ordem moral objetiva das coisas.*	Sim, pois *Kant* acredita poder extrair o "quê" da ação moral (isto é, o seu conteúdo ético-material) a partir do "como", ou seja, através do imperativo categórico.

49 KAUFMANN, 2010, p. 256.
50 KAUFMANN, 2010, p. 257.

O QUE PENSA ARTHUR KAUFMANN SOBRE O IMPERATIVO CATEGÓRICO DE KANT?
Kaufmann partilha da opinião de *Günther Patzig*, de acordo com o qual, o imperativo categórico, não é a rigor uma mera fórmula vazia, mas nem por isso ele é suficiente para toda regulamentação da moral

Não é possível adentrar aqui, nos limites deste trabalho, no intricado problema da circularidade da argumentação; basta, no momento, dizer que, de fato, o imperativo categórico se refere ao "como" e não ao "quê" da ação moral. É dizer, ela não diz qual é a essência da ação moral, mas apenas diz como se deve agir de acordo com a Moral. Já *Arthur Schopenhauer* havia percebido que o imperativo categórico não é de modo nenhum, enquanto fato da consciência, a prova empírica da lei moral, nem um apelo ao sentimento moral, sendo antes um *"muito sutil processo de pensamento"*[51]. Do mesmo modo, também *Otfried Höffe* fala do imperativo categórico como *"um processo de generalização"*. E *Günther Ellscheid* deu o passo decisivo ao conceber a ética de *Kant* como ética e teoria de justiça *processual*: "No início não está um princípio moral dotado de conteúdo, mas o processo"[52]. Em suma, o imperativo categórico não é uma fórmula sobre o conteúdo da justiça, mas, sim, e quando muito, uma fórmula processual sobre a justiça. Em uma palavra, trata-se da ousadia de obter conteúdos da forma, e não o conteúdo.

O IMPERATIVO CATEGÓRICO SE REFERE A QUE?	PARA ARTHUR SCHOPENHAUER, O QUE É O IMPERATIVO CATEGÓRICO?	PARA *OTFRIED HÖFFE, O QUE É O IMPERATIVO CATEGÓRICO?*
O imperativo categórico se refere ao "como" (a forma) e não ao "quê" (ao conteúdo) da ação moral.	Um *"muito sutil processo de pensamento"*.	*"Um processo de generalização"*.

COMO GÜNTHER ELLSCHEID COMPREENDE A ÉTICA DE KANT?
Como ética e teoria de justiça *processual*: "No início não está um princípio moral dotado de conteúdo, mas o processo".
Em suma, o imperativo categórico não é uma fórmula sobre o conteúdo da justiça, mas, sim, e quando muito, uma fórmula processual sobre a justiça.

Portanto, é possível concluir, a partir do que até aqui foi dito, considerando todo o percurso que vai desde a ética dos bens de Aristóteles até

51 KAUFMANN, 2010, p. 257.
52 KAUFMANN, 2010, p. 257.

a colaboração de Kant, que se faz necessária uma ética processual, sem que isso, no entanto, implique que a ética dos bens ou valores (dos conteúdos ético-materiais) tenha se tornado inútil.

QUAL A CONCLUSÃO A QUE CHEGA ARTHUR KAUFMANN AO REFLETIR SOBRE A ÉTICA?
Que se faz necessária uma ética processual[53], sem que isso, no entanto, implique que a ética dos bens ou valores (dos conteúdos ético-materiais) tenha se tornado inútil.

2.1.4. O utilitarismo

Face a tudo que até aqui foi dito, é preciso se perguntar, então, o seguinte: como se obtém conteúdo para a ética e para o direito que sejam generalizáveis? Poder-se-ia esboçar uma resposta para tal pergunta a partir do utilitarismo[54]. Surge, então, logo a seguir, uma dificuldade. É que não existe, de modo nenhum, um único utilitarismo, assim como também não existe uma concepção unitária sobre o que se deve entender por “felicidade”. À questão, que sempre é trazida à baila, de saber se é a felicidade que prevalece sobre a liberdade ou a liberdade sobre a felicidade, seguramente alguns utilitaristas irão contra argumentar: a liberdade é uma parte integrante da felicidade. Como já se conhece, o princípio do utilitarismo clássico é, desde, *Jeremy Bentham e John Stuart Mill:* a maior felicidade do maior número (Mill a ainda complementava: “da parte cujo interesse está em questão”)[55]. Em um primeiro momento, não se nega, esse princípio se apresenta de modo muito sedutor. Mas apenas à primeira vista.

COMO SE OBTÉM CONTEÚDO PARA A ÉTICA E PARA O DIREITO QUE SEJAM GENERALIZÁVEIS?	QUAIS OS PROBLEMAS DE SE OBTER O CONTEÚDO DA ÉTICA A PARTIR DO UTILITARISMO?	QUAL O CONTRA-ARGUMENTO DOS UTILIRATISTAS À INDAGAÇÃO?
Um esboço de resposta pode ser elaborado a partir do Utilitarismo.	a) Não há um só utilitarismo; b) O conceito de felicidade é relativo.	A liberdade é uma parte integrante da felicidade.

53 Habermas é um dos autores, na atualidade, a desenvolver uma ética processual. Sobre o assunto, consulte-se, também, Adela Cortina.

54 BENTHAN, Jeremy. **Uma introdução aos princípios da moral e da legislação.** Tradução: Luiz João Baraúna. 2ª edição. São Paulo: Abril Cultural, 1979, p.35.

55 MILL, John Stuart. **Sistema lógica dedutiva e indutiva e outros textos.** Tradução: João Marcos Coelho, Pablo Rubén Mariconda. 2ª edição. São Paulo: Abril Cultural, 1979, p. 86.

QUAL O PRINCÍPIO DO UTILITARISMO CLÁSSICO?	DEFENSORES DO UTILITARISMO CLÁSSICO.
A maior felicidade do maior número (John Stuart Mill a ainda complementava: "da parte cujo interesse está em questão").	*Jeremy Bentham e John Stuart Mill*

Este princípio levanta, antes de qualquer coisa, o problema de saber de que maneira se pretende universalizar a "felicidade" (alguns sustentam que "*happiness*" se compreenda mais como "benefício" do que como "felicidade, o que, todavia, contradiz a compreensão linguística e do sentido")[56]. O certo é que isto é em qualquer situação algo inimaginável, sobretudo, quando se compreende, como *Bentham*, a felicidade como uma substância que se pode partilhar. Aliás, compreender a felicidade como uma substância é algo que nem mesmo *Günther Patzig*, que se empenha tanto na fundamentação de uma ética utilitarista, aceita. Aqui, nesta passagem, apenas conta o resultado. Não se vê, no entanto, como é que um utilitarismo normativo ou qualitativo (*Mill*) terá a capacidade de alcançar uma universalização da "felicidade".

QUAL O PROBLEMA É COLOCADO QUANDO SE ADOTA O PRINCÍPIO DO UTILITARISMO CLÁSSICO?	COMO BENTHAM COMPREENDE A FELICIDADE?	GÜNTHER PATZIG ACEITA QUE SE COMPREENDA A FELICIDADE COMO UMA SUBSTÂNCIA?
O problema de saber de que maneira se pretende universalizar a "felicidade". Como é possível universalizar a noção de felicidade?	Como uma substância que se pode partilhar.	Nem mesmo *ele*, que se empenha tanto na fundamentação de uma ética utilitarista, aceita.

A qualidade de vida de cada homem é muito diferenciada para que se torne possível reduzi-las a um denominador comum. Sem falar no problema que é definir o que é, para cada um deles, qualidade de vida. Certamente todas, ou pelo menos quase todas, as pessoas aspiram ser saudáveis, livres, ricas, com posses e bem sucedidas, mas há, também, muitas pessoas livres, ricas e bem sucedidas que não são felizes. Como lidar, então, com a perturbadora questão de saber o que ocorreria se "o maior bem do maior número de pessoas apenas pudesse ser alcançado através de medidas drásticas de eliminação de vidas humanas, de modo a que o mundo se libertasse de todas as criaturas

56 KAUFMANN, 2010, p. 258-59.

repulsivas ou incômodas: dos criminosos, dos que têm um comportamento fora do normal, dos doentes mentais, dos inválidos e até mesmo daqueles que são feios ou mal humorados?"[57].

COMO É POSSÍVEL A UNIVERSALIZAÇÃO DA "FELICIDADE" A PARTIR DE UM UTILITARISMO NORMATIVO OU QUALITATIVO (MILL)?	A QUESTÃO QUE PERTURBA A TESE UTILITARISTA.
a) Não é possível, pois a qualidade de vida de cada homem é muito diferenciada para que se torne possível reduzi-las a um denominador comum. b) Sem falar no problema que é definir o que é, para cada um deles, qualidade de vida.	Como lidar, então, com a perturbadora questão de saber o que ocorreria se "o maior bem do maior número de pessoas apenas pudesse ser alcançado através de medidas drásticas de eliminação de vidas humanas, de modo a que o mundo se libertasse de todas as criaturas repulsivas ou incômodas: dos criminosos, dos que têm um comportamento fora do normal, dos doentes mentais, dos inválidos e até mesmo daqueles que são feios ou mal humorados?"

Não fosse isso suficiente, *Otfried Höffe* levantou uma objeção talvez ainda mais embaraçosa contra a tese utilitarista. De acordo com ele, o utilitarismo abrange o bem-estar de todos, o bem comum, de maneira coletiva, e não de forma distributiva. "Apenas interessa o máximo bem-estar geral, enquanto a partilha desse bem-estar pelos diferentes membros não desempenha qualquer papel autônomo. É, portanto, possível que a desvantagem que o sistema possa ter para alguns, seja compensada através de uma maior vantagem para os outros"[58]. A essa circunstância não podem os que restaram prejudicados darem, como é óbvio, o seu aval, vez que as desvantagens são lhes impostas pelos beneficiados. "Para os prejudicados as ordens sociais coercitivamente impostas assumem sempre o caráter de mera coação; elas convertem-se em violência e são para os prejudicados ilegítimas"[59].

57 KAUFMANN, 2010, p. 259.

58 KAUFMANN, 2010, p. 259.

59 KAUFMANN, 2010, p. 259-260.

OBJEÇÃO LEVANTADA POR OTFRIED HÖFFE À TESE UTILITARISTA.	CONLUSÃO DE OTFRIED HÖFFE
O utilitarismo abrange o bem-estar de todos, o bem comum, de maneira coletiva, e não de forma distributiva. "Apenas interessa o máximo bem-estar geral, enquanto a partilha desse bem-estar pelos diferentes membros não desempenha qualquer papel autônomo. É, portanto, possível que a desvantagem que o sistema possa ter para alguns, seja compensada através de uma maior vantagem para os outros".	A essa circunstância não podem os que restaram prejudicados darem, como é óbvio, o seu aval, vez que as desvantagens são lhes impostas pelos beneficiados. "Para os prejudicados as ordens sociais coercitivamente impostas assumem sempre o caráter de mera coação; elas convertem-se em violência e são para os prejudicados ilegítimas"

E é exatamente neste ponto que a Teoria da Justiça de *John Rawls*[60] supera o utilitarismo. *John Rawls* procede de maneira distributiva, não tomando a parte desta ou daquela pessoa ou grupo, mas sim de todos: e é esta a imparcialidade exigida pela justiça. Voltar-se-á, em outros momentos a mencionar a obra de *Rawls*. Mas antes deve-se ainda dizer algo sobre uma outra tentativa de superar o utilitarismo clássico. Seguindo o exemplo dado por *Ilmar Tammelo* esta teoria será denomina aqui como "utilitarismo negativo".

EM QUE PONTO A TEORIA DA JUSTIÇA DE JOHN RAWLS[61] SUPERA O UTILITARISMO?	COMO PROCEDE A TEORIA DA JUSTIÇA DE JOHN RAWLS?
Ela não impõe aos prejudicados que aceitem as desvantagens que são lhes impostas pelos beneficiados.	Procede de maneira distributiva, não tomando a parte desta ou daquela pessoa ou grupo, mas sim de todos: e é esta a imparcialidade exigida pela justiça.

2.1.5. O utilistarismo negativo

As principais críticas ao utilitarismo (positivo) são as duas a seguir:

a) a felicidade não se pode universalizar a menos que a entendamos sem qualquer conteúdo. Afinal, para uns felicidade é estar com os amigos, ao passo que, para outros, é ler Nietzsche em um belo fim de tarde.

60 RAWLS, John. **Teoria da justiça.** 2ª edição. Tradução: Almiro Pisetta e Lenita Maria Rimoli Esteves. São Paulo: Martins Fontes, 2002, p. 113.

61 RAWLS, John. **Teoria da justiça.** 2ª edição. Tradução: Almiro Pisetta e Lenita Maria Rimoli Esteves. São Paulo: Martins Fontes, 2002, 114.

b) o interesse do utilitarismo (positivo) é apenas o de que a maioria, o maior número possível, seja feliz. O utilitarismo positivo, portanto, não se preocupa nem um pouco com a minoria que não é feliz (vale lembrar que essa minoria não é necessariamente numérica). Não se pode, por conseguinte, fundamentar de forma utilitarista (positiva) uma tutela das minorias, podendo, aliás, a minoria ser combatida quando tal seja útil tendo em vista a "felicidade da maioria".

PRINCIPAIS CRÍTICAS AO UTILITARISMO (POSITIVO)
a) a felicidade não se pode universalizar a menos que a entendamos sem qualquer conteúdo. Afinal, para uns felicidade é estar com os amigos, ao passo que, para outros, é ler Nietzsche.
b) o interesse do utilitarismo (positivo) é apenas o de que a maioria, o maior número possível, seja feliz. O utilitarismo positivo, portanto, não se preocupa nem um pouco com a minoria que não é feliz (vale lembrar que essa minoria não é necessariamente numérica). Não se pode, por conseguinte, fundamentar de forma utilitarista (positiva) uma tutela das minorias, podendo, aliás, a minoria ser combatida quando tal seja útil tendo em vista a "felicidade da maioria".

O "utilitarismo negativo", como o chamou *Ilmar Tammelo*, consegue escapar as duas críticas acima. Devemos impedir a *infelicidade* na maior medida possível e do maior número possível de pessoas. E a infelicidade ou, de forma mais rigorosa, a pretensão que cada pessoa tem de não ser exposta à infelicidade, é algo que se pode universalizar. Ou seja, ninguém, em sã consciência, deseja ser infeliz. Ademais, é possível apontar aquilo que para todas as pessoas significa infelicidade, como, por exemplo: uma doença, uma enfermidade, sentir dor, viver na pobreza, sentir fome, não ter um abrigo onde dormir...

UTILITARISMO NEGATIVO	
Grande defensor	Ilmar Tammelo
Vantagem sobre o utilitarismo positivo	Consegue escapar às duas críticas feitas ao utilitarismo positivo.
Tese sustentada pelo utilitarismo negativo	Devemos impedir a *infelicidade* na maior medida possível e do maior número possível de pessoas.
A tese pode ser universalizada?	Sim, a pretensão que cada pessoa tem de não ser exposta à infelicidade, é algo que se pode universalizar.
É possível dar um conteúdo a infelicidade?	Sim, é possível apontar aquilo que para todas as pessoas significa infelicidade.

A partir da lição de Kaufmann, veja o que escreve *Tammelo* sobre o assunto:

"Para mim, o mais alto mandamento do ordenamento da justiça consiste na supressão ou na maior redução possível da miséria. O princípio do utilitarismo positivo, segundo o qual se deve procurar a maior felicidade possível do maior número de pessoas, tem que ser posto em causa. A felicidade é apenas uma questão de sorte... A minha preocupação dirige-se também para os infelizes... Acresce que a felicidade da maioria é muito frequentemente conseguida à custa do sofrimento das minorias. Tendo isto presente, será preferível o utilitarismo negativo, isto é, aquele utilitarismo segundo o qual se deve prevenir a infelicidade do maior número possível de pessoas na maior medida possível"[62].

UTILITARISMO NEGATIVO
Aquele utilitarismo segundo o qual se deve prevenir a infelicidade do maior número possível de pessoas na maior medida possível.

No sentido contrário à tese sustentada pelo utilitarismo negativo, levantou-se a objeção de que ele é demasiado comedido no que diz respeito à universalização de conteúdos éticos e jurídicos. Porém, ele, o utilitarismo negativo, não é de modo nenhum desta maneira. Se a ética e, principalmente, o direito assumirem como tarefa libertar o mundo, na maior medida possível, da miséria, isso será, por si só, um elevadíssimo objetivo.

UTILITARISMO NEGATIVO	
Crítica	Ele é demasiado comedido no que diz respeito à universalização de conteúdos éticos e jurídicos.
A compreensão de ARTHUR KAUFMANN	Ele, o utilitarismo negativo, não é de modo nenhum desta maneira. Se a ética e, principalmente, o direito assumirem como tarefa libertar o mundo, na maior medida possível, da miséria, isso será, por si só, um elevadíssimo objetivo.

Deste utilitarismo negativo (já mencionado, em outras épocas, pelos filósofos jusnaturalistas do iluminismo, como, por exemplo, a lição de *Christian Thomasius: "os mandamentos do direito natural geram o mínimo bem, mas impedem o máximo mal. Por isso, são os mais necessários, sem eles o gênero humano perder-se-ia"*) decorre, de certa maneira, o princípio ético de *prioridade*, introdu-

62 KAUFMANN, 2010, p. 261.

zido por *John Rawls*, de acordo com o qual aqueles que estão em desvantagem, as pessoas menos felizes, devem dispor do argumento decisivo de prioridade, ou seja, devem ter prioridade sobre as demais. Muito mais do que promover a felicidade, independentemente do que por ela se entenda, o primordial é que se evite a infelicidade. O utilitarismo negativo, como se vê, elabora uma das maiores e mais significativas regras de prioridade para a determinação do que se deva considerar como *bonum commune* e, portanto, como justiça material. Pode-se resumir o que foi dito até aqui na seguinte máxima: deve procurar-se realizar a justiça do bem comum de tal modo que o sofrimento existente seja eliminado ou pelo menos reduzido, que não subsista sofrimento susceptível de ser minimizado e que o sofrimento inevitável seja imposto com a máxima ponderação aos membros individuais da sociedade. De modo ainda mais abreviado, é possível reconduzir essa ideia ao *imperativo categórico (da tolerância)*[63]!

Age de tal modo que as consequências de tua ação contribuam para a máxima prevenção ou diminuição da miséria humana[64].

UTILITARISMO NEGATIVO	
Já mencionado em outras épocas	Pelos filósofos jusnaturalistas do iluminismo, como, por exemplo, a lição de *Christian Thomasius* (*"os mandamentos do direito natural geram o mínimo bem, mas impedem o máximo mal. Por isso, são os mais necessários, sem eles o gênero humano perder-se-ia"*).
Decorre de qual princípio?	O princípio ético de *prioridade*, introduzido por *John Rawls*, de acordo com o qual aqueles que estão em desvantagem, as pessoas menos felizes, devem dispor do argumento decisivo de prioridade, ou seja, devem ter prioridade sobre as demais.
O que é primordial?	Que se evite a infelicidade.

UTILITARISMO NEGATIVO	
Resumir o que foi dito até aqui	Deve procurar-se realizar a justiça do bem comum de tal modo que o sofrimento existente seja eliminado ou pelo menos reduzido, que não subsista sofrimento susceptível de ser minimizado e que o sofrimento inevitável seja imposto com a máxima ponderação aos membros individuais da sociedade.

63 KAUFMANN, 2010, p. 262.

64 KAUFMANN, 2010, p. 262.

Resumo em poucas palavras	*O Utilitarismo Negativo impõe o imperativo categórico (da tolerância).*
Imperativo categórico (da tolerância)	*Age de tal modo que as consequências de tua ação contribuam para a máxima prevenção ou diminuição da miséria humana.*

Em uma edição anterior da obra, Filosofia do Direito, de Arthur Kaufmann, o autor não fez expressa menção à circunstância de que o "utilitarismo negativo" já aparece substancialmente em *Karl Popper.* No livro de *Popper* sobre a "sociedade aberta", ele propõe se substitua a "fórmula utilitarista, 'maximize a felicidade', pela fórmula 'minimize o sofrimento' (*minimize suffering*)". E ele vai além: "considero possível que uma fórmula tão simples se possa tornar em um dos princípios fundamentais (ainda que certamente não o único) de política da sociedade aberta". (Ao invés, o princípio "maximize a felicidade" parece ter a tendência a levar ao perigoso tipo de ditadura benevolente) ...; a exigência de felicidade é em qualquer caso muito menos premente do que o auxílio aos que sofrem e a tentativa de evitar o sofrimento"[65]. Portanto, de acordo com Popper a tarefa do político é minimizar o sofrimento, devendo a procura da felicidade ser deixada a cada indivíduo.

UTILITARISMO NEGATIVO	
Quem também o defende?	Além de Arthur Kaufmann, Karl Popper.
Em que obra?	Na obra dedicada a "sociedade aberta".
O que propõe POPPER?	Ele propõe que se substitua a fórmula utilitarista, 'maximize a felicidade', pela fórmula 'minimize o sofrimento'.
Crítica de POPPER ao utilitarismo positivo	O princípio "maximize a felicidade" parece ter a tendência a levar ao perigoso tipo de ditadura benevolente;
Qual deve ser a tarefa do político, segundo POPPER?	A tarefa do político é minimizar o sofrimento, devendo a procura da felicidade ser deixada a cada indivíduo.

Existem ainda outros princípios negativos deste tipo que, ao invés de afirmarem o que é, afirmam, sim, o que não é (e o que não deve ser). Fala-se de uma "filosofia negativa" e de uma "teologia negativa". Um exemplo, aliás, de "jurisprudência negativa" é a famosa *fórmula radbruchiana*, que também

65 Apud, KAUFMANN, 2010, p. 262.

não diz o que é o "direito justo", mas apenas _o que é manifestamente injusto_, o que é o não-direito[66]. Este "argumento de injustiça", como o denomina *Ralf Dreier*, este mínimo de direito natural poderá satisfazer as exigências de universalização. Existe sobre isso, na realidade, um considerável consenso.

UTILITARISMO NEGATIVO	
Existem outros princípios negativos?	Existem ainda outros princípios negativos deste tipo que, ao invés de afirmarem o que é, afirmam, sim, o que não é (e o que não deve ser).
É possível falar de uma "filosofia negativa"?	Sim, fala-se de uma "filosofia negativa" e de uma "teologia negativa".
Exemplo de jurisprudência negativa	É a famosa _fórmula radbruchiana_, que também não diz o que é o "direito justo", mas apenas _o que é manifestamente injusto_, o que é o não-direito.
Satisfaz as exigências de universalização?	Sim, este mínimo de direito natural poderá satisfazer as exigências de universalização.

Contudo, poderá esta ética negativa, esta filosofia jurídica negativa que apenas contraria e não fundamenta, ser a última palavra? Caso se trilhe o mesmo caminho que o de *Karl Popper*, forçoso será admitir que a resposta será positiva. A filosofia teórica poderá dar-se por satisfeita em testar teorias através de um procedimento dedutivo com base nos seus erros. A filosofia prática, contudo, não pode abrir mão da indução, não se pode limitar a falsificar, é preciso que ela também desempenhe a tarefa de verificar. Mas como ela escapará ao relativismo?

UTILITARISMO NEGATIVO	
Poderá esta ética negativa, esta filosofia jurídica negativa que apenas contraria e não fundamenta, ser a última palavra?	Caso se trilhe o mesmo caminho que o de *Karl Popper*, forçoso será admitir que a resposta será positiva.
Como esta ética negativa escapa ao relativismo?	Será preciso desenvolver regras de prevalência.

2.2. AS REGRAS DE PREVALÊNCIA

Saber qual o peso de cada específico argumento tem no processo de conhecimento jurídico é manifestamente um dos temas mais negligencia-

66 KAUFMANN, 2010, p. 263.

dos da teoria do direito e da metodologia jurídica. E para ser bem sincero é que ele parece ser um empreendimento sem esperança. *Karl Engisch* afirma ter verificado que "na aplicação prática do direito são discricionariamente utilizados todos os métodos que a teoria da interpretação"[67] conhece e que, na prática dos tribunais, se tem por legítimo o procedimento de "escolher, caso a caso, o método de interpretação que conduza ao resultado mais satisfatório"[68].

REGRAS DE PREVALÊNCIA	
Qual o peso que cada específico argumento tem no processo de conhecimento jurídico?	Este é manifestamente um dos temas mais negligenciados da teoria do direito e da metodologia jurídica.
Qual a constatação a que chega KARL ENGISCH?	Ele afirma ter verificado que "na aplicação prática do direito são discricionariamente utilizados todos os métodos que a teoria da interpretação" conhece e que, na prática dos tribunais, se tem por legítimo o procedimento de "escolher, caso a caso, o método de interpretação que conduza ao resultado mais satisfatório"
O que são regras de prevalência?	São regras que possibilitam saber qual o peso de cada específico argumento tem no processo de conhecimento jurídico.

É possível que isso traduza, de fato, o que se passa na prática jurídica, mas se assim for, estará então dada a sentença de morte a toda a teoria científica do método jurídico. Não resta dúvida de que são realizados, recentemente, esforços no sentido de estabelecer regras de prioridade. Há um empenho, neste ponto, sobretudo, no campo da teoria da argumentação[69]. Mas quando, partindo da *perspectiva objetivista*, própria da teoria da argumentação, praticamente se esquece a *personalidade do aplicador do direito* e quando fatores tão relevantes como a relatividade e a pluralidade dos conhecimentos (com a possibilidade de serem "corretas" várias respostas divergentes entre si) são negligenciados (no que respeita à pretensão de uma "fundamentação última", o que não é, contudo,

67 ENGISCH, Karl. **Introdução ao pensamento jurídico.** 6ª edição. Tradução: J. Baptista Machado. Lisboa: Fundação Calouste Gulbenkian, 1988, p. 38.

68 ENGISCH, 1988, p. 39.

69 ALEXY, Robert. **Teoria da argumentação jurídica:** a teoria do discurso racional como teoria da fundamentação jurídica. Tradução: Zilda Hutchinson Schild Silva. Revisão técnica da tradução e introdução de Claudia Toledo. 2ª edição. São Paulo: Landy Editora, 2005, p.67-69.

de se admirar), então, tais esforços não terão ao final qualquer sucesso. Isto vale, em especial, para as decisões de risco, em que não pode ser desconsiderado o fato de, no essencial, não serem passíveis de consenso[70].

REGRAS DE PREVALÊNCIA	
É possível aceitar o que se constata na prática jurídica?	Não, porque se estará então dada a sentença de morte a toda a teoria científica do método jurídico.
Exemplo de esforço para o desenvolvimento de regras de prevalência.	Não resta dúvida de que são realizados, recentemente, esforços no sentido de estabelecer regras de prioridade. Há um empenho, neste ponto, sobretudo, no campo da teoria da argumentação.
Advertência	Mas quando, partindo da *perspectiva objetivista*, própria da teoria da argumentação, praticamente se esquece a *personalidade do aplicador do direito* e quando fatores tão relevantes como a relatividade e a pluralidade dos conhecimentos (com a possibilidade de serem "corretas" várias respostas divergentes entre si) são negligenciados (no que respeita à pretensão de uma "fundamentação última", o que não é, contudo, de se admirar), então, tais esforços não terão ao final qualquer sucesso.

As regras de argumentação e prevalência, tal como nos são atualmente oferecidas pela teoria da argumentação (*John Rawls, Robert Alexy, Chaïm Perelman, Ulfrid Neumann*), por serem demasiado gerais e abstratas, são incapazes de delimitar e, mais ainda, de determinar o processo de conhecimento. As teorias formais da argumentação têm a vantagem de serem basicamente sempre aplicáveis, mas têm a desvantagem de não "vincularem". Trata-se aí, de certa maneira, de uma *teoria geral de argumentação* (muito próxima da ideia de uma "teoria geral do processo"[71]); e nesta perspectiva ela é seguramente muito útil. Todavia, na prática, fazem-se, ainda, necessárias regras de argumentação dotadas de conteúdo e, portanto, diversas *"teorias especiais de argumentação"*. Uma *teoria material de argumentação*, que valesse para todos os discursos pensáveis, é tão improvável como um único Código de Processo

---

70 KAUFMANN, 2010, p. 264.

71 Registre-se, por oportuno, que, para uma parcela da doutrina, com a qual simpatizamos, não há que se falar em uma teoria geral do processo, mas, sim, de uma teoria geral de cada espécie de processo. Logo, por exemplo, o que há é uma teoria geral do processo penal, uma teoria geral do processo civil, e assim sucessivamente. Neste sentido, por exemplo, DIAS, Jorge Figueiredo. **Processo penal.** Coimbra: Coimbra editora, 2004, p. 212.

para os processos jurídicos: processo civil, processo penal, processo administrativo... Não se pode pretender estabelecer com sucesso regras de discurso utilizáveis, por exemplo, para a bioética, abstraindo daquilo que nela está em causa e do tipo de argumentos que nela são típicos. Seria precisamente como aspirar fazer um Código de Processo Penal sem levar minimamente em consideração o direito penal material e a vida jurídica. É preciso, pois, se manter preso àquilo que diz a experiência jurídica. Há tipos muito diferentes de processo judicial: o civil, o penal, o administrativo, o laboral.

REGRAS DE ARGUMENTAÇÃO E PREVALÊNCIA	
Quem as oferece?	A teoria da argumentação em suas diferentes correntes (*John Rawls, Robert Alexy, Chaïm Perelman, Ulfrid Neumann*)
Crítica	Por serem demasiado gerais e abstratas, são incapazes de delimitar e, mais ainda, de determinar o processo de conhecimento.
Teorias formais da argumentação	a) Vantagens: de serem basicamente sempre aplicáveis; b) Desvantagens: mas têm a desvantagem de não "vincularem".
Teorias formais da argumentação	Definição: Trata-se de uma *teoria geral de argumentação* (muito próxima da ideia de uma "teoria geral do processo"); Utilidade: Compreendida como uma teoria geral de argumentação ela é seguramente muito útil.
Para regular a prática jurídica se faz necessário regras de argumentação dotadas de conteúdo?	Sim, e, portanto, diversas *"teorias especiais de argumentação"*.
Advertência	Uma *teoria material de argumentação*, que valesse para todos os discursos pensáveis, é tão improvável como um único Código de Processo para os processos jurídicos: processo civil, processo penal, processo administrativo...
Teoria material da argumentação	Não é possível uma Teoria Material da Argumentação que seja geral.

São, portanto, necessárias regras processuais diferentes, visto serem diferentes as *matérias*, visto serem diferentes as matérias destes processos ("os objetos dos processos"). Como já foi dito, não basta uma "teoria geral do processo"; é também, antes de mais, necessário regular cada um dos tipos de processo. Aliás, convém dizer que nem os próprios Códigos de Processo são satisfatoriamente concretos para disciplinar o processo. Assim, há, no quadro do processo penal, indicações extensas (e muito ricas em conteúdo) que configuram detalhadamente, sobretudo, o processo de investigação (o inquérito). Também na seara do processo civil existem diversas diferenças, pois, por exemplo, o processo em matéria de família tem que transcorrer de maneira diferente da maneira como tramita o processo em matéria de arrendamento.

REGRAS DE PREVALÊNCIA	
São necessárias processuais diferentes?	Sim, por serem diferentes as *matérias*, visto serem diferentes as matérias destes processos ("os objetos dos processos").
No universo de cada processo há uma diversidade muito grande de conteúdos?	Sim, por exemplo, na seara do processo civil existem diversas diferenças, pois, por exemplo, o processo em matéria de família tem que transcorrer de maneira diferente da maneira como tramita o processo em matéria de arrendamento.

O mesmo acontece com as regras de argumentação para o discurso racional. Caso tais regras se prestem a "vincular" e tenham por isso de serem materialmente concretizadas, serão então necessárias, por exemplo, para uma Comissão de Ética, regras diferentes das do discurso econômico, mesmo que existam regras com um caráter geral mais abrangente. A "ética do discurso" da maneira como ela hoje se apresenta não é suficientemente dotada de conteúdo para poder atender as exigências aqui apresentadas.

REGRAS DE PREVALÊNCIA	
O mesmo acontece com as regras de argumentação?	Sim, no que toca as regras de argumentação para o discurso racional.
O que se pretende com tais regras?	Reduzir a margem de discricionariedade daqueles que decidem.
Alerta	A "ética do discurso" da maneira como ela hoje se apresenta não é suficientemente dotada de conteúdo para poder atender as exigências aqui apresentadas.

Não se vai agora colocar em debate a questão de saber se o processo jurisdicional, em especial o processo penal, consiste em um discurso racional, se estará aí em causa um agir comunicativo e não um agir estratégico. Merece registro, por sinal, que *Jürgen Habermas* não apresente quaisquer regras de prioridade, nem mesmo na sua obra de filosofia do direito, "Direito e Democracia: entre facticidade e validade – I"[72]: talvez isso revele que ele o considere inútil. Seja como for, pode afirmar-se que até hoje não existem regras de argumentação e prioridade que sejam úteis em todos os discursos jurídicos, jusfilosóficos ou éticos.

REGRAS DE PREVALÊNCIA	
Questão	Será, então, o processo judicial um discurso racional? Se estará aí em causa um agir comunicativo e não um agir estratégico?
Digno de nota	Merece registro, por sinal, que Jürgen Habermas não apresente quaisquer regras de prioridade.
Conclusão	Até hoje não existem regras de argumentação e prioridade que sejam úteis em todos os discursos jurídicos, jusfilosóficos ou éticos.

Ao fazer tal constatação, não se tem aqui, de forma alguma, qualquer intenção de criticar. Quando se pretende que regras de argumentação e prevalência venham a ser formuladas para uma Comissão Ética, por exemplo, inevitavelmente, o indivíduo que pretende construir tais regras acaba se dando conta das dificuldades extraordinárias que terá que enfrentar. Diante disse, o melhor a fazer é adotar como ponto de partida o *princípio rawsliano da diferença*, segundo o qual a posição social mais precária determina qual é a *posição eticamente prevalecente* (por exemplo, tutela das minorias e dos mais fracos). Mas não basta isso. Será necessário que o referido princípio seja consideravelmente concretizado e materializado até que ele se "adeque".

REGRAS DE PREVALÊNCIA	
Esclarecimento	Ao se constatar que não existem regras de argumentação e prioridade que sejam úteis em todos os discursos jurídicos, jusfilosóficos ou éticos, não se quer com isso fazer uma crítica.
Qual o ponto de partida para quem queira elaborar regras de prevalência em um dado discurso?	O *princípio rawsliano da diferença*, segundo o qual a posição social mais precária determina qual é a *posição eticamente prevalecente* (por exemplo, a tutela das minorias e dos mais fracos).

72 HABERMAS, Jürgen. **Direito e democracia:** entre facticidade e validade. Volume I. 2ª edição. Tradução: Flavio Beno Siebeneichler. Rio de Janeiro: Tempo Brasileiro, 2003, p. 78-83.

No pacto originário produto de uma ficção imaginada por *Rawls* são acordadas, entre outras coisas, regras de prioridade de caráter universal. Importante é, em síntese, o seguinte: o critério de prioridade que em qualquer situação nos indica a razão pela qual uma determinada ordem global tem prioridade máxima, implica, como dito linhas atrás, que a pessoa menos favorecida na distribuição dos bens individuais tenha ao seu dispor o argumento decisivo de prioridade sempre que se verifique uma situação em que ela fique ainda mais desfavorecida, se a ordem global concedesse a prioridade à pessoa mais favorecida. Isto significa, dito de um modo mais claro e direto o seguinte: a tutela das minorias (a necessidade prevalece, até ao mínimo de subsistência, sobre a produtividade), direitos e liberdades fundamentais (valendo notar que os direitos fundamentais são, de primeira linha, direitos de defesa, ou seja, tomados com *status negativus*).

REGRAS DE PREVALÊNCIA	
No pacto originário produto de uma ficção imaginada por *RAWLS*	São acordadas, entre outras coisas, regras de prioridade de caráter universal.
Síntese	O critério de prioridade implica que a pessoa menos favorecida na distribuição dos bens individuais tenha ao seu dispor o argumento decisivo de prioridade sempre que se verifique uma situação em que ela fique ainda mais desfavorecida, se a ordem global concedesse a prioridade à pessoa mais favorecida.
Conclusão: quais são as regras de prevalência?	a) a tutela das minorias; b) os direitos e liberdades fundamentais (valendo notar que os direitos fundamentais são, de primeira linha, direitos de defesa, ou seja, tomados com *status negativus*).

Em direção análoga, à regra de prioridade de Rawls, aponta-se aqui, com apoio em Kaufmann, o *princípio de tolerância*[73]. Também a tolerância é, sobretudo, devida aos mais pobres e fracos, àqueles cuja sobrevivência está ameaçada. Como Kaufmann sustenta, a tolerância adquiriu, nas hiper-complexas relações que caracterizam a sociedade atual, uma imensa importância. As dificuldades surgem especialmente em processos com objetos fortemente normativos. É bem verdade que, com muita frequência, não será possível dizer *positivamente* o que a tolerância de forma inequívoca exige, mas – tal acontece na fórmula de Radbruch sobre a "injustiça legal" – apenas *negativamente*, o

73 KAUFMANN, 2010, p. 266.

que é manifesta intolerância. Estão em causa aqui, como em geral no âmbito da justiça material (social), conhecimentos de risco. Terá assim que se conceder, limitadamente, razão ao relativismo. Mas o relativismo não deve ser, como frequentemente ocorre, visto de maneira puramente negativa, sendo antes *a base fundamental da tolerância e da democracia*[74]. Mas se deve rejeitar um "*relativismo absoluto*". O problema, portanto, está em saber se é possível uma limitação congruente de relativismo por meio dos Direitos Humanos e dos Princípios Gerais de Direito. São estes os pontos fixos em que as decisões jurídicas poderão ser fundadas. Convém, então, analisa-los com atenção.

REGRAS DE PREVALÊNCIA	
Segundo JOHN RAWLS	a) a tutela das minorias; b) os direitos e liberdades fundamentais.
Segundo ARTHUR KAUFMANN	O *princípio de tolerância*
A quem é devida a tolerância?	Também a tolerância é, sobretudo, devida aos mais pobres e fracos, àqueles cuja sobrevivência está ameaçada.
Limites do princípio da tolerância	a) É bem verdade que, com muita frequência, não será possível dizer *positivamente* o que a tolerância de forma inequívoca exige; b) Será possível apenas *negativamente*, dizer o que é a manifesta intolerância.
O relativismo	a) aspecto negativo: por um lado, oferece riscos; b) aspecto positivo: por outro, é *a base fundamental da tolerância e da democracia.*
Alerta	Mas se deve rejeitar um "*relativismo absoluto*".
Questão	Será possível uma limitação congruente de relativismo por meio dos Direitos Humanos e dos Princípios Gerais de Direito?

2.3. OS DIREITOS HUMANOS

De acordo com a opinião de muitos, os direitos humanos (a distinção entre direitos humanos e direitos fundamentais pode, neste contexto, ser deixada de lado) constituem aquele núcleo fundamental da ética e do direito que se pode universalizar e que possui, de fato, validade universal[75]. Os

74 KAUFMANN, 2010, p. 267.

75 KAUFMANN, 2010, p. 267.

direitos humanos são a mais preciosa herança que o século XIX nos legou. Recorde-se aqui *Paul Johann Anselm v. Feuerbach* que, como jurista formado no criticismo de *Kant*, negava a existência de um direito natural objetivo, e, apesar disso, afirmava expressamente a existência de direitos naturais subjetivos prévios ao Estado e que por ele devem ser garantidos. Convém, ainda, fazer alusão à histórica controvérsia entre *Montesquieu* e *Rousseau*, liberalismo e democracia, a respeito dos direitos humanos: um afirmava que os direitos humanos valem por si próprios e que o Estado apenas tem que os defender; para outro, no entanto, os direitos humanos valem unicamente na medida em que o Estado os conceda.

DIREITOS HUMANOS	
O que é?	Para muitos, é aquele núcleo fundamental da ética e do direito que se pode universalizar e que possui, de fato, validade universal.
É uma herança do século XIX?	Os direitos humanos são a mais preciosa herança que o século XIX nos legou. Recorde-se aqui *Paul Johann Anselm v. Feuerbach* que, como jurista formado no criticismo de *Kant*, negava a existência de um direito natural objetivo, e, apesar disso, afirmava expressamente a existência de direitos naturais subjetivos prévios ao Estado e que por ele devem ser garantidos.
A polêmica entre MONTESQUIEU e ROUSSEAU	ROUSSEAU: afirmava que os direitos humanos valem por si próprios e que o Estado apenas tem que os defender MONTESQUIEU: os direitos humanos valem unicamente na medida em que o Estado os conceda.

Muito foi escrito nos últimos tempos sobre a universalidade dos direitos humanos. E não se pode, com certeza, duvidar de que os direitos humanos apresentam um elevado grau de universalidade; isso já foi demonstrado em diversos estudos de direito comparado. Contudo, acontece com os direitos humanos o mesmo que sucedia com o antigo direito natural: só são universais quando pensados de maneira muito abstrata; quanto mais eles se encontrarem atrelados a dados reais e, por isso, mais concretizados, tanto mais contingentes e relativos eles se tornam[76]. Por isso, não faltam

76 KAUFMANN, 2010, p. 268.

também vozes críticas que põe em dúvida a possibilidade de universalizar os direitos humanos[77-78].

DIREITOS HUMANOS	
Possuem algum grau de universalidade?	Não se pode, com certeza, duvidar de que os direitos humanos apresentam um elevado grau de universalidade.
Qual é o preço da universalidade?	Acontece com os direitos humanos o mesmo que sucedia com o antigo direito natural: só são universais quando pensados de maneira muito abstrata; quanto mais eles se encontrarem atrelados a dados reais e, por isso, mais concretizados, tanto mais contingentes e relativos eles se tornam.

O direito de uma pessoa à vida e à dignidade não é, quando expresso desta forma tão geral, discutido por ninguém. Posto o direito deste modo ele não provoca qualquer contradição. Porém, não se pode dizer o mesmo a respeito da vida humana em concreto, em especial, nos casos de doentes graves moribundos (a eutanásia passiva tem hoje muitos defensores)[79], nascituros (cuja proteção se encontra praticamente no papel), recém-nascidos gravemente deficientes (as vozes a favor deste tipo de eutanásia aumentam a olhos vistos), para não falar das mortes na guerra e dos múltiplos riscos a que as pessoas são expostas nesta era tecnológica e genética. Há muito que a vida já não é um valor absoluto. Não se sabe também o que seja uma "pessoa". A extensão do conceito de "pessoa" oscila entre a perspectiva segundo a qual o óvulo humano fecundado já seria uma "pessoa" e a opinião de que "pessoa em sentido pleno" será apenas quem tiver consciência de si próprio e puder se comunicar com os outros[80].

DIREITOS HUMANOS	
Compreensão em abstrato	Os direitos não provocam dissenso entre os diferentes segmentos sociais. O direito de uma pessoa à vida e à dignidade não é, quando expresso desta forma tão geral, discutido por ninguém.

77 NEVES, Marcelo. **A força simbólica dos direitos humanos.** Acesso: no dia 26/02/2016, às 14:25. Sítio eletrônico: http://staticsp.atualidadesdodireito.com.br/marcelonovelino/files/2012/04/A-for%C3%A7a-simb%C3%B3lica-dos-DH-M-Neves1.pdf

78 FERRAZ JR., Tercio Sampaio. **A trivialização dos direitos humanos.** Acesso: no dia 26/02/2016, às 14:25. Sítio eletrônico:http://novosestudos.uol.com.br/v1/files/uploads/contents/62/20080624_a_trivializacao.pdf

79 KAUFMANN, 2010, p. 269.

80 KAUFMANN, 2010, p. 269.

Compreensão em concreto	Porém, não se pode dizer o mesmo a respeito da vida humana em concreto, em especial, nos casos de doentes graves moribundos (a eutanásia passiva tem hoje muitos defensores)...

E também a *dignidade humana* não escapa à mesma contingência e relatividade logo que se pretenda dar-lhe conteúdo. Só quando não se atribui à dignidade humana qualquer conteúdo, é que ela é absoluta, mas quando isso acontece ela paga o preço de se tornar vazia. Um exemplo: em um dos debates parlamentares sobre o problema do aborto, ambos os lados argumentavam com base no princípio da dignidade humana. Os defensores da não punibilidade do aborto (pelo menos nos três primeiros meses de gravidez) afirmavam que ele decorria da dignidade humana (do direito de autodeterminação da mulher) que a grávida pudesse decidir e dispor livremente de si e do "seu ventre". Os que eram a favor da manutenção da proibição do aborto argumentavam, pelo contrário, que a dignidade diz respeito a todo ser vivo humano, incluindo, portanto, o nascituro, em razão do que a mulher não poderia dispor da vida do embrião.

DIREITOS HUMANOS	
O preço da concretude	São os direitos humanos, como, por exemplo, a dignidade humana deixarem de ser universais.
O preço da abstração	São os direitos humanos, como, por exemplo, a dignidade humana tornarem-se vazios, porque desprovidos de conteúdo.
A vantagem da concretude	Os direitos humanos ganham em conteúdo, deixando de serem vazios.
A vantagem da abstração	Os direitos humanos tornam-se passíveis de universalização.

É óbvio que ambas as argumentações só podem ser <u>*simultaneamente*</u> válidas se a "dignidade humana" for pensada sem conteúdo, se ela for uma palavra vazia. Se, no entanto, se reflete sobre ela admitindo que ela tenha um conteúdo, e ela é, diga-se de passagem, sempre pensada com conteúdo, ou seja, a partir da experiência (de outro modo, ela não teria nenhum valor para fins de argumentação), então, neste caso, pelo menos uma das opiniões terá que prevalecer sobre a outra, ou uma delas seja falsa (podendo, ainda, se admitir que as duas opiniões sejam falsas). Não se deve ignorar que sempre está intimamente vinculada à ideia de dignidade humana a imagem do homem e que essa imagem do homem é relativa. "Os direitos humanos, sejam declarados ou convencionados, são sempre positivações do direito e aparecem, por isso, ligados a um certo contexto situacional", dizia *Joseph J. M. van der Ven,* o qual não era exatamente um cético[81]. E pode ler-se em *Friedrich Dürrenmatt:* "não são os direitos humanos que valem, vale apenas a sua interpretação; deste modo se tornam eles relativos"[82].

DIREITOS HUMANOS	
JOSEPH J. M. VAN DER VEN	"Os direitos humanos, sejam declarados ou convencionados, são sempre positivações do direito e aparecem, por isso, ligados a um certo contexto situacional".
FRIEDRICH DÜRRENMATT	"Não são os direitos humanos que valem, vale apenas a sua interpretação; deste modo se tornam eles relativos".

Mas como se compatibiliza este raciocínio com a prescrição contida no artigo 19, nº2 da Constituição Federal Alemã, segundo o qual nenhum direito fundamental pode ser posto em dúvida no seu "conteúdo essencial"? Não será universalizável pelo menos este "conteúdo essencial"? Mas o que significa conteúdo essencial de um direito fundamental? Sobre esse tema se tem largamente debatido desde que existe Lei Fundamental[83].

DIREITOS HUMANOS	
Artigo 19, nº2 da Constituição Federal Alemã	Segundo o qual nenhum direito fundamental pode ser posto em dúvida no seu "conteúdo essencial".
Questões	Não será universalizável pelo menos este "conteúdo essencial"? Mas o que significa conteúdo essencial de um direito fundamental?

Há uma teoria que se refere ao "núcleo substancial" de cada direito fundamental. Este núcleo substancial teria que "subsistir" sempre que haja uma restrição de direitos fundamentais. Argumenta-se aqui, manifestamente, ao modo da ontologia substancialista. Veja-se o seguinte exemplo: o que "subsistirá" do direito de liberdade para alguém que foi condenado a prisão perpétua? Certamente, não é o núcleo da liberdade.

81 Apud, KAUFMANN, 2010, p. 270.

82 Apud, KAUFMANN, 2010, p. 270.

83 KAUFMANN, 2010, p. 270.

DIREITOS HUMANOS	
Há um núcleo substancial?	Há uma teoria que se refere ao "núcleo substancial" de cada direito fundamental. Este núcleo substancial teria que "subsistir" sempre que haja uma restrição de direitos fundamentais.
Crítica	Argumenta-se aqui, manifestamente, ao modo da ontologia substancialista. Veja-se o seguinte exemplo: o que "subsistirá" do direito de liberdade para alguém que foi condenado a prisão perpétua? Certamente, não é o núcleo da liberdade.

Outra teoria diz que não importa saber o que subsiste, decisivo será, sim, o critério da proporcionalidade: não pode haver "excesso" na restrição do direito fundamental. Mas o que é "excesso"? O certo é que, partindo-se de uma teoria como essa, coloca-se de lado, em segundo plano, a tese da "da garantia de um conteúdo essencial". Não há um conteúdo essencial, o que se proíbe é o excesso.

DIREITOS HUMANOS	
O que importa para definir os direitos humanos?	Outra teoria diz que não importa saber o que subsiste, decisivo será, sim, o critério da proporcionalidade: não pode haver "excesso" na restrição do direito fundamental.
Crítica	Mas o que é "excesso"?

Uma terceira teoria, por sua vez, sustenta que a Lei Fundamental não garante direitos subjetivos individuais à pessoa, mas apenas a "instituição", seja a da propriedade, seja a da vida ou, ainda, a da liberdade. É dizer, para esta teoria o que a Lei Fundamental assegura, apenas, é que estes direitos existam ou possam vir a ser instituídos na sociedade. Nesse sentido, o artigo 19, nº2 da Lei Fundamental Alemã seria, neste sentido, apenas uma "garantia institucional" e (voltando ao exemplo anterior) esta não seria posta em dúvida quando se encarcera uma pessoa durante toda a vida.

DIREITOS HUMANOS	
O que a lei fundamental assegura?	Para esta teoria o que a Lei Fundamental assegura, apenas, é que estes direitos existam ou possam vir a ser instituídos na sociedade.
O que seria o artigo 19, nº2 da Lei Fundamental Alemã?	Apenas uma "garantia institucional".

Por fim, *Niklas Luhmann*, partindo da sua perspectiva funcionalista, afirma que o limite fixado pelo conteúdo essencial não se destina nem a proteger os indivíduos, nem a ser uma garantia institucional. Por exemplo, o artigo 14º da Lei Fundamental, que tutela a propriedade, "não protege o indivíduo na sua personalidade, nem nas suas específicas necessidades materiais, não lhe garante nem alimentação nem abrigo, nem um mínimo de equipamento com símbolos culturais, garantindo sim, o seu papel de participante no sistema de comunicação que é a economia. O proprietário é apenas protegido enquanto participante na sociedade e isso, não por virtude da sua personalidade, mas em nome da capacidade de funcionamento do sistema econômico... Ou seja, a Constituição não protege valores, mas apenas funções"[84].

DIREITOS HUMANOS	
Compreensão de NIKLAS LUHMANN (perspectiva funcionalista)	O limite fixado pelo conteúdo essencial não se destina nem a proteger os indivíduos, nem a ser uma garantia institucional, garantindo sim, o seu papel de participante no sistema de comunicação que é a sociedade.
Síntese da tese de LUHMANN	A Constituição não protege valores, mas apenas funções.

A questão da "proteção essencial" não pode aqui ser discutida em pormenor. Deve apenas ficar claro que não se afasta muito dela a ideia de "universalização do conteúdo essencial"[85].

O certo é que nenhuma das mencionadas teorias satisfaz. De acordo com a perspectiva <u>*relacional*</u> (portanto, não ontológico-substancial) que aqui se defende, os direitos do homem são protegidos sempre e apenas <u>*na sua relação com os direitos dos outros*</u>. São sempre direitos pessoais. Por um lado, a pessoa é o <u>*relatum*</u> (aquilo que foi relatado pela relação jurídica) da relação jurídica; por isso, não há nenhum direito que não seja, pelo menos indiretamente, um direito da pessoa. Mas, por outro lado, a pessoa também determina o <u>*relatio*</u> (o relacionamento): apenas se pode determinar o que seja a relação justa tendo em conta as múltiplas relações recíprocas em que os homens como pessoas se encontram.

84 LUHMANN, Niklas. **Legitimação pelo procedimento.** Tradução: Maria da Conceição Côrte-Real. Revisão: Tercio Sampaio Ferraz Jr. Brasília: Editora Universidade de Brasília, 1980, p. 119.

85 KAUFMANN, 2010, p. 271.

DIREITOS HUMANOS	
Algumas das teorias mencionadas satisfaz?	O certo é que nenhuma das mencionadas teorias satisfaz.
Perspectiva relacional (defendida por ARTHUR KAUFMANN)	Os direitos do homem são protegidos sempre e apenas <u>*na sua relação com os direitos dos outros*</u>. São sempre direitos pessoais.

A propriedade, tomando-se mais uma vez este exemplo, não é na sua "essência" nem uma substância nem um valor patrimonial, mas como diz *Goethe* (no "*Prometheus*", fragmento 1773): "o círculo que eu preencho com a minha atividade, nada mais e nada menos"[86]. A propriedade é *actio* (ação), é atividade, é autorrealização da pessoa[87]. Quem não pode nomear nada de próprio, não pode ser pessoa em sentido pleno. Deve-se aqui, desde já, advertir-se contra as tendências uniformizadoras. O que a pessoa "preenche com a sua atividade" oscila de pessoa para pessoa. O mecenas poderá nomear como próprios valores milionários em arte, mas já o novo-rico não. Pode, por isso, variar amplamente, de caso para caso, o "resíduo" que subsiste após a restrição de um direito fundamental. Não se pode universalizar esse "resíduo". Pode apenas dizer-se que uma pessoa não pode ser privada de todos os bens a ponto de não lhe ser mais possível uma vida humana digna[88].

DIREITOS HUMANOS	
O que é a propriedade na perspectiva relacional?	A propriedade é *actio* (ação), é atividade, é autorrealização da pessoa. Quem não pode nomear nada de próprio, não pode ser pessoa em sentido pleno.
Advertência contra a tendência universalizadora	O que a pessoa "preenche com a sua atividade" oscila de pessoa para pessoa.

Mostra-se, assim, portanto, que também os direitos humanos não valem de forma rigorosamente absoluta, não se podendo, por seu intermédio, superar totalmente o relativismo. Eles são precisamente direitos de homens e para os homens. Ora, nada que é humano é absoluto. O mesmo vale, diga-se de passagem, para os princípios gerais de direito.

86 Apud, KAUFMANN, 2010, p. 271.

87 KAUFMANN, 2010, p. 272.

88 KAUFMANN, 2010, p. 272.

DIREITOS HUMANOS	
Valem de forma absoluta?	Também os direitos humanos não valem de forma rigorosamente absoluta, não se podendo, por seu intermédio, superar totalmente o relativismo.

2.4. OS PRINCÍPIOS GERAIS DE DIREITO

Os princípios gerais de direito[89], os *"general principles of law"*, desempenham um papel de relevo na discussão jusfilosófica. Deve aqui, de imediato, advertir-se contra um generalizado mal-entendido. Não se podem "aplicar" princípios gerais de direito como se de uma receita culinária se tratasse; e não se pode nele "subsumir" como se faz sob o tipo de furto. Eles são muito gerais e demasiado normativos para que raciocínios como esses sejam possíveis. Mais tais princípios são importantes tópicos de argumentação e assumem uma especial importância, sobretudo, quando está em causa a tutela das minorias e dos mais fracos. Está claro que tais princípios são tanto mais contingentes quanto mais concretamente os concebermos. Além disso, convém lembrar que, raramente, se poderá fundamentar uma decisão apenas com base em <u>um</u> desses princípios. Não se pode expor, em abstrato, a forma como operam os princípios gerais de direito na argumentação, apenas é possível dar exemplos. É o que se irá aqui fazer, utilizando-se a bioética como exemplo. Também se recorrerá aqui a um exemplo dado a propósito da problemática da guerra e da paz, do armamento e do desarmamento[90].

PRINCÍPIOS GERAIS DE DIREITO	
Esclarecimentos	a) Não se podem "aplicar" princípios gerais de direito como se de uma receita culinária se tratasse; b) Não se pode nele "subsumir" como se faz sob o tipo de furto.
A importância deles	a) São importantes tópicos de argumentação; b) Assumem uma especial importância, sobretudo, quando está em causa a tutela das minorias e dos mais fracos.

89 Norberto Bobbio sustenta que os princípios gerais de direito são aquilo que ele denomina como analogia juris. Nesse sentido, consulte-se BOBBIO, Norberto. **Teoria do ordenamento jurídico.** 10ª edição. Tradução: Maria Celeste Cordeiro Leite dos Santos. Brasília: Editora Universidade de Brasília, 1999, p. 87.

90 KAUFMANN, 2010, p. 273.

Advertência	Convém lembrar que, raramente, se poderá fundamentar uma decisão apenas com base em *um* desses princípios.

1. O PRINCÍPIO *SUUM CUIQUE TRIBUERE* (*Cícero*[91]): dar a cada um o que é seu. O mínimo a atribuir a cada um como seu é a sua própria e insubstituível vida individual, a sua identidade. Portanto, cada um tem o direito de levar uma vida conforme as suas características (salvo, naturalmente, quando se trate de características que constituam um perigo para os outros). Ou seja, o indivíduo de conduzir a sua vida da forma como meu lhe aprouver, mesmo que sua escolha seja por uma vida "medíocre" ou "defeituosa". Proteção absoluta da vida[92].

PRINCÍPIOS GERAIS DE DIREITO	
Princípio *SUUM CUIQUE TRIBUERE* (CÍCERO)	Significa: dar a cada um o que é seu. O mínimo a atribuir a cada um como seu é a sua própria e insubstituível vida individual, a sua identidade.
Concretização	Proteção absoluta da vida

2. A REGRA DE OURO ("Sermão da Montanha" de *Jesus*): na sua forma positiva: faz aos outros o que gostaria que te fizessem a ti. Ou, de maneira negativa: não faça com os outros o que não gostaria que fizessem contigo. Por conseguinte: cuida do bem-estar do teu filho doente, assim como gostaria de ser tratado (e não morto) caso estivesse doente. Dito de outro modo, se não gostarias de seres geneticamente manipulado, não defendas nem pratiques a manipulação genética nos outros. Não violência, dever de assistência.

PRINCÍPIOS GERAIS DE DIREITO	
A regra de ouro ("sermão da montanha" de JESUS)	a) Forma positiva: faça com os outros o que gostaria que te fizessem a ti. b) Forma negativa: não faça com os outros o que não gostaria que fizessem contigo.
Concretização	Não violência, dever de assistência.

91 KAUFMANN, 2010, p. 273.

92 KAUFMANN, 2010, p. 273.

3. O IMPERATIVO CATEGÓRICO (*Kant*[93]): a) Age segundo aquelas máximas que tu possas pretender sejam que sejam elevadas à condição de leis gerais; b) Age de tal modo, que trates a humanidade, tanto na tua pessoa como na pessoa de qualquer outro, sempre como um fim e nunca apenas como um meio[94]. Exemplo: se não queres ser mera cópia de outra pessoa, então não promovas a clonagem humana. Autonomia, dignidade humana.

PRINCÍPIOS GERAIS DE DIREITO	
O imperativo categórico (KANT)	a) Age segundo aquelas máximas que tu possas pretender sejam que sejam elevadas à condição de leis gerais; b) Age de tal modo, que trates a humanidade, tanto na tua pessoa como na pessoa de qualquer outro, sempre como um fim e nunca apenas como um meio.
Concretização	Autonomia, dignidade humana.

4. O PRINCÍPIO DA EQUIDADE (*John Rawls*[95]): Age de tal modo, que todos os envolvidos participem de igual forma, tanto nos benefícios como nos encargos[96]. Portanto: não é justo um projeto de tecnologia genética que apenas traz progresso e utilidade para maioria, sendo as desvantagens suportadas exclusivamente pela minoria. Tutela das minorias.

PRINCÍPIOS GERAIS DE DIREITO	
O princípio da equidade (JOHN RAWLS)	Age de tal modo, que todos os envolvidos participem de igual forma, tanto nos benefícios como nos encargos.
Concretização	Tutela das minorias.

5. O PRINCÍPIO DA RESPONSABILIDADE (*Hans Jonas*): Age de tal modo, que as consequências da tua ação não destruam, ameacem ou diminuam a possibilidade de subsistência da vida humana e do seu ambiente. Por isso, não empreendas tecnologias genéticas cujo desenvolvimento possa implicar um dia danos imprevisíveis para a humanidade. Ética ecológica, ética do futuro.

93 KAUFMANN, 2010, p. 273.

94 KAUFMANN, 2010, p. 273.

95 KAUFMANN, 2010, p. 273.

96 KAUFMANN, 2010, p. 273.

PRINCÍPIOS GERAIS DE DIREITO	
O princípio da responsabilidade (HANS JONAS)	Age de tal modo, que as consequências da tua ação não destruam, ameacem ou diminuam a possibilidade de subsistência da vida humana e do seu ambiente.
Concretização	Ética ecológica, ética do futuro.

6. O PRINCÍPIO DA TOLERÂNCIA (*Arthur Kaufmann*): Age de tal modo, que as consequências da tua ação sejam concordantes com a máxima prevenção ou diminuição da miséria humana. Portanto: respeita e reconhece também aqueles cuja vida em sociedade parece ter pouco valor e que são cinicamente considerados como "vidas sem valor": os deficientes, os nascituros, as pessoas em estado terminal. Utilitarismo negativo[97].

PRINCÍPIOS GERAIS DE DIREITO	
O princípio da tolerância (ARTHUR KAUFMANN)	Age de tal modo, que as consequências da tua ação sejam concordantes com a máxima prevenção ou diminuição da miséria humana.
Concretização	Utilitarismo negativo

As argumentações com base nestes princípios que estão todos ligados entre si (e há outros ainda) não são forçosas, não conduzem necessariamente a uma determinada conclusão. Elas gozam, contudo, de um amplo grau de evidência. Situam-se no aristotélico meio termo entre a pretensão do absoluto e a relatividade[98].

2.5. ANTROPOLOGIA JURÍDICA

Neste capítulo, até aqui, muito se falou sobre a finalidade do direito: o bem comum (*bonum commune*). Na perspectiva de uma concepção substantiva do direito, este é o capítulo central. Ele trata, resumindo-o numa única palavra, do *Homem*. Linhas atrás foi aqui dito que a ideia de direito, a justiça, resulta da ideia de Homem. Não é uma justiça sobrenatural nem uma pura funcionalidade técnica o que realmente importa. O que importa é o Homem, tal como ele é. E é aí que se inicia a questão antropológica[99].

97 KAUFMANN, 2010, p. 274.

98 KAUFMANN, 2010, p. 274.

99 KAUFMANN, 2010, p. 275.

ANTROPOLOGIA JURÍDICA	
Finalidade do direito	Bonum Commune
Ideia de direito (a justiça)	Resulta da ideia de Homem.

Já a teoria da justiça de *Radbruch* aponta, de forma consequente, para o Homem como o fundamento e fim de todo direito, remetendo, desta forma, a questão para a Antropologia Jurídica. Não chegou, porém, *Radbruch* a ocupar-se dela. Os tempos, no momento em que ele viveu, não estavam voltados a alcançar tal propósito. A antropologia foi durante muito tempo um parente pobre da ciência. E isto é possível explicar[100].

ANTROPOLOGIA JURÍDICA	
Teoria da justiça (RADBRUCH)	Aponta, de forma consequente, para o Homem como o fundamento e fim de todo direito, remetendo, desta forma, a questão para a Antropologia Jurídica.
RADBRUCH	Não chegou, porém, *Radbruch* a ocupar-se dela. Os tempos, no momento em que ele viveu, não estavam voltados a alcançar tal propósito.

É óbvio que a Filosofia sempre se ocupou, de uma forma ou de outra, da questão do homem, mas este tema não era o seu núcleo central. A Antiguidade girou em torno do Cosmos, da natureza, vendo o homem como uma de suas partes a ele integrante. De modo semelhante, o homem foi, na Idade Média, um produto da ordem da criação proveniente de Deus. Logo, não se pode falar de uma Antropologia em *Platão, Aristóteles, São Tomás de Aquino, Santo Agostinho ou Nicolau de Cusa.* É, contudo, possível descobrir indícios de uma antropologia no direito natural, mais exatamente na *Stoa*, bem como na afirmação de Cícero: *"A natureza do direito deve, por certo, ser explicitada e ela deve ser inferida a partir da natureza do homem"*[101]. Este princípio programático ainda atualmente válido para a investigação antropológico-jurídica. Se assim for, é possível também encontrar questões antropológico-jurídicas colocadas no jusnaturalismo moderno – por exemplo, em *Hobbes, Espinosa, Locke, Thomasius, Bentham, Rousseau* – assim como, ainda, em *Hugo, Ahrens e Röder.* Mas nenhum destes pensamentos representa uma antropologia em sentido estrito, pois, duma forma preponderante, *desconheceram a possibilidade de o homem se desligar da predefinida ordem do mundo*[102]. E quando a Moderni-

100 KAUFMANN, 2010, p. 275,

101 KAUFMANN, 2010, p. 274.

102 KAUFMANN, 2010, p. 274.

dade liberta o homem desses fundamentos que carregava e os coloca em si próprio, apenas o via como "sujeito da razão", como sujeito do conhecimento e, por fim, como sujeito transcendental ou, panteisticamente, como razão do Todo. Também *Kant*, em sua antropologia, apenas se interessou pelo homem enquanto pessoa moral, mas não pelo homem como criatura.

ANTROPOLOGIA JURÍDICA	
Filosofia antiga	A Antiguidade girou em torno do Cosmos, da natureza, vendo o homem como uma de suas partes a ele integrante.
Filosofia na idade média	O homem foi, na Idade Média, um produto da ordem da criação proveniente de Deus.
CÍCERO	*"A natureza do direito deve, por certo, ser explicitada e ela deve ser inferida a partir da natureza do homem".*
Jusnaturalismo moderno	Já existe uma antropologia jurídica na obra de autores, como, por exemplo, em Hobbes, Espinosa, Locke, Thomasius, Bentham, Rousseau – assim como, ainda, em Hugo, Ahrens e Röder
Havia uma antropologia em sentido estrito no jusnaturalismo moderno?	Não, pois, duma forma preponderante, desconheceram a possibilidade de o homem se desligar da predefinida ordem do mundo.
KANT	Apenas se interessou pelo homem enquanto pessoa moral, mas não pelo homem como criatura.

Apesar de haver muitas "imagens do homem", e também no direito existem muitas "imagens" do homem, não havia uma antropologia até este momento. O desabrochar deu-se com *Friedrich Wilhelm Schelling*, depois o tema foi assumido pela filosofia da vida, devendo também aqui ser mencionado *Arthur Schopenhauer*. Mas uma antropologia científica autônoma só viria a ser possibilitada pelo método fenomenológico de *Edmund Husserl*. É a partir dele que partiu *Max Scheler* que, pela primeira vez, formulou expressamente, o tema antropológico, tornando-se, assim, pioneiro da moderna antropologia filosófica[103]. Os que vieram depois, como *Ludwig Klages, Helmut Plebner, Erich Rothancker, Adolf Portmann, Arnold Gehlen* (todos eles muito ativos na primeira metade do século XX), foram, em maior ou menor medida, influenciados pela fenomenologia. Dentro da filosofia existencialista, as investigações antropológicas foram sobretudo obra de *Jean-Paul Sartre*[104]. Foi na França, onde já *Henri Bergson* a tinha

103 KAUFMANN, 2010, p. 276.

104 Trata-se de uma antropologia de cunho marxista. Uma antropologia exposta na perspectiva do estruturalismo é a de Lévi-Strauss.

preparado, que a antropologia experimentou o seu maior desenvolvimento; basta mencionar *Gaston Bachelard* e *Maurice Merleau-Ponty*. Em tempos mais próximos, a investigação etológica (estudo do comportamento dos animais com o fim identificar as eventuais semelhanças com o comportamento humano) tem constituído um centro de gravidade dos trabalhos antropológicos; foram aqui pioneiros os trabalhos de *Konrad Lorenz*[105].

ANTROPOLOGIA JURÍDICA	
O desabrochar da antropologia	Se deu a partir da lição de Friedrich Wilhelm Schelling.
O tema foi assumido pela filosofia da vida	Merece aqui registro o nome de Arthur Schopenhauer.
Uma antropologia científica autônoma	Só viria a ser possibilitada pelo método fenomenológico de Edmund Husserl.
A moderna antropologia filosófica	O pioneiro foi Max Scheler tomando a obra de Edmund Husserl como ponto de partida.
Filosofia existencialista	As investigações antropológicas foram sobretudo obra de Jean-Paul Sartre.
Onde e quem conferiu o maior desenvolvimento a antropologia	Foi na França, onde já Henri Bergson a tinha preparado, que a antropologia experimentou o seu maior desenvolvimento; basta mencionar Gaston Bachelard e Maurice Merleau-Ponty.
Pesquisas mais recentes	Em tempos mais próximos, a investigação etológica (estudo do comportamento dos animais com o fim identificar as eventuais semelhanças com o comportamento humano) tem constituído um centro de gravidade dos trabalhos antropológicos.
Investigação etológica	Foram aqui pioneiros os trabalhos de Konrad Lorenz.

O que se disse permite explicar a não existência de uma história da antropologia jurídica. E mesmo hoje não se estabeleceu ainda de modo firme uma disciplina com esse nome. Algumas Faculdades de Direito contam com ela no seu currículo, mas muitas outras não. *Wolfgang Fikentscher* percebe, com razão, que a consciência metódica ainda está a este respeito em evolução. Nem sequer, note-se bem, sobre o âmbito das questões antropológico-jurídicas existe consenso. Uma vertente teórica, representada sobretudo por *Jan M. Broekman* e *Enst-Joachim Lampe*, confere à antropologia uma acentuação marcadamente jusfilosófica; ela tenta legitimar o direito a partir da determinação

105 KAUFMANN, 2010, p. 276.

do que o homem é. A outra corrente, cujo mais importante representante é *Leopold Pospisil*, vê na antropologia uma disciplina puramente empírica[106].

ANTROPOLOGIA JURÍDICA	
Há uma história dessa disciplina?	O que se disse permite explicar a não existência de uma história da antropologia jurídica. E mesmo hoje não se estabeleceu ainda de modo firme uma disciplina com esse nome.
A antropologia jurídica está consolidada?	Não, algumas Faculdades de Direito contam com ela no seu currículo, mas muitas outras não. *Wolfgang Fikentscher* percebe, com razão, que a consciência metódica ainda está a este respeito em evolução. Nem sequer, note-se bem, sobre o âmbito das questões antropológico-jurídicas existe consenso.
Há uma vertente teórica que confere à antropologia uma acentuação jusfilosófica?	Sim, essa vertente é representada sobretudo por Jan M. Broekman e Enst-Joachim Lampe e ela tenta legitimar o direito a partir da determinação do que o homem é.
Outra vertente sobre a antropologia	A outra corrente, cujo mais importante representante é Leopold Pospisil, vê na antropologia uma disciplina puramente empírica.

É possível indicar, resumidamente, as áreas de investigação da Antropologia Jurídica através de algumas palavras-chaves, são elas: internalização, enculturação, aculturação. Além disso, outros termos profundamente ligados a ela são: antropologia jurídica etológica, psicológica, etnológica e diferencial. Por fim, cabe ainda destacar que a antropologia jurídica interessa-se pela observação e descrição do comportamento infrator e, ainda, por padrões de comportamento cultural e subcultural[107].

ANTROPOLOGIA JURÍDICA	
Aréas de investigação	Internalização, enculturação, aculturação. Interessa-se também pela observação e descrição do comportamento infrator e, ainda, por padrões de comportamento cultural e subcultural.

106 KAUFMANN, 2010, p. 276-277.
107 KAUFMANN, 2010, p. 277.

A antropologia jurídico-filosófica em sentido próprio, a que *Joseph J. M. van der Ven* dedicou uma grande parte da sua vida ativa, tem ganho atualmente, na era da biotecnologia e especialmente da genética, um crescente lugar de destaque. Em que medida serão tais tecnologias, que podem transformar a face do mundo com consequências ao longo de muitas gerações futuras, compatíveis com a ideia de "bem comum", com o bem do homem?[108] Trata-se de uma pergunta difícil. O que dirá, neste contexto, a fórmula do respeito pela dignidade humana consagrada na Constituição da República?

ANTROPOLOGIA JURÍDICA	
Antropologia jurídico-filosófica em sentido próprio	A que Joseph J. M. van der Ven dedicou uma grande parte da sua vida ativa, tem ganho atualmente, na era da biotecnologia e especialmente da genética, um crescente lugar de destaque.
Questão tormentosa	Em que medida serão tais tecnologias, que podem transformar a face do mundo com consequências ao longo de muitas gerações futuras, compatíveis com a ideia de "bem comum", com o bem do homem?

Se no cenário atual da filosofia do direito domina a consciência de que não se sabe realmente o que seja o Direito, isso não é mais do que um reflexo da ainda mais profunda perplexidade em face do que seja o homem[109]. A "caixa de pandora" não é o direito, mas, sim, e sempre foi o homem. *Dostoievsky* já disse certa feita: "a formiga conhece a fórmula do seu formigueiro, a abelha a da sua colmeia, é certo que não as conhecem ao modo do homem, e sim ao seu próprio modo, mas não precisam de mais. Apenas o homem desconhece a sua fórmula"[110].

ANTROPOLOGIA JURÍDICA	
O cenário atual filosofia do direito	No cenário atual da filosofia do direito domina a consciência de que não se sabe realmente o que seja o Direito. E isso não é mais do que um reflexo da ainda mais profunda perplexidade em face do que seja o homem.

108 KAUFMANN, 2010, p. 278.

109 KAUFMANN, 2010, p. 278.

110 KAUFMANN, 2010, p. 278.

A advertência de DOSTOIEVSKY	"A formiga conhece a fórmula do seu formigueiro, a abelha a da sua colmeia, é certo que não as conhecem ao modo do homem, e sim ao seu próprio modo, mas não precisam de mais. Apenas o homem desconhece a sua fórmula".

2.6. NOTA CONCLUSIVA

É possível reconduzir todas as *questões de conteúdo* da filosofia do direito à noção de justiça social. As diferentes questões específicas da justiça social – princípio da subsidiariedade, direito de resistência, guerra e paz, etc. – podem, todavia, serem trabalhadas em capítulos próprios. Isso fica a depender de como o texto foi estruturado pelo autor. E cada autor tem a liberdade de fazê-lo como julgar melhor. Se neste texto foi incluído no capítulo sobre "justiça social" as questões mais gerais dessa mesma justiça social, quais sejam, o utilitarismo, os direitos humanos, a antropologia jurídica, dentre outras, isso deve-se sobretudo ao fato de, assim, se tornar bem patente que a justiça social é um tema central da filosofia do direito substantiva. Este significado abrangente da justiça social é também posto em destaque na "definição" de *H. F. Zacher:* ela é "a síntese da justiça das necessidades, justiça do mérito, justiça das oportunidades e justiça patrimonial – 'justiças', que tanto se complementam como se podem encontrar em tensão recíproca ou mesmo em contradição"[111].

NOTA CONCLUSIVA	
Justiça social	É possível reconduzir todas as *questões de conteúdo* da filosofia do direito à noção de justiça social.
Questões específicas da justiça social	Princípio da subsidiariedade, direito de resistência, guerra e paz, etc.
Significado abrangente da justiça social	É também posto em destaque na "definição" de *H. F. Zacher:* ela é "a síntese da justiça das necessidades, justiça do mérito, justiça das oportunidades e justiça patrimonial – 'justiças', que tanto se complementam como se podem encontrar em tensão recíproca ou mesmo em contradição".

Não é possível alcançar uma exposição completa das diversas questões específicas da justiça social. *Gustav Radbruch* ainda tentou, sob o signo do

111 Apud, KAUFMANN, 2010, p. 279.

"sistema fechado", uma tal exaustividade (a sua filosofia do direito será, nestes moldes, possivelmente, a última filosofia do direito "clássica"). Ele ocupa-se, entre outros, de temas como a propriedade, o contrato, o casamento, o direito sucessório, o direito penal, a pena de morte, o processo, o Estado de Direito, o direito eclesiástico, o direito internacional ou a guerra. Mas uma exposição fechada destas questões fracassa desde logo pelo fato de a "matéria" do direito ser, de forma predominante, historicamente condicionada e se encontrar, por isso, em constante processo de modificação. Por exemplo, a informática jurídica nunca poderia ter sido discutida por *Radbruch*.

NOTA CONCLUSIVA	
GUSTAV RADBRUCH	Tentou, sob o signo do "sistema fechado", uma tal exaustividade (uma exposição completa das diversas questões específicas da justiça social).
O problema de uma exposição exaustiva sobre a justiça social	Mas uma exposição fechada destas questões fracassa desde logo pelo fato de a "matéria" do direito ser, de forma predominante, historicamente condicionada e se encontrar, por isso, em constante processo de modificação. Por exemplo, a informática jurídica nunca poderia ter sido discutida por *Radbruch*.

Disso se concluí que somente é possível falar em um "*sistema aberto*" pelo que somente será possível oferecer uma escolha de temas da "parte especial" da justiça social. Ou seja, será possível debater sobre a justiça social e a partir dela, recorrendo-se a temas específicos e pontuais. De acordo com a lição de Arthur Kaufmann, não se desconhecendo o contexto do cenário atual, os temas mais palpitantes da Filosofia do Direito, todos eles ligados à questão da justiça social, são: o princípio da subsidiariedade, o direito de resistência, a desobediência civil, a doutrina do "espaço livre de direito", a guerra e a paz, o pluralismo, a sociedade de risco, a bioética (incluindo a medicina reprodutiva, a genética humana e a clonagem de pessoas) e, sobretudo, a tolerância[112].

NOTA CONCLUSIVA	
Um sistema aberto sobre a justiça social	Disso se concluí que somente é possível falar em um "sistema aberto" pelo que somente será possível oferecer uma escolha de temas da "parte especial" da justiça social.

112 KAUFMANN, 2010, p. 279.

Os temas mais palpitantes da filosofia do direito, todos eles ligados à questão da justiça social, são:	O princípio da subsidiariedade, o direito de resistência, a desobediência civil, a doutrina do "espaço livre de direito", a guerra e a paz, o pluralismo, a sociedade de risco, a bioética (incluindo a medicina reprodutiva, a genética humana e a clonagem de pessoas) e, sobretudo, a tolerância.

2.7. QUESTÕES

(XIV EXAME DA OAB) O filósofo inglês Jeremy Bentham, em seu livro Uma introdução aos princípios da moral e da legislação, defendeu o princípio da utilidade como fundamento para a Moral e para o Direito. Para esse autor, o princípio da utilidade é aquele que:

A) estabelece que a moral e a lei devem ser obedecidas porque são úteis à coexistência humana na vida em sociedade.

B) aprova ou desaprova qualquer ação, segundo a tendência que tem a aumentar ou diminuir a felicidade das pessoas cujos interesses estão em jogo.

C) demonstra que o direito natural é superior ao direito positivo, pois, ao longo do tempo, revelou-se mais útil à tarefa de regular a convivência humana.

D) afirma que a liberdade humana é o bem maior a ser protegido tanto pela moral quanto pelo direito, pois são a liberdade de pensamento e a ação que permitem às pessoas tornarem algo útil.

GABARITO: **B**

(FGV – OAB – XII EXAME DE ORDEM – 2013 DIREITO CONSTITUCIONAL / TEORIA GERAL – DIVERSOS) O utilitarismo é uma filosofia moderna que conquistou muitos adeptos nos séculos XIX e XX, inclusive no pensamento jurídico. As principais características do utilitarismo são:

A) convencionalismo, consequencialismo e antifundacionalismo.

B) consequencialismo, transcendentalismo e fundacionalismo.

C) convencionalismo, materialismo e fatalismo.

D) mecanicismo, fatalismo e antifundacionalismo.

GABARITO: **A**

VAMOS REVISAR?
01) Quais são os princípios gerais do Direito? E o que são eles?
02) O que são Regras de Prevalência? Quais são as Regras de Prevalência, segundo John Rawls?
03) O que sustenta o Utilitarismo Negativo? Quem o defende?

VAMOS ANOTAR ALGUMAS DICAS?	
Segundo a explicação de h. Kelsen, na obra "o que é justiça?", A doutrina do direito natural pressupõe que o valor é	Em sua teoria do ordenamento jurídico, norberto bobbio estuda os aspectos da unidade, da coerência e da completude do ordenamento. Relativamente ao aspecto da coerência do ordenamento jurídico, "a situação de normas incompatíveis entre si" refere-se ao problema
Imanente à realidade e é absoluto.	Das antinomias.

Capítulo 3

A IDEIA DE DIREITO: A JUSTIÇA COMO SEGURANÇA JURÍDICA (PAZ JURÍDICA). TENSÕES NO INTERIOR DA IDEIA DE DIREITO. PARTE III

"O conflito entre a justiça e a segurança jurídica deve resolver-se com prevalência do direito positivo garantido através das leis e do poder, mesmo quando aquele seja pelo seu conteúdo injusto e inadequado, salvo se a contrariedade da lei positiva à Justiça for de tal modo intolerável, que a lei, enquanto "direito injusto", deva ceder à Justiça". RADBRUCH, Gustav. **Filosofia do direito**. Tradução: Marlene Holzhausen. Revisão técnica: Sérgio Sérvulo da Cunha. São Paulo: Editora Martins Fontes, 2004, p. 117.

3.1. OS TRÊS MOMENTOS DA SEGURANÇA JURÍDICA: POSITIVIDADE, EXEQUIBILIDADE, PRÁTICA, ESTABILIDADE

Segurança jurídica pode significar duas coisas[1], a saber: 1) segurança *através do direito*, e, portanto, segurança face ao roubo, homicídio, furto, incumprimento do contrato, ou seja, a segurança que o Direito pode proporcionar; 2) e segurança *do próprio direito*, garantida da sua cognoscibilidade, aplicabilidade e efetividade, isto é, a segurança de que o direito será aplicado e efetivamente cumprido. *Apenas existe segurança através do Direito, quando o próprio Direito é seguro*.

1 KAUFMANN, 2010, p. 281.

OS TRÊS MOMENTOS DA SEGURANÇA JURÍDICA	
Segurança jurídica pode significar duas coisas	1) segurança *através do direito*; 2) segurança *do próprio direito*.
Segurança através do direito	A segurança que o Direito pode proporcionar.
Segurança do próprio direito	A segurança de que o direito será aplicado e efetivamente cumprido.
Conclusão	Apenas existe segurança através do Direito, quando o próprio Direito é seguro.

Nesta segunda maneira de se apresentar da segurança jurídica - segurança jurídica em sentido próprio ou estrito - o ponto principal é a eficácia do Direito. Neste momento apenas se irá dedicar atenção a este segundo sentido da expressão segurança jurídica. Um aspecto pontual da segurança jurídica entendida nesse segundo sentido é a força da coisa julgada, segundo a qual, como se sabe, a sentença não poderá ser mais questionada por meio dos recursos ordinários (apelação, agravo, recurso ordinário e etc.). É dizer, em nome da segurança jurídica, da segurança do próprio direito, todo processo deve ter um fim. Como dizia o antigo brocardo latino: *Roma locuta, causa finita* (Roma falou, encerrada a discussão).

OS TRÊS MOMENTOS DA SEGURANÇA JURÍDICA	
Segurança do próprio direito	É a segurança jurídica em sentido próprio ou estrito.
Segurança do próprio direito	O ponto principal é a eficácia do Direito.

Uma vez que já se sabe que o princípio da igualdade é de *natureza formal* e que os *conteúdos jurídicos não são univocamente cognoscíveis* (é dizer, que todo conteúdo admite sempre duas ou mais formas de interpretação), é preciso que, em nome da *paz jurídica*[2], fique estabelecido de forma autoritária na lei, por meio da promulgação, e na sentença, através da coisa julgada, o que deve ser tido por direito válido. A determinação do direito não é, por conseguinte, apenas um processo de conhecimento, ela é também uma *decisão*, uma *manifestação de poder*[3].

2 KAUFMANN, 2010, p. 282.

3 Sobre isso continua a ser importante a lição de Carl Schmitt.

OS TRÊS MOMENTOS DA SEGURANÇA JURÍDICA	
Justiça formal	Princípio da Igualdade
Justiça material	Não há um só conteúdo para Justiça.
Paz jurídica	O direito válido, no fim das contas, deve ser estabelecido de forma autoritária, na lei, por meio da promulgação, e na sentença, através da coisa julgada.
A determinação do direito	Não é apenas um processo de conhecimento, ela é também uma decisão, uma manifestação de poder.

Para que o Direito seja seguro, é necessário <u>*positividade*</u>. Positividade não significa, aqui, apenas e tão simplesmente a circunstância de o direito ser "posto". O direito consuetudinário, por exemplo, não é "posto" e é, contudo, positivo, por força de uma prática reiterada duradoura. O que é decisivo, quando se fala em positividade, é que os pressupostos da lei sejam estabelecidos forma tão exata quanto possível, para que, desta forma, eles possam ser aplicados sem arbitrariedade (é o que Arthur Kaufmann denomina como o <u>*imperativo da precisão*</u>[4]).

OS TRÊS MOMENTOS DA SEGURANÇA JURÍDICA	
O que é preciso para que o direito seja seguro?	Positividade.
O que é positividade?	É a circunstância de que os pressupostos da lei sejam estabelecidos forma tão exata quanto possível, para que, desta forma, eles possam ser aplicados sem arbitrariedade

Conceitos indeterminados (por exemplo, maus tratos físicos, censurabilidade), cláusulas gerais (por exemplo, boa-fé, bons costumes) ou elementos típicos acentuadamente normativos (como, por exemplo, falsidade, periculosidade, anomalia, mulher honesta) ameaçam, segundo Arthur Kaufmann, a segurança jurídica, pois existe o perigo de uma jurisprudência fortemente divergente e, com isso, uma insegurança a respeito do que é o direito. Por outro lado, as normas casuísticas que apresentam com exatidão uma lista altamente pormenorizada do que deve ser considerado como *direito*, asseguram um elevado grau de segurança jurídica, mas podem, no caso concreto, violar a noção de justiça material (ou justiça do bem comum). Como diz um provérbio, "quem semeia normas, não colhe justiça". Por isso, é preciso que se diga, desde já, que essa antinomia não

4 KAUFMANN, 2010, p. 282.

é possível superar totalmente. O que se pode e se deve fazer é, em princípio, atribuir prioridade à segurança jurídica, à paz comunitária.

OS TRÊS MOMENTOS DA SEGURANÇA JURÍDICA	
O que pode ameaçar a segurança jurídica, segundo ARTHUR KAUFMANN?	Conceitos indeterminados (por exemplo, maus tratos físicos, censurabilidade), cláusulas gerais (por exemplo, boa-fé, bons costumes) ou elementos típicos acentuadamente normativos (como, por exemplo, falsidade, periculosidade, anomalia, mulher honesta).
Qual o problema de normas jurídicas mais precisas?	Elas podem, no caso concreto, violar a noção de justiça material (ou justiça do bem comum).
Entre justiça e segurança, qual delas deve prevalecer?	O que se pode e se deve fazer é, em princípio, atribuir prioridade à segurança jurídica, à paz comunitária.

Neste sentido, veja-se a decisão do Tribunal Federal (Seção Cível), transcrita por Kaufmann[5]:

> *São defendidas diferentes opiniões a respeito de praticamente todas as normas sobre direitos fundamentais. Sujeitas ao mesmo destino estão também as chamadas cláusulas gerais e os conceitos como bons costumes, boa-fé, interesse público, que precisam de ser preenchidas através de representações de valor que não podem ser submetidas a nenhuma bitola objetiva absolutamente unitária. Isto é por isso mesmo, em grande medida motivo de preocupação, pois implica uma profunda insegurança e ambiguidade nas questões fundamentais do direito, mas tem que ser aceita em certas situações. A exigência de segurança jurídica nunca pode, nem mesmo num Estado de Direito com um corpo legislativo exaustivo, ser completamente cumprida, pois na conformação das diversas hipóteses factuais tem que sempre se deixar espaço para a ponderação judicial e para a integração valorativa das cláusulas gerais pelos juízes.*

Mas, para que o direito seja seguro é preciso que se cumpra uma outra exigência: a *exequibilidade prática.* O conhecimento dos fatos juridicamente relevantes deve ser, na medida do possível, isento de erro. Isso leva frequentemente a um aumento e a uma formalização das hipóteses normativas, que pode, no caso concreto, implicar em uma contradição com a ideia de justiça material. Para o testamento, por exemplo, estão previstos requisitos formais muito estritos, de modo a que a vontade do testador possa ser, depois da sua

5 KAUFMANN, 2010, p. 282-283.

morte, determinada com um mínimo possível de dúvidas. Não é, contudo, raro que um testamento realmente querido fique sem efeitos (sem exequibilidade prática) por força de tais requisitos de forma, ou seja, porque alguns deles não foram observados. Pense-se, ainda, no direito eleitoral. A justiça material exigiria que apenas os cidadãos capazes de um juízo político consciente tivessem direito de voto (ou, pelo menos, maior peso eleitoral do que os não instruídos). Isto, todavia, conduziria a uma considerável incerteza, pois como se poderá fixar, sem arbítrio, quem é capaz de um juízo consciente? O nosso direito eleitoral é um direito igualitário, todas as pessoas maiores de idade têm um voto igual. Este critério é fácil de utilizar de forma segura, apesar de em alguns muitos casos não se mostrar como justo.

OS TRÊS MOMENTOS DA SEGURANÇA JURÍDICA	
O que é preciso para que o direito seja seguro?	Que ele tenha *exequibilidade prática.*

Finalmente, o terceiro momento da segurança jurídica é aquele relativo à *estabilidade* do direito (permanência, durabilidade). O direito deve poder ser alterado, mas não poder sê-lo feito com ligeireza. Uma legislação de ocasião (ou de oportunidade) não proporciona uma aplicação uniforme e confiável. É evidente que a exigência de estabilidade do direito conduz a um conflito de fins no seio da ideia do direito. Do ponto de vista da justiça material, uma lei defeituosa deve ser, com a possível brevidade, substituída por outra melhor. Mas a justiça também não pode tolerar uma constante alteração da legislação, pois ela terá como efeito a falta de uniformidade na aplicação do direito e, com isso, a injustiça. A paz jurídica apenas pode existir quando o direito é, de uma forma ótima, previsível, calculável. Como disse *Oliver Wendell Holmes Jr.*: "As profecias de como os tribunais irão julgar, é o que chamo de lei. Mas não há nada mais pretencioso do que isso".

OS TRÊS MOMENTOS DA SEGURANÇA JURÍDICA	
Qual é o terceiro momento da segurança jurídica?	É aquele relativo à *estabilidade* do direito (permanência, durabilidade).
A paz jurídica apenas pode existir quando?	Quando o direito é, de uma forma ótima, previsível, calculável.

3.2. TENSÕES NO INTERIOR DA IDEIA DE DIREITO

O princípio da igualdade exige, antes de qualquer coisa, a proibição do arbítrio. A justiça material (justiça social) tem por finalidade a realização do bem comum. A segurança jurídica, por seu turno, almeja a paz jurídica. Contudo, segurança jurídica não significa necessariamente realização segura do frequentemente defeituoso direito positivo. Podem, aliás, daí decorrer conflitos de fins, em especial entre justiça material e segurança jurídica. O que acontece em tais casos de conflito, quando não se pode realizar, simultaneamente, os dois tipos de justiça?

TENSÕES NO INTERIOR DA IDEIA DE DIREITO	
Justiça formal (princípio da igualdade)	Almeja a proibição do arbítrio.
Justiça material (justiça social)	Almeja a realização do bem comum.
Segurança jurídica	Almeja a paz jurídica.

Por conta da sua generalidade nenhuma lei pode, já tinha percebido isso *Aristóteles*, ser justa em todos os casos individuais. Mas se, por isso, se negasse a validade das leis, o resultado seria uma enorme insegurança jurídica. Não mais se poderia confiar nas leis. Na sua intenção, uma lei que declarasse: "quem cometer um ato injusto digno de pena, será adequadamente punido" poderia ser uma lei perfeitamente justa, mas seria extremamente insegura na sua aplicação e traria consigo, por isso mesmo, a maior injustiça. Como constatou Cícero, *"summum ius, summa iniuria"*[6] (a lei suprema é aquela diz: é vedada a pior de todas as lesões possíveis). Ou seja, entre o prejuízo da possibilidade de injustiça material e a insegurança jurídica, preserve-se a ideia de segurança jurídica (paz jurídica). Isso nos remete a uma conhecida passagem em que *Sócrates* diz a *Críton*, o qual tentava convencê-lo a fugir: *"Parece-te possível que subsista e não caia na total destruição o Estado em que as decisões jurídicas tomadas não tenham qualquer força e possam não ser cumpridas?"*[7]. E *Goethe* sobre isso dizia: "É melhor que te aconteça uma injustiça do que o mundo fique sem lei. Submetam-se, portanto, todos à lei"[8]. Será isto a última palavra: a injustiça prevalece, em nome da paz, sobre o direito? O positivismo jurídico afirma que sim; ele pretende que a segurança jurídica tenha prioridade, mesmo quando isso implique uma injustiça legal.

6 Apud, KAUFMANN, 2010, p. 284.
7 Apud, KAUFMANN, 2010, p. 284-285.
8 Apud, KAUFMANN, 2010, p. 285.

TENSÕES NO INTERIOR DA IDEIA DE DIREITO	
O problema da generalidade da lei	Por conta da sua generalidade nenhuma lei pode, já tinha percebido isso *Aristóteles*, ser justa em todos os casos individuais.
Entre a injustiça e a insegurança como se deve proceder?	Entre o prejuízo da possibilidade de injustiça material e a insegurança jurídica, preserve-se a ideia de segurança jurídica (paz jurídica).
Será esta a última palavra?	A injustiça prevalece, em nome da paz, sobre o direito? O positivismo jurídico afirma que sim.

A experiência dos sistemas de não-direito do nosso tempo ensinou-nos que também a segurança jurídica não é um valor absoluto. Veja o que se passou na Alemanha durante o governo nazista. Todavia, o abdicar da segurança jurídica deve limitar-se a casos extremos de injustiça legal, pois as decisões contrárias à lei muitas vezes também não são reconhecidas sem objeção e podem, por isso, trazer consigo a insegurança. No seu esforço para superar a injustiça nacional-socialista, Gustav Radbruch elaborou uma fórmula, a qual se tornou muito famosa. Ela não é evidentemente a pedra filosofal, mas é difícil encontrar uma fórmula melhor. Se irá, a seguir, transcrever as passagens mais importantes.

TENSÕES NO INTERIOR DA IDEIA DE DIREITO	
A segurança jurídica é um valor absoluto?	Não.
A flexibilização da segurança jurídica deve se dar dentro de certos limites	O abdicar da segurança jurídica deve limitar-se a casos extremos de injustiça legal, pois as decisões contrárias à lei muitas vezes também não são reconhecidas sem objeção e podem, por isso, trazer consigo a insegurança.

Logo de saída, será transcrita a primeira parte da famosa fórmula de Radbruch:

> *"O conflito entre a justiça e a segurança jurídica deve resolver-se com prevalência do direito positivo garantido através das leis e do poder, mesmo quando aquele seja pelo seu conteúdo injusto e inadequado, salvo se a contrariedade da lei positiva à Justiça for de tal modo intolerável, que a lei, enquanto "direito injusto", deva ceder à Justiça"*[9].

---

9 KAUFMANN, 2010, p. 285.

Prossegue, então, Radbruch, apresentando a segunda parte de sua fórmula:

> *"É impossível traçar uma linha nítida entre os casos de negação legal do direito e os casos de leis ainda válidas apesar do seu conteúdo injusto. Pode, contudo, ser traçada, com toda nitidez, uma outra distinção: quando nem sequer se pretende alcançar justiça, quando a igualdade, que constitui o núcleo da justiça, é conscientemente negada pela regulação do direito positivo, então, a lei não é apenas "direito injusto", carecendo em termos absolutos de natureza jurídica. Pois não se pode definir o direito, inclusivamente o direito positivo, senão como uma ordem ou regulamentação que, de acordo com o seu sentido, está destinada a servir a justiça"*[10].

TENSÕES NO INTERIOR DA IDEIA DE DIREITO	
A fórmula de RADBRUCH (1ª Parte)	O conflito entre a justiça e a segurança jurídica deve resolver-se com prevalência do direito positivo garantido através das leis e do poder, mesmo quando aquele seja pelo seu conteúdo injusto e inadequado, salvo se a contrariedade da lei positiva à Justiça for de tal modo intolerável, que a lei, enquanto "direito injusto", deva ceder à Justiça.
A fórmula de RADBRUCH (2ª Parte)	É impossível traçar uma linha nítida entre os casos de negação legal do direito e os casos de leis ainda válidas apesar do seu conteúdo injusto. Pode, contudo, ser traçada, com toda nitidez, uma outra distinção: quando nem sequer se pretende alcançar justiça, quando a igualdade, que constitui o núcleo da justiça, é conscientemente negada pela regulação do direito positivo, então, a lei não é apenas "direito injusto", carecendo em termos absolutos de natureza jurídica.

A jurisprudência dos tribunais superiores serviu-se, por diversas vezes, dessa fórmula e, a respeito da antiga República Democrática Alemã (ordens de disparo para quem tentasse pular o muro de Berlim), a fórmula assumiu novamente grande atualidade[11]. Convém citar as passagens mais importantes de um acórdão recente do Tribunal Constitucional Federal Alemão:

---

10 KAUFMANN, 2010, p. 286.

11 Sobre a Fórmula Radbruchiana muito se escreveu nos últimos tempos. Infelizmente, muitos desses trabalhos apenas são parcialmente úteis, como ensina Arthur Kaufmann, pois em vez de "supra-legal" (Radbruch só utiliza este conceito no seu livro), muitos autores falam infundadamente em "supra-positivo", como se ambos os conceitos tivessem o mesmo significado. Mas tal não é o caso. O direito consuetudinário, por exemplo, é direito "positivo" (positivo por força de uma prática reiterada duradoura), mas não é direito "legal". Radbruch sempre

"A segurança jurídica é um elemento essencial do Estado de Direito. Este princípio, por seu lado, é parte das opções básicas da Lei Fundamental que almejam cumprir os autênticos postulados da justiça. Assim, mesmo ao legislador constitucional apenas é permitido descurar a segurança jurídica até certo limite. Se uma norma negar, falsear ou descurar em medida inadmissível a função de garantia da paz imanente ao direito, poderá, mesmo que sob a forma de norma constitucional originária, ser nula. Não deve, contudo, esquecer-se que o princípio da segurança jurídica está, frequentemente, em contradição com a exigência de justiça material e que deve ser em primeira linha tarefa dos legisladores decidir tal conflito, ora a favor da segurança jurídica, ora a favor da justiça material. Se isto acontecer sem arbitrariedade, então não se podem fazer objeções a tal procedimento. Haverá um fundamento legítimo para o legislador limitar em certa medida e durante certo tempo a segurança jurídica, quando ele estabelece ou aceita tais limitações em nome da realização da justiça material".

A questão fundamental está em saber se, a respeito de uma lei, está em causa uma "lei contrária ao direito". Na prática, a resposta depende em primeira linha de saber se se verifica uma violação de Direitos Humanos e Fundamentais e/ou Princípios Gerais de Direito. Ou seja, se aquilo que se chama de lei, lei realmente o é, na medida que não ofende frontalmente os Direitos Humanos e Fundamentais ou, ainda, os Princípios Gerais de Direito[12].

TENSÕES NO INTERIOR DA IDEIA DE DIREITO	
"Lei contrária ao Direito"	Lei que viola os Direitos Humanos e Fundamentais e/ou Princípios Gerais de Direito.

O que antes foi dito aqui sobre as leis, vale, *mutatis mutandis*, também para sentenças judiciais. Sem a *força de coisa julgada* o processo dificilmente chegaria a um final. Visto que quase sempre uma das partes do processo sente que a sentença não lhe fez justiça, ela nunca iria, então, desistir do litígio. É possível facilmente imaginar o que isto significaria para a paz jurídica. E também aqui as coisas acontecem de tal maneira que não adquire força de coisa julgada apenas a sentença correta, mas também a sentença errônea. No que diz respeito à sentença judicial, o conflito com a justiça material está disciplinado na própria lei: um processo já terminado por meio de sentença transitada em julgado (excetuando-se a situação de fatos jurídicos supervenientes) apenas pode ser reaberto quando a sentença contém erros crassos. Isso significa, todavia, que as

considerou a positividade como uma característica essencial do direito; para ele, não existe "direito supra-positivo". Consulte-se, KAUFMANN, 2010, p. 286.

12 KAUFMANN, 2010, p. 287.

demais sentenças com erro de julgamento se mantêm. Cite-se, como exemplo ilustrativo, o acórdão do Tribunal Federal Alemão que toma posição sobre esse conflito[13]. A situação factual e jurídica era esta: estávamos perante uma hipótese de coisa julgada parcial. A decisão jurídica da instância inferior tinha adquirido força de julgado a respeito da questão da culpa do acusado; o processo seguia única e tão-somente quanto à questão da pena. No recurso, sobre a questão da pena, ficou evidente que o juízo de culpa estava errado. O acusado não devia de todo ter sido condenado. Poderá ele, apesar da condenação com força de coisa julgada ser absolvido? A justiça material poderá prevalecer sobre a segurança jurídica? O Tribunal Federal decidiu que não[14]!

TENSÕES NO INTERIOR DA IDEIA DE DIREITO	
Força de coisa julgada e a justiça	E também aqui as coisas acontecem de tal maneira que não adquire força de coisa julgada apenas a sentença correta, mas também a sentença errónea.

Convém transcrever um pequeno trecho:

> *Como justificação para a exigência de afastar a coisa julgada parcial, alega-se o imperativo de justiça incondicional, que não tolera que um inocente seja condenado com base num juízo de culpa reconhecidamente injusto. Em face de tais considerações, conduzidas pelo sentimento jurídico, tem que se acentuar, com firmeza, o significado da coisa julgada para a segurança jurídica.*

Esta decisão é bastante discutível. Mas é exatamente por isso que ela é bastante instrutiva. Onde está a fronteira entre justiça material e segurança jurídica? Ela nunca poderá ser fixada de maneira geral e para todos os tempos. Novamente se vê que a ideia de direito não se situa apenas em um céu de valores, em que reine apenas a pura harmonia, mas antes no mundo dos homens, sendo, portanto, contingente e finita[15].

3.3. QUESTÕES

(XVI EXAME DA OAB) O jus filósofo alemão Gustav Radbruch, após a II Guerra Mundial, escreve, como circular dirigida aos seus alunos de Heidelberg, seu texto "Cinco Minutos de Filosofia do Direito", na qual afirma: "Esta concepção da lei e sua validade, a que chamamos Positivismo, foi

13 KAUFMANN, 2010, p. 287. BGHSt 7, 283 ss. (285).

14 KAUFMANN, 2010, p. 287.

15 KAUFMANN, 2010, p. 288.

a que deixou sem defesa o povo e os juristas contra as leis mais arbitrárias, mais cruéis e mais criminosas." De acordo com a fórmula de Radbruch:

A) embora as leis injustas sejam válidas e devam ser obedecidas, as leis extremamente injustas perderão a validade e o próprio caráter de jurídicas, sendo, portanto, dispensada sua obediência.

B) apenas a lei justa pode ser considerada jurídica, pois a lei injusta não será direito.

C) o direito é o mínimo ético de uma sociedade, de forma que qualquer lei injusta não será direito.

D) o direito natural é uma concepção superior ao positivismo jurídico; por isso, a justiça deve sempre prevalecer sobre a segurança.

GABARITO: **A** (Consulte o item: 1.14.).

VAMOS REVISAR?
1) Quais os três sentidos da segurança jurídica?
2) Qual a primeira parte da fórmula da Lei de Radbruch?

VOCÊ SABIA?
Para John Rawls, dois "princípios de justiça" emergem na posição original através de um acordo unânime:
Resposta: 1) Cada pessoa tem um direito igual a um esquema plenamente adequado de liberdades básicas iguais que seja compatível com um esquema similar de liberdade para todos; 2) As desigualdades sociais e econômicas devem satisfazer duas condições. Primeira, elas devem estar associadas a cargos e posições abertos a todos em condições de igualdade equitativa de oportunidades. Segunda, elas devem ser para o maior benefício dos membros menos favorecidos da sociedade.

VOCÊ SABIA?
Quanto às possibilidades e limites da atividade judicial, os procedimentalistas separam os discursos de fundamentação dos de aplicação.
Resposta: Defendem que uma norma somente pode ser aplicada legitimamente, em uma situação concreta, se antes forem levadas em consideração todas as características relevantes desta situação, a fim de assegurar uma interpretação coerente de todas as normas aplicáveis. Assim, uma norma jurídica particular somente é correta quando se apoia em normas válidas e sua aplicação é adequada; isto é, quando a norma aplicada foi fundamentada em um processo discursivo anterior, em que tenham participado todos os possíveis afetados e tenham sido levadas em conta todas as circunstâncias do caso.

VOCÊ SABIA?
As exigências de objetividade ética, na teoria desenvolvida por Amartya Sem:
Resposta: Relacionam-se estreitamente com a capacidade de enfrentar a argumentação pública aberta, a qual tem ligações estreitas com o caráter imparcial das posições propostas e dos argumentos que as apoiam.

VOCÊ SABIA?
Um princípio não implica a obrigação de que os destinatários se adequem totalmente a ele, realizando uma atividade específica.
Resposta: Mas equivale a estabelecer uma razão que, prima facie, suporta qualquer comportamento que contribui com a efetivação daquele princípio; logo, sua esfera de aplicabilidade é relativamente indeterminada, sendo suscetíveis de expansão e de compressão: para saber qual o alcance efetivo do princípio é preciso não apenas observar seu teor literal, mas também o conteúdo dos outros princípios concordantes potencialmente aplicáveis, se existentes, bem como as circunstâncias do caso concreto.

VOCÊ SABIA?
Pontes de Miranda buscou a construção de uma ciência positiva do direito que se vinculasse ao mundo real dos fatos. Para ele, ela é entendida como a "sistematização dos conhecimentos positivos das relações sociais, como função do desenvolvimento geral das investigações científicas em todos os ramos do saber". Em sua obra "Sistema de Ciência Positiva do Direito", o pensador divide a ciência do direito em:
Resposta: Teorética, histórica e técnica.

Capítulo 4

O CONCEITO DE DIREITO – DIREITO E LEI – A RELAÇÃO ENTRE SER E DEVER SER

O conceito de direito mencionados nestes diferentes dispositivos é um conceito de direito nominalista[1]. Segundo este, *o Direito não é algo de real – o Direito não "existe" –, ele é simplesmente um nome, uma designação compreensiva para o conjunto das leis, cujo conteúdo é arbitrário* (pelo menos no quadro da ordem constitucional). Real é a apenas a lei. KAUFMANN, 2010, p. 201.

4.1. DIREITO E LEI – OS CONCEITOS NOMINALISTA E REALISTA DE DIREITO

A maneira como a palavra "Direito" é usada na nossa ordem jurídica deriva, apenas de forma esporádica e não unívoca, de algumas disposições. No artigo 2º da Lei de Introdução ao Código Civil Alemão diz-se, por exemplo: "Lei, para efeitos do disposto no Código Civil e nesta lei, é toda a norma jurídica". Por "norma jurídica" deve, portanto, entender-se, como ensina Arthur Kaufmann[2], a lei em sentido material, incluindo a lei formal (derivada de um processo legislativo específico), o direito consuetudinário, o regulamento e, ainda, as convenções coletivas, os usos sociais e as regras gerais do direito internacional.

---

1 Quanto ao tema das concepções de linguagem, o aluno encontra na obra de Tercio Sampaio Ferraz Jr. uma interessante passagem sobre o assunto. Nela, o autor expõe, pelo menos, duas diferentes concepções de linguagem, a saber: a substancialista e á convencionalista. A substancialista é também conhecida como essencialista. Por sua vez, a convencionalista também é conhecida como nominalista. Sobre o assunto, consulte-se FERRAZ JR., 2015, p. 13-17.

2 KAUFMANN, 2010, p. 200.

DIREITO E LEI – OS CONCEITOS NOMINALISTA E REALISTA DE DIREITO	
Artigo 2º da lei de introdução ao Código Civil Alemão	Lei, para efeitos do disposto no Código Civil e nesta lei, é toda a norma jurídica.
O que é norma jurídica, segundo KAUFMANN?	A lei em sentido material, incluindo a lei formal (derivada de um processo legislativo específico), o direito consuetudinário, o regulamento e, ainda, as convenções coletivas, os usos sociais e as regras gerais do direito internacional.

No artigo 2º da Lei de Introdução ao Código Civil Alemão são, por conseguinte, usados como sinônimos os conceitos de "Direito", no sentido de "norma jurídica", e o de "lei". Há, ainda, alguns outros textos de que se extrai a mesma concepção de direito. No parágrafo 1º da Lei de Organização Judiciária Alemã, que é da mesma época que o Código Civil Alemão, ou seja, da passagem do século, estabelece-se que o poder judicial é "exercido pelos Tribunais independentes e apenas sujeitos à lei". Mas ainda no Estatuto dos Juízes Alemães, feito no fim do século XX, a escolha das palavras é a mesma (§25), e isto vale para a própria Lei Fundamental, onde no artigo 97, nº1, o direito e a lei se identificam: "os juízes são independentes e apenas estão sujeitos à lei", anota Kaufmann[3].

DIREITO E LEI – OS CONCEITOS NOMINALISTA E REALISTA DE DIREITO	
Artigo 2º da lei de introdução ao Código Civil Alemão	São, por conseguinte, usados como sinônimos os conceitos de "Direito", no sentido de "norma jurídica", e o de "lei".

O conceito de direito mencionados nestes diferentes dispositivos é um conceito de direito <u>nominalista</u>[4]. Segundo este, *o Direito não é algo de real – o Direito não "existe" –, ele é simplesmente um nome, uma designação compreensiva para o conjunto das leis, cujo conteúdo é arbitrário* (pelo menos no quadro da ordem constitucional). Real é a apenas a lei[5].

3 KAUFMANN, 2010, p. 201.

4 Quanto ao tema das concepções de linguagem, o aluno encontra na obra de Tercio Sampaio Ferraz Jr. uma interessante passagem sobre o assunto. Nela, o autor expõe, pelo menos, duas diferentes concepções de linguagem, a saber: a substancialista e a convencionalista. A substancialista é também conhecida como essencialista. Por sua vez, a convencionalista também é conhecida como nominalista. Sobre o assunto, consulte-se FERRAZ JR., 2015, p. 13-17.

5 KAUFMANN, 2010, p. 201.

DIREITO E LEI – OS CONCEITOS NOMINALISTA E REALISTA DE DIREITO	
Conceito de direito nominalista	O Direito não é algo de real – o Direito não "existe" –, ele é simplesmente um nome, uma designação compreensiva para o conjunto das leis, cujo conteúdo é arbitrário.

Contudo, se estabelece no artigo 20º, nº3, da Lei Fundamental Alemã (em contraste com o artigo 97º) algo bem diferente: "A legislação está vinculada à ordem constitucional; o poder executivo e o poder jurisdicional estão vinculados à lei e ao Direito". À lei e ao Direito, está escrito. Uma tal referência aditiva e, portanto, diferenciada, de lei e direito, contradiz a compreensão do que é o direito nos últimos duzentos anos. Alegar que o legislador constituinte alemão cometeu um lapso no momento da redação do texto é completamente descabido[6]. Os autores da Lei Fundamental escolheram cuidadosamente esta formulação, e na verdade, como disse de forma notável um deles, *Thomas Dehler*, com o objetivo de marcar bem a ideia do Estado de Direito como base da Lei Fundamental.

DIREITO E LEI – OS CONCEITOS NOMINALISTA E REALISTA DE DIREITO	
Artigo 20º, nº3, da Lei Fundamental Alemã	"A legislação está vinculada à ordem constitucional; o poder executivo e o poder jurisdicional estão vinculados à lei e ao Direito".
Conceito realista de direito	Direito e lei não são a mesma coisa.

O pensamento fundamental contido no artigo 20º, nº3, da Lei Fundamental Alemã, é o de que a República Federal Alemã não é apenas um Estado de Direito Formal – um "Estado de Legalidade" – nem uma Democracia Formal, mas antes um Estado de Direito e uma Democracia Materiais, em que o Direito enquanto tal – e não apenas a lei – possui realidade e adquire efetividade[7]. Ou seja, o Direito não se confunde com a lei.

DIREITO E LEI – OS CONCEITOS NOMINALISTA E REALISTA DE DIREITO	
Conceito realista de direito	O Direito enquanto tal – e não apenas a lei – possui realidade e adquire efetividade

6 KAUFMANN, 2010, p. 201.

7 KAUFMANN, 2010, p. 201-202.

Mas se, ao menos, se soubesse o que seja o "o Direito enquanto tal"! A afirmação irônica de *Kant*: *"ainda procuram os juristas uma definição para o seu conceito de Direito"*[8], também poderia ser feita no nosso tempo. Também hoje se procura um conceito de Direito, que seja mais do que uma formal designação compreensiva do conjunto das leis, e diga algo sobre a realidade do conteúdo do Direito. Mas esta procura será vã, se se quiser encontrar "o" conceito de Direito. Pois não se pode dar uma definição completamente e exclusivamente lógica de Direito, no sentido de um conceito formado por elementos unívocos e fechados. Apenas se pode explicitar, com maior ou menor exatidão, o que se entende por "direito", o que depende, essencialmente, da *perspectiva*[9] sob a qual ele seja considerado. Neste sentido, há uma pluralidade de conceitos de direito, afirmando todos eles algo correto (sob o respectivo ponto de vista), mas não compreendendo nenhum deles a totalidade do direito. Convém abordar alguns desses conceitos de direito.

DIREITO E LEI – OS CONCEITOS NOMINALISTA E REALISTA DE DIREITO	
Há um só conceito de direito?	Sob o aspecto material, não. Na verdade, há uma pluralidade de conceitos de direito, afirmando todos eles algo correto (sob o respectivo ponto de vista), mas não compreendendo nenhum deles a totalidade do direito.

Sob o ponto de vista da filosofia idealista, *Hegel* compreendia o Direito essencialmente como liberdade: *"Isto, que é existência e antes de mais existência da vontade livre, é o direito. Este é, portanto, antes de mais a liberdade enquanto ideia"*[10]. Menos enfática, mas mais exata é a formulação de *Kant*: *"O direito é um conjunto das condições sob as quais o arbítrio de cada um se articula com o arbítrio dos outros, segundo uma lei geral de liberdade"*[11] – ou seja, o Direito é uma limitação igualitária da liberdade de cada um em nome da liberdade de todos. De forma bem pragmática procede o juiz norte-americano *Oliver Wendell Holmmes Jr. "The prophetties of what the courts will do in fact, and nothing more pretentious, are what I mean by the Law"*[12].

---

8 KANT, Immanuel. **Crítica da Razão Prática.** Tradução: Arthur Morão. Lisboa: Edições 70, 2001, 39.

9 KAUFMANN, 2010, p. 202.

10 HEGEL, Friedrich. **Princípios de filosofia do direito.** Tradução: Orlando Vitorino. São Paulo: Martins Fontes, 2000, p. 56.

11 KANT, Immanuel. **Fundamentação da Metafísica dos Costumes.** Tradução: Paulo Quintela. Lisboa: Edições 70, 2003, p. 39.

12 Tradução livre: "As profecias de como os tribunais irão julgar, isto, a rigor, é a Lei, nada consegue ser mais pretensioso que isso".

DIREITO E LEI – OS CONCEITOS NOMINALISTA E REALISTA DE DIREITO	
Como HEGEL compreendia o conceito de direito?	*Hegel* compreendia o Direito essencialmente como liberdade.
Como KANT compreendia o conceito de direito?	O Direito é uma limitação igualitária da liberdade de cada um em nome da liberdade de todos.
Como HOLMES JR. Compreendia o conceito de direito?	"As profecias de como os tribunais irão julgar, é o que chamo de lei. Mas não há nada mais pretencioso do que isso".

De acordo com *Max Weber*[13] é essencial ao direito, em sentido sociológico, fundamentar uma probabilidade calculável de que, caso se verifique a hipótese de fato, se desencadeará a consequência jurídica. O analítico *Herbert L. A. Hart* liga o conceito de Direito ao termo "*regra*"[14], e defende que só através do mecanismo derivado da conjugação de regras se logra uma visão adequada do que seja o Direito. Sob a perspectiva do *neokantismo de Marburgo*, *Rudolph Stammler*, construiu um conceito apriorístico de Direito: "*O conceito de Direito como fundamento último de todo o pensamento e juízo jurídicos*" é "*a inviolável vontade autônoma e vinculante*"[15]. *Gustav Radbruch*, que é oriundo do neokantismo do sudoeste alemão, viu na referência a valores o critério decisivo do conceito de Direito: "*O Direito é a realidade que tem por sentido servir aos valores jurídicos, à ideia de Direito (a justiça)*"[16].

DIREITO E LEI – OS CONCEITOS NOMINALISTA E REALISTA DE DIREITO	
O que é o direito para MAX WEBER?	É essencial ao direito, em sentido sociológico, fundamentar uma probabilidade calculável de que, caso se verifique a hipótese de fato, se desencadeará a consequência jurídica.
O que é o direito para HERBERT L. A. HART?	O conceito de Direito se liga ao termo "regra". Logo, o Direito é uma conjugação de regras.

13 WEBER, Max. **Economia e sociedade: fundamentos da sociologia compreensiva.** Tradução: Regis Barbosa e Karen Elsabe Barbosa. Revisão técnica de Gabriel Cohn. Volume 2. Brasília-DF: Editora Universidade de Brasília. São Paulo: Imprensa Oficial do Estado de São Paulo, 1999, 123.

14 HART, Herbert H. L. **O conceito de direito.** Tradução: Lisboa: Editora Fundação Calouste Gulbenkian.

15 Apud, KAUFMANN, 2010, p. 203.

16 RADBRUCH, Gustav. **Filosofia do Direito.** Tradução: Luís Cabral de Moncada. 6ª edição. Coimbra: Coimbra Editora, 1979. 111.

O que é o direito para RUDOLPH STAMMLER?	"O conceito de Direito como fundamento último de todo o pensamento e juízo jurídicos" é "a inviolável vontade autônoma e vinculante".
O que é o direito para GUSTAV RADBRUCH?	"O Direito é a realidade que tem por sentido servir aos valores jurídicos, à ideia de Direito (a justiça).

Em consequência uma norma que contrarie a ideia de Direito, isto é, a justiça, de forma insuportável, é uma "lei injusta" e uma norma que não tenha qualquer pretensão de justiça é "não-direito". Arthur Kaufmann, por seu turno, acentua o caráter analógico do Direito e o caracteriza como sendo a *"correspondência entre o dever-ser e o ser"*[17]. O direito não é, portanto, algo de substancial (o direito não tem uma essência), mas, sim, algo de relacional – um pensamento para o qual *Edgar Bodenheimer* soube expressar através de uma feliz mensagem: *"Law is a Bridge between Is and Ought"* (A lei é uma ponte entre o que é e o que deve ser). Logo, a lei não é nem aquilo que é nem o que deve-ser, mas a ponte que separa e que ao mesmo tempo une as duas margens do rio.

DIREITO E LEI – OS CONCEITOS NOMINALISTA E REALISTA DE DIREITO	
O conceito de direito de ARTHUR KAUFMANN	O Direito tem um caráter analógico, logo, ele é a "correspondência entre o dever-ser e o ser". O Direito é algo de relacional,
Feliz síntese de EDGAR BODENHEIMER	*"Law is a Bridge between Is and Ought"* (A lei é uma ponte entre o que é e o que deve ser).

Apesar de todos esses esforços acerca de um pensamento jurídico realista e dotado de conteúdo, torna-se difícil para a atual geração de juristas a compreensão do "direito" como algo diverso da lei. Eles queixam-se da "juridificação" do nosso "mundo da vida", como diria Habermas. Mas aquilo a que, na verdade, eles querem se referir é à "legiferação", ocasionando, assim, ao invés de uma contenção do fluxo legislativo, um empobrecimento do direito[18]. Quando tudo é direito, o que é o direito? Em épocas anteriores a 1800, a maioria dos juristas e filósofos do direito não considerava as leis e o direito idênticos. *Aristóteles, Cícero, Tomás de Aquino ou Thomas Hobbes*, por exemplo, não confundiam o direito com a lei, pois não mediam ambos pela mesma bitola. A razão de assim ser, apenas se pode compreender a partir da evolução histórica do conceito de direito e do conceito de lei[19].

17 KAUFMANN, 2010, p. 203.

18 KAUFMANN, 2010, p. 203.

19 Tem grande interesse, a tematização das relações entre direito e lei na literatura: de Sófocles a Kafka, de Hartmann von Que a Thomas Mann. A esse respeito existe uma riquíssima bibliografia.

DIREITO E LEI – OS CONCEITOS NOMINALISTA E REALISTA DE DIREITO	
Será fácil abandonar um conceito nominalista de direito?	Apesar de todos esses esforços acerca de um pensamento jurídico realista e dotado de conteúdo, torna-se difícil para a atual geração de juristas a compreensão do "direito" como algo diverso da lei.
Reflexão	Quando tudo é direito, o que é o direito?

4.2. A EVOLUÇÃO HISTÓRICA DO CONCEITO DE DIREITO

Um olhar sobre a história ensina rapidamente que o direito é muito mais antigo do que aquilo a que hoje chamam "lei". A partir do que tem sido defendido nas mais recentes pesquisas, não havia nas *sociedades pré-estaduais*[20], de coletores e caçadores, agricultores e pastores, um direito normatizado, uma vez que ele nem sequer era *escrito*. O direito estava inserido na religião natural destas sociedades e constituía consequentemente uma unidade com a moral. É certo que se conheciam instituições jurídicas como a propriedade, o parentesco, a igualdade de tratamento, a reciprocidade, mas elas eram apenas compreendidas em face do caso concreto, e não enquanto normas. E este direito era perpassado para as futuras gerações por meio dos contos, das sagas e das lendas desses antigos povos. Ainda hoje isto é assim nas sociedades mais primitivas. Ou seja, direito e moral é uma coisa só e eles são apresentados e difundidos de forma associada à religião[21].

A EVOLUÇÃO HISTÓRICA DO CONCEITO DE DIREITO	
Nas sociedades pré-estaduais	Não havia um direito normatizado, uma vez que ele nem sequer era escrito.
Nas sociedades pré-estaduais	Direito e moral é uma coisa só e eles são apresentados e difundidos de forma associada à religião.

Também do antigo *Egito* não nos foi deixada qualquer lei. Provavelmente, a administração da justiça realizava-se através de decisões carismáticas de um colégio de juízes. Habitualmente, indicam-se como as primeiras "leis", de que temos conhecimento, *os Códigos dos Babilônicos e dos Hititas*, as *Leis Urnammu* (século XXI a.C.), *Lipit Ischtar* (século XIX a.C.) e *Hammurabi* (por volta de

20 KAUFMANN, 2010, p. 204.

21 Não parece ser este o caso de muitos dos países do Golfo Pérsico? Não seria este, talvez, o caso do Irã? E o que dizer de alguns países do continente africano? Não seria a Argélia, por exemplo, um outro caso emblemático disso? Em todos esses casos, como se observa, a linha que separa o direito da religião é muito tênue.

1700 a.C.). Mas se engana aqueles que querem ver aí leis no sentido atual ou mesmo codificações. As leis orientais antigas (caso se queira chamá-las deste modo), desenvolveram-se, como todo o direito, dos estágios (de evolução) mais antigos como o _direito casuístico_, e, por isso, essas coletâneas jurídicas trazem consigo a expressão linguística na sua origem.

A EVOLUÇÃO HISTÓRICA DO CONCEITO DE DIREITO	
No antigo egito	Não nos foi deixada qualquer lei.
Advertência	Habitualmente, indicam-se como as primeiras "leis", de que temos conhecimento, *os Códigos dos Babilônicos e dos Hititas*, as *Leis Urnammu* (século XXI a.C.), *Lipit Ischtar* (século XIX a.C.) e *Hammurabi* (por volta de 1700 a.C.). Mas se engana aqueles que querem ver aí leis no sentido atual ou mesmo codificações.
No antigo egito	As leis orientais antigas (caso se queira chamá-las deste modo), desenvolveram-se, como todo o direito, dos estágios (de evolução) mais antigos como o direito casuístico.

A respeito da *Antiguidade Grega* diz-se, por vezes, que o pensamento se dedicava à lei, ao *nomos*, não ao Direito, para o qual nem sequer existia uma expressão linguística adequada. Isto porque _díkaion_ tem no grego clássico o significado de "*iustum*", não de "*ius*". As coisas têm, contudo, de ser vistas de modo bem diverso. Sem dúvida que as leis gregas já apresentavam um elevado grau de generalidade, ou não se teria *Aristóteles* ocupado da *epiekeia (equidade)* para correção das falhas da lei resultantes de sua generalidade[22]. Porém, abstraindo do fato de a palavra do grego clássico para justiça ser _dikaiosyne_ e não _dikaios_ (cujo significado é, antes, "direito", "justo") – também a validade da lei não reside tanto em um ato de aprovação formal, *thesis*, como se dá na correspondência à tradição, ao costume. Pelo que dificilmente se poderia fazer uma apreciação correta do pensamento grego sem levar em conta também o significado *dike* (costume, uso, jurisprudência), e, sobretudo, o conceito de _themis_ (que se refere, em especial, ao direito divino)[23].

A EVOLUÇÃO HISTÓRICA DO CONCEITO DE DIREITO	
Antiguidade grega	Diz-se, por vezes, que o pensamento se dedicava à lei, ao *nomos*, não ao Direito

22 ARISTÓTELES, 2009, p. 152.

23 KAUFMANN, 2010, p. 205.

Antiguidade grega	Dificilmente se poderia fazer uma apreciação correta do pensamento grego sem levar em conta também o significado *dike* (costume, uso, jurisprudência), e, sobretudo, o conceito de *themis* (que se refere, em especial, ao direito divino)

As fontes do *Direito Romano* começam para nós, na prática, com as *Leis das XII Tábuas* (cerca de 450 a.C.), vez que pouco sabemos sobre o direito anterior. Não há dúvidas de que os romanos tinham não apenas uma palavra para se referir à lei (*lex*), mas também uma outra para se dirigir ao direito (*ius*), o que não deve, todavia, levar a equivocada conclusão linguística de que estas palavras eram usadas, lá atrás, no mesmo sentido que na atual Teoria do Direito. É preciso se ter sempre em consideração que a realidade do direito romano se baseava no *processo*, o direito era em primeira linha concebido como "*actio*"[24]. E mesmo quando a palavra "*lex*", que possivelmente tem origem em *ligare* (vincular), remete para um conteúdo normativo, as *leges* possuem um caráter situacional, mesmo aquelas *leges* que, por vezes, se designam "normativas". Por detrás da lei geral do povo da República Romana não existe, como diz *Bleiken*, "nenhuma ideia normativa; nunca lhe subjaz a abstração duma ordem predeterminada, mas sempre a situação concreta"; ambas as categorias, a lei "ligada à situação" (lei que regula um determinado caso concreto) e a lei "normativa" (dirigida a um número indeterminados de casos e pessoas), "tem origem na mesma estrutura de pensamento: ambas servem à resolução prática de problemas concretos"[25].

A EVOLUÇÃO HISTÓRICA DO CONCEITO DE DIREITO	
Direito romano	Os romanos tinham não apenas uma palavra para se referir à lei (*lex*), mas também uma outra para se dirigir ao direito (*ius*).
Direito romano	É preciso se ter sempre em consideração que a realidade do direito romano se baseava no *processo*, o direito era em primeira linha concebido como "actio".
Direito romano	E mesmo quando a palavra "*lex*", que possivelmente tem origem em *ligare* (vincular), remete para um conteúdo normativo, as *leges* possuem um caráter situacional, mesmo aquelas *leges* que, por vezes, se designam "normativas".

24 KAUFMANN, 2010, p. 206.

25 KAUFMANN, 2010, p. 206.

Direito romano	Ambas as categorias, a lei "ligada à situação" (lei que regula um determinado caso concreto) e a lei "normativa" (dirigida a um número indeterminados de casos e pessoas), "tem origem na mesma estrutura de pensamento: ambas servem à resolução prática de problemas concretos"

Daí decorre também a afirmação de Max Kaser, de que a questão da validade da lei se desvanece (perde espaço) em face do total domínio do direito jurisprudencial[26]. É evidente que não se deve, porém, esquecer que a sentença judicial é sempre a decisão individual de uma situação concreta; se ela, depois, servir de exemplo para posteriores decisões jurisdicionais, tem de ser desligar da sua preferência singular e ser generalizada. O caso individual, considerado como tal, nunca é modelo, só poderá ser quando ele for reconhecido como "típico", segundo Arthur Kaufmann[27]. Ou seja, ele só o será quando for um exemplar de um padrão de outras situações a ele semelhantes.

A EVOLUÇÃO HISTÓRICA DO CONCEITO DE DIREITO	
Direito romano	A questão da validade da lei se desvanece (perde espaço) em face do total domínio do direito jurisprudencial.
Advertência	O caso individual, considerado como tal, nunca é modelo, só poderá ser quando ele for reconhecido como "típico".

Merece destaque, por sinal, que ainda hoje sobrevive no *direito inglês* muito mais do espírito do direito romano do que nos direitos continentais europeus, apesar de neles ter havido uma recepção (que foi ao mesmo tempo uma adulteração) desse direito romano. Está subjacente ao direito inglês, que é fundamentalmente *case-law*, um conceito de lei diferente do que aquele que é conhecido pelos sistemas da *civil law*. O precedente do Tribunal (superior) é, de certo modo, uma lei individual (há algo parecido como, por exemplo, na Lei do Orçamento), valendo também aqui o que acima foi dito: um precedente apenas poderá ser vinculante ("normativo") para decisões futuras, na medida em que se possa reconhecer nele uma diretiva jurídica geral. O direito inglês mostra, aliás, que, ainda hoje, existem círculos jurídicos em que a parte cor-

26 KASER, Max. **Direito privado romano.** 2ª edição. Tradução: Samuel Rodrigues e Ferdinand Hämmerle. Lisboa: Fundação Calouste Gulbenkian, 2011, passim.

27 KAUFMANN, 2010, p. 206.

respondente às normas legais no todo da ordem jurídica é, em comparação com o direito europeu continental, relativamente limitada[28].

A EVOLUÇÃO HISTÓRICA DO CONCEITO DE DIREITO	
Direito romano	Ainda hoje sobrevive no <u>*direito inglês*</u> muito mais do espírito do direito romano do que nos direitos continentais europeus, apesar de neles ter havido uma recepçao (que foi ao mesmo tempo uma adulteração) desse direito romano.
Direito inglês	Está subjacente ao direito inglês, que é fundamentalmente *case-law*, um conceito de lei diferente do que aquele que é conhecido pelos sistemas da <u>*civil law*</u>.

As coisas não se passavam de modo muito distinto no <u>*antigo direito germânico*</u>. No princípio era o direito não legislado, o *Weistum* (o costume local). Só nos estágios mais tardios surgiu o *Satzung* (o estatuto) e, depois, os *Rechtbücher* (os Livros de Direito) enquanto <u>*coletâneas de direito consuetudinário*</u> do tipo *Sachsenspiegel* (Espelho da Saxônia). A "lei geral" ordenada pela autoridade estadual, também aqui, só se encontra no final do processo evolutivo. Quando, no período germânico e alemão antigo se utilizava a palavra "lei" – *"lex"*, *"Gesetz"* – tal não se dava no mesmo sentido do atual significado com o qual se emprega a palavra lei, mas significava antes "direito", nomeadamente no sentido da <u>*ordem imanente às coisas da vida*</u> ("a lei que está nas coisas", como se diz no "*Witiko*" de *Stifter*)[29].

A EVOLUÇÃO HISTÓRICA DO CONCEITO DE DIREITO	
Antigo direito germânico	No princípio era o direito não legislado, o Weistum (o costume local). Só nos estágios mais tardios surgiu o Satzung (o estatuto) e, depois, os Rechtbücher (os Livros de Direito) enquanto <u>coletâneas de direito consuetudinário...</u>
Antigo direito germânico	A "lei geral" ordenada pela autoridade estadual, também aqui, só se encontra no final do processo evolutivo.

28 KAUFMANN, 2010, p. 206-207.

29 KAUFMANN, 2010, p. 207.

Antigo direito germânico	Quando, no período germânico e alemão antigo se utilizava a palavra "lei" – "lex", "Gesetz" – tal não se dava no mesmo sentido do atual significado com o qual se emprega a palavra lei, mas significava antes "direito", nomeadamente no sentido da ordem imanente às coisas da vida.

Caso houvesse aqui espaço para isso, poderia ver-se como a relação entre direito e lei também desempenha um papel de relevo no *ambiente teológico*[30]. Desde há séculos que se discute qual o significado que tem; "Lei", no Antigo Testamento, e "Evangelho" no Novo Testamento. Apesar desta discussão ter suscitado grande controvérsia, diz-se, preponderantemente, que a "Lei" do Antigo Testamento não é uma "Lei" no sentido moderno, mas antes o registro do direito vivido. Por outro lado, a "Lei Nova" não implica na rejeição da legalidade, mesmo quando o que mais se acentua no Evangelho é a mensagem concreta de salvação e não a norma geral-abstrata.

A EVOLUÇÃO HISTÓRICA DO CONCEITO DE DIREITO	
Ambiente teológico	A relação entre direito e lei também desempenha um papel de relevo no ambiente teológico.
Ambiente teológico	A "Lei" do Antigo Testamento não é uma "Lei" no sentido moderno, mas antes o registro do direito vivido.
Ambiente teológico	A "Lei Nova" não implica na rejeição da legalidade, mesmo quando o que mais se acentua no Evangelho é a mensagem concreta de salvação e não a norma geral-abstrata.

Sobre o modo como *Lutero* pôde ver na Lei uma *"grandeza puramente negativa"* contraposta ao Evangelho, algo de odioso que conduz o Homem ao desespero, porque apenas o conduz ao conhecimento do fracasso e do pecado, muito se disse e se escreveu. Seja qual for a posição, em qualquer caso *Lutero* não foi da opinião de que tal Lei não dissesse respeito aos cidadãos – só que ele não entendia por "lei" a desacreditada "Lei de Moisés", mas antes a "*lex naturale*". Pois não se pode pensar em *Lutero* sem que se leve em consideração a *Patrística* e, principalmente, sem que tome em apreço as obras de *Santo Agostinho* e *São Tomás de Aquino,* e, portanto, sem o direito natural cristão. Não se pode aqui discutir isso novamente. Mas se irá observar, sim,

30 KAUFMANN, 2010, p. 207.

aqui, um rápido olhar sobre a doutrina tomista da lei e do direito, pois essa ainda hoje é muito importante[31].

A EVOLUÇÃO HISTÓRICA DO CONCEITO DE DIREITO	
MARTINHO LUTERO	*Lutero* pôde ver na Lei uma "grandeza puramente negativa" contraposta ao Evangelho, algo de odioso que conduz o Homem ao desespero, porque apenas o conduz ao conhecimento do fracasso e do pecado.
MARTINHO LUTERO	*Lutero* não foi da opinião de que tal Lei não dissesse respeito aos cidadãos – só que ele não entendia por "lei" a desacreditada "Lei de Moisés", mas antes a "lex naturale".

Tomás de Aquino distingue de forma clara as palavras "lei" e "direito". A "lex", segundo ele, caracteriza-se por quatro elementos: 1) ela é uma "*rationis ordinatio*" (uma ordem racional ou lógica); 2) está dirigida "*ad bonum commune*" (para o bem comum); 3) tem de ser aprovada por aquele "*qui curam communitatis habet*" (que está a cargo da comunidade), e 4) é necessária uma "*promulgatio*" (promulgação)[32]. No conceito tomista de lei – e isto é importante para o que se segue – ainda se conjugam, diferentemente do que sucede nos conceitos modernos, critérios materiais e formais. Mais adiante diz-se ainda: "*Lex a legendo vocata est, quia scripta est*" (a partir da leitura da lei, ela é considerada promulgada, uma vez que ela é escrita), entram, neste contexto, também as palavras "*ponere*" e "*positum*". A lei radica na autoridade do legislador ("é estabelecida"), não tem origem no ser, mas é antes resultado duma vontade normativa. Bem diversamente do Direito, que *Tomás de Aquino* não trata no mesmo contexto sistemático que a lei, mas antes no quadro da doutrina da virtude e mais precisamente da Justiça. O "*ius*" (o Direito) não é, para Tomás de Aquino, algo de subsistente nas normas, não é um esquema abstrato do comportamento concreto, é antes o próprio comportamento justo e a decisão justa na situação concreta. O direito não é norma, mas a atividade: uma "*actio iustitiae*" (ação de justiça), chama-lhe *Tomás de Aquino*, e também a própria coisa justa: "*ipsa res iusta*" (apenas a coisa)[33].

31 KAUFMANN, 2010, p. 207-208.

32 KAUFMANN, 2010, p. 208.

33 KAUFMANN, 2010, p. 208.

A EVOLUÇÃO HISTÓRICA DO CONCEITO DE DIREITO	
TOMÁS DE AQUINO	Distingue de forma clara as palavras "lei" e "direito".
TOMÁS DE AQUINO	A "lex", segundo ele, caracteriza-se por quatro elementos: 1) ela é uma *"rationis ordinatio"* (uma ordem racional ou lógica); 2) está dirigida *"ad bonum commune"* (para o bem comum); 3) tem de ser aprovada por aquele *"qui curam communitatis habet"* (que está a cargo da comunidade), e 4) é necessária uma *"promulgatio"* (promulgação).
TOMÁS DE AQUINO	No conceito tomista de lei ainda se conjugam, diferentemente do que sucede nos conceitos modernos, critérios materiais e formais.
TOMÁS DE AQUINO	A lei radica na autoridade do legislador ("é estabelecida"), não tem origem no ser, mas é antes resultado duma vontade normativa.
TOMÁS DE AQUINO	O *"ius"* (o Direito) não é, para Tomás de Aquino, algo de subsistente nas normas, não é um esquema abstrato do comportamento concreto, é antes o próprio comportamento justo e a decisão justa na situação concreta.

Por isso, Tomás de Aquino não utiliza, como muitas vezes sucede atualmente, a expressão *"ius naturale"*, mas, sim, *"lex naturale"* (lei natural) para designar os mais elevados e gerais princípios jurídicos, como o são: o imperativo do igual tratamento, a proibição do dano, a regra de ouro e outros mais. Mas há ainda algo de importante para a atual problemática. À questão de saber se uma lei humana que se afaste da lei natural é válida, responde *Tomás de Aquino* com uma afirmação de *Santo Agostinho*: *"uma lei injusta não é uma lei"*, e continua: *"uma tal lei, que se afaste da lei natural, é uma 'corruptela de lei'*, uma *"legis corruptio"*[34]. Consequentemente, *Tomás de Aquino* defendeu a existência dum direito de resistência contra a ordem injusta. A questão nuclear é, naturalmente, a de saber como se poderá identificar uma *"legis corruptio"*, dado que, sendo todas as leis imperfeitas, nem todos os vícios tornam uma lei inválida[35].

---

34 KAUFMANN, 2010, p. 209.

35 KAUFMANN, 2010, p. 209.

A EVOLUÇÃO HISTÓRICA DO CONCEITO DE DIREITO	
TOMÁS DE AQUINO	Não utiliza a expressão *"ius naturale"*, mas, sim, *"lex naturale"* (lei natural) para designar os mais elevados e gerais princípios jurídicos, como o são: o imperativo do igual tratamento, a proibição do dano, a regra de ouro e outros mais.
TOMÁS DE AQUINO	"Uma lei injusta não é uma lei", e continua: "uma tal lei, que se afaste da lei natural, é uma 'corruptela de lei', uma "legis corruptio".
TOMÁS DE AQUINO	Defendeu a existência dum direito de resistência contra a ordem injusta.

4.3. O DESENVOLVIMENTO DO CONCEITO MODERNO DE LEI

O debate sobre "lei e Direito", "lei e evangelho", era, na pré-modernidade, dominado pela questão de saber se o Homem pode viver apenas *"sub lege"* (subordinado à lei), ou se precisará, para a sua justificação, para a sua "salvação", de outros meios. Na *Modernidade,* esta questão foi sendo, cada vez mais, decidida no sentido de uma prevalência, ou mesmo de uma exclusividade, da lei. É evidente que este processo decorreu apenas paulatinamente e não isento de retrocessos. O <u>*conceito de lei do jusnaturalismo do início da Modernidade*</u> difere por completo do que atualmente se usa, desde logo por força de uma totalmente diversa compreensão do Estado (contrato de sujeição – os súditos celebram um contrato com o Leviatã, segundo o qual todos eles ficam subordinados ao rei). *Hugo Grócio, Thomas Hobbes, Bento de Espinosa, Samuel Pufendorf, Christian Thomasius...* pretendiam deduzir da natureza empírica do homem os seus direitos e deveres fundamentais; mas ficaram longe de uma codificação[36]. Esta ideia de <u>*codificação*</u> surgiu apenas no século XVIII, sobretudo com *Christian Wolf*[37], e depois nos códigos "jusnaturalistas" dos séculos XVIII e XIX.

O DESENVOLVIMENTO DO CONCEITO MODERNO DE LEI	
Pré-modernidade	O Homem pode viver apenas *"sub lege"* (subordinado à lei), ou se precisará de outros meios?

36 KAUFMANN, 2010, p. 209.

37 FERRAZ JR, Tercio Sampaio. **A ciência do direito.** São Paulo: Atlas, 1979, p. 38.

Modernidade	A tendência foi de prevalência, ou mesmo de uma exclusividade, da lei.
Conceito de lei	O conceito de lei do jusnaturalismo do início da Modernidade difere por completo do que atualmente se usa, desde logo por força de uma totalmente diversa compreensão do Estado.

Estas codificações não significam o princípio, mas, sim, o fim de uma época. Vendo bem, foi logo com *Rousseau*, e sobretudo na sua teoria do Estado (Contrato Social), que surgiu o anúncio de uma nova era. E é possível até retroceder-se mais atrás, a *Jean Bodin* que no século XVI desenvolveu o conceito e a ideia de *soberania* (preparados por Nicolau Maquiavel, em *O Príncipe*[38], 1513). *Bodin* já tinha defendido o Absolutismo: o soberano está, enquanto "poder absoluto e perpétuo", acima de todos os partidos e cidadãos, que são apenas seus súditos (como uma compensação por esta submissão, o soberano deveria garantir aos súditos liberdade religiosa e segurança). As leis, estabelece-as ele, na qualidade de soberano[39]. Ele próprio, o soberano, não está submetido às leis, mas para os indivíduos elas valem incondicionalmente, mesmo quando violam normas de direito natural (um último resíduo de direito de resistência previa-se para o caso em que a ordem do soberano atentasse contra o direito divino)[40].

O DESENVOLVIMENTO DO CONCEITO MODERNO DE LEI	
ROUSSEAU	Na sua teoria do Estado (Contrato Social), que surgiu o anúncio de uma nova era.
JEAN BODIN	No século XVI desenvolveu o conceito e a ideia de *soberania* (preparados por Nicolau Maquiavel, em *O Príncipe*[41], 1513).
JEAN BODIN	Já tinha defendido o Absolutismo: o soberano está, enquanto "poder absoluto e perpétuo", acima de todos os partidos e cidadãos, que são apenas seus súditos

Mas *Bodin* era um homem a frente de seu tempo. Mesmo no final do século XVIII o poder legislativo não aparece como uma função do Estado, mas como direito de soberania que se concretizava na pessoa do Monarca. No Pietismo

38 MAQUIAVEL, Nicolau. **O príncipe.** São Paulo: Editora Nova Cultural, 2000, p. 72.

39 KAUFMANN, 2010, p. 210.

40 KAUFMANN, 2010, p. 210.

41 MAQUIAVEL, Nicolau. **O príncipe**. São Paulo: Editora Nova Cultural, 2000, 72.

(*p.ext.* afirmação da superioridade da fé sobre a razão)[42] a normatividade abstrata da "*lex naturalis*" perdeu importância em relação à prática moral de vida do "Homem interior". Nem mesmo *Kant* apresentou um conceito legalista da lei: não só interessava sobretudo o conteúdo da lei, de acordo com o qual distinguiu uma legislação moral e outra jurídica, como para ele – bem ao espírito de *Rousseau* – apenas o próprio povo, e não um legislador no sentido moderno, era portador da vontade geral[43]. Não era, também, legalista *Schleiermacher*, para quem o conceito de lei era particularmente suspeito; ele não via aí "nenhuma expressão cristã originária", dado que ela só apresenta o Bem de forma imperfeita e, por isso, "não se lhe pode atribuir valor", sendo e fazendo "o amor muito mais do que a lei possa fazer ou ser"[44]. A aversão de *Friedrich Carl v. Savigny* aos atos legislativos deliberados é sobejamente conhecida; segundo ele, são as "*forças silenciosas do espírito do povo*" que produzem o direito, e, por isso, é o direito consuetudinário, e não o direito legislado, que *Savigny* considera como a forma característica e própria do direito[45].

O DESENVOLVIMENTO DO CONCEITO MODERNO DE LEI	
No final do século XVIII	O poder legislativo não aparece como uma função do Estado, mas como direito de soberania que se concretizava na pessoa do Monarca.
KANT	Nem mesmo *Kant* apresentou um conceito legalista da lei: não só interessava sobretudo o conteúdo da lei, de acordo com o qual distinguiu uma legislação moral e outra jurídica, como para ele apenas o próprio povo, e não um legislador no sentido moderno, era portador da vontade geral.
SCHLEIERMACHER	Para quem o conceito de lei era particularmente suspeito; ele não via aí "nenhuma expressão cristã originária", dado que ela só apresenta o Bem de forma imperfeita e, por isso, "não se lhe pode atribuir valor", sendo e fazendo "o amor muito mais do que a lei possa fazer ou ser".

42 Movimento religioso nascido na Igreja Luterana alemã no século XVII, pondo o acento na necessidade da experiência religiosa individual.

43 KAUFMANN, 2010, p. 210.

44 KAUFMANN, 2010, p. 210-211.

45 SAVIGNY, Friedrich Carl v. **Metodologia jurídica.** 1ª edição. Tradução: Heloísa da Grça Buratti. São Paulo: Editora Rideel, 2005, 27-28.

FRIEDRICH CARL V. SAVIGNY	A sua aversão aos atos legislativos deliberados é sobejamente conhecida; segundo ele, são as *"forças silenciosas do espírito do povo"* que produzem o direito, e, por isso, é o direito consuetudinário a forma característica e própria do direito.

Só o século XIX trouxe consigo a *marcha triunfal da ideia de lei* já preparada pela nova concepção de Estado de *Jean Bodin*. Esta marcha triunfal se assenta em múltiplos fatores. Contam-se, para além do melhor domínio dos métodos de abstração, por exemplo, o início do Capitalismo, o surgimento da Industrialização e o aparecimento do Estado Social. Em sociedade complexas com uma economia desenvolvida é necessário um elevado nível de segurança jurídica; ora os tradicionais sistemas de direito natural não são mais suficientes para esse fim. Faz-se necessário, então, lançar mão de leis racionais, formuladas geral e abstratamente. A queda do direito natural, em finais do século XVIII, foi, em especial, causada pelo arbítrio sem precedente que aquele tinha introduzido em todo direito (o direito natural tinha si convertido no direito do tirano). O século XIX tinha, portanto, que se situar sob o signo da lei, sem que isso significasse qualquer contradição com a ideia de liberdade. É certo que ao conceito de lei é inerente o de necessidade. Mas, precisamente por isso, pode a lei ser uma condição de possibilidade da liberdade: a lei cria um espaço livre, dentro do qual o indivíduo fica em condições de realizar a sua personalidade ética. Isto foi visto muito claramente por *Kant*, isso foi novamente dito por *Paul Johann Anselm v. Feuerbach*, o grande criminalista do século XIX, e o mesmo se lê em *Goethe:* "apenas a lei nos pode dar a liberdade". A liberdade existe apenas na lei[46].

O DESENVOLVIMENTO DO CONCEITO MODERNO DE LEI	
Século XIX	Trouxe consigo a marcha triunfal da ideia de lei já preparada pela nova concepção de Estado de Jean Bodin.
Múltiplos fatores	Contam-se, para além do melhor domínio dos métodos de abstração, por exemplo, o início do Capitalismo, o surgimento da Industrialização e o aparecimento do Estado Social.
KANT & PAUL JOHANN ALSELM V. FEUERBACH	A lei cria um espaço livre, dentro do qual o indivíduo fica em condições de realizar a sua personalidade ética.

46 KAUFMANN, 2010, p. 211.

O mais relevante pressuposto do desenvolvimento do conceito de lei, no século XIX, foi, no entanto, a nova concepção de Estado, já antes defendida por *Bodin*[47]. Esta implicava, como já se disse, que o detentor do poder do Estado, enquanto *soberano*, ditasse as *leis*. Esta lei assim legitimada é, porém, tão soberana e tão vulnerável como o próprio soberano, de cujo poder retira a sua validade. E em consequência desta concepção jurídico-estatal chega-se a uma muito significativa *cisão do conceito de lei*. Até aí o conceito de lei era unitário, reunido elementos formais e materiais (conforme o que foi dito linhas atrás a partir da lição de São Tomás de Aquino); agora distingue-se (e separa-se) *conteúdo da lei* e *comando da lei*[48]. O ponto crucial é o fato de, para a *validade de uma lei, apenas interessar a observância das formalidades do processo legislativo*, que existia uma autêntica vontade do soberano (*ita ius est!*), independentemente do conteúdo da lei. O conteúdo da lei é arbitrário, diz *Hans Kelsen*, bem ao espírito do seu tempo[49]. A positividade tornou-se a "natureza" do direito.

O DESENVOLVIMENTO DO CONCEITO MODERNO DE LEI	
O mais relevante pressuposto do desenvolvimento do conceito de lei	No século XIX, foi, no entanto, a nova concepção de Estado.
Cisão do conceito de lei	Agora distingue-se (e separa-se) conteúdo da lei e comando da lei.
Positividade da lei	A validade de uma lei, apenas interessar a observância das formalidades do processo legislativo.

Não se pode desvincular este conceito legalista de lei da *metodologia jurídica* desenvolvida no século XIX, à qual importava – seguindo o modelo de *Montesquieu* – que o juízo judicial se apresentasse como "uma cópia exata da lei"[50], ou como afirmou depois *Feuerbach* que o juiz estivesse vinculado à "estrita e nua letra da lei", que o seu ofício consistisse apenas em "confrontar o caso com essa letra, e, sem considerar o sentido e espírito da lei, condenar, quando o teor das palavras condena, e absolver, quando aquele absolve"[51].

47 KAUFMANN, 2010, p. 211-212.

48 Apud, KAUFMANN, 2010, p. 211.

49 KELSEN, Hans. **Teoria geral do direito e do Estado.** Tradução: Luís Carlos Borges. São Paulo: Editora Martins Fontes, 2005, p. 47.

50 MONTESQUIEU, Charles de. **O espírito das leis.** Tradução: Jean Melville. São Paulo: Editora Martin Claret, 2003, passim.

51 Apud, KAUFMANN, 2010, p. 212.

O DESENVOLVIMENTO DO CONCEITO MODERNO DE LEI	
Metodologia jurídica desenvolvida no século XIX	O conceito legalista de lei em que o juiz estivesse vinculado à "estrita e nua letra da lei".

Isto é positivismo, mas ainda com uma cláusula de salvaguarda. Nem mesmo *Feuerbach* exigiu para os juízes a observância da lei e a todo o preço. Ele, que tinha desempenhado uma função de alta magistratura, considerava a "desobediência judicial" como um "dever sagrado", quando "a obediência fosse contrária à justiça a cujo serviço ele (o juiz) especificamente se encontra"[52]. Mas os juristas seguintes deixaram esta cláusula de lado, como, por exemplo, *Karl Bergbohm* o fez na virada do século XIX para o século XX. Os juristas, agora, sustentavam a validade do próprio direito legal "*ingnominioso*" (vergonhoso, desonroso). Partia-se naturalmente aí do pressuposto, tido como evidente, de que o legislador não aprovaria "leis abjetas". E no "positivismo jurídico científico"[53] o legislador, de fato, não o fez. A consciência das qualidades éticas estava para ele ainda tão viva, que nunca lhe ocorreu abusar da omnipotência que o positivismo lhe outorgou e fazer leis diferentes das justas pelo menos no sentido de leis não injustas. Em nenhuma época surgiram, no espaço jurídico germânico, tantas obras legislativas tão significativas e insignes como no início do século XIX[54].

O DESENVOLVIMENTO DO CONCEITO MODERNO DE LEI	
FEUERBACH	Nem mesmo ele exigiu para os juízes a observância da lei e a todo o preço.
KARL BERGBOHM	Mas os juristas seguintes deixaram esta cláusula de lado, como, por exemplo, *Karl Bergbohm* o fez na virada do século XIX para o século XX.

Mas o conceito de lei estava repartido, e assim permaneceu em princípio definido que mesmo uma ordem manifestamente injusta e contrária aos bons costumes deveria ser aceita como uma lei válida e deveria ser exigida a obediência em face dela, bastando para isso que o processo legislativo previsto na Constituição tivesse sido observado. Não é certamente necessário documentar o modo como esta hipótese de perversão legislativa, somente imaginada pelos positivistas do século XIX, se tornou no nosso século realidade. A *legis*

52 Apud, KAUFMANN, 2010, p. 212.

53 F. WIEACKER, **Privatrechtsgescchichte der Neuzeit**, 2ª reimpressão da 2ª edição de 1967, 1996, p. 430 ss; apud KAUFMANN, 2010, p. 212.

54 KAUFMANN, 2010, p. 213.

corruptio já não é mero exempla acadêmico. O *defeito do conceito moderno de lei*[55] tornou-se gritante.

O DESENVOLVIMENTO DO CONCEITO MODERNO DE LEI	
Conceito de lei	O conceito de lei estava repartido, e assim permaneceu em princípio definido que mesmo uma ordem manifestamente injusta e contrária aos bons costumes deveria ser aceita como uma lei válida e deveria ser exigida a obediência em face dela, bastando para isso que o processo legislativo previsto na Constituição tivesse sido observado.
O defeito do conceito moderno de lei	A lei pode ser injusta.

Existe nos dias atuais um amplo consenso no sentido de que pelo menos a *"lei injusta"*[56] se deve excluir do conceito de Direito. Mas este *"argumento de injustiça"*[57] não poderá atuar se definirmos o Direito apenas formalmente sem o fazermos também positivamente pelo conteúdo. Quem não possa, ao menos de forma aproximada, dizer o que é o Direito não poderá também dizer o que é contra o Direito[58].

O DESENVOLVIMENTO DO CONCEITO MODERNO DE LEI	
Conceito de direito	Existe nos dias atuais um amplo consenso no sentido de que pelo menos a *"lei injusta"*[59] se deve excluir do conceito de Direito.

Deve aqui assentar-se em que um movimento independente da lei (semelhante ao Movimento do Direito Livre no início do século XX) não é certamente aquilo de que precisamos. Como já foi dito, uma altamente complexa sociedade industrial, com um sistema econômico extremamente diferenciado, não pode renunciar a leis racionais, e também não poderia funcionar se – como no direito natural do século XVIII – cada juiz pudesse

55 KAUFMANN, 2010, p. 213.

56 RADBRUCH, Gustav. **Filosofia do Direito.** Tradução: Luís Cabral de Moncada. 6ª edição. Coimbra: Coimbra Editora, 1979, 83.

57 KAUFMANN, 2010, p. 213. Veja-se em Kaufmann a menção à obra de R. Dreier, Der Bergriff des Rechts, em: NJW 1986, 891.

58 KAUFMANN, 2010, p. 213.

59 RADBRUCH, Gustav. **Filosofia do Direito.** Tradução: Luís Cabral de Moncada. 6ª edição. Coimbra: Coimbra Editora, 1979, 122.

dar prevalência à sua própria *"ponderação racional"* em face da lei. Não se pode certamente exigir obediência incondicional ao juiz – isso nunca é exigível, pois uma tal exigência não seria ética. Nem o diagnóstico da situação por nós apresentado dificilmente poderia ir no sentido de haver um elevado perigo de cega observância das *leges corruptae*. A causa da enfermidade é a *absolutização da lei*[60].

O DESENVOLVIMENTO DO CONCEITO MODERNO DE LEI	
Uma altamente complexa sociedade industrial, com um sistema econômico extremamente diferenciado	Não pode renunciar a leis racionais, e também não poderia funcionar se – como no direito natural do século XVIII – cada juiz pudesse dar prevalência à sua própria "ponderação racional" em face da lei.
A causa da enfermidade	É a absolutização da lei.

Se olharmos para a história veremos que, em rigor, nunca existiu apenas a lei para regular as relações entre os homens. Tal não se deu nas sociedades pré-estaduais, nem no Antigo Testamento, nem na Antiguidade Grega e Romana, nem certamente nos séculos marcados pelo cristianismo e pelo direito natural. Mesmo quando se falava de "lei", ela era mais situacional do que abstrata-normativa[61].

O DESENVOLVIMENTO DO CONCEITO MODERNO DE LEI	
História	Nunca existiu apenas a lei para regular as relações entre os homens.

Todavia, não há caminho de regresso para uma tal compreensão da lei. Aquilo a que hoje, de forma menos feliz, chamamos de leis individuais, leis singulares, leis-medida, apenas têm em comum com a lei em sentido moderno, o nome, mas não o conceito. *O Tribunal Constitucional Federal* sustentou, com a razão, que ao conceito de lei pertence a generalidade, isto é, a descrição jurídica típica duma *pluralidade indeterminada de fatos* a que corresponderá uma consequência jurídica legal[62]. A atual teoria da legislação não pode, seja em que circunstâncias for, abdicar desta característica.

60 KAUFMANN, 2010, p. 214.
61 KAUFMANN, 2010, p. 214.
62 KAUFMANN, 2010, p. 214.

O DESENVOLVIMENTO DO CONCEITO MODERNO DE LEI	
Conceito de lei	Ao conceito de lei pertence a generalidade, isto é, a descrição jurídica típica duma pluralidade indeterminada de fatos a que corresponderá uma consequência jurídica legal.

Não pode, pois, tratar-se de uma supressão da lei. Do que se trata é antes da integração, desenvolvimento e concretização da lei, ou seja, da realização da sua generalidade e, assim, da realização da sua diretiva geral, ainda não efetivada na situação histórica. Isto não é, ao invés da metodologia que nos foi legada pelo século XIX, um mero ato de aplicação da lei, que nada altera, nem na lei, nem no caso, nem no aplicador. Dado que também a lei geral e abstrata e o caso concreto e individual não estão propriamente no mesmo nível categorial – a lei pertence ao dever, o caso ao ser –, eles têm, para se poderem corresponder reciprocamente, que ser *equiparados* ("*teoria da equiparação*"): a lei por interpretação numa "hipótese típica" (*Tatbestand*) e o caso por construção numa "situação de fato" (*Sachverhalt*) não ocorrendo estes dados um ao lado do outro, um temporalmente após o outro, mas numa recíproca simultaneidade (não se pode "subsumir" um "caso" numa "norma", mas apenas uma "situação de fato" numa "hipótese típica")[63]. Depois deste ato hermenêutico tanto a lei como o caso, e não menos aquele que operou a sua correspondência, já não são os mesmos, que eram antes (isto é, o cerne da *historicidade do direito*) – mesmo quando o jurista experimentado, a maioria das vezes, não se apercebe destas modificações. A base desta compreensão da norma legal e da criação do direito é constituída pela *analogia entre dever e ser.* No direito, a norma abstrata do dever alcança a sua entidade concreta: "*o direito é a correspondência entre o dever e o ser*", sendo assim *originariamente analógico*[64].

O DESENVOLVIMENTO DO CONCEITO MODERNO DE LEI	
Teoria da equiparação	A lei por interpretação numa "hipótese típica" (*Tatbestand*) e o caso por construção numa "situação de fato" (*Sachverhalt*) não ocorrendo estes dados um ao lado do outro, um temporalmente após o outro, mas numa recíproca simultaneidade (não se pode "subsumir" um "caso" numa "norma", mas apenas uma "situação de fato" numa "hipótese típica").

63 KAUFMANN, 2010, p. 215.

64 KAUFMANN, 2010, p. 215.

Analogia entre dever e ser	A base desta compreensão da norma legal e da criação do direito é constituída pela analogia entre dever e ser. No direito, a norma abstrata do dever alcança a sua entidade concreta: "o direito é a correspondência entre o dever e o ser", sendo assim originariamente analógico.

Mas note-se bem: "*correspondência*", e não dissolução do dever no ser. Correspondência não significa que a norma deva se adequar à realidade social. Já foi acima assinalado que também o direito concreto – e a jurisprudência é o mais significativo caso, em que o direito se torna concreto – *só pode ser vinculativo se contiver também algo de normativo, um conteúdo de dever*. Um homem individual, um acontecimento singular, absolutamente por si sem qualquer relação com outros não pode ser nem lei, nem direito, nem justiça, nem equidade; para além de arbítrio apenas pode ser *Graça,* "virtuosa irmã do milagre", no mundo do Direito, que não conhece "coerção alguma" (veja-se o exemplo de Pórcia em "O comerciante de Veneza" de *Shakespeare*), nem sequer a coerção da Justiça[65]. É característico do atualmente dominante protecionismo legal, que também se regule legalmente a Graça, que se lhe queira dar um fundamento jurídico (uma *iusta causa aggratiandi*)[66]. Era, a este respeito, bem diferente a perspectiva de *Hegel:* "a esfera do Direito é diferente da Graça"; o acontecer da Graça "apenas pode advir da decisão infundada"[67].

O DESENVOLVIMENTO DO CONCEITO MODERNO DE LEI	
Correspondência	Mas note-se bem: "*correspondência*", e não dissolução do dever no ser. Correspondência não significa que a norma deva se adequar à realidade social.
A perspectiva de HEGEL	"A esfera do Direito é diferente da Graça"; o acontecer da Graça "apenas pode advir da decisão infundada".

O absolutismo da lei, atualmente vigente, constitui uma das causas da concepção dominante entre nós, de que o direito, entendido como direito legal, seria *universal*, abrangendo, portanto, todo e qualquer ente. *Não importa aqui a questão totalmente diversa de saber se o direito legal tem lacunas (o que*

65 RADBRUCH, Gustav. **Filosofia do Direito.** Tradução: Luís Cabral de Moncada. 6ª edição. Coimbra: Coimbra Editora, 1979, 133.

66 ENGISCH.

67 HEGEL, Friedrich. **Princípios de filosofia do direito.** Tradução: Orlando Vitorino. São Paulo: Martins Fontes, 2000, p. 98.

é hoje, geralmente, reconhecido)[68]*, trata-se antes da questão de saber com que expedientes metódicos se devem preencher essas lacunas.* A universalidade da ordem jurídica significa, em compensação, que não existe um "*espaço livre de direito*", e que tudo *o que existe e acontece subjaz a uma regulamentação jurídica, sendo ou lícito e, portanto, juridicamente permitido ou ilícito e assim juridicamente proibido*. Mas isto não é correto, defende Kaufmann. Há também formas de comportamento que não podem ser racionalmente valoradas nem como lícitas nem como ilícitas. Estas questões são muito controversas nos seus pormenores. Por tal motivo, não será possível adentrar a fundo nela na presente obra, pois isso nos levaria a fugir do propósito inicial deste trabalho.

O DESENVOLVIMENTO DO CONCEITO MODERNO DE LEI	
Universalidade da ordem jurídica	Não importa aqui a questão totalmente diversa de saber se o direito legal tem lacunas (o que é hoje, geralmente, reconhecido), trata-se antes da questão de saber com que expedientes metódicos se devem preencher essas lacunas.
Universalidade da ordem jurídica	Significa, em compensação, que não existe um "espaço livre de direito", e que tudo o que existe e acontece subjaz a uma regulamentação jurídica, sendo ou lícito e, portanto, juridicamente permitido ou ilícito e assim juridicamente proibido.

4.4. O DESENVOLVIMENTO DO CONCEITO DE DIREITO – NOVAMENTE: A ESTRUTURA ESCALONADA DA ORDEM JURÍDICA

Após o pecado original da perversão da lei nas ditaduras contemporâneas, já não nos podemos contentar com um conceito de direito nominalista e meramente formal, segundo o qual o direito em sentido objetivo não seria mais do que uma designação compreensiva (um nome) para o conjunto das leis positivas, cujo conteúdo seria arbitrário (mesmo que dentro do quadro da ordem constitucional). Precisamos de um *conceito material do direito* que disponha algo sobre o *conteúdo do direito* e sobre a sua realidade – para além da realidade da lei. É esta a diretiva do artigo 20º, nº3, da Lei Fundamental Alemã, como ensina Arthur Kaufmann[69].

68 KAUFMANN, 2010, p. 216.

69 KAUFMANN, 2010, p. 216-217.

O DESENVOLVIMENTO DO CONCEITO DE DIREITO – NOVAMENTE: A ESTRUTURA ESCALONADA DA ORDEM JURÍDICA	
Direito nominalista e meramente formal	Segundo o qual o direito em sentido objetivo não seria mais do que uma designação compreensiva (um nome) para o conjunto das leis positivas, cujo conteúdo seria arbitrário (mesmo que dentro do quadro da ordem constitucional).
Conceito material do direito	Que disponha algo sobre o conteúdo do direito e sobre a sua realidade – para além da realidade da lei.

A elaboração de um conceito de direito desta natureza depara-se com diversas dificuldades. Como já foi dito aqui em outra ocasião, é certo que não se pode dar uma definição exclusivamente lógica de Direito, no sentido do conceito formado por elementos unívocos e exaustivos[70] (ou seja, o direito é constituído apenas por um determinado elemento e esse, por sua vez, explica completamente o que é o direito). Apenas se pode explicitar de forma mais ou menos precisa aquilo a que nos referimos quando falamos de Direito. Ao invés de pretender enquadrar em uma definição os elementos de um conceito material de Direito, deve-se, na verdade, tentar descrevê-los o mais concretamente possível. Um conceito material de direito não pode desprezar a realidade concreta.

O DESENVOLVIMENTO DO CONCEITO DE DIREITO – NOVAMENTE: A ESTRUTURA ESCALONADA DA ORDEM JURÍDICA	
Definição exclusivamente lógica de direito	É certo que não se pode dar uma definição exclusivamente lógica de Direito, no sentido do conceito formado por elementos unívocos e exaustivos[71] (ou seja, o direito é constituído apenas por um determinado elemento e esse, por sua vez, explica completamente o que é o direito).
Conceito material de direito	Ao invés de pretender enquadrar em uma definição os elementos de um conceito material de Direito, deve-se, na verdade, tentar descrevê-los o mais concretamente possível.

O problema aí passa a ser outro, qual seja, o de saber qual o método que se deve lançar mão na tentativa de explicar um conceito material de direito.

70 HART, Herbert L. A. **O conceito de direito.** 3ª edição. Tradução: A. Ribeiro Mendes. Lisboa: Editora Fundação Calouste Gulbenkian, 2001, p. 27 e seguintes.

71 HART, Herbert L. A. **O conceito de direito.** 3ª edição. Tradução: A. Ribeiro Mendes. Lisboa: Editora Fundação Calouste Gulbenkian, 2001, p. 27 e seguintes.

Pode pensar-se numa *análise filológica* da palavra direito. Em muitas línguas a palavra direito aproxima-se daquilo que é o "correto", o "justo", "*richtig-gerecht*": *dike-dikaiosyne, ius – iustitia, juste-justice, right – righteousness, prawo-prawda*... Esta semelhança linguística entre direito e justiça não é seguramente um acaso, mas não se obtém com isso mais do que vagos pontos de partida. Qual a relação entre Direito e Justiça? Existe uma identidade ou haverá diferenças? Será a Justiça o conceito mais geral? Haverá de todo um conceito de justiça, pertencerá ela à realidade?

O DESENVOLVIMENTO DO CONCEITO DE DIREITO – NOVAMENTE: A ESTRUTURA ESCALONADA DA ORDEM JURÍDICA	
O problema do conceito material de direito	O de saber qual o método que se deve lançar mão na tentativa de explicar um conceito material de direito.
Análise filológica	Pode pensar-se numa análise filológica da palavra direito. Em muitas línguas a palavra direito aproxima-se daquilo que é o "correto", o "justo".

Tentou-se por meio do *método indutivo*, partindo das concretas situações da vida e por generalização dos seus traços essenciais, chegar-se a um conceito de Direito. Todavia, nunca se chega, partindo de acontecimentos factuais, sem a respectiva valoração, a um conceito de direito, que é necessariamente normativo, que tem que ser necessariamente normativo, isto é, que tem que expressar um dever.

O DESENVOLVIMENTO DO CONCEITO DE DIREITO – NOVAMENTE: A ESTRUTURA ESCALONADA DA ORDEM JURÍDICA	
Método indutivo	Partindo das concretas situações da vida e por generalização dos seus traços essenciais, chegar-se a um conceito de Direito.

Por essa razão aplicou-se frequentemente o *método dedutivo* que, ao invés, conclui do geral para o particular. Assim, pretende-se, partindo da ideia de Direito (a Justiça) ou dos Princípios Gerais de Direito (exemplos: dar a cada um o seu direito; regra de ouro; cumprimento dos pactos; imperativo categórico; princípio da equidade; princípio da tolerância; princípio da responsabilidade; princípio da culpa; princípio da boa-fé, princípio da proporcionalidade, dentre outros)[72] através de procedimentos puramente lógicos chegar a uma lei geral-concretizada e depois ao direito concreto.

72 KAUFMANN, 2010, p. 217-218.

O DESENVOLVIMENTO DO CONCEITO DE DIREITO – NOVAMENTE: A ESTRUTURA ESCALONADA DA ORDEM JURÍDICA	
Método dedutivo	Conclui do geral para o particular.
Método dedutivo	Pretende-se, partindo da ideia de Direito (a Justiça) ou dos Princípios Gerais de Direito através de procedimentos puramente lógicos chegar a uma lei geral-concretizada e depois ao direito concreto.

Mas de onde vem o conteúdo destes tão abstratos princípios gerais de direito ou da ideia de direito, que sem recurso à realidade se comunicam aos fenômenos jurídicos mais concretos? Depara-se aqui com a *estrutura escalonada do Direito* (deve-se entender a palavra escalonada apenas no sentido metafórico). Já se disse e escreveu muito sobre isso, desde *Tomás de Aquino* até, recentemente, sobretudo *Adolf Merkel* e *Hans Kelsen*[73]. Segundo esta doutrina, o direito desenvolve-se a partir da ideia de direito (ou seja, dos princípios gerais de direito ou da Norma Fundamental) por meio das normas jurídicas (ou seja, das "leis", das regras), até chegar ao direito concreto (ou seja, a decisão jurídica tomada no caso). Mas isto não pode funcionar assim. Teríamos, *logo ao nível dos princípios e conceitos superiores, de saber aquilo que deles resultará* (*falácia naturalista ou jusnaturalista*)[74]. Como se pode já desconfiar o pensamento jurídico tem "natureza" circular[75].

O DESENVOLVIMENTO DO CONCEITO DE DIREITO – NOVAMENTE: A ESTRUTURA ESCALONADA DA ORDEM JURÍDICA	
Estrutura escalonada do direito	Segundo esta doutrina, o direito desenvolve-se a partir da ideia de direito (ou seja, dos princípios gerais de direito ou da Norma Fundamental) por meio das normas jurídicas (ou seja, das "leis", das regras), até chegar ao direito concreto (ou seja, a decisão jurídica tomada no caso).

73 Para tanto basta se pensar na proposta de ordenamento jurídico com a estrutura de uma pirâmide. Esta proposta foi feita por Adolf Merkel e, a seguir, aprimorada por Kelsen. Enquanto o primeiro explicava o ordenamento a partir da imagem de uma pirâmide invertida, ou seja, de cabeça para baixo, o último explicava por meio da ideia de que a pirâmide estaria em sua posição "normal", isto é, sem se apresentar de cabeça para baixo.

74 O conceito de *"falácia naturalista"* foi criando pelo inglês George Edward Moore ao demonstrar que a afirmação de que *apenas a felicidade ou o prazer são bons, implica que saibamos previamente o que é o "bom", e independentemente do prazer e da felicidade* — porque, de contrário, raciocinamos em círculo e somos vítimas do que ele chamou de "falácia naturalista", na medida em que *a ideia de "bom" é indefinível* — não é possível definir o "bom" — porque o "bom" é inefável e intuitivo.

75 KAUFMANN, 2010, p. 218.

Crítica	Mas isto não pode funcionar assim. Teríamos, logo ao nível dos princípios e conceitos superiores, de saber aquilo que deles resultará (falácia naturalista ou jusnaturalista).
Proposta	Como se pode já desconfiar o pensamento jurídico tem "natureza" circular.

Por *indução* apenas se chega a um conceito de direito se, em segredo, se *valoram* os fatos; por *dedução* ele só pode ser alcançado se se deixar a *realidade* influir secretamente nas conclusões. Com isto se manifesta um importante resultado: *o direito relaciona-se com o dever e o ser.* Isto se significa que temos que nos servir de um *método* que consista numa *dialética entre indução e dedução*: que tenha um *caráter analógico*, tendo já Aristóteles reconhecido na *inferência por analogia* uma *inferência mista indutivo-dedutiva*[76]. A referida estrutura escalonada da ordem jurídica somente, portanto, pode ser aceita mediante dois pressupostos: 1) no processo de realização do direito nenhum dos mencionados escalões é dispensável, ou seja: não há norma jurídica (lei) sem ideia de direito (princípios gerais de direito), não há direito concreto (decisão jurídica) sem norma jurídica (sem um ponto de vista valorativo); 2) nenhum escalão (compreenda-se de forma figurada) pode ser pura e simplesmente deduzido do escalão (logicamente) acima (mais geral, mais abstrato), isto é, não há norma jurídica *apenas* a partir da ideia de direito (*apenas* a partir dos princípios gerais do direito) e não há decisão jurídica *apenas* a partir da norma jurídica (sem qualquer interferência da realidade)[77].

O DESENVOLVIMENTO DO CONCEITO DE DIREITO – NOVAMENTE: A ESTRUTURA ESCALONADA DA ORDEM JURÍDICA	
Conclusão de KAUFMANN	O direito relaciona-se com o dever e o ser.
Método analógico	Isto se significa que temos que nos servir de um método que consista numa dialética entre indução e dedução: que tenha um caráter analógico, tendo já Aristóteles reconhecido na inferência por analogia uma inferência mista indutivo-dedutiva.

É aqui, sobretudo, importante a segunda tese que afirma que, tal como não se pode obter uma norma jurídica apenas a partir da ideia de direito, também não se pode obter uma decisão jurídica somente a partir da norma jurídica. Se a ideia de direito e a lei são, portanto, apenas a possibilidade do direito, donde

76 ARISTÓTELES, 2009, p. 147.

77 KAUFMANN, 2010, p. 219.

retiraria, então, ele a sua plena realidade? A resposta apenas pode ser: partindo das concretas relações da vida que – segundo a formulação clássica de *Dernburg* – trazem já em si, ainda que de uma forma mais ou menos desenvolvida, a sua medida e a sua ordem. Assim como partindo da abstrata ideia de direito (dos princípios gerais de direito) só se pode obter a, mais concreta, lei (norma jurídica), se esta for colocada em relação com as *possíveis situações da vida a regular*, também só se pode produzir o direito concreto partindo da lei (norma jurídica, regra jurídica) através da referência às *relações reais da vida*[78].

O DESENVOLVIMENTO DO CONCEITO DE DIREITO – NOVAMENTE: A ESTRUTURA ESCALONADA DA ORDEM JURÍDICA	
Síntese	Só se pode produzir o direito concreto partindo da lei (norma jurídica, regra jurídica) através da referência às relações reais da vida.

Logo, nem se pode obter direito normativo a partir do ser enquanto tal, nem tampouco pode o dever enquanto tal produzir direito real. Só quando norma e situação de vida (caso concreto, ou o relato que se faz do caso, ou o conflito jurídico), dever e ser, são postos em relação, em correspondência um com outro, surge o direito real: *o direito é correspondência entre o dever e o ser*[79]. O direito é uma correspondência, não tem um caráter substancial, mas, sim, um *relacional*, o direito no seu todo não é, portanto, um complexo de artigos de lei, um conjunto de normas, mas sim um *conjunto de relações*[80].

O DESENVOLVIMENTO DO CONCEITO DE DIREITO – NOVAMENTE: A ESTRUTURA ESCALONADA DA ORDEM JURÍDICA	
O caráter analógico do direito	Logo, nem se pode obter direito normativo a partir do ser enquanto tal, nem tampouco pode o dever enquanto tal produzir direito real.
O caráter analógico do direito	O direito é correspondência entre o dever e o ser, ou seja, um conjunto de relações.

Caso se tome, mais uma vez, a imagem da "estrutura escalonada" da ordem jurídica[81], então ver-se-á que o caminho da legislação à decisão jurídica

78 KAUFMANN, 2010, p. 219.

79 KAUFMANN, 2010, p. 219. KAUFMANN, Analogie und "Natur der Sache"; Zugleich ein Beitrag zur Lehre vom Typus, 2ª ed. 1982 (nº11), p. 18.

80 KAUFMANN, 2010, p. 219.

81 Preferimos a ideia de uma estrutura circular, ou seja, de uma circularidade intrincada, como nos fala Hofstadter, mencionada por Gunther Teubner, o qual assim escreve: "Uma terceira

é o caminho da concretização, da positivação, do fazer histórico do direito. Não se segue, todavia, nenhum caminho "direto" da ideia de direito passando pela norma até o caso, nem um caminho "direto" das possíveis situações da vida passando pelo caso até ao direito, mas, sim um caminho "*em forma de espiral*" *(espiral hermenêutica)*[82], em que dever (ideia de direito, norma) e ser (hipotética situação da vida, o caso) são reciprocamente postos em correspondência[83]. Um tal pôr em correspondência pressupõe que o dever e o ser sejam idênticos no seu "sentido". O "sentido", que os metodólogos tanto procuram, encontra-se, portanto, em ambos[84].

O DESENVOLVIMENTO DO CONCEITO DE DIREITO – NOVAMENTE: A ESTRUTURA ESCALONADA DA ORDEM JURÍDICA	
O caminho da legislação à decisão jurídica	É o caminho da concretização, da positivação, do fazer histórico do direito.
O caminho da legislação à decisão jurídica	Segue-se um caminho "em forma de espiral" (espiral hermenêutica), em que dever (ideia de direito, norma) e ser (hipotética situação da vida, o caso) são reciprocamente postos em correspondência.

Um antecedente do conceito de direito, naturalmente ainda muito geral, aqui obtido, encontra-se em *Gustav Radbruch* que sua premissa de "referência a valores", descreve o direito como a "*realidade que tem por sentido servir a justiça*"[85]. A relação entre ser (realidade) e dever (justiça) é clara. Mais tarde,

---

interpretação possível da nossa história que porá a nu implicações porventura ainda mais profundas do sistema jurídico, salientaria antes a circularidade essencial deste. De fato, o rabino Eliezer mobiliza com sucesso toda a hierarquia das normas jurídicas, percorrendo um por um os patamares do debate rabínico e invocando sucessivamente o texto talmúdico, as forças naturais, o direito natural e a revelação divina; uma vez atingido o cume da escalada, retornada ao ponto de partida do mesmo debate, perfazendo assim um estranho círculo. *Tangled hierarchies* (Hierarquia labiríntica ou intrincada) foi a expressão encontrada por Hofstadter para designar o fenômeno pelo qual o nível mais alto de uma hierarquia reenvia ao nível mais baixo da mesma, pelo que, em última análise, o que decidirá da validade da lei divina não será mais do que uma simples regra processual (devemos inclinar-nos perante a vontade da maioria)". TEUBNER, Gunther. **O direito como sistema autopoiético.** Tradução: José Engrácia Antunes. Lisboa: Fundação Calouste Gulbenkian, 1993, p.5. No Brasil, quem sustenta ideia semelhante é NEVES, Marcelo. **Entre Hidra e Hércules** – princípios e regras constitucionais como diferença paradoxal do sistema jurídico. São Paulo: Martins Fontes, 2013, p. 35.

82 Sobre o assunto, consulte-se HASSEMER, Winfried. **Introdução aos fundamentos do direito penal.** Tradução: Pablo Rodrigo Alflen da Silva. Porto Alegre: Sergio Antonio Fabris, 2005, p. 161.

83 KAUFMANN, 2010, p. 220.

84 KAUFMANN, 2010, p. 220.

85 KAUFMANN, 2010, p. 220.

Radbruch ainda concretizou este conceito. Ele salienta os seguintes elementos: 1) O direito é uma realidade e tem, portanto, que ser *positivo* (integra-se no ser); 2) como encarnação da ideia de direito, o direito eleva-se sobre a restante realidade e é, por isso, *normativo* (integra-se no dever); 3) por força da justiça, o direito tem de estabelecer igualdade para todos, tendo, portanto, natureza *geral*; 4) a justiça exige a realização do bem comum, pelo que o direito tem de ser *social* – em suma: o direito é o "*conjunto de normas positivas gerais para a vida social*"[86] (a "referência a valores" do direito já não está, contudo, tão claramente expressa). Uma vez que este conceito de direito inclui elementos formais (positivo, gerais) e materiais (normativo, social), aparece aqui semelhante ao acima exposto conceito de lei de *Tomás de Aquino*. Torna-se além disso claro que aqui se opta por uma perspectiva "*para além do direito natural e do positivismo*"[87].

O DESENVOLVIMENTO DO CONCEITO DE DIREITO – NOVAMENTE: A ESTRUTURA ESCALONADA DA ORDEM JURÍDICA	
Conceito de direito de GUSTAV RADBRUCH	Segundo a sua premissa de "referência a valores", ele descreve o direito como a "realidade que tem por sentido servir a justiça"
Elementos do conceito de direito de RADBRUCH	1 – positivo; 2 – normativo; 3 – geral; 4 – social.
Síntese (RADBRUCH)	O direito é o "conjunto de normas positivas gerais para a vida social.

Seria incorreto considerar esta definição como conclusiva. Faltam alguns elementos. Podem naturalmente desdobrar-se os *quatro elementos* ainda: a *positividade* significa sobretudo *segurança jurídica, paz jurídica*; a *normatividade* inclui o *caráter vinculativo* do direito, a *generalidade* significa antes de mais *proibição do arbítrio*, e o caráter *social* significa certamente também que o direito tem em conta as *proporções* e não exige demasiado aos indivíduos (*Sólon*)[88].

O DESENVOLVIMENTO DO CONCEITO DE DIREITO – NOVAMENTE: A ESTRUTURA ESCALONADA DA ORDEM JURÍDICA	
Postividade	Significa sobretudo segurança jurídica, paz jurídica.
Normatividade	Inclui o caráter vinculativo do direito

86 KAUFMANN, 2010, p. 220.

87 KAUFMANN, 2010, p. 220.

88 KAUFMANN, 2010, p. 221.

Generalidade	Significa antes de mais proibição do arbítrio.
O caráter social	Significa certamente também que o direito tem em conta as proporções e não exige demasiado aos indivíduos.

Mas faltam ainda dois momentos, que normalmente são referidos em conjunto com o conceito de direito; a liberdade e a coerção. Pois bem, a lei jurídica garante a *liberdade* precisamente por virtude do seu caráter normativo e geral, na medida em que vincula: possibilita a liberdade geral ao limitar o arbítrio de cada indivíduo. Esta estrutura da liberdade e de limitação da liberdade está bem expressa na "definição" de *Kant:* o direito é "*o conjunto das condições sob as quais o arbítrio de cada um se pode conciliar com o arbítrio dos outros segundo uma lei geral da liberdade*"[89]; ou seja: o direito é um "*impedimento de um obstáculo à liberdade*"[90].

O DESENVOLVIMENTO DO CONCEITO DE DIREITO – NOVAMENTE: A ESTRUTURA ESCALONADA DA ORDEM JURÍDICA	
Liberdade	A lei jurídica garante a liberdade precisamente por virtude do seu caráter normativo e geral, na medida em que vincula: possibilita a liberdade geral ao limitar o arbítrio de cada indivíduo.
KANT	O direito é "o conjunto das condições sob as quais o arbítrio de cada um se pode conciliar com o arbítrio dos outros segundo uma lei geral da liberdade"; ou seja: o direito é um "impedimento de um obstáculo à liberdade".

O que tem isto a ver com o *caráter coercivo* do direito? Domina a este respeito uma viva controvérsia. *Kant* dissera: "*o direito está ligado à faculdade de coagir*"[91], e a maioria dos juspositivistas procura aqui apoio. A objeção de que existe direito que não se pode executar coativamente (como seja o direito internacional) contrapõe-se que tal direito não é verdadeiramente direito – juntando-se assim (segundo *Radbruch*) "a uma rude e grosseira

89 KANT, Immanuel. **Fundamentação da Metafísica dos Costumes.** Tradução: Paulo Quintela. Lisboa: Edições 70, 2003, p. 52.

90 KANT, Immanuel. **Fundamentação da Metafísica dos Costumes.** Tradução: Paulo Quintela. Lisboa: Edições 70, 2003, p. 53.

91 KANT, Immanuel. **Fundamentação da Metafísica dos Costumes.** Tradução: Paulo Quintela. Lisboa: Edições 70, 2003, p. 55.

má prática a correspondente má teoria"[92]. Quem vê na coerção o elemento essencial do direito, nega-lhe a capacidade de fundamentar deveres, e não está em condições de distinguir o direito do mero poder através duma característica material. Sem dúvida de que onde há Direito pode, por regra, ser exercida coerção, mas nem sempre que há direito, há, por isso, coerção. Não se pode fundamentar a validade do Direito a partir da coerção, mas é de exigir ao direito vigente, para que reinem a ordem e a paz jurídica, que se realize, em caso de necessidade, coercitivamente. Com esta reserva nada há a objetar à proposição de *Kant*[93].

O DESENVOLVIMENTO DO CONCEITO DE DIREITO – NOVAMENTE: A ESTRUTURA ESCALONADA DA ORDEM JURÍDICA	
Coerção	Sem dúvida de que onde há Direito pode, por regra, ser exercida coerção, mas nem sempre que há direito, há, por isso, coerção.
KANT	"O direito está ligado à faculdade de coagir".

Através do conceito de direito assim concretizado não se pode evidentemente determinar de forma exata e unívoca quais as normas jurídicas ou quais as decisões jurídicas que são indubitavelmente direito "justo". Tal afirmação só pode, na melhor das hipóteses, ser feita de forma aproximativa. Uma vez que não se determina aqui o conceito de direito de maneira puramente formal, mas se inclui nele elementos da realidade, não existe para o direito um conceito absoluto, mas antes e tão-somente um conceito baseado na experiência, que, segundo *Kant,* só vale *a posteriori* e não está, portanto, imune ao erro. Entretanto, é possível, segundo o pensamento antigo da "*filosofia negativa*" que foi nos últimos tempos retomada e desenvolvida sobretudo por *Karl Popper*[94], *falsificar* e determinar o que é *contra-direito* e o que é *não-direito*: a *lei contra-direito* surge, segundo a conhecida fórmula de distinção de *Radbruch,* quando ela viola as exigências da justiça numa medida manifestamente insuportável, enquanto que, quando a lei não tem qualquer pretensão de justiça, trata-se de *não-direito*[95].

92 KAUFMANN, 2010, p. 221.
93 KAUFMANN, 2010, p. 221-222.
94 KAUFMANN, 2010, p. 222.
95 KAUFMANN, 2010, p. 222.

O DESENVOLVIMENTO DO CONCEITO DE DIREITO – NOVAMENTE: A ESTRUTURA ESCALONADA DA ORDEM JURÍDICA	
Um conceito concreto de direito	Segundo *Kant,* só vale *a posteriori* e não está, portanto, imune ao erro.
Filosofia negativa & KARL POPPER	É possível falsificar e determinar o que é contra-direito e o que é não-direito.

Precisamente neste sentido apenas raramente se podem fazer afirmações seguras em torno da questão do bem comum a garantir pelo direito numa perspectiva positiva. Partindo do utilitarismo clássico (*Jeremy Bentham, John Stuart Mill*; em tempos mais recentes *Oliver Wendell Holmes, Roscoe Pound* e *Lon Fuller*) e vendo como principal fim do direito a criação da maior felicidade possível para o maior número possível, colocar-se-á, então, a questão de saber como se poderá universalizar a "felicidade" (independentemente de, nesse caso, o direito não servir aos infelizes). Assim, é mais praticável (e eticamente defensável) um "*utilitarismo negativo*", que aspire a maior diminuição possível da miséria e que faça incidir da forma mais moderada possível o mínimo de miséria que se mantiver[96].

O DESENVOLVIMENTO DO CONCEITO DE DIREITO – NOVAMENTE: A ESTRUTURA ESCALONADA DA ORDEM JURÍDICA	
O utilitarismo positivo e o seu problema	Vendo como principal fim do direito a criação da maior felicidade possível para o maior número possível, colocar-se-á, então, a questão de saber como se poderá universalizar a "felicidade" (independentemente de, nesse caso, o direito não servir aos infelizes).
O utilitarismo negativo e sua vantagem	É mais praticável (e eticamente defensável) um "utilitarismo negativo", que aspire a maior diminuição possível da miséria e que faça incidir da forma mais moderada possível o mínimo de miséria que se mantiver.

96 KAUFMANN, 2010, p. 222.

4.5. QUESTÕES

(BANCA: FCC; ÓRGÃO: DPE-SP; PROVA: DEFENSOR PÚBLICO, 2010).

"Na fase madura de seu pensamento, a substituição da lei pela convicção comum do povo (Volksgeist) como fonte originária do direito relega a segundo plano a sistemática lógico-dedutiva, sobrepondo-lhe a sensação (Empfindung) e a intuição (Anschauung) imediatas. Savigny enfatiza o relacionamento primário da intuição do jurídico não à regra genérica e abstrata, mas aos 'institutos de direito' (Rechtsinstitute), que expressam 'relações vitais' (Lebensverhältnisse) típicas e concretas".

Esta caracterização, realizada por Tercio Sampaio Ferraz Júnior, em sua obra A Ciência do Direito, corresponde a aspectos essenciais da seguinte escola filosófico-jurídica:

A) Normativismo.

B) Positivismo jurídico.

C) Jusnaturalismo.

D) Historicismo Jurídico.

E) Realismo Jurídico.

GABARITO: **D** (Consulte-se o item:2.3.).

VAMOS REVISAR?
1º) Qual a síntese de EDGAR BODENHEIMER?
2º) Qual a classificação e conceitos de lei defendidos por Tomás de Aquino?

VAMOS ANOTAR MAIS UMA DICA?
"A exigência de uma sistematização do Direito acabou por impor aos juristas a valorização do preceito legal no julgamento de fatos vitais decisivos. Daí surgiu, na França, já no século XIX, a poderosa 'École de l'Exégèse', de grande influência nos países em que o espírito napoleônico predominou, correspondendo, no mundo germânico, à doutrina dos pandectistas. A tarefa do jurista circunscreveu-se, a partir daí, cada vez mais à teorização e sistematização da experiência jurídica, em termos de uma *unificação construtiva dos juízos normativos e do esclarecimento dos seus fundamentos* (...)". No trecho acima, extraído de seu livro *A Ciência do Direito*, Tércio Sampaio Ferraz Júnior refere-se a características do:
Resposta: Do Positivismo jurídico.

VOCÊ SABIA?
No panorama histórico da Ciência do Direito, realizado por Tércio Sampaio Ferraz Júnior, na obra *A Ciência do Direito*, o autor caracteriza a prática dos glosadores da seguinte forma: "Tomando como base assentada os textos de Justiniano, os juristas da época passaram a dar-lhes um tratamento metódico, cujas raízes estavam

nas técnicas explicativas usadas em aulas, sobretudo no chamado *Trivium*, composto de gramática, retórica e dialética, que compunham as *artes liberales* de então. Com isto, eles desenvolveram uma técnica especial de abordagem de textos pré-fabricados e aceitos por sua autoridade, caracterizada pela glosa gramatical e filológica, pela exegese ou explicação do sentido, pela concordância, pela distinção". Neste sentido, o autor considera que neste confronto do texto estabelecido e do seu tratamento explicativo, presente na prática dos glosadores, é que nasce a:
Resposta: Ciência do Direito com seu caráter eminentemente dogmático.

VOCÊ SABIA?
Considerando as relações entre política e direito bem como os princípios gerais do direito, é possível afirmar corretamente:
Resposta: O direito tem relação tão estreita com o poder que seu estudo, muitas vezes, reduz-se às relações de poder, o que acarreta uma politização absoluta, autoritária e, em certos casos, totalitária do direito, que passa à condição de uma espécie de disfarce da política e mero instrumento do poder político.

Capítulo 5

DIREITO E MORAL – COSTUMES, CONVENÇÕES, USOS E HÁBITOS – O PRINCÍPIO DA SUBSIDIARIEDADE

A doutrina da total separação do Direito em face da Moral liga-se principalmente aos nomes de *Kant, Thomasius e Fichte.* Em tempos mais recentes ela foi defendida, de forma particularmente bem marcada, na "Teoria Pura do Direito" de *Kelsen,* que a qualificou, com alguma razão, como *a* "teoria do positivismo jurídico"[1]. Pelo contrário, a identidade entre direito e moral é afirmada pela maioria das doutrinas de direito natural e, não por acaso, pelas ditaduras contemporâneas. Nenhuma das concepções considera devidamente a *estrutura relacional* que existe entre Moral e Direito, a sua *polaridade*, num sentido de uma oposição meramente relativa que não exclui, e antes supõe, uma *estreita conexão*. A Moral e o Direito são, portanto, sob muitas perspectivas, realidades distintas, mas não desligadas entre si. KAUFMANN, 2010, p. 318.

5.1. DELIMITAÇÕES

O "direito" e a "lei" não são, como dito no capítulo anterior, idênticos. Na exposição que se segue pode, contudo, esta distinção ser negligenciada. A

1 KELSEN, Hans. **Teoria Pura do Direito.** Tradução: João Baptista Machado. São Paulo: Martins Fontes, 1999, p. 91.

palavra "moral (*Moral*)" é usada na linguagem corrente sem um sentido específico e a sua delimitação face à "Ética (*Ethik*)" é imprecisa, sendo frequente que ambas as palavras sejam tomadas como sinônimas (também se costuma equiparar ética com filosofia moral). A palavra "ética" confunde-se além disso com "*ethos*" e com "moralidade (*Sittlichkeit*)" e entende-se frequentemente por "moral (*Moral*)" algo de semelhante ou idêntico aos "costumes (*Sitte*)". E, por seu turno, os "costumes (*Sitte*)" são afins de outras regras de comportamento como as decorrentes do "uso (*Gebrauch*)", da "convenção (*Konvention*)" e do "hábito (*Gewohnheit*)"[2].

DELIMITAÇÕES	
Direito e lei	Não são idênticos.
Moral e ética	É frequente que ambas as palavras sejam tomadas como sinônimas.
Moral	Entende-se frequentemente por "moral (*Moral*)" algo de semelhante ou idêntico aos "costumes (*Sitte*).
Costumes	Os "costumes (*Sitte*)" são afins de outras regras de comportamento.

Existe um uso mais amplo da palavra "moral (*Moral*)" que surge em expressões como "moral da equipe", "moral das tropas", "moral fiscal", "moral do tráfego", "moral da luta laboral" etc. Na sociologia americana fala-se a esse respeito, desde *W. G. Summer*, de "*morale*" que é a atitude do indivíduo ou do grupo quando há coincidência entre a motivação da conduta dos membros individuais e os fins do grupo. Em contraposição, a palavra americana "*mores*" refere-se apenas às formas de comportamento comuns a um povo ou a uma tribo, cuja a inobservância implica uma sanção. É neste segundo sentido que, em seguida, se irá discorrer sobre a "moral (*Moral*)"[3].

DELIMITAÇÕES	
Uso mais amplo da palavra "moral (moral)"	Surge em expressões como "moral da equipe", "moral das tropas".
MORALE **Moral em sentido amplo**	A atitude do indivíduo ou do grupo quando há coincidência entre a motivação da conduta dos membros individuais e os fins do grupo.

2 KAUFMANN, 2010, p. 316-317.
3 KAUFMANN, 2010, p. 317.

MORES Moral em sentido estrito	São as formas de comportamento comuns a um povo ou a uma tribo, cuja a inobservância implica uma sanção.

Com o fim de delimitar o tema, se irá deixar de lado antes de mais a "ética" enquanto fundamentação e explicação filosófica da vida moral; se irá ocupar aqui, sim, do objeto da ética (que não é um "objeto" de caráter substancial). Por outro lado, se utilizará como equivalentes, para o que aqui nos importa, as designações "moralidade (*Sittlichkeit*)", ethos (*Ethos*) e moral (*Moral*), o que não significa que, sob outras perspectivas, não seja pertinente a sua diferenciação[4].

DELIMITAÇÕES	
O foco deste estudo	Será se dedicar a estudar o objeto da ética (que não é um "objeto" de caráter substancial).
Sinônimos	Se utilizará como equivalentes, para o que aqui nos importa, as designações "moralidade (Sittlichkeit)", ethos (Ethos) e moral (Moral).

Não é possível dar uma definição singela do que seja a "moral", apenas se pode, quando muito, delimitá-la, de uma forma mais ou menos precisa, através da comparação e diferenciação relativamente às regras de comportamento com ela aparentadas, tais como o direito, os costumes, os usos, os hábitos e as convenções[5]. Afinal, como dito acima, a moral, em nosso sentir, não possui uma essência, um objeto substancial.

5.2. A POLARIDADE ENTRE O DIREITO E A MORAL

5.2.1. A tese da separação e a tese da identidade

A doutrina da total separação do Direito em face da Moral liga-se principalmente aos nomes de *Kant, Thomasius e Fichte.* Em tempos mais recentes ela foi defendida, de forma particularmente bem marcada, na "Teoria Pura do Direito" de *Kelsen,* que a qualificou, com alguma razão, como *a* "teoria do positivismo jurídico"[6]. Pelo contrário, a identidade entre direito e moral é

4 KAUFMANN, 2010, p. 317.

5 KAUFMANN, 2010, p. 317.

6 KELSEN, Hans. **Teoria Pura do Direito.** Tradução: João Baptista Machado. São Paulo: Martins Fontes, 1999, p. 122.

afirmada pela maioria das doutrinas de direito natural e, não por acaso, pelas ditaduras contemporâneas. Nenhuma das concepções considera devidamente a *estrutura relacional* que existe entre Moral e Direito, a sua *polaridade*, num sentido de uma oposição meramente relativa que não exclui, e antes supõe, uma *estreita conexão*. A Moral e o Direito são, portanto, sob muitas perspectivas, realidades distintas, mas não desligadas entre si[7].

A TESE DA SEPARAÇÃO E A TESE DA IDENTIDADE	
A doutrina da total separação do direito em face da moral	Liga-se principalmente aos nomes de Kant, Thomasius e Fichte. Em tempos mais recentes ela foi defendida, de forma particularmente bem marcada, na "Teoria Pura do Direito" de Kelsen.
A identidade entre direito e moral	É afirmada pela maioria das doutrinas de direito natural e, não por acaso, pelas ditaduras contemporâneas.
Crítica	Nenhuma das concepções considera devidamente a estrutura relacional que existe entre Moral e Direito.

5.2.2. O objeto do direito e da moral

De início tentou-se distinguir o direito e a moral através da diferença do seu objeto: o direito teria por objeto as relações entre os homens, e a moral ao invés, o homem enquanto ser individual[8]. O valor jurídico qualifica uma ação como boa para a vida comum (para o conviver com o outro), o valor moral como boa em si (para o conviver consigo próprio). A Escolástica exprimiu isto assim: a moral é "*ab agenti*", o direito é, pelo contrário, "*ad alterum*".

O OBJETO DO DIREITO E DA MORAL	
Distinguir o direito e a moral, segundo o seu objeto	O direito teria por objeto as relações entre os homens, e a moral ao invés, o homem enquanto ser individual.
Distinção entre direito e moral, segundo o valor	O valor jurídico qualifica uma ação como boa para a vida comum (para o conviver com o outro), o valor moral como boa em si (para o conviver consigo próprio).

7 KAUFMANN, 2010, p. 318.

8 Este também é o entendimento de Antônio Luiz Machado Neto. MACHADO NETO, Antônio Luiz. **Compêndio de introdução à ciência do direito.** São Paulo: Saraiva, 1979, p. 39.

Poderia dizer-se que esta distinção assenta numa concepção demasiado individualista da moral, que os deveres sociais relativamente ao próximo não são menos morais do que os deveres para consigo mesmo; e que, por outro lado, o direito por vezes obriga sem que isso implique um correlativo direito de outrem. Mas esta não é a questão nuclear. O que está em causa é saber se a moral não assentará no caráter pessoal do homem, enquanto o domínio social, em que o direito tem o seu lugar, seria essencialmente de natureza impessoal. Dito de outro modo, será que, como pensa *Heidegger*, no direito não está em causa a autenticidade do Ser Próprio, antes ele mostra o modo deficiente da artificialidade (inautencidade); será que o mundo do Direito é o mundo do esquecimento no *Dasein* quotidiano, da queda na *impessoalidade*?[9] O que é, então, a *Pessoa* (leve-se em consideração que aqui se refere à *pessoa em sentido moral*, e não da pessoa em sentido ontológico-relacional)? Na filosofia da existência de *Heidegger*, e mais ainda na de *Sartre*[10], a pessoa é *autoidentidade pura*, ipseidade pura, a mais genuína autenticidade, e a autodeterminação e a autodisposição da pessoa ocorre em perfeita autonomia: nada lhe é previamente dado, "o homem faz-se a si mesmo" e, ao fazer-se, faz também a "sua moral"[11]. Em tal proposta, nem a esfera comunitária nem portanto o direito participam da "autenticidade" do ser pessoal.

O OBJETO DO DIREITO E DA MORAL	
HEIDEGGER	Será que no direito não está em causa a autenticidade do Ser Próprio, antes ele mostra o modo deficiente da artificialidade (inautencidade); será que o mundo do Direito é o mundo do esquecimento no *Dasein* quotidiano, da queda na impessoalidade?
O que é ser pessoa?	Na filosofia da existência de Heidegger, e mais ainda na de Sartre, a pessoa é autoidentidade pura.

Todavia, o homem como ser criado, só num sentido derivado, analógico (aproximado), pode ser chamado "pessoa". Por isso, nunca existe para ele a liberdade completa, a autodisposição total, a integração perfeita. Por isso, nunca existe para ele a liberdade completa, a autodisposição total, a integração perfeita. Ele nunca pode atingir a sua própria natureza de forma

9 HEIDEGGER, Martin. **Ser e tempo.** 2ª edição. Tradução: Márcia Sá Cavalcante Schuback. Petrópolis: Editora Vozes, 2006, p. 78.

10 KAUFMANN, 2010, p. 319.

11 KAUFMANN, 2010, p. 319. Consulte-se, ainda, a obra de W. Maihofer, *Recht und Sein*, 1954, *passim*.

total e adequada. É nesta insuperável diferença, que ele aspira ultrapassar, que se encontra a razão da sua historicidade. O homem tem que realizar o seu Ser na história, no confronto consciente com a situação presente, única e irrepetível, e ele realiza-se através da sua ação e da criação das suas obras. Porém, o indivíduo nunca pode realizar tais obras só e isolado, mas apenas em comunidade e com a comunidade. Precisamente, porque o homem nunca é pura ipseidade (totalmente autêntico) ou egológica individualidade, o seu caráter pessoal implica sempre e ao mesmo tempo "individualidade social"[12].

O OBJETO DO DIREITO E DA MORAL	
HEIDEGGER	Nunca existe para ele a liberdade completa, a autodisposição total, a integração perfeita. Por isso, nunca existe para ele a liberdade completa, a autodisposição total, a integração perfeita.
SARTRE	É nesta insuperável diferença, que ele aspira ultrapassar, que se encontra a razão da sua historicidade.

Isto significa, por conseguinte, em outras palavras, que o homem é *"ad alterum"* (pura alteridade, ou seja, afirma a sua identidade na medida que se relaciona com o outro). Ou seja, pode ter a qualidade de pai ou filho, de vendedor ou comprador, de médico ou paciente, de proprietário ou ladrão, e isto não é possuir um ser "completamente diferente", que exista à margem do nosso "mais próprio *Dasein*", sendo antes uma parte essencial desse nosso mais próprio modo de ser. É, pois, a própria natureza pessoal do homem que o relaciona com o próximo; a sua sociabilidade não é um tipo de segunda existência contraposta à pessoa, fundando-se ela antes, isto sim, na sua personalidade histórica, na sua capacidade espiritual de aperfeiçoamento e na sua necessidade de superação.

O OBJETO DO DIREITO E DA MORAL	
Homem	O homem é "ad alterum" (pura alteridade, ou seja, afirma a sua identidade na medida que se relaciona com o outro).
Sociabilidade	A sua sociabilidade não é um tipo de segunda existência contraposta à pessoa, fundando-se ela antes, isto sim, na sua personalidade histórica, na sua capacidade espiritual de aperfeiçoamento.

12 KAUFMANN, 2010, p. 319. Consulte-se, ainda, a obra de M Scheler, Der Formalismus in der Ethik und die materiale Wertethik, 4ª ed., 1954, p. 563 ss.

Com a ideia de solidariedade funda-se o direito simultaneamente na natureza pessoal do homem. A autorrealização do homem em comunidade com os outros só é possível se lhe for garantido, na sua existência histórica, aquilo que lhe deve pertencer, se lhe for assegurado o que é seu. Este *suum iustum* (seu direito), isto que pertence ao homem enquanto pessoa, é aquilo a que se chama de "*direito subjetivo*". E o modo como o direito objetivo protege e garante os direitos subjetivos do homem, em especial os direitos fundamentais e humanos, está ao serviço do autodesenvolvimento da personalidade moral. É certo que o Direito não pode forçar ao cumprimento do dever moral, apenas o podendo possibilitar. Mas se ele é condição de possibilidade do que é moral, também o é, necessariamente, do que é imoral. Ou seja, o Direito cria e assegura o ambiente necessário para o florescimento do que é moral, mas ao fazê-lo, no mesmo instante, cria o espaço propício ao desabrochar daquilo que é imoral.

O OBJETO DO DIREITO E DA MORAL	
Direito subjetivo	Este *suum iustum* (seu direito), isto que pertence ao homem enquanto pessoa, é aquilo a que se chama de "direito subjetivo".
Direito objetivo	Protege e garante os direitos subjetivos do homem, em especial os direitos fundamentais e humanos, está ao serviço do autodesenvolvimento da personalidade moral.
Esclarecimento	O Direito cria e assegura o ambiente necessário para o florescimento do que é moral, mas ao fazê-lo, no mesmo instante, cria o espaço propício ao desabrochar daquilo que é imoral.

O direito está orientado para um fim moral. Por isso, ele não é, de modo nenhum, um obstáculo à liberdade existencial, sendo, pelo contrário, como disse *Kant*, "*o impedimento de um obstáculo à liberdade*" e, portanto, a condição de possibilidade da liberdade[13]. O direito pode e deve – sobretudo através da garantia dos direitos humanos – assegurar aquela medida de liberdade exterior sem a qual a liberdade interior de cumprimento do dever moral não se pode desenvolver. Exemplo: ninguém é livre para pensar, se antes não é livre para se alimentar. Naturalmente que o Direito se limita à garantia das exigências morais básicas. Ele não pode e não deve dirigir o seu olhar para

13 KAUFMANN, 2010, p. 320.

os píncaros do mais exigente e elevado *ethos*, e nessa medida é, na verdade, possível referi-lo como <u>um mínimo ético</u>[14].

TEORIA DO MÍNIMO ÉTICO, SEGUNDO MIGUEL REALE
Escreve Miguel Reale, explicando tal teoria (Teoria do Mínimo Ético), com a qual ele não concorda: "Em primeiro lugar, recordemos a 'teoria do mínimo ético', já exposta de certa maneira pelo filósofo inglês Jeremy Bentham e depois desenvolvida por vários autores, entre os quais um grande politicólogo alemão do fim do século passado (XIX) e do princípio deste (XX), Georg Jellinek. A teoria do mínimo ético consiste em dizer que o Direito representa apenas o mínimo de Moral declarado obrigatório para que a sociedade possa sobreviver. Como nem todos podem ou querem realizar de maneira espontânea as obrigações morais, é indispensável armar de força certos preceitos éticos para que a sociedade não soçobre. A Moral, em regra, dizem os adeptos desta doutrina, é cumprida de maneira espontânea, mas como as violações são inevitáveis, é indispensável que se impeça, com mais vigor e rigor, a transgressão dos dispositivos que a comunidade considerar indispensável à paz social". REALE, Miguel. **Lições Preliminares do Direito**. São Paulo: Editora Saraiva, 1990, p. 42.

O OBJETO DO DIREITO E DA MORAL	
O que é o direito para KANT?	"O impedimento de um obstáculo à liberdade" e, portanto, a condição de possibilidade da liberdade
O direito como um mínimo ético	Ele não pode e não deve dirigir o seu olhar para os píncaros do mais exigente e elevado *ethos*.

Com esta limitação o Direito também aparece como mestre superior. Ao dispor – pelo menos em regra – de meios de coerção, ele pode quebrar a resistência, sendo, na maioria dos casos, suficiente a ameaça de utilização da força para motivar os comportamentos conformes ao direito. Olhando para esta poderosa superioridade de meios à disposição do direito, ele aparece mais rigorosamente como um "<u>máximo ético</u>", como defende Arthur Kaufmann, seja pela força, seja pela eficácia, seja pelos resultados[15].

14 KAUFMANN, 2010, p. 320; REALE, Miguel. **Lições Preliminares do Direito.** São Paulo: Editora Saraiva, 1990, p. 42; JELLINECK, Georg. *Die sozialethische Bedeutung von recht, Unrecht und strafe,* 2ª ed., 1908, p 45.

15 KAUFMANN, 2010, p. 321

O OBJETO DO DIREITO E DA MORAL	
O direito e a coerção	Ao dispor – pelo menos em regra – de meios de coerção, ele pode quebrar a resistência, sendo, na maioria dos casos, suficiente a ameaça de utilização da força para motivar os comportamentos conformes ao direito.
Máximo ético	Olhando para poderosa superioridade de meios à disposição do direito.

5.2.3. Autonomia e heteronomia

Muito já foi dito na filosofia sobre a autonomia e a heteronomia. É possível dizer, desde logo, que tanto uma ideia unilateral de autonomia quanto uma ideia de heteronomia aniquilam a legalidade normativa. Não é preciso que mais se diga sobre o assunto no momento. Para aquilo que agora é relevante discorrer, suficiente é dizer que, para distinguir a moral do direito, se tem afirmado que aquela se funda na autonomia e este, pelo contrário, se encontra fincado unicamente na heteronomia. Isto não é, contudo, verdade. Sendo certo que o homem é pessoa, mas não pessoa em sentido absoluto, não é possível nem fundar a Moral na pura autonomia, nem o Direito na pura heteronomia[16].

AUTONOMIA E HETERONOMIA	
Tanto uma ideia unilateral de autonomia quanto uma ideia de heteronomia	Aniquilam a legalidade normativa.
A moral	Se funda na autonomia.
O direito	Se encontra fincado unicamente na heteronomia.
É possível essa distinção?	Sendo certo que o homem é pessoa, mas não pessoa em sentido absoluto, não é possível nem fundar a Moral na pura autonomia, nem o Direito na pura heteronomia.

A fundamentação heterônoma do direito faz-se tradicionalmente através da <u>*teoria do poder*</u> ou da <u>*teoria do reconhecimento*</u>. Mas de um mero fato – o poder ou o consenso – não é possível se extrair um dever. Como um dia já foi dito por *Kant*, não se obtém um dever a partir do ser. A pretendida "<u>*força normativa dos fatos*</u>" não existe, uma ordem ou vontade exterior pode dar origem,

16 KAUFMANN, 2010, p. 321.

quando acompanhadas do poder de coagir, a um "*ter que ser*", mas nunca a um "*dever*", ou seja, a uma autêntica validade normativa. Uma "*validade factual*" é uma *contradictio in adiectio* (uma contradição em si mesma). As teorias do poder e do reconhecimento não se referem a uma validade, mas à *expectativa ou à possibilidade de que a norma seja cumprida*. É certo que *normalmente* (no Estado de Direito) é suficiente fundamentar a validade do Direito em uma expectativa como essa e, portanto, na heteronomia (a expectativa de que a norma será cumprida). Também seria irrealista, por outro lado, querer negar todo e qualquer significado, para o problema da validade, à vontade de vigência da comunidade jurídica representada pelo legislador parlamentar. Mas em última instância (antes de mais no Estado de não-Direito) a validade do direito (a sua legitimidade material) não radica na vontade do legislador (Bugnet) ou no consenso da sociedade (Savigny), pois, se assim fosse, teria que se aceitar como direito válido mesmo aquele que é manifestamente injusto, pelo mero fato de a vontade legislativa o ter estabelecido: *ita ius esto* (se está posto, então, é direito)! Desde que o positivismo perdeu a sua inocência, que o poder e o consenso deixaram de poder ser invocados como fundamento *exclusivo* de validade do direito[17].

AUTONOMIA E HETERONOMIA	
Fundamentação da heteronomia do direito	Faz-se tradicionalmente através da teoria do poder ou da teoria do reconhecimento.

Condenada ao fracasso está também a tentativa de *Hans Kelsen* de fundamentar o direito independentemente de qualquer dever moral e enquanto "*puro dever jurídico*". A *Grundnorm* (a norma fundamental), ou seja, aquilo em que ele pretende ancorar este dever (o pressuposto lógico do ordenamento jurídico), deve ser pensada, segundo as suas próprias palavras, "*como uma norma de direito natural*"[18], sendo pois, por isso, uma categoria moral[19].

AUTONOMIA E HETERONOMIA	
HANS KELSEN	Condenada ao fracasso está também a tentativa de *Hans Kelsen* de fundamentar o direito independentemente de qualquer dever moral e enquanto "puro dever jurídico".
Norma fundamental	Segundo Arthur Kaufmann, ela é uma categoria moral.

17 KAUFMANN, 2010, p. 322.

18 KELSEN, Hans. **Teoria Pura do Direito.** Tradução: João Baptista Machado. São Paulo: Martins Fontes, 1999, p. 123.

19 KAUFMANN, 2010, p. 322.

A validade do direito não pode, em suma, reconduzir-se nem a um mero fato, a nem a um mero dever jurídico. Por outras palavras: *não existe um dever estritamente heterônomo. A ideia de heteronomia levada às últimas consequências, conduz à dissolução da legalidade normativa e, assim também, à dissolução do Direito.* Sobre o assunto, de forma mais aprofundada, mais se dirá a seguir.

AUTONOMIA E HETERONOMIA	
Dever jurídico heterônomo	Não existe um dever estritamente heterônomo.
Heteronomia	A ideia de heteronomia levada às últimas consequências, conduz à dissolução da legalidade normativa e, assim também, à dissolução do Direito.

Kant não funda unilateralmente a lei moral no *homo phainomenon* (ser sensível, ou seja, aquele que é obrigado), mas, sobretudo, no *homo noumenon* (ser dotado de razão, ser dotado de liberdade interna, ou seja, aquele que obriga), na participação da pessoa na ordem ética da humanidade. Só com base nesta ideia de participação e corresponsabilidade pela ordem ética, é que se pode compreender que *Kant* diga que a vontade livre "*de acordo com as suas leis gerais tem necessariamente que se poder harmonizar com aqueles que a ela se irão submeter*"[20].

AUTONOMIA E HETERONOMIA	
KANT	Não funda unilateralmente a lei moral no homo phainomenon (ser sensível, ou seja, aquele que é obrigado), mas, sobretudo, no homo noumenon (ser dotado de razão, ser dotado de liberdade interna, ou seja, aquele que obriga).

Com isto não se está naturalmente a afirmar que a moral e o direito sejam uma só e a mesma coisa. Não é assim precisamente porque o Direito se relaciona com um único valor moral e certamente o mais elementar: a Justiça. É, portanto, sempre possível um conflito com outros valores éticos, por exemplo, com o mandamento do amor. Além disso, se deve ter em conta que o Direito nem sequer a plena realização da Justiça pode garantir: a justiça absoluta não nos é acessível e, por isso, também, não a podemos plasmar em normas jurídicas[21].

20 KANT, Immanuel. **Fundamentação da Metafísica dos Costumes.** Tradução: Paulo Quintela. Lisboa: Edições 70, 2003, p. 39.

21 KAUFMANN, 2010, p. 322-323.

AUTONOMIA E HETERONOMIA	
Direito e moral	Não se está naturalmente a afirmar que a moral e o direito sejam uma só e a mesma coisa.
Direito e moral	Se deve ter em conta que o Direito nem sequer a plena realização da Justiça pode garantir.

Por força da segurança e da paz jurídicas, uma norma jurídica deve manter a sua vigência mesmo quando conduza, no caso concreto, a resultados iníquos, bastando que não contradiga de forma geral e absoluta a justiça. Finalmente, não se deve ignorar o seguinte: mesmo quando a ordem jurídica é vista em última instância como ordem moral, isso não implica de maneira nenhuma que toda ordem moral deva ou possa ser juridificada. O direito deve dirigir as suas exigências a todos, incluindo aqueles que não estão em condições de cumprir os deveres morais mais exigentes; ele apenas pode fazer exigências médias (que retratem o padrão compartilhado pela sociedade) para o homem médio (o homem que compartilha dos padrões sociais predominantes), o que significa que o direito apenas se pode referir àquelas situações em que se possa exigir, da forma mais aproximada possível (e só por força da aproximação), o mesmo a todos os homens. Vale ainda acrescentar que as normas jurídicas, sobretudo as normas penais, só devem intervir quando está em causa a manutenção ou o restabelecimento da ordem social, ou seja, apenas quando são atingidos *bens jurídicos* (ainda que para Günther Jakobs[22] este conceito, o de bem jurídico, deva ser abandonado), devendo a perturbação da ordem resultante dos pecados do homem individual permanecer fora da esfera jurídica. Ou seja, nem toda violação moral é, por si só, uma infração jurídica[23].

AUTONOMIA E HETERONOMIA	
Direito e moral	Mesmo quando a ordem jurídica é vista em última instância como ordem moral, isso não implica de maneira nenhuma que toda ordem moral deva ou possa ser juridificada.
Direito e moral	O direito deve dirigir as suas exigências a todos, incluindo aqueles que não estão em condições de cumprir os deveres morais mais exigentes

22 JAKOBS, Günther. **Derecho penal parte general** – fundamentos y teoria de la imputación. 2ª edición. Tradución: Manuel Cobo del Rosal. Madrid: Marcial Pons, 1997, p 144.

23 KAUFMANN, 2010, p. 323.

Direito e moral	As normas jurídicas, sobretudo as normas penais, só devem intervir quando está em causa a manutenção ou o restabelecimento da ordem social, ou seja, apenas quando são atingidos bens jurídicos.

Como já foi dito, não está em causa, no Direito, um complexo global dos valores morais, mas apenas um único: a Justiça. O Direito lida e se relaciona com apenas um dos valores morais, não estando comprometido com todos os demais valores morais. E ela, a justiça, não representa o valor supremo fundamental, mas apenas o mais básico e, por isso mesmo, também o mais elementar e significativo para a vida humana comunitária. Aquilo que, em nome do direito, pode e deve ser exigido a todos são apenas certos comportamentos morais elementares, e que são exigidos pela manutenção das condições mais essenciais à vida humana comunitária[24].

AUTONOMIA E HETERONOMIA	
Direito e moral	Não está em causa, no Direito, um complexo global dos valores morais, mas apenas um único: a Justiça.
Justiça	Não representa o valor supremo fundamental, mas apenas o mais básico e, por isso mesmo, também o mais elementar e significativo para a vida humana comunitária.

Esta limitação do direito ao âmbito da <u>*moralidade simples e elementar*</u> deverá constituir, num tempo em que se tornou notória a incerteza no domínio ético, uma diretiva fundamental para legislação e para a jurisprudência. *Bollnow*, citado por Arthur Kaufmann, salienta bem que no supremo *ethos* estão sempre em causa expressões históricas, construções éticas e ideais de que é portador um determinado sistema social ou político e que com ele perecem: por exemplo, o ideal ascético do início da Cristandade, o ideal aristocrático da Idade Média, o ideal burguês Iluminista de domínio da vida através da razão, o ideal do classicismo alemão ou o ideal socialista do marxismo. Por vezes, salva-se uma relíquia dessas épocas (por exemplo, a pena de morte) que se mantém, durante um considerável período de tempo, nas épocas posteriores e entra, então, em conflito com a transformação social. A <u>*historicidade*</u> de tais construções éticas e ideais tem sido muito pouco considerada. Pelo contrário, a moralidade simples, natural, caracterizada, enquanto *ethos* das vastas massas, por uma certa medianidade, esta mantém-se frequentemente

24 KAUFMANN, 2010, p. 323.

igual, nas suas formas fundamentais, durante um maior período de tempo e em diferentes povos[25].

AUTONOMIA E HETERONOMIA	
Direito e moral	Esta limitação do direito ao âmbito da moralidade simples e elementar deverá constituir, num tempo em que se tornou notória a incerteza no domínio ético, uma diretiva fundamental para legislação e para a jurisprudência.

A duração factual das normas - jurídicas ou morais - depende da sua *interiorização* pelos indivíduos e esta, por sua vez, se assenta num processo de *socialização* que não ocorre fora do tempo e do espaço, ainda que certamente também decorra de forma arbitrária. Que, por exemplo, o tráfico de droga seja definido por algum autor como "*comportamento desviante*", não resulta do arbítrio duma "noção jurídica", decorrendo antes, isto sim, das circunstâncias dadas e da sua valoração moral (e, naturalmente também, político-criminal etc.)[26].

AUTONOMIA E HETERONOMIA	
A duração factual das normas	Jurídicas ou morais - depende da sua interiorização pelos indivíduos e esta, por sua vez, se assenta num processo de socialização que não ocorre fora do tempo e do espaço, ainda que certamente também decorra de forma arbitrária.

Tudo ponderando tem de se admitir que, por muito que o direito funde a sua validade num valor moral, não vive numa harmonia preestabelecida com a moral, e que podem surgir, de múltiplas maneiras, tensões entre o jurídico e moral. Assim, existe a trágica figura do *agente por convicção*[27] que viola a lei por se crer obrigado a tal devido a razões morais, podendo mesmo acontecer que ele tenha, do seu lado, de fato, as melhores razões morais. Porém - e isto é que torna a situação realmente trágica - o *agente por convicção* não está de modo nenhum apenas em conflito com a ordem jurídica, mas também com a ordem moral. Pois o cumprimento das leis vigentes, mesmo quando elas são más, é - precisamente porque apenas existem deveres jurídicos enquanto deveres éticos - sempre um dever moral. Diferente é o caso em que se opõe

25 KAUFMANN, 2010, p. 324.

26 KAUFMANN, 2010, p. 324.

27 Sobre o assunto, consulte-se KAUFMANN, 2010.

resistência[28] a uma lei que pela sua evidente contrariedade à justiça carece de qualquer validade, não há aí nem um conflito com a ordem jurídica nem com a ordem moral, pois quem resiste está não apenas em consonância com a ordem moral, mas também – no sentido oposto ao da concepção positivista – com a ordem jurídica, não sendo, portanto, "agente" (nem evidentemente agente por convicção) de qualquer crime[29].

AUTONOMIA E HETERONOMIA	
Direito e moral	Tem de se admitir que, por muito que o direito funde a sua validade num valor moral, não vive numa harmonia preestabelecida com a moral, e que podem surgir, de múltiplas maneiras, tensões entre o jurídico e moral.
Agente por convicção	Aquele que viola a lei por se crer obrigado a tal devido a razões morais, podendo mesmo acontecer que ele tenha, do seu lado, de fato, as melhores razões morais.
Resistência	É a situação na qual alguém resiste a obedecer a uma lei que pela sua evidente contrariedade à justiça carece de qualquer validade, não há aí nem um conflito com a ordem jurídica nem com a ordem moral, pois quem resiste está não apenas em consonância com a ordem moral, mas também – no sentido oposto ao da concepção positivista – com a ordem jurídica.

5.2.4. Exterioridade e interioridade

Há, ainda, aqueles que pretendem distinguir Direito e Moral através da contraposição exterioridade *versus* interioridade. Deste modo, diz-se, pode ser um bom cidadão aquele que cumpre pontualmente os seus deveres jurídicos, ainda que seja um patife no que toca às suas convicções morais pessoais. E também é possível admitir o inverso: uma conduta moralmente correta que não seja admissível do ponto de vista jurídico, por exemplo, assaltar os ricos para evitar que os pobres passem fome (como fazia *Ivo Helorius*[30], patrono dos juristas; ou ainda a história de Robin Hood).

28 Sobre o assunto, consulte-se KAUFMANN, 2010.

29 KAUFMANN, 2010, p. 324-325.

30 KAUFMANN, 2010, p. 325.

EXTERIORIDADE E INTERIORIDADE	
Direito e moral	Deste modo, diz-se, pode ser um bom cidadão aquele que cumpre pontualmente os seus deveres jurídicos, ainda que seja um patife no que toca às suas convicções morais pessoais.
Direito e moral	E também é possível admitir o inverso: uma conduta moralmente correta que não seja admissível do ponto de vista jurídico.

Não há dúvida que tensões como essas entre o Moral e o Direito podem existir, mas não se deve, com base nisso, construir uma distinção essencial entre ambos. A pretensão de que os acontecimentos interiores psíquicos e anímicos são indiferentes para o Direito tem pouco fundamento, vez que realidades como o conhecimento, a vontade, o dolo, a boa-fé, o erro, o consenso ou o dissenso têm uma enorme importância para o Direito. O comportamento exterior é relevante para a moral e o comportamento interior para o Direito. Existe apenas uma diferença gradual de perspectiva: no direito o interior é valorado a partir do exterior, já no âmbito da moral o exterior é valorado a partir do interior[31].

EXTERIORIDADE E INTERIORIDADE	
Direito e moral	A pretensão de que os acontecimentos interiores psíquicos e anímicos são indiferentes para o Direito tem pouco fundamento, vez que realidades como o conhecimento, a vontade, o dolo, a boa-fé, o erro, o consenso ou o dissenso têm uma enorme importância para o Direito.
Direito e moral	Existe apenas uma diferença gradual de perspectiva: no direito o interior é valorado a partir do exterior, já no âmbito da moral o exterior é valorado a partir do interior.

5.2.5. Legalidade e moralidade

Finalmente, alega-se que o Direito se conforma com a mera legalidade, não revelando nele a moralidade das intenções. Mas também esta afirmação não resiste a uma apreciação mais rigorosa. Tal só estaria certo se a proposição jurídica não fosse mais do que uma ordem coercitiva, um puro imperativo. Mas

31 KAUFMANN, 2010, p. 325.

como já se viu, a ordem e a coerção enquanto tais não podem fundamentar um dever, elas só adquirem obrigatoriedade quando lhe subjaz um valor. Dito de outro modo: na sua estrutura fundamental a proposição jurídica não é um imperativo, mas uma norma; o imperativo é a apenas o meio de realizar o valor contido na norma. Ora, se o direito é norma, não se poderá bastar com a legalidade, pois a norma exige moralidade[32]. Que o sentimento jurídico não é de modo nenhum indiferente ao direito, é algo que se nota muito claramente, por exemplo, a respeito da pena, que tem por fim não só o aperfeiçoamento ou a ressocialização de quem violou o direito, como também o reforço do sentimento de segurança jurídica da generalidade das pessoas[33].

LEGALIDADE E MORALIDADE	
Direito e moral	Na sua estrutura fundamental a proposição jurídica não é um imperativo, mas uma norma; o imperativo é a apenas o meio de realizar o valor contido na norma.
Direito e moral	Se o direito é norma, não se poderá bastar com a legalidade, pois a norma exige moralidade

5.3. A RELAÇÃO COM REGRAS DE COMPORTAMENTO SOCIAL AFINS

5.3.1. Costumes (morais)

A diferença entre a moral e o Direito acabou por se demonstrar como de grande complexidade. Não menos complexa é a delimitação relativamente aos costumes, usos, hábitos e convenções. *Max Weber* tentou, é certo, uma diferenciação relativamente exata. De acordo com esta, o costume é uma regulamentação do agir social ligada a normas e valores que na sua pretensão de validade e nas sanções a si associadas ultrapassa os usos e hábitos, mas que, geralmente, não alcança a formalização da "ordem positivada" própria do Direito e da Lei.

COSTUMES	
MAX WEBER	Tentou, é certo, uma diferenciação relativamente exata entre costumes, usos, hábitos e convenções.

32 KAUFMANN, 2010, p. 326.

33 KAUFMANN, 2010, p. 326.

Costume: **Segundo MAX WEBER**	O costume é uma regulamentação do agir social ligada a normas e valores que na sua pretensão de validade e nas sanções a si associadas ultrapassa os usos e hábitos, mas que, geralmente, não alcança a formalização da "ordem positivada" própria do Direito e da Lei.

Vale transcrever literalmente a lição de *Max Weber:*

> *"... entendemos por costume um comportamento reiterado típico, que é observado unicamente por força do 'hábito' e da 'imitação irrefletida', ou seja, um 'agir de massas' cuja existência não é imputada por ninguém em nenhum sentido ao indivíduo. Entendemos, ao invés, estar perante uma 'convenção' quando um determinado comportamento que se realiza, não através da coerção física ou psíquica nem, pelo menos normal e diretamente, através de qualquer outro meio que não seja a aprovação ou desaprovação dum círculo de pessoas que constitui um 'ambiente' específico para quem age. A convenção deve ser claramente distinguida do 'direito consuetudinário', pois este é apoiado por um aparelho coercivo, enquanto que no caso da convenção falta precisamente esse aparelho coercivo"*[34].

COSTUMES	
Costume: **Segundo MAX WEBER**	Um comportamento reiterado típico, que é observado unicamente por força do 'hábito' e da 'imitação irrefletida', ou seja, um 'agir de massas' cuja existência não é imputada por ninguém em nenhum sentido ao indivíduo.
Convenção: **Segundo MAX WEBER**	Quando um determinado comportamento que se realiza, não através da coerção física ou psíquica nem, pelo menos normal e diretamente, através de qualquer outro meio que não seja a aprovação ou desaprovação dum círculo de pessoas que constitui um 'ambiente' específico para quem age.

Se isto é correto, só ou é *cum grano salis* (com ponderação ou parcimônia). Olhando mais atentamente, surgem os problemas. É certo que falta aos costumes (morais) e às convenções (sociais) um "aparelho coercivo" (mas também falta no direito internacional e nas *leges imperfectae* – leis desprovidas de sanção); não falta, porém, a coerção. Os costumes podem até dispor de

34 WEBER, Max. **Economia e sociedade: fundamentos da sociologia compreensiva.** Tradução: Regis Barbosa e Karen Elsabe Barbosa. Revisão técnica de Gabriel Cohn. Volume 2. Brasília-DF: Editora Universidade de Brasília. São Paulo: Imprensa Oficial do Estado de São Paulo, 1999, p. 78.

meios de coerção psíquica muito fortes, pense-se, por exemplo, na rejeição social ou no boicote. Também não é verdade que seja suficiente a observância exterior dos costumes morais e lhes seja indiferente a interioridade. Como assinala *Gustav Radbruch*, "só quem estima os costumes é um *gentleman*; quem apenas exteriormente o imita é um arrivista (oportunista)"[35].

COSTUMES	
Costumes e as convenções	E certo que falta aos costumes (morais) e às convenções (sociais) um "aparelho coercivo" (mas também falta no direito internacional e nas leges imperfectae – leis desprovidas de sanção); não falta, porém, a coerção.
Costume e a coerção	Os costumes podem até dispor de meios de coerção psíquica muito fortes.

Existe, sem dúvida, um consenso tácito no sentido de nos comportarmos como se, subjacente à observância exterior das regras, estivesse a respectiva interiorização, por detrás do parecer o ser, por detrás da saudação o apreço. Mas precisamente por força dessa ficção, da "*mentira convencional*", adquire o costume a dupla força de obrigação externa e interna, é mais forte do que a moral e, por vezes mesmo, que o direito[36]. "Não é a moral que rege o mundo, mas uma forma cristalizada da mesma, os costumes. O mundo tornou-se de tal forma que mais facilmente se perdoa uma violação da moral do que uma violação dos costumes", é o que diz *Berthold Auerbach*, citado por Gustav Radbruch[37].

COSTUMES	
Costume	Precisamente por força dessa ficção, da "*mentira convencional*", adquire o costume a dupla força de obrigação externa e interna, é mais forte do que a moral e, por vezes mesmo, que o direito

Mais ainda do que o Direito e a Moral, os costumes pressupõem a observância de um "arreigamento" (enraizamento) ao modelo de comportamento[38] e, por isso, um relativamente longo processo de interiorização, de "assimilação",

35 RADBRUCH, Gustav. **Filosofia do Direito.** Tradução: Luís Cabral de Moncada. 6ª edição. Coimbra: Coimbra Editora, 1979, 61.

36 KAUFMANN, 2010, p. 327.

37 KAUFMANN, 2010, p. 328.

38 WEBER.

como dizem os sociólogos. Se desapareceu essa interiorização e, com ela, a autenticidade moral, os costumes perdem a sua função social. E dado que os costumes são uma forma preliminar de moral e de direito, o "estado de indiferença", que desloca a forma do direito e da moral para direções diversas[39], o declínio dos costumes tem quase sempre como consequência uma crise da moral e do direito[40].

COSTUMES	
Costume	Os costumes pressupõem a observância de um "arreigamento" (enraizamento) ao modelo de comportamento e, por isso, um relativamente longo processo de interiorização, de "assimilação", como dizem os sociólogos.
Costume	E dado que os costumes são uma forma preliminar de moral e de direito, o "estado de indiferença", que desloca a forma do direito e da moral para direções diversas, o declínio dos costumes tem quase sempre como consequência uma crise da moral e do direito.

5.3.2. Convenções (sociais)

Se é certo que os costumes apresentam frequentemente um caráter inviolável ou até sagrado, respondendo o grupo perante a sua violação com sanções sociais, as *convenções* referem-se mais a *regras de decência exterior que admitem uma maior liberdade de ação. O costume é um assunto da comunidade, a convenção social é-o da sociedade*[41]*. O costume é duradouro, a convenção social, pelo contrário, está sujeita à moda* (encontra-se em *Schiller* a seguinte alegoria: "o teu encanto une de novo, o que a moda separou..."). Os costumes atuam vinculando as pessoas, já as convenções, por seu turno, separando a sociedade em grupos e, por consequência, as pessoas. À convenção apenas importa que se "saiba o que é adequado", ela perdoa "*muito dificilmente a pessoa grosseira que não sabe o que é adequado, mas vê com um sorriso todo aquele galante que, com graça, se sabe sobrepor, de modo consciente, a uma forma usual*"[42]. Tanto no campo da Moral quanto na seara do Direito a falta de

39 KAUFMANN, 2010, p. 328.

40 KAUFMANN, 2010, p. 328.

41 *F. Tönnies, Gemeinschaft und Gesellschaft, 8ª ed., 1935, (reimpressão 1979, 3ª ed., 1991) esp. p. 185 e ss.* Consulte-se, ainda, KAUFMANN, 2010, p. 328.

42 KAUFMANN, 2010, p. 328.

consciência da contrariedade à norma opera desonerando, já nas convenções sociais, ela opera agravando[43].

CONVENÇÕES	
As convenções e os costumes	Referem-se mais a regras de decência exterior que admitem uma maior liberdade de ação. O costume é um assunto da comunidade, a convenção social é-o da sociedade. O costume é duradouro, a convenção social, pelo contrário, está sujeita à moda.
As convenções e os costumes	Os costumes atuam vinculando as pessoas, já as convenções, por seu turno, separando a sociedade em grupos e, por consequência, as pessoas.

5.3.3. Usos e hábitos (sociais)

Os usos distinguem-se dos costumes, e mais ainda da moral e do direito, por *geralmente lhe faltar uma consciência de obrigatoriedade. São formas exteriores tradicionais da vida social que se institucionalizam com o decurso duma longa observância e depois se convertem muitas vezes em puras formas*[44].

USOS E HÁBITOS	
Usos	Geralmente lhe faltar uma consciência de obrigatoriedade.
Usos	São formas exteriores tradicionais da vida social que se institucionalizam com o decurso duma longa observância e depois se convertem muitas vezes em puras formas.

O que converte um uso ou um hábito em direito consuetudinário não é primariamente a coercibilidade nem tampouco a prática duradoura e uniforme, mas o conteúdo ético-social da regra em causa, o seu direcionamento para o bem comum[45]. O mero hábito pode ser moralmente indiferente. Ao invés, o Direito – e portanto, também o Direito Consuetudinário – tem sempre uma valência moral. Mesmo o mandamento pretensamente "sem coloração ética": "conduzir o veículo automotor pela direita", dirige-se indiretamente à proteção de valores, à proteção da vida e da integridade física. Não teria sentido uma

43 KAUFMANN, 2010, p. 328.
44 KAUFMANN, 2010, p. 328.
45 KAUFMANN, 2010, p. 329.

norma que não protegesse valor nenhum. Isto não significa necessariamente que apenas valores humanos possam ser juridicamente tutelados; de acordo com certa opinião, que se encontra em expansão aliás, também a natureza e nomeadamente os animais (superiores) podem ter direitos[46].

USOS E HÁBITOS	
A conversão de um uso em direito consuetudinário	O que converte um uso ou um hábito em direito consuetudinário não é primariamente a coercibilidade nem tampouco a prática duradoura e uniforme, mas o conteúdo ético-social da regra em causa, o seu direcionamento para o bem comum.
Direito e hábito	O mero hábito pode ser moralmente indiferente. Ao invés, o Direito – e portanto, também o Direito Consuetudinário – tem sempre uma valência moral.

5.4. CONTRADIÇÕES VALORATIVAS ENTRE O DIREITO E A MORAL

As contradições valorativas dentro da esfera do dever (da esfera diretiva), e especialmente entre direito e moral, são algo de indesejável, pois provocam insegurança. Tais contradições verificam-se, nomeadamente, quando a moral exige algo que o direito proíbe (agente por convicção, resistência), ou quando a moral proíbe aquilo que o direito permite (interrupção da gravidez). Pode perguntar-se se essas contradições existem necessariamente ou se podem ser evitadas. Se o Direito e a Moral forem concebidos como uma unidade, não poderão surgir contradições valorativas, pois dissolver-se-ão por meio da adequada interpretação. Partindo da ideia de que Direito e Moral estão rigidamente separados, poderão evidentemente verificar-se contradições valorativas entre ambos os domínios, mas elas não atingem nem o Direito nem a Moral, precisamente porque não existe conexão entre ambos[47], nesta segunda hipótese.

USOS E HÁBITOS	
As contradições valorativas	Dentro da esfera do dever (da esfera diretiva), e especialmente entre direito e moral, são algo de indesejável, pois provocam insegurança.

46 Sobre o assunto, consulte-se KAUFMANN, 2010, p. 447, quando o autor discorre sobre a "Sociedade de risco – o exemplo da ecologia e da bioética" e, ao fazê-lo, apresenta o seguinte tópico: "Haverá direitos da natureza? Um capítulo sobre ecologia".

47 KAUFMANN, 2010, p. 329.

As contradições valorativas	Tais contradições verificam-se, nomeadamente, quando a moral exige algo que o direito proíbe (agente por convicção, resistência), ou quando a moral proíbe aquilo que o direito permite (interrupção da gravidez).

Contudo, como já consignado linhas atrás, nem o Direito e a Moral são idênticos, nem estão totalmente separados. E vendo as coisas por este ân gulo, as contradições valorativas aparecem até certo ponto como inevitáveis e influem de modo considerável na compreensão quer do Direito quer da Moral[48]. É o que se passará a ver nos próximos parágrafos através de alguns exemplos.

USOS E HÁBITOS	
Contradições valorativas	Nem o Direito e a Moral são idênticos, nem estão totalmente separados. E vendo as coisas por este ângulo, as contradições valorativas aparecem até certo ponto como inevitáveis e influem de modo considerável na compreensão quer do Direito quer da Moral

O agente por convicção julga-se moralmente obrigado a um comportamento que é juridicamente proibido. Todavia, como já foi anotado aqui, quando o agente por convicção atua contra *leis válidas*, ele não está apenas em contradição com o Direito, mas também com a Moral, pois esta não aprova tal atuação. Deste modo, resolve-se formalmente a contradição valorativa entre Direito e Moral, mas ao mesmo tempo torna-se evidente a tragédia própria do agente por convicção, pois ele está fundamentalmente em contradição consigo mesmo[49] (isto porque, a partir da lição de *Hegel*, compreende-se que o reconhecimento da norma jurídica é um *ter de reconhecer logicamente necessário*, a que não seria possível subtrair-se discricionariamente: quem furta algo reconhece, exatamente porque pretende adquirir a propriedade do bem, o direito de propriedade e, com isso, a sua tutela jurídica, estando, por isso, em contradição consigo mesmo)[50].

48 KAUFMANN, 2010, p. 330.

49 KAUFMANN, 2010, p. 330.

50 KAUFMANN, 2010, p. 299-300.

USOS E HÁBITOS	
Agente por convicção	Julga-se moralmente obrigado a um comportamento que é juridicamente proibido. Todavia, como já foi anotado aqui, quando o agente por convicção atua contra *leis válidas*, ele não está apenas em contradição com o Direito, mas também com a Moral, pois esta não aprova tal atuação.
Agente por convicção: contradição valorativa	Deste modo, resolve-se formalmente a contradição valorativa entre Direito e Moral.

Já várias vezes se defendeu que o problema do direito de resistência não se pode colocar: mesmo que a resistência estivesse moralmente legitimada, não o estaria juridicamente, pois não existe direito contra o direito (o teólogo *Jacques Bénique Bossuet*, contemporâneo de *Luís XIV*, formulou a frase: "*Il n' y a pas de droit contre le droit*" – Não há nenhuma lei contra a lei). Isto é certamente correto, mas como já se mostrou[51], a resistência também é, verificados determinados pressupostos, juridicamente legítima, nomeadamente quando se dirige contra atos estaduais, e inclusivamente legais, que ofendem o direito (pense-se, por exemplo, no atentado de 20 de julho de 1944, contra Hitler). Com isto não desaparecem totalmente as contradições valorativas (pense-se na resistência contra direito viciado, mas não manifestamente injusto); elas são, no entanto, reconduzidas ao seu verdadeiro núcleo. A muito invocada tragédia do resistente não radica primariamente no fato de o seu comportamento – moralmente irrepreensível – não ser juridicamente justificado, mas, sim, no fato de, na maior parte das vezes, não ser ouvido quando alega as suas causas de justificação[52].

USOS E HÁBITOS	
Direito de resistência	Mesmo que a resistência estivesse moralmente legitimada, não o estaria juridicamente, pois não existe direito contra o direito.
Resistência	A resistência também é, verificados determinados pressupostos, juridicamente legítima, nomeadamente quando se dirige contra atos estaduais, e inclusivamente legais, que ofendem o direito.

51 KAUFMANN, 2010, p. 304 e ss.

52 KAUFMANN, 2010, p. 330.

Também na *desobediência civil* se tem que distinguir entre formas permitidas e não permitidas[53]. Sucede aqui algo de muito semelhante ao que acontece com o direito de resistência. Pense-se, por exemplo, nos bloqueios com pessoas sentadas diante dos depósitos de munições, que são levados a cabo em nome de um fim moral superior (a paz), mas que infringem direito vigente (discute-se fortemente se a hipótese não seria de um crime de coação). Também aqui se podem atenuar as contradições valorativas entre Direito e Moral, mas não se podem eliminar[54].

USOS E HÁBITOS	
Desobediência civil	Se tem que distinguir entre formas permitidas e não permitidas.
Contradições valorativas	Também aqui se podem atenuar as contradições valorativas entre Direito e Moral, mas não se podem eliminar.

Como se viu até agora, em todas estas situações, é possível atenuar, no máximo, as contradições valorativas entre Direito e Moral, mas não é possível pôr um fim nelas. Já no que diz respeito à *interrupção da gravidez* pressupõe-se aqui que (salvo casos de indicação médica ou de indicação ética [criminológica]) ela é reprovada pela moral; trata-se evidentemente duma moral rigorosa, mas que é defendida por um considerável grupo social, pelo que não se pode aqui negar uma contradição valorativa entre direito e moral. Caso se entenda que existe uma permissão jurídica (uma causa de justificação) e uma proibição moral, então a contradição é radical e insuperável. Caso se considere haver juridicamente apenas uma causa de exclusão da culpa, desaparece então essa contradição (pois a interrupção continua a ser contrária ao direito). Mas surge, então, uma nova contradição, pois um igualmente amplo grupo social não considera ilícita a interrupção da gravidez. A lei não fala em comportamento "justificado" ou "desculpado", mas, sim, de forma valorativamente neutra, em "não punível"[55].

USOS E HÁBITOS	
Direito e moral	Em todas estas situações, é possível atenuar, no máximo, as contradições valorativas entre Direito e Moral, mas não é possível pôr um fim nelas.

53 KAUFMANN, 2010, p. 310.

54 KAUFMANN, 2010, p. 330-331.

55 KAUFMANN, 2010, p. 331.

Interrupção da gravidez	Pressupõe-se aqui que (salvo casos de indicação médica ou de indicação ética [criminológica]) ela é reprovada pela moral.

Ora, deste modo, nada impede que o referido comportamento seja considerado não como "lícito" ou "ilícito", mas antes como "não proibido, nem permitido", isto é, como *"não valorado"* para efeitos da alternativa lícito/ilícito. Nos casos controversos, a interrupção da gravidez cai *"no espaço livre de direito"*, que é *"livre de direito"* apenas por *ausência de uma valoração* e não por falta de uma regulamentação jurídica que delimite legalmente as fronteiras dentro das quais a interrupção da gravidez é *"não proibida nem permitida"*. Ele é, portanto, o que é frequentemente esquecido, apenas um *espeço livre de valoração jurídica*. Assim sendo, não existe nem uma colisão frontal com uma valoração moral[56], na hipótese de uma causa extintiva de punibilidade (exemplo, não punir o aborto, desde que a gravidez decorra de uma violência sexual). Mas também não há nenhuma equiparação com valorações de tipo moral ou religioso. O modelo do espaço livre de valoração jurídica é a solução própria de uma ordem jurídica de liberdade tolerante[57].

USOS E HÁBITOS	
No espaço livre de direito	Que é "livre de direito" apenas por ausência de uma valoração e não por falta de uma regulamentação jurídica que delimite legalmente as fronteiras dentro das quais a interrupção da gravidez é "não proibida nem permitida".

Em suma, as contradições valorativas entre o direito e a moral podem ser, através da análise rigorosa dos casos em questão, até certo ponto evitadas. Elas continuam, contudo, a existir em determinados campos. Isto é certamente indesejável na perspectiva da ambicionada ausência de contradições na esfera do dever. Mas não se deve também ignorar que, precisamente em tais casos, a moral pode e deve exercer uma função crítica face ao direito[58].

56 KAUFMANN, 2010, p. 331.

57 KAUFMANN, 2010, p. 331.Sobre o espaço livre de direito, consulte-se KAUFMANN, 2010, p. 337 a 351. Sobre o princípio da tolerância e a filosofia do direito na sociedade pluralista do risco, veja-se KAUFMANN, 2010, p. 440- 509.

58 KAUFMANN, 2010, p. 332.

USOS E HÁBITOS	
Contradições valorativas entre o direito e a moral	Podem ser, através da análise rigorosa dos casos em questão, até certo ponto evitadas.

5.5. O PRINCÍPIO DA SUBSIDIARIEDADE

O princípio da subsidiariedade enquanto *regra de competência* da ordem social recebeu o seu nome na encíclica "*Quadragesimo anno*", de 1931, do Papa *Pio XI*. Não é, porém, de modo nenhum, um princípio social especificamente católico, como, por vezes, se afirma. É possível fazê-lo remontar à era pré-cristã. E a sua formulação clássica vem de *Abraham Lincoln:* "o Governo tem que se ocupar com aquilo de que as pessoas têm necessidade mas não conseguem por si próprias fazer ou fazer tão bem. Em tudo aquilo que as pessoas possam fazer igualmente bem por si próprias, o Governo tem que se abster de intervir"[59].

O PRINCÍPIO DA SUBSIDIARIEDADE	
Princípio da subsidiariedade	Regra de competência da ordem social.
Formulação clássica do princípio da subsidiariedade	Vem de *Abraham Lincoln:* "o Governo tem que se ocupar com aquilo de que as pessoas têm necessidade mas não conseguem por si próprias fazer ou fazer tão bem. Em tudo aquilo que as pessoas possam fazer igualmente bem por si próprias, o Governo tem que se abster de intervir".

Por outras palavras: a construção da sociedade deve se dar de baixo para cima ou, dito de outro modo: tanta liberdade quanto possível para cada membro da sociedade e tanto Estado quanto necessário. A relação entre o Direito e a Moral é um aspecto parcelar do princípio da subsidiariedade. Um exemplo para ilustrar: quando as atuações do médico estão suficientemente reguladas através da deontologia médica (Código de Ética Médica), não é necessária nenhuma disposição jurídica e muito menos penal. Só quando a deontologia não é suficiente, é que o Direito tem que "dar auxílio" (mas, sempre, subsidiariamente)[60].

59 Apud, KAUFMANN, 2010, p. 332.

60 KAUFMANN, 2010, p. 332-333.

O PRINCÍPIO DA SUBSIDIARIEDADE	
Relação entre o direito e a moral	É um aspecto parcelar do princípio da subsidiariedade.

O princípio da subsidiariedade dirige-se, por um lado, contra o coletivismo e totalitarismo estatais, mas, por outro lado também – o que é frequentemente esquecido – contra aquela forma de liberalismo em que o Estado apenas tem que desempenhar o papel de guarda-noturno[61]. É, portanto, errado interpretar o princípio da subsidiariedade de forma unilateralmente individualista, como se se tratasse exclusivamente de proteger e defender a autonomia das unidade menores e, em especial, dos indivíduos, em face das unidades superiores, ou seja, como se a sua função estivesse dirigida contra o Estado "*Moloc*"[62].

O PRINCÍPIO DA SUBSIDIARIEDADE	
O princípio da subsidiariedade	Dirige-se, por um lado, contra o coletivismo e totalitarismo estatais, mas, por outro lado também – o que é frequentemente esquecido – contra aquela forma de liberalismo em que o Estado apenas tem que desempenhar o papel de guarda-noturno.

Este princípio implica precisamente o inverso: se o Estado só pode intervir onde os indivíduos, os grupos, etc., não se bastam a si mesmos, então tal significa por necessidade lógica: o Estado não precisa intervir quando os indivíduos se bastam a si próprios. A muito criticada inflação legislativa, não tem a sua raiz apenas, e nem sequer em primeira linha, num abuso de competências por parte do Estado, mas muito mais no fato de os cidadãos, associações, igrejas, sindicatos..., em vez de exercerem as suas próprias competências e disso lhes parecer suficiente, apelarem constantemente para o todo regulamentador e o todo prestador Estado[63].

O PRINCÍPIO DA SUBSIDIARIEDADE	
O princípio da subsidiariedade	Este princípio implica precisamente o inverso: se o Estado só pode intervir onde os indivíduos, os grupos, etc., não se bastam a si mesmos, então tal significa por necessidade lógica: o Estado não precisa intervir quando os indivíduos se bastam a si próprios.

61 KAUFMANN, 2010, p. 333.

62 "*Moloc*": Deus pagão a quem eram sacrificadas crianças. Nos tempos modernos, tornou-se o símbolo do Estado totalitário.

63 KAUFMANN, 2010, p. 333.

Inflação legislativa	Não tem a sua raiz apenas, e nem sequer em primeira linha, num abuso de competências por parte do Estado.

O princípio da subsidiariedade é um aspecto da justiça social, do *bonum commune*. Isto porque no princípio da subsidiariedade trata-se do justo equilíbrio entre a liberdade humana de autorrealização, por um lado, e a proteção e auxílio estadual a essa liberdade. A este equilíbrio denomina-se como *justiça*. E tal como, o que acima foi dito[64], a ideia de Direito radica em última instância na ideia de Homem, do mesmo modo, e precisamente por isso, tem o princípio da subsidiariedade que ser compreendido a partir da "ideia (ou imagem)" do homem enquanto ideia diretriz da ordem social[65].

O PRINCÍPIO DA SUBSIDIARIEDADE	
Princípio da subsidiariedade	É um aspecto da justiça social, do *bonum commune.*

Vale relembrar aqui a afirmação de *Max Scheler* de que o homem é um "*indivíduo social*"[66]. Isto vale no seu duplo sentido também para o princípio da subsidiariedade. Por um lado, diz-se que o homem é um ser autorresponsável, vocacionado a orientar a sua vida fundamentalmente segundo o seu próprio critério. Por outro lado, ele refere-se às funções do Estado. E certamente que está aí em causa um aspecto negativo e um outro positivo. Negativamente, o princípio da subsidiariedade significa que o Estado não deve prestar "auxílio" quando os indivíduos ou as sociedades parcelares não precisam de tal auxílio; nem mesmo quando seja pedida, como atualmente se diz, uma intervenção "auxiliar" do Estado. O outro aspecto respeita à prestação positiva de auxílio quando surgirem tarefas que o indivíduo ou uma comunidade restrita (por exemplo, a classe médica) não as pode realizar. Nesse caso o Estado (ou a comunidade superior) não é apenas um mero substituto ou suplente, da mesma forma que, por exemplo, os pais não são apenas suplentes quando ajudam os filhos nas situações que estes não conseguem resolver apenas por si próprios. Neste subsídio está antes em causa um *complemento e um aperfeiçoamento* fundados na natureza da personalidade humana e por ela exigidos[67].

64 Sobre a ideia de Direito, consulte-se, ainda, KAUFMANN,2010, p. 225 e ss.

65 KAUFMANN,2010, p. 333.

66 Apud, KAUFMANN, 2010, p. 334.

67 KAUFMANN,2010, p. 334.

O PRINCÍPIO DA SUBSIDIARIEDADE	
MAX SCHELER	O homem é um "*indivíduo social*".

O princípio da subsidiariedade é tradicionalmente discutido no direito público e constitucional. Mas também desempenha um papel muito importante no direito penal. A chamada "natureza fragmentária do direito penal"[68] é um aspecto do princípio da subsidiariedade. Ela significa que o direito penal apenas poderá intervir, quando é absolutamente necessário para a proteção da sociedade, ou seja, unicamente para a proteção daqueles bens jurídicos que são indispensáveis para a vida dos homens em comunidade e que de nenhum outro modo, a não ser através do direito penal, poderiam ser eficazmente protegidos. Com isto se rejeita a ideia defendida, sobretudo na ditadura – no Estado totalitário – de que o direito penal teria primariamente de garantir os "valores da consciência ético-social". Os valores da consciência, enquanto tais, não dizem, de modo nenhum, respeito ao Estado. Só no âmbito da tutela de bens jurídicos é que ele deverá, indiretamente, garantir a moralidade. Pois, como se disse, diferentemente da moral, o direito apenas se interessa pelo interior na medida em que este se manifesta externamente. Direito e Moral não são o mesmo[69].

O PRINCÍPIO DA SUBSIDIARIEDADE	
Princípio da subsidiariedade	É tradicionalmente discutido no direito público e constitucional. Mas também desempenha um papel muito importante no direito penal.

5.6. QUESTÕES

(Banca: CESPE; Órgão: DPE-RO; Prova: Defensor Público, 2012) Considerando os conceitos de direito e de moral, assinale a opção correta à luz da filosofia do direito.

A) Kant desenvolveu a teoria do mínimo ético, segundo a qual o direito representa todo o conteúdo moral obrigatório para que a sociedade possa sobreviver minimamente.

B) Hans Kelsen formulou a teoria da bilateralidade atributiva, asseverando que a moral não se distingue do direito, mas o complementa por meio da bilateralidade ou intersubjetividade.

C) Christian Thomasius propôs a distinção entre o direito e a moral, sob a inspiração pufendorfiana, com base na ideia de coação.

68 ROXIN, Claus. ***Derecho penal parte general*** – *tomo I – fundamentos. La estrutura de la teoria del delito.* Traducción y notas: Diegp-Manuel Luzón Peña; Miguel Díaz y García Conlledo; Javier de Vicente Remesal. Madrid: Civitas, 1997, 138.

69 KAUFMANN,2010, p. 334.

D) Thomas Hobbes desenvolveu a teoria da atributividade, segundo a qual direito e moral estão inter-relacionados, tendo ambos origem no direito natural.

E) Max Scheler preconizava uma espécie de moral pura, condição para a existência de um comportamento que, guiado pelo direito e pela ética, não muda segundo as circunstâncias.

GABARITO: **C** (Consulte-se o item: 3.2.3.).

(FCC – DPE-AM – Prova: FCC – 2018 – DPE-AM – Defensor Público – Reaplicação) Relativamente à análise feita por Norberto Bobbio acerca da justiça, na obra Teoria da norma jurídica, é correto afirmar que a justiça

A) é totalmente dependente da eficácia, porém não da validade.

B) é totalmente dependente da validade, porém não da eficácia.

C) remete à questão da correspondência entre o que é real e o que ideal.

D) constitui o único critério de valoração para a teoria da norma jurídica.

E) é dependente tanto da validade como da eficácia.

GABARITO: **C** (Consulte-se o item: 3.2.3.).

(CESPE / CEBRASPE – Órgão: DPE-DF – Prova: CESPE – 2019 – DPE-DF – Defensor Público)

Acerca do direito, da moral e das modernas teorias da justiça, julgue o item a seguir.

De acordo com Herbert Hart, é aceitável a concepção de que a maioria tem o direito moral de impor a todos a maneira de se viver, pois esse fato é compatível com os princípios democráticos.

( ) Certo

( ) Errado

GABARITO: **Errado**. (Consulte-se o item: 3.2.3.).

(CESPE / CEBRASPE – Órgão: DPE-DF – Prova: CESPE – 2019 – DPE-DF – Defensor Público)

A respeito da estrutura da norma jurídica, dos modelos teóricos do direito e da interpretação jurídica, julgue o item seguinte.

Para Herbert Hart, a principal característica da regra de reconhecimento é que ela seja referenciada pelo grupo social como norma dotada de autoridade.

( ) Certo

( ) Errado

GABARITO: **Certo**. (Consulte-se o item: 3.2.3.).

VAMOS REVISAR?	
01	O que é a figura do agente por convicção?
02	Arthur Kaufmann concorda com a distinção entre Direito e Moral que se baseia nos conceitos de autonomia e heteronomia?

VOCÊ SABIA?
Hans Kelsen afirmou que a teoria pura do direito é uma teoria geral do direito positivo. Para ele, o Direito é "uma ordem normativa da conduta humana, ou seja, um sistema de normas que regulam o comporta- mento humano". Com o termo norma, Kelsen buscou significar algo que "deve ser ou acontecer, especialmente que um homem se deve conduzir de determinada maneira". Na obra "Teoria Pura do Direito", que leva o mesmo nome da teoria de Kelsen, o autor afirma que essa teoria pura busca única e exclusivamente conhecer o seu próprio objeto, ou seja:
Resposta: O que é e como é o Direito.

VOCÊ SABIA?
O pensador inglês Herbert Hart, tido como um dos principais representantes da escola do Positivismo Jurídico, que teve lugar na segunda metade do século XX, manteve a defesa da tese kelseniana da separação entre o Direito e a Moral, sendo que, a partir dessa premissa metodológica, propôs um conceito analítico de Direito. Os críticos do pensamento de Herbert Hart normalmente lhe atribuem a aceitação de cinco teses que seriam consequências lógicas deduzidas da ideia de separação entre Direito e Moral, entre as quais apenas alguma(s) foi/foram verdadeiramente defendida(s) por Herbert Hart e, de resto, pelos principais autores positivistas do século XX, sob o argumento de que as tais cinco teses são logicamente independentes e que, nessa condição, pode-se aceitar a validade de alguma(s) e, ao mesmo tempo, rechaçar outras sem que se caia em contradição. É possível afirmar corretamente duas das principais teses de Herbert Hart, são elas:
Resposta: **a)** A tese da Neutralidade, segundo a qual o conceito de Direito tem que ser definido prescindindo-se de seu conteúdo. **b)** A tese do Subjetivismo, segundo a qual os critérios do Direito "reto" são de natureza subjetiva.

VAMOS COMPARAR?		
COMO DISTINGUIR O DIREITO DA MORAL, SEGUNDO HERBERT HART?	**COMO DISTINGUIR O DIREITO DA MORAL, SEGUNDO HANS KELSEN?**	**COMO DISTINGUIR O DIREITO DA MORAL, SEGUNDO MIGUEL REALE?**
Critério: Instância Subjetiva/Objetiva.	**Critério:** Coercibilidade.	**Critério:** Bilateralidade atributiva.
Explicação: A moral se vale de uma instância subjetiva. O direito se vale de uma instância objetiva. Instância subjetiva: o indivíduo impõe a regra a si mesmo.	**Explicação:** Normas morais não são necessariamente coercíveis, pois nem sempre preveem a possibilidade de aplicabilidade de uma sanção em caso de descumprimento.	**Explicação:** Normais Morais são apenas bilaterais, mas não são atributivas. Normas jurídicas são bilaterais (criam laços entre os indivíduos) e

Instância objetiva: a regra é imposta ao indivíduo mesmo que contra a sua vontade.	Com as normas jurídicas, por sua vez, sucede o oposto.	atributivas (um indivíduo, graças à norma jurídica, pode exigir do outro um certo comportamento).
Citação: "A diferença mais fundamental, no que respeita às conexões entre direito e moral, entre a teoria jurídica desenvolvida neste livro e a teoria de Dworkin respeita à identificação do direito. Segundo a minha teoria, existência e o conteúdo do direito podem ser identificados por referência às fontes sociais do direito (por exemplo, legislação, decisões judiciais, costumes sociais)", sem referência à moral, exceto quando o direito assim identificado tenha, ele próprio, incorporado critérios morais para a identificação do Direito".	**Citação:** "Uma distinção entre o Direito e a Moral não pode encontra-se *naquilo* que as duas ordens sociais prescrevem ou proíbem, mas no *como* elas prescrevem ou proíbem uma determinada conduta humana. O Direito só pode ser essencialmente distinguido da Moral quando – como já mostramos – se concebe como uma ordem de coação, isto é, como uma ordem normativa que procura obter uma determinada conduta humana ligando à conduta oposta um ato de coerção socialmente organizado, enquanto a Moral é uma ordem social que não estatui quaisquer sanções desse tipo, visto que as suas sanções apenas consistem na aprovação da conduta conforme às normas e na desaprovação da conduta contrária às normas, nela não entrando sequer em linha de conta, portanto, o emprego da força física".	**Citação:** "Durante muito tempo, os juristas, sob a influência da Escola Positivista, contentaram se com a apresentação do problema em termos de coercitividade; em seguida, renunciaram a "teoria da coação em ato", para aceitá-la "em potência", ou seja, depois de verem o Direito como *coação efetiva*, passaram a apreciá-lo como *possibilidade de coação*, mas nunca abandonaram o elemento coercitivo. Este permaneceu como critério último na determinação do Direito. Podemos dizer que o pensamento jurídico contemporâneo, com mais profundeza, não se contenta nem mesmo com o conceito de *coação potencial* procurando penetrar mais adentro na experiência jurídica, para descobrir a nota essencial distintiva do Direito. Esta é a nosso ver a *bilateralidade atributiva*".
HART, Herbert. **O conceito de direito.** Tradução: A. Ribeiro Mendes. Lisboa: Fundação Calouste Gulbenkian, 2001, p. 332.	KELSEN, Hans. **Teoria pura do direito.** 6ª edição. Tradução: João Baptista Machado. São Paulo: Martins Fontes, 1998, p. 71.	REALE, Miguel. **Lições preliminares do direito.** 17ª edição. São Paulo: Saraiva, 1990, p. 50.

Capítulo 6

A INTERPRETAÇÃO DO DIREITO

"Interpretar é uma atividade de mediação, pela qual o intérprete traz à compreensão o sentido de um texto que se lhe torna problemático, uma vez que o sentido deste texto não lhe é algo dado". LARENZ, 1997, p. 439.

6.1. A MISSÃO DA INTERPRETAÇÃO

Toda interpretação jurídica tem uma missão, pois é sempre uma operação finalística. Ora, se é assim, a interpretação jurídica não é nunca uma operação desinteressada. Afinal, sempre se interpreta para alguma coisa. Resta saber, então, que finalidade seria a da interpretação jurídica? Mediatamente, torna possível a decisão do conflito jurídico. Imediatamente, mediar a tradução de uma língua para outra, no caso, especificamente, a tradução da língua do legislador para a língua do juiz. Logo, toda interpretação jurídica é, a rigor, uma mediação. E, como mediação, a interpretação cumpre uma função, cabe discutir, então, como esta função é desempenhada.

A MISSÃO DA INTERPRETAÇÃO	
Interpretação jurídica	Não é nunca uma operação desinteressada. Afinal, sempre se interpreta para alguma coisa.
Finalidade mediata da interpretação jurídica	Torna possível a decisão do conflito jurídico.

Finalidade imediata da interpretação jurídica	Mediar a tradução de uma língua para outra, no caso, especificamente, a tradução da língua do legislador para a língua do juiz.
O que é a interpretação jurídica?	Uma mediação.

6.1.1. A função da interpretação no processo de aplicação da lei

Cabe dizer, desde logo, que a interpretação da lei, como ensina Karl Larenz[1], é um processo de duplo sentido. Neste processo, em seu primeiro sentido, a situação de fato definitiva (o relato do caso constante do processo e tomado como base para fins de prolação da decisão jurídica) é conformada (ajustada) ao enunciado normativo (ao modelo de comportamento descrito na norma), o que é feito sempre tomando como ponto de partida a "situação de fato em bruto" (do relato originalmente feito sobre o fato por quem o levou a conhecimento das autoridade pública), sem que se deixe de observar, nesse ajustamento, às proposições jurídicas potencialmente aplicáveis (ou seja, sempre obedecendo o que recomenda as orientações jurídicas acerca de uma determinada norma)[2]. E, na medida que este processo se desenrola, surge o segundo sentido da interpretação, qual seja, o de que por meio dela, durante a conformação a que se fez referência, se precisa o conteúdo das normas a aplicar, atendendo mais uma vez à situação de fato em bruto, tanto quanto for necessário[3]. Em suma, interpretar é um processo de duplo sentido, pois

1 LARENZ, Karl. **Metodologia da ciência do direito.** 3 ª edição. Tradução: José Lâmego. Lisboa: Editora Fundação Calouste Gulbenkian, 1997, p. 439.

2 É Larenz que sobre o assunto afirma: "As proposições jurídicas devem ser "aplicadas" a eventos fáticos, a uma situação de fato que se verificou. Como acabamos de ver, isto só é possível na medida em que a situação de fato verificada é enunciada. O que no fato-tipo de um juízo aparece como "situação de fato" é a situação de fato como enunciado. O que aconteceu tem que ser mencionado com este fim, e aquilo que é mencionado tem de ser posto numa certa ordem. A situação de fato como enunciado efetua sempre uma seleção de entre a multiplicidade inabarcável, do constante fluir, do acontecimento fático; esta seleção acha-a desde logo o julgador, tomando em consideração a possível relevância jurídica de cada um dos fatos. A situação de fato enquanto enunciado não está assim "dada" de antemão ao julgador, mas tem que ser primeiramente conformada por ele, tomando em consideração, por um lado, os fatos que lhe chegaram ao conhecimento e, por outro lado, a sua possível significação jurídica. A atividade do jurista não se inicia normalmente com a apreciação jurídica da situação de fato que se lhe oferece como acabada, mas desde logo com a formação da situação de fato que acede à sua apreciação jurídica", cf. LARENZ, Karl. **Metodologia da ciência do direito.** 3 ª edição. Tradução: José Lâmego. Lisboa: Editora Fundação Calouste Gulbenkian, 1997, p. 391.

3 LARENZ, Karl. **Metodologia da ciência do direito.** 3 ª edição. Tradução: José Lâmego. Lisboa: Editora Fundação Calouste Gulbenkian, 1997, p. 439.

durante a interpretação não apenas os fatos precisam se adequar às normas, como também, por outro lado, o sentido das normas precisam se subjugar aos fatos.

A FUNÇÃO DA INTERPRETAÇÃO NO PROCESSO DE APLICAÇÃO DA LEI	
A interpretação da lei	É um processo de duplo sentido.
Primeiro sentido	A situação de fato definitiva é conformada ao enunciado normativo.
Segundo sentido	O de que por meio dela, durante a conformação a que se fez referência, se precisa o conteúdo das normas a aplicar.
Interpretação: seu duplo sentido.	Durante a interpretação não apenas os fatos precisam se adequar às normas, como também, por outro lado, o sentido das normas precisam se subjugar aos fatos.

Interpretar é, como ensina Larenz, "uma atividade de mediação, pela qual o intérprete traz à compreensão o sentido de um texto que se lhe torna problemático"[4], uma vez que o sentido deste texto não lhe é algo "dado". O texto da norma torna-se problemático para quem a aplica, se este alguém ao aplicar a norma observa precisamente a uma situação de fato dessa espécie. O sentido do texto normativo longe está de ser singelo e inocente, antes se mostra como um problema, na medida em que, apesar do texto ser dado pelo legislador, o seu sentido não o é.

A FUNÇÃO DA INTERPRETAÇÃO NO PROCESSO DE APLICAÇÃO DA LEI	
Interpretação, para LARENZ	"Uma atividade de mediação, pela qual o intérprete traz à compreensão o sentido de um texto que se lhe torna problemático", uma vez que o sentido deste texto não lhe é algo "dado".

É preciso lembrar que o significado preciso de um texto legislativo é algo constantemente problemático, em primeiro lugar, porque, não raro, a lei se vale da linguagem corrente na confecção de seu texto. Em segundo lugar, porque a linguagem corrente não utiliza, ao contrário do que acontece com uma lógica axiomática e a linguagem das ciências, conceitos cujo âmbito esteja rigorosamente fixado. Pelo contrário, a linguagem corrente se vale quase sempre de termos mais ou menos flexíveis, cujo significado possível oscila dentro de uma larga faixa e que pode ser diferente segundo as circunstâncias, a relação

4 LARENZ, 1997, p. 439.

objetiva e o contexto do discurso, a colocação da frase e a entonação de uma palavra[5]. Isso não seria um problema para o sentido do texto normativo e para a interpretação, se o texto da lei não usasse e abusasse de termos da linguagem corrente. Porém, o que acontece é exatamente o contrário.

A FUNÇÃO DA INTERPRETAÇÃO NO PROCESSO DE APLICAÇÃO DA LEI	
O significado preciso de um texto legislativo	É algo constantemente problemático.

Mas os problemas não param por aí. Mesmo quando se trata de conceitos em alguma medida fixos, estes contêm frequentemente características típicas as quais, por sua vez, carecem de uma regulamentação rigorosa. A título de exemplo, convém recordar sobre a nota distintiva das "coisas aplicadas na construção de um edifício" (expressão constante do § 94, parágrafo 2 do BGB[6]) e o "caráter novo" de uma coisa (expressão constante do § 950, parágrafo 2 do BGB). Muitos conceitos jurídicos, e precisamente os mais importantes, como, por exemplo, "negócio jurídico", "pretensão", "ilícito" não estão definidos na lei[7], o que ressalta, mais uma vez, o caráter problemático do sentido do texto normativo.

A FUNÇÃO DA INTERPRETAÇÃO NO PROCESSO DE APLICAÇÃO DA LEI	
Conceitos em alguma medida fixos	Estes contêm frequentemente características típicas as quais, por sua vez, carecem de uma regulamentação rigorosa.
Conceitos jurídicos	Muitos conceitos jurídicos não estão definidos na lei, o que ressalta, mais uma vez, o caráter problemático do sentido do texto normativo.

Além de todos os problemas já realçados até aqui, vale lembra que há definições legais, como a de "negligência" no § 276 do BGB, que se mostram incompletas ou equívocas. Ademais, com frequência, uma mesma expressão é usada em diferentes leis. Para piorar, às vezes, na mesma lei, um mesmo termo é empregado em diferentes sentidos. Larenz, sobre esta última hipótese exemplifica: este é o caso da expressão "condução de negócio alheio", constante dos §§ 662 e 667 do BGB, com um determinado sentido, e no § 675 do BGB ela aparece com um outro sentido[8].

5 LARENZ, 1997, p. 439.
6 BGB: Código Civil Alemão.
7 LARENZ, 1997, p. 439.
8 LARENZ, 1997, p. 440.

A FUNÇÃO DA INTERPRETAÇÃO NO PROCESSO DE APLICAÇÃO DA LEI	
Problemas	Há definições legais que se mostram incompletas ou equívocas.
Problemas	Um mesmo termo é empregado em diferentes sentidos.

Ainda com o intuito de demonstrar o quão problemático é o sentido do texto normativo e o uso comum da linguagem, convém destacar a seguir, a partir da lição de Larenz, um determinado acórdão do Tribunal Administrativo Federal de 1957, que se ocupou do conceito de "*filiação*" no sentido do § 230, nº 2, alínea 3, da lei de indenização por danos na Alemanha. É possível entender que na expressão *filiação* estão contidos demais filhos, excetuados os filhos carnais? Sempre que os filhos carnais já não estejam mais vivos, também os genros e noras ou os netos do falecido titular do direito de indenização fazem direito a ela neste caso? O Tribunal considerou, no caso em questão, que o conceito de *filiação* não é inteiramente claro no uso geral e cotidiano da linguagem. Tal expressão, se bem entendida, em primeiro plano, refere-se apenas aos filhos carnais. Mas, não raro, ela é também usada em um sentido mais amplo, de sorte que seria possível entendê-la, também, como um conceito mais amplo dentro qual estariam incluídos os genros, as noras e as pessoas colocadas "a cargo do círculo familiar". Por isso, o juiz que se ocupa da interpretação de dispositivos de legislação especial, como é o caso, tem que indagar que "conteúdo e que delimitação o legislador" deu ao conceito, não apenas diante "do texto da lei geral, mas também frente ao texto da lei especial e, sobretudo, à norma singular aplicável". Para tanto, deve ele ficar atento ao uso das palavras em outras disposições da lei. Logo, no caso em questão, o Tribunal chega à conclusão de que o conceito de "*filiação*" deve ser entendido nas disposições em causa, em sentido restrito, de modo a compreender apenas os filhos carnais.

A FUNÇÃO DA INTERPRETAÇÃO NO PROCESSO DE APLICAÇÃO DA LEI	
O quão problemático é o sentido do texto normativo e o uso comum da linguagem	O exemplo do termo "filiação".

Não fosse tudo até aqui ressaltado para demonstrar o quão importante é o papel da interpretação, convém ainda destacar que ela, a interpretação, se faz, e muito, necessária, em outras situações. Este é o caso, por exemplo, quando uma mesma situação fática é regulada por dois dispositivos normativos (duas proposições jurídicas) com consequências jurídicas que se excluem uma a outra. Mesmo quando as consequências dos dois dispositivos não venham a se excluir uma a outra, ainda restará a questão de se devem ter lugar *uma a par com a outra* (uma combinada com a outra), ou se uma norma "repele" a outra (a típica situação do concurso de normas)[9]. A missão da interpretação da lei é evitar a contradição entre normas, preservando com isso o sistema jurídico. Ora, se é assim, cabe a interpretação responder as indagações decorrentes do concurso de normas, bem como as que decorram do concurso de regulamentações e delimitar, uma perante às outras, as esferas de regulação, toda vez que essa circunstância se mostre como necessária[10].

A FUNÇÃO DA INTERPRETAÇÃO NO PROCESSO DE APLICAÇÃO DA LEI	
A interpretação, se faz, e muito, necessária, em outras situações	Quando uma mesma situação fática é regulada por dois dispositivos normativos (duas proposições jurídicas) com consequências jurídicas que se excluem uma a outra.
A missão da interpretação	É evitar a contradição entre normas, preservando com isso o sistema jurídico.

O objeto da interpretação é o texto legal como "portador" do sentido nele vertido, de cuja compreensão se trata na interpretação. Afinal, para compreender é preciso interpretar, vez que o sentido não é algo dado nem tampouco algo apreendido espontaneamente. "*Interpretação*" é, caso se prenda ao sentido estrito das palavras, um "*desentranhamento*", a difusão e a exposição do sentido contido no texto, mas, de certa maneira, ainda oculto. Deste modo, é possível dizer que, graças à interpretação, "*faz-se falar*" esse sentido (oculto no texto). E o que é esse "fazer falar"? É dizer o sentido contido no texto valendo-se para tanto de outras palavras. Ou seja, dizer o mesmo, mas de outro modo, de maneira mais clara e precisa, de modo a tornar o sentido comunicável. Logo, é possível dizer que a interpretação sempre produz uma *paráfrase*[11] do sentido contido no texto legal.

9 LARENZ, 1997, p. 372-378.

10 LARENZ, 1997, p. 441.

11 Sobre a ideia de interpretação como paráfrase, consulte-se a obra de FERRAZ JR., Tercio Sampaio. **Introdução ao estudo do direito: técnica, decisão e dominação.** São Paulo: Atlas, 2015, p. 178.

A FUNÇÃO DA INTERPRETAÇÃO NO PROCESSO DE APLICAÇÃO DA LEI	
O objeto da interpretação	É o texto legal como "portador" do sentido nele vertido, de cuja compreensão se trata na interpretação.
Interpretação	É um "desentranhamento", a difusão e a exposição do sentido contido no texto, mas, de certa maneira, ainda oculto.

Colocadas as coisas deste modo, o que caracteriza o processo de interpretação é que o intérprete só quer fazer falar o texto, sem acrescentar ou omitir o que quer que seja. É óbvio que o intérprete aqui nunca se comporta de modo totalmente passivo, como se ele não participasse do processo de desentranhamento do sentido do texto de lei[12]. O texto nada diz a quem não entenda já alguma coisa daquilo de que ele trata, afinal a percepção sensorial e a compreensão dos fenômenos sempre pressupõem que já se conheça antecipadamente algo a respeito. Com o que já se percebe a "estrutura circular" da compreensão, uma vez que só se compreende o que já se conhece, por um lado, mas, por outro lado, só se conhece o que é possível compreender.

A FUNÇÃO DA INTERPRETAÇÃO NO PROCESSO DE APLICAÇÃO DA LEI	
O que caracteriza o processo de interpretação	É que o intérprete só quer fazer falar o texto, sem acrescentar ou omitir o que quer que seja.
Estrutura circular da compreensão	Uma vez que só se compreende o que já se conhece, por um lado, mas, por outro lado, só se conhece o que é possível compreender.

Portanto, é possível concluir que o texto só responde a quem o interroga corretamente. Dito de outro modo, ele só "fala" a quem "sabe fazer as perguntas certas". A pergunta é previamente dada àquele que quer aplicar a lei pela "situação de fato em bruto" e pela sua transformação em "situação de fato definitiva". Ou seja, a pergunta sempre decorre de uma "situação de fato em bruto". Nesse sentido, toda situação fática em bruto é, em si, uma indagação. Uma indagação que é levada ao intérprete. E ela, a situação fática em bruto é o acontecimento da vida, o evento social ainda não filtrado a partir do sentido do texto normativo. Já a situação de fato definitiva, não é, a rigor, um fato, mas, sim, o relato que se fez a partir dele. Um relato que, uma vez tomado como ponto de partida para a construção de uma decisão jurídica, converte-se em definitivo.

12 Sobre isso, Larenz discorre diversas páginas ao tratar sobre a "estrutura circular do compreender e a importância da pré-compreensão". Nesse sentido, consulte-se LARENZ, 1997, p. 285-292.

A FUNÇÃO DA INTERPRETAÇÃO NO PROCESSO DE APLICAÇÃO DA LEI	
O texto só fala	A quem "sabe fazer as perguntas certas".

Para que o intérprete formule a pergunta corretamente, ele precisa conhecer a linguagem da lei[13] (ou linguagem normativa, ou linguagem do legislador) e o contexto de regulação em que a norma se encontra (o sistema em que a norma se encontra enredada). Deste modo, é possível dizer que, pelo menos aí, no modo de fazer a pergunta, há inegavelmente uma participação necessária do intérprete. Ora, se é assim, não se pode minimizar a importância do papel do intérprete no resultado da interpretação. Isto porque a depender de como a pergunta for feita os resultados da interpretação serão totalmente diferentes. Dito de outro modo, a formulação da pergunta limita também, ao mesmo tempo, as respostas possíveis.

A FUNÇÃO DA INTERPRETAÇÃO NO PROCESSO DE APLICAÇÃO DA LEI	
O que é preciso para que o intérprete formule a pergunta corretamente?	Ele precisa conhecer a linguagem da lei e o contexto de regulação em que a norma se encontra.
No modo de fazer a pergunta	Há inegavelmente uma participação necessária do intérprete.

Ver-se-á, mais adiante, que cada nova interpretação de uma norma pelo tribunal, tanto quanto venha a servir de exemplo, modifica a aplicação efetiva da norma, a prática da norma. Ou seja, como a interpretação dá sentido à norma, a cada novo sentido que se confere à norma por força de uma nova interpretação, altera-se, por consequência, a aplicação efetiva da norma. Deste modo, fácil é ver que há um liame necessário entre a interpretação e a aplicação da norma[14]. Mas esta não é, em regra, a intenção do intérprete ao conferir nova interpretação a uma norma. De acordo com Larenz, o que o intérprete pretende é tão-somente e apenas conhecer o que a norma, compreendida corretamente no seu sentido, "verdadeiramente diz". Não aspira

---

13 LARENZ, 1997, p. 441.

14 Para Eros Roberto Grau, toda interpretação guarda uma relação necessária com a aplicação da norma. Logo, não há interpretação desvinculada do ato de aplicação, não há interpretação que não seja intencionada a aplicar a norma. Nesse sentido, o ex-Ministro do STF (Supremo Tribunal Federal) toma como ponto de partida o conceito de interpretação autêntica de Hans Kelsen, isto é, interpretação que obriga é aquela que é feita por quem se encontra autorizado pelo ordenamento jurídico a interpretar. Sobre o assunto, consulte-se GRAU, Eros Roberto. **Ensaio e discurso sobre a interpretação/aplicação do Direito.** 3ª edição. São Paulo: Editora Malheiros, 2005, p. 93.

ele dar *a sua* interpretação, como se fosse o seu ponto de vista o mais certo – apesar do fato de que toda interpretação que fizer terminar sendo sempre a sua interpretação –, mas, sim, realizar a interpretação que é requerida com base na norma e na cadeia de regulação. Ou seja, a norma e as outras normas que com ela se relacionam exigem do intérprete que ele, verdadeiramente, se empenhe para revelar o que a norma "verdadeiramente diz". Em suma, o intérprete só quer, por meio do seu enunciado (por meio de sua paráfrase), "deixar falar" a norma. Segundo Larenz[15], é esta ideia que se deve tomar como ponto de partida para a interpretação das leis.

A FUNÇÃO DA INTERPRETAÇÃO NO PROCESSO DE APLICAÇÃO DA LEI	
Cada nova interpretação de uma norma pelo tribunal	Modifica a aplicação efetiva da norma, a prática da norma.
Ideia que se deve tomar como ponto de partida para a interpretação das leis	"Deixar falar" a norma.

Logo, a partir da lição de Larenz, a modificação que se pode realizar, e frequentemente se realiza, por meio da interpretação, na norma efetivamente vigente, não é exatamente um tema pertinente à interpretação das leis, mas, sim, aos métodos de desenvolvimento judicial do Direito. Para ele, Larenz[16], o desenvolvimento judicial (por parte do Tribunal) do Direito funciona como uma continuação da interpretação. Este raciocínio implica, por sua vez, que temas como o da integração das lacunas da lei, ou o da solução de colisões de princípios e normas mediante a "ponderação de bens" sejam todos estudados nos domínios dos "métodos de desenvolvimento judicial do Direito", e não no campo da interpretação.

A FUNÇÃO DA INTERPRETAÇÃO NO PROCESSO DE APLICAÇÃO DA LEI	
A modificação que se pode realizar por meio da interpretação	Não é exatamente um tema pertinente à interpretação das leis, mas, sim, aos métodos de desenvolvimento judicial do Direito.
Métodos de desenvolvimento judicial do direito	Trabalha temas como o da integração das lacunas da lei, ou o da solução de colisões de princípios e normas mediante a "ponderação de bens".

15 LARENZ, 1997, p. 442.

16 LARENZ, 1997, p. 442.

Na tarefa da interpretação, jurisprudência e ciência do direito (doutrina) dividem-se de tal modo que esta (a doutrina) facilita, de certa maneira, o trabalho da jurisprudência, ao mostrar os problemas da interpretação e as vias para a sua solução. Por outro lado, a jurisprudência põe à prova os resultados, em confronto direto com a problemática da singularidade do caso, necessitando assim frequentemente da ciência do direito para a comprovação[17]. Dito de outro modo, se a jurisprudência é o estudo da atuação dos tribunais na resolução dos casos e a ciência do direito é o ensinamento teórico hipotético decorrente da lição dos grandes juristas, então, forçoso é concluir que, no desempenho do ofício da interpretação, ambas colaboram, na medida em que a interação entre elas retroalimenta a própria interpretação. Ou seja, a atuação dos tribunais ao mesmo tempo que testa os conceitos e ensinamentos da ciência do direito na resolução dos casos concretos, também se socorre destes conceitos e ensinamentos para justificar os resultados produzidos pela própria jurisprudência. E é no contexto desta relação circular entre jurisprudência e ciência do direito que a interpretação se reinventa.

A FUNÇÃO DA INTERPRETAÇÃO NO PROCESSO DE APLICAÇÃO DA LEI	
A atuação dos tribunais	Ao mesmo tempo que testa os conceitos e ensinamentos da ciência do direito na resolução dos casos concretos, também se socorre destes conceitos e ensinamentos para justificar os resultados produzidos pela própria jurisprudência.
Relação circular entre jurisprudência e ciência do direito	É nesse contexto que a interpretação se reinventa.

Embora o juiz seja levado, pelo caso a resolver, a interpretar de novo um determinado termo ou uma determinada proposição jurídica, ele deve interpretá-los, sem dúvida, não apenas precisamente para este caso concreto, mas de maneira a que a sua interpretação possa ser efetiva para todos os outros casos semelhantes[18]. Se os tribunais interpretassem a mesma disposição em casos similares ora de uma maneira, ora de outra, isto acarretaria, segundo Larenz, em uma clara contradição com o postulado da justiça, segundo o qual os casos iguais devem ser tratados de igual modo. Ademais, haveria uma expressa violação à segurança jurídica que a lei aspira. Nesse sentido,

17 LARENZ, 1997, p. 442.

18 LARENZ, 1997, p. 442.

por exemplo, o termo "*filiação*" na mesma disposição da lei de indenização por danos, poderia ser interpretado algumas vezes no sentido estrito e outras vezes em sentido amplo, a depender do resultado que fosse considerado como o desejável no caso concreto. É possível entender agora, então, porque o Tribunal Administrativo Federal se opôs, com razão, no caso mencionado, a desviar-se da interpretação que tinha sido genericamente reconhecida como a conforme ao sentido da lei. A equidade do resultado no caso que o Tribunal precisamente tinha que resolver, não é, portanto, motivo suficiente para que se admita que a interpretação possa dar sentidos diferentes a uma mesma proposição normativa diante de casos similares.

A FUNÇÃO DA INTERPRETAÇÃO NO PROCESSO DE APLICAÇÃO DA LEI	
Se os tribunais interpretassem a mesma disposição em casos similares ora de uma maneira, ora de outra, isto acarretaria, segundo LARENZ	Em uma clara contradição com o postulado da justiça, segundo o qual os casos iguais devem ser tratados de igual modo.

Não há dúvida de que na ordem jurídica vigente os Tribunais não estão vinculados à interpretação que, até determinado momento, era a predominantemente aceita. Podem, ou porque não dizer, devem desviar-se dela quando, de acordo com a convicção do tribunal, no caso a ser julgado, há melhores razões para se confeccionar uma nova possibilidade de interpretação. Todavia, é preciso salientar que tais casos são, em geral, muito raros. Logo, é preciso admitir um certo grau de insegurança jurídica na prática da interpretação por parte dos tribunais para que seja possível assegurar a elaboração de sentenças materialmente corretas[19]. Mas é preciso repetir, o que se admite é um certo grau de insegurança, e não a insegurança. Isto é, uma margem de insegurança, uma insegurança controlável. Sem essa dose de insegurança a interpretação da lei seria demasiadamente rígida e, com isso, ela acabaria se convertendo em fonte de injustiça.

A FUNÇÃO DA INTERPRETAÇÃO NO PROCESSO DE APLICAÇÃO DA LEI	
Os tribunais estão vinculados a uma certa interpretação?	Não, podem desviar-se dela quando, de acordo com a convicção do tribunal, no caso a ser julgado, há melhores razões para se confeccionar uma nova possibilidade de interpretação.

19 LARENZ, 1997, p. 442-443.

É preciso admitir um certo grau de insegurança jurídica na prática da interpretação por parte dos tribunais	Para que seja possível assegurar a elaboração de sentenças materialmente corretas.

Não se duvida que toda e qualquer interpretação, seja a realizada pelos Tribunais, seja a empreendida pela ciência do Direito, tem a pretensão de ser uma interpretação "correta", no sentido de conhecimento adequado e fundado em razões compreensíveis. Todavia, é preciso realçar, desde já, que não existe uma interpretação "absolutamente correta", no sentido de que seja tanto definitiva, como válida para todas as épocas[20]. A interpretação nunca é definitiva, porque a variedade inabarcável e a permanente mutação das relações da vida colocam aquele que aplica a norma constantemente perante novas questões[21]. É dizer, o sentido decorrente da interpretação nunca pode pretende ser um sentido fora da história, imutável no tempo, pois todo sentido é sempre um sentido na história e por meio da história. Ora, quando se interpreta não se interpreta apenas a norma, mas também a relação da vida que a ela está atrelada. Se as relações da vida são múltiplas e estão em constante processo de transformação, e se os sentidos emergem a partir de tais relações, força é convir que nenhuma interpretação é definitiva e, por conseguinte, nenhuma interpretação é "absolutamente correta".

A FUNÇÃO DA INTERPRETAÇÃO NO PROCESSO DE APLICAÇÃO DA LEI	
Toda e qualquer interpretação	Tem a pretensão de ser uma interpretação "correta", no sentido de conhecimento adequado e fundado em razões compreensíveis.
Que não existe uma interpretação "absolutamente correta"	No sentido de que seja tanto definitiva, como válida para todas as épocas.

Ademais, nenhuma interpretação pode ser válida em definitivo, porque a interpretação, como ainda se falará mais adiante, tem sempre uma referência de sentido à totalidade do ordenamento jurídico respectivo e as pautas de valoração que lhe são subjacentes[22]. Isto é, nunca se interpreta a norma

20 LARENZ, 1997, p. 443.
21 LARENZ, 1997, p. 443.
22 LARENZ, 1997, p. 443.

isoladamente, ou "em tiras"[23], mas, sim, e sempre, considerando o contexto no qual ela está inserida, vez que o sentido da norma não é nunca um sentido indiferente ou em contradição com os sentidos que emergem e se encontram incrustados no ordenamento jurídico. Por exemplo, se uma interpretação do dispositivo sobre a legítima defesa, que permita ao agredido, mesmo em caso de um dano patrimonial de pouca relevância que sobre ele recaia, pôr em risco a vida ou a integridade física do agressor, se não for capaz de repelir o ataque de outra maneira, podia ser compreendida como correta no início do século XIX, por força das concepções de vida e de valores tão dominantes e compartilhadas pelo legislador, hoje, certamente, ela não seria considerada como correta. Aliás, também ao direito de legítima de defesa se deve prescrever certos limites extremos. Toda interpretação da lei está, até certo ponto, condicionada pelas circunstâncias de sua época.

A FUNÇÃO DA INTERPRETAÇÃO NO PROCESSO DE APLICAÇÃO DA LEI	
Nenhuma interpretação pode ser válida em definitivo	Tem sempre uma referência de sentido à totalidade do ordenamento jurídico respectivo e as pautas de valoração que lhe são subjacentes.
Nunca se interpreta a norma isoladamente	Mas, sim, e sempre, considerando o contexto no qual ela está inserida, vez que o sentido da norma não é nunca um sentido indiferente ou em contradição com os sentidos que emergem e se encontram incrustados no ordenamento jurídico.

Porém, é preciso salientar que, por meio de tal raciocínio, não se pretende afirmar que o intérprete deve seguir a par e a passo cada tendência da época ou da moda. A continuidade da jurisprudência, a confiança do cidadão, que nela se baseia, de que o seu conflito jurídico será decidido de acordo com as pautas até aí vigentes, é um valor muito específico[24] e caro ao Direito. Só em caso de uma mutação fundamental da consciência valorativa geral é que o intérprete não está autorizado a ignorá-la, devendo se pautar, em princípio, com base nela. Sobretudo, quando essa mutação tenha ecoado na legislação mais recente ou que ela, a mutação, esteja em harmonia com o amplo consenso social.

---

23 GRAU, Eros Roberto. **Ensaio e discurso sobre a interpretação/aplicação do Direito.** 3ª edição. São Paulo: Editora Malheiros, 2005, 72.

24 LARENZ, 1997, p. 443.

A FUNÇÃO DA INTERPRETAÇÃO NO PROCESSO DE APLICAÇÃO DA LEI	
O intérprete deve seguir a par e a passo cada tendência da época ou da moda?	Não. Só em caso de uma mutação fundamental da consciência valorativa geral é que o intérprete não está autorizado a ignorá-la, devendo se pautar, em princípio, com base nela.

Outro ponto que precisa ser discutido é aquele relativo à natureza da interpretação jurisprudencial. Seria ela, a interpretação jurisprudencial, uma "ciência" ou uma "arte"? Para Larenz, esta é uma questão ociosa, porque mal colocada. E por quê? Porque se o pressuposto desta questão é o conceito "cientificista" de ciência, a interpretação jurisprudencial não pode ser ciência. O seu procedimento não é o de um pensamento linear que avança numa só direção, mas, sim, o de uma "estrutura circular" caracterizada pela "pré-compreensão". Logo, na interpretação jurisprudencial, o que se tem é um esclarecimento recíproco (esclarece-se o sentido da norma ao mesmo em que se esclarece o sentido da situação fática), e a confirmação ou rejeição, que do seu próprio procedimento decorre (entre idas e vindas[25]), de cada conjectura de sentido. Um procedimento como esse exige permanentemente a mobilização das forças criadoras do espírito (pois longe está de ser uma mera justaposição).

A FUNÇÃO DA INTERPRETAÇÃO NO PROCESSO DE APLICAÇÃO DA LEI	
Natureza da interpretação jurisprudencial	Seria ela, a interpretação jurisprudencial, uma "ciência" ou uma "arte"?
Qual o procedimento da interpretação jurisprudencial?	Não é o de um pensamento linear que avança numa só direção, mas, sim, o de uma "estrutura circular" caracterizada pela "pré-compreensão".

E é aí que já é possível perceber a similitude entre o procedimento adotado pela interpretação jurisprudencial e o levado à cabo pelo artista (a partitura só se torna música por meio da interpretação do música, do mesmo modo que a lei só se torna norma específica graças a interpretação dos tribunal). Logo, a interpretação judicial nem é uma modelação (justaposição, ou um

25 A expressão "idas e vindas" significa aqui que durante a interpretação o intérprete cogita um certo sentido para a norma, o qual, ao longo do processo de interpretação, confrontado este sentido com a situação fática em bruto, será ou não confirmado. Se o sentido aventado não se mostra compatível com o desdobrar da situação fática que se investiga, um novo sentido terá que ser imaginado para a norma. É por isso, aliás, que este procedimento de "idas e vindas" reclama a mobilização das forças criadoras do espírito. Sustentando entendimento semelhante, escreve Antônio Luís Machado Neto. Cf. MACHADO NETO, Antônio Luís. **Compêndio de introdução à Ciência do Direito.** São Paulo: Saraiva. 1979, p 118.

ajustar-se à norma) nem é uma adequação (ajustar-se ao caso), antes se mostra como o processo por meio do qual se elaboram enunciados adequados sobre o conteúdo e o alcance das normas[26].

A FUNÇÃO DA INTERPRETAÇÃO NO PROCESSO DE APLICAÇÃO DA LEI	
A interpretação judicial	Nem é uma modelação (justaposição, ou um ajustar-se à norma) nem é uma adequação (ajustar-se ao caso), antes se mostra como o processo por meio do qual se elaboram enunciados adequados sobre o conteúdo e o alcance das normas.

Tais enunciados estão, tal como qualquer enunciado, submetidos à exigência de "correção". A circunstância de não serem sempre capazes de satisfazer esta pretensão, não modificada em nada o que até aqui foi dito. "Correção" não significa aqui uma "verdade atemporal", mas, sim, e sempre, correção para esta ordem jurídica e para este momento na história. Por tudo isso, uma vez que se entenda a interpretação como uma atividade conduzida metodicamente e que está dirigida a obter enunciados "corretos", ou seja, adequados, só será possível compreendê-la como atividade científica, caso se abandone a estreiteza do conceito cientificista de ciência[27]. Logo, o problema não é se interpretação é uma arte ou uma ciência, o problema é qual o conceito de ciência que se adota.

A FUNÇÃO DA INTERPRETAÇÃO NO PROCESSO DE APLICAÇÃO DA LEI	
A correção da interpretação	Não significa aqui uma "verdade atemporal", mas, sim, e sempre, correção para esta ordem jurídica e para este momento na história.
A interpretação como uma atividade conduzida metodicamente	Será possível compreendê-la como atividade científica, caso se abandone a estreiteza do conceito cientificista de ciência.

A propósito disso, convém trazer à explicação a lição de Savigny sobre o assunto. O jurista alemão do século XIX, dissertando sobre a questão, assevera, em um primeiro momento, que a interpretação é uma "operação científica, princípio e base da ciência do Direito". Todavia, logo a seguir, o mesmo autor a reputa como uma "arte" que, enquanto tal, não é possível "transmitir ou

26 LARENZ, 1997, p. 444.
27 LARENZ, 1997, p. 444.

adquirir por meio de regras"[28]. Portanto, sob o ponto de vista de Savigny, a interpretação é, a um só tempo, ciência e arte, não havendo qualquer contradição em se sustentar tal tese.

A FUNÇÃO DA INTERPRETAÇÃO NO PROCESSO DE APLICAÇÃO DA LEI	
SAVIGNY	A interpretação é uma "operação científica, princípio e base da ciência do Direito".
SAVIGNY	Logo a seguir, o mesmo autor a reputa como uma "arte" que, enquanto tal, não é possível "transmitir ou adquirir por meio de regras".

E isto é assim, porque, segundo Savigny, a ciência é uma "atividade livre do espírito" que, nas palavras dele, coopera "na criação do Direito"[29]. Em razão deste caráter criativo e criador que lhe é próprio, esta ciência, a ciência do direito, tem uma índole muito próxima da ideia de arte. O interessante é que logo após defender tal ponto de vista, Savigny subordina expressamente os enunciados da ciência do Direito ao conceito de verdade, ao afirmar que se pode controlar (ou determinar) a atividade do livre arbítrio do espírito própria da interpretação. Ele sustenta tal tese, num determinado sentido, qual seja, o de que, deste modo, é possível "conhecer a lei na sua verdade". Dito de outro modo, é possível conhecer a lei tal como a sua verdade se nos dá a conhecer (nos permite conhecer) mediante a aplicação de um procedimento regular[30].

A FUNÇÃO DA INTERPRETAÇÃO NO PROCESSO DE APLICAÇÃO DA LEI	
É possível conhecer a lei tal como a sua verdade	Se nos dá a conhecer (nos permite conhecer) mediante a aplicação de um procedimento regular.

Uma pergunta, neste momento, pode estar incomodando o leitor: o que é que quer dizer "conhecer na sua verdade" a lei? Esta pergunta nos leva, então, ao problema do escopo da interpretação. Para que serve a interpretação?

6.1.2. O escopo da interpretação: vontade do legislador ou sentido normativo da lei?

Sabe-se, quando se estuda a história das escolas de filosofia do direito, que se formaram na literatura jusfilosófica e metodológica, já na segunda

28 LARENZ, 1997, p. 444.

29 Fácil é concluir, então, que, de acordo com Savigny, a palavra ciência não deve ser tomada como um conceito positivista.

30 LARENZ, 1997, p. 444.

metade do século XIX, duas teorias sobre o objetivo da interpretação da lei[31], das quais a primeira, a "teoria subjetivista" ou "teoria da vontade", toma como a finalidade da interpretação jurídica a busca pela vontade histórico-psicológica do legislador. Já a segunda, a "teoria objetivista" ou teoria da interpretação inerente à lei, tem como meta a descoberta do sentido próprio da lei, ou seja, da vontade da lei. Como representantes da teoria subjetivista da interpretação, a qual mordaça o intérprete, é preciso lembrar os nomes de Windscheid, Bierling e Philipp Heck. Já como defensores da teoria objetivista da interpretação, a qual confere maior liberdade ao intérprete, devem ser lembrados os nomes de Gustav Radbruch, Sauer e Binder. O debate entre as duas teorias persiste ainda hoje no cenário da interpretação jurídica, havendo reflexos tanto nas posições dos tribunais superiores[32] quanto na doutrina e, até mesmo, uma oscilação entre tais teorias em uma mesma obra.

O ESCOPO DA INTERPRETAÇÃO: VONTADE DO LEGISLADOR OU SENTIDO NORMATIVO DA LEI?	
"Teoria subjetivista"	Toma como a finalidade da interpretação jurídica a busca pela vontade histórico-psicológica do legislador.
"Teoria objetivista"	Tem como meta a descoberta do sentido próprio da lei, ou seja, da vontade da lei.

Deste modo, no tratado de Enneccerus-Nipperdey enfatiza-se, em princípio, que o escopo da interpretação é o "esclarecimento do sentido determinante de uma proposição jurídica". Ao dizer isso, o autor parece se filiar à teoria objetivista da interpretação. Todavia, páginas à frente, o autor acrescenta que a teoria subjetivista, que encontra, em tese, apoio no dispositivo do § 133 do BGB, e à qual, hoje ainda, deveríamos nos manter presos, segundo o mesmo autor, coloca em destaque "a perspectiva do legislador". Colocadas as coisas deste modo, apresenta-se como algo determinante para a interpretação a ideia de "vontade do legislador expressa na lei, quer dizer, o sentido que o legislador atribuiu às suas palavras, pressupondo que este sentido encontrou também expressão (mesmo que imperfeita) nas palavras"[33].

31 É clara e clássica a lição de Karl Engisch sobre o assunto. ENGISCH, Karl. **Introdução ao pensamento jurídico**. 6ª edição. Tradução: J. Baptista Machado. Lisboa: Fundação Calouste Gulbenkian, 1988, p. 165-197.

32 LARENZ, 1997, p. 445.

33 LARENZ, 1997, p. 445.

O ESCOPO DA INTERPRETAÇÃO: VONTADE DO LEGISLADOR OU SENTIDO NORMATIVO DA LEI?	
ENNECCERUS-NIPPERDEY	Parece tentar conjugar as duas teorias.

Se com isso o tratado se coloca inequivocamente no campo da teoria subjetivista, ela volta a ser abandonada quando, no final, se diz que nós não temos de todo em todo que perguntar o que é que pensou este ou aquele participante na elaboração da lei, tampouco seria possível imaginar e admitir o legislador como um ser vivo, mas, no lugar disso, perguntaríamos "que conteúdo normativo de vontade (na acepção de fundamento, sentido e fim) chegou a ser dominante no ato legislativo" e encontrou expressão, mesmo que imperfeita, na lei. Como conciliar esta afirmação com a teoria subjetivista, com a qual o tratado procura se manter vinculado, permanece um mistério para o leitor. A solução do enigma poderia ser encontrada, talvez, na circunstância de que o primitivo autor, Enneccerus, foi, sem dúvida, um defensor convicto da teoria subjetivista, enquanto que o colaborador posterior na construção de sua obra, Nipperdey, que se inclinava para a teoria objetivista, receou, contudo, expressar de forma explícita a ruptura com a concepção de seu predecessor. Em razão disso, então, procurou conjugar ambas as posições, o que, todavia, só conseguiu, se é que conseguiu, de forma muito limitada[34].

O ESCOPO DA INTERPRETAÇÃO: VONTADE DO LEGISLADOR OU SENTIDO NORMATIVO DA LEI?	
ENNECCERUS	Defensor convicto da teoria subjetivista.
NIPPERDEY	O colaborador posterior na construção da obra se inclinava para a teoria objetivista.

Não se nega que cada uma dessas teorias apresente algo de verdade. Por conseguinte, nenhuma delas pode ser aceita sem limitações. A verdade da teoria subjetivista é que a lei jurídica, ao invés da lei natural, é feita por homens e para homens, é expressão de uma vontade dirigida à criação de uma ordem tanto quanto possível justa e adequada às necessidades da sociedade. Por detrás da lei está uma determinada intenção reguladora, estão valorações, aspirações e reflexões substantivas, que nela acharam expressão mais ou menos claras. É preciso salientar que a expressão "vinculação à lei",

34 LARENZ, 1997, p. 446.

constante da Constituição e de diversas legislações, deve ser entendida tanto como a vinculação ao texto de lei, como também às valorações do legislador (histórico) lhe são subjacentes[35].

O ESCOPO DA INTERPRETAÇÃO: VONTADE DO LEGISLADOR OU SENTIDO NORMATIVO DA LEI?	
Teorias: objetivista e subjetivista	Nenhuma delas pode ser aceita sem limitações.
Teoria subjetivista	A lei jurídica, ao invés da lei natural, é feita por homens e para homens, é expressão de uma vontade dirigida à criação de uma ordem tanto quanto possível justa e adequada às necessidades da sociedade.

Por outro lado, a verdade da teoria objetivista é que uma lei, uma vez que seja aplicada, irradia uma ação que lhe é peculiar, que transcende (vai além) aquilo que o legislador tinha imaginado inicialmente. A lei incide em diversos tipos de relações da vida propriamente ditas, relações que estão, por sua vez, em constante mutação, cujo conjunto o legislador não podia ter abrangido e dá resposta a problemas que o legislador ainda não tinha colocado a si próprio (problemas não são colocados pela sociedade ao legislador, mas, sim, pelo legislador para o legislador). Por força disso, a lei adquire cada vez, com o decurso do tempo, uma vida própria e afasta-se, desta maneira, daquilo que o legislador havia imaginado originalmente para ela[36]. Em outros termos, com o passar do tempo a criatura (a lei) torna-se independente do seu criador (legislador).

O ESCOPO DA INTERPRETAÇÃO: VONTADE DO LEGISLADOR OU SENTIDO NORMATIVO DA LEI?	
Teoria objetivista	A verdade da teoria objetivista é que uma lei, uma vez que seja aplicada, irradia uma ação que lhe é peculiar, que transcende (vai além) aquilo que o legislador tinha imaginado inicialmente.

E aí, é preciso salientar, o que acontece com a lei não é em nada diferente daquilo que ocorre com as outras obras do espírito. A lei que virá a ser aplicada pertence ao estrato do espírito objetivo (nos moldes da teoria dos estratos de

35 LARENZ, 1997, p. 446.

36 LARENZ, 1997, p. 446.

Nicolai Hartamann). Ela, a lei, tem o caráter não de um ser físico ou psíquico, mas, sim, e mais precisamente, de um ser espiritual (como sustenta Heinrich Henkel), que existe como tal no tempo e que com ele perdura. Uma teoria da interpretação exclusivamente subjetivista não fará justiça a esta circunstância[37].

O ESCOPO DA INTERPRETAÇÃO: VONTADE DO LEGISLADOR OU SENTIDO NORMATIVO DA LEI?	
A Lei	Tem o caráter não de um ser físico ou psíquico, mas, sim, e mais precisamente, de um ser espiritual, que existe como tal no tempo e que com ele perdura.

Que a teoria subjetivista contém apenas uma parte da verdade, salta logo à vista pelo fato de que não pode viver sem arrimo à teoria objetivista[38]. Windscheid quis compreender a vontade "autêntica" do legislador como uma vontade que está por detrás da vontade empírica, reputando aquela como a consequência razoável do que foi pensado pelo legislador (ou seja, não é o pensamento em si, mas é a suposição provável de qual teria sido o pensamento do legislador). Já na teoria psicológica de Bierling, acrescenta-se ao critério fático outro critério, o normativo. Este critério normativo é acrescido na medida em que se recorre à noção de boa-fé como princípio subsidiário da interpretação. Isto é, não apenas se parte da suposição de qual teria sido o pensamento do legislador, como se parte da ideia de que esta suposição está sendo feita de boa-fé por parte do intérprete. E mais, que o texto de lei, norteado que é pela boa-fé, se aproxima o máximo possível do pensamento que passava pela cabeça do legislador à época do processo legislativo[39].

O ESCOPO DA INTERPRETAÇÃO: VONTADE DO LEGISLADOR OU SENTIDO NORMATIVO DA LEI?	
Teoria subjetivista	Contém apenas uma parte da verdade, salta logo à vista pelo fato de que não pode viver sem arrimo à teoria objetivista.

37 LARENZ, 1997, p. 446-447.

38 É dizer, a teoria subjetivista depende da teoria objetivista para existir enquanto tal, e vice-versa. O sujeito é um dos lados da diferença que tem o objeto como o outro lado. Sujeito e objeto são os lados da diferença que constituem a interpretação. Logo, a interpretação e, também, a gnosiologia (teoria do conhecimento) é a operação que resulta da diferença sujeito e objeto. Porém, esta é a compreensão que se tem sobre o tema, caso se adote a perspectiva de Kant sobre o assunto. Na atualidade, este binômio sujeito e objeto está em franca decadência. Autores, como, por exemplo, Niklas Luhmann preferem recorrer a uma nova dicotomia, qual seja, sistema e ambiente. Neste sentido, também é a lição de Raffaele De Giorgi.

39 LARENZ, 1997, p. 447.

A vontade "autêntica" do legislador: WINDSCHEID	Windscheid quis compreender a vontade "autêntica" do legislador como uma vontade que está por detrás da vontade empírica, reputando aquela como a consequência razoável do que foi pensado pelo legislador (ou seja, não é o pensamento em si, mas é a suposição provável de qual teria sido o pensamento do legislador).
Na teoria psicológica de BIERLING	Acrescenta-se ao critério fático outro critério, o normativo. Este critério normativo é acrescido na medida em que se recorre à noção de boa-fé como princípio subsidiário da interpretação.

De sua parte, Rudolph Stammler, um dos últimos neojusnaturalista em pleno século XX, e que deu igualmente preferência, em princípio, ao método subjetivista ou histórico, não quis, todavia, desistir de acomodar, por meio da interpretação, as leis mais antigas às necessidades e concepções da atualidade. Ou seja, ele viu a interpretação como uma técnica por meio da qual é possível prolongar a "vida útil" de uma lei, preservando, deste modo, ao máximo possível, a imutabilidade da lei. Para tanto, Stammler sustentava que "o conteúdo de um querer jurídico que nos chegou de uma época anterior" só pode aspirar a ter validade no presente "como um querer de quem atualmente estatui o Direito"[40]. A mesma ideia, aliás, é defendida por Nawiasky, o qual assevera: "determinante é a última vontade cognoscível do doador da norma"[41].

O ESCOPO DA INTERPRETAÇÃO: VONTADE DO LEGISLADOR OU SENTIDO NORMATIVO DA LEI?	
RUDOLPH STAMMLER	Ele viu a interpretação como uma técnica por meio da qual é possível prolongar a "vida útil" de uma lei, preservando, deste modo, ao máximo possível, a imutabilidade da lei.
NAWIASKY	A vontade "determinante é a última vontade cognoscível do doador da norma".

O ponto que merece reflexão, então, é o seguinte: ao ser colocado aqui, no lugar da vontade empírica do legislador histórico (a vontade que efetivamente aconteceu), a vontade hipotética (a vontade que supostamente aconteceu), meramente presumida (até porque ainda não se descobriu, passados vinte e um séculos, como se pode adivinhar o pensamento alheio), do legislador

40 LARENZ, 1997, p. 447.

41 LARENZ, 1997, p. 447.

atual, abandonou-se, já nesse instante, o terreno de uma teoria da interpretação estritamente histórica. Em outras palavras, acaba-se descobrindo que a vontade do legislador não é, a rigor, vontade do legislador real, mas, sim, e somente, a vontade presumida do legislador. E este, por sua vez, não é o legislador da época da elaboração da lei, mas, sim, o legislador atual. Este é também o caso quando, no lugar do legislador histórico (o legislador da época em que a lei foi elaborada), se coloca a representação idealizada do legislador, o "legislador racional", e a partir da vontade dele, deste legislador ideal, a norma é interpretada[42]. E o que resulta daí, é claro, é que a indagação que toma o legislador histórico como ponto de partida, não pode ser a finalidade <u>última</u> da interpretação[43]. Quem assim o faça, termina por ignorar o algo de correto que há na teoria subjetivista[44].

O ESCOPO DA INTERPRETAÇÃO: VONTADE DO LEGISLADOR OU SENTIDO NORMATIVO DA LEI?	
A vontade do legislador	Não é, a rigor, vontade do legislador real, mas, sim, e somente, a vontade presumida do legislador.
A indagação sobre a vontade do legislador histórico	A indagação que toma o legislador histórico como ponto de partida, não pode ser a finalidade <u>última</u> da interpretação. Quem assim o faça, termina por ignorar o algo de correto que há na teoria subjetivista.

Na lei, tomada como a objetivação da vontade do seu autor voltada à criação de uma regulação jurídica – ou de uma disciplina jurídica parcial –, reúnem-se tanto as suas ideias "subjetivas" e metas volitivas, como certos fins e imperativos jurídicos "objetivos"[45], com relação aos quais o próprio legislador não necessita de ter consciência ou de a ter em toda a sua amplitude. Quem quiser compreender plenamente uma lei tem de ter uns e outros em atenção (ideia subjetivas e fins objetivos). Todo legislador tem que partir

---

42 A ideia do "legislador racional" é invocada e defendida, também, por Tercio Sampaio Ferraz Jr. e Carlos Santiago Nino. Segundo Zygmunt Ziembinsky, citado por Karl Larenz, a ciência jurídica procede geralmente segundo este "modelo metodológico".

43 LARENZ, 1997, p. 447.

44 De outro modo, sempre haveria um hiato entre o momento em que a lei foi elaborada e aquele em que ela é aplicada. Este desaparece quando se entende que no lugar do legislador histórico, por exemplo, quem está é o legislador racional.

45 Resta saber o que se pode entender por "fins e imperativos jurídicos objetivos". Alguns, como Habermas, entendem tal expressão como sendo os fins consolidados a partir da convivência social e que são, em si, a própria condensação do consenso social em torno dos objetivos que devem nortear e orientar a sociedade como um todo.

das ideias jurídicas e também das possibilidades de expressão da sua época. Todo legislador se vê desafiado por problema jurídicos que decorrem, por sua vez, das relações da sua época. Com o transcorrer do tempo, certas questões deixam de ter relevância, e outras passam a ter grande importância. Quem interpreta a lei em certo momento busca nela uma resposta as questões do seu tempo[46]. Problemas, para serem problemas, precisam ser sempre atuais. Logo, não se interpreta a lei para descobrir um sentido escondido no seu texto quando de sua elaboração, interpretar-se para se decidir um conflito a partir da lei, e este conflito está sempre no agora. A interpretação tem isto em conta; acontece com isso que a própria lei participa, até certo ponto, do fluir[47] do tempo (histórico)[48].

O ESCOPO DA INTERPRETAÇÃO: VONTADE DO LEGISLADOR OU SENTIDO NORMATIVO DA LEI?	
Na lei	Reúnem-se tanto as suas ideias "subjetivas" e metas volitivas, como certos fins e imperativos jurídicos "objetivos"[49], com relação aos quais o próprio legislador não necessita de ter consciência ou de a ter em toda a sua amplitude.

Todavia, não se pode negar que a lei está presa à sua origem. Por isso, aliás, a interpretação não pode ignorar a intenção reguladora cognoscível e as decisões valorativas do legislador histórico subjacentes à regulação legal (não pode se descuidar da intenção do legislador da época)[50], a não ser que estejam em clara contradição as ideias reitoras da Constituição atual ou com os seus princípios jurídicos reconhecidos. Se se admitisse essa última pos-

---

46 LARENZ, 1997, p. 448.

47 Se o texto da lei pode resistir, de alguma forma e até certo ponto, ao tempo, o sentido deste texto, por seu turno, tem no tempo o seu grande parceiro. Sentido e tempo parceiros inseparáveis na dança da interpretação.

48 Precisas são as palavras de Gerhart Husserl, ao dizer: "Se uma norma jurídica é interpretada hoje de modo diverso daquele da sua entrada em vigor há 30 anos, tal está justificado pela sua estrutura histórica temporal. As normas do Direito irradiam o efeito adequado ao seu sentido, enquanto e na medida em que estejam em sintonia com o seu tempo", apud LARENZ, 1997, p. 448.

49 Resta saber o que se pode entender por "fins e imperativos jurídicos objetivos". Alguns, como Habermas, entendem tal expressão como sendo os fins consolidados a partir da convivência social e que são, em si, a própria condensação do consenso social em torno dos objetivos que devem nortear e orientar a sociedade como um todo.

50 Este também é o entendimento de Karl Engisch.

sibilidade, então, estar-se-ia reconhecendo que já não se poderia falar mais em interpretação, mas, sim, e tão somente, em "*mistificação*". A vinculação constitucional do juiz à lei, que significa a supremacia do poder legislativo face aos outros "poderes" no processo de criação do direito – o que não afasta a cooperação do poder judicial neste processo – não teria então significado. Neste ponto, portanto, superpõem-se e se entrecruzam considerações quer de ordem metodológica, quer de índole jurídico-constitucional.

O ESCOPO DA INTERPRETAÇÃO: VONTADE DO LEGISLADOR OU SENTIDO NORMATIVO DA LEI?	
A lei está presa à sua origem	A interpretação não pode ignorar a intenção reguladora cognoscível e as decisões valorativas do legislador histórico subjacentes à regulação legal (não pode se descuidar da intenção do legislador da época), a não ser que estejam em clara contradição as ideias reitoras da Constituição atual ou com os seus princípios jurídicos reconhecidos.

O objetivo da interpretação só pode ser, nestes termos, o sentido normativo do que é agora juridicamente determinante (obrigatório), em outras palavras, o sentido normativo da lei. Mas o sentido da lei que há de ser considerado juridicamente determinante tem de ser estabelecido atendendo às intenções de regulação e às ideias normativas concretas do legislador histórico, e, de modo nenhum, independentemente delas[51]. Logo, o sentido normativo da lei é antes o resultado de um processo de pensamento em que todos os momentos mencionados, ou seja, tanto os "subjetivos" (o momento de origem) como os "objetivos" (o momento de sua aplicação) hão de ser englobados e, como já se disse, nunca chega a um sentido definitivo[52] e universal[53].

O ESCOPO DA INTERPRETAÇÃO: VONTADE DO LEGISLADOR OU SENTIDO NORMATIVO DA LEI?	
O objetivo da interpretação	O sentido normativo da lei.

51 LARENZ, 1997, p. 448.

52 LARENZ, 1997, p. 449.

53 Esta concepção de interpretação que procura conciliar as teorias subjetivista e objetivista ficou conhecida como teoria unificadora, segundo Koch/Rüssmann, citado por Larenz. Cf. LARENZ, 1997, p. 449.

O sentido normativo da lei	É antes o resultado de um processo de pensamento em que todos os momentos mencionados, ou seja, tanto os "subjetivos" (o momento de origem) como os "objetivos" (o momento de sua aplicação) hão de ser englobados e, como já se disse, nunca chega a um sentido definitivo e universal.

Alguns se referem ao sentido normativo da lei através de uma reminiscência linguística da teoria subjetivista, isto é, por meio do termo "vontade da lei". Contudo, uma vontade só cabe a uma pessoa ou, em todo o caso, como vontade comum, a uma pluralidade de pessoas. A expressão "vontade da lei" contém em si uma personificação injustificada da lei (trata a lei como se fosse, ela própria, uma pessoa), que só é apropriada para ocultar a relação de tensão que a cada instante pode aparecer entre a intenção originária do legislador e o sentido "*em permanente reformulação*" da lei, sentido este que na atualidade, e no momento de sua aplicação, deve ser reputado como determinante[54]. O "sentido normativo da lei", repita-se uma vez mais, não exclui, antes inclui, esta relação de tensão (entre a intenção originária do legislador e o sentido em permanente reformulação da lei). Logo, o sentido normativo da lei sempre se refere, também, e não apenas, à vontade do legislador[55].

54 LARENZ, 1997, p. 449.

55 Esta também é a lição de Emilio Betti, que classifica a interpretação jurídica como "interpretação como missão normativa". Todavia, é indiscutível, diz o próprio Betti, "que a interpretação jurídica não pode renunciar a tomar em consideração o processo de gênese da lei, quer dizer, o modo como a normação foi originalmente pensada e como foram valorados e ponderados os interesses em jogo. É o que há que sustentar, apesar da contradição paradoxal de certas formulações que parecem afirmar o contrário. O conhecimento da valoração originária, que perpassa de modo latente as palavras da lei e constitui o fundamento jurídico (*ratio juris*) da norma, é imprescindível para se estabelecer em que medida sobreviveram variações de sentido com o surgimento de mutações no ambiente social ou de novas diretrizes adentro do ordenamento jurídico: pois que somente mediante a indagação da valoração originária e não, porventura, de modo direto, é admissível e tem justificação passar a uma adequação e acomodação do texto da lei ao presente vivo. Para o que é necessário equilibrar o interesse estático da constância, salvaguarda e segurança da normação jurídica, com a exigência dinâmica da adaptação e configuração ajustada à direção da evolução social, mas sem prejuízo da continuidade", cf. BETTI, Emílio. **Interpretação da lei e dos atos jurídicos: teoria geral e dogmática.** Tradução: Karina Jannini. São Paulo: Martins Fontes, 2007, p. 209. Estas considerações de Emilio Betti não podem ser desprezadas. Com elas, por sinal, concorda Karl Larenz. Segundo Larenz, elas põem a claro que uma interpretação dirigida "à indagação do sentido normativo (atual) da lei, não pode deixar de ter em conta a intenção do legislador histórico", pois, deste modo, se "evitam assim, acertadamente, a unilateralidade tanto da teoria subjetivista da interpretação como da objetivista". Cf., LARENZ, 1997, p. 449.

O ESCOPO DA INTERPRETAÇÃO: VONTADE DO LEGISLADOR OU SENTIDO NORMATIVO DA LEI?	
"Vontade da lei"	A expressão "vontade da lei" contém em si uma personificação injustificada da lei (trata a lei como se fosse, ela própria, uma pessoa), que só é apropriada para ocultar a relação de tensão que a cada instante pode aparecer entre a intenção originária do legislador e o sentido "*em permanente reformulação*" da lei, sentido este que na atualidade, e no momento de sua aplicação, deve ser reputado como determinante.

Se a interpretação não deve ser entregue ao arbítrio do intérprete, mas decorrer de modo seguro e comprovável, então é preciso, sustenta Larenz, ter determinados critérios de interpretação em conformidade com os quais o intérprete possa guiar a interpretação por ele levada a cabo. Tais critérios foram desenvolvidos pela metodologia jurídica, campo da filosofia do direito dedicado ao estudo do método (caminho por meio do qual se produz conhecimento científico). De acordo com o que foi dito linhas atrás, não é mais objeto de surpresa que entre eles, os critérios, se achem tanto aqueles que estão orientados à vontade do legislador histórico (por exemplo, o "método" ou critério histórico), como aqueles que se orientam a uma conexão normativa de sentido que a transcenda, ou seja, sejam orientados segundo a vontade da lei (por exemplo, o "método" ou critério teleológico). Já em Savigny, desde o século XIX, já se encontrava a distinção entre os elementos "gramatical", "lógico", "histórico" e "sistemático" da interpretação. E é ele, Savigny, que assinalava, já também, que estes distintos elementos não podiam ser considerados isoladamente, mas deviam sempre atuar conjuntamente[56].

O ESCOPO DA INTERPRETAÇÃO: VONTADE DO LEGISLADOR OU SENTIDO NORMATIVO DA LEI?	
LARENZ	Se a interpretação não deve ser entregue ao arbítrio do intérprete, mas decorrer de modo seguro e comprovável, então é preciso ter determinados critérios de interpretação em conformidade com os quais o intérprete possa guiar a interpretação por ele levada a cabo.
SAVIGNY	Já se encontrava a distinção entre os elementos "gramatical", "lógico", "histórico" e "sistemático" da interpretação.

56 LARENZ, 1997, p. 450.

Nos critérios de interpretação que se discutirá em seguida e que só parcialmente coincidem com os elementos salientados por Savigny, não se faz alusão a diferentes métodos de interpretação, como frequentemente se tem pensado, mas de pontos de vista metódicos que devem ser todos tomados em consideração para que o resultado da interpretação deva poder impor a pretensão de correção (no sentido de um enunciado adequado)[57]. Ou seja, não são métodos porque nenhum deles aspira levar o intérprete à interpretação verdadeira. Todos eles são diferentes pontos de vista metódicos, diferentes perspectivas que se pode ter e a partir das quais se pode realizar a interpretação.

Certamente que os diversos critérios, como o sentido literal, e também, frequentemente, a conexão de significado da lei, deixam sempre em aberto diferentes possibilidades de interpretação. Outros, frequentemente, não funcionam porque, por exemplo, o entendimento da norma por parte do legislador histórico já não é possível de se constatar. Não raramente, necessita-se de uma "ponderação" de diferentes pontos de vista. O certo é que a importância que se pode atribuir aos diversos critérios só pode ser esclarecida, desde que tenham sido expostos um por um. Só depois disso feito, é que se adentrará na questão de até que ponto a justiça material do resultado em relação com o caso particular a resolver é um critério legítimo[58].

6.2. OS CRITÉRIOS DA INTERPRETAÇÃO

6.2.1. O sentido literal da lei

Toda interpretação de um texto, pelo menos, há de ser iniciada com o sentido literal. E o que se entende por sentido literal? Por tal se entende o significado de um termo ou de uma cadeia de palavras no uso linguístico geral (segundo os ditames da língua corriqueiramente falada)[59] ou, no caso de que seja possível constatar um tal uso, no uso linguístico especial (específico) do falante concreto (de um indivíduo específico), aqui no da lei respectiva. Ou seja, é a busca por se entender os significados das palavras da lei quer por meio da língua usual ou cotidiana (o português, por exemplo), quer por meio da língua técnica ou normativa. O recurso ao uso linguístico é o mais evidente,

57 LARENZ, 1997, p. 450.

58 LARENZ, 1997, p. 450.

59 Sobre o significado dos termos linguísticos e a fixação do sentido corrente segundo o uso linguístico geral, consulte-se KOCH/RÜSSMANN, ob. cit,, p. 126. E seguintes.

porque se pode aceitar que aquele quer dizer algo, usa as palavras no sentido em que comumente são entendidas[60].

O SENTIDO LITERAL DA LEI	
O que se entende por sentido literal?	Se entende o significado de um termo ou de uma cadeia de palavras no uso linguístico geral ou, no caso de que seja possível constatar um tal uso, no uso linguístico especial do falante concreto, aqui no da lei respectiva.

O legislador serve-se da linguagem corrente porquê e na medida em que se dirige ao cidadão e deseja ser entendido por ele. Para além disso, serve-se em grande escala de uma linguagem técnico-jurídica específica, na qual ele se pode expressar com mais precisão, e cujo uso o dispensa de muitos esclarecimentos circunstanciais. Todavia, também essa linguagem técnica se apoia na linguagem geral, uma vez que o Direito, que a todos se dirige e que a todos diz respeito, não pode abrir mão de um mínimo de compreensibilidade geral. Em outras palavras, se o Direito se destina a todos e atinge a todos, não pode ser entendido apenas por poucos. Nos domínios em que cada um entre contato com o Direito, seja, por exemplo, nos negócios do dia-a-dia, os termos da linguagem jurídica são parte integrante da linguagem geral, mesmo quando se utilizem nesta última com menor precisão[61].

O SENTIDO LITERAL DA LEI	
O direito se utiliza de que línguas?	Da linguagem corrente, porquê e na medida em que se dirige ao cidadão e deseja ser entendido por ele e, da linguagem técnica, na qual ele se pode expressar com mais precisão, e cujo uso o dispensa de muitos esclarecimentos circunstanciais.

Por este caminho toda e qualquer pessoa tem um acesso imediato ao mundo do Direito, de que precisa para poder orientar-se num ambiente social a que, justamente, pertence também a presença da ordem jurídica. Por este motivo a linguagem das leis não pode afastar-se tanto do uso linguístico geral como ocorre com a linguagem de algumas ciências (por exemplo, a física). A linguagem jurídica é um caso especial da linguagem geral, não é uma linguagem simbolizada, completamente desligada dela. E isto tem

60 LARENZ, 1997, p. 450-451.

61 LARENZ, 1997, p. 451.

como consequência, como já se assinalou aqui, que não se pode alcançar, nos domínios do mundo do Direito, a exatidão[62] de uma linguagem simbolizada (como a da matemática), o que implica que os seus termos sempre precisarão ser interpretados[63].

O SENTIDO LITERAL DA LEI	
A linguagem jurídica	É um caso especial da linguagem geral, não é uma linguagem simbolizada, completamente desligada dela.
A linguagem jurídica	Não se pode alcançar, nos domínios do mundo do Direito, a exatidão de uma linguagem simbolizada (como a da matemática), o que implica que os seus termos sempre precisarão ser interpretados.

A flexibilidade, a riqueza de variações e a capacidade de adaptação da linguagem geral constituem, a um só tempo, a sua fraqueza e a sua força. Disto resulta que do uso linguístico não é possível obter um sentido literal inequívoco. Em lugar disso, é possível observar um número maior ou menor de significados possíveis e de variações de significado de uma mesma palavra ou texto, a partir donde aquilo que é pensado em concreto só se obtém com base na conexão do discurso, com a coisa de que ele trata e com as circunstâncias acompanhantes. A estes critérios correspondem, no que toca à interpretação da lei, a conexão de significado, a intenção reguladora do legislador e a estrutura do setor material regulado.

O SENTIDO LITERAL DA LEI	
Compreensão do texto	Aquilo que é pensado em concreto só se obtém com base na conexão do discurso, com a coisa de que ele trata e com as circunstâncias acompanhantes.
Interpretação da lei	A conexão de significado, a intenção reguladora do legislador e a estrutura do setor material regulado.

Todavia, a conexão de significado da lei e também, pelo menos parcialmente, a finalidade de uma regulação, serão inferidos, por seu turno, da sucessão e conjugação daqueles significados que correspondem aos termos

62 Aqui, neste ponto, discordamos do entendimento defendido por Karl Larenz e explicado acima. Para nós, mesmo a língua simbolizada requer interpretação. Ademais, em nosso entender, a própria noção de exatidão pressupõe a ideia de interpretação. Logo, não há língua que não requeira, para ser entendida, um esforço de interpretação.

63 LARENZ, 1997, p. 451.

particulares (ou seja, de cada uma das palavras) e aos encadeamentos de frases do texto legal, em conformidade, precisamente, com o uso linguístico geral ou com um uso linguístico especial por parte da lei. Trata-se aí, e isto é muito importante, do processo de olhar para frente e para trás (apreciar o conflito e ir ao texto de lei, para logo depois, a partir dos significados possíveis do texto de lei, voltar ao caso e testar os sentidos possíveis do texto de lei), do esclarecimento recíproco, que é conhecido pelo nome de "círculo hermenêutico"[64-65].

O SENTIDO LITERAL DA LEI	
Conexão de significado da lei e a finalidade de uma regulação	Serão inferidos, por seu turno, da sucessão e conjugação daqueles significados que correspondem aos termos particulares (ou seja, de cada uma das palavras) e aos encadeamentos de frases do texto legal, em conformidade, precisamente, com o uso linguístico geral ou com um uso linguístico especial por parte da lei.

Quanto menos o sentido literal, conforme ao uso linguístico geral ou, também, conforme a um uso linguístico jurídico especial, for capaz de fixar logo de modo definitivo o significado de uma expressão precisamente *neste* contexto, neste *lugar* da lei, tanto menos se deverá abrir mão do seu conhecimento, devendo, pois, pôr-se em marcha o processo do compreender mediante o interpretar. É isto que se quer dizer quando se faz a seguinte afirmação: toda interpretação tem que começar com o sentido literal. Ou seja, toda interpretação toma como ponto de partida o sentido literal da lei, é dizer, o sentido em abstrato, independente do caso concreto. Mas se este sentido não consegue se estabelecer como o sentido adequado à decisão do caso, então, é preciso, logo em seguida, dar início ao processo do compreender através do

64 Consulte-se GADAMER, Hans-Georg. **Verdade e método I** – traços fundamentais de uma hermenêutica filosófica. 6ª edição. Tradução: Flávio Paulo Meurer. Petrópolis: Editora Vozes, 2004, p. 82. Consulte-se, ainda, LARENZ, 1997, p.285-292. Traduzindo o que se entende por "círculo hermenêutico" ou estrutura circular da interpretação, o que se pretende sustentar a partir de tal ideia é que a interpretação não é um processo linear, porque não é um processo de revelação do sentido do texto para, somente em seguida, aplicá-lo ao caso. Não se passa assim, porque o caso não é algo passivo que não faça parte da interpretação, mas, sim, e sempre, algo que interage com o texto durante o processo de interpretação. Logo, para cada possibilidade de sentido que o texto da lei possa admitir é preciso sempre avaliar, no caso concreto e a partir dele, qual daquelas possibilidades de sentido do texto melhor interage com o caso. Ou seja, assim como o caso tem o seu sentido melhor compreendido a partir do texto de lei, por seu turno, o texto de lei também tem o seu sentido melhor compreendido a partir das circunstâncias do caso concreto. Há um processo de troca e de aprendizado recíproco.

65 LARENZ, 1997, p. 452.

interpretar. Em suma, será preciso ficar atento ao que se pode apreender por meio do círculo hermenêutico[66].

O SENTIDO LITERAL DA LEI	
Mandamento básico da interpretação	Toda interpretação toma como ponto de partida o sentido literal da lei, é dizer, o sentido em abstrato, independente do caso concreto.

Os termos que galgaram na linguagem jurídica um sentido específico, como, por exemplo, contrato, crédito, impugnabilidade, nulidade de um negócio jurídico, herança, legado, são usados nas leis, na maioria das vezes, com este significado específico (especial). Deste modo eliminam-se inúmeras variantes de significado do uso linguístico geral e o círculo dos possíveis significados, adentro do qual se há de proceder à seleção com base noutros critérios, estreita-se em grande medida. Com o esclarecimento do uso linguístico jurídico preciso, a interpretação pode, em certas ocasiões, chega ao seu termo, a saber, quando nada indique no sentido de que a lei se desviou, precisamente nesta passagem, daquele uso específico. Tais desvios não estão, no entanto, nunca excluídos[67].

O SENTIDO LITERAL DA LEI	
Com o esclarecimento do uso linguístico jurídico preciso	A interpretação pode, em certas ocasiões, chega ao seu termo, a saber, quando nada indique no sentido de que a lei se desviou, precisamente nesta passagem, daquele uso específico.

O Código Civil Alemão (BGB) definiu o conceito de "coisa" no § 90, de tal modo que, em conformidade com os seus termos, só um "objeto corpóreo" é "coisa" no sentido da lei. Apesar disso, existe unanimidade em que o termo "coisa" no § 119, parágrafo 2º do BGB não deve ser entendido neste sentido restrito, mas no sentido de "objeto do negócio", o que está totalmente em consonância com o uso linguístico geral. A definição do § 90 do BGB refere-se claramente àqueles objetos sobre os quais são possíveis direitos reais; em contrapartida, no caso das "qualidades essenciais no tráfego" do § 119, parágrafo 2º, do BGB, trata-se de qualidades do objeto do negócio, o qual, na maioria das vezes, será uma "coisa", no sentido do § 90, mas não precisa necessariamente de o ser[68].

---

66 LARENZ, 1997, p. 452.

67 LARENZ, 1997, p. 452.

68 LARENZ, 1997, p. 452-453.

O SENTIDO LITERAL DA LEI	
Exemplo	O Código Civil Alemão (BGB) definiu o conceito de "coisa" no § 90, de tal modo que, em conformidade com os seus termos, só um "objeto corpóreo" é "coisa" no sentido da lei.

No § 184, parágrafo 1º, o BGB qualifica como "autorização" o consentimento ulterior para o negócio jurídico. O legislador só pensou aí no consentimento que é dado por um privado (por um indivíduo); o consentimento do Tribunal Tutelar de Menores (§§ 1821 e seguintes do BGB) é denominado também como "autorização", quando é concedido previamente. O mesmo vale em relação a outras autorizações concedidas por uma entidade pública. Por conseguinte, nem sequer o uso linguístico da lei fixado por meio de uma definição oferece sempre uma garantia de que o termo respectivo seja sempre entendido com um mesmo sentido em cada momento em que ele aparece no texto de lei. Basta existirem razões especiais para demonstrar que, precisamente nesse ou em outro caso, será necessário entendê-lo com outro significado[69].

O SENTIDO LITERAL DA LEI	
Conclusão	Nem sequer o uso linguístico da lei fixado por meio de uma definição oferece sempre uma garantia de que o termo respectivo seja sempre entendido com um mesmo sentido em cada momento em que ele aparece no texto de lei.

Se, nestes termos, um uso linguístico específico por parte da lei prevalece, em regra, sobre o uso linguístico geral, há, contudo, que recorrer de novo a este quando se torna patente que a lei se desviou aqui do seu uso linguístico especial. O uso linguístico geral não é aqui certamente de muitos préstimos. Mas assinala, como sempre, os marcos adentro dos quais tem que estar o significado procurado. O que está para além do sentido literal linguisticamente possível e é claramente excluído por ele já não pode ser entendido, por via da interpretação, como o significado aqui decisivo deste termo. Com acerto assinala Meier-Hayoz (em sua obra, O juiz como legislador)[70] que o teor "literal tem, por isso, uma dupla missão: é ponto de partida para a indagação judicial do sentido e traça, ao mesmo tempo, os limites da sua atividade interpretati-

69 LARENZ, 1997, p. 453.

70 Apud, LARENZ, 1997, p. 453-454.

va". Uma interpretação que não se situe no âmbito do sentido *literal possível*, já não é interpretação, de acordo com Larenz, mas modificação de sentido. Com isto não se diz que ela esteja sempre vedada ao juiz; mas necessita de pressupostos especiais e pertence ao âmbito de desenvolvimento patente do Direito[71], tema este que não poderá discutido agora por escapar aos limites do estudo da interpretação.

O SENTIDO LITERAL DA LEI	
Observação quanto ao sentido literal da lei	Se um uso linguístico específico por parte da lei prevalece, em regra, sobre o uso linguístico geral, há, contudo, que recorrer de novo a este quando se torna patente que a lei se desviou aqui do seu uso linguístico especial.
MEIER-HAYOZ	O teor "literal tem, por isso, uma dupla missão: é ponto de partida para a indagação judicial do sentido e traça, ao mesmo tempo, os limites da sua atividade interpretativa".

Em todos os casos em que os tribunais sublinhem que o sentido e o escopo de um preceito prevalecem sobre o teor literal "linguisticamente inequívoco" e que a interpretação não está limitada pelo sentido literal, trata-se, na verdade, sempre que o resultado se não situe, pois, nos marcos do sentido literal linguisticamente possível, de integração de lacunas, de analogia ou de redução teleológica. Por "sentido literal possível", Larenz[72] entende tudo aquilo que nos termos do uso linguístico que seja de considerar como determinante em concreto – mesmo que, porventura, em circunstâncias especiais –, pode ainda ser entendido como o que com esse termo se quer dizer[73]. Pode certamente ser duvidoso em alguns casos, dado que os limites do sentido literal linguisticamente possível tampouco se encontram sempre traçados com exatidão, se se trata ainda de interpretação muito "ampla" ou já integração de lacunas por analogia. A impossibilidade de uma delimitação rigorosa não impede,

71 LARENZ, 1997, p. 454.

72 LARENZ, 1997, p. 454.

73 Contra a possibilidade de se estabelecer o uso linguístico comum não milita o fato de que este só pode ser indicado mediante uma "enumeração aberta de exemplos", como sustenta Christensen, e não por meio de uma definição precisa. Que um determinado significado *não* pode ser ligado a esta expressão de acordo com o uso linguístico comum é perceptível para cada falante sem que para tal seja necessário uma determinação conceitual precisa. Assim, pode estabelecer-se, caso a caso, se uma determinada interpretação ultrapassa ou não o limite do significado possível do termo.

no entanto, uma distinção, entendida esta não tanto conceitualmente, mas tipologicamente. Na grande maioria dos casos é bem possível dizer-se que um evento a caracterizar de modo distinto se encontra de fora do campo de significação deste termo, do seu sentido literal possível[74].

O SENTIDO LITERAL DA LEI	
Por "sentido literal possível" deve se entender...	Larenz entende tudo aquilo que nos termos do uso linguístico que seja de considerar como determinante em concreto – mesmo que, porventura, em circunstâncias especiais –, pode ainda ser entendido como o que com esse termo se quer dizer.

Deste modo, pode ser determinado o tratamento igual para homens e mulheres; o termo "homens" não engloba, segundo o significado verbal possível, também as mulheres (e vice-versa). A distinção entre *interpretação* e *desenvolvimento do Direito* complementador ou modificar da lei tem que ser feita, justamente porque o referido desenvolvimento tem de estar ligado a pressupostos especiais para que a lei possa garantir o papel que, como regulação primária, lhe incumbe. A este propósito não é necessário fazer sequer referência à problemática especial da proibição de analogia no Direito Penal. Proibições de analogia existem também em outros ramos do Direito.[75] Não são, em princípio, absurdas e, por isso, não são tão destituídas faticamente de eficácia como a maioria das proibições de interpretação. Mas não é possível achar outra demarcação entre interpretação e desenvolvimento do Direito complementador ou modificador da lei, senão a do *sentido literal linguisticamente possível*. Ela é, pois, reconhecida também predominantemente na literatura e agora também na jurisprudência dos tribunais[76].

O SENTIDO LITERAL DA LEI	
A distinção entre *interpretação* e *desenvolvimento do direito* complementador ou modificar da lei tem que ser feita	Justamente porque o referido desenvolvimento tem de estar ligado a pressupostos especiais para que a lei possa garantir o papel que, como regulação primária, lhe incumbe.

74 Em sentido contrário, sustenta Schiffauer que as fronteiras seriam "na prática determináveis de modo não intersubjetivo". Nega assim a utilidade do sentido literal possível como limite entre a interpretação (em sentido estrito) e desenvolvimento do Direito. Este também é o entendimento de Wank.

75 Nesse sentido, consulte-se CANARIS, , p.183 e seguintes.

76 LARENZ, 1997, p. 455.

A demarcação entre interpretação e desenvolvimento do direito complementador ou modificador da lei	Só pode ser feita por meio do sentido literal linguisticamente possível.

Há de se partir, ao averiguar o possível e aqui, porventura, decisivo sentido literal, do uso linguístico ao momento do surgimento da lei ou do uso no presente? O legislador parte do uso linguístico do seu tempo. Se se trata de um termo da linguagem técnico-jurídica, que o legislador usou no sentido que era entendido no seu tempo, há que partir do significado de então do termo. Se se partisse, sem mais, do significado atual, haveria provavelmente de se falsear a intenção do legislador. O Supremo Tribunal Federal Alemão examinou com razão – numa sentença em que se tratava de saber se por "possuidor de uma mina" no sentido do § 148 da Lei Geral Prussiana de Minas de 1865[77], só poderia entender-se o proprietário da mina ou também um locatário ou um usufrutuário – se o legislador da época tinha distinguido ou não entre proprietário e possuidor de uma mina. Se o legislador de então tivesse em todo caso feito esta distinção, tal como hoje se compreende ela, resulta daí que não quis, de todo em todo, excluir a responsabilidade de um locatório ou usufrutuário. Teriam, então, que existir – o que o Supremo Tribunal Federal Alemão viu acertadamente – razões especiais, como o escopo ou a ideia de base do preceito, para que o significado da expressão "possuidor de uma mina" fosse aqui entendido num sentido estrito, a saber: como equivalente a "proprietário de uma mina"[78].

O SENTIDO LITERAL DA LEI	
Há de se partir, ao averiguar o possível e aqui, porventura, decisivo sentido literal, do uso linguístico ao momento do surgimento da lei ou do uso no presente?	O legislador parte do uso linguístico do seu tempo. Se se trata de um termo da linguagem técnico-jurídica, que o legislador usou no sentido que era entendido no seu tempo, há que partir do significado de então do termo.

É diferente quando o significado de um termo não estava fixado num determinado sentido à data do surgimento da lei, sentido que o legislador fez seu. Então é recomendável tomar como limite da interpretação o sentido literal que é hoje possível, no caso de, deste modo, se possibilitar uma

77 LARENZ, 1997, p. 455.

78 LARENZ, 1997, p. 456.

interpretação que chegue a ser mais conforme com o fim ou com a ideia de base da norma. Pois que, de qualquer modo, o leitor de hoje capta o sentido da norma segundo a sua compreensão atual da linguagem de maneira que não lhe acontece nada que não tenha sido de alguma maneira presumido se puser esse sentido de ora em diante como base de interpretação[79].

O SENTIDO LITERAL DA LEI	
É recomendável tomar como limite da interpretação o sentido literal que é hoje possível	No caso de, deste modo, se possibilitar uma interpretação que chegue a ser mais conforme com o fim ou com a ideia de base da norma.

O caso seguinte é bem um caso de fronteira. Uma ofensa corporal será mais fortemente punida se foi perpetrada por meio de arma ou outro instrumento perigoso. O Supremo Tribunal Federal Alemão considerou o emprego do ácido clorídrico, como meio de ataque contra uma pessoa, uso de "arma" no sentido da lei penal. Considerou que o uso linguístico anterior entendia por "armas" verdadeiramente, apenas meios que atuam mecanicamente, mas que o uso linguístico se modificou sob a influência do desenvolvimento tecnológico, de modo que agora também poderiam ser consideradas "armas" meios que atuam quimicamente. Entender o conceito de arma neste possível sentido amplo, segundo o uso linguístico atual, está de acordo com o sentido e o escopo do preceito jurídico-penal em questão. A resolução foi criticada, sobretudo, por D. Reinicke. Argumenta ele que o conceito jurídico-penal de "arma" não é um conceito em branco que possa ser preenchido segundo o entendimento da linguagem em cada caso; teria antes que ser interpretado do jeito em que foi entendido no momento da elaboração da lei. Ao vertê-lo em meios de ataque que atuam de modo diverso do mecânico, tratar-se-ia, na verdade, de uma analogia (proibida). Engisch considera a resolução "pelo menos problemática". Larenz, no entanto, a reputa legítima[80].

O SENTIDO LITERAL DA LEI	
O emprego do ácido clorídrico, como meio de ataque contra uma pessoa, uso de "arma" no sentido da lei penal	O uso linguístico anterior entendia por "armas" verdadeiramente, apenas meios que atuam mecanicamente, mas que o uso linguístico se modificou sob a influência do desenvolvimento tecnológico, de modo que agora também poderiam ser consideradas "armas" meios que atuam quimicamente.

79 LARENZ, 1997, p. 456.

80 LARENZ, 1997, p. 456-457.

Por conseguinte, o sentido literal a extrair do uso linguístico geral ou, sempre que ele exista, do uso linguístico especial da lei ou do uso jurídico linguístico geral, serve à interpretação, antes de mais, como uma primeira orientação, assinalando, por outro lado, enquanto sentido literal possível – quer seja segundo o uso linguístico de outrora, quer seja segundo o atual –, o limite da interpretação propriamente dita. Delimita, de certo modo, o campo em que se leva a cabo a posterior atividade do intérprete[81].

6.2.2. O contexto significativo da lei

Qual, de entre as múltiplas variantes de significado que podem corresponder a um termo segundo o uso da linguagem, deva em cada caso ser considerada adequada, em regra? É preciso lembrar que nem sempre esse termo e o seu significado contarão com o apoio do contexto em que é empregado, vez que esse poderá oscilar. Isto porque o mesmo termo poderá ser empregado em contextos diferentes. O contexto significativo da lei determina, em primeiro lugar, da mesma maneira, a compreensão de cada uma das frases e palavras, tal como também, aliás, a compreensão de uma passagem do texto é codeterminada pelo contexto. Até aqui não se trata mais do que da forma mais simples do anteriormente mencionado (a "estrutura circular" do compreender e a importância da "pré-compreensão") "círculo hermenêutico". Uma lei é constituída, como se mencionou anteriormente (proposições jurídicas incompletas), as mais das vezes, por proposições jurídicas incompletas – a saber: aclaratórias, restritivas e remissivas –, que só conjuntamente com outras normas se complementam numa norma jurídica completa ou se associam numa regulação. O sentido de cada proposição jurídica só se infere, as mais das vezes, quando se a considera como parte da regulação a que pertence (a solução da colisão de princípios e normas mediante a "ponderação de bens")[82].

O CONTEXTO SIGNIFICATIVO DA LEI	
O contexto significativo da lei determina	A compreensão de cada uma das frases e palavras, tal como também, aliás, a compreensão de uma passagem do texto é codeterminada pelo contexto.
Círculo hermenêutico	A "estrutura circular" do compreender e a importância da "pré-compreensão".

81 LARENZ, 1997, p. 457.
82 LARENZ, 1997, p. 457.

Para compreender a regulação da aquisição da propriedade de boa-fé *a non domino*, tem de se relacionar o § 935 com o § 932 do BGB, se se não quiser tirar conclusões precipitadas[83]. Quando a lei remete para outra disposição, tem que ter-se esta em conta para que se esclareça o alcance da norma remissiva. Quem queira fazer uma ideia do que a lei entende por "posse", não deve limitar-se a ler somente o §854 do BGB. Terá de retificar subsequentemente a ideia, que constrói apenas com base neste preceito, no sentido de que a lei não considera "possuidor" o denominado "possuidor em nome alheio" (§855 do BGB), mas sim o possuidor mediato (§868 do BGB). É por vezes difícil ao participante levar plenamente a cabo a distinção que a lei faz entre "posse" e "propriedade", porque no uso linguístico geral ambos os termos são, com frequência, usados como sinônimos. Para chegar a um corrente entendimento da distinção, necessita-se da confrontação comparativa entre os dois complexos de regulação. Algo semelhante se passa com conceitos como capacidade jurídica e capacidade negocial, capacidade de ser parte e capacidade processual, vinculação e disposição. Só com a sua confrontação será cada um plenamente entendido[84].

O CONTEXTO SIGNIFICATIVO DA LEI	
Exemplo	Para compreender a regulação da aquisição da propriedade de boa-fé *a non domino*, tem de se relacionar o § 935 com o § 932 do BGB, se se não quiser tirar conclusões precipitadas.
O corrente entedimento	Para chegar a um corrente entendimento da distinção, necessita-se da confrontação comparativa entre os dois complexos de regulação.

Para além desta função geral do contexto, proporcionadora da compreensão, o contexto significativo da lei desempenha, ainda, um amplo papel em ordem à sua interpretação, ao poder admitir-se uma <u>*concordância objetiva*</u> entre as disposições legais singulares. Entre várias interpretações possíveis segundo o sentido literal, deve por isso ter prevalência aquela que possibilita a garantia de concordância material com outra disposição. Um bom exemplo de interpretação "sistemática", que se apoia na assunção da concordância material de dois preceitos, é dado num acórdão do Supremo Tribunal Federal Alemão sobre o quantitativo de uma "renda por construção para além dos limites do prédio" sobre prédio vizinho, nos termos do § 912 do BGB. Para fixação do quantita-

83 LARENZ, 1997, p. 457-458.

84 LARENZ, 1997, p. 458.

tivo de renda é, nos termos do § 912, parágrafo 2º, do BGB, "determinante o momento em que se ultrapassaram os limites". A questão era de se então seria decisivo, para quantificação do valor de mercado averiguado neste momento, a superfície indevidamente edificada ou um eventual valor mais elevado que resulte de uma posterior urbanização da superfície restante, com consideração das circunstâncias em que poderia estar aqui incluída a superfície edificada[85].

O CONTEXTO SIGNIFICATIVO DA LEI	
Função geral do contexto	Proporcionadora da compreensão.
Outra função do contexto	O contexto significativo da lei desempenha, ainda, um amplo papel em ordem à sua interpretação, ao poder admitir-se uma *concordância objetiva* entre as disposições legais singulares.
Interpretação sistemática	Entre várias interpretações possíveis segundo o sentido literal, deve por isso ter prevalência aquela que possibilita a garantia de concordância material com outra disposição.

O Supremo Tribunal Federal Alemão constatou em primeiro lugar, e bem, que o teor literal do § 912, parágrafo 2º, do BGB nada diz a este respeito. Mas logo aduziu em comparação a disposição do § 915, parágrafo 1º, do BGB, segundo o qual o titular do direito à renda, ou seja, o proprietário do solo edificado, ou quem juridicamente entrou, em segundo plano, na sua posição, pode exigir a todo o tempo que aquele que está vinculado ao pagamento da renda "lhe entregue, em troca da transmissão da propriedade da parte edificada, o valor que esta parte tinha à data em que ultrapassaram os limites". O Supremo Tribunal Federal Alemão é de parecer que, com o valor da parte edificada, só se poderia querer significar o seu valor de mercado à data em que se ultrapassaram os limites, mas não, por exemplo, o valor acrescido em consequência de uma urbanização posterior. Ora bem, relativamente ao montante que o proprietário da parte edificada deveria poder exigir como contrapartida da transmissão da propriedade, trata-se claramente de uma capitalização de renda por construção em prédio vizinho, nos termos do § 912 do BGB. Por isso, concluiu o Supremo Tribunal Federal Alemão, para a fixação do quantitativo da renda tem de se ter como base o mesmo valor de que a lei parte no § 915[86].

85 LARENZ, 1997, p. 458-459.

86 LARENZ, 1997, p. 459.

O CONTEXTO SIGNIFICATIVO DA LEI	
Exemplo	Um bom exemplo de interpretação "sistemática", que se apoia na assunção da concordância material de dois preceitos, é dado num acórdão do Supremo Tribunal Federal Alemão sobre o quantitativo de uma "renda por construção para além dos limites do prédio" sobre prédio vizinho, nos termos do § 912 do BGB.

Nos §§ 987 e seguintes do BGB (Código Civil Alemão), a lei regula as pretensões entre o proprietário não possuidor e o possuidor de uma coisa. Para o efeito, distingue no § 990 entre o possuidor que ao entrar na posse estava de boa-fé e o que não estava. Essa distinção só pode fazer-se com pleno sentido em relação com o possuidor que objetivamente não obteve qualquer direito à posse face ao proprietário e que, nestes termos, está obrigado à restituição da coisa, em conformidade com os §§985 e 986 do BGB. A doutrina retirou daqui a conclusão de que os §§987 e seguintes do BGB só são aplicáveis na sua globalidade a quem não esteja, face ao proprietário titulado, na posse ou a um possuidor que exceda o seu direito de posse. Também aqui se pressupõe que uma regulação coerente é em si harmônica[87].

O CONTEXTO SIGNIFICATIVO DA LEI	
Nos §§ 987 e seguintes do BGB (Código Civil Alemão), a lei regula as pretensões entre o proprietário não possuidor e o possuidor de uma coisa.	Também aqui se pressupõe que uma regulação coerente é em si harmônica.

Uma referência à concordância material de preceitos pode oferecê-la a sistemática externa da lei. Da inserção dos §§ 842 e seguintes do BGB, sobre a extensão do dever de indenizar e sobre "indenização por danos morais", na seção sobre "ações ilícitas", pode deduzir-se que estes preceitos só valem precisamente para aqueles deveres de indenização por danos que se baseiam numa "ação ilícita", no sentido desta seção, mas não para os deveres de indenização resultantes de inadimplemento de contrato[88].

87 LARENZ, 1997, p. 459.

88 LARENZ, 1997, p. 459-460.

O CONTEXTO SIGNIFICATIVO DA LEI	
Uma referência à concordância material de preceitos	Pode oferecê-la a sistemática externa da lei.

A não ser assim, a sua inserção haveria de ter tido lugar nos preceitos da Parte Geral do Direito das Obrigações, relativos ao conteúdo do dever de indenizar (§§ 249 e seguintes do BGB). Todavia, o argumento decorrente da posição sistemática de um preceito na lei, ou seja, do "sistema externo" desta, não pode ser sobrestimado[89]. Assim, o Direito das Coisas do BGB regula uma série de "relações obrigacionais legais", como a que intercede entre o proprietário não possuidor e o possuidor não titulado para a posse (§§ 987 e seguintes do BGB) ou entre proprietário e usufrutuário (§§ 1036, parágrafo 2º, 1037 e seguintes do BGB) que, bem entendido, têm os seus fundamentos numa relação jurídica de Direito das Coisas, mas que estão sujeitas, na sua configuração intrínseca, às regras do Direito das Obrigações. Em contrapartida, encontram-se também no Direito das Obrigações preceitos particulares de conteúdo jurídico-real, por exemplo, sobre direitos hipotecários legais. De vez em quando, a lei, atendendo à concordância material dos preceitos, afastou-se na sua ordenação sistemática externa da sistematização conceitual que lhe é subjacente. Esta oferece por seu lado, na verdade, um apoio à interpretação; assim, por exemplo, o § 816 do BGB só pode ser compreendido tomando como pano de fundo a distinção conceitual entre negócio de disposição e de obrigação[90].

O CONTEXTO SIGNIFICATIVO DA LEI	
O argumento decorrente da posição sistemática de um preceito na lei, ou seja, do "sistema externo" desta	Não pode ser sobrestimado.
De vez em quando, a lei, atendendo à concordância material dos preceitos	Afastou-se na sua ordenação sistemática externa da sistematização conceitual que lhe é subjacente.

Mas existem também complexos de regulação que não podem classificar-se integralmente no sistema conceitual; assim, o registro preliminar e os "direitos dever" jurídico familiares. De mais a mais, o sistema conceitual não oferece mais que uma orientação tosca; para uma orientação apurada

89 LARENZ, 1997, p. 460.

90 LARENZ, 1997, p. 460.

existe uma distância considerável. Assim, por exemplo, para a questão sobre o que deva ser considerado como "qualidade" da coisa, no sentido do § 119, parágrafo 2º, do BGB, e quando haja esta de ser vista como "essencial no tráfego", a sistemática nada oferece. A interpretação remete aqui para outras considerações, como, por exemplo, a representação da norma do legislador histórico ou o "sentido racional" do preceito e a repartição de risco nele coenvolvida[91].

O CONTEXTO SIGNIFICATIVO DA LEI	
Existem também complexos de regulação que não podem classificar-se integralmente no sistema conceitual	Assim, o registro preliminar e os "direitos dever" jurídico familiares.

A questão relativa à conexão de significado da lei não pode nem desligar-se completamente da questão relativa ao sentido literal possível, nem ser respondida com a questão relativa ao sentido literal possível, nem ser respondida com a questão relativa a outros critérios de interpretação. A conexão de significado da lei, e também a sistemática conceitual que lhe é subjacente, só é compreensível quando se tomam também em consideração os fins da regulação. A distinta regulação da posse e da propriedade só será compreensível pelo fato de que a lei permite conceder uma tutela provisória à posse no interesse da manutenção da paz e, para além disto, atribui-lhe certas funções na transmissão de direitos reais, assim como em relação à situação probatória, enquanto que propriedade vê o senhorio, juridicamente assegurado de modo pleno, de uma pessoa sobre a coisa. O significado do § 935, parágrafo 1º, do BGB, só será plenamente compreensível se se conhecer a valoração da lei nele plasmada em relação com os interesses em conflito do proprietário (relativos à manutenção da sua propriedade) e do adquirente de boa-fé, que confia na legitimidade do alienante. Só a partir desta valoração se pode determinar o que é que significa "perda" no sentido deste preceito[92-93].

91 LARENZ, 1997, p. 460-461.

92 LARENZ, 1997, p. 461.

93 Diz, acertadamente, WESTERMANN que a delimitação entre abandono voluntário e extravio tem importância sobretudo para o § 935 e, por isso, tem que inferir-se da situação de interesses decisiva para o § 935. A partir dele, quer dizer, da sua valoração legal por meio de uma combinação do princípio da "aparência jurídica" e do "princípio da causa" qualifica logo (no § 49 I) o extravio como perda involuntária da posse imediata.

O CONTEXTO SIGNIFICATIVO DA LEI	
A questão relativa à conexão de significado da lei	Não pode nem desligar-se completamente da questão relativa ao sentido literal possível, nem ser respondida com a questão relativa ao sentido literal possível, nem ser respondida com a questão relativa a outros critérios de interpretação.
A conexão de significado da lei, e também a sistemática conceitual que lhe é subjacente	Só é compreensível quando se tomam também em consideração os fins da regulação.

Também aqui se patenteia, uma vez mais, a peculiaridade do processo de compreender como um <u>*movimento de ida e retorno*</u>: sabemos de imediato, pela conexão de significado de ambas as disposições, que a regra expressada no § 932 do BGB é restringida pelo § 935, parágrafo 1º. A pergunta sobre o fundamento desta restrição conduz à concepção legislativa, e à valoração nela contida, da situação de interesses; a partir deste ponto, a consideração retorna ao significado de um termo particular, aqui o de "perder", e delimita-o face ao do mais próximo. O círculo fecha-se com o conhecimento de que a interpretação encontrada está situada nos quadros do sentido literal possível e que se lhe não depara no demais qualquer objeção[94].

O CONTEXTO SIGNIFICATIVO DA LEI	
A peculiaridade do processo de compreender	Como um <u>*movimento de ida e retorno.*</u>
O círculo do compreender fecha-se	Com o conhecimento de que a interpretação encontrada está situada nos quadros do sentido literal possível e que se lhe não depara no demais qualquer objeção.

O critério do contexto significativo exige, em primeiro lugar, prestar atenção ao contexto, tal como se requer para a compreensão de todo o discurso ou escrito coerentes. Exprime, para além disso, a concordância material das disposições adentro de uma regulação e, ainda, o tomar em conta da ordenação externa da lei e da sistemática conceitual a ela subjacente, às quais, todavia, só cabe um valor limitado para a interpretação. A conexão de significado da lei, por seu lado, só pode ser plenamente compreendida, em muitos casos, quando se retorna à teleologia da lei e ao "sistema inter-

94 LARENZ, 1997, p. 461-462.

no", que lhe subjaz, das opções valorativas e princípios reitores. A questão relativa à conexão de significado conduz então aos critérios teleológicos. Com o que se confirma a observação de Friedrich Müller[95] de que "as regras tradicionais de interpretação" não podem ser individualizadas como "métodos" independentes em si. Ao invés, manifestam-se no processo de concretização "não só complementando-se e apoiando-se umas às outras, mas sempre entrelaçadas materialmente umas com as outras logo desde o princípio". Isto deveria dar o que pensar àqueles que pretendem que o intérprete pode escolher entre diferentes métodos[96].

O CONTEXTO SIGNIFICATIVO DA LEI	
O critério do contexto significativo exige	Em primeiro lugar, prestar atenção ao contexto, tal como se requer para a compreensão de todo o discurso ou escrito coerentes.
Observação de FRIEDRICH MÜLLER	As regras tradicionais de interpretação" não podem ser individualizadas como "métodos" independentes em si.

6.2.3. Intenção reguladora, fins e ideias normativas do legislador histórico

Se, como frequentemente acontece, o sentido literal resultante do uso linguístico geral ou de um uso linguístico especial por parte da lei, assim como o contexto significativo da lei e a sistemática conceitual que lhe é subjacente deixam sempre em aberto diferentes possibilidades de interpretação, é natural que se pergunte sobre qual a interpretação que melhor corresponde à intenção reguladora do legislador ou a ideia normativa[97].

INTENÇÃO REGULADORA, FINS E IDEIAS NORMATIVAS DO LEGISLADOR HISTÓRICO	
É natural que se pergunte sobre qual a interpretação que melhor corresponde à intenção reguladora do legislador ou a ideia normativa	Porque há muitas técnicas (ou "métodos") de interpretação que podem levar a interpretação a diferentes direções.

Com isto chega-se ao elemento "histórico" da interpretação, o qual, como foi exposto ao início, há de ter-se em conta, também, ao averiguar do

95 MÜLLER, Friedrich. **Métodos de Trabalho do Direito Constitucional.** 2ª edição. Tradução: Peter Naumann. São Paulo: Max Limonad, 2000, p. 61.

96 LARENZ, 1997, p. 462.

97 LARENZ, 1997, p. 462.

sentido da lei normativamente determinante. Sobretudo a intenção reguladora do legislador e as decisões valorativas por ele encontradas para alcançar manifestamente este desiderato continuam a ser arrimo obrigatório para o juiz, mesmo quando acomoda a lei – por via da interpretação teleológica ou do desenvolvimento do Direito – a novas circunstâncias, não previstas pelo legislador, ou quando a complementa. Aqui surge, abertamente e de imediato, a questão de saber de que pessoas se trata, quando se pergunta pela vontade ou pela ideia normativa "do legislador"[98].

INTENÇÃO REGULADORA, FINS E IDEIAS NORMATIVAS DO LEGISLADOR HISTÓRICO	
Elemento "histórico" da interpretação	O qual há de ter-se em conta, também, ao averiguar do sentido da lei normativamente determinante.

Nos Estados Modernos, o legislador não é uma pessoa individual, mas, em regra, uma assembleia, o parlamento, e em alguns Estados, um corpo legislativo composto por duas câmaras; de vez em quando é-o mesmo a totalidade dos cidadãos eleitores. Seria, evidentemente, inútil investigar as ideias que do significado desta ou daquela disposição legal fizeram todas as pessoas que tomaram parte no processo legislativo ou, pelo menos, aquelas que deram o seu assentimento ao projeto de lei. Tais ideias não podem ser averiguadas, e, se o pudessem, quais deveriam ser as determinantes quando são divergentes? Por esse motivo, alguns contentam-se com a suposição de que os membros de um corpo legislativo, em regra, "aceitaram o sentido que os verdadeiros autores da lei deram conjuntamente ao texto legal por eles elaborado e que manifestam na exposição de motivos"[99]. Como "vontade do legislador" teriam, nestes termos, valido as ideias normativas da comissão consultiva ou dos relatores ministeriais que tomaram parte na elaboração da lei e, em todo o caso, as dos membros da comissão parlamentar[100].

INTENÇÃO REGULADORA, FINS E IDEIAS NORMATIVAS DO LEGISLADOR HISTÓRICO	
De que pessoas se trata, quando se pergunta pela vontade ou pela ideia normativa "do legislador"?	Alguns contentam-se com a suposição de que os membros de um corpo legislativo, em regra, "aceitaram o sentido que os verdadeiros autores da lei deram conjuntamente ao texto legal por eles elaborado e que manifestam na exposição de motivos".

98 LARENZ, 1997, p. 463.
99 LARENZ, 1997, p. 463.
100 LARENZ, 1997, p. 463.

Como "vontade do legislador" teriam, neste termos o que?	As ideias normativas da comissão consultiva ou dos relatores ministeriais que tomaram parte na elaboração da lei e, em todo o caso, as dos membros da comissão parlamentar.

Com isto simplifica-se excessivamente a coisa. Certamente que a maioria dos membros do corpo legislativo confia, no tocante aos pormenores da lei por eles aprovada, na perícia, na circunspecção e na técnica de formulação, quer do autor do projeto, quer dos deputados pertencentes à comissão parlamentar competente. Face à extensão da legislação atual, eles próprios não estão de modo algum em situação de formar uma opinião pessoal sobre os pormenores da lei[101].

Aquilo sobre que formam uma opinião e aquilo que na verdade aprovam é unicamente a intenção reguladora e os fins da lei, as repercussões sociopolíticas (sobretudo no caso de leis-medida), a "tendência" global da lei. Para além disso, tomam porventura posição sobre certas questões particulares que eram anteriormente controvertidas. No restante, contentam-se em dar a sua aprovação à lei na sua globalidade, confiando aí em que o texto está de acordo com os fins por eles aprovados e com os pontos de vista que, em sua opinião, são de ter em conta, e que serão interpretados neste sentido pelos órgãos chamados a aplicar a lei, pelas autoridades administrativas e pelos tribunais. A sua aprovação vale, portanto, só para o texto enquanto tal, não para uma determinada interpretação do texto[102].

INTENÇÃO REGULADORA, FINS E IDEIAS NORMATIVAS DO LEGISLADOR HISTÓRICO	
Aquilo sobre que formam uma opinião e aquilo que na verdade aprovam	É unicamente a intenção reguladora e os fins da lei, as repercussões sociopolíticas (sobretudo no caso de leis-medida), a "tendência" global da lei.
A aprovação do legislador	Vale, portanto, só para o texto enquanto tal, não para uma determinada interpretação do texto.

Daqui resulta que tem de se distinguir, de um lado, a intenção reguladora, os fins e as hierarquia, bem como as opções fundamentais do legislador e, por outro lado, as ideias normativas concretas das pessoas que tomaram parte na assessoria e redação do texto legislativo. Só os fins, estatuição de valores e opções fundamentais determinados na intenção reguladora ou que dela decorrem, sobre os quais, de fato, os participantes no ato legislativo tomaram posição, podem ser designados como "vontade do legislador", que

101 LARENZ, 1997, p. 463-464.

102 LARENZ, 1997, p. 464.

se realiza mediante a lei. É a eles que a interpretação há de orientar-se em primeira linha, pois só assim pode garantir-se o papel preponderante dos órgãos legislativos adentro no processo global de criação e concretização do Direito. Em contrapartida, as ideias normativas concretas, ou seja, ideias claras sobre o significado e alcance precisos de uma disposição particular ou de um termo particular, podem esperar-se, antes do mais, dos autores do texto de lei ou dos membros das comissões de assessoria. Mas não são, nem individualmente nem a sua globalidade, "o legislador"[103].

INTENÇÃO REGULADORA, FINS E IDEIAS NORMATIVAS DO LEGISLADOR HISTÓRICO	
Podem ser designados como "vontade do legislador"?	Só os fins, estatuição de valores e opções fundamentais determinados na intenção reguladora ou que dela decorrem, sobre os quais, de fato, os participantes no ato legislativo tomaram posição.
As ideias normativas concretas, ou seja, ideias claras sobre o significado e alcance precisos de uma disposição particular ou de um termo particular	Podem esperar-se, antes do mais, dos autores do texto de lei ou dos membros das comissões de assessoria.

As suas opiniões são, não obstante, de valor relevante para a interpretação, pois que pode supor-se que na escolha dos termos terão empreendido reflexões sobre o seu alcance e que tratam de os escolher de modo a que se aproximassem tanto quanto possível da intenção reguladora do legislador por eles compartilhada e analisada mais em pormenor. No entanto, estas opiniões não representam qualquer bitola vinculativa para o intérprete, que, pelo contrário, se afastará delas amiúde, porque as ideias normativas dos autores da lei ficam geralmente aquém das possibilidades de aplicação da norma, mesmo quando se não apoiam de antemão numa avaliação errônea da situação normativa[104].

INTENÇÃO REGULADORA, FINS E IDEIAS NORMATIVAS DO LEGISLADOR HISTÓRICO	
Estas opiniões não representam qualquer bitola vinculativa para o intérprete	Que, pelo contrário, se afastará delas amiúde, porque as ideias normativas dos autores da lei ficam geralmente aquém das possibilidades de aplicação da norma, mesmo quando se não apoiam de antemão numa avaliação errônea da situação normativa.

103 LARENZ, 1997, p. 464.

104 LARENZ, 1997, p. 464-465.

A informação sobre as ideias normativas dos autores da lei resulta com frequência da gênese da lei[105]. De acordo com o § 197 do BGB, prescrevem em quatro anos, entre outras, as pretensões ao pagamento de juros, do preço do arrendamento e do uso e fruição, de rendas, de contribuições para a manutenção "e de todas as demais prestações que regularmente se repetem". Ora bem, seria questionável se adentro das "prestações que regularmente se repetem", no sentido desta disposição, se incluem também os direitos de participação nos lucros que, na verdade, vencem em prazos que se repetem com regularidade, mas em quantitativo variável e que, por falta de um lucro, podem não existir uma ou mais vezes. O Supremo Tribunal Federal alemão respondeu afirmativamente a esta questão.

INTENÇÃO REGULADORA, FINS E IDEIAS NORMATIVAS DO LEGISLADOR HISTÓRICO	
A informação sobre as ideias normativas dos autores da lei	Resulta com frequência da gênese da lei.

O sentido literal não vai contra isto; da história da gênese do § 197 do BGB[106] resulta que nos primeiros projetos se tinha falado de "todas as demais prestações que devam ser satisfeitas em prazos que regularmente se repetem". Nesta redação, a palavra "regulamente" foi referida evidentemente só aos prazos, não aos quantitativos da prestação. Com a posterior modificação da formulação não foi intentada pelos autores qualquer alteração de substância. O quantitativo variável não será assim obstáculo à classificação dos direitos de participação nos lucros adentro das "prestações que regularmente se repetem". Mas, se não se trata do mesmo quantitativo, tampouco é obstáculo à classificação que num determinado prazo possa eventualmente não resultar de todo em todo qualquer direito. O Supremo Tribunal Federal alemão teria podido, todavia, indicar que aqui se trata apenas de um caso-limite, porque tipicamente se contará com a obtenção de um lucro, se bem que de montante incerto[107].

Como fontes de conhecimento das ideias normativas das pessoas envolvidas na preparação e redação da lei, entram em consideração, em primeiro lugar[108], os diferentes projetos, as atas das comissões de assessoria e as exposi-

---

105 Apesar de algumas afirmações que parecem ir ao contrário, a jurisprudência dos tribunais superiores invocou constantemente como determinante a história da gênese quando dela houvesse de se retirar algo de essencial para a interpretação de um preceito legislativo.

106 LARENZ, 1997, p. 465.

107 LARENZ, 1997, p. 465.

108 LARENZ, 1997, p. 465-466.

ções de motivos juntas aos projetos e, para as ideias das pessoas envolvidas no próprio ato legislativo, as atas das sessões parlamentares. Estes testemunhos hão de por sua vez interpretar-se tendo como pano de fundo o entendimento linguístico da época, assim como a doutrina e a jurisprudência de então, sempre que os autores da lei as quiseram expressamente admitir ou foram manifestamente por elas influenciadas, bem como da situação normativa que ao legislador de então se deparava, quer dizer, aqueles dados reais de que ele quis dar conta. É este o ponto em que as indagações históricas, do sentido mais amplo, se convertem em meio auxiliar da interpretação jurídica[109].

INTENÇÃO REGULADORA, FINS E IDEIAS NORMATIVAS DO LEGISLADOR HISTÓRICO	
Como fontes de conhecimento das ideias normativas das pessoas envolvidas na preparação e redação da lei	Entram em consideração, em primeiro lugar, os diferentes projetos, as atas das comissões de assessoria e as exposições de motivos juntas aos projetos e, para as ideias das pessoas envolvidas no próprio ato legislativo, as atas das sessões parlamentares.

As mesmas fontes de conhecimento servem também para averiguação da intenção reguladora e dos fins do legislador, sempre que estes não sejam já evidentes a partir da própria lei, de um preâmbulo, das disposições introdutórias, das epígrafes, do contexto significativo da lei e das decisões valorativas daí resultantes. Uma regulação pode com frequência ter racionalmente só um único fim. Assim, a jeito de exemplo, é evidente que a lei de venda a prestações quer proteger o comprador a prestações de certos perigos que podem resultar da configuração das condições do contrato; por exemplo, de perder, no caso de pagamento não atempado, tanto a coisa comprada como o preço, ou ter de pagar imediatamente a soma total por causa de um atraso insignificante no pagamento. A maior parte das vezes, uma regulação legal persegue, no entanto, não apenas um fim, mas fins diversos em diferente grau. As regras sobre a situação jurídica das pessoas com capacidade negocial limitada (§ 107 e seguintes do BGB) têm por fim, em primeira linha, a proteção destas pessoas frente às consequências potencialmente desfavoráveis dos seus próprios atos[110].

109 LARENZ, 1997, p. 466.

110 LARENZ, 1997, p. 466.

INTENÇÃO REGULADORA, FINS E IDEIAS NORMATIVAS DO LEGISLADOR HISTÓRICO	
As mesmas fontes de conhecimento servem também para averiguação da intenção reguladora e dos fins do legislador	Sempre que estes não sejam já evidentes a partir da própria lei, de um preâmbulo, das disposições introdutórias, das epígrafes, do contexto significativo da lei e das decisões valorativas daí resultantes.

Mas ao mesmo tempo, restringe-lhes aquela medida de possibilidade de atuação jurídico-negocial própria que, na opinião do legislador, é compatível com este fim e socialmente desejável. A isto servem antes do mais os §§ 110, 112 e 113 do BGB. Finalmente, a lei não deixa também de considerar o "interesse oposto" da parte que negocie com o menor, que queria sobretudo saber em que situação se encontra. Ocupa-se deste ponto nos §§ 108, parágrafo 2º, 1098 e 111. A lei não vai tão longe que trate como eficaz o contrato celebrado por um menor sem autorização, em benefício da parte que agiu de boa-fé, que não conhecia a menoridade e a falta de autorização; limita o direito de resolução da parte que agiu de boa-fé à aceitação do contrato por parte dos representantes legais do menor. Mais longe vai a tutela da contraparte num negócio jurídico unilateral celebrado pelo menor[111].

Se nos são postos à claro pelo legislador estes diferentes fins de regulação e a valoração deles expressa na regulação, podem também daí retirar-se certas consequências em ordem à interpretação das disposições particulares. Assim, o fim primordial da proteção do menor vai claramente no sentido de que o conceito dos negócios, pelos quais o menor "não alcança unicamente uma vantagem jurídica", deve interpretar-se de modo estrito no § 107 do BGB. Não se trata aí de se o negócio jurídico concreto é ou não vantajoso para o menor, por exemplo no seu resultado econômico de conjunto. Julgar sobre isto, e sobre a questão de se a sua celebração redunda realmente no interesse do menor, é coisa que deve ser deixada aos representantes legais. Nestes termos, o menor só pode celebrar por si só aqueles negócios jurídicos a cuja celebração não vão ligadas para si desvantagens jurídicas de qualquer espécie, de modo que não se chega, de todo em todo, a colocar a questão de se as vantagens sobrelevam as desvantagens[112].

111 LARENZ, 1997, p. 466-467.

112 LARENZ, 1997, p. 467. Em sentido contrário, STÜRNER, que propõe que sejam tidas em conta apenas aquelas desvantagens jurídicas que caracteristicamente representam um risco para o patrimônio do menor.

INTENÇÃO REGULADORA, FINS E IDEIAS NORMATIVAS DO LEGISLADOR HISTÓRICO	
Se nos são postos à claro pelo legislador estes diferentes fins de regulação e a valoração deles expressa na regulação	Podem também daí retirar-se certas consequências em ordem à interpretação das disposições particulares.

Mas, por outro lado, os preceitos relativos à proteção daquele que tem capacidade negocial limitada tampouco necessitam de ser aplicados em maior extensão do que aquela que está justificada pelo seu escopo. Se um menor dispõe, sem consentimento dos seus representantes legais, de uma coisa que lhe não pertence, não extraviada ao proprietário, a favor de um adquirente de boa-fé, a disposição do menor pode considerar-se eficaz. Certamente que isso não lhe traz vantagem jurídica alguma, mas tampouco pode lhe trazer alguma desvantagem, uma vez que, no caso da sua eficácia, não afeta o seu patrimônio, mas o do até aí proprietário. Trata-se de um, assim denominado, negócio jurídico "indiferente", que traz ao menor vantagem nem desvantagem jurídicas[113].

Ao arrepio do estrito sentido literal do § 107 do BGB a doutrina dominante considera, por isso, um tal negócio como eficaz[114]. Não obstante, já não se trata aqui de uma interpretação em sentido estrito, mas de uma correção do teor literal da disposição, de acordo com a ideia de proteção a ela subjacente[115]. Esta correção encontra apoio na disposição do § 165 do BGB, que diz respeito a um outro caso de "negócio indiferente". Tais correções do teor literal da lei em conformidade com o escopo da mesma pertencem à esfera da redução ou extensão teleológica, quer dizer, a um *desenvolvimento do Direito "imanente à lei"*[116].

INTENÇÃO REGULADORA, FINS E IDEIAS NORMATIVAS DO LEGISLADOR HISTÓRICO	
Correção do teor literal da disposição	Tais correções do teor literal da lei em conformidade com o escopo da mesma pertencem à esfera da redução ou extensão teleológica, quer dizer, a um desenvolvimento do Direito "imanente à lei".

---

113 LARENZ, 1997, p. 467-468.

114 Assim, v. THUR, *Allgemeiner Teil,* vol. 1, pág. 341, nota 49; ENNECCERUS-NIPPERDEY, *Allgemeiner Teil,* § 151, nota 7; FLUME, *Allgemeiner Teil,* § 13, 7b; bem como a maioria dos comentários. A isto não se opõe o fato de que o menor que realiza sem autorização um ato de disposição está sujeito a pretensões por enriquecimento decorrentes do § 816 do BGB e possivelmente a responsabilidade delitual. Estas consequências, para ele desvantajosas, não decorrem do conteúdo do próprio negócio jurídico por ele celebrado, mas de outras disposições legais, em virtude das circunstâncias concomitantes.

115 LARENZ, 1997, p. 468.

116 LARENZ, 1997, p. 564-568.

Interpretação teleológica quer dizer interpretação de acordo com os fins cognoscíveis e as ideias fundamentais de uma regulação. A disposição particular há de ser interpretada no quadro do seu sentido literal possível e em concordância com o contexto significativo da lei, no sentido que corresponda otimamente à regulação legal e à hierarquia destes fins. A esse respeito, o intérprete há de ter sempre presentes a globalidade dos fins que servem de base a uma regulação. Certamente que estes fins terão sido as mais das vezes tidos também em conta pelo legislador, mas este não necessita de ter dado conta de todas as consequências em particular daí decorrentes. É verdade que o intérprete, ao partir dos fins estabelecidos pelo legislador histórico, mas examinando ulteriormente aas suas consequências e ao orientar a eles as disposições legais particulares, vai já para além da "vontade do legislador", entendida como fato histórico, e das ideias normativas concretas dos autores da lei, e entende a lei na sua racionalidade própria[117].

INTENÇÃO REGULADORA, FINS E IDEIAS NORMATIVAS DO LEGISLADOR HISTÓRICO	
Interpretação Teleológica	Quer dizer interpretação de acordo com os fins cognoscíveis e as ideias fundamentais de uma regulação.

Ernst Steindorff propõe reconhecer, de par com o escopo da lei, a "*política da lei*" como um critério de interpretação especialmente no Direito Econômico. "As construções jurídicas e as previsões conformadas" deverão, quanto à sua importância para a interpretação, ficar atrás da "política da lei". Ora bem, os fins de muitas leis situam-se no campo político, seja como for que se queira delimitar o evanescente conceito de "política". Na opinião de Larenz, "política da lei" não pode querer dizer outra, senão os objetivos políticos da lei. Se o objetivo de uma lei se situa no âmbito político-econômico, a "interpretação teleológica" da lei não quer dizer senão que a lei deve ser interpretada de modo a que este objetivo político-econômico seja alcançado do melhor modo possível. Por isso, Larenz é da opinião de "política da lei" e escopo (político) da lei não são critérios de interpretação diferentes[118].

INTENÇÃO REGULADORA, FINS E IDEIAS NORMATIVAS DO LEGISLADOR HISTÓRICO	
ERNST STEINDORFF	Propõe reconhecer, de par com o escopo da lei, a "*política da lei*" como um critério de interpretação especialmente no Direito Econômico.

117 LARENZ, 1997, p. 468.
118 LARENZ, 1997, p. 469.

6.2.4. Critérios teleológico-objetivos

Os fins que o legislador intenta realizar por meio da lei são em muitos casos, ainda que não em todos, fins *objetivos* do Direito, como a manutenção da paz e a justa resolução dos litígios, o "equilíbrio" de uma regulação no sentido da consideração otimizada dos interesses que se encontram em jogo, a proteção dos bens jurídicos e um procedimento judicial justo. Além disso, todos nós aspiramos a uma regulação que seja "materialmente adequada". Só quando se puser esta intenção da parte do legislador se chegará, por via da interpretação, a resultados que possibilitam uma solução "adequada" também no caso concreto[119].

CRITÉRIOS TELEOLÓGICO-OBJETIVOS	
Fins objetivos do direito	Os fins que o legislador intenta realizar por meio da lei.
Fins objetivos do direito	A manutenção da paz e a justa resolução dos litígios, o "equilíbrio" de uma regulação no sentido da consideração otimizada dos interesses que se encontram em jogo, a proteção dos bens jurídicos e um procedimento judicial justo.

Deste modo resultam dois grupos de critérios de interpretação teleológico-objetivo, que têm que ser decisivos em todos aqueles casos em que os critérios até agora discutidos não sejam capazes ainda de dar uma resposta isenta de dúvidas. Por um lado, trata-se das estruturas do âmbito material regulado, dados factuais, em relação aos quais nem o legislador pode alterar o que quer que seja, e que toma em consideração de modo racional a propósito de qualquer regulação; por outro lado, trata-se dos princípios ético-jurídicos, que estão antepostos a uma regulação nos quais a referência de sentido dessa regulação à ideia de Direito se torna apreensível, manifesta. Larenz os chama de teleológico-*objetivos* porque não dependem de se o legislador teve sempre consciência da sua importância para a regulação por ele conformada, conquanto esta só se deixe compreender na sua globalidade enquanto por eles condicionada[120].

119 LARENZ, 1997, p. 469.

120 LARENZ, 1997, p. 469-470.

CRITÉRIOS TELEOLÓGICO-OBJETIVOS	
Dois grupos de critérios de interpretação teleológico-objetivo	I – trata-se das estruturas do âmbito material regulado, dados factuais; II – trata-se dos princípios ético-jurídicos, que estão antepostos a uma regulação.
Dois grupos de critérios de interpretação teleológico-objetivo	Larenz os chama de teleológico-*objetivos.*

A questão de saber qual é a interpretação "materialmente adequada" só pode ser respondida se se tomar em consideração na sua especificidade e na sua estrutura especial a coisa de cuja regulação se trata na norma a interpretar. Isto tornar-se claro sobretudo quando uma norma (ou um complexo de normas) quer regular um extenso setor da vida, sem que possam retirar-se da lei indicações mais concretas sobre a delimitação deste setor. A título de exemplo, é disto que se trata na norma relativa à "empresa", à "ciência", à "arte", à "concorrência", às "profissões liberais", ao "regime dos seguros". Friedrich Müller criou a expressão "domínio da norma" para estes setores a que está orientada uma norma ou regulação. Por tal entende o "segmento da realidade social na sua estrutura fundamental, que o programa da norma "escolheu" ou criou parcialmente como seu âmbito de regulação". A norma jurídica não é, observa, "nenhuma forma vertida autoritariamente na realidade, mas uma consequência ordenadora e disciplinadora a partir da estrutura material do próprio setor social regulado". Isto manifesta-se com especial acuidade no Direito Constitucional. Como prova poderiam ser aqui aduzidas as judiciosas ponderações que o Tribunal Constitucional Federal fez sobre a essência da arte no acórdão "Mephisto"[121].

CRITÉRIOS TELEOLÓGICO-OBJETIVOS	
Qual é a interpretação "materialmente adequada"?	Esta pergunta só pode ser respondida se se tomar em consideração na sua especificidade e na sua estrutura especial a coisa de cuja regulação se trata na norma a interpretar.
FRIEDRICH MÜLLER criou a expressão "domínio da norma"	Para estes setores a que está orientada uma norma ou regulação. Por tal entende o "segmento da realidade social na sua estrutura fundamental, que o programa da norma "escolheu" ou criou parcialmente como seu âmbito de regulação".

121 LARENZ, 1997, p. 470.

O que é a norma jurídica, segundo FRIEDRICH MUÜLLER?	A norma jurídica não é "nenhuma forma vertida autoritariamente na realidade, mas uma consequência ordenadora e disciplinadora a partir da estrutura material do próprio setor social regulado".

As estruturas materiais previamente dadas do "domínio da norma" são, de fato, critérios objetivos de interpretação. São por isso critérios *teleológicos-objetivos*, pois que a sua atendibilidade em ordem à interpretação resulta de que a lei em causa – o que em caso de dúvida deve ser admitido – intenta uma regulação *materialmente adequada*. Quando o legislador, por causa, por exemplo, de um fim por ele considerado como primordial, quis consciente e perceptivelmente sobrepor-se a tais estruturas, eles têm de ser afastados de modo a que o resultado não seja manifestamente absurdo.

CRITÉRIOS TELEOLÓGICO-OBJETIVOS	
As estruturas materiais previamente dadas do "domínio da norma"	São, de fato, critérios objetivos de interpretação.
As estruturas materiais previamente dadas do "domínio da norma"	São por isso critérios teleológicos-objetivos, pois que a sua atendibilidade em ordem à interpretação resulta de que a lei em causa – o que em caso de dúvida deve ser admitido – intenta uma regulação materialmente adequada.

Neste contexto surge a pergunta de em que medida as estruturas materiais do "domínio da norma" são idênticas à denominada "natureza das coisas". De fato, ambos os conceitos coincidem em ampla medida. No entanto, o jurista liga, em regra, ao conceito de "natureza das coisas" a ideia de uma ordem ancoradas nas "coisas", quer dizer, nas próprias relações da vida, se bem que só esboçada e fragmentária, um elemento normativo a extrair do próprio ser. A ideia de uma estruturabilidade material do "domínio da norma" não contém todavia este elemento, e não vai por isso tão longe como a ideia de "natureza das coisas"[122]. Não está necessariamente predeterminado pela sua estrutura material – pensemos, por exemplo, na arte ou na ciência – se um certo setor da vida carece em absoluto de regulação e em que perspectiva. Mas se é regulado, a regulação só é "materialmente adequada" enquanto se ajuste à sua estrutura material. Aí onde o jurista se oriente pela "natureza das coisas", pensa numa regulação desenhada já que pela natureza das coisas, se

122 LARENZ, 1997, p. 471.

bem que susceptível de variação em concreto. Aqui o "se" de uma regulação não pode ser questionável, mas apenas – adentro do quadro traçado – o seu "como". Quando a "natureza das coisas" desenha uma regulação, também ela é critério teleológico-objetivo de interpretação[123].

CRITÉRIOS TELEOLÓGICO-OBJETIVOS	
Em que medida as estruturas materiais do "domínio da norma" são idênticas à denominada "natureza das coisas"?	Ambos os conceitos coincidem em ampla medida. No entanto, o jurista liga, em regra, ao conceito de "natureza das coisas" a ideia de uma ordem ancoradas nas "coisas", quer dizer, nas próprias relações da vida, se bem que só esboçada e fragmentária, um elemento normativo a extrair do próprio ser.

De entre os critérios de interpretação teleológico-objetivos, que decorrem dos fins objetivos do Direito, mais rigorosamente: da ideia de justiça, cabe uma importância decisiva ao princípio de igualdade de tratamento do que é (segundo as valorações gerais do ordenamento jurídico) igual (ou de sentido idêntico). A diferente valoração de previsões valorativamente análogas aparece como uma contradição de valoração, que não é compaginável com a ideia de justiça, no sentido de "igual medida"[124]. Evitar tais contradições de valoração é, portanto, uma exigência tanto para o legislador como para o intérprete. Para este significa que há de interpretar as proposições jurídicas nos quadros do seu sentido literal possível e do contexto significativo, de modo a evitar, na medida do possível, contradições de valoração[125]. Decerto que isto nem sempre é possível; trata-se de um postulado ético-jurídico que só é realizável de modo aproximativo[126]. As "contradições de valoração" não devem ser confundidas com as contradições de normas, que existem quando as normas ordenam para a mesma situação de fato consequências jurídicas que entre si se excluem[127].

123 LARENZ, 1997, p. 471.

124 LARENZ, 1997, p. 471-472.

125 Hagen fala de uma "regra de interpretação no sentido de uma suposição de conformidade das valorações jurídicas para a solução dogmática de problemas objetivos que se correspondem entre si". LARENZ, 1997, p. 472.

126 Engisch adverte acertadamente que as contradições de valoração nem sempre podem ser eliminadas pela interpretação e que tampouco têm de ser necessariamente eliminadas, como o têm de ser as "contradições de normas". De fato, as contradições de valoração entre regulações que se referem a diferentes matérias, muito díspares entre si ou que surgiram em diferentes épocas, nunca podem evitar-se por completo. Consulte-se, Engisch, p. 163 e seguintes. Também neste sentido a lição de Canaris, p. 133 e seguintes.

127 LARENZ, 1997, p. 472.

CRITÉRIOS TELEOLÓGICO-OBJETIVOS	
Os critérios de interpretação teleológico-objetivos	Da ideia de justiça, cabe uma importância decisiva ao princípio de igualdade de tratamento do que é (segundo as valorações gerais do ordenamento jurídico) igual (ou de sentido idêntico).
As "contradições de valoração" não devem ser confundidas com as contradições de normas	Estas existem quando as normas ordenam para a mesma situação de fato consequências jurídicas que entre si se excluem.

Uma contradição de normas *tem* que ser eliminada, seja porque se reconhece prevalência a uma norma, seja mediante a restrição de ambas, uma vez que é logicamente impensável que sobrevenham conjuntamente consequências jurídicas que reciprocamente se excluem. Contradições de valoração no seio do ordenamento jurídico têm que ser, decerto, aceites de vez em quando, mas estão em conflito com o princípio de igual tratamento para o que é igual e, portanto, a valorar identicamente, e, por este motivo, *deveriam* tanto quanto possível ser evitadas[128].

CRITÉRIOS TELEOLÓGICO-OBJETIVOS	
Contradição de normas	*Tem* que ser eliminada, seja porque se reconhece prevalência a uma norma, seja mediante a restrição de ambas, uma vez que é logicamente impensável que sobrevenham conjuntamente consequências jurídicas que reciprocamente se excluem.
Contradições de valoração no seio do ordenamento jurídico	Têm que ser, decerto, aceites de vez em quando, mas estão em conflito com o princípio de igual tratamento para o que é igual e, portanto, a valorar identicamente, e, por este motivo, deveriam tanto quanto possível ser evitadas.

Se se quisesse interpretar o § 107 do BGB no sentido de que um menor não pudesse tampouco celebrar por si só e livremente os denominados negócios "indiferentes", resultaria uma contradição de valoração com o § 165 do BGB, que se refere a um caso especial e, decerto, particularmente importante, de negócio "indiferente" de um menor. A contradição de valoração pode evitar-se se o § 107 do BGB se interpretar como hoje o faz a doutrina dominante[129].

128 LARENZ, 1997, p. 472.

129 LARENZ, 1997, p. 472.

Também se trata de evitar uma contradição de valoração na interpretação do § 987 e seguintes do BGB em relação ao dever de um possuidor de boa-fé de restituir ao proprietário os frutos por ele conseguidos. Segundo estas disposições, o possuidor de boa-fé tem que restituir antes do início da instância da ação de restituição os frutos por ele percebidos, exceto os "frutos extraordinários" só quando tenha entrado gratuitamente na posse e precisamente segundo os preceitos sobre a restituição de um enriquecimento sem causa (§§ 998, 993, parágrafo 1º). O possuidor de boa-fé, que entrou onerosamente na posse pode, portanto, conservar os frutos obtidos. Em contrapartida, o § 818, parágrafo 1º, do BGB, relativo à extensão da pretensão de enriquecimento, dispõe que o dever de restituição daquilo que foi obtido se estende também aos frutos percebidos. Se, então, o possuidor de boa-fé conseguiu, com base num contrato de compra e venda nulo, tanto a posse como – devido à "natureza abstrata" da transmissão – a propriedade da coisa, fica sujeito à pretensão de enriquecimento e, com isso, também ao dever de restituição dos frutos por ele obtidos, nos termos do § 818, parágrafo 1º, do BGB[130].

Se, pelo contrário, não só o contrato de compra e venda como a transmissão fossem nulos, então poderia conservar os frutos, se se vir, como o fez o Tribunal de Reich (RGZ 163, 352), nas regras do § 987 e seguintes do BGB relativamente aos frutos, uma regulação especial exaustiva, que afasta no seu âmbito todos os demais preceitos, incluindo os preceitos sobre enriquecimento. O possuidor que, embora sem título, veio, todavia, logo a adquirir a propriedade estaria, portanto, em pior situação, relativamente à restituição dos frutos, que um possuidor que, sem título, adquiriu a posse, mas não, porém, a propriedade. Isto seria uma contradição de valoração, pois, se na realidade houvesse que fazer uma distinção entre ambos os casos, teria ela de ser mais favorável ao possuidor que, ao menos, adquiriu a propriedade. Para evitar esta contradição de valoração, o Tribunal do Reich[131] declarou a aquisição como não titulada para um caso de aquisição gratuita e assim, contornando o § 988 do BGB, repôs em jogo as regras sobre o enriquecimento sem causa jurídica. No entanto, a equiparação do negócio sem causa jurídica ao negócio gratuito não é sustentável. O que é correto é antes, para evitar a contradição de valoração que de outro modo resultaria, não ver no § 987 e seguintes do BGB qualquer regulação que afaste no seu âmbito todas as outras e interpretar antes o § 933, parágrafo 1º (último período) restritivamente, de modo a que

130 LARENZ, 1997, p. 473.
131 LARENZ, 1997, p. 473.

deixe intocadas as pretensões de enriquecimento, e, com isso, também o § 818, parágrafo 1º[132].

Para evitar contradições de valoração, é útil orientar a interpretação aos *princípios éticos-jurídicos*, como o princípio da tutela da confiança e o princípio de responder pelas insuficiências do círculo negocial próprio[133]. Tais princípios foram, na verdade, sujeitos nas regulações particulares a uma configuração distinta e nem sempre consequente; podem colidir com outros princípios ou fins jurídicos de idêntico escalão. Na interpretaçao é sempre necessário, por isso, examinar até que ponto a regulação legal deixa espaço a um outro princípio. Em relação ao alcance e a combinação dos princípios é determinante o "sistema interno" do Direito[134]. Do "sistema interno" resulta também com frequência a *ratio legis*. A expressão tem várias acepções. Significa tanto o escopo como o "fundamento racional", o princípio de uma regulação; nem sempre o próprio legislador tem de antemão consciência disso, sendo, por vezes, elaborado só posteriormente pela ciência, pelo que é, portanto, um critério "teleológico-objetivo"[135].

CRITÉRIOS TELEOLÓGICO-OBJETIVOS	
Para evitar contradições de valoração, é útil orientar a interpretação aos princípios éticos-jurídicos	Como o princípio da tutela da confiança e o princípio de responder pelas insuficiências do círculo negocial próprio.
Em relação ao alcance e a combinação dos princípios	É determinante o "sistema interno" do Direito.

Assim, nos primórdios da moderna responsabilidade pelo risco, não se reconhecia o princípio que lhe era subjacente, não se vendo aí senão uma responsabilidade por culpa inelidível. Só com o conhecimento de que à reponsabilidade pelo risco subjaz um princípio de responsabilidade permanente, que os autores do BGB ainda não tinham reconhecido, é que pode prevalecer a concepção, hoje dominante, segundo a qual um concurso de culpas do lesado, inclusivamente no caso de responsabilidade dos caminhos-de-ferro, deve julgar-se segundo o § 254 do BGB[136].

132 LARENZ, 1997, p. 473-474.
133 LARENZ, 1997, p. 474-475.
134 LARENZ, 1997, p. 674-700.
135 LARENZ, 1997, p. 475.
136 LARENZ, 1997, p. 475.

A jurisprudência dos tribunais sobrepôs-se aqui, para evitar uma contradição de valoração "inaceitável", ao inequívoco teor literal que ia em sentido distinto, da disposição legal preexistente e da vontade cognoscível do legislador do BGB. Segundo o § 1º da Lei de Responsabilidade Civil do Reich de 07/06/1871, relativa à responsabilidade civil dos caminhos-de-ferro, os caminhos-de-ferro não são responsáveis quando o acidente foi comprovadamente "causado por culpa própria do morto ou do ferido". Uma geração depois da lei de responsabilidade civil do Reich, o BGB dispôs no seu § 254, de modo genérico para todas as obrigações de indenização por danos, que não um "concurso de culpas" do lesado não deveria, pura e simplesmente, afastar a pretensão de indenização, o que conduz entre outras à circunstância, em especial, da medida da repartição do dano imputável a cada uma das partes. A comissão legislativa que acomodou o BGB à lei de responsabilidade civil do Reich deixou intocado o § 1º, porque pensou que, no caso da responsabilidade dos caminhos-de-ferro, por ela todavia ainda considerada uma exceção ao princípio da culpa, tem de ser suficiente qualquer culpa do lesado para excluir integralmente a responsabilidade dos caminho-de-ferro[137].

Não obstante, o Tribunal do Reich aplicou logo, e, subsequentemente, de modo permanente, o § 254 do BGB, inclusivamente nos casos em que o caminho-de-ferro respondia só pelo risco e, com isso, afastou praticamente a total exclusão de responsabilidade por qualquer culpa do lesado ordenada pela lei de responsabilidade civil do Reich. O Supremo Tribunal Federal alemão adotou esta jurisprudência e fundamentou-a de modo que o legislador, em todas as leis depois da promulgação do BGB em que introduzia uma responsabilidade pelo risco, declarou aplicável o § 254 do BGB e que, por isso, a ponderação do concurso de ambas as partes segundo o §254 correspondia também aos casos de responsabilidade pelo risco da "concepção jurídica geral".

Em face disto, não podiam "pretender já qualquer validade decisiva" as ideias pelas quais a Segunda Comissão se deixou guiar no parecer sobre o artigo 42 da Lei de Introdução ao BGB, relativamente à questão da aplicabilidade do § 254 do BGB ao § 1º da Lei de Responsabilidade Civil. Não existe "nenhum fundamento legislativo evidente, em razão do qual o concurso de culpa do lesado, face à responsabilidade do empresário dos caminhos-de-ferro, em caso de morte ou ferimento de uma pessoa, devesse ser julgado de modo distinto do da responsabilidade do empresário dos caminhos-de-ferro por danos materiais e do da responsabilidade do detentor

137 LARENZ, 1997, p. 475-476.

de um veículo de tração mecânica ou de uma aeronave ou do dono de uma instalação energética"[138].

Nestas frases surge claramente a passagem de uma argumentação histórica a uma argumentação teleológica-objetiva. O Supremo Tribunal Federal alemão viu, antes do mais, uma contradição de valoração a evitar na circunstância de que, em contraposição com os demais casos de responsabilidade pelo risco – que tinham entretanto sido regulados pelo legislador –, precisamente só nesse caso de responsabilidade dos caminhos-de-ferro não deveria ter-se aplicado o princípio de repartição dos danos do § 254 do BGB[139]. Esta contradição de valoração pareceu-lhe, por isso, insustentável, porquanto não podia encontrar-se qualquer fundamento razoável para a distinta regulação. Na nova versão de 4 de janeiro de 1978 é a própria lei da responsabilidade civil que no § 4º remete, de ora em diante, para o § 254 do BGB[140].

Uma contradição de valoração pode surgir adentro da ordem jurídica <u>*subsequentemente*</u>, uma vez que leis mais recentes respondem a uma mesma questão jurídica, para um outro âmbito espacial e material, de modo diverso de uma lei anterior. Por vezes adequa-se então a interpretação da lei mais antiga à legislação mais recente. No acórdão, já antes referido, sobre a interpretação da expressão "possuidor de uma mina" no § 148 da Lei Prussiana de Minas, o Supremo Tribunal Federal Alemão chamou em apoio da sua concepção – segundo a qual a expressão há de interpretar-se, ao arrepio da jurisprudência de até então, no sentido de que nela se incluam também o arrendatário e o usufrutuário de uma mina – a atenção para que inúmeras leis mais recentes tenham achado uma regulação correspondente a esta interpretação.

Assim, na lei prussiana do petróleo, de 12/05/1934, e na lei prussiana sobre fosforites, de 16/10/1934, ordenou-se uma aplicação correspondente das disposições do § 148 e seguintes da lei prussiana de minas, com a reserva de que quem está obrigado a indenizar é aquele por cuja conta a empresa é conduzida. Também conteriam regulações em conformidade com isto uma série de leis e decretos novos, mas, sobretudo, a 4ª Lei de alteração da Lei Prussiana de Minas do *Land* da Renânia do Norte-Vestefália, de 11/06/1968. Estas regulações legais mais recentes mostravam "que os diferentes legisladores consideravam insatisfatórias uma restrição, conforme à jurisprudência do Tribunal do Reich, do dever de indenização por danos ao proprietário da mina e consideravam imperioso fundamentar, independentemente ou de par

138 LARENZ, 1997, p. 476.

139 LARENZ, 1997, p. 476-477.

140 LARENZ, 1997, p. 476-477.

com a do proprietário da mina, a responsabilidade daquele que promove de fato a extração de riquezas do subsolo"[141].

O acórdão merece atenção ainda sob outro ponto de vista. Tanto o Tribunal do Reich como o Supremo Tribunal alemão aduzem, cada um por seu lado, a *ratio legis*, em apoio da sua distinta interpretação. O Tribunal do Reich entreviu aquela na circunstância de que mediante a concessão da propriedade da mina é afetada a propriedade do solo e, portanto, parece equitativo, "onerar o concessionário e assim também os seus sucessores nos direitos cedidos com o dever de indenizar"[142]. Em contrapartida, o Supremo Tribunal Federal alemão considerou que o fundamento legislativo para o dever de indenização por danos não residia na concessão, mas no exercício da propriedade da mina que, no caso de arrendamento, é cedido precisamente ao arrendatário.

A opinião do Tribunal do Reich é compreensível se se pensar que o princípio da responsabilidade pelo risco não era conhecido nessa altura. O Tribunal do Reich não foi por isso capaz de entrever o fundamento da responsabilidade no fato de que o causar um dano ao proprietário do solo pertence aos perigos típicos da exploração mineira e, portanto, é de imputar no âmbito do risco de exploração. Não viu o fundamento da responsabilidade na atividade perigosa, mas na concessão estatal da propriedade da mina, que considerou como uma "ingerência" na propriedade do solo. Na perspectiva atual, à luz da evolução da responsabilidade pelo risco, é muito mais óbvio ver a *ratio legis* na imputação do risco de dano à atividade pela qual ele é criado. Nesta perspectiva é inteiramente consequente entender por "possuidor da mina" aquele que a explora por sua conta e, portanto, se esse for o caso, também um arrendatário ou usufrutuário[143].

O acórdão do Supremo Tribunal Federal alemão proporciona, por último, um exemplo eloquente da inter-relacionação dos diferentes critérios de interpretação. O sentido literal – quer o de outrora, quer o atual – da expressão "possuidor de uma mina" no uso jurídico da linguagem, *ratio legis* – entendida de forma nova à luz do estágio atual do conhecimento dogmático – e, finalmente, a tendência inequívoca da legislação mais recente apontam na mesma direção. O peso de todos esses argumentos, tomados em conjunto, pareceu manifestamente tão forte ao Supremo Tribunal Federal alemão, que este decidiu afastar-se de uma interpretação mantida durante

141 LARENZ, 1997, p. 477.

142 LARENZ, 1997, p. 478.

143 LARENZ, 1997, p. 478.

muitas décadas[144]. Uma tal modificação da jurisprudência, se bem que na sua forma se trate somente de uma retificação da interpretação anterior, reconhecida como inaceitável, não significa objetivamente senão um desenvolvimento judicial do Direito[145].

6.3. O MÉTODO DE INTERPRETAÇÃO PELA LÓGICA DO RAZOÁVEL

Agora, cabe explicar, a partir da lição de Luis Recaséns Siches, o método de interpretação proposto por ele, o qual foi por ele denominado como a *"lógica do razoável"*. Quando ele inicia a sua explicação sobre o tema, ele consigna, logo de saída, que a única proposição válida que se pode emitir sobre a interpretação, é a de que cabe ao juiz, em todo caso, interpretar a lei precisamente, de modo a que se alcance a conclusão mais justa para decidir o problema que tirou a jurisdição da sua condição de inerte[146].

O MÉTODO DE INTERPRETAÇÃO PELA LÓGICA DO RAZOÁVEL	
Método de interpretação proposto por LUIS RECASÉNS SICHES	Foi por ele denominado como a *"lógica do razoável"*.
A única proposição válida que se pode emitir sobre a interpretação	É a de que cabe ao juiz, em todo caso, interpretar a lei precisamente, de modo a que se alcance a conclusão mais justa para decidir o problema que tirou a jurisdição da sua condição de inerte.

Ao fazê-lo deste modo, o juiz, ao invés de se afastar do seu dever de obediência ao ordenamento jurídico positivo, dá a este dever seu mais perfeito cumprimento. Isto é assim, por força da seguinte razão: o legislador, por meio das normas jurídicas gerais que emite, se propõe a lograr o maior grau possível de realização da justiça e dos valores por esta implicados, em uma determinada sociedade concreta. Tal é, ao menos em princípio, a intenção de todo sistema de direito positivo, independentemente de qual seja, em grau maior ou menor, em que ele (o sistema) tenha conseguido realizar com êxito essa intenção. O legislador se propõe por meio das leis realizar da melhor maneira possível as exigências da justiça[147].

---

144 LARENZ, 1997, p. 478-479.

145 LARENZ, 1997, p. 479.

146 SICHES, Luiz Recaséns. ***Tratado General de Filosofía del derecho.*** 20ª ed. México: Editorial Porrúa, 2010, p. 660.

147 SICHES, 2010, p. 660.

O MÉTODO DE INTERPRETAÇÃO PELA LÓGICA DO RAZOÁVEL	
A interpretação em RECASÉNS SICHES	O juiz, ao invés de se afastar do seu dever de obediência ao ordenamento jurídico positivo, dá a este dever seu mais perfeito cumprimento.

Logo, se o juiz trata de interpretar essas leis, de modo a que o resultado desta aplicação aos casos singulares proporcione a realização do maior grau possível de justiça, com este comportamento, ele juiz, não faz outra coisa, senão servir exatamente ao mesmo fim a que se propôs o legislador. O juiz, quando interpreta as leis do legislador precisamente de tal maneira que a aplicação delas aos casos singulares resulte o mais de acordo possível com a justiça, é muito mais fiel à vontade do legislador e mais fiel ao fim que este propôs que quando a interpreta de maneira literal, ou quando reconstrói imaginativamente a vontade autêntica do legislador, pois são esses métodos, quando aplicados ao caso analisado, que acabam por produzir uma solução menos justa[148].

O MÉTODO DE INTERPRETAÇÃO PELA LÓGICA DO RAZOÁVEL	
Se o juiz trata de interpretar essas leis, de modo a que o resultado desta aplicação aos casos singulares proporcione a realização do maior grau possível de justiça	Com este comportamento, ele juiz, não faz outra coisa, senão servir exatamente ao mesmo fim a que se propôs o legislador.

O que, em verdade, deveríamos descartar, de uma vez para sempre, é nos referirmos a uma pluralidade de diversos métodos de interpretação (literal, subjetivo, subjetivo-objetivo, objetivo, consuetudinário, histórico, analógico, equidade, etc.)[149]. Só se fazia referência a esses métodos, quando o jurista se sentia obrigado a legitimar a solução que ele estimava como justa, usando para isso artifícios da lógica que se apresentassem como de estrito acordo com a lei, o que se fazia quando tal acordo não restava à primeira vista evidente. Ou seja, primeiro se pensava em qual seria a decisão justa; e, depois, se ensaiava qual dos métodos tradicionalmente registrados e admitidos poderiam ser utilizados, na encenação[150] da sentença, como o método que havia levado a essa conclusão. Era necessário testar (ou ensaiar) cada um dos métodos, um

148 SICHES, 2010, p. 660-661.

149 SICHES, 2010, p. 661.

150 SICHES, 2010, p. 661.

por um, para ver qual deles poderia ser considerado como o caminho que conduzia à solução satisfatória. Na atualidade, porém, fazendo uso do exercício da *lógica do razoável*[151] ou da lógica do humano, aplicado à interpretação jurídica, supera-se aquela pluralidade de métodos. Diante de qualquer caso, fácil ou difícil, é preciso proceder razoavelmente, perguntando-nos da realidade e sentido dos fatos, das valorações em que se inspira a ordem jurídico positiva, ou das normas complementares que produza o juiz em harmonia com o dito sistema normativo, e, conjugando um com o outro, e o outro com o um, chegar a solução satisfatória[152].

O MÉTODO DE INTERPRETAÇÃO PELA LÓGICA DO RAZOÁVEL	
Recasens defende diversos métodos de interpretação?	O que, em verdade, deveríamos descartar, de uma vez para sempre, é nos referirmos a uma pluralidade de diversos métodos de interpretação (literal, subjetivo, subjetivo-objetivo, objetivo, consuetudinário, histórico, analógico, equidade, etc.).

Porém, o que quer dizer isso que se chama de "a solução satisfatória"? Satisfatória, em que sentido? Satisfatória, de que? Satisfatória desde um ponto de vista estimativo, desde um ponto de vista de valoração. Satisfatória do que o Ordenamento Jurídico considera como sentido de justiça[153].

Ora bem, para expressar esse sentido de justiça, o Ordenamento Jurídico conta com vários tipos de órgãos, entre eles, o legislador e o juiz. Cabe advertir, desde logo, que a função do juiz é *essencial* a todo o ordenamento jurídico, seja lá este qual for. Pode haver, tem havido, e todavia há, ordenamento jurídicos positivos sem legislador – por exemplo, os ordenamento jurídicos primitivos –; porém, não pode haver um ordenamento jurídico sem órgãos jurisdicionais, diferenciados por divisão de trabalho, ou indiferenciados entre si[154].

O MÉTODO DE INTERPRETAÇÃO PELA LÓGICA DO RAZOÁVEL	
Para RECASENS SICHES a função do juiz é?	Essencial a todo o ordenamento jurídico, seja lá este qual for.

O juiz julga. O julgar do juiz envolve sempre um juízo estimativo, não um juízo cognoscitivo. Com seu juízo estimativo o juiz expressa o que se *deve fazer*

151 SICHES, 2010, p. 661.
152 SICHES, 2010, p. 661.
153 SICHES, 2010, p. 661.
154 SICHES, 2010, p. 661.

em um caso controvertido. O núcleo de sua decisão consiste em uma norma, uma norma singular, concreta, mas não deixa de ser uma norma ao fim e ao cabo, tão norma como uma norma geral. Ora bem, toda norma implica uma estimação, supõe um juízo de valor. Quero dizer com isso que a sentença, em sua parte substancial, isto é, em sua decisão, em seu ato de vontade, não é uma declaração de realidades, não é uma descrição de fatos, não é uma narração, mas, sim, uma estimação normativa – certamente dotada, ademais, de força executiva, quando a sentença se faz firme[155].

O MÉTODO DE INTERPRETAÇÃO PELA LÓGICA DO RAZOÁVEL	
O núcleo de sua decisão consiste em uma norma	Uma norma singular, concreta, mas não deixa de ser uma norma ao fim e ao cabo, tão norma como uma norma geral.

É certo que a sentença contém declarações de fatos, como contém também constatações de regras jurídicas, porém tanto um quanto o outro são membros inseparáveis ou ingredientes essenciais da estimação ou juízo de valor que efetivamente dá lugar a decisão. O juiz não é um historiador de fatos, nem é tampouco um historiador de legislação, dos costumes jurídicos, ou da jurisprudência anterior. Pelo contrário, o juiz é um julgador, quem quer que, para efeito do juízo normativo tenha que se pronunciar, toma em conta, desde o ponto de vista desse juízo normativo, determinados aspectos de alguns fatos e determinados aspectos da existência de algumas regras jurídicas em vigor. E tanto esses aspectos de alguns fatos, como também os aspectos de as regras jurídicas, são tomados em conta desde o ponto de vista da valoração[156].

O MÉTODO DE INTERPRETAÇÃO PELA LÓGICA DO RAZOÁVEL	
O juiz não é um historiador de fatos	O juiz é um julgador, quem quer que, para efeito do juízo normativo tenha que se pronunciar, toma em conta, desde o ponto de vista desse juízo normativo, determinados aspectos de alguns fatos e determinados aspectos da existência de algumas regras jurídicas em vigor.

A elaboração do núcleo da sentença judicial não se obtém aplicando a lógica tradicional, porque a lógica tradicional, tanto a de Aristóteles como a dos modernos e contemporâneos, é a lógica adequada para se lidar com ideias, ou para tratar com *realidades* do ponto de vista de como essas realidades são.

155 SICHES, 2010, p. 661.

156 SICHES, 2010, p. 661-662.

Entretanto, ao juiz não interessa determinar realidades puras e abstratas, mas, sim, <u>*decidir o que se deve fazer*</u> frente a determinados aspectos de certas realidades. E precisamente os aspectos que dessas realidades interessam estão conjugados com critérios estimativos[157].

O MÉTODO DE INTERPRETAÇÃO PELA LÓGICA DO RAZOÁVEL	
A elaboração do núcleo da sentença judicial	Não se obtém aplicando a lógica tradicional, porque a lógica tradicional, tanto a de Aristóteles como a dos modernos e contemporâneos, é a lógica adequada para se lidar com ideias, ou para tratar com realidades do ponto de vista de como essas realidades são.

Assim que se tome como ponto de partida a <u>*lógica do razoável ou do humano*</u> para a elaboração dos conteúdos jurídicos – o mesmo conteúdo das regras legislativas, bem como o das normas individualizadas por meio da sentença ou de uma resolução administrativa –, nos daremos conta de que as classificações tradicionais dos métodos de interpretação (em literal, subjetivo, objetivo, histórico, analógico, etc.) já não tem nenhuma razão de ser. Tais classificações eram o resultado do intérprete se sentir um tanto confundido pelo problema, tanto que se queria abordá-lo usando instrumentos mentais inadequados. Uma vez que se tome consciência que estamos em um campo diferente do campo da descrição das realidades da natureza, ou de identidades ideais, em um campo que tem a sua própria lógica, aquelas classificações, e os pseudoproblemas por ela provocados, se desvanecem, se dissolvem, deixam de existir[158].

O MÉTODO DE INTERPRETAÇÃO PELA LÓGICA DO RAZOÁVEL	
Ponto de partida a *lógica do razoável ou do humano* para a elaboração dos conteúdos jurídicos	As classificações tradicionais dos métodos de interpretação (em literal, subjetivo, objetivo, histórico, analógico, etc.) já não tem nenhuma razão de ser.

A partir de um ponto de vista prático, o que Luis Recaséns Siches trata de mostrar aqui, não resulta totalmente novo em comparação, por exemplo, com os trabalhos da escola alemã da "<u>*Jurisprudência dos Interesses*</u>" ou da escola norte-americana da "<u>*Jurisprudência Sociológica*</u>". A contribuição de Recaséns Siches não constitui, portanto, uma grande inovação no que toca aos resultados práticos, quando comparados com os efeitos que beneficamente já

157 SICHES, 2010, p. 662.

158 SICHES, 2010, p. 662.

vem sendo produzidos, cada vez em maior volume, as diretrizes propugnadas por essas duas escolas – diretrizes que dia-a-dia estão cada vez mais abrindo um caminho mais alvissareiro para o exercício das profissões jurídicas, não somente nos dois países de suas respectivas origens, como também, ainda que em menor medida, em outros lugares do mundo[159].

O MÉTODO DE INTERPRETAÇÃO PELA LÓGICA DO RAZOÁVEL	
A contribuição de RECASÉNS SICHES não constitui, portanto, uma grande inovação no que toca aos resultados práticos	Porque já podia se ver nos trabalhos da escola alemã da "Jurisprudência dos Interesses" ou da escola norte-americana da "Jurisprudência Sociológica".

Segundo Recaséns Siches, essas duas escolas, e em certo modo também a obra de Gény, ministraram orientações certeiras para a prática, e, ademais, abriram corretamente o caminho para a investigação dos fundamentos teóricos em que aquelas orientações práticas são sua base e sua justificação[160]. Porém, elas permaneceram na metade do caminho no que tocas às preocupações que essa investigação teórica tem sobre as bases e as razões do novo método que propõem. O que Recaséns Siches trata de esboçar é a ideia radicalmente fundamental que aclara plenamente as razões que explicam e justificam definitivamente as técnicas propugnadas por aquelas escolas. Esta ideia é precisamente a de que, como já foi mostrado por Recaséns Siches em outra ocasião, os conteúdos jurídicos (é dizer, o que as normas prescrevem, o que proíbem e o que permitem) não pertencem ao pensamento regido pela lógica de tipo matemático, do racional, mas, sim, a outro campo do pensamento que está regido por outro tipo de lógica, pela *lógica do razoável, do humano, ou da razão vital e histórica*[161].

O MÉTODO DE INTERPRETAÇÃO PELA LÓGICA DO RAZOÁVEL	
Os conteúdos jurídicos (é dizer, o que as normas prescrevem, o que proíbem e o que permitem) não pertencem ao pensamento regido pela lógica de tipo matemático, do racional	Mas, sim, a outro campo do pensamento que está regido por outro tipo de lógica, pela lógica do razoável, do humano, ou da razão vital e histórica.

159 SICHES, 2010, p. 662.

160 SICHES, 2010, p. 662-663.

161 SICHES, 2010, p. 663.

Na opinião de Recaséns Siches, Heck, Pound, e outros autores já referidos, acertaram ao sublinharem os seguintes aspectos: que as normas jurídicas gerais envolvem uma delimitação dos interesses que se consideram dignos de proteção jurídica, assim como uma hierarquização ou o estabelecimento de tábuas de prioridade entre esses interesses; que tal reconhecimento e tal ordenação hierárquica desses interesses respondem a um critério axiológico, e é nele que se inspira o legislador[162]; que, ademais, a tarefa legislativa consiste em harmonizar, na medida do possível, os interesses em conflito, declarando quais merecem proteção e quais outros não a merecem, em que medida e dentro de que limites a merecem os primeiros, e quais são entre os interesses protegidos os que têm nível superior, isto é, prioridade em relação aos outros; que toda essa tarefa pressupõe não apenas um critério axiológico, como também deve basear-se em um consistente estudo sociológico sobre esses interesses na época em que se emitiu a legislação; que o juiz, nos casos concretos submetidos ao seu conhecimento, se acha frente a conflitos singulares ou particulares de interesse, sobre os quais deve decidir com um espírito igual ou análogo ao que teve o legislador quando ditou as normas gerais[163]; que no caso em que não haja lei que tenham contemplado em termos gerais tal tipo de conflito, deve o juiz realizar, em termos concretos e singulares a respeito do pleito submetido a sua jurisdição, as mesmas operações (sociológicas e valorativas) que incumbem ao legislador; que, consequentemente, em todo caso, o juiz deve proceder a um estudo sociológico dos fatores implicados no litígio, e deve depois aclarar o critério axiológico válido, conjugando seu sentido genérico com o sentido singular do problema concreto; e que a observância desses métodos representa uma rota não somente diferente, como também em certas ocasiões contrária à via tradicional da lógica dedutiva[164].

O MÉTODO DE INTERPRETAÇÃO PELA LÓGICA DO RAZOÁVEL	
HECK, POUND, e outros autores já referidos, acertaram ao sublinharem os seguintes aspectos:	Que as normas jurídicas gerais envolvem uma delimitação dos interesses que se consideram dignos de proteção jurídica, assim como uma hierarquização ou o estabelecimento de tábuas de prioridade entre esses interesses...

Contudo, aqueles ilustres autores, a partir dos quais se pode aprender muito, não lograram chegar ao verdadeiro núcleo da questão, não conseguiram

162 SICHES, 2010, p. 663.
163 SICHES, 2010, p. 663.
164 SICHES, 2010, p. 663.

explicar suficientemente porque a lógica tradicional falha tantas vezes como instrumento de interpretação jurídica; nem lograram tampouco precisar com rigor os limites do emprego da lógica tradicional, nem descobriram qual é a índole autêntica dos tipos de raciocínio que propõem como métodos de interpretação correta[165].

A lógica tradicional, sobretudo em seus posteriores desenvolvimentos modernos e especialmente no século XX, constitui um instrumento indispensável para conhecer e compreender a essência do Direito, para aprender e entender o *a priori* formal do Direito, ou seja, as formas universais e necessárias do jurídico[166].

Essa lógica do racional, além de ser usada pelos juristas dentro de limites perfeitamente delimitados e circunscritos, na medida em que tenha que inferir consequências necessárias daquelas formas *a priori*, por exemplo, não pode haver um direito subjetivo sem um dever jurídico correlacionado. O jurista deve, ainda, servir-se da lógica do tradicional também quando se trate de avaliar as consequências da identidade de duas diferentes situações: neste caso, então, será necessário lançar mão dos princípios da identidade e da não-contradição[167]. É preciso, ainda, usar, também, a lógica tradicional quando se tenha que proceder a medida material ou a quantificação de realidades físicas ou de expressões de tipo matemático, como, por exemplo: quando tenha que medir a extensão de um prédio, ou quando tenha que contar cabeças de gado ou dinheiro[168].

O MÉTODO DE INTERPRETAÇÃO PELA LÓGICA DO RAZOÁVEL	
É preciso, ainda, usar, também, a lógica tradicional quando	Se tenha que proceder a medida material ou a quantificação de realidades físicas ou de expressões de tipo matemático.

Claro é que a lógica tradicional do racional tem também aplicação, ainda que limitada, ao tratamento de outros aspectos parciais dos problemas jurídicos práticos. Os mecanismos da dedução, isto é, as leis da inferência, serão as mesmas em todos os casos, mesmo quando nos dediquemos ao estudo dos fenômenos da natureza, ou quando nos ocupamos dos problemas jurídicos práticos. Mas os primeiros axiomas ou os postulados básicos, em um ou em outro caso, serão totalmente diferentes. Enquanto que no caso da física se

165 SICHES, 2010, p. 663.

166 SICHES, 2010, p. 663.

167 SICHES, 2010, p. 663.

168 SICHES, 2010, p. 663-664.

parte de dados da experiência e, as vezes, de ideias matemáticas, por outro lado, no campo do Direito, se parte de juízos estimativos, os quais se fundam em diversos valores de categoria diferente, eles se referem a fatos concretos da vida humana. E, assim, resulta que o uso limitado da lógica no campo da interpretação e da aplicação dos conteúdos jurídicos está condicionado essencialmente por pontos de vistas e por hierarquias de caráter estimativo[169].

O MÉTODO DE INTERPRETAÇÃO PELA LÓGICA DO RAZOÁVEL	
No campo do direito	Se parte de juízos estimativos, os quais se fundam em diversos valores de categoria diferente, eles se referem a fatos concretos da vida humana.

São esses pontos de vistas e hierarquias de caráter estimativo as diretrizes básicas segundo a qual se desenrola a *lógica do humano ou do razoável*. A essas diretrizes se somam as apreciações sobre a congruência e a eficácia de alguns meios para lograr certos fins, assim como os ensinamentos que sobre esse ponto se pode obter a partir das experiências da razão vital e da razão histórica, isto é, das experiências vividas pelos homens individual e coletivamente[170].

A lógica tradicional não serve ao jurista para compreender e interpretar de modo justo os conteúdos das disposições jurídicas; não serve para criar a norma individualizada da sentença judicial ou da decisão administrativa; como tampouco serve ao legislador para sua tarefa de estabelecer normas gerais[171].

O MÉTODO DE INTERPRETAÇÃO PELA LÓGICA DO RAZOÁVEL	
A lógica tradicional não serve ao jurista	Para compreender e interpretar de modo justo os conteúdos das disposições jurídicas; não serve para criar a norma individualizada da sentença judicial ou da decisão administrativa; como tampouco serve ao legislador para sua tarefa de estabelecer normas gerais.

Para essas necessidades que tratam com os conteúdos das normas jurídicas, seja para elaborar esses conteúdos em termos gerais mediante a legislação, seja para interpretar as leis em relação com os casos concretos e singulares, seja para elaborar normas individualizadas, é necessário exercitar o *logos do humano, a lógica do razoável, e da razão vital e histórica*[172].

169 SICHES, 2010, p. 664.
170 SICHES, 2010, p. 664.
171 SICHES, 2010, p. 664.
172 SICHES, 2010, p. 664.

Ao delimitar corretamente de um modo rigoroso as diversas funções, em seus respectivos campos, da lógica de tipo matemático (*lógica do racional*), e da lógica do humano (lógica do razoável) se fornece ao advogado e ao juiz a possibilidade de uma raciocínio jurídico claro, de um modo claro de operar, e isso os exime de ter que andar a busca de disfarces e artifícios que encubram as suas opiniões e seus juízos (que são fatos elaborados corretamente conforme a lógica do humano) como se fossem o resultado de uma construção da lógica tradicional – que em verdade não era como tal, antes era, isto sim, uma pseudoconstrução[173].

O MÉTODO DE INTERPRETAÇÃO PELA LÓGICA DO RAZOÁVEL	
Para essas necessidades que tratam com os conteúdos das normas jurídicas	É necessário exercitar o logos do humano, a lógica do razoável, e da razão vital e histórica.

6.4. QUESTÕES

(Banca: PUC-PR; Órgão: Prefeitura de Maringá – PR; Prova: Procurador Municipal, 2015)

"O texto, preceito, enunciado normativo é alográfico. Não se completa no sentido nele impresso pelo legislador. A 'completude' do texto somente é realizada quando o sentido por ele expressado é produzido, como nova forma de expressão, pelo intérprete. Mas o 'sentido expressado pelo texto' já é algo novo distinto do texto. A interpretação do direito opera a mediação entre o caráter geral do texto normativo e sua aplicação particular: isto é, opera a sua inserção na vida.

(GRAU, Eros Roberto. *Ensaio e discurso sobre a interpretação/aplicação do direito*. 5. ed. São Paulo: Malheiros, 2009. p. 83).

"Nesse ponto, cabe outra advertência: a afirmação de que a súmula é (também) um texto deve ser compreendida a partir de um olhar hermenêutico. Destarte, quando afirmo que a súmula é um texto, quero dizer que este texto, ao ser interpretado, deverá ensejar uma norma (sentido) que respeite, de forma radical, a coerência e integridade do direito. Caso contrário, ela será aplicada de forma objetificada, entificadamente, isto é, será uma categoria a partir da qual se fará deduções e subsunções".

(STRECK, Lenio Luiz. *Lições de Crítica Hermenêutica do Direito*. Porto Alegre: Livraria do Advogado, 2014. p. 143).

173 SICHES, Luis Recaséns. ***Nueva Filosofía de la Interpretacíon del Derecho.*** México: Publicaciones Dianoia, Fondo de Cultura Económica, 1956, pp. 163-164; SICHES, 2010, p. 664.

A partir da leitura dos trechos acima transcritos e segundo o que deles se extrai, é **correto** afirmar:

A) A hermenêutica fundada no aspecto literal da norma jurídica permite que o juiz a aplique de maneira uniforme e vertical a todos os casos similares, a despeito dos contornos do caso concreto.

B) A norma é identificada no direito como sinônimo de lei material e, portanto, de regra geral, impessoal e abstrata a que todos estão sujeitos e em relação a qual ninguém poderá se escusar de cumprir sob alegação de que não a conhece.

C) A interpretação é transformação de uma expressão (o texto) em outra (a norma), de sorte que a norma não é apenas o texto normativo nela transformado, pois ela resulta também do conteúdo entre o texto e os fatos (a realidade).

D) A regra jurídica a ser verticalizada para aplicação no caso concreto é extraída, pelo intérprete autêntico, por intermédio da compreensão da norma edificada pelo Poder Legislativo.

E) As súmulas são enunciados legislativos propostos pelo Poder Judiciário para uniformizar a interpretação sobre determinados temas, constituindo-se, portanto, normas que precisam ser interpretadas para que virem regras jurídicas aptas a solucionar casos concretos no futuro.

GABARITO: **C** (Consulte-se o item: 4.2.2.).

(Banca: CESPE; Órgão: MPE-AC; Prova: Promotor de Justiça, 2014) No que concerne à interpretação do direito e ao método de interpretação pela lógica do razoável, assinale a opção correta.

A) A aplicação do direito pressupõe a utilização do lógos do razoável, uma vez que os procedimentos decisórios não obedecem a qualquer tipo de predeterminação de seus conteúdos.

B) Ao considerarem regras e princípios, aspectos pessoais e sociais, circunstâncias e finalidades, assim como ao analisarem o direito a ser aplicado no caso concreto, os juízes exercem atividade dedutiva.

C) A segurança jurídica, objetivo superior da legislação, depende mais do processo lógico de interpretação das normas jurídicas que dos princípios extraídos das normas escritas, considerando-se a roupagem mais ou menos apropriada como eles se apresentam.

D) No que diz respeito aos resultados, a interpretação especificadora emana da própria lei ou ato normativo, surgindo do próprio poder que interpreta seu ato normativo.

E) A interpretação lógico-sistemática investiga a finalidade da norma, aquilo que se busca servir ou tutelar, ou seja, consiste na investigação do fim ou da razão de ser da lei.

GABARITO: **A** (Consulte-se o item: 4.3.).

(Banca: CESPE; Órgão: DPE-TO; Prova: Defensor Público, 2013) De acordo com o método de interpretação jurídica desenvolvido por Recaséns Siches, o processo de investigação dos fatos, na ordem jurídica vigente, assegura maior satisfação e legitimidade na solução e na interpretação jurídica. Segundo a jurisprudência, a melhor interpretação do direito não se subordina servilmente ao texto legal nem se vale de raciocínios artificiais para enquadrar friamente os fatos em conceitos prefixados, mas se direciona para a solução justa. Essas definições correspondem ao método de interpretação jurídica denominado:

A) lógico-dedutivo.

B) hipotético-condicional.

C) lógica do razoável.

D) modo final de aplicação.

E) conflito normativo.

GABARITO: **C** (Consulte-se o item: 4.3.).

(Banca: CESPE; Órgão: DPE-RO; Prova: Defensor Público, 2012) Considerando a hermenêutica jurídica, e ainda considerando a interpretação do direito, a superação dos métodos de interpretação mediante puro raciocínio lógico-dedutivo e o método de interpretação pela lógica do razoável, assinale a opção correta.

A) Há um princípio geral informador de todo o ordenamento jurídico nacional, necessário à interpretação, que pode ser inferido da existência de várias normas e ao qual se chega por meio da indução.

B) De acordo com o método de interpretação da lógica do razoável, devem ser considerados os fins em função dos quais a lei seja editada e haja de ser compreendida pela sua causa final.

C) No processo lógico, a lógica formal, de tipo puro, *a priori*, só é adequada na análise dos conceitos jurídicos essenciais e, para tudo que pertence à existência humana — a prática do Direito, inclusive —, impõe-se o uso da lógica do humano e do razoável (lógica material).

D) Interpretar a norma jurídica corresponde a integrar, preencher lacunas e aplicar, de forma lógica, o direito ao caso concreto.

E) Atualmente, utiliza-se, na interpretação das leis, a exegese escolástica, partindo–se do conjunto principiológico existente nas normas.

GABARITO: **C** (Consulte-se o item: 4.3.).

(FCC – DPE-AM – FCC – 2018 – DPE-AM – Defensor Público – Reaplicação) Relativamente à análise feita por Tercio Sampaio Ferraz Junior, na obra A ciência do direito, acerca da positivação do direito, é INCORRETO afirmar que, para o autor, o fenômeno da positivação

A) estabelece o campo em que se move a ciência do direito moderno.

B) forçou a tematização do ser humano como objeto da ciência do direito.

C) representa uma legalização do câmbio do direito.

D) faz do direito positivo o objeto único da ciência jurídica, condicionando a determinação de seu método e objeto.

E) não faz do direito positivo o objeto único da ciência jurídica, mas condiciona a determinação do seu método e objeto.

GABARITO: **D**

VAMOS REVISAR?	
01	Recaséns Siches defende os demais métodos de interpretação, como, por exemplo, o gramatical e o sistemático?
02	O que se entende por vontade do legislador, segundo Larenz?

VAMOS COMPARAR?		
O QUE É A INTERPRETAÇÃO JURÍDICA, SEGUNDO MARCELO NEVES?	**O QUE É A INTERPRETAÇÃO JURÍDICA, SEGUNDO JACQUES DERRIDA?**	**O QUE É INTERPRETAÇÃO JURÍDICA, PARA HELMUT COING?**
"...na interpretação jurídica, não se trata de extrair arbitrariamente de uma infinidade de sentidos dos textos normativos a decisão concretizadora, nos termos de um contextualismo decisionista, mas também é insustentável a concepção ilusória de que só há uma solução correta para cada caso, conforme os critérios de um juiz hipotético racionalmente justo.".	"A interpretação é marcada por uma ambivalência, um paradoxo de vínculo e liberdade do juiz perante a lei. Para ser justa, a decisão de um juiz, por exemplo, deve não somente seguir uma regra de direito ou uma lei geral, mas deve assumi-la, aprová-la, confirmar-lhe o valor, por um ato reinstaurador, como se, no limite, a lei não existisse dantes, como se o próprio juiz a inventasse a cada caso [...].	"O objetivo da interpretação jurídica é entender os princípios jurídicos apresentados no seu significado como princípios da ordem jurídica, portanto, da ordem justa e apropriada da convivência humana. O objetivo do entendimento da interpretação jurídica é o mesmo de qualquer forma de interpretação; a peculiaridade está em que, os princípios apresentados devem ser entendidos como *princípios de ordem*".
NEVES, Marcelo. **Entre Hidra e Hércules** – princípios e regras constitucionais como diferença paradoxal do sistema jurídico. São Paulo: Martins Fontes, 2013, p. 207.	DERRIDA, Jacques. **Força de lei** – o fundamento místico da autoridade. Tradução: Leyla Perrone-Moisés. São Paulo: Martins Fontes, 2007, p. 50.	COING, Helmut. **Elementos fundamentais da filosofia do direito.** Tradução: Elisete Antoniuk. Porto Alegre: Sergio Antonio Fabris editor, 2002, p. 330.

REFERÊNCIAS

ALEXY, Robert. **Teoria da argumentação jurídica:** a teoria do discurso racional como teoria da fundamentação jurídica. Tradução: Zilda Hutchinson Schild Silva. Revisão técnica da tradução e introdução de Claudia Toledo. 2ª edição. São Paulo: Landy Editora, 2005.

ARISTÓTELES. **Ética a Nicômaco**. Tradução: Edson Bini. 3ª edição. Bauru-SP: Edipro, 2009.

BENTHAN, Jeremy. **Uma introdução aos princípios da moral e da legislação.** Tradução: Luiz João Baraúna. 2ª edição. São Paulo: Abril Cultural, 1979.

BETTI, Emílio. **Interpretação da lei e dos atos jurídicos: teoria geral e dogmática.** Tradução: Karina Jannini. São Paulo: Martins Fontes, 2007.

BOBBIO, Norberto. **Teoria do ordenamento jurídico.** 10ª edição. Tradução: Maria Celeste Cordeiro Leite dos Santos. Brasília: Editora Universidade de Brasília, 1999.

CANARIS, Claus-Wilhelm. **Pensamento sistemático e conceito de sistema na ciência do direito.** 3ª edição. Tradução e introdução: António Menezes Cordeiro. Lisboa: Editora Fundação Calouste Gulbenkian, 2002.

CÍCERO, Marco Túlio. **Retórica a herênio.** Tradução: Ana Paula Celestino Faria; Adriana Seabra. São Paulo: Hedra, 2005.

DIAS, Jorge Figueiredo. **Processo penal.** Coimbra: Coimbra editora, 2004.

ENGISCH, Karl. **Introdução ao pensamento jurídico.** 6ª edição. Tradução: J. Baptista Machado. Lisboa: Fundação Calouste Gulbenkian, 1988.

FERRAZ JR, Tercio Sampaio. **A ciência do direito.** São Paulo: Atlas, 1979

_______. **Introdução ao estudo do direito:** técnica, decisão e dominação. 8ª edição. São Paulo: Atlas, 2015.

_______. **A trivialização dos direitos humanos.** Acesso: no dia 26/02/2016, às 14:25. Sítio eletrônico:http://novosestudos.uol.com.br/v1/files/uploads/contents/62/20080624_a_trivializacao.pdf

GADAMER, Hans-Georg. **Verdade e método I** – traços fundamentais de uma hermenêutica filosófica. 6ª edição. Tradução: Flávio Paulo Meurer. Petrópolis: Editora Vozes, 2004.

_______. **Verdade e método II** – complementos e índices. 2ª edição. Tradução: Enio Paulo Giachini. Petrópolis: Editora Vozes, 2004.

GRAU, Eros Roberto. **Ensaio e discurso sobre a interpretação/aplicação do Direito.** 3ª edição. São Paulo: Editora Malheiros, 2005.

HABERMAS, Jürgen. **Direito e democracia:** entre facticidade e validade. Volume I. 2ª edição. Tradução: Flavio Beno Siebeneichler. Rio de Janeiro: Tempo Brasileiro, 2003.

_______. **Direito e democracia:** entre facticidade e validade. Volume II. 2ª edição. Tradução: Flavio Beno Siebeneichler. Rio de Janeiro: Tempo Brasileiro, 2003.

HART, Herbert L. A. **O conceito de direito.** 3ª edição. Tradução: A. Ribeiro Mendes. Lisboa: Editora Fundação Calouste Gulbenkian, 2001.

HASSEMER, Winfried. **Introdução aos fundamentos do direito penal.** Tradução: Pablo Rodrigo Alflen da Silva. Porto Alegre: Sergio Antonio Fabris, 2005.

HEGEL, Friedrich. **Princípios de filosofia do direito.** Tradução: Orlando Vitorino. São Paulo: Martins Fontes, 2000.

HEIDEGGER, Martin. **Ser e tempo.** 2ª edição. Tradução: Márcia Sá Cavalcante Schuback. Petrópolis: Editora Vozes, 2006.

JAKOBS, Günther. **Derecho penal parte general** - fundamentos y teoria de la imputación. 2ª edición. Tradución: Manuel Cobo del Rosal. Madrid: Marcial Pons, 1997.

JHERING, Rudolf von. **A luta pelo direito.** Tradução: José Cretella Jr. e Agnes Cretella. 3ª edição. São Paulo: Editora RT, 2003.

KANT, Immanuel. **Crítica da Razão Prática.** Tradução: Arthur Morão. Lisboa: Edições 70, 2001.

_______. **Fundamentação da Metafísica dos Costumes.** Tradução: Paulo Quintela. Lisboa: Edições 70, 2003.

KASER, Max. **Direito privado romano.** 2ª edição. Tradução: Samuel Rodrigues e Ferdinand Hämmerle. Lisboa: Fundação Calouste Gulbenkian, 2011.

KAUFMANN, Arthur. **Filosofia do direito.** 4ª edição. Tradução: António Ulisses Cortês. Lisboa: Fundação Calouste Gulbenkian, 2010.

KELSEN, Hans. **O problema da justiça.** 5ª edição. Tradução: João Baptista Machado. São Paulo: Martins Fontes, 2011.

_______.**O que é a justiça?** Tradução: Luís Carlos Borges. São Paulo: Editora Martins Fontes, 2001.

_______.**Teoria geral do direito e do Estado.** Tradução: Luís Carlos Borges. São Paulo: Editora Martins Fontes, 2005.

_______.**Teoria Pura do Direito.** Tradução: João Baptista Machado. São Paulo: Martins Fontes, 1999.

LARENZ, Karl. **Metodologia da ciência do direito.** 3 ª edição. Tradução: José Lâmego. Lisboa: Editora Fundação Calouste Gulbenkian, 1997.

LUHMANN, Niklas. **Legitimação pelo procedimento.** Tradução: Maria da Conceição Côrte-Real. Revisão: Tercio Sampaio Ferraz Jr. Brasília: Editora Universidade de Brasília, 1980.

MACHADO NETO, Antônio Luís. **Compêndio de introdução à Ciência do Direito.** São Paulo: Saraiva. 1979.

MAQUIAVEL, Nicolau. **O príncipe.** São Paulo: Editora Nova Cultural, 2000.

MARX, Karl; ENGELS, Friedrich. **Manifesto comunista.** Tradução: Álvaro Pina. São Paulo: Editora Boitempo, 1998.

MILL, John Stuart. **Sistema lógica dedutiva e indutiva e outros textos.** Tradução: João Marcos Coelho, Pablo Rubén Mariconda. 2ª edição. São Paulo: Abril Cultural, 1979.

MONTESQUIEU, Charles de. **O espírito das leis.** Tradução: Jean Melville. São Paulo: Editora Martin Claret, 2003.

MÜLLER, Friedrich. **Métodos de Trabalho do Direito Constitucional.** 2ª edição. Tradução: Peter Naumann. São Paulo: Max Limonad, 2000.

NEVES, Marcelo. **Entre Hidra e Hércules** – princípios e regras constitucionais como diferença paradoxal do sistema jurídico. São Paulo: Martins Fontes, 2013.

_______. **A força simbólica dos direitos humanos.** Acesso: no dia 26/02/2016, às 14:25. Sítio eletrônico: http://staticsp.atualidadesdodireito.com.br/marcelonovelino/files/2012/04/A-for%C3%A7a-simb%C3%B3lica-dos-DH-M-Neves1.pdf

NOZICK, Robert. **Anarquia, Estado e Utopia.** 1ª edição. Tradução: Fernando Santos. São Paulo: Martins Fontes, 2011.

RADBRUCH, Gustav. **Filosofia do Direito.** Tradução: Luís Cabral de Moncada. 6ª edição. Coimbra: Coimbra Editora, 1979.

_______. **Filosofia do direito.** Tradução: Marlene Holzhausen. Revisão técnica: Sérgio Sérvulo da Cunha. São Paulo: Editora Martins Fontes, 2004.

_______. **Introdução à ciência do direito.** Tradução: Vera Barkow. Revisão técnica: Sérgio Sérvulo da Cunha. São Paulo: Martins Fontes, 1999.

RAWLS, John. **Teoria da justiça.** 2ª edição. Tradução: Almiro Pisetta e Lenita Maria Rimoli Esteves. São Paulo: Martins Fontes, 2002.

REALE, Miguel. **Lições Preliminares do Direito.** São Paulo: Editora Saraiva, 1990.

ROXIN, Claus. ***Derecho penal parte general*** *- tomo I – fundamentos. La estrutura de la teoria del delito.* Traducción y notas: Diegp-Manuel Luzón Peña; Miguel Díaz y García Conlledo; Javier de Vicente Remesal. Madrid: Civitas, 1997.

SARTRE, Jean-Paul. **O existencialismo e o humanismo.** 1ª edição. Tradução: João Batista Kreuch. Petrópolis: Editora Vozes, 2012.

SAVIGNY, Friedrich Carl v. **Metodologia jurídica.** 1ª edição. Tradução: Heloísa da Grça Buratti. São Paulo: Editora Rideel, 2005.

SICHES, Luis Recaséns. ***Nueva Filosofía de la Interpretacíon del Derecho.*** México: Publicaciones Dianoia, Fondo de Cultura Económica, 1956.

_______. ***Tratado General de Filosofía del derecho.*** 20ª ed. México: Editorial Porrúa, 2010.

TELLES JUNIOR, Goffredo. **Iniciação na ciência do Direito.** 4ª edição revista e atualizada. São Paulo: Saraiva, 2011.

TEUBNER, Gunther. **O direito como sistema autopoiético.** Tradução: José Engrácia Antunes. Lisboa: Fundação Calouste Gulbenkian, 1993.

WEBER, Max. **Economia e sociedade: fundamentos da sociologia compreensiva.** Tradução: Regis Barbosa e Karen Elsabe Barbosa. Revisão técnica de Gabriel Cohn. Volume 2. Brasília- DF: Editora Universidade de Brasília. São Paulo: Imprensa Oficial do Estado de São Paulo, 1999.

_______. WEBER, Max. **Economia e sociedade: fundamentos da sociologia compreensiva.** Tradução: Regis Barbosa e Karen Elsabe Barbosa. Revisão técnica de Gabriel Cohn. Volume 1. 4ª edição. Brasília- DF: Editora Universidade de Brasília, 2000.

PSICOLOGIA JURÍDICA

João Paulo Lordelo

PSICOLOGIA JURÍDICA

SUMÁRIO: 1. A PSICOLOGIA COMO CIÊNCIA: ESTADO ATUAL; **1.1.** INTRODUÇÃO; **1.2.** AS DIVERSAS DIREÇÕES METODOLÓGICAS DE PSICOLOGIA; **2.** A PSICOLOGIA JURÍDICA E A PERSONALIDADE HUMANA; **3.** O INCONSCIENTE E A ESTRUTURA DO PSIQUISMO; **3.1.** AS CONTRIBUIÇÕES DE SIGMUND FREUD; **3.2.** O PENSAMENTO DE CARL GUSTAV JUNG; **4.** PSICOLOGIA JURÍDICA: UMA BREVE HISTÓRIA E O PAPEL DO PSICÓLOGO JURÍDICO; **5.** PSICOLOGIA E COMUNICAÇÃO: RELACIONAMENTO INTERPESSOAL, RELACIONAMENTO DO MAGISTRADO COM A SOCIEDADE E A MÍDIA; **5.1.** ASPECTOS GERAIS SOBRE PSICOLOGIA E COMUNICAÇÃO; **5.2.** RELACIONAMENTO INTERPESSOAL; **5.3.** RELACIONAMENTO DO MAGISTRADO COM A SOCIEDADE E A MÍDIA; **6.** PROBLEMAS ATUAIS DA PSICOLOGIA COM REFLEXOS NO DIREITO: ASSÉDIO MORAL E ASSÉDIO SEXUAL; **7.** TEORIA DO CONFLITO E OS MECANISMOS AUTOCOMPOSITIVOS; **7.1.** INTRODUÇÃO À TEORIA DO CONFLITO SOCIAL; **7.2.** PROCEDIMENTOS, TÉCNICAS, POSTURAS, CONDUTAS E MECANISMOS APTOS A OBTER A SOLUÇÃO ALTERNATIVA DOS CONFLITOS; **8.** O PROCESSO PSICOLÓGICO E A OBTENÇÃO DA VERDADE JUDICIAL; **8.1.** ASPECTOS GERAIS; **8.2.** O COMPORTAMENTO DE PARTES E TESTEMUNHAS; **9.** QUESTÕES DE CONCURSO.

1. A PSICOLOGIA COMO CIÊNCIA: ESTADO ATUAL

1.1. Introdução

Um dos maiores questionamentos que nós juristas fazemos a respeito da psicologia jurídica reside em saber se o estado atual da psicologia possibilita a aplicação de seus conhecimentos ao campo do direito, de forma científica. Com efeito, a verdade é que a psicologia é uma ciência que oferece as mesmas garantias, a seriedade e a eficiência das disciplinas biológicas[1]. Quem duvida de tal premissa precisa recorrer, com pressa, aos resultados que esse campo proporciona aos demais ramos do conhecimento, como a medicina, a pedagogia, o comércio, a política, a sociologia etc.

---

1 MIRA Y LOPEZ, Emilio. *Manual de psicologia juridica*. 6. ed. Buenos Aires: El Tenel Editorial, p. 7.

Diferentemente da **psicologia clássica (ou filosófica),** que acreditava ser a "alma" o seu objeto de estudo, a **psicologia moderna** possui um objeto bastante preciso: os fenômenos psíquicos, ou seja, o conjunto de elementos que formam, de maneira subjetiva, a nossa experiência interna[2]. Sua preocupação não possui natureza ontológica. É dizer: ela não pretende estudar a essência da atividade psíquica, mas sim os seus resultados, através de observação e experimentação, como qualquer outra ciência natural.

1.2. As diversas direções metodológicas de psicologia

De acordo com a classificação realizada por **Emilio Mira y Lopez**, existem, na atualidade, cerca de nove grandes direções metodológicas da psicologia, denominadas "escolas". Vejamos, de forma abreviada, cada uma delas.

A primeira delas, o **behaviorismo,** surgiu ainda no século XIX, sendo fortemente impulsionada, nos Estados Unidos, por **John B. Watson**. Tal escola parte de uma lógica objetiva e baseada no "reflexo condicionado", sustentando que a vida psíquica pode ser traduzida como movimentos ou ações estudadas a partir de um ponto de vista externo, sem preocupações com os aspectos introspectivos. Em poucas palavras, seu propósito é o condicionamento do comportamento humano a partir de estímulos externos. Para alguns autores, a consequência do behaviorismo é a de considerar o ser humano como um animal, que apresenta respostas a estímulos[3]. Tal metodologia tem sido reconhecida como um valioso auxílio à psicologia jurídica, com modernos métodos de avaliação de depoimentos e exames para a averiguação das aptidões mentais, além de contribuir para o estudo experimental do sistema penitenciário e das técnicas de autocomposição.

A segunda escola a merecer nossa atenção é a **psicanálise,** certamente a mais famosa de todas. A verdade é que tal direção metodológica abrange um vasto movimento que se iniciou a partir das técnicas e interpretações iniciadas por **Sigmund Freud**. Em sua relação com o direito, ela tem fornecido importantes elementos para a compreensão da conduta delitiva e da psicologia do testemunho, além de auxiliar também na identificação das razões de cometimento de erros judiciários. Com efeito, para melhor compreendermos a psicanálise freudiana, necessitamos explicar os seus 6 (seis) grandes princípios[4]:

---

2 MIRA Y LOPEZ, Emilio. *Manual de psicologia juridica.* 6. ed. Buenos Aires: El Tenel Editorial, p. 7.

3 MIRA Y LOPEZ, Emilio. *Manual de psicologia juridica.* 6. ed. Buenos Aires: El Tenel Editorial, p. 9.

4 MIRA Y LOPEZ, Emilio. *Manual de psicologia juridica.* 6. ed. Buenos Aires: El Tenel Editorial, p. 9-11.

i. **Princípio do determinismo psíquico** – De acordo com tal princípio, todo ato psíquico possui intenção, motivação e significado, não podendo ser concebido como um fenômeno meramente acidental ou esporádico. O aparato psíquico possui, pois, uma causalidade própria;

ii. **Princípio da transferência** – Por ele, são explicadas diversas transgressões de relevância jurídica, em especial criminal. O princípio da transferência reconhece que as cargas afetivo emocionais podem se deslocar subitamente, de modo a dominar a conduta individual, ainda que o sujeito tenha total conhecimento do extremismo de seu comportamento. Isso ocorre, sobretudo, em situações de fobias, obsessões e compulsões;

iii. **Princípio do pandinamismo psíquico** – De acordo com o pensamento freudiano, não há nada que esteja morto, inativo, dentro do aparato psíquico. É dizer, a vida mental consiste em uma infinita corrente de tensões e movimentos psíquicos, com intensa atividade. Mesmo em momentos de aparente latência (como durante o sono ou a depressão), a mente humana mantém o seu dinamismo;

iv. **Princípio da repressão** – Pelo princípio da repressão (ou censura), a força repressora de experiências passadas possui uma poderosa influência no psiquismo, expulsando do plano consciente determinados eventos ou desejos instintivos, tidos como incompatíveis com a moral vigente;

v. **Princípio da tripartição da personalidade** – De acordo com tal postulado, a individualidade psíquica consiste no produto de três influentes grupos de forças, que resultam em três estruturas do aparelho psíquico. Tais estruturas podem ser divididas a partir das seguintes forças: **a)** as pulsões, de origem instintiva e natureza irracional e inconsciente, operando a partir do princípio do prazer (*id* ou *es*); **b)** aquelas derivadas da experiência e da educação, de ordem racional e consciente, operando a partir de uma lógica utilitária (*ego* ou *Ich*); **c)** as derivadas de processos coercitivos e punitivos, o que permite, por exemplo, a superação do chamado complexo de Édipo, por meio de um princípio autopunitivo, denominado "superego" (Überich). A permanente interação entre as três forças explica as oscilações do psiquismo entre o prazer, a utilidade e o dever, ou seja, entre os domínios irracional, racional e reflexivo;

vi. **Princípio da autocompensação** – Este último princípio informa a capacidade que o aparato psíquico possui de reestabelecer seu equilíbrio, diante de violentas interações e rupturas decorrentes das forças citadas no princípio anterior, permitindo uma adaptação psíquica em busca da superação do conflito interno. Isso ocorre mediante diversos processos, como a racionalização e a catatimia[5].

Uma terceira escola a merecer atenção consiste na **psicologia da personalidade (ou psicologia diferencial)**, capitaneada por **Wilhelm Stern**. Tal corrente parte do pressuposto da impossibilidade de fragmentação analítica da vida psíquica, sustentando que o psiquismo não pode ser decomposto sem que perca suas características essenciais. Assim, o objeto da psicologia deve recair sobre *a pessoa*, assim considerada indivisível, porém marcada pelos chamados *tipos de personalidade*.

Em sua interação com o direito, é possível afirmar que a psicologia diferencial propõe que a responsabilização de determinada pessoa por seus atos deve partir da análise do tipo de personalidade do autor – extroversão, amabilidade, responsabilidade e instabilidade emocional ou neuroticismo – o que pode ser alcançado por meio de questionários psicológicos. Somente a partir do tipo de personalidade, será possível definir as noções que determinado indivíduo possui sobre o *ser* e o *dever ser*, aferindo-se suas possibilidades de correção, suas noções de mundo e a pena adequada a determinada prática delitiva. Há aqui uma preocupação com o *estudo evolutivo da integração pessoal*.

A quarta escola consiste na chamada ***Gestalt* ou gestaltismo (*Gestaltpsychologie*)**, movimento recente, surgido no início do século XX, tendo como um dos principais representantes o psicólogo tcheco **Max Wertheimer.** Tal corrente defende, de início, a impossibilidade de empregar, no campo da psicologia, os mesmos métodos válidos para as ciências exatas, sustentando que o fenômeno psíquico consiste em uma "unidade vital" indivisível. De maneira mais simples, prega-se a impossibilidade de se conhecer o todo (o comportamento humano) mediante a mera soma das partes. Enquanto um físico ou um químico pode, sem dificuldades, isolar os componentes de determinado experimento, o fenômeno psicológico é sempre algo *complexo*, uma *estrutura* que, embora decorrente de leis que podem ser conhecidas, resultam sempre em algo completamente distinto das suas premissas. Daí surgem as suas duas grandes premissas: a **super-soma** – pelo que o todo é algo sempre maior que a soma das partes, sendo os fenômenos psicológicos totalidades

5 "Catatimia é o fenômeno observado quando a emoção turva a razão. É ela que provoca os chamados estados passionais, previstos em lei pelo Código Penal Brasileiro: "... quando o indivíduo cometer o delito sob forte emoção...", o que permite atenuar a aplicação da pena judicial, pois o réu não estaria, assim, plenamente consciente (razão) no momento do delito, e, portanto, não podendo ser totalmente responsável (responder) pelo mesmo, diminuindo a sua imputabilidade legal e jurídica" (cf. http://www.redepsi.com.br/2007/08/28/catatimia/).

organizadas – e a **transponibilidade** – sustentando que a forma total é o que se sobressai, e não os componentes de determinado fenômeno[6].

Em razão do seu caráter eminentemente descritivo e, paradoxalmente, genérico, a *gestalt* é alvo de muitas críticas, sendo constante a afirmação de incoerência e inconsistência de sua base teórica.

A quinta escola é a da **psicologia evolutiva**. Abandonando a concepção do "criminoso nato" a partir de caracteres fisiológicos, presente na obra de autores como **Lombroso**, tal corrente mantém a crença na existência de predisposições delitivas hereditárias. Destacam-se aqui autores como **Lange** e **Krueger**.

A sexta escola é a da **psicologia neurorreflexiva**, de autores como **Sherrington, Bechterew** e **Pavlov,** os quais propõem o estudo dos "reflexos condicionados", defendendo que as reações pessoais consistem em derivações de dois processos fundamentais do funcionamento do sistema nervoso central, a excitação e a inibição. No campo jurídico, a crítica de tal corrente da psicologia recai sobre a suposta eficácia das sanções penais como meio de evitar a reincidência. Isso porque, sob tal ótica, tal consequência não pode ser obtida a partir de algo posterior à conduta, abstrato e distante, mas sim por meio de estímulos inibidores ("reflexos condicionais" negativos) contemporâneos e de acordo com as leis do reflexo delitivo.

A sétima escola é a da **psicologia tipológica, constitucional ou caracterológica.** É também conhecida como *somatótipo,* teoria desenvolvida por autores como **William Herbert Sheldon**, que faz uma associação entre os tipos corporais humanos (*endomorfo, mesomorfo* e *ectomorfo*) e os tipos de temperamentos. O primeiro tipo corporal (*endomorfo*) seria caracterizado pelo acúmulo de gordura e metabolismo lento, com tendência ao comportamento descuidado e preguiçoso. O segundo (*mesomorfo*), por baixos níveis de gordura, musculatura acentuada e ombros largos, com tendência a serem populares e trabalhadores. O terceiro (*ectomorfo*), por poucos níveis de gordura e musculatura não desenvolvida, com tendência a serem inteligentes e medrosos.

A proposta de tal corrente da psicologia é a de integrar as condições morfológicas dos indivíduos com a previsão de reações sociais. No campo da psicologia forense, seu principal objetivo consiste em definir um "estilo delinquencial" a partir de elementos morfológicos individuais. Embora tenha se tornado bastante popular nas décadas de 1940 e 1950, a psicologia tipoló-

6 Fazendo-se uma analogia meramente didática, podemos afirmar que a palavra "casa" possui um significado total diverso e destacado, se comparado com as letras que compõem o nome (c, a, s, a).

gica sofreu severas críticas de teóricos do final do século, que apontaram seu viés higienista e eugênico, além do caráter simplista e místico (a exemplo da análise da assimetria do ser humano, a partir dos estudos de **Wolff**).

A oitava escola que merece ser conhecida é a **psicologia anormal**, que parte do pressuposto de ser a psiquiatria algo mais amplo que um aspecto da neurologia, devendo ser considerada uma disciplina derivada da psicologia. Seu objeto de estudo são os padrões anormais de comportamento e pensamento. Sob seu ponto de vista, os indivíduos em conflito com as leis que regulam a vida social se encontram em uma situação de anormalidade (ou desvio), que pode derivar de uma mente normal em uma situação (contexto) anormal ou o contrário: uma mente anormal em um contexto fático normal.

A maior preocupação da psicologia anormal "não é descobrir que pessoas são normais e quais não são, mas sim que classe e que grau de anormalidade são próprios de cada pessoa"[7]. Destacam-se aqui os estudos de autores como **Bleuler, Kretschmer, Luxemburger, K. Schneider** e **Jahrreis**, que desenvolveram o conceito de personalidade dotada de psicopatia, evidenciando o caráter artificial da separação entre o campo normal e o patológico. Prega-se, pois, uma diluição do conceito de anormalidade, de modo a quebrar o binômio que associa a irresponsabilidade delitiva com a loucura e a responsabilidade delitiva com a saúde mental. A palavra "loucura" é apontada pela psicologia anormal como algo desprovido de sentido, sendo incorreto associá-la abstratamente a uma ideia de enfermidade. A loucura passa a ser concebida como um estado mental que pode possuir muitas causas, que geram no indivíduo a perda de contato com a realidade fenomenológica, de modo a afetar a sua capacidade discriminativa entre o mundo sensorial e o representativo, o que conduz a comportamentos que podem até ser considerados lógicos, mas são certamente inadequados[8].

Por fim, merece destaque a chamada **psicologia social**, surgida no século XX, a partir de autores de diversos centros de investigação, a exemplo do *Research Center for Group Dynamics*, em Cambridge, Massachusetts. São comumente considerados seus fundadores nomes como **Gordon Allport, Newcomb, Murphy, Kurt Lewin e Elliot Jaques**. Após a segunda guerra mundial, tais autores se preocuparam em desenvolver uma corrente do pensamento que pudesse servir de elo entre a psicologia e as demais ciências sociais, a exemplo da sociologia, antropologia, história, ciências políticas etc.

---

7 MIRA Y LOPEZ, Emilio. *Manual de psicologia juridica.* 6. ed. Buenos Aires: El Tenel Editorial, p. 14.

8 MIRA Y LOPEZ, Emilio. *Manual de psicologia juridica.* 6. ed. Buenos Aires: El Tenel Editorial, p. 15.

Seu objetivo maior consiste em explicar o comportamento e pensamento humano a partir de uma perspectiva coletiva, ou seja, levando-se em consideração a interação entre os indivíduos nas mais variadas esferas. Para tanto, seu primeiro passo consiste em investigar o que pode ser considerado inato e o que é adquirido pelo ser humano, em convivência com as demais pessoas. A partir daí, superando-se o paradigma tipológico, as investigações da psicologia social passam a se preocupar com um objeto bem definido: a conduta individual, frente as pressões e aspirações dos grupos em que se encontra inserida a pessoa (grupo familiar, vicinal, laboral etc.)[9]. Para tanto, são necessários auxílios das outras ciências sociais, a exemplo da sociologia, história, economia, pedagogia etc.

No âmbito do Conselho Federal da Psicologia, coube à Resolução n. 05/2003 reconhecer a psicologia social como especialidade, para finalidade de concessão e registro do título de especialista. Tal norma, hoje revogada, estabeleceu a seguinte definição para a psicologia social:

> Art.3º. A especialidade de Psicologia Social fica instituída com a seguinte definição:
>
> I – Atua fundamentada na compreensão da dimensão subjetiva dos fenômenos sociais e coletivos, sob diferentes enfoques teóricos e metodológicos, com o objetivo de problematizar e propor ações no âmbito social. O psicólogo, nesse campo, desenvolve atividades em diferentes espaços institucionais e comunitários, no âmbito da Saúde, Educação, trabalho, lazer, meio ambiente, comunicação social, justiça, segurança e assistência social. Seu trabalho envolve proposições de políticas e ações relacionadas à comunidade em geral e aos movimentos sociais de grupos e ações relacionadas à comunidade em geral e aos movimentos sociais de grupos étnico-raciais, religiosos, de gênero, geracionais, de orientação sexual, de classes sociais e de outros segmentos socioculturais, com vistas à realização de projetos da área social e/ou definição de políticas públicas. Realiza estudo, pesquisa e supervisão sobre temas pertinentes à relação do indivíduo com a sociedade, com o intuito de promover a problematização e a construção de proposições que qualifiquem o trabalho e a formação no campo da Psicologia Social.

2. A PSICOLOGIA JURÍDICA E A PERSONALIDADE HUMANA

Apenas em 1950, nasceria o termo *psicologia jurídica* – com um significado mais amplo –, pelas mãos de **Mira Y Lopez** em seu Manual de Psi-

9 MIRA Y LOPEZ, Emilio. *Manual de psicologia juridica*. 6. ed. Buenos Aires: El Tenel Editorial, p. 16.

cologia Jurídica, seguindo-se suas ramificações. Ao longo dos seus dezesseis capítulos, o autor procura discutir o papel da psicologia no campo do direito e oferecer conhecimentos sobre o comportamento humano que auxiliem os juristas em suas decisões.

Uma das suas contribuições consistiu no estudo da chamada **estática da personalidade humana,** partindo-se da ideia de que a pessoa é uma unidade indivisa, devendo assim ser estudada e compreendida pela sociedade. Com isso, é eliminada a barreira entre o físico e o metafísico: "ante um estímulo físico, não é o corpo que reage, e ante um estímulo psíquico, não é a alma quem responde, senão que, em ambos os casos, é o organismo em sua totalidade"[10]. Também coube a **Mira Y Lopez** o desenvolvimento dos chamados **fatores responsáveis pela reação pessoal** em um dado momento, elementos essenciais ao desenvolvimento da psicologia jurídica.

O citado autor apresenta o seguinte exemplo: imagine que um sujeito se encontra, numa avenida qualquer, com outro sujeito, e, após algumas trocas de ofensas verbais, um deles golpeie o outro, causando-lhe a morte. Pergunta-se: que fatores conduziram a esta reação pessoal? Tais fatores podem ser esquematizados da seguinte forma:

FATORES RESPONSÁVEIS PELA REAÇÃO PESSOAL	
Fatores hereditários	a) Constituição corporal
	b) Temperamento
	c) Inteligência
Fatores mistos	d) Caráter
Fatores adquiridos	e) Experiência prévia em situações análogas
	f) Constelação
	g) Situação externa atual
	h) Tipo médio de reação social (coletiva)
	i) Modo de percepção da situação

O primeiro dos **fatores hereditários**, a **constituição corporal,** diz respeito aos elementos fisiológicos que influenciam a personalidade humana e, portanto, a conduta. Não são poucos os autores da psicologia que, ao longo dos anos, fizeram associações entre elementos morfológicos e o temperamento humano. A título de exemplo, algumas pesquisas atribuem ao hormônio da

10 MIRA Y LOPEZ, Emilio. *Manual de psicologia juridica.* 6. ed. Buenos Aires: El Tenel Editorial, p. 20.

testosterona uma direta (embora discutível) associação aos sentimentos de dominação, libido e agressividade, podendo influenciar – embora não determinando – a tomada de decisões, em especial o agir pelo ímpeto. Inegavelmente, existe um denso aspecto instintivo no ser humano, que não pode ser concebido como um ser completamente racional e isolado do mundo animal. Tal aspecto já havia sido reconhecido pelos primeiros autores da psicologia jurídica e permanece sendo alvo de relevantes debates até os dias atuais, como enuncia publicação da revista *Scientific American Brasil*:

> **A testosterona sozinha não causa violência**
>
> *O hormônio não torna os homens necessariamente violentos, mas faz com que busquem domínio social.*
>
> Todo mundo já ouviu dizer que a testosterona, um hormônio estereotipicamente masculino, está intimamente ligado à violência. As evidências estão por toda a parte, como levantadores de peso que tomam doses exageradas de esteróides anabólicos para sentir uma "fúria" extra na hora de levantar sua carga.
>
> [...]
>
> "Historicamente, os pesquisadores esperavam que um aumento nos níveis de testosterona levasse a uma agressividade maior, mas isso nunca aconteceu realmente", afirma Frank McAndrew, professor de psicologia no Knox College em Galesburg, Illinois, Estados Unidos. De fato, as pesquisas mais recentes sobre a relação entre testosterona e agressividade indicam que a ligação entre elas é fraca e que, quando a agressão é definida como simples violência física, essa ligação quase desaparece.
>
> "O que psicólogos e psiquiatras dizem é que a testosterona possui um efeito facilitador sobre a agressão", comenta Melvin Konner, antropólogo da Emory University e autor de The Tangled Wing: Biological Constraints on the Human Spirit. "Não há uma relação direta em que se pode obter agressividade com uma dose de testosterona."
>
> Experimentos com castração demonstram que o hormônio é necessário para a violência, mas outra pesquisa revelou que somente a testosterona não é suficiente – ou seja, o hormônio não seria o perpetrador, mas um cúmplice, e que às vezes não está muito longe da cena do crime.
>
> Por exemplo: independentemente do sexo, a maioria dos prisioneiros violentos possuem níveis mais altos de testosterona que seus pares mais dóceis. No entanto, cientistas discutem se essa violência não seria apenas uma manifestação de um desejo muito mais biológica e reprodutivamente saliente por domínio.
>
> "Já foi sugerido que os comportamentos anti-sociais relacionados a níveis altos de testosterona seriam uma maneira de manter a dominância nesses grupos", conta Robert Josephs, da University of Texas em Austin. Em outras palavras, se os pesquisadores estudassem outros tipos de pessoas, como os ricos e famosos,

por exemplo, poderiam descobrir que a testosterona não está ligada à violência, mas ao fato de quem dirige o carro mais bacana ou tem o gramado mais bonito. Como Josephs disse, "Talvez atacar o vizinho com uma pá funcione na penitenciária, mas não contribuiria para seu status em um bairro de ricos".

O psicólogo James Dabbs, da Georgia State University em Atlanta, construiu sua carreira conduzindo estudos que relacionavam a testosterona a qualquer tipo de estilo de vida imaginável. Em seu livro Heroes, Rogues and Lovers, ele ressalta que atletas, atores, operários e presidiários tendem a apresentar níveis mais altos do hormônio que balconistas, intelectuais e administradores.

Porém, Dabbs não revela se esta correlação foi a causa ou um efeito do ambiente em que esses homens estão inseridos. Assim se chega a um impasse: homens com níveis altos de testosterona têm uma probabilidade maior de se tornarem criminosos violentos, ou ser um criminoso violento aumenta os níveis de testosterona em um homem?

Ninguém sabe a resposta ao certo, mas um número cada vez maior de evidências sugere que a testosterona seria mais um resultado da violência que sua causa. Na verdade, tanto ganhar um jogo de futebol quanto uma partida de xadrez podem elevar os níveis desse hormônio. (Por outro lado, perder um jogo de futebol, ficar mais velho e se tornar obeso reduzem esses níveis).

Para Peter Gray, da University of Nevada em Las Vegas – cujo trabalho revela que o casamento e a paternidade diminuem os níveis de testosterona –, "Há evidências em humanos de que, assim como nos animais, esse hormônio é responsável pela competição entre machos".

Em um experimento sobre diferenças biológicas entre habitantes do Norte e do Sul dos Estados Unidos, um dos voluntários dos pesquisadores da University of Michigan em Ann Arbor "acidentalmente" tropeçou em outros participantes e insultou tanto os homens criados no Sul quanto no Norte do país. Os cientistas resolveram levar em conta o fato de os homens do Sul serem criados em uma "cultura de honra", em que respostas agressivas a xingamentos são culturalmente apropriadas, e os resultados revelaram que os eles não eram só mais propensos a responder com agressividade que os homens do Norte, mas seus níveis de testosterona também subiam como resultado disso. Por outro lado, os homens do Norte eram menos propensos a apresentar uma elevação nos níveis desse hormônio.

"Pelo o que podemos dizer até agora, a testosterona é gerada para preparar o organismo para responder a competição e/ou desafios à situação de alguém", observa McAndrew. "Qualquer estímulo ou evento que sinaliza uma dessas coisas pode desencadear uma elevação nos níveis do hormônio".

Isso faz sentido – a curto prazo, a testosterona ajuda tanto homens quanto mulheres a se tornarem maiores, mais fortes e energéticos, características úteis para se vencer uma competição física ou mental. O hormônio também é responsável pela libido em ambos os sexos, e se pesquisadores como Josephs

> estiverem corretos, instiga nosso desejo por domínio social, uma das maneiras pelas quais os humanos decidem quem pode "acasalar" com quem.
>
> Discutivelmente, a fraca correlação entre testosterona e violência nos dá uma razão para nos tornarmos otimistas em relação à raça humana: enquanto os animais guerreiam por parceiros como resultado das alterações sazonais de testosterona e outros hormônios, os humanos descobriram outras maneiras de estabelecer suas relações. Isso não quer dizer que não possamos nos adaptar rapidamente às manifestações modernas de nosso passado violento; a pesquisa de McAndrews demonstrou que uma maneira garantida de elevar os níveis de testosterona de um homem é colocar uma arma em sua mão[11].

O **temperamento** é também um fator que pode ser herdado, consistindo, para a psicologia jurídica clássica, numa resultante funcional com relação direta com a constituição biológica do ser humano. Igualmente, a **inteligência** consistiria também em um fator endógeno decisivo, sendo comum a afirmação de que "onde acaba a razão, começa a violência". Alerta, contudo, **Mira Y Lopez** que o importante aqui não é a capacidade de juízos abstratos, eis que se revela de extrema relevância o chamado *juízo moral*. Justamente por isso, segundo o autor, existe na infância uma predisposição à delinquência por *ignorância* ou falta de compreensão da responsabilidade moral[12].

Dentro do grupo dos **fatores mistos,** reside o **caráter,** assim entendido o resumo das propriedades pessoais de um sujeito, ou seja, a caracterização de sua personalidade a partir do seu modo de ser habitual. Cuida-se aqui do produto da interação entre fatores endógenos e fatores exógenos da personalidade humana, ou seja, o resultado das reações às tendências instintivas. Tal fator, contudo, não deve ter uma importância exagerada, tendo em vista que, muitas vezes, erramos ao imaginar que conhecemos o caráter de alguém por meio de sua conduta externa, ou seja, dos aspectos visíveis. Ao revés, é na conduta interna que reside verdadeiramente o caráter, não sendo raro o cometimento de atos hediondos por sujeitos tidos por demasiadamente honrados e escrupulosos.

Existem, por outro lado, **fatores exógenos** que influenciam diretamente a conduta humana. O primeiro deles consiste na **prévia experiência em situações análogas,** assim compreendido o hábito prévio, ou seja, a vivência prévia diante de uma circunstância análoga. O aprendizado decorrente das

---

11 Disponível em: < http://www2.uol.com.br/sciam/noticias/a_testosterona_sozinha_nao_causa_violencia.html>.

12 MIRA Y LOPEZ, Emilio. *Manual de psicologia juridica*. 6. ed. Buenos Aires: El Tenel Editorial, p. 20.

consequências de um comportamento anterior certamente influencia a tomada de decisão no presente. Um segundo elemento exógeno consiste na chamada **constelação**, assim compreendida a influência da vivência imediatamente antecedente à conduta presente. É dizer, o estado de ânimo de determinado sujeito é fatalmente influenciado pelo ambiente em que se encontra em um dado momento (um concerto de violino, uma festa, um congestionamento no trânsito etc.). Não por acaso, há pesquisas que associam padrões de decisões judiciais com o momento em que são tomadas (v. g., logo depois do café da manhã; durante a tarde, já com fome; durante a noite, em estado de cansaço etc.). No hábito popular, é como decidir que hora é mais adequada para visitar ou pedir um favor a alguém, algo que calculamos inconscientemente em nossa vida cotidiana.

A **situação externa atual** é também um fator exógeno relevante, sobretudo diante de delitos cometidos por multidões, em que o *comportamento de manada* pode se tornar um padrão.

Por fim, o **tipo padrão de reação social à conduta** e o **modo de percepção subjetiva da situação** são os dois últimos elementos exógenos. Pelo primeiro, a reação social latente influencia diretamente a conduta dos indivíduos, assim considerado um agente moral, capaz de identificar as reações coletivas que aprovam e desaprovam determinadas atitudes. Pelo segundo, talvez o mais importante dos fatores, as impressões subjetivas que o indivíduo tem diante de uma situação conflitiva possuem um especial destaque na sua conduta. Tal fator leva em consideração não apenas as impressões suscitadas, mas também as motivações conscientes e inconscientes que conduzem, por exemplo, à prática de um crime. Cuida-se de um elemento bastante singular e pessoal, a exemplo da conduta de alguém que age com sentimento de justiça, imaginando-se estar acobertado por hipótese de legítima defesa[13].

3. O INCONSCIENTE E A ESTRUTURA DO PSIQUISMO

3.1. As contribuições de Sigmund Freud

Nascido na Áustria, em 1856, **Freud** foi médico e fundador da escola da psicanálise. Dentre suas inúmeras contribuições para a psicologia, certamente o maior destaque reside na afirmação da existência do *inconsciente*, exaustivamente estudado pelo autor:

13 MIRA Y LOPEZ, Emilio. *Manual de psicologia juridica.* 6. ed. Buenos Aires: El Tenel Editorial, p. 26.

> Quem quer que negue a existência do inconsciente está, de fato, admitindo que hoje em dia temos um conhecimento total da psique. É uma suposição evidentemente tão falsa quanto a pretensão de que sabemos tudo a respeito do universo físico[14].

Para Freud, a maior parte dos processos mentais é absolutamente inconsciente, ou seja, ocorre no plano do involuntário, em que o indivíduo age sem perceber o que faz. No campo do inconsciente, as definições de tempo, certo e errado são bastante confusas e desprovidas de lógica, o que é possível observar por meio dos sonhos[15].

As manifestações do inconsciente podem ser sutilmente observadas também de forma involuntária, através de caminhos como os **sonhos, os atos-falhos** e **associação livre** de palavras. Vejamos o exemplo trazido por FIORELLI e MANGINI:

> Caso 2.1 – O ato falho
>
> A vítima compareceu ao plantão policial para reconhecimento do homem que a agrediu e roubou sua bolsa.
>
> Colocada frente a alguns suspeitos, de pronto identificou determinado sujeito.
>
> Este, entretanto, argumentou para o delegado:
>
> "Como ela pode ter me reconhecido se eu estava de capuz na hora do assalto?" Confissão de culpa![16]

Denomina-se ato-falho justamente o "escorregão" da fala do exemplo citado acima, que entrega a pessoa. Tal comportamento não ocorre de forma voluntária, sendo uma manifestação do inconsciente, compelido pelo estado emocional dos envolvidos.

14 JUNG, Carl G. *O homem e seus símbolos.* 3.ed. Rio de Janeiro: HarperCollins Brasil, 2016, p. 22.

15 FIORELLI, José Osmir; MANGINI, Rosana Cathya Ragazzoni. *Psicologia juridica.* 8. ed. São Paulo: Atlas, 2017, ebook, posição n. 1008.

16 FIORELLI, José Osmir; MANGINI, Rosana Cathya Ragazzoni. *Psicologia juridica.* 8. ed. São Paulo: Atlas, 2017, ebook, posição n. 1013.

A partir dos seus estudos, Freud concebeu o aparelho psíquico humano como algo composto por três grandes elementos, abaixo explicados.

ID	EGO	SUPEREGO
Consiste no elemento mais primitivo e menos acessível da personalidade, dotado de conteúdos inconscientes que atuam na busca pelo prazer (princípio do prazer). Não reconhece o juízo de valor moral (bem x mal), buscando apenas a satisfação imediata. Tampouco se interessa pela lógica do pensamento.	É o elemento responsável pelo contato entre o psiquismo e a realidade externa. Ele possui componentes conscientes e inconscientes, mas atua sob o *princípio da realidade*, ou seja, possui uma base realista em que já atuante o componente racional e utilitário. É o resultado da interação entre o *id* e o *superego*, buscando a conciliação entre as duas estruturas.	Exerce uma função de controlador ou censor do ego, realizando um papel de autocrítica. Aqui residem elementos morais e idealistas da personalidade, que buscam algo diverso do mero prazer: a perfeição.

Para mais considerações a respeito da escola psicanalítica, remetemos o leitor ao ponto 1.2 do presente capítulo.

3.2. O pensamento de Carl Gustav Jung

Nascido na pequena comuna suíça de Kesswil, no ano de 1875, **Carl Gustav Jung** é uma das maiores referências da psicologia no mundo, sendo o fundador da chamada psicologia analítica. Tal escola, também chamada de "psicologia junguiana" ou "psicologia complexa", não se confunde com a escola psicanalítica, iniciada por **Freud**, com diferentes concepções a respeito de temas como a libido, o inconsciente, os sonhos, a religião e a relação entre o psicólogo e o paciente.

São muitos os temas cujo desenvolvimento se atribui a **Jung**, dentre eles o da **personalidade extrovertida** e **introvertida**, os **arquétipos** e o **inconsciente coletivo.** Sua mais notável contribuição, sem dúvidas, consiste no conceito de inconsciente, que desenvolve a partir de uma perspectiva diversa de **Freud**, com quem trocou inúmeras correspondências, publicadas posteriormente.

Enquanto, para **Freud,** o inconsciente figurava como um caos ou uma caldeira cheia de pulsões em ebulição – ou seja, um "quarto de despejos" dos desejos reprimidos –, para **Jung,** ele representa um infinito mundo à parte, que é tão relevante e real quanto o mundo consciente, sendo ainda mais amplo e mais rico do que se imaginava[17]. **Jung** mergulha de forma mais profunda no campo do inconsciente, revelando a sua linguagem (os símbolos) e os meios de comunicação com o consciente (os sonhos). Não por acaso, em sua célebre obra "O Homem e seus Símbolos", é explicado que o estudo da humanidade e de seus símbolos remete, inexoravelmente, ao estudo da relação do homem com seu inconsciente[18]:

> Para a psicologia junguiana, o sonho é a mais fidedigna expressão do inconsciente, marcado por uma enorme complexidade[19]. Não se trata de um evento que possa ser "decifrado" por meio de fórmulas gerais e abstratas, mas sim uma expressão pessoal do inconsciente particular de cada um, selecionando símbolos que apresentam especial sentido ao sonhador. A partir dos sonhos, é possível extrair conselhos e orientações impossíveis de serem confrontadas por meio de uma outra manifestação do indivíduo. Dito de uma maneira sintética, tal corrente da psicologia concebe o sonho como um meio de comunicação direto, que utiliza símbolos comuns da humanidade, porém os emprega de modo inteiramente individual, a exigir uma interpretação que considere igualmente aspectos pessoais[20]. Justamente por isso, são deixados de lado processos exclusivamente formais e silogísticos e contato com o inconsciente.

A essência de filosofia de vida de **Jung** costuma ser assim resumida: "o homem só se torna um ser integrado, tranquilo, fértil e feliz quando (e só então) o seu processo de individuação está realizado, quando o consciente e o inconsciente aprendem a conviver em paz e completando-se um ao outro"[21]. Para que isso ocorra, não se cogita de um processo de análise "típico", mas sim da busca pela comunicação particular e individual dos símbolos que habitam o inconsciente.

E o que se entende por "símbolo", a que se refere **Jung**? O autor parte da premissa de que, muito embora o ser humano se utilize da palavra escrita ou falada para expressar o que deseja, sua linguagem é também carregada de sinais ou imagens não descritivas. Assim, o símbolo consiste em um nome ou

---

17 JUNG, Carl G. *O homem e seus símbolos.* 3.ed. Rio de Janeiro: HarperCollins Brasil, 2016, p. 9.

18 JUNG, Carl G. *O homem e seus símbolos.* 3.ed. Rio de Janeiro: HarperCollins Brasil, 2016, p. 10.

19 Nesse ponto, é digno de nota a menor importância que **Jung** atribui à técnica da "livre associação" como uma forma de se conhecer o inconsciente. Para ele, cuida-se de um processo que pode se revelar inadequado e ilusório, abrindo-se uma divergência em relação ao pensamento de **Freud.**

20 JUNG, Carl G. *O homem e seus símbolos.* 3.ed. Rio de Janeiro: HarperCollins Brasil, 2016, p. 11.

21 JUNG, Carl G. *O homem e seus símbolos.* 3.ed. Rio de Janeiro: HarperCollins Brasil, 2016, p. 11-12.

uma imagem, que possui conotações especiais, para além do seu significado evidente e convencional[22]. A título de exemplo, as figuras de animais (como leões, águias e chacais) são comumente utilizadas na arte sacra, voltada ao culto sagrado. Elas se fazem presentes nas mais diversas religiões, manifestando-se ora como os símbolos evangelistas, ora como deuses egípcios. O caráter "simbólico" de uma palavra ou uma imagem está presente justamente em tais momentos, quando implicam algo além do seu significado imediato. Justamente por isso, as suas explicações não se revelam tão precisas como gostaríamos.

Questiona-se, então: por que razão a humanidade se utiliza, com frequência, de elementos simbólicos? Para **Jung,** isso ocorre justamente "por existirem inúmeras coisas fora do alcance da compreensão humana"[23]. Fora de toda razão descritiva, encontra-se a linguagem simbólica. É por esse motivo que todas as religiões se utilizam de símbolos, por meio de imagens.

A mesma lógica se aplica aos sonhos: aqui, o ser humano também produz símbolos, de forma inconsciente e espontânea, como se explica:

> Além disso, há aspectos inconscientes na nossa percepção da realidade. O primeiro deles é o fato de que, mesmo quando os nossos sentidos reagem a fenômenos reais e sensações visuais e auditivas, tudo isso, de certo modo, é transposto da esfera da realidade para a mente. Dentro da mente esses fenômenos tornam-se acontecimentos psíquicos cuja natureza radical nos é desconhecida (pois a psique não pode conhecer sua própria substância). Assim, toda experiência contém um número indefinido de fatores desconhecidos, sem considerar o fato de que toda realidade concreta sempre tem alguns aspectos que ignoramos, uma vez que não conhecemos a natureza radical da matéria em si[24].

A forma de interação com o inconsciente, na psicologia junguiana, deve partir do que se denomina **imaginação ativa,** uma técnica de interação com os símbolos do inconsciente não através de uma interpretação exclusivamente estática, mas sim um relacionamento direto com eles, explorando-se os sentimentos que os cercam.

Apesar de o contato com o inconsciente não se desenvolver de forma meramente estática, a psicologia junguiana pressupõe o conhecimento de conceitos como o dos **arquétipos,** assim compreendidas as "imagens primordiais" que, embora dinâmicas, integram o **inconsciente coletivo**, expondo

22 JUNG, Carl G. *O homem e seus símbolos.* 3.ed. Rio de Janeiro: HarperCollins Brasil, 2016, p. 18.

23 JUNG, Carl G. *O homem e seus símbolos.* 3.ed. Rio de Janeiro: HarperCollins Brasil, 2016, p. 19.

24 JUNG, Carl G. *O homem e seus símbolos.* 3.ed. Rio de Janeiro: HarperCollins Brasil, 2016, p. 21-22.

representações apriorísticas universais que derivam dos tempos mais remotos. Embora existam, muitas vezes, há milênios, os arquétipos necessitam de constante interpretação, por representarem estruturas inabaláveis do inconsciente capazes de mudar de forma.

4. PSICOLOGIA JURÍDICA: UMA BREVE HISTÓRIA E O PAPEL DO PSICÓLOGO JURÍDICO

Sem dúvidas, a psicologia jurídica consiste em um dos ramos da psicologia que mais crescem nos últimos tempos, a partir do século XIX. Como registra Liene Martha Leal, em tal momento histórico, os médicos foram chamados pelos juízes da época para desvendarem o "enigma" que certos crimes apresentavam[25]. Em 1868, nasceria a psicologia criminal, com a obra *Psychologie Naturelle*, do médico francês **Prosper Despine**, apresentando estudos de casos de graves crimes cometidos na época.

Posteriormente, em 1875, surgiria a criminologia, tendo como campo de pesquisa os fatores determinantes da criminalidade, bem assim a personalidade e a conduta do delinquente e a sua ressocialização[26].

Apenas em 1950, nasceria o termo *psicologia jurídica*, pelas mãos de **Mira Y Lopez**, ao publicar o seu Manual de Psicologia Jurídica. Em tal obra, o autor procura discutir o papel da psicologia no campo do direito e oferecer conhecimentos sobre o comportamento humano que auxiliem os juristas em suas decisões.

Em todo o mundo, é possível observar uma efetiva participação do profissional da psicologia no contexto do judiciário. Cuida-se do *Psicólogo Jurídico*, um profissional distinto, em razão não apenas do contexto em que se encontra, mas também por conta do emprego de uma técnica bastante especializada.

A atuação do psicólogo jurídico, para além de intrigante, é demasiadamente complexa.

Como bem ressaltado por **Cristiana Jobim Souza**, "no âmbito do judiciário e diante da ótica de cada ciência, os conflitos humanos são uma realidade que produz enormes e diferentes questionamentos". Aqui, "a visão do todo pode ficar comprometida, se camuflando por um discurso social e

---

25 LEAL, Liene Martha. *Psicologia jurídica: história, ramificações e áreas de atuação.* Diversa (Parnaíba. Impresso), ano 1, n. 2, p. 171.

26 LEAL, Liene Martha. *Psicologia jurídica: história, ramificações e áreas de atuação.* Diversa (Parnaíba. Impresso), ano 1, n. 2, p. 173.

uma incompreensão semântica, em que a verdade dos fatos, juridicamente relevantes, se perde". Como consequência, "erros inferenciais podem ser produzidos e a informação distorcida, acarretando falhas interpretativas da qual ninguém se dá conta, a não ser, claro, a vítima, o autor e o grupo social em que se inserem"[27].

Fazendo um paralelo entre a psicologia e o direito, citada autora estabelece o seguinte raciocínio em relação ao psicólogo jurídico: em um **contexto judicial**, o objetivo é verificar e determinar, pela linguagem, a ocorrência de determinados fatos, possibilitando a responsabilização, a proteção da sociedade e a garantia de direitos. Em um **contexto clínico**, o psicólogo deve observar os sintomas com o intuito principal de intervir e auxiliar o sujeito a lidar com esses sintomas. No âmbito social, o psicólogo ajuda o sujeito a lidar com o ocorrido, orienta e auxilia a utilização dos recursos e meios necessários a esse fim e, atuando na segurança pública, inclui, também, o sistema jurídico[28].

No campo da psicologia jurídica, encontramos interseções múltiplas com o **direito de civil** (em especial o direito de família e o direito juvenil) e o **direito penal** (em especial a vitimologia e a psicologia criminal). Daí se extrai a evidente importância de se conhecerem os aspectos criminógenos, sociais e psíquico-psicológicos que abrangem o sistema de justiça.

No campo do direito de família, "são reconhecidas as contribuições da psicologia jurídica, propiciando maior compreensão da personalidade dos atores envolvidos, do desenvolvimento da dinâmica familiar e social, dos novos contornos e arranjos familiares – que nem sempre têm como referência a família nuclear e tradicional"[29].

Ainda no âmbito do **direito civil**, as contribuições do psicólogo jurídico passam por diversos temas, a exemplo dos seguintes: **a)** perícia psicológica; **b)** assistência técnica; **c)** casamento e divórcio; **d)** adoção e reconhecimento de paternidade; **e)** interdição; **f)** perda do poder familiar. Todos os campos citados envolvem, de alguma forma, fatores emocionais dentre outros aspectos

---

27 SOUZA, Cristiana Jobim. *Psicologia jurídica: encontros e desencontros em sua prática*. Disponível em: https://www.tjdft.jus.br/institucional/imprensa/artigos/2014/psicologia-juridica--encontros-e-desencontros-em-sua-pratica-servidora-cristiana-jobim-souza. Acesso em: 06. nov. 2017.

28 SOUZA, Cristiana Jobim. *Psicologia jurídica: encontros e desencontros em sua prática*. Disponível em: https://www.tjdft.jus.br/institucional/imprensa/artigos/2014/psicologia-juridica--encontros-e-desencontros-em-sua-pratica-servidora-cristiana-jobim-souza. Acesso em: 06. nov. 2017.

29 FIORELLI, José Osmir; MANGINI, Rosana Cathya Ragazzoni. *Psicologia juridica*. 8. ed. São Paulo: Atlas, 2017, ebook, posição n. 5451.

psicológicos relevantes para que se profira uma decisão justa. É o que explica **Cristiana Jobim Souza:**

> As demandas judiciais das Varas de Família é outro domínio em que a psicologia se faz presente e exerce forte influência na proteção judicial dos menores. Levando o magistrado a buscar, junto à Psicologia, um trabalho técnico, seguro, capaz de embasar as decisões, resguardando os direitos das crianças e adolescentes em questões de regulamentação de visitas e guarda familiar (TRINDADE, 2002). Em matéria cıvıl, a comprovação dos fatos alegados é pressuposto da ação, e a partir dele é que se pode apurar responsabilidades, que no caso independe de culpa. (artigo 333, 342, 348, 400 e seguintes).
>
> Visando punir e prevenir a violência doméstica contra a mulher, surge a lei 11.340/06 (Lei Maria da Penha). E, no mesmo ano, a Lei 11.343/06, que prevê projetos educacionais para redução do dano ao usuário de drogas ilícitas. Essas duas leis proporcionam um espaço terapêutico ao psicólogo jurídico. Espaço que não afasta a especialização, nem o enfoque legal, mas possibilita um espaço diferenciado de atuação no sistema judiciário[30].

Já no campo do **direito penal,** a psicologia jurídica deita os olhos sobre as razões ocultas que levaram determinada pessoa a um comportamento tido como não desejado pela legislação. Há aqui um paralelo inevitável com a **criminologia** (a investigar a figura do infrator e as instituições que fazem parte do controle social do comportamento delitivo), assim como a **vitimologia**, que se ocupa das consequências que o crime produz sobre as vítimas, sobrelevando-se o papel da perícia psicológica.

5. PSICOLOGIA E COMUNICAÇÃO: RELACIONAMENTO INTERPESSOAL, RELACIONAMENTO DO MAGISTRADO COM A SOCIEDADE E A MÍDIA

5.1. Aspectos gerais sobre psicologia e comunicação

De acordo com o conceito fornecido pela *American Psychological Association*, a psicologia é a ciência que tem por objeto o estudo das funções mentais e do comportamento. Cuida-se de um ramo do conhecimento bastante amplo, de modo a abranger todos os aspectos da experiência humana – desde as funções cerebrais até os atos políticos globais; desde a infância até o fim da vida[31].

---

30 SOUZA, Cristiana Jobim. *Psicologia jurídica: encontros e desencontros em sua prática.* Disponível em: https://www.tjdft.jus.br/institucional/imprensa/artigos/2014/psicologia-juridica-encontros-e-desencontros-em-sua-pratica-servidora-cristiana-jobim-souza. Acesso em: 06. nov. 2017.

31 “Psychology is the study of the mind and behavior. The discipline embraces all aspects of the human experience — from the functions of the brain to the actions of nations, from child

Os seus profissionais – psicólogos – ocupam-se primordialmente do comportamento humano.

Assim sendo, existe uma profunda conexão entre a psicologia e a comunicação. O comportamento humano não existe forma isolada, mas sempre num contexto interpessoal (afinal, o ser humano é um "animal social", na ótica aristotélica). Interpessoalidade pressupõe comunicação e comunicação pressupõe linguagem. Ainda que se concebesse a existência de um único ser humano, de forma isolada, sua forma de pensar somente existiria por meio da linguagem.

É a linguagem uma das principais marcas dos seres pensantes – não apenas o ser humano –, por menos complexa que ela possa parecer em uma primeira análise. A organização das ideias, o aprendizado (por mais mecânico que seja) e o funcionamento da memória são elementos que dependem diretamente da linguagem e, portanto, da comunicação.

Sendo a comunicação algo que deriva das funções mentais e do comportamento, também pode ser compreendida através da psicologia. Não apenas a psicologia moderna, mas também a sociologia e a filosofia foram responsáveis por uma drástica ruptura de paradigma ocorrida, em especial, no século XIX. Autores como **Sigmund Freud, Karl Marx** e **Friedrich Nietzsche**, denominados ***iconoclastas,*** foram responsáveis, cada um em seu campo, por demonstrar que *"aquilo que você vê no mundo da vida (as instituições, os discursos, as falas, o conhecimento, a educação, a mídia)* não se explica por si só. A explicação de tudo isso está numa espécie de subterrâneo. É preciso escavar, fazer uma espécie de arqueologia das causas"[32].

Não é por acaso que a Resolução n. 75/2009 do CNJ exige uma compreensão mínima das relações entre psicologia e comunicação. O juiz, no exercício de suas atividades funcionais, embora exerça uma relevante parcela do poder do Estado, é um ser humano ("humano, demasiadamente humano", na feliz expressão de **Nietzsche**). É um ser que, como qualquer outro, traz, em seu comportamento, elementos da sua história (classe social, ideologia, experiências familiares, frustrações, desilusões, preconceitos etc.). Assim sendo, também sua comunicação (que se dá essencialmente na fundamen-

---

development to care for the aged. In every conceivable setting from scientific research centers to mental healthcare services, 'the understanding of behavior' is the enterprise of psychologists". Associação Americana de Psicologia. Disponível em: http://www.apa.org/support/about-apa.aspx?item=7. Acesso em: 29 dez. 2016.

32 Cf. BARROS FILHO, Clóvis de. *Por que ler Marx?* Disponível em: https://www.youtube.com/watch?v=m93ihi0DIgE&t=85s. Acesso em: 29 dez. 2016.

tação de suas decisões, mas não somente) está sujeita às influências das suas compreensões prévias. Embora não seja possível isolar o comportamento humano das suas experiências históricas, é possível estimular a constante reflexão e autocrítica, de modo a permitir uma atuação mais responsável e aberta à noção de alteridade.

5.2. Relacionamento interpessoal

A expressão "relacionamento interpessoal" não é apenas objeto de atenção da psicologia, mas também da sociologia, antropologia etc. Ela significa, em síntese, a relação entre duas ou mais pessoas, nos mais variados âmbitos (laboral, familiar, comunitário etc.).

No âmbito da sociologia, o relacionamento interpessoal é analisado como uma relação social (externa), investigando-se as normas sociais e morais que influenciam a interação entre seres humanos. No âmbito da psicologia, por sua vez, são enfocadas as questões subjacentes (internas) ao comportamento humano, em especial o inconsciente.

Uma das marcas dos relacionamentos interpessoais é a **conflituosidade,** o que deriva das particularidades da vida de cada um de nós. Embora muitas vezes entendido como um ser extremamente racional, o ser humano é também marcado pela sua irracionalidade, pelo comportamento contraditório e emocional. Tal constatação é frequentemente abordada pela arte e pode ser encontrada em uma notável frase do comediante **Grouxo Marx**: "Eu nunca faria parte de um clube que me aceitasse como sócio".

Não apenas a irracionalidade humana é fonte de conflitos, mas também a concorrência de interesses sobre um mesmo objeto e a dificuldade em realizar renúncias são fatores que levam à conflituosidade.

Como ressaltam **Jorge Trindade, Elise Karam Trindade** e **Fernanda Molinari**, o relacionamento humano está sujeito a dissonâncias, e a comunicação pode vir contaminada por diversas formas de ruído. Além disso, "toda mudança se depara com resistências e gera conflitos, na medida em que o novo é fonte de insegurança ao mesmo tempo em que promove esperança"[33].

Segundo os citados autores, uma forma de analisar a noção de mudança pode ser feita pela **perspectiva psicanalítica,** que está "baseada na dinâmica inconsciente do funcionamento social (Princípio do Determinismo do In-

33 TRINDADE, Jorge; TRINDADE, Elise Karam; MOLINARI, Fernanda. *Psicologia Judiciária – para a Carreira da Magistratura.* 2. ed. Porto Alegre: Livraria do Advogado Editora, 2012, p. 24.

consciente). A mudança seria o resultado de uma luta permanente entre as forças da pulsão de vida (Eros) e da pulsão de morte (Tanatos)"[34].

No âmbito das carreiras profissionais, é comum que as mudanças sejam associadas a situações de profundo estresse e ansiedade, decorrentes sobretudo da necessidade de sucesso e do sentimento de controle. Como forma de proteção contra os fatos da vida que levam ao sofrimento psicológico, a mente humana é capaz de desenvolver diversos mecanismos de defesa, tais como:

a) **Somatização** – Consiste em sintomas físicos oriundos da transferência de sentimentos que causam sofrimento psicológico (ex.: taquicardia, erupções na pele etc.);
b) **Negação** – Cuida-se da negação da realidade, por ser dolosa à mente;
c) **Repressão** – Consiste no ato de reprimir mentalmente – e tentar afastar da consciência – sentimentos indesejados pelo ego;
d) **Racionalização** – Forma de explicar a realidade dolorosa por meio da razão, de modo a tentar afastar o sofrimento causado;
e) **Formação reativa** – Trata-se de uma forma de defesa consistente em transformar o desejo reprimido em seu oposto.

Como modo de manter uma boa saúde física e mental, e exercer adequadamente as suas funções, espera-se de qualquer magistrado que desenvolva, dentre outras, características como a **autocrítica, humildade, alteridade, controle emocional, serenidade, gentileza, compromisso, simplicidade e superação de preconceitos.**

Infelizmente, muitos candidatos a concursos públicos idealizam as funções que exercerão no futuro e, não raramente, se interessam apenas pelo *status* e estabilidade financeira do cargo. Desconhecem, assim, que o exercício da magistratura demanda uma enorme estabilidade emocional e é capaz de causar uma alta carga de estresse. Uma marca da magistratura consiste justamente no excesso de trabalho e na necessidade de desenvolver uma boa gestão, com amplo contato interpessoal. São diversas as **pressões** a que estão sujeitos os juízes, de origem **externa** (fora ou dentro do ambiente de trabalho) e **interna** (com origem em fatores psicológicos).

Não por acaso, é bastante comum a chamada **Síndrome de *Burnout*,** "que pode acometer a pessoa que trabalha sob intensa pressão, com elevadas

34 TRINDADE, Jorge; TRINDADE, Elise Karam; MOLINARI, Fernanda. *Psicologia Judiciária – para a Carreira da Magistratura*. 2. ed. Porto Alegre: Livraria do Advogado Editora, 2012, p. 24.

cobranças internas e externas, e com expectativas altamente idealizadas. A Síndrome de *Burnout* refere-se ao desgaste profissional e consiste num grave estado de esgotamento pessoal, físico e mental, decorrente de uma rotina de trabalho exigente e estressante"[35]. Dentre os seus sintomas, é possível destacar: cansaço físico constante, hipertensão, insônia, dor de cabeça e na coluna, tristeza, depressão, perda de motivação, ansiedade, agressividade, dificuldade de concentração, irritação etc.

5.3. Relacionamento do magistrado com a sociedade e a mídia

Bem firmadas as premissas a respeito das relações interpessoais, torna-se necessário o aprofundamento a respeito das relações estabelecidas pelo magistrado com a sociedade e, de forma mais específica, com a mídia.

Não é preciso muito esforço para perceber que o magistrado, como agente político (embora não eleito), se encontra em contato constante com os mais variados grupos de pessoas, fora e dentro do exercício de suas atividades funcionais. No que concerne às relações externas, é possível citar o seu **núcleo familiar, de amigos e também de colegas da magistratura.** Por seu turno, no exercício da magistratura, é permanente o contato com **membros do Ministério Público, advogados, defensores públicos, serventuários e jurisdicionados.** Em qualquer caso (fora ou dentro do trabalho), o juiz deve ter um comportamento que leve em consideração a sua função pública, que exige a maior imparcialidade possível, sem comprometimento de sua independência.

A título de exemplo, não nos parece adequada a conduta de juízes que comparecem, com frequência, a eventos particulares promovidos nas residências de agentes políticos como parlamentares e gestores públicos. Basta imaginar a situação de um juiz de Direito que frequenta festas promovidas pelo prefeito de sua comarca. Tal comportamento, ainda que concretamente não afete em nada suas funções, compromete claramente a sua imagem, acarretando danos à credibilidade do Judiciário como um todo. É necessário, portanto, que o magistrado saiba **renunciar** alguns aspectos de sua vida particular, evitando a presença em determinados círculos de pessoas.

Tal renúncia envolve não apenas a proximidade com determinadas pessoas (notadamente réus e agentes políticos eletivos em geral), mas também

35 TRINDADE, Jorge; TRINDADE, Elise Karam; MOLINARI, Fernanda. *Psicologia Judiciária – para a Carreira da Magistratura.* 2. ed. Porto Alegre: Livraria do Advogado Editora, 2012, p. 29.

a necessidade de se estabelecer uma **conduta irrepreensível, no âmbito particular e público.** É de se esperar que um representante direto do Poder Judiciário tenha uma conduta alinhada à seriedade do órgão.

Outrossim, deve o magistrado, em qualquer ambiente, tratar sempre **com urbanidade** as pessoas, imbuído de **espírito republicano.** Ser um juiz é sobretudo servir à sociedade com independência.

As relações do juiz com a **sociedade** exigem, assim, a observância de uma série de valores, tais como a urbanidade, respeito, conduta irrepreensível (no âmbito particular e público), serenidade, independência etc.

Da mesma forma, as suas relações com **a mídia** demandam uma série de cuidados. Indubitavelmente, os meios de comunicação de massa são um grande difusor de informações, catalisando a formação da opinião pública. Ao se comunicar com a mídia, o magistrado deve, portanto, se cercar de muita cautela. No passado, dizia-se que o juiz não deveria, em hipótese alguma, dialogar com os meios de comunicação em massa. Com o passar do tempo, perdeu força esse isolacionismo, de modo que o contato com a mídia passou a ser visto como **uma forma de prestação de contas à sociedade,** algo inerente ao sistema republicano.

Tal contato exige, dentre outras, as seguintes cautelas:

a) O juiz deve ter **clareza** ao passar as informações, de modo a evitar (ou ao menos minimizar) ruídos de comunicação, bem como a manipulação indevida de expressões ambíguas ou demasiadamente vagas;

b) A relação do magistrado com a mídia **deve ser centrada em aspectos informativos,** sem qualquer pretensão de manipular a opinião pública em favor de determinada orientação política ou determinada decisão judicial;

c) Devem ser **evitados comentários a respeito de processos em curso,** em especial pendentes de julgamento pelo próprio magistrado, valendo-se aqui a máxima de que "o juiz fala nos autos", evitando-se o comprometimento de sua imparcialidade e o adiantamento de suas decisões;

d) Deve ser **evitado, a qualquer custo, o adiantamento de decisões** sobre casos que possivelmente virão a ser julgados pelo magistrado, o que pode vir a consubstanciar o favorecimento a uma das partes, bem como o comprometimento da sua imparcialidade;

e) O juiz deve ter **noção a respeito das consequências de sua manifestação,** seus impactos sobre a sociedade e sobre os fenômenos de ordem política;

f) As relações com a mídia não devem, sob hipótese alguma, servir como meio de **promoção pessoal e estímulo à vaidade** do magistrado, que deve sempre estar atento à finalidade pública/republicana de suas declarações. Não havendo tal utilidade – mas apenas autopromoção –, deve ser evitada a manifestação.

6. PROBLEMAS ATUAIS DA PSICOLOGIA COM REFLEXOS NO DIREITO: ASSÉDIO MORAL E ASSÉDIO SEXUAL

Não são poucos os problemas atuais da psicologia com reflexos no direito. Em especial após o final do século XIX, uma vasta gama de interseções entre os dois ramos do conhecimento começou a ser explorada, nascendo a chamada **psicologia judiciária.** Tal campo da psicologia tem por objeto justamente os comportamentos humanos com especial relevância para o campo jurídico, em especial as relações processuais em curso.

Dentre os problemas atuais da psicologia com reflexo no direito, merecem destaque o **assédio moral** e o **assédio sexual**, que possuem íntima relação com o ambiente de trabalho (embora não exclusivamente), tendo sido objeto de diversos estudos. Para fins de concursos públicos, o principal objetivo consiste em uma precisa definição de ambos os fenômenos, de modo que possam ser facilmente reconhecidos e diferenciados. Nesse sentido, dispõe a cartilha do Ministério do Trabalho e Emprego:

> Assédio moral e sexual nas relações de trabalho ocorre frequentemente, tanto na iniciativa privada quanto nas instituições públicas. A prática desse crime efetivamente fortalece a discriminação no trabalho, a manutenção da degradação das relações de trabalho e a exclusão social.
>
> O assédio moral e sexual no trabalho caracteriza-se pela exposição dos trabalhadores a situações humilhantes e constrangedoras, repetitivas e prolongadas durante a jornada de trabalho e relativas ao exercício de suas funções.
>
> Tais práticas evidenciam-se em relações hierárquicas autoritárias, em que predominam condutas negativas, relações desumanas e antiéticas de longa duração, de um ou mais chefes, dirigidas a um ou mais subordinados, entre colegas e, excepcionalmente, na modalidade ascendente (subordinado x chefe), desestabilizando a relação da vítima[36].

Com efeito, conforme assimilado pela jurisprudência nacional, o **assédio moral** "pode ser definido no local de trabalho como **conduta abusiva**, de **natureza psicológica**, exercida por uma ou mais pessoas sobre um colega,

36 *Assédio moral e sexual no trabalho.* Brasília: MTE, ASCOM, 2009. Disponível em: http://trabalho.gov.br/publicacoes-do-trabalho/trabalho/outros-assuntos-estudos/item/271-cartilha--assedio-moral-e-sexual-no-trabalho. Acesso em: 30 dez. 2016.

subordinado ou não, que **atenta contra a dignidade psíquica** deste, de forma **reiterada**, com o **objetivo de comprometer seu equilíbrio emocional**"[37].

Tal conduta é considerada ilícita, sujeitando-se ao dever de indenizar. Normalmente, a conduta envolve a "intimidação na execução do trabalho, o qual ocorre quando se verifica atitudes inadequadas à real condição laborativa do empregado que precisa se reabilitar para o trabalho, cujo efeito é prejudicar a atuação da vítima, por criar uma situação que lhe é hostil"[38].

A literatura especializada é unânime em reconhecer o assédio moral como uma forma antiga de coação social, muito embora seu estudo seja relativamente recente, com destaque para as pesquisas de **Marie-France Hirigoyen**, publicadas no ano de 1998. A prática se intensificou bastante com o fenômeno da globalização e as mudanças promovidas no cenário empresarial das últimas décadas, que imprime maior competitividade nas relações laborais.

O tema é didaticamente explicado pela cartilha do Ministério do Trabalho e Emprego, que traz um **conceito** detalhado: "trata-se da exposição de trabalhadoras e trabalhadores a situações vexatórias, constrangedoras e humilhantes durante o exercício de sua função. É o que chamamos de violência moral. Esses atos visam humilhar, desqualificar e desestabilizar emocionalmente a relação da vítima com a organização e o ambiente de trabalho, o que põe em risco a saúde, a própria vida da vítima e seu emprego"[39].

No que diz respeito às suas **consequências, "**a violência moral ocasiona desordens emocionais, atinge a dignidade e identidade da pessoa humana, altera valores, causa danos psíquicos (mentais), interfere negativamente na saúde, na qualidade de vida e pode até levar à morte"[40]. Assim sendo, a prática conduz à **fragilização da vítima,** com a **neutralização do seu poder.**

O **processo de escolha da vítima** também é digno de atenção, cabendo ressaltar que "a vítima escolhida é isolada do grupo, sem explicações. Passa a ser hostilizada, ridicularizada e desacreditada no seu local de trabalho. É comum os colegas romperem os laços afetivos com a vítima e reproduzirem

---

37 TRT3, 7ª T, RO 2053408 01361-2007-134-03-00-7, Rel. Des. Paulo Roberto de Castro, publicado em 04/12/2008.

38 TRT3, 7ª T, RO 2053408 01361-2007-134-03-00-7, Rel. Des. Paulo Roberto de Castro, publicado em 04/12/2008.

39 *Assédio moral e sexual no trabalho*. Brasília: MTE, ASCOM, 2009. Disponível em: http://trabalho.gov.br/publicacoes-do-trabalho/trabalho/outros-assuntos-estudos/item/271-cartilha-assedio-moral-e-sexual-no-trabalho. Acesso em: 30 dez. 2016.

40 *Assédio moral e sexual no trabalho*. Brasília: MTE, ASCOM, 2009. Disponível em: http://trabalho.gov.br/publicacoes-do-trabalho/trabalho/outros-assuntos-estudos/item/271-cartilha-assedio-moral-e-sexual-no-trabalho. Acesso em: 30 dez. 2016.

as ações e os atos do(a) agressor(a) no ambiente de trabalho. O medo do desemprego, e a vergonha de virem a ser humilhados, associados ao estímulo constante da concorrência profissional, os tornam coniventes com a conduta do assediador"[41].

Uma das marcas do assédio moral reside na **reiteração da coação**, bem como na **intenção do assediador** em relação à sua prática. Assim sendo, um evento isolado não é capaz de configurar assédio moral. As práticas podem ter diversas **motivações,** tais como o **medo, a inveja, sede de poder, preconceito, motivações religiosas etc.**

No que diz respeito às formas de sua realização, merecem destaques os exemplos trazidos por **Trindade** e **Molinari**: **recusar comunicação direta ao assediado, desqualificação do assediado, descreditar o assediado, isolar ou constranger o assediado, provocar equívoco etc**[42]. Tais práticas **não exigem a sujeição hierárquica da vítima ao agressor,** embora essa seja a forma mais comum.

Lamentavelmente, a grande maioria das vítimas no Brasil é composta por mulheres negras, também sendo comum a prática de assédio moral contra pessoas idosas, portadores de necessidades especiais e homossexuais. Tal constatação revela a sua relação direta com as mais variadas formas de preconceito.

Por sua vez, o **assédio sexual** consiste em uma prática criminosa, tipificada no art. 216-A do Código Penal:

> Assédio sexual (Incluído pela Lei nº 10.224, de 15 de 2001)
>
> Art. 216-A. Constranger alguém com o intuito de obter vantagem ou favorecimento sexual, prevalecendo-se o agente da sua condição de superior hierárquico ou ascendência inerentes ao exercício de emprego, cargo ou função. (Incluído pela Lei nº 10.224, de 15 de 2001)
>
> Pena – detenção, de 1 (um) a 2 (dois) anos. (Incluído pela Lei nº 10.224, de 15 de 2001)
>
> § 2º A pena é aumentada em até um terço se a vítima é menor de 18 (dezoito) anos. (Incluído pela Lei nº 12.015, de 2009)

---

41 *Assédio moral e sexual no trabalho*. Brasília: MTE, ASCOM, 2009. Disponível em: http://trabalho.gov.br/publicacoes-do-trabalho/trabalho/outros-assuntos-estudos/item/271-cartilha-assedio-moral-e-sexual-no-trabalho. Acesso em: 30 dez. 2016.

42 TRINDADE, Jorge; TRINDADE, Elise Karam; MOLINARI, Fernanda. *Psicologia Judiciária – para a Carreira da Magistratura*. 2. ed. Porto Alegre: Livraria do Advogado Editora, 2012, p. 29.

Cuida-se também de uma forma de coação social bastante antiga, concebida por autos autores como uma forma específica de assédio moral, já que, igualmente, ataca a dignidade da vítima.

Muito embora a Convenção Interamericana para Prevenir, Punir e Erradicar a Violência Contra a Mulher (Convenção de Belém do Pará, 1995 – CEDAW) trate o assédio sexual no trabalho como uma das formas de violência contra a mulher, é pacífico que tal prática pode ocorrer **entre pessoas do mesmo sexo**, bem como de agressoras mulheres contra vítimas do sexo masculino.

Diferentemente de um mero convite, o assédio sexual se configura a partir de um **constrangimento** que parte de um **agressor com superioridade hierárquica,** impondo à vítima uma **prática de natureza sexual** e **contrária à sua vontade.** O assédio pode ocorrer de forma **explícita ou implícita** e geralmente se configura a partir de comentários constrangedores, propostas íntimas, contatos físicos, elogios ostensivos etc.

A prática mais comum é aquela constante na cartilha do Ministério do Trabalho e Emprego: "assédio sexual no ambiente de trabalho consiste em constranger colegas por meio de cantadas e insinuações constantes com o objetivo de obter vantagens ou favorecimento sexual"[43].

Para fins de provas de concursos públicos, é crucial saber diferenciar as práticas de **assédio moral** e **assédio sexual,** conforme esquematizado no quadro abaixo:

ASSÉDIO MORAL	ASSÉDIO SEXUAL
Exige uma conduta reiterada.	Pode ocorrer a partir de uma única conduta.
Não exige relação de hierarquia entre agressor e vítima.	Exige superioridade hierárquica do agressor.
Não envolve qualquer tipo de oferta de vantagem à vítima.	Normalmente é associado à chantagem e a um suposto benefício do agressor à vítima.
Objetiva a neutralização da vítima.	Objetiva o domínio sobre o corpo da vítima.

43 *Assédio moral e sexual no trabalho*. Brasília: MTE, ASCOM, 2009. Disponível em: http://trabalho.gov.br/publicacoes-do-trabalho/trabalho/outros-assuntos-estudos/item/271-cartilha-assedio-moral-e-sexual-no-trabalho. Acesso em: 30 dez. 2016.

7. TEORIA DO CONFLITO E OS MECANISMOS AUTOCOMPOSITIVOS

7.1. Introdução à teoria do conflito social

Existem variadas teorias que buscam explicar as mais diversas formas de conflitos sociais. É possível analisá-los sob uma perspectiva sociológica, psicológica, antropológica etc.

Juridicamente, costuma-se afirmar que os conflitos sociais surgem da soma de dois fatores: **a) os variados interesses das pessoas, que não possuem limitação quantitativa; b) a existência de bens jurídicos limitados em quantidade.** É dizer, as pessoas depositam suas pretensões nos mais variados bens, havendo, não raramente, interesses colidentes (eis que ilimitados) sobre uma mesma coisa. Como se não bastasse, o direito é um produto da cultura humana dotado de imprecisão, de modo que, muitas vezes, duas pessoas em conflito se acham igualmente titulares de direitos.

No campo da psicologia, por seu turno, em especial no campo da psicanálise, **os conflitos sociais consistem na exteriorização de conflitos internos,** que se originam no inconsciente da mente humana (um conflito entre o *id* e o *ego*). Em termos mais simples, os conflitos no seio social (ou seja, no mundo exterior) nascem a partir de conflitos intrapsíquicos, em especial a partir de desejos e instintos reprimidos com as proibições assimiladas pela mente.

Diferentemente do que compreendiam autores da sociologia clássica – tais como **Marx**[44] e **Durkheim**[45] –, a sociologia contemporânea concebe o conflito social como "uma forma de socialização"[46]. Partindo das construções teóricas de **Georg Simmel**[47], entende **Lewis Coser** que nenhum grupo pode ser inteiramente harmonioso, pois então careceria de processo e estrutura. A formação de grupos é um resultado tanto da associação quanto da dissociação, de modo que tanto o conflito quanto a cooperação servem a uma função social. Assim, a existência de conflitos em alguma medida é um elemento essencial na formação de grupos.

---

44 MARX, Karl; ENGELS, Friedrich. *Manifesto comunista.* Trad. Álvaro Pina. São Paulo: Boitempo, 2005.

45 DURKHEIM, Émile. *Da divisão social do trabalho.* Trad. Eduardo Brandão. 2. ed. São Paulo: Martins Fontes, 1999.

46 Coser, Lewis. *The Functions of Social Conflict.* New York: The Free Press, 1956, p. 31.

47 SIMMEL, Georg, O conflito como sociação. Tradução de Mauro Guilherme Pinheiro Koury). *Revista Brasileira de Sociologia da Emoção*, v. 10, n. 30, p. 568-573. Disponível em: http://www.cchla.ufpb.br/rbse/SimmelTrad.pdf. Acesso em 17 nov. 2018.

O conflito também exerce um papel importante ao estabelecer limites entre os grupos, fortalecendo a sua consciência e a consciência da separação dos outros grupos. Os antagonismos recíprocos entre eles preservam as divisões sociais e os sistemas de estratificação. Desse modo, as "repulsões" conflitivas tanto estabelecem uma identidade mais ou menos precisa a respeito os vários grupos dentro de um mesmo sistema, como também ajudam a manter a sociedade como um todo: o "sistema social geral"[48].

Há, pois, conflitos entre grupos, bem como conflitos internos em cada um deles, notadamente nos casos em que as pretensões coletivas derivam de situações de fato contingentes[49].

Um bom exemplo da função social do conflito a que aludem **Simmel** e **Closer** pode ser observado a partir da interação entre diferentes agentes que pertencem a um mesmo grupo econômico. No Brasil, não raramente, a Federação Brasileira dos Bancos (FEBRABAN), associação que congrega instituições financeiras bancárias[50], exerce a função de legitimado coletivo – como lhe faculta o art. 5º, V, da Lei n. 7.347/1985 –, muito embora os seus integrantes interajam socialmente em regime de concorrência, com interesses contrapostos.

É o que explica Simmel, descrevendo as funções da "discórdia" ou "oposição" no seio de grupos sociais:

> Esta imprecisão é aumentada pelo duplo significado correspondente da "discórdia" ou "oposição". Uma vez que a discórdia desdobra seu caráter negativo e destrutivo entre os indivíduos em particular, ingenuamente se conclui que ela deve ter o mesmo efeito sobre o grupo total. Na realidade, porém, algo que é negativo e prejudicial entre os indivíduos, se for considerado isoladamente e com objetivo particular, não tem necessariamente o mesmo efeito na relação total desses indivíduos. Pois, um quadro muito diferente emerge quando se vê o conflito em conjunto com outras interações não afetadas por ele. Os elementos negativos e dualistas desempenham um papel inteiramente positivo nesse quadro mais abrangente, apesar da destruição que pode desenvolver sobre as

48 Imagine-se o conflito existente entre as castas indianas, o que ajuda a estabelecer a distinção entre os vários grupos, assegurando a estabilidade da estrutura social geral. O conflito desempenha relevante papel ao separar o grupo dos "outsiders", diferenciando nações, grupos étnicos e partidos políticos, por exemplo.

49 MANCUSO, Rodolfo de Camargo. *Interesses difusos:* conceito e legitimação para agir. 6. ed. São Paulo: Revista dos Tribunais, 2004, p. 93.

50 O estatuto social da Federação Brasileira de Bancos (FEBRABAN) pode ser consultado em: <https://cmsportal.febraban.org.br/Arquivos/documentos/PDF/ESTATUTO%20FEBRABAN_fev2011.pdf>.

relações particulares. Tudo isso é muito óbvio na competição de indivíduos no interior de uma unidade econômica[51].

Bem firmadas tais premissas, fica demonstrado que as coletividades podem ser concebidas como entidades diversas dos seus integrantes. E mais: os interesses coletivos podem ser compreendidos como algo substancialmente diverso da mera soma dos interesses individuais[52].

Justamente pelo fato de os conflitos interpessoais remontarem aos conflitos internos, é necessário um amplo conhecimento de técnicas de solução conciliada, de modo a se conseguir, de forma efetiva e eficiente, a pacificação social.

7.2. Procedimentos, técnicas, posturas, condutas e mecanismos aptos a obter a solução alternativa dos conflitos

As diversas formas de solução alternativa de conflitos já foram abordadas no primeiro capítulo. Cumpre-nos aqui desenvolver melhor as principais técnicas para a solução do conflito de forma alternativa, voltadas ao campo da psicologia.

A **primeira técnica** a ser adotada na solução alternativa de conflitos (seja na conciliação, na mediação ou na negociação) consiste na **introdução da alteridade.** Em termos mais simples, trata-se de se colocar no papel da parte contrária. Isso pode ser estimulado pelo conciliador, pelo mediador ou pelas próprias partes, em negociação. A ideia aqui é reduzir a carga do conflito, de modo a fazer com que as partes reflitam sobre aquilo que consideram justo, afastando-se de posturas puramente egoístas. Para que isso ocorra, é importante que a pretensão de cada parte esteja bem delimitada, bem como as suas razões.

Em seguida, autores como **Trindade** e **Molinari**[53], na linha de **Leonard Riskin,** recomendam a adoção das seguintes **posturas**, que podem ser conduzidas pelas próprias **partes** (na negociação), pelo **mediador** ou pelo **conciliador**:

---

51 SIMMEL, Georg, O conflito como sociação. Tradução de Mauro Guilherme Pinheiro Koury). *Revista Brasileira de Sociologia da Emoção*, v. 10, n. 30, p. 573. Disponível em: http://www.cchla.ufpb.br/rbse/SimmelTrad.pdf. Acesso em 17 nov. 2018.

52 "I was demonstrated the collective entities could be said do exist independently of their individual members. [...] Furthermore, it was shown that one might legitimately endorse the concept of collective interests as something substantially different from the aggregate sum of individual interests" (Jovanović, Miodrag A. *Collective Rights:* a Legal Theory. Cambridge: Cambridge Press, 2012, p. 56).

53 TRINDADE, Jorge; TRINDADE, Elise Karam; MOLINARI, Fernanda. *Psicologia Judiciária – para a Carreira da Magistratura.* 2. ed. Porto Alegre: Livraria do Advogado Editora, 2012, p. 80.

a) **Avaliação das propostas fortes e fracas de cada um (abordagem avaliadora restrita)** – É importante que os envolvidos saibam quais argumentos seus são fortes ou fracos, de modo a se fazer uma projeção do sucesso que poderia ser alcançado numa eventual demanda judicial;
b) **Avaliar os interesses subjacentes das partes (abordagem avaliadora ampla)** – É importante que as partes envolvidas saibam quais são os interesses secundários envolvidos, conhecendo as causas ocultas do conflito, o que conduz a um estímulo à aceitação mútua das propostas das partes, além de facilitar o seu oferecimento;
c) **Educar as partes sobre as consequências de uma solução mal feita (abordagem facilitadora restrita)** – É importante que os envolvidos saibam como deve se desenvolver o procedimento de solução alternativa de conflitos, bem como as consequências de um processo malsucedido;
d) **Ajudar as partes a desenvolver e escolher suas próprias soluções (abordagem facilitadora ampla)** – É importante que as partes definam a matéria de sua mediação, conciliação ou negociação, sendo estimuladas a produzir, cooperativamente, possíveis soluções. Afinal, a melhor solução para um caso é aquela conduzida pelas partes, em situação de igualdade e serenidade.

Outros autores costumam trazer um rol diverso de **posturas** a serem adotadas pelo terceiro nos processos autocompositivos, o que torna o tema em questão excessivamente impreciso para ser cobrado em concursos públicos. Apesar da ausência de referenciais objetivos, o assunto tem sido cobrado em provas, atentando-se os examinadores para a impossibilidade de padronização das respostas, exigindo-se dos candidatos um conhecimento "flexível" do tema. A título de exemplo, no padrão de resposta do concurso para Juiz do Distrito Federal e Territórios do ano de 2013, foram exigidas dos candidatos as seguintes informações a respeito da mediação, também aplicáveis às outras técnicas autocompositivas, que merecem ser estudadas:

> Técnicas e posturas que devem ser usadas para facilitar a **mediação**: **a) condução ativa da entrevista**: as interações verbais devem ser guiadas pelo mediador, com perguntas realizadas a fim de captar o estado emocional dos envolvidos, bem como para extrair as questões que constituem o cerne do conflito; **b) estabelecimento de rapport**: palavra francesa que designa uma relação de empatia com o interlocutor – estabelecimento de uma relação de confiança. O mediador deve inspirar uma empatia, um respeito pelas partes, o que não se confunde com amizade ou intimidade, até porque impera o dever de imparcialidade no procedimento; **c) adequação comunicacional**: ciente da singularidade de cada parte, o mediador deve adequar sua comunicação

verbal e não verbal a fim de fazer com que as partes dialoguem. Para isso, é função do mediador observar detalhes importantes, como o nível sociocultural, econômico, grau de escolaridade, aspectos culturais, regionais, enfim, tudo o que possa ser útil para propiciar as interações que possam levar a um acordo; **d) gerenciamento de emoções**: é natural que os envolvidos em uma mediação não estejam em estado emocional confortável. É comum o aparecimento de frustrações, angústias, raiva, principalmente se o conflito for de natureza familiar. Por isso, cabe ao mediador gerenciar eventual agressividade e conduzir a mediação para canalizar emoções de forma positiva.

A **solução para o conflito** pode ser ainda construída a partir de algumas condutas ou procedimentos: **a) gerenciamento da comunicação verbal e não verbal**: a comunicação é elemento essencial na formação do acordo. A escolha dos atos e das palavras guiará o êxito da solução; **b) escuta dinâmica** (ouvir ativamente as partes): escutar e entender o que está sendo dito, sem se deixar influenciar pelos pensamentos judicantes ou que contenham juízo de valor. Seleção cuidadosa das informações fornecidas pelas partes, pois em condições emocionais podem sofrer significativa alteração de sentido **c) técnica de interrogação**: a maneira como se pergunta é uma forma de determinar o fluxo de informações e as interações entre os envolvidos no conflito; **d) sumário**: sintetizar o que foi exposto pela parte oportuniza confirmação das declarações prestadas, bem como eventual retificação ou complementação de algum dado; e) isolamento dos envolvidos: dado o grau de animosidade inicial, nem sempre é possível estabelecer o imediato diálogo entre as partes. Por isso, recomenda-se a utilização de sessões individualizadas para conseguir obter os dados que as partes possam fornecer, além de prepará-las para um acordo; **f) divisão do problem**a (fracionamento das questões): o conflito pode se apresentar de maneira bastante complexa. Se assim ocorrer, convém que o problema seja seccionado em questões menores, a fim de facilitar a resolução do litígio[54].

Especificamente na **negociação**, em que não há a figura de um terceiro imparcial, é de suma importância que as partes adotem **movimentos de esclarecimento** (que objetivam explicar e descrever suas posições), **movimentos de relaxamento** (que objetivam a redução do nível de conflito), além de evitarem **movimentos de protelação** (que apenas geram a dilação indevida da solução do conflito, o que alimenta a carga de estresse das pessoas envolvidas).

Especificamente para a **mediação**, costumam ser cobradas em provas de concursos determinadas características, que em realidade valem também para as demais formas autocompositivas. Assim, são comumente atribuídas ao me-

54 Cf. http://www.cespe.unb.br/concursos/TJDFT_13_JUIZ/arquivos/NGDFH_PADR__O_DE_RESPOSTAS_DEFINITIVO.PDF.

diador as seguintes **técnicas ou estratégias** facilitadoras do diálogo, já exigidas em concurso para o cargo de Juiz do Distrito Federal e Territórios (2013)[55]:

a) **Compreensão do caso** (identificação de questões, interesses e sentimentos; fragmentação das questões; recontextualização);

b) **Controle do processo** (até mesmo interrompendo as partes quando necessário);

c) **Deslocamento das emoções negativas para positivas**;

d) Facilidade para migrar das posições enunciadas para fazer emergir os **reais interesses dos participantes**;

e) **Concentração nas emoções positivas**;

f) **Reconhecimento e validação de sentimentos**;

g) **Desenho do futuro com base no sucesso das ações relacionadas com essas emoções**;

h) **Tom da mediação** (comunicação acessível, linguagem neutra e o ritmo da mediação);

i) **Empoderamento das partes** (reforçar o que já foi realizado e enfocar no futuro – visão prospectiva da disputa).

8. O PROCESSO PSICOLÓGICO E A OBTENÇÃO DA VERDADE JUDICIAL

8.1. Aspectos gerais

Costuma-se dizer que "somente um processo psicológico bem conduzido será capaz de auxiliar a obtenção da verdade judicial"[56]. Embora a afirmação seja verdadeira, é importante saber inicialmente em que consiste a tal "verdade judicial".

Ainda há quem fale em **"verdade real"**, como se correspondesse à verdade judicial. Não são poucos os precedentes judiciais que ainda trabalham com a dualidade **verdade formal – verdade real,** uma construção doutrinaria antiga e – ao menos desde a fenomenologia e o giro linguístico (*linguistic turn*) da filosofia da linguagem – ultrapassada. Vejamos alguns recentes precedentes em que o Superior Tribunal de Justiça aludiu à "verdade real":

55 As características citadas se encontram no modelo de resposta publicado no seguinte link: http://www.cespe.unb.br/concursos/TJDFT_13_JUIZ/arquivos/NGDFH_PADR__O_DE_RESPOSTAS_DEFINITIVO.PDF.

56 TRINDADE, Jorge; TRINDADE, Elise Karam; MOLINARI, Fernanda. *Psicologia Judiciária – para a Carreira da Magistratura.* 2. ed. Porto Alegre: Livraria do Advogado Editora, 2012, p. 104.

Assim como ocorre no Direito Sancionador, em que se afastam as regras da processualística civil em razão do especial garantismo conferido por suas normas ao indivíduo, **deve-se dar prioridade ao princípio da busca da verdade real**, diante do interesse social que envolve essas demandas[57].

AGRAVO REGIMENTAL NO AGRAVO EM RECURSO ESPECIAL. PRODUÇÃO ANTECIPADA DE PROVAS. MOTIVAÇÃO. OCORRÊNCIA. FALIBILIDADE DA MEMÓRIA HUMANA. RELEVANTE TRANSCURSO DE TEMPO DESDE A DATA DOS FATOS. ENUNCIADO 455 DA SÚMULA DO SUPERIOR TRIBUNAL DE JUSTIÇA. INAPLICABILIDADE. ACÓRDÃO DO TRIBUNAL DE ORIGEM EM CONSONÂNCIA COM A ORIENTAÇÃO JURISPRUDENCIAL DESTA CORTE SUPERIOR. INCIDÊNCIA DO ENUNCIADO N.º 83 DA SÚMULA DO STJ. INSURGÊNCIA DESPROVIDA.

1. Esta Corte possui entendimento no sentido de que **a produção antecipada de provas, prevista no art. 366 do CPP, possui natureza acautelatória e visa a resguardar, na busca da verdade real**, a efetividade da prestação jurisdicional, diante da possibilidade de perecimento da prova em razão de relevante decurso de tempo, como na hipótese vertente, na qual o delito foi cometido há quase 8 anos.

2. Há de sopesar o julgador sobre o concreto risco de perecimento da prova testemunhal (periculum in mora) tendo em vista a alta probabilidade de esquecimento dos fatos distanciados do tempo de sua prática, sendo que detalhes relevantes ao deslinde dos fatos narrados na incoativa poderão ser perdidos com o decurso do tempo, à causa da revelia do acusado, **em detrimento do interesse da sociedade em apurar os fatos e submetê-los a julgamento**[58].

[...]

O "princípio da busca da verdade real", outrora ensinado como norteador da produção de provas no processo penal e no processo civil, significa, em síntese, que o julgador deve, dentro do possível, tentar ao máximo reconstruir os fatos que pretendem ser provados, "**como realmente ocorreram**". Interessaria tanto às partes quanto à sociedade saber **o quer verdadeiramente teria ocorrido no mundo dos fatos,** de forma precisa, acabada, enfim, absoluta.

Cuida-se, efetivamente, de uma ficção. No âmbito de um processo judicial, nunca é possível reconstruir a verdade dos fatos, de forma absoluta, por um motivo muito simples: no mundo dos fenômenos, **não há fatos, mas versões.** Em especial nas demandas de direito de família, em que os "fatos", em

57 Superior Tribunal de Justiça, Corte Especial, REsp n. 1352721/SP, Rel. Min. Napoleão Nunes Maia, DJe 28.4.2016.

58 Superior Tribunal de Justiça, 5T, AgRg no AREsp n. 911296/PA, Rel. Min. Jorge Mussi, DJe 7.12.2016.

realidade, consistem muitas vezes em interpretações sobre o comportamento das pessoas, a verdade não é um dado absoluto.

Não se diga, contudo, que não existe verdade. **Existe verdade (e, portanto, "verdade judicial")**. O que não existe é **"verdade real"**. A verdade deve ser compreendida como um convencimento, um consenso, a respeito de determinada argumentação fática, construída em um ambiente democrático de participação dos envolvidos. Uma verdade discursiva e construída a partir da linguagem. A busca é pela verdade **possível**, pela **verdade que convence** com base em uma linguagem comum, marcada por elementos racionais, compartilhados por aqueles que integram o processo (estamos sendo bastante simplório aqui, tendo em vista a possibilidade de participação de sujeitos com linguagens diversas em processos judiciais).

Nesse sentido, lecionam **Didier Jr.**, **Braga** e **Oliveira**:

> A verdade real é algo inatingível; não deixa de ter um caráter místico. É utopia imaginar que se possa, com o processo, atingir a verdade real sobre determinado acontecimento, até porque a verdade sobre algo que ocorreu outrora é idéia antitética. Não é possível saber a verdade sobre o que ocorreu; ou algo aconteceu, ou não. O fato não é verdadeiro ou falso; ele existiu ou não. O algo pretérito está no campo ôntico, do ser. A verdade, por seu turno, está no campo axiológico, da valoracão: as afirmações ou são verdades, ou são mentiras – **conhecem-se os fatos pelas impressões (valorações) que as pessoas têm deles**. Daí porque não se pode dizer se tal fato é/foi verdadeiro, ou não, porque ele apenas existe/existiu, ou não existe/existiu; **pode imprecar-se, isso sim, que a alegação ou proposição sobre tal fato seja verdade ou mentira, em razão das alegações serem suscetíveis de apreciação valorativa**. Para o processo, parafraseando JOÃO UBALDO RIBEIRO, o negócio é o seguinte: não existem fatos, só existem histórias; só existem alegações (A frase correta, posta como epígrafe de Viva o Povo Brasileiro: *"O segredo da Verdade é o seguinte: não existem fatos, só existem histórias* "). Ou, como diriam os "Titãs", em canção recente, "existem provas de amor, apenas; não existe amor".
>
> A prova não tem o condão de reconstituir um evento pretérito; não se pode voltar no tempo. Assim é que a verdade real é meta inatingível, até porque, além da justiça, há outros valores que presidem o processo, como a segurança e a efetividade: o processo precisa acabar . Calcar-se a teoria processual sobre a idéia de que se atinge, pelo processo, a verdade material, é mera utopia. O mais correto, mesmo, é entender a verdade buscada no processo como aquela mais próxima possível do real, própria da condição humana de ser alcançada no processo, porquanto há verdadeiro exercício da dialética durante o procedimento, com a tentativa das partes de comprovarem, mediante a argumentação, a veracidade de suas alegações. "O juiz não é – mais do que qualquer outro – capaz de reconstruir fatos ocorridos no passado; o máximo que se lhe pode exigir é que a valoracão que há de fazer das provas carreadas

aos autos sobre o fato a ser investigado não divirja da opinião comum média que se faria das mesmas provas[59].

Sendo a verdade algo que é construído consensualmente por meio da linguagem, a afirmação "**isso é um fato indiscutível**" não cabe no mundo jurídico (e, convenhamos, nem mesmo em outros ambientes). A verdade **possível** é obtida através de uma linguagem que, embora racional, é externada por pessoas humanas, com todas as suas **implicações psicológicas**. Ela recai não sobre os fatos puramente considerados, mas sobre **as argumentações fáticas,** e deve ser considerada pelo julgador, em sua decisão, de forma **coerente** e **íntegra,** dentro de parâmetros racionais.

Perceba, portanto: enquanto a **fundamentação (a justificação)** de determinada verdade **construída** no processo deve ter uma linguagem racional, coerente e acessível, **o processo de construção da verdade é inevitavelmente marcado por elementos de ordem psicológica.** Os sujeitos que atuam no processo o fazem imbuídos de suas emoções, impressões, de sua história.

Justamente por não existir uma verdade em estado absoluto, é necessária a adoção de **posturas eticamente comprometidas** por todos aqueles agentes que, de alguma forma, participam da produção de provas no processo judicial. Não apenas o juiz, mas também as partes e, no processo penal, em especial o Ministério Público. À luz do art. 212, *caput*, do Código de Processo Penal, "as perguntas serão formuladas pelas partes diretamente à testemunha", o que revela a adoção do método denominado "exame direto e cruzado" oriundo do direito americano. Isso significa que a própria acusação formula perguntas diretamente às testemunhas, o que demanda um compromisso ético gigantesco, para evitar o direcionamento das perguntas e o induzimento às respostas pretendidas (o que, muitas vezes, pode ser feito de forma muito sutil). Processos judiciais determinam a vida das pessoas. Encarceram pessoas, indenizam pessoas, concedem e retiram benefícios de pessoas, suspendem direitos políticos etc. Todo e qualquer julgador precisa ter a noção do peso de cada processo individualizado.

É necessário que o julgador confronte sempre seus preconceitos, suas pré-compreensões, ao produzir e analisar as provas de determinado caso. Algumas vezes, julgadores adotam uma postura *tópica* de já concluir previamente o que consideram uma decisão correta para o caso e então "constroem" a produção das provas para se adequar à sua decisão previamente tomada em mente. Por mais que isso pareça aberrante em uma rápida leitura, é uma postura bastante

59 DIDIER Jr., Fredie; BRAGA, Paula Sarno; OLIVEIRA, Rafael. *Curso de Direito Processual Civil.* Vol. II. 5. ed. Salvador: Juspodivm, 2010, p. 71.

comum, realizada, na maioria das vezes, de forma absolutamente inconsciente. Chegando-se à conclusão (que já havia sido formulada em mente) mediante a manipulação inconsciente da produção das provas, o julgador, muitas vezes, sente-se realizando justiça, pois, em um mundo de "verdades reais", os fatos a que chegou não são passíveis de outra interpretação.

Justamente por isso, é importante a **capacitação dos magistrados,** com participação em cursos, palestras e grupos com o objetivo de compartilhar experiências e aprender o papel da psicologia na atividade jurisdicional. Igualmente, é importante que os respectivos tribunais ofertem aos seus magistrados serviços de psicologia, com a participação de profissionais capacitados, para que possam ser conhecidos e compreendidos os conflitos intrapsíquicos, apartando-os dos conflitos processuais.

8.2. O comportamento de partes e testemunhas

A psicologia é, certamente, uma poderosa ferramenta para uma compreensão mais ampla do comportamento das partes e das testemunhas. O processo judicial possui uma liturgia própria, que exacerba a beligerância, a hostilidade entre as pessoas envolvidas. Assim, no que concerne às **partes,** a psicologia pode ajudar os magistrados a identificar os conflitos intrapsíquicos subjacentes à lide, o que certamente contribui para uma melhor compreensão dos fatos alegados.

As testemunhas, por sua vez, possuem uma tarefa muito clara: elas servem de fonte de prova para as alegações das partes, fornecendo testemunhos no sentido de confirmar ou afastar tais alegações. Nesse ponto, não apenas a psicologia pode ajudar a identificar as testemunhas previamente instruídas para falsear seus depoimentos (através de comportamentos padronizados e respostas contraditórias), mas também contribui para a própria extração de um testemunho fiel. O acesso à memória invariavelmente se faz a partir de uma análise subjetiva, que leva em consideração diversos fatores intrapsíquicos.

Exemplo maior das complicações oriundas do direito probatório são as chamadas **"falsas memórias"**, elucidadas por **Lopes Jr.** e **Seger**, que consistem, basicamente, em relatos de testemunhas sobre fatos que não foram por elas presenciados. Em tais casos, as testemunhas possuem convicção de que presenciaram determinado acontecimento, muito embora ele não tenha ocorrido (ou, mais comumente, tenha ocorrido de forma diferente):

> Entretanto, em que pese seja a objetividade um dos princípios basilares das provas no processo penal, estudos da área da psicologia e da neurociência vêm consolidando a ideia de que a memória humana, além de subjetivar

> inteiramente as imagens percebidas, é passível de diversas formas de contaminação – como exemplo, as falsas memórias –, que podem afastá-la da cena do evento ocorrido, o que, por corolário, acaba por macular qualquer tentativa de verossimilhança entre o relato do sujeito-observador e o objeto (situação presenciada).
>
> Os atuais questionamentos referentes à habilidade de crianças e adultos – sejam eles depoentes como vítimas de abuso físico (ou sexual) ou como testemunhas oculares de crimes e contravenções em geral – de relatar fidedignamente os fatos vividos têm aberto as portas para o estudo científico das falsas memórias, que constituem, resumidamente, um fenômeno cujo efeito é nos lembrarmos de eventos que, na realidade, não ocorreram. Algumas falsas memórias são geradas de forma espontânea, por consequencia de um processo normal de compreensão, e são chamadas de FM espontâneas ou auto-sugeridas. Não obstante, há outra espécie de falsa memória, a qual pode resultar de sugestões externas como consequencia acidental ou deliberada, e, nestes casos, as pessoas passam a recordar fatos sugeridos como se tivessem sido realmente por elas vividos. O presente estudo, entretanto, dirige-se precipuamente ao estudo das falsas memórias geradas a partir de indução (sugeridas por fatores externos), em que pese não ignoremos que ambas as espécies de FM são capazes de contaminar a prova pena[60].

As testemunhas são geralmente classificadas em alguns padrões, conforme explicam **Francisco da Costa Oliveira, Trindade** e **Molinari**[61], cujas lições podem ser esquematizadas de acordo com o quadro abaixo:

a) Testemunha independente	Consiste no cidadão considerado "zeloso de seus deveres", ciente das suas responsabilidades e dos deveres legais.
b) Testemunha ansiosa	É aquela que apresenta sentimentos de angústia e expectativa, exigindo uma abordagem compreensiva, de modo a estabelecer um ambiente de tranquilidade e não prejudicar o testemunho.

60 LOPES JR., Aury; SEGER, Mariana da Fonseca. *Prova Testemunhal e Processo Penal:* A fragilidade do relato a partir da análise da subjetividade perceptiva e do fenômeno das falsas memórias. Disponível em: http://www3.pucrs.br/pucrs/files/uni/poa/direito/graduacao/tcc/tcc2/trabalhos2012_2/mariana_seger.pdf. Acesso em: 25 jan. 2017.

61 TRINDADE, Jorge; TRINDADE, Elise Karam; MOLINARI, Fernanda. *Psicologia Judiciária – para a Carreira da Magistratura.* 2. ed. Porto Alegre: Livraria do Advogado Editora, 2012, p. 114-117.

c) Testemunha especialmente motivada	É aquela que se identifica claramente com um aspecto da causa, ainda que de forma inconsciente. Em muitos casos, por se sentirem exercendo um dever de proteção de determinado valor, tais testemunhas exageram nos relatos e desenvolvem falsas memórias. O risco de distorções de informações é elevado em seu testemunho.
d) Testemunha desfavorável	Costuma ter um posicionamento *a priori* a respeito da causa ou até mesmo um desprezo e indisposição para com a justiça. Podem chegar a ser agressivas e pouco contribuem para a elucidação dos fatos.
e) Testemunha hostil ou opositora	Apresenta comportamento agressivo, comparecendo à audiência de forma contrariada, sem o desejo de colaborar para a elucidação dos fatos. É uma testemunha opositora. Cabe ao juiz saber presidir adequadamente a audiência em tal caso, não deixando dúvidas quanto às responsabilidades da testemunha.
f) Testemunha profissional	Geralmente, cuida-se de profissional que, em razão da atividade que desempenha, é constantemente chamado para depor sobre determinados fatos análogos. É o caso de policiais, fiscais, agentes de trânsito etc. Tal característica, por si só, não faz o seu testemunho ser mais valioso, cabendo ao juiz saber identificar as pré-compreensões e vícios oriundos da atividade profissional.
g) Testemunha improdutiva	Cuida-se da testemunha que pouco ou nada contribui para o fato, faltando-lhe objetividade ou conhecimento sobre o tema em questão.
h) Testemunha cooperativa	É, em síntese, a testemunha consciente de seu papel e que contribui para o processo sem dificuldades.
i) Testemunha extrovertida	Possui uma aptidão espontânea para comunicação, expondo os fatos com facilidade e cooperação. Costumam se sentir desprestigiadas quando interrompidas ou quando não conseguem dizer tudo aquilo que gostariam de dizer. Às vezes, desviam-se do foco do processo, o que impõe a aludida interrupção.
j) Testemunha introvertida	Ao contrário da extrovertida, costuma falar pouco, caracterizando-se pela timidez. Consequentemente, tais testemunhas necessitam ser adequadamente estimuladas em audiência, para que o testemunho não seja curto e pobre, vez que podem vir a contribuir para a elucidação da questão.

À luz das variadas espécies de testemunha e da multiplicidade de questões de fato que podem surgir em um processo judicial, a psicologia jurídica desenvolveu diversas classes de perguntas utilizadas na condução da coleta da prova testemunhal e interrogatório, aliando aspectos **psicológicos e gramaticais.**

Como explica **Mira y Lopez**[62], a partir de uma perspectiva **psicológica e gramatical,** são diversas as classes de perguntas que podem servir a uma melhor produção da prova oral, destacando-se ao menos sete:

a) **Perguntas determinantes** (ou perguntas com pronomes interrogativos) - São perguntas diretamente formuladas em relação aos fatos. Ex.: "quem era o administrador da empresa X?". São comuns e permitidas, sendo consideradas "imparciais".

b) **Disjuntivas completas** - São questionamentos formulados com duas possibilidades. Ex.: "o réu estava dentro ou fora do carro?". São comuns e menos sugestivas, embora não possam ser aprioristicamente classificadas como imparciais.

c) **Diferenciais ("sim ou não?")** - São perguntas que objetivam confirmar ou negar determinado fato, exigindo da testemunha uma resposta afirmativa ou negativa (sim ou não). Ex.: "o autor trabalhava como agricultor?". São comuns e permitidas.

d) **Afirmativas condicionais ("sim?")** - Esta forma de pergunta deve ser evitada, por induzir uma sugestão à testemunha, obrigando-a a decidir sobre um sim ou um não, criando-se uma condição prévia à resposta, de acordo com o que espera quem interroga. Tal forma gramatical de formular perguntas gera uma clara coação na testemunha. Ex.: "não era azul a gravata que levava o acusado?". Pela forma de colocar as ideias, a testemunha é implicitamente advertida de que se espera uma afirmação, e se não está muito segura, preferirá responder de acordo com que o interrogador parece esperar.

e) **Negativas condicionais ("não?")** - *Idem*. Ex.: "era acaso branca a gravata que levava o acusado?". Pela forma de colocar as ideias, a testemunha é implicitamente advertida de que se espera uma negação, e se não está muito segura, preferirá responder de acordo com o que parece esperar quem interroga.

---

62 MIRA Y LOPEZ, Emílio. *Manual de Psicologia Jurídica*. Sorocaba: Editora Minelli, 2007, p. 116-117.

f) **Disjuntivas Parciais** – São perguntas que colocam o interrogado na posição de escolher entre duas alternativas, excluindo outras, dentre as quais poderia estar a resposta correta. Ex.: "a gravata do réu era azul ou verde?". Em realidade, abstratamente, a gravata poderia ser vermelha, o que revela a preocupação que se deve ter em evitar tal classe de perguntas, eis que pode vir a induzir a resposta da testemunha, que não raramente assume como verdadeira uma afirmação inverídica.

g) **Afirmativas por presunção** – Supõe a existência de uma memória na mente da testemunha, sem que antes isso tenha sido certificado. Deve ser evitada, pois pode induzir diretamente a um testemunho falso. Ex.: perguntar à testemunha qual era a cor da gravata do réu na data dos fatos, sem que antes a testemunha tenha sido perguntada se o réu levava gravata ou não.

Para finalizar, fazendo-se nova referência aos ensinamentos de **Mira y Lopez**[63], é importante destacar a existência de múltiplos fatores que podem ser responsáveis pela **inexatidão de um testemunho**, apontados pelos estudos da psicologia jurídica. O primeiro deles é o (a) **hábito,** que marca os acontecimentos rotineiros na vida das pessoas e pode influenciá-las a produzir respostas inexatas. Também a (b) **sugestão** é um fator que pode conduzir a isso, por meio de um automatismo engendrado em meio a perguntas cuja estrutura favorece determinadas respostas. A (c) **confusão temporal** é outro fator que merece destaque, tendo em vista que o passar do tempo pode alterar sensivelmente a percepção dos fatos. Por fim, a (d) **tendência afetiva** é apontada como uma quarta causa, que inevitavelmente se faz presente em todo sujeito diante a uma situação capaz de lhe causar simpatia ou antipatia. Somente em teoria é possível falar em vivências neutras, eis que, na prática, tudo que se vive e se recorda se encontra intimamente ligado a um tom afetivo.

9. QUESTÕES DE CONCURSO

XL Concurso Público para Provimento de Cargos de Juiz de Direito Substituto da Justiça do Distrito Federal – Segunda Etapa – Prova Escrita Discursiva (2013)

Noções Gerais de Direito e Formação Humanística

Discorra sobre os mecanismos autocompositivos, com foco nos fundamentos jurídicos da conciliação (0,15), nos princípios e estratégias da mediação (0,15) e na análise de técnicas, posturas (0,30), condutas e procedimentos (0,30) aptos a facilitar a mediação e a obter a solução

63 MIRA Y LOPEZ, Emílio. *Manual de Psicologia Jurídica*. Sorocaba: Editora Minelli, 2007.

conciliada dos conflitos. Será considerada na avaliação a utilização correta do idioma oficial e a capacidade de exposição (0,10), na forma do item 8.4 do edital de abertura do concurso.

Padrão de resposta[64]:

Os mecanismos autocompositivos são espécies de métodos alternativos de solução de conflitos, que têm como característica essencial a iniciativa das partes em construir uma solução para o embate. Os métodos que nos interessam, no caso, são: conciliação e mediação (em razão da delimitação estabelecida na questão):

Conciliação: procedimento em que um terceiro (o conciliador) procura obter um consenso das partes em conflito e, com base nele, propõe um acordo que ponha fim ao embate. O conciliador não analisa as razões psicológicas que levaram ao conflito, mas busca delimitar, objetivamente, a questão em litígio, para tentar propor uma solução. (não foi exigido o conceito, mas será valorado em favor do candidato que o apresentar, de forma válida, em complemento à resposta específica sobre o que foi objeto de questionamento)

Fundamentos jurídicos da conciliação – A conciliação, como valor prevalente na resolução de controvérsias, foi alçada a um status de princípio informativo do sistema processual brasileiro, não sendo novidade em nosso ordenamento jurídico, existindo desde a época das Ordenações Filipinas, em seu Livro III, Título XX, § 1º. Atualmente, há previsão expressa tanto no Código de Processo Civil (arts. 125, IV, 269, III, 277, 331, 448, 449 e 475-N, III e V), quanto no Código Civil (art. 840), na Lei de arbitragem – 9.307/1995 (arts. 21, § 4º e 28), no Código do Consumidor (arts. 5º, IV, 6º, VII e 107) ou, ainda, na Lei 9099/1995 dos Juizados Especiais, na qual se consagra como princípio jurídico (art. 2º). A Constituição Federal prevê a pacificação social como um dos objetivos fundamentais da República (art. 3º, I), atribuindo ao juiz, como agente político, a implementação de alternativas jurisdicionais, adequadas e céleres, para consecução deste objetivo (art. 5º LXXVIII). O Conselho Nacional de Justiça promove desde 2006 grande Movimento pela Conciliação, incentivando os Tribunais de Justiça, Tribunais Regionais Federais e Tribunais do Trabalho a promoverem conciliação em suas ações, inclusive com implantação de centros judiciais de solução de conflitos e núcleos permanentes de conciliação e mediação (Resolução 125 do CNJ).

Mediação: nesse caso, um mediador neutro e imparcial facilita o diálogo entre as partes envolvidas, fazendo com que os próprios interessados solucionem o conflito. O mediador não tem a função de decidir o conflito, mas sim de propiciar condições para que as partes envolvidas possam dialogar a fim de que, juntas, possam realizar escolhas voluntárias e construir um acordo baseado no entendimento mútuo. A mediação não possui formas rígidas, mas sua realização profissional é caracterizada por métodos de abordagem elaborados e comprovados com rigor científico. (não foi exigido o conceito, mas será valorado em favor do candidato que o apresentar, de forma válida, em complemento à resposta específica sobre o que foi objeto de questionamento)

O mediador deve seguir algumas estratégias para que o diálogo seja possível: a) controle do processo (interrompendo as partes quando necessário); b) deslocamento das emoções negativas para

64 Cf. http://www.cespe.unb.br/concursos/TJDFT_13_JUIZ/arquivos/NGDFH_PADR__O_DE_RESPOSTAS_DEFINITIVO.PDF.

positivas; c) facilidade para migrar das posições enunciadas para fazer emergir os reais interesses dos participantes; d) concentração nas emoções positivas; e) reconhecimento e validação de sentimentos; d) desenho do futuro com base no sucesso das ações relacionadas com essas emoções. Focaliza-se o bom e trabalha-se para construí-lo.

Podem ainda ser indicados como técnicas ou estratégias de mediação: a compreensão do caso (identificação de questões, interesses e sentimentos; fragmentação das questões; recontextualização); o tom da mediação (comunicação acessível, linguagem neutra e o ritmo da mediação); o empoderamento das partes (reforçar o que já foi realizado e enfocar no futuro – visão prospectiva da disputa)

Obs.: relação apenas exemplificativa. Não esgota a matéria. Não há necessidade de indicação de todos os métodos. Poderão ser indicados alguns fundamentos da negociação (separar as pessoas do problema; ouvir ativamente; despolarizar o conflito. Afinal, mediação é negociação assistida por terceiros)

Princípios da mediação:

Para as partes:

a) voluntariedade – a mediação somente será eficaz se os participantes estiverem exercendo seu direito de escolha. Qualquer das partes tem o direito de retirar-se da mediação a qualquer momento;

b) livre decisão ou autodeterminação – As partes em disputa têm a faculdade, o direito e o poder de definir suas questões, necessidades e soluções e de determinar o resultado das tratativas, sendo de sua exclusiva responsabilidade as decisões que vierem a ser acordadas durante o processo de mediação.

Para o mediador:

a) imparcialidade – o mediador não defende nem representa qualquer das partes, mas cria espaços para recíproco respeito e escuta, não impedindo que se corrijam eventuais desequilíbrios entre os mediandos (evitar preconceitos, não julgar aparências, filtrar percepções tendenciosas, não influenciar opiniões);

b) neutralidade – é a capacidade de respeitar as diferenças das pessoas, sem interferir nos conteúdos acordados, somente os adequando ao contexto legal;

c) confidencialidade – o mediador tem dever de guardar sigilo sobre as informações obtidas no processo mediatório, exceto em casos que o próprio direito o autorize a denúncia, como maus-tratos, risco de morte ou delitos graves;

d) profissionalização – formação profissional adequada ao manejo dos conflitos, na administração de disputas e na busca de soluções que equalizem os direitos e responsabilidades das partes.

Obs.: Não há necessidade de definição, sendo suficiente a indicação dos princípios relacionados às partes e ao mediador para que a resposta seja considerada correta

Técnicas e posturas que devem ser usadas para facilitar a mediação: a) condução ativa da entrevista: as interações verbais devem ser guiadas pelo mediador, com perguntas realizadas a fim de captar o estado emocional dos envolvidos, bem como para extrair as questões que constituem o cerne do conflito; b) estabelecimento de rapport: palavra francesa que designa uma relação de empatia com o interlocutor – estabelecimento de uma relação de confiança. O mediador deve inspirar uma empatia, um respeito pelas partes, o que não se confunde com amizade ou intimidade, até porque impera o dever de imparcialidade no procedimento; c) adequação comunicacional: ciente da singularidade de cada parte, o mediador deve adequar sua comunicação verbal e não verbal a fim de fazer com que as partes dialoguem. Para isso, é função do mediador observar detalhes importantes, como o nível sociocultural, econômico, grau de escolaridade, aspectos culturais, regionais, enfim, tudo o que possa ser útil para propiciar as interações que possam levar a um acordo; d) gerenciamento de emoções: é natural que os envolvidos em uma mediação não estejam em estado emocional confortável. É comum o aparecimento de frustrações, angústias, raiva, principalmente se o conflito for de natureza familiar. Por isso, cabe ao mediador gerenciar eventual agressividade e conduzir a mediação para canalizar emoções de forma positiva.

A solução para o conflito pode ser ainda construída a partir de algumas condutas ou procedimentos: a) gerenciamento da comunicação verbal e não verbal: a comunicação é elemento essencial na formação do acordo. A escolha dos atos e das palavras guiará o êxito da solução; b) escuta dinâmica (ouvir ativamente as partes): escutar e entender o que está sendo dito, sem se deixar influenciar pelos pensamentos judicantes ou que contenham juízo de valor. Seleção cuidadosa das informações fornecidas pelas partes, pois em condições emocionais podem sofrer significativa alteração de sentido c) técnica de interrogação: a maneira como se pergunta é uma forma de determinar o fluxo de informações e as interações entre os envolvidos no conflito; d) sumário: sintetizar o que foi exposto pela parte oportuniza confirmação das declarações prestadas, bem como eventual retificação ou complementação de algum dado; e) isolamento dos envolvidos: dado o grau de animosidade inicial, nem sempre é possível estabelecer o imediato diálogo entre as partes. Por isso, recomenda-se a utilização de sessões individualizadas para conseguir obter os dados que as partes possam fornecer, além de prepará-las para um acordo; f) divisão do problema (fracionamento das questões): o conflito pode se apresentar de maneira bastante complexa. Se assim ocorrer, convém que o problema seja seccionado em questões menores, a fim de facilitar a resolução do litígio.

Obs.: a resposta será considerada parcialmente correta se forem indicados técnicas, posturas, condutas e procedimentos sem definição mínima, diante do comando da questão de "análise" desses elementos.

CONCURSO PARA O CARGO DE JUIZ DE DIREITO – TRIBUNAL DE JUSTIÇA DO ESPÍRITO SANTO (2012)

"A produção da prova testemunhal não trata dos fatos em si, porque estes compõem um acontecimento cuja característica é o seu exaurimento e a sua resolubilidade no plano da própria existência. Vale dizer: a prova testemunhal tem como objeto aquilo que é dito sobre o que aconteceu.

A perspectiva psicojurídica pretende salientar a importância psicológica do depoimento das testemunhas ou da declaração da vítima ou das partes na produção da decisão do juiz, e não na reconstituição dos fatos. Com efeito, o que se reconstitui é aquilo que é passível de ser dito, falado e evocado: não os fatos, mas a memória dos fatos". Jorge Trindade. Manual de psicologia jurídica para operadores de direito. Porto Alegre: Livraria do Advogado, 2011, p. 276-77 (com adaptações).

Considerando que o texto acima tem caráter unicamente motivador, defina, com base na perspectiva psicológica e gramatical, três classes de perguntas utilizadas na condução da coleta da prova testemunhal e uma espécie de pergunta classificada quanto a sua estrutura.

Resposta: Caberia ao candidato explicar as classes de perguntas informadas no ponto 4.2 do presente capítulo.

(CESPE – TJCE – 2018)

O processualista mexicano Zamorra y Castillo sustentava que o processo rende, com frequência, muito menos do que deveria: em função dos "defeitos procedimentais, resulta muitas vezes lento e custoso, fazendo que as partes, quando possível, o abandonem". Cabe acrescentar a esses "defeitos procedimentais" o fato de que, em muitos casos, o processo judicial aborda o conflito como se fosse um fenômeno jurídico e, ao tratar exclusivamente daqueles interesses juridicamente tutelados, exclui aspectos do conflito que são possivelmente tão importantes quanto os juridicamente tutelados, ou até mais relevantes do que estes.

André Gomma de Azevedo (Org.). Manual de mediação judicial. 2.ª ed. Ministério da Justiça/PNUD (com adaptações).

Considerando que o fragmento de texto apresentado tem caráter unicamente motivador, discorra sobre a teoria do conflito e os sistemas não judiciais de resolução de litígios.

Ao elaborar seu texto, atenda ao que se pede a seguir.

1. Conceitue e explique a teoria do conflito. [valor: 0,60 ponto]
2. Explique os sistemas não judiciais de resolução de litígios e os caracterize. [valor: 0,90 ponto]
3. Apresente três princípios que devem ser observados na postura e na conduta do mediador e explique cada um deles. [valor: 0,90 ponto]

BIBLIOGRAFIA

AUGRAS, Monique. À procura do conceito de opinião pública. In: *Opinião pública*: teoria e processo. Petrópolis: Vozes, 1970.

ARISTÓTELES. *Ética a Nicômaco.* 2. ed. Brasília: Editora Universidade de Brasília, 1992.

ARISTÓTELES. *Política.* Tradução de Maria da Gama Kury. 3. ed. Brasília: Editora UnB, 1997.

CARVALHO NETTO, M. A contribuição do Direito Achado na Rua para um constitucionalismo democrático. In: *Observatório da Constituição e da Democracia*, n. 14. Brasília: Unb, 2007.

CASTILHO, Ela Wiecko Volkmer de. A problemática da tutela dos povos indígenas do Brasil. In: BRASIL. *Ministério das Relações Exteriores. A questão indígena.* Brasília: MRE, 2003.

CAVALIERI FILHO, Sérgio *apud* GAGLIANO, Pablo Stolze; PAMPLONA FILHO, Rodolfo. *Novo curso de Direito Civil.* São Paulo: Saraiva, 2002, v. 1.

DA VIÁ, Sarah Chucid. *Opinião pública*: técnica de formação e problemas de controle. São Paulo: Loyola, 1983.

FAIM FILHO, Eurípedes Gomes. *Legitimidade e responsabilidade do Judiciário em um ambiente democrático.* Disponível em: http://www.epm.tjsp.jus.br/Internas/Artigos/AcervoView.aspx?ID=22423. Acesso em 23 mar. 2017.

FERRARI, Isabela; BECKER, Daniel; WOLKART, Erik Navarro. Arbitrium ex machina: panorama, riscos e a necessidade de regulação das decisões informadas por algoritmos. *Revista dos Tribunais*, v. 995, p. 635-655, set./2018.

FIORELLI, José Osmir; MANGINI, Rosana Cathya Ragazzoni. *Psicologia jurídica.* 8. ed. São Paulo: Atlas, 2017, ebook.

FOUCAULT, Michel. *A verdade e as formas jurídicas.* 3. ed. Rio de Janeiro: NAU Editora, 2005.

GALDINO, Flávio. *Introdução à teoria dos custos dos direitos (direitos não nascem em árvores).* Rio de Janeiro: Lumen Juris, 2005.

ISRANI, Ellora. Algorithmic Due Process: Mistaken Accountability and Attribution in State v. Loomis. Disponível em: https://jolt.law.harvard.edu/digest/algorithmic-due-process-mistaken-accountability-and-attribution-in-state-v-loomis-1. Acesso em: 10 ago. 2019.

JUNG, Carl G. *O homem e seus símbolos.* 3.ed. Rio de Janeiro: HarperCollins Brasil, 2016, p. 22.

LEAL, Liene Martha. *Psicologia jurídica: história, ramificações e áreas de atuação*. Diversa (Parnaíba. Impresso), ano 1, n. 2.

LOPES JR., Aury; SEGER, Mariana da Fonseca. *Prova Testemunhal e Processo Penal:* A fragilidade do relato a partir da análise da subjetividade perceptiva e do fenômeno das falsas memórias. Disponível em: http://www3.pucrs.br/pucrs/files/uni/poa/direito/graduacao/tcc/tcc2/trabalhos2012_2/mariana_seger.pdf. Acesso em: 25 jan. 2017.

LYONS, David. *Ethics and the rule on law*. Cambridge: Cambridge University Press, 1987.

MARX, Karl; ENGELS, Friedrich. *A ideologia alemã*. Domínio Público. Disponível em: http://www.dominiopublico.gov.br/download/texto/cv000003.pdf. Acesso em: 29 dez. 2016.

MIRA Y LOPEZ, Emilio. *Manual de psicologia juridica*. 6. ed. Buenos Aires: El Tenel Editorial.

NASCIMENTO, Maria Lourdes do. A passagem da universalidade nomotetica à universalidade hipotética. *Revista Eletrônica da FAJE*, v. 4, n. 2, 2013.

NUNES, Dierle; MARQUES, Ana Luiza Pinto Coelho. Inteligência artificial e direito processual: vieses algorítmicos e os riscos de atribuição de função decisória às máquinas. *Revista de Processo*, v. 285, p. 421-447, nov./2018.

PASCUAL, Alejandra Leonor. Os povos indígenas e o direito de ser diferente. In: SOUSA JÚNIOR, José Geraldo (Org.). *Na fronteira:* conhecimento e práticas jurídicas para a solidariedade emancipatória. Porto Alegre: Síntese, 2003.

PASCUAL, Alejandra. A construção do diálogo entre os diferentes: base da democracia e da plena realização dos direitos humanos. In: *Anais do XIII Congresso de Pós-graduação em Direito (CONPEDI)*. Florianópolis: Fundação Boiteux, 2005.

POSNER, Richard A. *A economia da Justiça*. Tradução de Evandro Ferreira e Silva. São Paulo: Martins Fontes, 2010.

ROSENFELD, Michel. *A identidade do sujeito constitucional*. Tradução de Menelick de Carvalho Netto. Belo Horizonte: Mandamentos, 2003.

SEGATO, Rita Laura. *Que cada povo teça os fios da sua história:* o pluralismo jurídico em diálogo didático com legisladores. Direito. UnB, v. 1, 2014.

SILVA, João Paulo de Lorena. Modernidade e sua crise: a separação entre ética e política em Henrique Cláudio de Lima Vaz. *Revista Espaço Acadêmico*, n. 168, maio/2015.

SILVA, José Antônio Ribeiro de Oliveira; COSTA, Fábio Natali; BARBOSA, Amanda Barbosa. *Magistratura do trabalho*: formação humanística e temas fundamentais do direito. São Paulo, LTr, 2010.

SIMMEL, Georg. O conflito como sociação. Tradução de Mauro Guilherme Pinheiro Koury). *Revista Brasileira de Sociologia da Emoção*, v. 10, n. 30, p. 568-573. Disponível em: http://www.cchla.ufpb.br/rbse/SimmelTrad.pdf. Acesso em 17 nov. 2018.

SOUZA, Cristiana Jobim. Psicologia jurídica: encontros e desencontros em sua prática. Disponível em: https://www.tjdft.jus.br/institucional/imprensa/artigos/2014/psicologia-juridica-encontros-e-desencontros-em-sua-pratica-servidora-cristiana-jobim-souza. Acesso em: 06. nov. 2017.

TRINDADE, Jorge; TRINDADE, Elise Karam; MOLINARI, Fernanda. *Psicologia Judiciária – para a Carreira da Magistratura*. 2. ed. Porto Alegre: Livraria do Advogado Editora, 2012.

SOCIOLOGIA DO DIREITO

Dalliana Vilar-Lopes
Gills Vilar-Lopes

APRESENTAÇÃO

> "Hoje, o futuro juiz precisa ter noções de Sociologia do Direito e, principalmente, de Administração Judiciária. Não poderá desconhecer aspectos gerenciais da atividade judiciária, com administração e economia. Não se esqueceu o produtor da norma [Resolução n. 75/2009/CNJ] de exigir gestão e gestão de pessoas. O magistrado precisa estar atento às transformações sociais, conhecer comunicação social e a opinião pública. Debruçar-se sobre os mecanismos de resolução, assumindo como tarefa sua estimular os sistemas não judiciais de composição de litígios".[1]

Futuros(as) magistrados(as), iniciamos aqui nossa jornada rumo à aprovação! Para tanto, conheceremos e percorreremos os caminhos apontados pela **Resolução n. 75/2009** do Conselho Nacional de Justiça (**CNJ**), que dispõe sobre os concursos públicos para ingresso na carreira da magistratura em todos os ramos do Poder Judiciário nacional, cujo Anexo VI versa sobre Noções Gerais de Direito e **Formação Humanística**[2]. Mais especificamente, vejamos o que esperar da matéria de **Sociologia do Direito**.

FIQUE DE OLHO!

Conteúdo programático de Sociologia do Direito, de acordo com a Resolução n. 75/2009/CNJ:

1 – Introdução à sociologia da administração judiciária. Aspectos gerenciais da atividade judiciária (administração e economia). Gestão. Gestão de pessoas. 2 – Relações sociais e relações jurídicas. Controle social e o Direito. Transformações sociais e Direito. 3 – Direito, Comunicação Social e opinião pública. 4 – Conflitos sociais e mecanismos de resolução. Sistemas não-judiciais de composição de litígios.

Ao analisarmos *en passant* o corpus proposto pelo CNJ, destacamos dois pontos interessantes. Em primeiro lugar, percebam que o conteúdo acima foi

1 NALINI, José Renato. Tema irrelevante. O Estado de S. Paulo, 7 mar. 2011, Espaço aberto, p. A2.

2 CONSELHO NACIONAL DE JUSTIÇA. Resolução nº 75. Dispõe sobre os concursos públicos para ingresso na carreira da magistratura em todos os ramos do Poder Judiciário nacional. Brasília, DF: CNJ, 12 de maio de 2009a.

transcrito *ipsis litteris*, ou seja, mantivemos toda a grafia original da Resolução. Isso aparentemente pode ser um detalhe nem tão importante, mas, como sabemos, são os detalhes que fazem a diferença no mundo dos concursos. Por exemplo, atentem para o fato de que "sociologia da administração judiciária" está em minúsculo e "Comunicação Social", em maiúsculo. Mais à frente, essas pequenas informações dirão muito sobre qual direção seguiremos.

Para ilustrar o segundo ponto que queremos reforçar, vejamos antes o **Quadro 1**.

ETAPA	PROVA	COBRA SOCIOLOGIA DO DIREITO?	CARÁTER	PESO	ORDEM DE DESEMPATE
1ª	Objetiva	Não	Eliminatório e classificatório	1	3ª
2ª	Escritas (duas provas)	Sim	Eliminatório e classificatório	3	1ª
3ª	a) vida pregressa e investigação social; b) exame de sanidade física e mental; e c) psicotécnico	Não	Eliminatório	--	--
4ª	Oral	Sim	Eliminatório e classificatório	2	2ª
5ª	Títulos	Não	Classificatório	1	4ª

QUADRO 1. Etapas dos concursos de magistratura.

Como podemos observar, a matéria de Sociologia do Direito é cobrada nas duas etapas de maior peso dos concursos para a magistratura – discursiva e oral, respectivamente. Portanto, nem precisamos reafirmar a importância desta matéria para o sucesso da sua aprovação, bem como da nossa missão.

Tendo em vista a especificidade da matéria e sua cobrança nos certames para ingresso na magistratura, procuramos, neste capítulo, ilustrar alguns desses temas imperiosos, por meio de questões de concursos não só para os cargos de juízes, mas também de outros, a fim de demonstrar distintas perspectivas acerca da nossa matéria, que podem também ser adotadas quando a banca for o próprio tribunal a que está sendo destinado o certame.

Ademais, ao corrermos os olhos pelo conteúdo programático proposto pelo Conselho, bem como por questões que já caíram em provas de concursos, podemos concluir que aquilo a que a Resolução 75 chama de Sociologia do Direito não pode ser confundido com a disciplina homógrafa ensinada nas faculdades de Direito e que também são conhecidas por **Sociologia Jurídica** ou **Sociologia Aplicada ao Direito**. Em outras palavras, a disciplina universitária diz respeito ao vasto campo de estudos que busca relacionar sistematicamente Direito e sociedade, de maneira interdependente. Já o conteúdo programático elencado na Resolução é apenas *uma parte* (amostra) do que se estuda na Academia (universo), o que nos leva a ter ainda mais atenção para estudarmos estritamente aquilo que é cobrado pelo CNJ.

VOCÊ SABIA?

Embora haja discordâncias sobre se o Direito é uma ciência social ou não[3], algumas faculdades outorgam o título de Bacharel não em Direito, mas, sim, em Ciências Jurídicas *e Sociais*.

Essa diferenciação entre a Sociologia do Direito abordada na Resolução do CNJ e a ensinada nas faculdades é de fundamental importância para a aprovação, visto que muitos aspectos estudados na Academia, apesar de serem fulcrais para se compreender a construção ontológica, epistemológica e metodológica do **mundo social**, não são explicitamente enfatizados na lista taxativa da supracitada Resolução. Não levar essa distinção em conta faz com que o candidato se debruce sobre temas, termos, teorias e conceitos que efetivamente não caem, e sequer foram cobrados em concursos para a magistratura.

Como iremos ver nas próximas páginas, as questões de Sociologia do Direito dos concursos para juiz podem vir tanto de forma objetiva quanto subjetiva, em relação ao conteúdo programático. Exemplificamos isso por meio do **Quadro 2**.

COMO AS QUESTÕES DE CONCURSO PARA MAGISTRATURA PODEM APARECER?		
ABORDAGEM	**APARÊNCIA**	**EXEMPLO**
Subjetiva	Tópico (aberto/ abrangente)	"Ponto 2: Controle social e o Direito. O candidato saberia comentar como este Juízo poderia auxiliar o controle social local?"

3 Esse debate surge com o próprio ensino de Sociologia do Direito nas faculdades francesas. Todavia, a doutrina majoritária vai no sentido de que o Direito é sim uma ciência social. Cf.: GUERRA FILHO, Willis Santiago; CARNIO, Henrique Garbellini. **Introdução à Sociologia do Direito.** São Paulo: Thomson Reuters Revista dos Tribunais, 2016. p. 237-241.

Objetiva	Subtópico (específico)	"Ponto 2: Controle social e o Direito. Comente sobre os aspectos legais e sociais envolvendo o seguinte caso hipotético: Juízo determina que Câmara de Vereadores situada em sua Comarca convoque referendo sobre ato legislativo que autoriza doação de terreno para a construção de um presídio de segurança máxima."

QUADRO 2. Exemplos fictícios de questões de concurso para magistratura.

Partamos agora para a casuística. Em duas provas orais do Tribunal de Justiça do Distrito Federal e Territórios (TJDFT), identificamos que, apenas no ano de 2010, quatro pontos de 20 possíveis (20% do total) traziam, de forma literal e abrangente, tópicos de Sociologia do Direito. Nesse mesmo prisma, foi o que aconteceu em 2015, com 25% do conteúdo passível de sorteio.

Já na prova oral do Tribunal de Justiça do Rio Grande do Norte (TJRN), em 2015, dos 33 pontos para sorteio, quatro (12% do total) concerniam à Sociologia do Direito. O percentual de presença do tema entre aqueles que podem ser sorteados no exame oral demonstra sua importância para a aprovação, especialmente pela peculiaridade dessa fase do concurso, em que não há escapatória: o(a) candidato(a) deve demonstrar conhecer da matéria.

Por fim, salientamos que, nesta terceira edição, procuramos deixar o texto o mais claro e objetivo possível – saindo um pouco do jargão acadêmico, sem necessariamente perder o rigor científico –, incluímos novas questões e atualizamos e implementamos as referências. Buscamos, ao máximo, citar, diretamente da fonte original, obras e autores clássicos – tanto antigos quanto contemporâneos –, fugindo, assim, de comentadores e fontes secundárias, bem como referendando as páginas exatas das obras.

Dado tudo isso, podemos iniciar o caminho jurídico-sociológico rumo à aprovação!

Capítulo 1

INTRODUÇÃO À SOCIOLOGIA DA ADMINISTRAÇÃO JUDICIÁRIA. ASPECTOS GERENCIAIS DA ATIVIDADE JUDICIÁRIA (ADMINISTRAÇÃO E ECONOMIA). GESTÃO. GESTÃO DE PESSOAS

Para entendermos o que é a Sociologia do Direito e, mais especificamente, a sociologia da administração judiciária, é necessário compreender o próprio conceito de **Sociologia**, que, assim como suas coirmãs formadoras do núcleo duro das **Ciências Sociais** – Antropologia e Ciência Política –, comporta vários significados[1]. Certamente, o mais disseminado deles é atribuído ao filósofo francês Auguste **Comte** (1798-1857), que leva em conta a junção terminológica de *socio* e *logia* para dar vida à *ciência que estuda a sociedade.*[2] Porém, essa definição restringe muito os verdadeiros potencial e objeto da Sociologia, afinal outras ciências também podem estudar a sociedade, sob os mais diversos pontos de vista: antropológicos, econômicos, linguísticos e, no nosso caso, jurídicos. Vejamos, então, uma definição amplificada de Sociologia que leva em conta dois influentes sociólogos contemporâneos: Anthony **Giddens**[3] e Jürgen **Habermas**[4].

---

1 WEBER, Max. **Economia e sociedade: fundamentos da Sociologia compreensiva**. Tradução: Regis Barbosa e Karen E. Barbosa. 4. ed. 4. reimp. Brasília, DF: Ed. UnB, 2015. p. 3.

2 Aquilo que Comte chama de Sociologia – termo por ele, aliás, preterido a Física Social, já em uso à época – faz parte da sua Filosofia Positiva, ou Positivismo, em que pese a observação histórica de como as sociedades "evoluem" do estágio teológico/fictício para o científico/positivo, transitando pelo metafísico/abstrato. Cf. COMTE, Auguste. **Curso de Filosofia Positiva**. In: CIVITA, Victor (Ed.). Comte. Tradução: José Arthur Giannotti e Miguel Lemos. São Paulo: Abril Cultural, 1978a. p. 1-39. (Os pensadores).

3 GIDDENS, Anthony. **Sociologia**. 6. ed. Tradução: Ronaldo Cataldo Costa. Porto Alegre: Penso, 2012. p. 19.

4 HABERMAS, Jürgen. **The theory of communicative action**. Boston: Beacon Press, 1984. v. 1. p. 6.

DEFINIÇÃO DE SOCIOLOGIA

Sociologia é a ciência que sistematicamente estuda a vida e o mundo humanos, os grupos sociais e as sociedades inteiras.

Como se vê, a Sociologia abarca vários aspectos do que chamamos de mundo social – em contrapartida ao natural ou, simplesmente, natureza –, incluídos naquele os jurídicos.

JÁ CAIU EM PROVA!

(Juiz Federal/TRF-1, 2011, Prova Oral)

"*Qual a teoria predominante em relação à natureza e a sociabilidade, o que é algo social e algo natural?*"

Comentários: A nosso ver, quem argue, aqui, objetiva que o/a candidato/a demonstre conhecer ontologicamente tal relação. De um lado, temos a natureza: incontrolável, cujos fenômenos são explicados por leis gerais e objetivas. Do outro, a sociabilidade, construída pelas relações sociais (objeto precípuo das Ciências Sociais), cujos acontecimentos (como as revoluções) e instituições artificais (família, Judiciário, Igreja etc.) são esmagadoramente explicados e analisados subjetivamente. A questão ainda remete à máxima aristotélica (um oximoro) de que o ser humano é naturalmente um animal social/político, ou seja, que só consegue desenvolver seu potencial dentro da pólis, da sociedade. Rousseau, de forma até poética, lembra, dois milênios depois, que, sem a sociabilidade, a humanidade morreria sem ter vivido. Portanto, a teoria predominante nessa relação é a Teoria Social, que tem raízes em autores clássicos, modernos e contemporâneos, conforme veremos ao longo deste capítulo.

Por possuir objetos de estudo tangentes a outros campos científicos, não é espanto nenhum que as relações entre sociólogos e juristas tenham se estreitado no pós-Segunda Guerra Mundial[5], a ponto de o primeiro curso de Sociologia do Direito ser ofertado em 1956 na França[6]. Assim, é possível trazer para nossa discussão o pensador francês Henri **Lévy-Bruhl**[7], com sua **concepção sociológica do direito**[8]:

5 SANTOS, Boaventura de Sousa. Introdução à sociologia da administração da justiça. **Revista Crítica de Ciências Sociais**, n. 21, p. 11-44, nov. 1986. p. 11.

6 LÉVY-BRUHL, Henri. **Sociologia do Direito**. 2. ed. 3. tir. Tradução: Antonio de Pádua Danesi. São Paulo: Martins Fontes, 2000. p. 99.

7 LÉVY-BRUHL, 2000, p. 20, 40, 81.

8 Para Santos (1986, p. 12), uma perspectiva sociológica do direito tem como objetivo tematizar as relações do direito com as condições e estruturas sociais em que ele age.

DEFINIÇÃO SOCIOLÓGICA DE DIREITO

Direito é um fenômeno social que se compõe das normas cogentes que determinam incessantemente as relações sociais impostas por seu respectivo grupo social.

Por conseguinte, esse mesmo estudioso[9] nos fornece a seguinte definição de Sociologia do Direito:

DEFINIÇÃO DE SOCIOLOGIA DO DIREITO

Sociologia do Direito é um subcampo científico[10] que estuda metodicamente as instituições e os sistemas jurídicos. É o estudo do direito como um fato social, não como algo natural ou dado.

Entendamos, aqui, instituições jurídicas tanto em seu sentido formal (juízes, tribunais, gabinetes, cortes etc.) quanto informal (normas de conduta, valores, costumes, símbolos, princípios etc.). Portanto, a Sociologia do Direito, ao tomar para si a compreensão sistematizada das instituições e dos sistemas jurídicos, acaba por envolver também a chamada **sociologia da administração judiciária** ou **sociologia da justiça** ou, ainda, **sociologia dos tribunais** – esta última é preferida por **Boaventura de Sousa Santos**[11] (1940-...).

Diga-se de passagem, a divisão do artigo "Introdução à sociologia da administração da justiça", escrito por esse sociólogo português, encontra forte correlação com a esquematização do conteúdo programático de Sociologia do Direito disposto na Resolução do CNJ, conforme apresentamos na **Figura 1**. É por isso que tal artigo científico será o guia-mor a iluminar nosso caminho por este primeiro tópico da Resolução.

9 LÉVY-BRUHL, 2000, p. 99.

10 Nossa empreitada aqui leva em conta o próprio conceito bourdieusiano de Campo Científico, a partir da Sociologia da Ciência contida em: BOURDIEU, Pierre. O campo científico. *In*: ORTIZ, Renato (Org.). **Pierre Bourdieu**. Tradução: Paula Montero e Alícia Auzmendi. São Paulo: Ática, 1983b. cap. 4, p. 122-155. (Grandes cientistas sociais, 39).

11 SANTOS, 1986, passim.

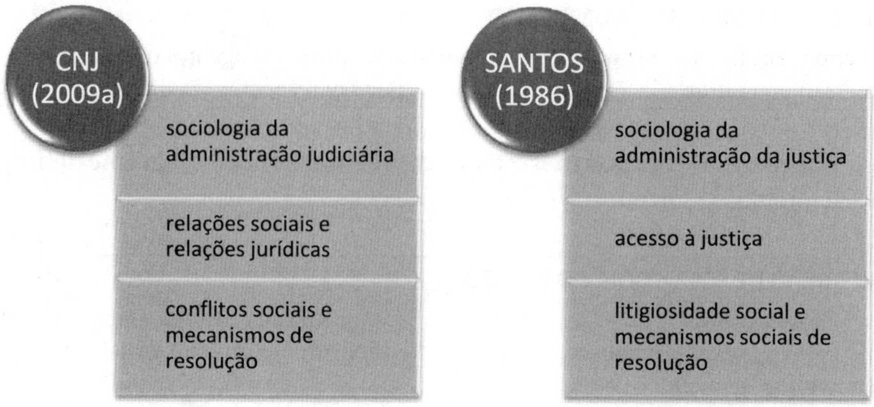

FIGURA 1. Relação entre conteúdo programático da Resolução 75/CNJ e texto de Boaventura de Sousa Santos.

1.1. INTRODUÇÃO À SOCIOLOGIA DA ADMINISTRAÇÃO JUDICIÁRIA

Se, já no final do século XVIII, o jusfilósofo prussiano Immanuel **Kant** (1724-1804) falava em "administração de justiça no Estado"[12], o português Boaventura de Sousa Santos[13], 200 anos depois, nos fornece subsídios para uma definição contemporânea do que vem a ser essa visão sociológica acerca do *modus operandi* dos tribunais.

DEFINIÇÃO DE SOCIOLOGIA DA ADMINISTRAÇÃO JUDICIÁRIA
Sociologia da administração judiciária é o estudo da justiça na qualidade de instituição política e de organização profissional geradora de serviços especializados.

Assim, fica latente a diferenciação entre as principais preocupações desses dois autores quanto à administração judiciária, conforme resumido no **Quadro 3**.

12 KANT, Emmanuel. **Doutrina do Direito**. Tradução: Edson Bini. São Paulo: Ícone, 1993. (Fundamentos do Direito). p. 186-187. Reparem que esse livro corresponde à primeira parte da famosa obra kantiana "Metafísica dos costumes".

13 SANTOS, 1986, p. 17, 23, 25.

PRINCIPAIS PREOCUPAÇÕES DA ADMINISTRAÇÃO JUDICIÁRIA			
PENSADOR	PERÍODO	DESIGNAÇÃO	PREOCUPAÇÃO
Immanuel Kant	final do século XVIII	Administração de justiça no Estado	impedir que a forma de governo mais simples (autocrática) se transforme em despótica
Boaventura de Sousa Santos	final do século XX	Administração da justiça	superar os vários desafios sociais para concretizar a igualdade material, sobretudo para a porção mais pobre da sociedade

QUADRO 3. Duas concepções de administração judiciária.

Nesse viés, uma análise sociológica da administração judiciária incluiria não apenas magistrados(as) e tribunais, mas também jurados(as) e as diversas relações do Judiciário com os demais Poderes e com o Ministério Público, juristas e a própria sociedade em que se inserem.

Como se vê, a sociologia da administração judiciária é enfocada sob dois prismas, quais sejam: o político e o profissional. Consoante a divisão de níveis de análise sociológica em micro e macro – tendo o nível *meso*, ou médio, entre eles[14] –, podemos inferir o que se segue na **Figura 2**:

FIGURA 2. Níveis de análise da sociologia da administração judiciária.

14 GIDDENS, 2012, p. 33-34.

Assim, a visão da **administração judiciária enquanto instituição política** enfoca o Poder Judiciário como pertencente ao sistema político de um Estado-nação. Nesse sentido, a Sociologia vem no rastro da Ciência Política para analisar a administração judiciária não apenas pela ótica atomista ou meramente procedimental – por exemplo, mensurar quantos(as) juízes(as) foram indicados(as) pelo(a) atual Chefe do Executivo, ou em que direção magistrados(as) eleitos(as) popularmente votaram em determinada decisão, conforme ocorre, por exemplo, nos Estados Unidos da América (EUA).

VOCÊ SABIA?

No âmbito da Sociologia do Direito, é possível analisar tendências e motivações dos(as) magistrados(as) mediante vários tipos de **fontes primárias**, desde sentenças proferidas até mesmo discursos, entrevistas e manifestações públicas – individuais ou coletivas – de apoio ou repúdio a determinada política pública, causa ou projeto de lei.

Por exemplo, em uma questão de prova, o(a) candidato(a) pode vir a ser questionado(a) sobre possível incompatibilidade entre as idiossincrasias de sua profissão e suas manifestações públicas (fontes primárias), à luz da CF ou da Lei Orgânica da Magistratura Nacional (Loman).

Essa abordagem política da administração judiciária vem, principalmente, para compreender as motivações (*inputs*) e os comportamentos (*outputs*) de juízas e juízes que passam a ser vistos como entes não-neutros, ou seja, não mais como meras "bocas da lei".

JÁ CAIU EM PROVA!

(Defensor Público/DPE-MG, FUMARC, 2009)

Constituiu-se no cerne do constitucionalismo social:

a) O juiz, como boca da lei.

b) Os interesses difusos.

c) O voto censitário.

d) O intervencionismo diversificado.

e) Os direitos individuais.

Gabarito: "d".

Comentário: De fato, o constitucionalismo social se atrela à tutela dos direitos de segunda dimensão (sociais, econômicos e culturais), e, portanto, diz respeito à *intervenção* do Estado, sobretudo, na economia, para a promoção da igualdade material entre grupos *diversificados*. Porém, para atingir os objetivos deste capítulo, vamos nos ater especificamente ao item "a", que lança a ideia de "juiz, como boca da lei". Tal pensamento é de cunho liberal, e não social, e está diretamente ligado à tutela formal dos direitos de primeira dimensão (civis e políticos). A Sociologia do Direito trabalha com uma perspectiva mais social e material de justiça, indo além da figura do juiz neutro e hermeticamente enclausurado em seu gabinete ou tribunal. Assim, certamente, pode-se dizer que o constitucionalismo social se associa mais ao juiz transformador social do que à mera figura de "boca da lei".

Já a visão da **administração judiciária enquanto organização profissional** se debruça em questões como seleção e distribuição geográfica de pessoal e processos, bem como a forma de agir e pensar dos cidadãos em relação ao Poder Judiciário. Partindo de um ponto de vista clássico da Sociologia - durkheimiano e weberiano, por assim dizer -, pode-se afirmar que a seleção social - em que se compreende que o indivíduo dá lugar ao ator social - é um elemento constante nas sociedades modernas[15]. Nesse viés, um exemplo de estudo sociológico sobre as Cortes seria a análise crítica da presença/ausência de juízas nos Tribunais Regionais do Trabalho (TRTs) de uma dada região do Brasil. Seguramente, um estudo desse tipo buscaria comparar os resultados da pesquisa com outros já publicados acerca do **empoderamento feminino** ou da **igualdade de gênero** em um país com características culturais e sociais tão marcantes e acentuadas como o nosso.

Assim, essa noção profissional da administração judiciária ressalta o aspecto sociológico e tradicionalmente negligenciado da formação de magistrados(as), lançando luz sobre sua formação não apenas técnico-jurídica, mas igualmente **humanística**, conforme se observa com a Resolução 75 do CNJ. É nesse viés que Boaventura de Sousa Santos salienta para:

> [...]a importância crucial dos sistemas de formação e de recrutamento dos *magistrados* e a necessidade urgente de *os dotar de conhecimentos culturais, sociológicos e económicos* [*sic*] que os esclareçam sobre as suas próprias opções pessoais e sobre o *significado político do corpo profissional a que pertencem*, com vistas a possibilitar-lhes um certo distanciamento crítico e uma atitude de prudente vigilância pessoal no exercício das suas funções *numa sociedade cada vez mais complexa e dinâmica*.[16]

Logo, podemos perceber que a sociologia da administração judiciária lança um duplo foco - político e institucional/profissional - na própria orga-

---

15 Cf. DURKHEIM, Émile. **Educação e Sociologia**. Tradução: Stephania Matousek. Petrópolis, RJ: Vozes, 2011. (Textos fundantes de educação), *passim*; LOPES, Paula Cristina. **Educação, Sociologia da Educação e teorias sociológicas clássicas**: Marx, Durkheim e Weber. Biblioteca Online de Ciências da Comunicação, Lisboa, 2012. p. 9.

16 SANTOS, 1986, p. 26, grifo nosso.

nização da justiça. O primeiro foco é mais voltado a temas que são aprofundados em Teoria Geral do Estado e da Política e que dizem respeito à clássica teoria da separação de poderes e de seus mecanismos de pesos e contrapesos (*checks and balances*). Já o segundo foco diz mais respeito aos pontos 1.2 a 1.4 do conteúdo programático de Sociologia do Direito na Resolução do CNJ, a partir do qual é possível evidenciar os aspectos administrativos, econômicos e gerenciais que envolvem os tribunais e seus magistrados.

1.2. ASPECTOS GERENCIAIS DA ATIVIDADE JUDICIÁRIA (ADMINISTRAÇÃO E ECONOMIA)

De antemão, alertamos para a confusão que os termos "atividade judiciária" e "atividade judicial" podem produzir. O que nos interessa aqui é aquele, já que este diz respeito exclusivamente aos processos e às sentenças judiciais *per se*[17]. Portanto, os seguintes assuntos fazem parte também dos estudos da **atividade judiciária**: morosidade processual[18], gestão estratégica do gabinete, investimento em sistemas de digitalização de processos, gerenciamento do conhecimento, planos de comunicação social etc. Em resumo, este ponto da Resolução do CNJ visa especialmente às atividades-meio (gerenciamento) do Judiciário, as quais dão suporte à atividade-fim (julgamento).

Embora uma análise do Poder Judiciário à luz da Constituição Federal de 1988 (CF) seja mais bem vista em Direito Constitucional, destacamos, conforme o **Quadro 4**, alguns de seus dispositivos que guardam consonância com os aspectos gerenciais da atividade judiciária brasileira a partir das perspectivas administrativa e econômica.

DISPOSITIVOS CONSTITUCIONAIS QUE EVIDENCIAM ASPECTOS GERENCIAIS DA ATIVIDADE JUDICIÁRIA	
ARTIGO	**ASPECTO**
92	Organização do Judiciário
93, I	Ingresso na carreira
93, IX	Publicidade dos julgamentos
93, XI	Delegação de atribuições administrativas da competência do tribunal pleno

17 BRITO, Rafael Almeida Cró. **Formação Humanística – Resolução n. 75 CNJ**: aspectos importantes para ingresso no concurso da magistratura. São Paulo: Nelpa, 2010. p. 12.

18 Este é verdadeiramente um dos temas mais intrigantes para os sociólogos que estudam sistematicamente o Poder Judiciário (SANTOS, 1986, p. 19).

93, XIII	Distribuição proporcional dos juízes em relação à demanda e à população
93, XIV	Delegação de atos de administração e de mero expediente sem caráter decisório, para servidores
93, XV	Imediata distribuição dos processos
96, I, "e"	Competência privativa dos tribunais para prover, por concurso público, os cargos necessários à administração da Justiça, exceto os de confiança
96, II, "d"	Competência privativa do Supremo Tribunal Federal (STF), dos Tribunais Superiores e dos Tribunais de Justiça para propor, ao Legislativo respectivo, alteração da organização e da divisão judiciárias
98, § 2º	Destinação exclusiva de custas e emolumentos para o financiamento dos serviços afetos às atividades específicas da Justiça
99	Autonomia administrativa e financeira do Judiciário
103-B, § 4º	Controle, por parte do CNJ, da atuação administrativa e financeira do Judiciário
103-B, § 7º	Criação, pela União, de ouvidorias de justiça
105, parágrafo único, I	Funcionamento, junto ao Superior Tribunal de Justiça (STJ), da Escola Nacional de Formação e Aperfeiçoamento de Magistrados, cabendo-lhe regulamentar os cursos oficiais para o ingresso
105, parágrafo único, II	Funcionamento, junto ao STJ, do Conselho da Justiça Federal (CJF), cabendo-lhe exercer a supervisão administrativa e orçamentária da Justiça Federal de primeiro e segundo graus
111-A, § 2º, I	Funcionamento, junto ao Tribunal Superior do Trabalho (TST), da Escola Nacional de Formação e Aperfeiçoamento de Magistrados do Trabalho, cabendo-lhe regulamentar cursos para ingresso na carreira
111-A, § 2º, II	Funcionamento, junto ao TST, do Conselho Superior da Justiça do Trabalho (CSJT), cabendo-lhe exercer a supervisão administrativa, orçamentária, financeira e patrimonial da Justiça do Trabalho de primeiro e segundo graus
125	Organização da Justiça nos Estados

QUADRO 4. Aspectos gerenciais do Poder Judiciário na CF[19].

19 BRASIL. [Constituição (1988)] **Constituição da República Federativa do Brasil**. Brasília, DF: Presidência da República, [2020].

Grosso modo, os principais achados extraídos desses dispositivos constitucionais são os que dizem como a atividade judiciária (i) está profundamente espalhada pelo território nacional, (ii) mostra-se acentuadamente especializada, (iii) busca ser eficaz e racional para com seus processos, e (iv) está internamente dividida. Esses atributos, no geral, são assaz debatidos na chamada **Sociologia das Organizações**, tão cara aos estudos sociológicos e administrativos, cujo pai-fundador é o pensador alemão Max **Weber** (1864-1920). É, pois, ele quem nos traz as noções modernas de burocracia e organização, nas quais podemos incluir a figura do Estado – ou, em outras palavras, da "máquina pública" – e um dos seus Poderes, o Judiciário.[20]

DEFINIÇÃO DE BUROCRACIA

Burocracia, na acepção weberiana, é o tipo (ideal) mais puro e racional de dominação legal, exercido mediante um quadro administrativo profissional que busca alcançar tecnicamente a eficácia.

Essa definição clássica de burocracia, de pronto, em nada nos remete àquela tida pelo senso comum: algo moroso ou dispendioso, expresso na forma do oximoro "burocraticamente ineficaz". Essa construção pejorativa de tal conceito está, na realidade, associada às suas *disfunções*, isto é, às externalidades negativas que uma organização excessivamente burocrática pode engendrar. Na contramão dessas ideias, Weber resume sociologicamente o modelo burocrático por meio, sobretudo, do recrutamento universal de profissionais qualificados/as, da supervisão, da impessoalidade e do formalismo. É também nesse modelo que o chamado Estado Moderno se pauta durante grande parte do século XX.

JÁ CAIU EM PROVA!

(Administrador, TJPR, 2013)

A administração burocrática buscava maior:

1. impessoalidade.
2. direcionamento para resultados.
3. hierarquia.
4. agilidade administrativa.

20 WEBER, 2015, p. 143, 145; WEBER, Max. A política como vocação. In: GERTH, Hans Heinrich; MILLS, Charles Wright (Org). **Max Weber**: ensaios de Sociologia. Rio de Janeiro: Livros Técnicos e Científicos, 1967. p. 62. Sobre os três tipos ideais de dominação – tradicional, carismático e racional-legal –, ver Subseção 2.2, *infra*, e Weber (1967, p. 56-57; 2015, p. 139-167).

Estão corretos os itens:
a) 2 e 4 apenas.
b) 1 e 3 apenas.
c) 1, 2 e 3 apenas.
d) 1, 2 e 4 apenas.

Gabarito: B.

Comentário: Embora o Tribunal de Justiça do Estado do Paraná (TJPR) esteja tratando aqui de Administração Pública, a essência da questão gira em torno do modelo burocrático de organização weberiana. Como se depreende, mais adiante, o CNJ vem primando por um magistrado não apenas jurista, mas também gerenciador, administrador, fazendo com que os ensinamentos de Weber se tornem ainda mais propensos a cair em provas – como a discursiva do 186º Concurso para Ingresso na Magistratura do TJSP. No caso da questão em tela, o modelo weberiano – tanto em termos gerais quanto o estatal – não enfatiza, pelo menos *a priori*, os resultados (fins), mas, sim, os procedimentos (meios). Logo, o item 2 está errado. Provavelmente, o item que mais gera dúvidas é o 4, em que pese esse modelo estar mais propenso a investir nos métodos e técnicas da organização (eficácia) do que em formas mais ágeis e menos custosas para se produzir (eficiência), ou seja, a administração burocrática busca formar um espírito de corpo (esprit de corps) qualificado para seu quadro administrativo; se era ágil ou não é uma questão teoricamente secundária. Esta última ideia só se desenvolveu mais recentemente quando o modelo burocrático dá lugar ao gerencial de administração pública, do qual a Resolução 75 do CNJ busca se aproximar, embora o Estado brasileiro não consiga de desamarrar do modelo burocrático-weberiano – e, em certa medida, do seu antecessor, o patrimonialista.

O QUE O MODELO BUROCRÁTICO-WEBERIANO PODE DIZER SOBRE OS ASPECTOS GERENCIAIS DO JUDICIÁRIO BRASILEIRO?	
ATRIBUTO	**DESCRIÇÃO**
Hierarquização	Em 2018, havia 14.877 unidades judiciárias de 1º grau (decréscimo de 514 unidades, em relação ao ano anterior), sendo: 10.708 varas estaduais, trabalhistas e federais (72%); 1.494 (10%) juizados especiais; 2.643 (17,8%) zonas eleitorais; 13 auditorias militares estaduais (0,1%); e 19 auditorias militares da União (0,1%).[21]
Profissionalismo (recrutamento e qualificação)	Os profissionais que atuam nos órgãos judiciais brasileiros ora trabalham especificamente/especialmente com um ramo do Direito (como Justiças do Trabalho e Militar), ora com um tema específico (a exemplo de demarcação de terra indígena e Execução Penal). O mesmo vale para os funcionários que atuam nas diversas atividades-meio, tais quais tecnologia da informação (TI), revisão textual e Comunicação Social.

21 CNJ. Justiça em números 2019: ano-base 2018. Brasília, DF: CNJ, 2019. p. 20.

Impessoalidade	Esse atributo pode ser visto tanto na delegação de atividades meramente administrativas quanto na distribuição proporcional de juízes/as em relação à demanda e à população.
Formalismo	Embora essa temática esteja mais bem vinculada ao Direito Processual, destacamos que os processos judiciais possuem um ciclo de vida formal que vai desde sua abertura até sua publicação oficial.

QUADRO 5. Burocracia e administração judiciária no Brasil.

Em um contexto de concurso para a magistratura, questionamentos sobre os aspectos gerenciais da atividade judiciária devem seguir no sentido de: (i) dar suporte a milhões de processos que tramitam no Judiciário brasileiro; e (ii) promover acesso a esse sistema – Acesso à Justiça. Em ambos os casos, as tentativas de respostas passam necessariamente pela questão da gestão da atividade judiciária, sem deixar de lado, é claro, outras propostas de reformas processuais em discussão e tramitação no Legislativo Nacional. Daí que conhecer os números por trás desse Poder se mostra tão importante.

Como visto acima, Weber nos fornece uma luz para teorizarmos a administração judiciária enquanto uma organização profissional que busca, racional e eficazmente, levar a cabo sua função típica. No plano prático, o próprio CNJ, por meio do seu relatório anual, municia-nos de informações não só sobre o atual estado de coisas do Poder Judiciário em termos administrativos e econômicos, mas também o que podemos esperar dele para o futuro.

Por força do inciso VI do § 4º do art. 103-B da CF, o CNJ deve anualmente elaborar um relatório em que expõe, estatisticamente, a situação do Poder Judiciário, bem como propor providências acerca dela. Assim, é possível escrutinar distintas facetas da administração judiciária brasileira, inclusive a administrativa e a econômica exigidas pela Resolução 75.

Nesse prisma, observa-se que a força de trabalho no Poder Judiciário brasileiro contava, em 2018, com 450.175 pessoas, distribuídas conforme o **Gráfico 1**.

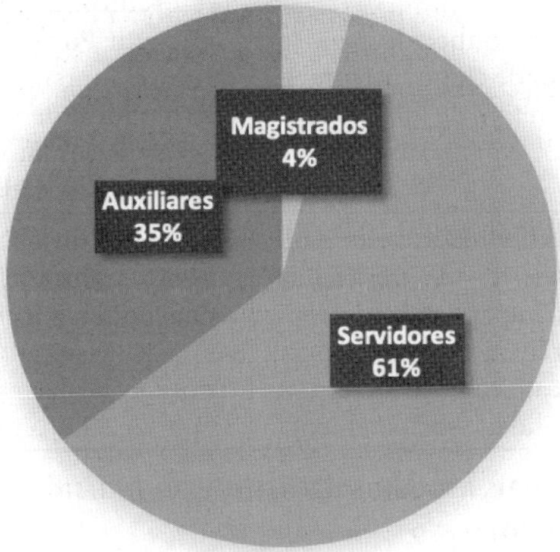

GRÁFICO 1. Força de trabalho no Poder Judiciário (2018).
Fonte dos dados: CNJ, 2019, p. 34.

Como se observa no **Gráfico 1**, a magistratura representa, portanto, a menor fatia do pessoal no âmbito da atividade judiciária, embora seja responsável pelos principais cargos que conduzem as políticas e estratégias administrativas e econômicas desse Poder. Um exemplo disso é a "Estratégia Nacional do Poder Judiciário 2015-2020" – também conhecida como **Estratégia Judiciário 2020** –, que foi "[...]formulada com a contribuição de magistrados e servidores e instituída pela Resolução n. 198/2014 [e que] reflete premissas importantes para o processo estratégico de todo o Poder Judiciário"[22]. Logo, tal documento traz, em linhas gerais, o que é e o que se espera da Justiça brasileira para os anos vindouros.

QUAIS ASPECTOS DA *ESTRATÉGIA JUDICIÁRIO 2020* PODEM IMPACTAR A ATIVIDADE JUDICIÁRIA BRASILEIRA?		
ASPECTO	**ATIVIDADE**	**DESCRIÇÃO**
Missão	Realizar Justiça	Fortalecer o Estado Democrático e fomentar a construção de uma sociedade livre, justa e solidária, por meio de uma efetiva prestação jurisdicional

22 CONSELHO NACIONAL DE JUSTICA – CNJ. Resolução n. 198/2014 [texto compilado]. Brasília, DF: CNJ, 2014. Disponível em: https://atos.cnj.jus.br/files/resolucao_comp_198_01072014_25032019141511.pdf. Acesso em: 23 abr. 2020.

Visão	Ser reconhecido pela sociedade como instrumento efetivo de justiça, equidade e paz social	Ter credibilidade e ser reconhecido como um Poder célere, acessível, responsável, imparcial, efetivo e justo, que busca o ideal democrático e promove a paz social, garantindo o exercício pleno dos direitos de cidadania
Atributos de valor para a sociedade	Credibilidade, celeridade, modernidade, acessibilidade, imparcialidade, transparência e controle social, ética, probidade e responsabilidade socioambiental	Neste aspecto da Estratégia, destacamos o ponto "transparência e controle social", o qual pode ser mencionado em possível resposta dissertativa ou oral do/a candidato/a, e que diz respeito principalmente ao ponto 2.2 do conteúdo programático

QUADRO 6. Principais aspectos da *Estratégia Judiciário 2020.*
Fonte dos dados: CNJ, 2014, p. 9.

Economicamente, em 2018 o Judiciário teve, ao todo, R$ 93,7 bilhões em despesas, correspondendo a 1,4% do Produto Interno Bruto (PIB) do País. Destes, a Justiça Estadual despontou como o ramo responsável por mais da metade das despesas (57%). Em contrapartida, a atividade jurisdicional obteve R$ 58,6 bilhões em receitas - R$ 8 bilhões a mais em comparação ao ano anterior –, cujas principais fontes de arrecadação estão relacionadas a execução fiscal (65%) e a custas, fases de execução, emolumentos e taxas (20%). Mesmo assim, ainda sobra um saldo deficitário de R$ 35,1 bilhões - R$ 7,3 bilhões a menos que em 2017 –, o que, aparentemente, não chega a ser contraditório, pois a missão do Judiciário não é gerar lucro, e sim realizar a justiça[23]. Certamente, o que mais chama a atenção no relatório anual do CNJ é o fato de as despesas com recursos humanos - pessoal ativo e inativo - corresponderem a quase 91% dos gastos desse Poder.[24]

Outro tema bastante relevante para nossos estudos é o da Comunicação Social no âmbito da atividade judiciária - melhor visto na terceira seção, mais abaixo. A Política Nacional de Comunicação Social no âmbito do Poder Judiciário, lançada pelo CNJ, prevê que, "[n]a definição de suas dotações orçamentárias, os órgãos do Judiciário deverão contemplar as ações de Comunicação Social, reservando recursos regulares compatíveis com as metas a serem alcançadas"[25]. Portanto, em uma possível questão de concurso para a magistratura, a previsão

23 CNJ. **Resolução n. 198**. Dispõe sobre o Planejamento e a Gestão Estratégica no âmbito do Poder Judiciário. Brasília, DF: CNJ, 1 jul. 2014. p. 9.

24 CNJ, 2019, *passim*.

25 CNJ. **Resolução nº 85**. Dispõe sobre a Comunicação Social no âmbito do Poder Judiciário. Brasília, DF: CNJ, 8 set. 2009b.

de dotação orçamentária sistemática para a área de Comunicação Social no Judiciário vai muito além do simples mandamento do princípio administrativista da Legalidade, tocando também áreas como transparência pública, *accountability*, direito à informação e controle social.

Para equacionar seus próprios gargalos burocráticos - administrativos e econômicos -, o Poder Judiciário se vale de planos e estratégias de gestão. Seguindo didaticamente o conteúdo programático da Resolução 75, focaremos no aspecto gerencial da atividade judiciária, especialmente no que tange à gestão de pessoas.

1.3. GESTÃO

A partir de uma **abordagem funcionalista** da Sociologia - também conhecida por Sociologia Estruturalista-sistêmica durkheimiana[26] -, podemos dizer que o sistema judiciário possui uma *função* dentro do *organismo* social brasileiro. Embora baseada em uma concepção, em certa medida, positivista da sociedade - e, portanto, passível de críticas -, essa abordagem sociológica nos ajuda a compreender a função social do Judiciário que vai além daquela que lhe é precípua (julgar ou aplicar a lei para o caso concreto), situando-o também como um organismo que necessita de constante aperfeiçoamento, tendo em vista que "as organizações são verdadeiros seres vivos"[27].

A chamada **crise do Estado**, que assolou as economias mundiais sobretudo a partir dos anos 1970, aponta para, de um lado, a insuficiência financeira em atender a todas as demandas sociais e, do outro, a inadequação gerencial e organizacional da máquina pública[28]. O **modelo burocrático** (ou weberiano) de Estado, que havia vigorado desde a Segunda Guerra Mundial e que tinha o intuito de manter a impessoalidade, a neutralidade e a racionalidade estatais, tornara-se assaz oneroso e moroso, não respondendo mais às demandas da sociedade[29]. Era hora de se buscar não o mero funcionamento - eficácia - da

---

26 GIDDENS, 2012; LOPES, 2012, p. 4. Ver também passagens do próprio Durkheim em que ele utiliza termos das ciências da saúde em analogia ao "organismo social", como em: DURKHEIM, Émile. **As regras do método sociológico**. 3. ed. Tradução: Paulo Neves. São Paulo: Martins Fontes, 2007. (Tópicos). p. 147.

27 CHIAVENATO, Idalberto. **Gestão de pessoas**: o novo papel dos recursos humanos nas organizações. 3. ed. revis. e atual. 2. tir. Rio de Janeiro: Elsevier, 2010. p. 4.

28 LUCENA, Eunice Maria G. Marquesini. **Gestão de recursos humanos e a LRF**. Rio de Janeiro: IBAM, 2001. (Lei de responsabilidade fiscal, 6). p. 13.

29 ABRUCIO, Fernando Luiz. **O impacto do modelo gerencial na administração pública**: um breve estudo sobre a experiência internacional recente. Brasília, DF: ENAP, 1997. (Cadernos ENAP; 10). p. 6-7, 10; CHIAVENATO, Idalberto. **Comportamento organizacional**: a dinâmica do sucesso das organizações. 2. ed. São Paulo: Elsevier-Campus, 2005. p. 68-71; LUCENA, 2001, p. 13.

coisa pública (res publica), mas, sim, sua eficiência e **efetividade** enquanto organização prestadora de serviços públicos. É nesse bojo que surge o **modelo gerencial** – também conhecido como *Managerialism*, Nova Administração Pública ou *New Public Management* (NPM) – como alternativa ao burocrático, inserindo, em grande medida, a lógica da produtividade do setor privado na administração dos "negócios públicos"[30].

Nos últimos anos, esse novo modelo gerencial – cujas tentativas mais sistemáticas de implantação no Brasil datam de meados dos anos 1990, por meio do Plano Diretor da Reforma do Aparelho do Estado[31] – não tem sido somente utilizado para **diminuir o tamanho e o papel do Estado**, mas também se vinculou à busca sistemática pela qualidade, descentralização e avaliação dos serviços públicos por parte dos seus próprios usuários[32], que, a partir dessa nova perspectiva gerencial, não são mais vistos como meros consumidores, e sim como verdadeiros cidadãos. No que tange a este último aspecto, não é de se surpreender que o § 7º do art. 103-B da CF verse sobre a criação de **ouvidorias de justiça**, com a finalidade de receber reclamações e denúncias de qualquer interessado contra membros ou órgãos do Judiciário ou de seus serviços auxiliares.

JÁ CAIU EM PROVA!

(Juiz Federal/TRF-5, CESPE, 2009)

"No meio, entre as atividades exclusivas de Estado e a produção de bens e serviços para o mercado, temos hoje, dentro do Estado, uma série de atividades na área social e científica que não lhe são exclusivas, que não envolvem poder de Estado. Incluem-se nessa categoria as escolas, as universidades, os hospitais etc. Se o seu financiamento em grandes proporções é uma atividade exclusiva do Estado, sua execução definitivamente não o é. Pelo contrário, estas são atividades competitivas, que podem ser controladas não apenas pela administração pública gerencial, mas também e principalmente pelo controle social e pela constituição de quase-mercados. Nesses termos, não há razão para que essas atividades permaneçam dentro do Estado, sejam monopólio estatal. Mas também não se justifica que sejam privadas.

Luiz Carlos Bresser Pereira. A Reforma do Estado dos anos 90: lógica e mecanismos de controle. In: Lua Nova – Revista de Cultura Política, n.º 45, 1998, p. 49-95 (com adaptações).

Com relação à reforma do Estado brasileiro e ao tema abordado no texto acima, assinale a opção correta.

30 ABRUCIO, 1997, p. 10.

31 BRASIL. **Plano Diretor da Reforma do Aparelho do Estado**. Brasília, DF: Presidência da República, 1995; BRESSER PEREIRA, Luiz Carlos. A Reforma do Estado dos anos 90: lógica e mecanismos de controle. **Lua Nova**, n. 45, p. 49-95, 1998.

32 ABRUCIO, 1997, p. 11.

a) No contexto da reforma do Estado referida no texto, publicização surge como sinônimo de privatização. Ambas partem da dicotomia entre o público e o privado e servem para caracterizar a alteração da forma de gestão pública em que se impõe a transferência de vários bens e atividades do Estado (ambiente público) para a propriedade privada (ambiente privado).

b) A administração pública gerencial, ou nova administração pública, tem como uma de suas características principais a diminuição do papel da burocracia estatal, colocando em segundo plano o trabalho técnico na formulação e gestão das políticas públicas.

c) [...].

d) A administração pública gerencial deve dar ênfase na avaliação que tem como parâmetro os resultados obtidos, especialmente quando se trata da prestação de serviços sociais e científicos. Por essa razão, tanto a lei que trata das organizações sociais quanto a que trata das OSCIPs preveem que o instrumento firmado entre o poder público e as entidades qualificadas – contrato de gestão e termo de parceria, respectivamente – deve estipular as metas e os resultados a serem atingidos e os critérios objetivos de avaliação e desempenho.

e) [...]."

Gabarito: D.

Comentários: Não analisaremos os itens C e E, pois tratam de legislação e jurisprudência mais bem vistas em Direito Administrativo.

a) Este item se refere ao conceito de publicização, que, à luz do Plano Diretor da Reforma do Aparelho do Estado, compreende o processo de "[...]descentralização para o setor público não-estatal da execução de serviços que não envolvem o exercício do poder de Estado, mas devem ser subsidiados pelo Estado, como é o caso dos serviços de educação, saúde, cultura e pesquisa científica" e de transferência "[...]para o setor público não-estatal estes serviços[...]". Portanto, em nada tem a ver com privatização e propriedade privada.

b) De fato, o modelo gerencial busca superar as disfunções do modelo anterior, o burocrático. Porém, ele não relega a "segundo plano o trabalho técnico na formulação e gestão das políticas públicas"; pelo contrário, o enfatiza. Lembre-se de que planejamento e gestão andam lado a lado.

d) É o que se depreende da leitura do Plano Diretor[33] e da Lei n. 9.790/1999 ("Lei das OSCIP"), que institui o Termo de Parceria. Correto!

Assim, tanto as organizações públicas – a exemplo dos diversos órgãos que compõem a administração judiciária – quanto as que recebem verba pública devem primar pela busca da **eficiência**, definida por Idalberto **Chiavenato**[33] como:

33 CHIAVENATO, Idalberto. **Introdução à Teoria Geral da Administração**: uma visão abrangente da moderna administração das organizações. 7. ed. rev. e atual. 6. reimp. Rio de Janeiro: Elsevier, 2004. p. 23, 53, 58.

DEFINIÇÃO DE EFICIÊNCIA

Eficiência é a capacidade de fazer bem e da maneira correta alguma coisa, ou seja, é a melhor forma de se fazer um trabalho ou executar uma tarefa, utilizando corretamente os recursos disponíveis.

Nessa relação diretamente proporcional entre eficiência e produtividade[34], é cada vez mais corriqueiro que as organizações públicas – entendidas, aqui, da forma mais ampla possível – busquem ferramentas de planejamento e gestão, bem como a incorporação ou o desenvolvimento de padrões para produzir um bem ou prestar um serviço igualmente público.

VOCÊ SABIA?

O *Princípio da Eficiência* é o único dos cinco princípios constitucionais explícitos da Administração Pública a ser incluído, via Emenda à Constituição (EC) n. 19/1998, no *caput* do art. 37. Percebam que a data dessa EC, 1998, é próxima à da publicação da proposta do Plano Diretor da Reforma do Aparelho de Estado, 1995, de forma que ambas guardam forte relação entre si, por apresentarem uma percepção gerencial da administração pública – ainda que à brasileira.

Com a atividade judiciária não é diferente. Por exemplo, o "Relatório Justiça em Números", do CNJ, traz o seguinte significado para **eficiência do tribunal**[35]:

DEFINIÇÃO DE EFICIÊNCIA DO TRIBUNAL

Eficiência do tribunal é a capacidade de produzir mais (processos baixados) utilizando menos recursos disponíveis (pessoal, processos e despesas).

Tal eficiência dos tribunais é medida no Brasil pelo Índice de Produtividade Comparada da Justiça (**IPC-Jus**), que compara a produtividade e a eficiência relativa dos tribunais estaduais de 1º e 2º graus, levando em conta o total de processos baixados com relação ao total das seguintes variáveis do tribunal: (i) processos tramitados; (ii) recursos humanos; e recursos financeiros. Assim, é possível agregar os dados dos tribunais estaduais e resumir que apenas TJRS e TJSE obtiveram IPC-Jus de 100%, nos dois graus de atuação e na área administrativa[36], ocupando as mesmas posições do ano anterior.

34 Relação esta expressa pela frase "quanto maior a eficiência tanto maior a produtividade" e pela equação "Eficiência = Produtos / Recursos" (CHIAVENATO, 2004, p. 58).

35 CNJ, 2016a, p. 26-27; 2019, p. 182.

36 BRASIL, 2019, p. 183.

Como podemos inferir, a busca pela eficiência dos tribunais parte principalmente da preocupação constante com a **vazão dos processos**. Com efeito, a sofisticação da **tecnologia** - especialmente a TI - vai ao encontro dessa máxima[37], uma vez que, por meio dela, o desenvolvimento de *software* sob demanda tem auxiliado na rápida tramitação de processos judiciais, a exemplo do **Processo Judicial Eletrônico (PJe)**, lançado pelo CNJ e pela Ordem dos Advogados do Brasil (OAB) em 2011.

A eficiência, porém, não diz respeito exclusivamente à produtividade em si, mas também às chamadas **condições (físicas e psicológicas) no ambiente de trabalho**. É nesse contexto que uma questão relevante à gestão judiciária surge: a capacidade de o/a magistrado/a **liderar** equipe(s). Esse papel é exercido pelo/a togado/a em face das atividades inerentes a seu cargo, tais como o gerenciamento do gabinete, a participação em forças-tarefas e, até mesmo, a presença em encontros com autoridades nacionais e estrangeiras. Nesse sentido, a linha entre delegar e comandar mostra-se bastante tênue, cujos resultados dependerão muito do "lado administrador" do/a togado/a, naquilo que chamamos aqui de **juiz-gestor** e **juíza-gestora**. Peguemos o primeiro exemplo (gerenciamento do gabinete) e constatemos que lhe caberá saber lidar (e liderar) com sua equipe, de forma que alguns dos grandes problemas do Judiciário (morosidade e congestionamento de processos) sejam tratados de maneira eficiente e harmoniosa. É especialmente aí que a gestão de pessoas se apresenta à atividade judiciária.

1.4. GESTÃO DE PESSOAS

Um dos grandes desafios postos pelo próprio Poder Judiciário para o período 2015-2020 é a melhoria da gestão de pessoas, a qual:

> Refere-se a políticas, métodos e práticas adotados na gestão de comportamentos internos, objetivando potencializar o capital humano nos órgãos do Poder Judiciário. Considera programas e ações relacionados à avaliação e ao desenvolvimento de competências gerenciais e técnicas dos servidores e magistrados; à valorização dos colaboradores; à humanização nas relações de trabalho; ao estabelecimento de sistemas de recompensas, à modernização das carreiras e à adequada distribuição da força de trabalho.[38]

37 CHIAVENATO, 2004, p. 16.

38 CNJ, 2014, p. 12.

QUAIS AÇÕES DO PODER JUDICIÁRIO BUSCAM IMPACTAR POSITIVAMENTE SUA GESTÃO DE PESSOAS?		
AÇÃO	**DOCUMENTO**	**DESCRIÇÃO**
Gestão por competência	"Gestão por competências passo a passo: um guia de implementação"	Digital, interativa e aberta a qualquer pessoa interessada, a publicação sugere e orienta tribunais no caminho do desenvolvimento das competências de seus servidores, a fim de alcançar os objetivos estratégicos da instituição.
Práticas em Gestão de Pessoas	"Diagnóstico sobre Práticas em Gestão de Pessoas do Poder Judiciário"	Relatório baseado nas respostas de todos os tribunais do País.
Diagnóstico para Eficiência	–	Iniciativa para identificação de situações problemáticas que estejam provocando ou contribuindo para o baixo nível de produtividade dos Tribunais de Justiça, objetivando posterior formulação de projetos e ações que promovam a melhoria da eficiência.
Portal de Governança	"Governança em Gestão de Pessoas"	O portal reúne informações sobre o papel da Seção de Governança do CNJ; possibiliza a atualização cadastral dos tribunais e conselhos do Poder Judiciário; e apresenta publicações pertinentes à área.
Política Nacional	"Política Nacional de Gestão de Pessoas no âmbito do Poder Judiciário"	Uniformiza, sob um conjunto de princípios e diretrizes nacionais, as práticas de gestão de pessoas dos diferentes tribunais do Brasil.
Teletrabalho	Resolução n. 227/2016/CNJ, alterada pela Resolução n. 298/2019/CNJ	Também conhecido como *home office*, permite a execução de tarefas fora das dependências da unidade judiciária com a utilização de recursos tecnológicos.
Equalização da força de trabalho	Resolução n. 219/2016	Tem como objetivo final a distribuição mais equânime de recursos e o aperfeiçoamento dos serviços prestados aos cidadãos.
Nepotismo	Resolução n. 229/2016	A prática passa a ser reconhecida na contratação, independentemente da modalidade de licitação, de empresas que tenham em seu quadro societário cônjuge, companheiro ou parente em linha reta, colateral ou por afinidade até o terceiro grau de juízes e servidores ocupantes de cargos de direção, chefia e assessoramento vinculados à área de licitação do tribunal.

Encontro de Gestores	Encontro dos Gestores de Pessoas do Poder Judiciário	Foram promovidos encontros com todos os secretários de gestão de pessoas dos tribunais localizados em Brasília, no intuito de promover espaço para a troca de experiências entre as áreas de Gestão de Pessoas do Judiciário.

QUADRO 7. Ações de Gestão de Pessoas no Poder Judiciário.
Fonte dos dados: CNJ, 2016a, p. 156-159

Não estranhe o nome: o que estamos chamando de **Gestão de Pessoas** era normalmente conhecido, há pouco tempo, como **Administração de Recursos Humanos** (RH), e pode ser compreendido da seguinte forma: [39]

> **DEFINIÇÃO DE GESTÃO DE PESSOAS**
>
> Gestão de Pessoas é um subcampo da Administração moderna cujos objetos de estudo são as pessoas entendidas como a principal vantagem competitiva das organizações contemporâneas.

Você deve estar se perguntando o que Administração tem a ver com Sociologia, e, mais especificamente, com Sociologia do Direito enquanto requisito para ingresso na magistratura, certo? Como frisamos, a enorme quantidade de processos que tramita no Judiciário é um grande fator de preocupação não apenas jurídica, mas igualmente social - confira a relação entre o jurídico e o social na segunda seção, *infra* –, haja vista que esses papéis ou arquivos eletrônicos são muito mais do que sentenças ou decisões em si mesmas; são engendradores de **mudança social**, seja na vida das pessoas - físicas e jurídicas –, seja na sociedade como um todo. Lidar com isso exige um aparato enorme e complexo por parte dos que administram a justiça tanto no nível macrossociológico (CNJ e tribunais) quanto no micro (juízes e servidores). É justamente neste último nível que buscamos focar a gestão de pessoas, mais especificamente, nos gabinetes e nas atividades que possuem poder de impactar os processos judiciais.

A gestão de pessoas pressupõe, portanto, questões quantitativas (cada vez mais os tribunais e gabinetes precisam de pessoas) e qualitativas (elas necessitam ser capacitadas, especializadas e atualizadas). Nesse prisma, a **Figura 3** nos ajuda a lançar um olhar panorâmico sobre a arte de gerenciar pessoas em organizações como gabinetes e tribunais que buscam moldar-se a esse mundo complexo e dinâmico em que vivemos.

39 CHIAVENATO, 2010, p. VII, 2, 4.

FIGURA 3. Principais aspectos da Gestão de Pessoas.

Fonte dos dados: CHIAVENATO, 2010.

JÁ CAIU EM PROVA!

(Analista Administrativo/TJ-SC, TJ-SC, 2011)

Existe uma velha piada na área da 'gestão de pessoas' que diz: '*A empresa do futuro estará tão avançada tecnologicamente que será dirigida apenas por uma pessoa e por um cachorro. A pessoa estará lá para alimentar o cachorro, e o cachorro estará lá para garantir que a pessoa não toque em nada*'. Assinale a alternativa **INCORRETA**:

a) Para trabalhar efetivamente com as pessoas, temos de entender o comportamento humano, e precisamos conhecer os vários sistemas e práticas disponíveis para nos ajudar a construir uma força de trabalho qualificada e motivada.

b) Embora as pessoas tenham sido sempre fundamentais no ambiente empresarial, hoje elas desempenham um papel ainda mais central para a obtenção da vantagem competitiva de uma empresa.

c) Principalmente nos setores baseados em conhecimento, como os de *software* e serviços de informação, o sucesso de uma empresa depende cada vez mais das "competências das pessoas".

d) Atualmente as pessoas não são mais a força competitiva de uma empresa. Todos os resultados de eficiência são exclusivamente devidos à tecnologia e às máquinas. Cada vez mais as pessoas serão dispensáveis e inúteis.

e) Os especialistas em gestão de pessoas afirmam que a chave do sucesso de uma empresa está no estabelecimento de um conjunto de "competências essenciais" - conhecimentos integrados dentro de uma empresa - que a distinguem de suas concorrentes e agregam valor para os clientes e acionistas.

Gabarito: D.

Comentário: Como vimos na definição de gestão de pessoas, atualmente as pessoas são a mais importante força competitiva de uma organização, ou, nas palavras de Chiavenato, sua principal vantagem competitiva.

(Administrador/TJ-PR; TJ-PR, 2013)

Com relação aos processos básicos da Gestão de Pessoas, identifique como verdadeiras (V) ou falsas (F) as seguintes afirmativas:

( ) Processos de desenvolver pessoas são os processos utilizados para capacitar e treinar.

( ) Processos de recompensar pessoas são os processos de criação de condições ambientais e psicológicas satisfatórias.

( ) Processos de aplicar pessoas são os processos utilizados para modelar as atividades que os funcionários irão realizar na organização, acompanhar e orientar seu desempenho.

( ) Processos de monitorar pessoas são os processos utilizados para acompanhar e controlar o trabalho dos funcionários e analisar os resultados.

Assinale a alternativa que apresenta a sequência correta, de cima para baixo.

a) V – F – F – F.

b) F – V – F – V.

c) F – V – V – F.

d) V – F – V – V.

Gabarito: D.

Comentário: A segunda alternativa está falsa porque sua descrição se refere ao processo de *manter* pessoas, e não *recompensá-las*.

Assim, o **planejamento** – famosamente exposto na ideia do **ciclo PDCA** (do inglês *Plan-Do-Check-Adjust*) – de tais questões deve ser conduzido por um/a juiz/a-gestor/a, no sentido de ele/a primar pela eficiência e harmonia em seu gabinete e/ou tribunal. Nem sempre aquilo que se executa ocorre conforme o planejado, por razões que envolvem, por exemplo, algumas das variáveis mais imprevisíveis e complexas na organização e na sociedade em geral: as pessoas. Nos momentos de **crise**, a chamada Sociologia da Administração (aplicação de princípios e teorias sociológicas na Administração) nos ajuda a compreender o possível **estilo de liderança.** O mais famoso deles foi formulado pelo sociólogo estadunidense Rensis **Likert**[40], e que o/a magistrado/a pode assumir em relação à gestão de pessoas. Vejamos alguns deles no **Quadro 8**:

ESTILO	SENTIMENTO DOS/AS LÍDERES EM RELAÇÃO A LIDERADOS/AS	SENTIMENTO DOS/ AS LIDERADOS/AS EM RELAÇÃO AOS/ AS LÍDERES	FLUXO DE INFORMAÇÕES
Autoritário-coercitivo/explorador	Absoluta falta de confiança	Não livres	Verticalizado (cima-baixo)
Autoritário-benevolente	Confiança condescendente	Não livres	Verticalizado (cima-baixo e baixo-cima)
Consultivo	Considerável confiança	Relativamente à vontade	Verticalizado (cima-baixo e baixo-cima)
Democrático	Total confiança	Totalmente à vontade	Verticalizado e horizontalizado

QUADRO 8. Estilos de liderança.

Em relação a esses estilos de liderança, o ideal é que o/a juiz/a-gestor/a saiba mesclá-los conforme a situação[41]. Realizando um esforço conceptual, podemos dizer que aquilo que um pensador florentino chamava de *virtù* e *fortuna*[42] se apresenta diante do/a magistrado/a praticamente todo dia, no sentido de ele/a ser capaz de tomar decisões, mesmo sabendo que parte dos resultados não dependerá apenas dele/a, mas também de configurações e variáveis – políticas, sociais, culturais, econômicas, ambientais etc. – endógenas e exógenas a seu gabinete, tribunal ou sociedade de que faz parte. Por exemplo, em um momento de crise, que saiba ouvir democraticamente seus liderados e, mantendo uma confiança condescendente, assuma a responsabilidade de tomar a decisão para sanar o problema.

---

40 Embora Brito (2010, p. 15) siga *ipsis litteris* Chiavenato (2010, p. 441-442) sobre os estilos de liderança de Likert, optamos aqui por mesclar a terminologia deles com as de Kippenberger (2002, p. 88), que consideramos ser os mais fiéis à ideia original de Likert, ao retratar tais estilos em um espectro que vai do *autoritário* ao *democrático*. Portanto, naquilo que Brito e Chiavenato chamam de "participativo", seguimos Kippenberger e chamamos de "democrático". Em todo o caso, para uma crítica ao próprio tipo ideal proposto por Likert, ver Kippenberger (2002, p. 88).

41 BRITO, 2010, p. 15-16.

42 MAQUIAVEL, Nicolau. **O príncipe** [com as Notas de Napoleão Bonaparte]. Tradução: José Cretella Jr. e Agnes Cretella. São Paulo: Revista dos Tribunais, 1996.

A seguir, saímos do nível de análise microssociológico – servidores/as e magistrados/as – para o macro, tendo como cerne as relações dentre de uma sociedade e seus impactos na seara jurídica. Antes, porém, ao findar esta primeira parte, deixamos uma questão de concurso para que você possa responder à luz do que foi dito até agora sobre Sociologia e Sociologia do Direito.

JÁ CAIU EM PROVA!

(Juiz Federal Substituto, TRF1, 2011, Prova Oral)

"Filosofia, Sociologia, Psicologia e Teoria Geral - Qual a razão desta introdução no concurso para a magistratura?"

Comentários: O direcionamento desta resposta deve seguir no sentido de amplificar a visão e o escopo de atuação do/a magistrado/a, ou seja, demonstrar como ele ou ela deve entender o direito como um fato social e que, portanto, seus fenômenos, causas e efeitos estão concatenados a outros fenômenos socialmente explicáveis. É entender, pois, a vida em sociedade para além das relações eminentemente jurídicas, mas também levando em conta aspectos sociais "encobertos" por outros processos, agentes e estruturas. A isto, por exemplo, Wright Mills chama de imaginação sociológica, i.e., olhar para além do quadro que se apresenta e buscar entender as melhores formas de compreendê-lo, e, no caso da magistratura, de transformá-lo, materializando, assim, a justiça social. Logo, uma das principais razões para a introdução da Sociologia no concurso para a magistratura é dotar de significância social o conceito e o sentido do direito.

Capítulo 2

RELAÇÕES SOCIAIS E RELAÇÕES JURÍDICAS. CONTROLE SOCIAL E O DIREITO. TRANSFORMAÇÕES SOCIAIS E DIREITO

SUMÁRIO: 2.1. RELAÇÕES SOCIAIS E RELAÇÕES JURÍDICAS; **2.2.** CONTROLE SOCIAL E O DIREITO; **2.3.** TRANSFORMAÇÕES SOCIAIS E DIREITO.

Ao amalgamar as relações sociais e jurídicas em um mesmo tópico, a Resolução n. 75 do CNJ na verdade reafirma a importância de abordar a intrínseca afinidade entre Ciências Sociais e Ciências Jurídicas, resumida pelo famoso aforismo de Eneu Domício **Ulpiano** (170-228 d.C.): "*Ubi societas, ibi jus*"[1] – onde está a sociedade, está também o direito –, ou da máxima grega de que "[a] justiça é a base da sociedade"[2].

Ao lembrarmos a definição amplificada de Sociologia, vista na apresentação deste capítulo, perceberemos que a administração judiciária enquanto instituição política – e, portanto, artificial – parte do mundo social para o jurídico, e não o contrário. Alinhando-se a tal pensamento, **Aristóteles** (384-322 a.C.) afirma que o ser humano é "[...]naturalmente um **animal político** [(*zoon politikon*)], destinado a viver em sociedade[...]", sob uma *pólis*, uma cidade, formada por instituições artificiais que lhe deem segurança social e jurídica. De nada adianta possuir uma base societal, "[...]como componente da realidade social[...]"[3], se a mesma não está assentada em fundamentos firmes de coesão social e identidade nacional.

1 Cf. LÉVY-BRUHL, 2000, p. 20; REALE, Miguel. **Teoria do Direito e do Estado**. 5. ed. rev. São Paulo: Saraiva, 2000. p. 132.

2 ARISTÓTELES. **A política**. Tradução: Nestor Silveira. São Paulo: Folha de S. Paulo, 2010. (Livros que mudaram o mundo, 11). p. 13.

3 HABERMAS, Jürgen. **Direito e democracia**: entre facticidade e validade. Tradução: Flávio Beno Siebeneichler. Rio de Janeiro: Tempo Brasileiro, 1997. v. 1. (Biblioteca tempo universitário, 101). p. 66.

Perceba, leitor/a, que teoria e prática devem andar juntas – práxis – ao responder as provas escrita e oral para a magistratura. Quanto a isso, sugerimos a análise de discursos de magistrados/as, sobretudo das cortes e regiões a que o certame se destina, levando também em conta aqueles/as influentes dos Tribunais Superiores e do Supremo. Nesse sentido, vejamos como a ministra Cármen Lúcia concatena a Teoria Social ao papel do STF: "[n]inguém vai decidir segundo o que o povo quer. O papel do Supremo é ser a força contramajoritária porque direito é razão na relação da **pólis**. Relação, portanto, **político-social**"[4].

Acerca dos fundamentos do Direito, o brasileiro **Miguel Reale**[5] analisa o pensamento de distintos juristas, perpassando pela relação entre fato (social) e norma (jurídica), os quais, a depender do contexto histórico, ora se encontram afastados, ora se aproximam, ora se confundem. Para chegar à correlação que ele propõe entre **fato, valor e norma**, assinala distintas percepções acerca do direito, dentre outras, a de fato histórico ou social.

Reale resgata o pensamento aristotélico e passeia pela concepção de distintos autores clássicos, para chegar ao conceito de Direito e à concepção ou ideia de justiça. Resgata, no particular, a doutrina de **Kant**, a qual consigna que "[...]o fundamento do Direito não é o comando de uma autoridade superior", mas, em verdade, um imperativo da razão prática que se pauta por voluntarismo puramente racional, e não no plano teleológico (finalidade do Direito) ou empírico (construção da normatividade, por exemplo, a partir das forças sociais em cada agregado social).[6]

Ao perquirir o **Direito como fato histórico ou social**, Reale aborda a escola histórica e o pensamento de Durkheim e Leon **Duguit**, para tratar da relação dos/as juristas com a realidade histórico-social, naquilo que epiteta "sociologismo". Critica também a opinião daqueles que não distinguem claramente o objeto da Ciência do Direito e o da Sociologia do Direito. Dispõe, assim, que o desígnio daquela é de natureza normativa e que o Direito é sempre imperativo, ao passo que o objeto desta é o substrato social dos institutos jurídicos, bem como o Direito em si, ainda que não expresso em norma.[7]

---

4 CHEREM, Carlos Eduardo. O povo não está satisfeito, nem eu, diz Cármen Lúcia sobre Judiciário. **UOL Notícias**, Belo Horizonte, 7 jul. 2017. Disponível em: http://noticias.uol.com.br/politica/ultimas-noticias/2017/07/07/o-povo-nao-esta-satisfeito-nem-eu-diz-carmen-lucia-sobre-judiciario.htm. Acesso em: 20 abr. 2020.

5 REALE, Miguel. **Fundamentos do Direito**. 3. ed. São Paulo: Revista dos Tribunais, 1998. (RT textos fundamentais).

6 REALE, 1998, p. 3, 39-43.

7 REALE, 1998, p. 83-89.

Ao analisar o **Direito como norma pura**, Reale aborda a teoria de Hans **Kelsen**, que separa o domínio do *ser* e do *dever ser*, definindo o Direito como um sistema escalonado de normas jurídicas, o que a torna irrelevante possuir ou não eficácia nas relações sociais. Ainda para o autor, contudo, o pensamento de Kelsen apresenta a contradição de a *norma hipotética fundamental* se basear em um fato – o estabelecimento de uma norma fundamental pelo poder constituinte –, fazendo com que toda ordem jurídica decorra desse fato. Logo, a normatividade acaba por resultar "[...]de um valor ideal pelo qual damos sentido aos fatos e explicamos a imperatividade das normas", de modo que Kelsen fundamenta a positividade em uma ideia de *valor*.[8]

Dito isso, ele passa a defender a **relação tridimensional que sustenta o direito**, cuja base é composta por fato (sociológico), valor (ético) e norma (positivo), conforme exposto na **Figura 4**. De tal forma, defende que "[o] Direito, como fenômeno, em verdade, só pode ser compreendido como síntese de *ser* e *dever ser*", com substrato sociológico e forma técnico-jurídica.[9]

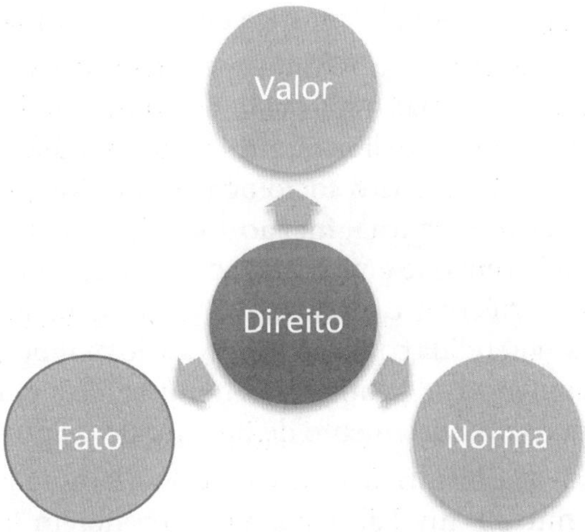

FIGURA 4. Teoria tridimensional do Direito.

Recente concurso para a Defensoria Pública da União (DPU/CESPE/2016) questionou o seguinte sobre "normas jurídicas e suas relações com os sistemas sociais": "conforme a teoria tridimensional do direito, formulada por Miguel Reale, onde quer que haja um fenômeno jurídico, há, necessaria-

8 REALE, 1998, p. 135-172.

9 REALE, 1998, p. 302.

mente, um fato subjacente, um valor e uma regra ou **norma**, e tais elementos coexistem em uma implicação dinâmica". Como acabamos de ver, o que se afirma nessa questão está correto.

Do ponto de vista sociológico, portanto, assumimos o direito – objeto de estudo precípuo do Direito – enquanto um fenômeno social[10]. Como tal, reflete normas e condutas que são – ao contrário do que prega a abordagem positivista – dinâmicas, mutáveis, não lineares e aperfeiçoáveis ao contexto social, da mesma forma que suas sociedades.

2.1. RELAÇÕES SOCIAIS E RELAÇÕES JURÍDICAS

Em determinados momentos, tanto as relações sociais de uma época refletem as normas jurídicas estabelecidas em tempos anteriores (a exemplo do Código de Hamurabi na Mesopotâmia), quanto as relações jurídicas apresentam as condutas sociais em constante mutação (por exemplo, os costumes, como se atesta pelas fontes do Direito Internacional elencadas no art. 38 do Estatuto da Corte Internacional de Justiça das Nações Unidas).

Nos últimos anos, parece-nos que a segunda visão tem prevalecido, no sentido de as decisões judiciais (aplicação da lei ao caso concreto) e as leis (enunciação generalizada de normas e, em grande medida, suas penalidades) não se furtarem a refletir o que o sociólogo estadunidense Charles **Wright Mills** (1916-1962) chama de **imaginação sociológica**, *i.e.*, a capacidade de pensar além do quadro em que uma sociedade é pintada, indo, portanto, além do óbvio[11]. Nessa perspectiva, o direito envolve muito mais do que ordem ou dogmática jurídica, entendida como a verificação do sentido correto ("direito") de normas cujo conteúdo se manifesta como uma ordem que pretende ser determinante para o comportamento de um círculo de pessoas[12].

Do ponto de vista histórico, o direito quase sempre buscou regular as relações sociais, tanto em nível abstrato quanto concreto[13]. Não faltam pensadores sociológicos que tenham buscado atestar essa afirmação. Vejamos, brevemente, alguns dos mais importantes, cujas ideias-chave dão nome às principais abordagens sociais.

---

10 GUERRA FILHO; CARNIO, 2016, p. 237-239; LÉVY-BRUHL, 2000, p. 20; SANTOS, 1986, p. 12, 14.

11 GIDDENS, 2012, p. 19; MILLS, C. Wright **A imaginação sociológica**. 6. ed. Tradução: Waltensir Dutra. Rio de Janeiro: Zahar Editores, 1982. (Biblioteca de ciências sociais).

12 WEBER, 2015, p. 210.

13 GUERRA FILHO; CARNIO, 2016, p. 237.

Comecemos por Auguste **Comte** que, além de cunhar o termo "Sociologia"[14], foi influenciado pela revolucionária física newtoniana[15], com o intuito de aplicar os mesmos métodos das ciências naturais nas ciências sociais. O problema é que a lógica indutiva utilizada para observar os fenômenos da natureza não se aplica aos "fenômenos" sociais, como desejava o pensador francês[16], haja vista que, como já inferimos na subseção 1.4, analisar pessoas é algo muito complexo. Mesmo assim, Comte continuou com sua ideia de **Positivismo**, *i.e.*, de buscar a ordem e o progresso sociais por meio da análise de entidades observáveis e da experiência direta (empirismo). As leis positivas (ou melhor, *a lei universal do Positivismo*, como defendia) teriam, então, o condão de moldar indivíduos e sociedades em praticamente todas as suas relações sociais, espirituais e religiosas. Assim, Comte cria sua famosa **lei dos três estados** sucessivos pelos quais passam todas as sociedades: teológico (divindades para explicar o mundo), metafísico (explicações abstratas da realidade social) e positivo (a ciência ilumina tudo e todos)[17].

VOCÊ SABIA?

O lema da bandeira brasileira, "ordem e progresso", é uma influência dos positivistas brasileiros que participaram da Proclamação da República em 1891.[18]

Ao contrário de Comte, o prussiano Karl **Marx** (1818-1883) – escrevendo, em muitas ocasiões, ao lado de seu conterrâneo Friedrich **Engels** – concebeu a sociedade não como linear nem ordeira, e sim propensa ao **conflito**, na chamada **luta de classes**, tendo, de um lado, a **burguesia** detentora dos meios de produção, **capital** e direito liberal – e, portanto, dos meios do poder de legislar – e, do outro, o **proletariado** com sua mão de obra barata e altamente explorada pelos burgueses.[19] Nesse viés, o marxismo se torna sinônimo de **sociologia da luta de classes** ou **sociologia dos conflitos**[20]. Esse sistema

14 GIDDENS, 2012, p. 23.

15 Cf. COMTE, 1978a, p. 7, 19.

16 Cf. COMTE, 1978a, p. 33.

17 COMTE, Auguste. Discurso preliminar sobre o conjunto do Positivismo. In: GIANNOTTI, José Arthur (Org.). **Auguste Comte**. Tradução: José A. Giannotti e Miguel Lemos. São Paulo: Abril Cultural, 1978. p. 228-266. (Os pensadores). p. 261.

18 GIANNOTTI, José Arthur. Comte: vida e obra. In: CIVITA, Victor (Ed.). **Comte**. Tradução: José Arthur Giannotti e Miguel Lemos. São Paulo: Abril Cultural, 1978. p. V-XVIII. (Os pensadores). p. XVIII.

19 MARX, Karl; ENGELS, Friedrich. **Manifesto do Partido Comunista**. Estudos Avançados, São Paulo, USP, v. 12, n. 34, set.-dez. 1998.

20 LOPES, 2012, p. 2.

capitalista, que refletia sobremaneira os problemas econômicos e sociais da Revolução Industrial na Europa, não deixava outra solução para os proletários senão sua união, para, mediante uma **mudança social** profunda (revolução), tomar o poder do Estado e superar o sistema vigente (Capitalismo), implantando, assim, o **Comunismo**[21], ou seja, a "[...]vitória do Trabalho sobre o Capital"[22]. Marx defendia que, caso a **ditadura do proletariado** não fosse estabelecida, a "exploração do homem pelo homem" continuaria a viger, em que pese o principal fator-valor do trabalhador, seu **trabalho**, tornar-se cada vez mais abusado para a geração do lucro burguês ("o capital"), melhor visto no conceito-chave de **mais-valia** (valor final de um produto subtraído o saldo do valor da matéria prima e somado o valor real do trabalho empregado nela).[23] Em uma **abordagem marxista ou "conflitivista"**, podemos afirmar que as relações jurídicas, estabelecidas por esse direito – liberal e burguês –, **alienam** a grande maioria da população – proletários –, sendo o Estado nada mais que "[...]a forma na qual os indivíduos de uma classe dominante fazem valer seus interesses comuns e que sintetiza a sociedade civil inteira de uma época"[24].

JÁ CAIU EM PROVA!

(Juiz do Trabalho, TRT-15, 2013)

"Assinale a alternativa incorreta:

a) a valorização do trabalho humano constitui o vetor de toda a legislação internacional do trabalho;

b) o respeito aos princípios relativos aos direitos fundamentais do trabalho constitui compromisso assumido pelos Estados Membros da OIT, ainda que estes não tenham ratificado as convenções que foram reconhecidas pela organização;

c) a mercantilização do trabalho constitui conceito de inspiração marxista e, portanto, não é alvo de preocupação da OIT;

d) a OIT possui declaração de princípios que devem nortear a atuação de empresas multinacionais nos diversos países onde ofereçam empregos;

e) a OIT possui declaração sobre justiça social para uma globalização equitativa, na qual foram reafirmados os princípios constantes da sua Constituição, de 1919, e da declaração da Filadélfia, em 1944."

Gabarito: C.

---

21 CHEVALIER, Jean-Jacques. **As grandes obras políticas de Maquiavel a nossos dias**. 3. ed. Tradução: Lydia Christina. Brasília, DF: UnB; Rio de Janeiro: Agir, 1982. (Pensamento político, 55). p. 277-312; GIDDENS, 2012, p. 26-28; LOPES, 2012, p. 2; MARX; ENGELS, 1998.

22 LENIN, Vladimir. **As três fontes**. São Paulo: Expressão Popular, 2001. p. 68.

23 LENIN, 2001, p. 67.

24 MARX, Karl; ENGELS, Friedrich. **A ideologia alemã**. Tradução: Rubens Enderle, Nélio Schneider e Luciano Cavini Martorano. São Paulo: Boitempo, 2007. p. 76. Cf. LENIN, 2001, p. 69.

Comentário: Não se precisa conhecer a legislação da Organização Internacional do Trabalho (OIT) para ver que a alternativa C está incorreta, haja vista que Marx combateu o conceito de mercantilização do trabalho, e não o inspirou, conforme se afirma no quesito. Marx foi ainda mais além dessa ideia, com seu "Manifesto Comunista" e buscou demonstrar como essa mercantilização **alienava** o proletário, no sentido de que tanto seu corpo quanto sua mente, quando explorados pelo burguês, já não lhe pertenciam mais, em uma relação trabalhista inerentemente desigual, contraditória e conflituosa. Ademais, a letra "a" do item "I" do Anexo da Constituição da OIT afirma que "o trabalho não é uma mercadoria".

Por sua vez, o francês Émile **Durkheim** (1858-1917), influenciado por seu conterrâneo Comte[25], buscou cientificamente sistematizar a Sociologia como a ciência que estuda os **fatos sociais**, ou seja, as formas de agir, pensar e sentir, que são, ao mesmo tempo, exteriores, autônomas e coercitivas ao indivíduo. Para ele, a primeira e principal regra do método sociológico é considerar os fatos sociais como coisas. Logo, essa *coisificação dos fatos sociais* possibilitaria conhecer suas causas, a exemplo do que acontece em seus estudos sobre educação e, principalmente, **suicídio**. Pensemos: uma das formas mais precisas para se conhecer as motivações de alguém é entrevistando-o. Porém, com o suicídio temos um grande problema inerentemente metodológico. Assim, o método encontrado por Durkheim foi analisar sociologicamente as variáveis independentes/explicativas para tal ato, que, em certa medida, relacionam-se à própria sociedade a que o/a suicida fazia parte, ou seja, a outros fatos sociais. Portanto, fatos sociais intangíveis – porém observáveis, como religiões, crises econômicas, suicídios e relações jurídicas – são potenciais fatores explicativos para se compreender como agem/pensam indivíduos e como se formam sociedades. Nesse viés, as leis escritas – bem como os textos religiosos – são formas da mais alta expressão dos fatos sociais.[26] É nesse viés que a Sociologia do Direito classifica o direito como um fato social, e, como tal, passível de ser explicado por outros fatos igualmente sociais, a exemplo da cultura, da economia e da religião.

25 Vide tal influência em Durkheim (2007, p. XXXIII, 148).

26 DURKHEIM, Émile. **O suicídio**: estudo de sociologia. Tradução: Monica Stahel. São Paulo: Martins Fontes, 2000. (Tópicos); 2007, p. 3, 13, 15, 148-149; 2011, p. 48; GIDDENS, 2012, p. 25; LOPES, 2012, p. 4.

JÁ CAIU EM PROVA!

(Juiz Federal Substituto, TRF1, 2011, Prova Oral)

"Como Durkheim conceitua o fato social?"

Comentário: Como vimos, para o sociólogo francês Durkheim, fato social é uma forma de agir, pensar e sentir, que, em relação ao indíviduo, é acumulativamente:

(i) *exterior*: hábitos culturais e tradicionais que permeiam a sociedade, como falar português, referendar pessoas ou livros sagrados e seguir leis tributárias.

(ii) *autônoma*; por mais que se lute contra – ou, mesmo, se tente acabar com – essa forma de agir/pensar/sentir, ela continua a existir: por exemplo, pode-se atualizar as regras formais da Língua Portuguesa, mas o idioma continuará sendo uma forma de as pessoas se expressarem; pode-se criar uma nova lei trabalhista em substituição à outra já defasada, mas o direito continuará influenciando a forma com que os indivíduos agem, pensam e sentem; pode-se tentar acabar com uma determinada seita monoteísta, por meio de uma lei, mas a religião continuaria a ter sua função social na sociedade; e

(ii) *coercitiva*: de alguma maneira – física ou psicológica – o fato social exerce influência na pessoa, a ponto de fazê-la agir, pensar ou sentir contra, muitas vezes, suas próprias vontades.

Certamente, uma resposta eminentemente sociológica do que é fato social não satisfaria completamente a banca examinadora; o interessante é conseguir também relacionar esse conceito à área do Direito, conforme os exemplos acima.

Outro grande pensador que achamos interessante destacar aqui e que traz grandes contribuições à Sociologia do Direito é Max **Weber**, que, dentre os pensadores sociólogos clássicos, foi o único a romper com pressupostos evolucionistas e conceber a modernização da antiga sociedade europeia como produto de um processo de racionalização histórico-universal.[27]

Assim como a obra de Comte tem reverberação na de Durkheim, Weber é influenciado por Marx[28], mas, ao contrário de seu predecessor, o foco das explicações sociais não vem apenas da economia – ou do chamado *materialismo histórico* marxista –, mas também de **ideias e valores** que moldam a **ação social**.[29] Assim, para compreender o mundo social – ou "cultural", como preferia chamá-lo –, Weber cria o conceito de **tipo ideal**, um construto abstrato utilizado

27 HABERMAS, 1984, p. 142.

28 Cf. WEBER, Max. **A 'objetividade' do conhecimento nas Ciências Sociais**. Tradução: Gabriel Cohn. São Paulo: Ática, 2006. (Ensaios comentados). p. 92; ______. **Metodologia das Ciências Sociais**. 5. ed. Tradução: Augustin Wernet. São Paulo: Cortez; Campinas: Editora Unicamp, 2016.

29 GIDDENS, 2012, p. 28. Weber (2015, p. 3, grifo do autor) define ação social como um ato que "[...] se refere ao comportamento de *outros*[...]".

como ferramenta auxiliar (meio) para se chegar a um determinado conhecimento específico em sua significação (fim).[30] Como ele mesmo ensina, o tipo ideal, central em sua doutrina racionalista, não pode ser confundido com uma hipótese ou exposição, e sim com uma *utopia*, já que não encontra exemplos empíricos na realidade. O tipo ideal é, portanto, a forma pura de um fenômeno ou acontecimento social a que desejamos atribuir uma **significação cultural** – podemos geralmente concebê-los por meio dos *ismos*, tais quais capitalismo, cristianismo e desenvolvimentismo, bem como em termos como sociedade, burocracia e lei – e consequentemente compará-los com o caso concreto.[31] Para o pensador alemão, as relações sociais, sobretudo aquelas impactadas pelo **capitalismo industrial**, não estão desassociadas de outras relações, inclusive jurídicas. Exemplo disso é quando ele versa acerca do desenvolvimento das relações sociais na questão da liberdade de contrato: enquanto tipos ideais, elas não existem empiricamente – ou "materialmente", em termos jurídicos –, ainda que a lei tente criar as condições lógicas para suas ocorrências:

> O direito formal de um trabalhador, de fechar um contrato de trabalho de conteúdo qualquer com qualquer empresário, não significa praticamente, para quem procura um emprego, a menor liberdade de fixar as próprias condições de trabalho e não lhe garante nenhuma influência sobre elas. Resultam deste direito a possibilidade, para a parte mais poderosa no mercado, neste caso geralmente o empresário, de fixar essas condições à sua discrição, de oferecê-las àquele que procura um emprego, para este aceitá-las ou rejeitá-las, e – já que a urgência econômica do emprego costuma ser mais forte por parte do solicitante – de impô-las ao último. *O resultado da liberdade de contrato é*, portanto, *a criação da possibilidade de usar a propriedade de bens*, mediante a hábil aplicação dela no mercado, *como meio para adquirir, sem encontrar barreiras jurídicas, poder sobre outras pessoas.*[32]

JÁ CAIU EM PROVA!

(Juiz Substituto, TJ/SP, 2015, Prova Escrita)

"O profissional do Direito, ao construir soluções para os casos, tem um dever analítico. Não bastam boas intenções, não basta intuição, não basta invocar ou elogiar princípios; é preciso respeitar o espaço de cada instituição, comparar normas e opções, estudar causas e consequências, ponderar as vantagens e desvantagens. Do contrário viveremos no mundo da arbitrariedade, não do Direito.

30 LOPES, 2012, p. 8; WEBER, 2006, p. 76-77; 2015, p. 4.

31 LOPES, 2012, p. 8; WEBER, 2006, p. 72-73, 76-77.

32 WEBER, 2004, p. 65, grifo nosso.

A partir do trecho citado, disserte sobre a proposição nele contida, abordando os seguintes pontos:

[...]

c) a relação que a solução baseada exclusivamente em princípios com os tipos de racionalidade jurídica expostos por Max Weber"

Comentário: Convidamos o candidato a ler novamente a citação de Weber, acima, para observar como a conexão entre relações jurídicas e relações sociais de que versa o autor se mostra bastante atual, haja vista, por exemplo, os recentes debates acerca das leis brasileiras sobre terceirização, e na esteira da Lei n. 13.429/2017, e da chamada reforma trabalhista.

Lévy-Bruhl é outro pensador com forte impacto nos estudos sociojurídicos. Em sua clássica definição sociológica de direito[33], já vista mais acima, o francês destaca que um dos elementos imprescindíveis para o direito é o fato de as normas jurídicas serem produzidas não por conta do mero acaso, mas, sim, de forma direcionada, por um determinado grupo social a que o indivíduo pertence. Para o autor, "[...]as normas jurídicas expressam a maneira pela qual esse grupo entende [que] devam ser estabelecidas as relações sociais"[34].

Como podemos captar, um dos papeis fundamentais da Sociologia do Direito consiste em estudar como as relações jurídicas podem conduzir as sociais; em outras palavras: como se dá a relação entre **controle social** e direito.

VOCÊ SABIA?

Marx, Durkheim e Weber são conhecidos como *os três porquinhos da Sociologia*, pois suas obras devem ser apresentadas em qualquer curso ou disciplina da área, como Sociologia do Direito. Nos concursos públicos jurídicos também podemos notar tal importância, mediante uma rápida busca por seus nomes em *sites* de questões.

2.2. CONTROLE SOCIAL E O DIREITO

Aqui, cabe alertar que o termo "controle social" possui dois sentidos. O primeiro deles diz respeito aos mecanismos – no caso, aqueles previstos em lei – por meio dos quais a **sociedade controla o Estado**. Já o segundo, ao **controle exercido pelo Estado sobre a sociedade**.

Podemos inferir que, por um lado, o primeiro sentido é mais procedimental e diz respeito mais ao Direito Constitucional e/ou à Teoria Geral do Direito e

33 LÉVY-BRUHL, 2000, p. 20.

34 LÉVY-BRUHL, 2000, p. 40.

da Política. É o que ocorre, por exemplo, com a teoria participativa da democracia, proposta por Carole Pateman[35], e com o estudo sobre os mecanismos de participação popular direta nos assuntos públicos previstos nos incisos I a III do art. 14 da CF[36] e que, vale salientar, sequer foram aproveitados após as manifestações de junho de 2013 no Brasil[37]. Atualmente, outros mecanismos de controle social têm despertado, cada vez mais, o interesse social, a exemplo do orçamento participativo e das ouvidorias públicas. Vejamos um exemplo desse primeiro sentido de controle social, cobrado em concurso público para o TJPR:

JÁ CAIU EM PROVA!

(Assistente Social, TJPR, 2013, com adaptações)

"[...] No que concerne ao controle social, identifique como verdadeiras (V) ou falsas (F) as seguintes afirmativas:

( ) O controle social da sociedade civil sobre o Estado pode ser exercido sob duas perspectivas distintas, uma de natureza técnica e outra de natureza política.

( ) O controle social como processo político pressupõe governantes democráticos, que estabeleçam canais de participação com a sociedade, o que ocorre tradicionalmente no Brasil.

( ) A dimensão técnica do controle social se refere a um conjunto de saberes, competências e habilidades para o exercício da fiscalização sobre as ações governamentais.

Assinale a alternativa que apresenta a sequência correta, de cima para baixo.

a) V – F – V.

b) F – V – V.

c) V – F – F.

d) F – V – F."

Gabarito: A.

Comentário: O item "b" está errado porque os canais de participação democrática da sociedade brasileira começaram a ser sistematicamente implementados apenas nos últimos anos, e não "tradicionalmente".

Já o segundo sentido de controle social, por outro lado, é mais de cunho investigativo sociológico – e antropológico – e pode ser levado a cabo nos estudos tanto das formas objetivas/diretas quanto subjetivas/indiretas por que age o Estado, inclusive mediante normas legais.

35 PATEMAN, Carole. **Participação e teoria democrática**. Tradução: Luiz Paulo Rouanet. Rio de Janeiro: Paz e Terra, 1992.

36 BRASIL, 1988.

37 NOGUEIRA, 2013, p. 25.

Vejamos, abaixo, como esse tema já foi cobrado em uma questão de prova oral para a magistratura federal. Em seguida, analisamos como a Sociologia do Direito lida com a punição e o controle legal e seus aspectos punitivos de coerção (cognitivos, subjetivos, psicológicos, morais) e coação (físicos, violentos, aplicação da lei/*law enforcement*), diferenciando-os de coesão social.

JÁ CAIU EM PROVA!

(Juiz Federal, TRF1, 2011, Prova Oral)

"Qual a diferença entre coerção e coação?"

Comentários: Como se vê detalhadamente mais abaixo, do ponto de vista sociológico, coerção é o poder/capacidade psicológica de alguém adotar ou não determinada conduta, sob pena/medo de sanção; já a coação, a partir do conceito clássico de Max Weber, diz respeito às diferentes formas de aplicar o monopólio do uso legítimo da força física (violência), dentro de um determinado território, por pessoa – jurídica ou física – que detenha tal legitimidade. A Sociologia do Direito, por exemplo, interessa-se por buscar entender por que um dado efeito coercitivo impacta mais uma pessoa ou grupo do que outros ou por que e a determinada norma carece de efeitos coercitivos.

É interessante notar a existência de um elemento que une os pensadores clássicos de que falamos mais acima: a coerção, produtora do efeito *erga omnes* do ato jurídico. Posto de forma diferente: reside na capacidade coercitiva (explícita/objetiva e implícita/subjetiva) das leis – vistas desse ângulo enquanto emanações do poder público – a maior propensão de alguém fazer ou deixar de fazer algo.

O pensador alemão Karl Marx afirma que o direito, a exemplo do Estado, constitui "[...]um poder tradicional na sociedade aparente e autônoma em relação aos indivíduos[...] que, em última instância, só se pode quebrar por uma revolução"[38]. Assim, nessa perspectiva, ao invés de refletir a vontade livre da coletividade, o direito é reduzido a um conjunto de leis imposto por uma classe dominante que busca sempre o controle social, sobretudo por meio da regulamentação da propriedade privada e do trabalho[39].

Como vimos na subseção 2.1, o fato social durkheimiano desponta como uma tentativa objetiva de decifrar o mundo social/subjetivo. Nesse viés, o direito, entendido aí enquanto conjunto positivado de normas coletivas, atuaria na sociedade como importante mantenedor da **coesão social**. Logo, Durkheim dedicou grande parte de sua obra a compreender o que mantém

38 MARX; ENGELS, 2007, p. 69.

39 MARX; ENGELS, 2007, p. 76, 196, 205.

uma sociedade coesa. Uma dessas tentativas de resposta foi aquilo que chamou de **solidariedade**, cujo cerne gira em torno dos valores morais e da divisão do trabalho social que caracterizam uma sociedade[40].

Na abordagem funcionalista de Durkheim, praticamente inexiste conflito entre agente (indivíduo) e estrutura (sociedade).[41] Ainda sobre a divisão do trabalho social, melhor observada por meio da especialização e da formação profissionalizante, o sociólogo francês afirma que, embora não exclua uma certa base comum, ela leva a uma oscilação das funções orgânicas da sociedade, sem a qual a coesão social estaria comprometida, pressupondo o respeito às particularidades, e não sua total homogeneização, afinal "[e]speramos da vida outra coisa além do funcionamento mais ou menos normal de nossos órgãos"[42]. Ao analisar a nova sociedade capitalista que emerge a partir da Revolução Industrial, Durkheim percebe que aquilo que a mantém coesa também se modifica[43]; porém, o elemento que a une ainda é o mesmo: a possibilidade sempre latente da coerção.

Em sentido pareio a Durkheim, Weber apregoa que a forma mais importante de regulamentação normativa é o direito[44], embora privilegie ainda mais os símbolos e valores – daí seu conjunto de estudos sistemáticos sobre a sociedade ser conhecido como sociologia da ação social-compreensiva-interpretativa-explicativa[45].

Ademais, Weber[46] reconhece que os meios coercivos do Estado – em que pese a coerção jurídica ser uma de suas espécies – podem ser físicos ou psíquicos, definindo o direito como a probabilidade de aplicação da coerção. Além disso, Weber[47] define o Estado em relação não a seus diversos fins, mas, sim, justamente a seus meios coercitivos, pois é o único ator autorizado legalmente a utilizar a força/violência quando necessário, dentro de seu território – órgãos de segurança privada podem utilizar a força mediante autorização estatal.

Um dos principais problemas sociológicos que Weber se predispôs a analisar é a questão da **dominação**, ou seja, compreender os motivos mínimos

40 DURKHEIM, Émile. **Da divisão do trabalho social**. 2. ed. Tradução: Eduardo Brandão. São Paulo: Martins Fontes, 1999.

41 LOPES, 2012, p. 6.

42 DURKHEIM, 2011, p. 44-45, grifo nosso.

43 LOPES, 2012, p. 5.

44 WEBER, 2006, p. 37.

45 LOPES, 2012, p. 8.

46 WEBER, 2015, p. 210.

47 WEBER, 1967, p. 56; 2015, p. 211.

pelos quais alguém obedece a algo (seja uma norma legal, seja um costume) ou a outrem (rei, revolucionário ou político). Aos interesses materiais e afetivos, Weber aglutinou também um terceiro fator: a crença na **legitimidade**. Assim, ele categorizou **três tipos puros de dominação legítima**, a saber:

- Tradicional: baseia-se na crença da santidade das tradições, ou, como epiteta Weber, no "ontem eterno";
- Carismática: com base na veneração do/a santo/a, herói/heroína ou líder exemplar;
- Racional-legal: cujas bases de dominação são os estatutos e o direito de mando sobre os nomeados.[48]

Agora, retomemos a concepção sociológica e tripartite de Direito, feita por Lévy-Bruhl, *in verbis*: "[...]conjunto das normas obrigatórias que determinam as relações sociais impostas a todo momento pelo grupo ao qual se pertence". Ora, não são quaisquer normas que compõem o cerne do direito, mas, sim, aquelas que conseguem emanar a noção de obrigação, a qual, diga-se de passagem, é "[...]elemento fundamental do direito".[49]

O que pretendemos demonstrar aqui é como o direito foi concebido, por muitos anos e sob muitos enfoques, como um grande mecanismo de controle social. Há vários exemplos históricos, mas fiquemos com os seguintes: a clássica noção hobbesiana do soberano absolutista, exposto na metáfora do Leviatã[50], ou na famosa expressão "o Estado sou eu" do rei francês Luís XIV[51]. Nos últimos 100 anos – especialmente no pós-Segunda Guerra Mundial –, essa visão tem dado lugar a um direito mais inclusivo e plural, principalmente quando tomado pela figura de um agente transformador da própria realidade social que o cerca. Esta última visão é mais bem vista nas próximas subseções e se mostra como um grande contraste ao que vimos nesta Subseção 2.2. Nos concursos da magistratura – bem como do Ministério Público e da Defensoria Pública –, é bem corriqueira essa passagem da imagem do direito enquanto controlador da sociedade para a da sociedade controladora do direito – e o/a juiz/juíza, por fazer parte dessa nova sociedade, também sendo agentes de transformações sociais.

---

48 LOPES, 2012, p. 8; WEBER, 1967, p. 56-57; 2015, p. 139-141.

49 LÉVY-BRUHL, 2000, p. 20.

50 HOBBES, Thomas. **Leviatã**: ou, matéria, forma e poder de um Estado eclesiástico e civil. Tradução: Heloísa da Graça Burati. São Paulo: Rideel, 2005.

51 SOËTARD, Michel. **Jean-Jacques Rousseau**. Tradução: José Eustáquio Romão e Verone Lane. Recife: Fundação Joaquim Nabuco, Editora Massangana, 2010. (Educadores MEC). p. 83.

2.3. TRANSFORMAÇÕES SOCIAIS E DIREITO

Uma vez que, "[a]o longo da nossa história, constituiu-se todo um conjunto de ideias sobre [...] o direito e o dever, a sociedade, o indivíduo etc."[52], notamos que as noções de direito e de império da lei (*rule of law*) - vistas especialmente no princípio fundamental do Estado Democrático de Direito, em nossa Carta Magna[53] – foram construídas social e gradualmente, por meio de lutas sociais que primavam por transformações sociais de cunho formal e material. Não há como discordar: a "[...]sociedade brasileira mudou em profundidade nas últimas décadas"[54].

Passamos de país autoritário para democrático, de rural para urbano, de devedor a credor internacional, de uma sociedade caracterizada pela pobreza aguda para uma da "nova classe média". Todavia, essas últimas transformações sociais não foram capazes de acabar com todos os resquícios do *ancien régime* ditatorial. Além disso, propostas de lei parecem surgir na contramão do combate à corrupção.

Como se vê, o direito tem corrido *pari passu*, e não atrás, da sociedade, refletindo – de forma positiva ou negativa – os anseios dos titulares do poder soberano, o povo. Essa visão construtivista do direito desembarca finalmente no século XXI, intensificando esse estado de coisas (state of affairs) conhecido como **globalização**.

DEFINIÇÃO DE GLOBALIZAÇÃO

Globalização é um processo no qual as sociedades estão cada vez mais interdependentes, tornando-se mais influenciadas por fatores internacionais, que transcendem as fronteiras nacionais, tais como o comércio e o meio-ambiente.[55]

Na ótica de Zygmunt **Bauman** (1925-2017), um dos mais respeitados sociólogos das últimas décadas, o processo de globalização, da forma com que tem sido levado a cabo, aparece, ao contrário do que defende sua vertente mais forte – a econômica[56] –, como uma ideia comum de universalização da

52 DURKHEIM, 2011, p. 53.

53 BRASIL, 1988.

54 NOGUEIRA, Marco Aurélio. **As ruas e a democracia**: ensaios sobre o Brasil contemporâneo. Brasília, DF: Contraponto, 2013. p. 23.

55 JOHNSON, Allan G. **Dicionário de Sociologia:** guia prático da linguagem sociológica. Tradução: Ruy Jungmann. Rio de Janeiro: Zahar, 1997. p. 117.

56 JOHNSON, 1997, p. 117.

forma capitalista de produção, perversa e excludente[57]. Para ele, "[g]lobalização significa que o Estado não tem mais o poder ou o desejo de manter uma união sólida e inabalável com a nação"[58]. Essa é também uma linha de raciocínio pertinente a muitos pensadores críticos, a exemplo do geógrafo brasileiro **Milton Santos (1926-2001)**, que concebe a globalização como uma fábula que mascara sua inerente "perversidade"[59]. Diga-se de passagem, Milton Santos já apareceu como epígrafe de questão para Analista Judiciário do Tribunal de Justiça de Santa Catarina (TJSC) em 2009.

Vejamos como essa temática da globalização foi tema em concurso para a Magistratura do Trabalho.

JÁ CAIU EM PROVA!

(Juiz do Trabalho Substituto, TRT-4, 2016)

"Considere a[...] assertiva[...] abaixo sobre a formação histórica do Direito do Trabalho.

[...]

III – A globalização da economia, cuja efetivação nos moldes atuais se dá por volta dos anos 2000, acarreta uma acentuada tendência à universalização e padronização das regras de proteção ao trabalho[...]."

Gabarito: Errada.

Comentário: Embora tenha recebido muitos recursos quanto a este item, o Tribunal Regional do Trabalho da 4ª Região (TRT-4) posicionou-se no sentido de que, como vimos em relação a Bauman, a globalização da economia *não* acarreta uma acentuada tendência à universalização e padronização das regras *de proteção* ao trabalho, e sim das dos processos de produção, notadamente marcadas pela transferência de grandes linhas de produção para países com baixo nível de capacitação e de regras protetivas.

Reforcemos nosso raciocínio novamente com Bauman: "[t]endo transferido a maior parte de suas tarefas intensivas em mão de obra e capital aos mercados globais, os Estados têm muito menos necessidade de suprimentos de fervor patriótico"[60]. Ademais, entendemos que os efeitos da globalização da economia ficam mais visíveis – e, portanto, mais passíveis de contestação – em meados dos anos 1990 (e não nos 2000), conforme foram vistos nas muitas manifestações e movimentos sociais autoproclamados "antiglobalização" ou "antineoliberais".

57 BAUMAN, Zygmunt. **Identidade**: entrevista a Benedetto Vecchi. Tradução: Carlos Alberto Medeiros. Rio de Janeiro: 2005. p. 94-95.

58 BAUMAN, 2005, p. 34.

59 SANTOS, Milton. **Por uma outra globalização**: do pensamento único à consciência universal. 6. ed. Rio de Janeiro: Record, 2001.

60 BAUMAN, 2005, p. 34.

Na mesma direção da globalização corre também o uso quase ubíquo das novas tecnologias de informação e comunicação (TIC) – cujo maior expoente é a Internet –, a ponto de podermos, até mesmo, pensá-las para além da terceira dimensão de direitos humanos, como o faz, por exemplo, o jurista brasileiro Paulo Bonavides (1925-atual).[61]

DE ACORDO COM PAULO BONAVIDES, COMO AS TECNOLOGIAS DE INFORMAÇÃO E COMUNICAÇÃO PODEM IMPACTAR O ESTADO DEMOCRÁTICO DE DIREITO?	
GERAÇÃO DE DIREITOS HUMANOS	**DESCRIÇÃO**
Quarta	Para ele, a democracia positivada só será "[m]aterialmente possível graças ao avanço da tecnologia de comunicação, e legitimamente sustentável graças à informação correta e às aberturas pluralistas do sistema".

QUADRO 9. Tecnologias de informação e comunicação e direitos humanos.

Vivemos, pois, em um momento de quebra de paradigmas, em que grande parte das transformações por que lutam grupos sociais e passam sociedades inteiras só podem ser concretizadas pela via legal, ou seja, pelo processo legislativo, cuja forma *devida* é resguardada pelo judiciário. Para exemplificar essas mudanças inerentes ao século XXI, peguemos a temática dos **movimentos sociais**, cujos estudos sociológicos no Brasil datam dos anos 1970[62].

DEFINIÇÃO DE MOVIMENTO SOCIAL
Movimento social é um grupo de pessoas que age de forma continuada e organizada (ação social coletiva) para promover ou resistir a alguma mudança social.[63]

Levando em conta tal definição, podemos incluir os movimentos em defesa dos direitos trabalhistas, de gênero, sexo, pessoas com deficiência, bem como os das "Diretas Já!" na década de 1980, do *Impeachment* de Collor no início dos anos 1990 e das manifestações antiglobalização[64] no início deste

61 BONAVIDES, Paulo. **Curso de Direito Constitucional**. 29. ed. São Paulo: Malheiros, 2014. p. 586.

62 GOHN, Maria da Glória (Org.). **Movimentos sociais no início do século XXI**: antigos e novos atores sociais. Petrópolis, RJ: Vozes, 2003. p. 7.

63 GOHN, 2003, p. 13; JOHNSON, 1997, p. 155; QUEIROZ, Francisco M. R. de; GONÇALVES, Marcos B. **Fundamentos de Sociologia**. 3. ed. Brasília, DF: [s.n.], 2008. p. 268.

64 Embora esses movimentos sociais que lutaram contra a implantação de políticas macroeconômicas neoliberais tenham ficado assim conhecidos, Bauman (2005, p. 94) defende uma

século.[65] Em todos eles, é possível identificar seus principais líderes, seus temas mais relevantes ("bandeiras") e sua institucionalização mediante **ação coletiva** organizada e continuada. Assim, temos outro conceito implícito nessa concepção sociológica de movimentos sociais que diz muito sobre este subtópico: **mudanças sociais** ou, conforme as próprias palavras da Resolução 75 do CNJ, "**transformações sociais**".

DEFINIÇÃO DE MUDANÇA SOCIAL
Mudança social é qualquer alteração nas características de um sistema social.[66]

Como vimos até aqui, as pesquisas dos "pais fundadores" da Sociologia acerca dos padrões de mudança da sociedade só começaram a surgir a partir do século XVIII. Desde então, as ciências sociais têm cuidado de abordar os diversos aspectos pelos quais transformações ocorrem em paralelo a outros subsistemas sociais, como o jurídico.

Retomemos a questão dos movimentos sociais e de sua relação com o direito. Nos últimos anos no Brasil e também alhures (como nas chamadas "Primavera Árabe" e "Revolução dos Guarda-chuvas"), movimentos sociais inovaram em sua essência e em seu *modus operandi*. Grande parte deles têm carregado elementos novos que não foram levados em conta até então pela sociologia dos movimentos sociais. É o que postula, por exemplo, o historiador José Murilo de Carvalho[67], o cientista social Marco Aurélio Nogueira[68] e o juiz Márlon Reis[69], ao destacarem as principais inovações trazidas pelas manifestações de junho de 2013 no Brasil (Movimento #VemPraRua), conforme podemos observar no **Quadro 10**.

---

discussão sobre tal termo, tendo em vista que ninguém pode ser contra um processo de unificação global, mas, sim, sua versão excludente.

65 GOHN, 2003, p. 8; QUEIROZ; GONÇALVES, 2008, p. 268-269; REIS, Márlon. **O gigante acordado**: manifestações, ficha limpa e reforma política. Rio de Janeiro: LeYa, 2013. p. 35-36.

66 JOHNSON, 1997, p. 155.

67 CARVALHO, José Murilo de. **Cidadania no Brasil**: o longo caminho. 21. ed. Rio de Janeiro: Civilização Brasileira, 2016. p. 9.

68 NOGUEIRA, 2013, p. 23.

69 REIS, 2013, p. 37-45.

O QUE HOUVE DE NOVO NO MOVIMENTO #VEMPRARUA, DE JUNHO DE 2013 NO BRASIL?	
AUTOR	**NOVIDADE**
JOSÉ MURILO DE CARVALHO	Não existiram lideranças claras, exceto no início das manifestações; não havia uma "bandeira" específica; buscaram se distanciar dos valores políticos vigentes; e foram viabilizadas pelas redes sociais *on-line*.
MARCO AURÉLIO NOGUEIRA	Movimento surpreendente; de alcance nacional; sem uma agenda muito clara; ignorou instituições tradicionais como Parlamento, partidos políticos e sindicatos.
MÁRLON REIS	Origem surpreendente e sem qualquer sinal antecedente; caráter nacional das mobilizações; sem direção e liderança de figuras oriundas de partidos políticos ou grupos sociais tradicionais; multiplicidade de pautas; e similaridades a outros movimentos sociais do século XXI.

QUADRO 10. Novidades do Movimento #VemPraRua de junho de 2013.

Os três autores analisados vinculam a viabilidade das manifestações de junho de 2013 ao grande uso da Internet, algo já identificado por Gohn, ainda em 2003, ao pintar um quadro sobre os movimentos sociais que emergiam naquele período[70]. Nogueira chega a afirmar que hoje "[o] conflito social foi reconfigurado pela digitalização da vida[...]"[71].

Evidentemente que nem sempre os movimentos sociais conseguem seu respectivo intento. A recente história brasileira já nos deixou vários exemplos disso, seja na não aprovação da PEC "Dante de Oliveira" que previa eleições diretas para Presidente da República, seja no baixo poder de agenda política do Movimento #VemPraRua[72]. No âmbito específico da magistratura brasileira, os últimos anos testemunharam o quão evidente é uma maior participação ativa – e não mais "passiva", para invocar aqui o princípio da inércia do juiz – por parte do Judiciário nos assuntos da *res publica*, ou seja, da emergência da figura de juízes e juízas transformadores/as da realidade social.

70 CARVALHO, 2016, p. 9; GOHN, 2003, p. 13; REIS, 2013, p. 41-42.

71 NOGUEIRA, 2013, p. 23.

72 NOGUEIRA, 2013, p. 24.

Capítulo 3

DIREITO, COMUNICAÇÃO SOCIAL E OPINIÃO PÚBLICA

Ao analisar os demais tópicos da Resolução n. 75 do CNJ – sobretudo 1.2, 1.3, 1.4 e 4.2 – e a seguinte afirmação da ministra do STF Cármen Lúcia, teremos uma dimensão da importância deste tema para o Judiciário brasileiro: "Nós (os juízes) temos uma incapacidade ainda de comunicação com a sociedade"[1]. Daí a necessidade de abordar não só a questão da comunicação social em si, mas também seus impactos nas atividades do Judiciário e vice-versa, em especial de seus magistrados e magistradas.

JÁ CAIU EM PROVA!

(Juiz Federal, TRF1, 2011, Prova Oral)

"Qual a perspectiva de direito e comunicação social?"

Comentário: Ao sociologicamente focar a relação entre direito, Comunicação Social e opinião pública a partir do pragmatismo do Poder Judiciário brasileiro, não encorajamos iniciar a resposta pela teoria da comunicação ou outro tema típico da Comunicação Social, uma vez que a temática vem inserida na matéria de Sociologia do Direito. Contextualize a relação da mídia e da opinião pública com a atuação do Judiciário sob o prisma, por exemplo, das exigências democráticas da atual sociedade brasileira, ou da postura educativa do/a magistrado/a frente aos impactos de um determinado julgado, ou, ainda, sobre o papel da assessoria de Comunicação Social (ASCOM) do tribunal/gabinete em subsidiar o juízo com informações precisas e objetivas para uma entrevista. É relevante tratar, ainda, das considerações constantes do acórdão do STF no julgamento da ADPF 130, com abordagem do capítulo V do Título VIII da Constituição Federal, bem como da vinculação entre comunicação social, liberdade de imprensa e democracia e seu papel no controle do Estado.

Apesar de estarem interligadas, Comunicação Social e opinião pública são conceitos distintos. Quando nos remetemos à primeira, estamos nos referindo a um campo de estudo e a uma área de atuação profissional cujo

1 CHEREM, 2017.

objeto precípuo é a transmissão da informação. Se contextualizarmos sociologicamente tal campo no século XX, iremos utilizá-lo praticamente como sinônimo de **comunicação de massa** ou, simplesmente, **mídia.**[2] Neste terceiro milênio, sua designação, no que se refere ao Poder Público, atrela-se à busca por maior transparência, accountability e controle social.

JÁ CAIU EM PROVA!

(Juiz Federal, TRF1, 2011, Prova Oral)

"Faça uma reflexão sobre a comunicação a respeito da linguagem: há quem diga [...] que não existe nada sem a linguagem, como há quem afirme que só a ideia existe, e então como fica linguagem?"

Comentário: Os atos de fala (*speech act*) e as origens da comunicação encontram bastante espaço nos estudos da Sociologia da Linguagem[3] e nas análises de discurso, como o estudo marxista sobre a ideologia[4] ou o framework proposto pela teoria da securitização, que se apoia, em grande medida, em uma abordagem construtivista da Escola de Copenhague[5]. Entrementes, sociologicamente falando, podemos imputar novamente à máxima aristotélica de animal político como o ponto de partida para discussões mais ontológicas acerca da liberdade de expressão, haja vista que "[a] comunicação é a base necessária para todas as interações sociais"[6] e que "[o] direito de se comunicar livremente conecta-se com a característica da sociabilidade, essencial ao ser humano"[7].

Por fim, há que se notar que teóricos críticos – como os da chamada Escola de Frankfurt – apontam para o fato de que mensagens direcionadas às massas não estão livres de ideologias, e que o mesmo processo empregado para a "fabricação" de noções como moda, cultura e arte também pode ser replicado para o direito – solidificando, ainda mais, a definição sociológica de direito de Lévy-Bruhl. Assim, linguagem e ideia se entrelaçam ao passar uma mensagem, seja a partir de um telejornal, seja de uma lei.

O estudo da mídia se mostra assaz pertinente também para compreender como determinadas agendas políticas são formadas – o chamado processo de "agendamento" ou "*agenda-setting*", relevante à luz da Análise de Políticas Públicas (APP). Sob esse ângulo, a cientista social Maria das Graças Rua[8] lembra que:

2 Cf. JOHNSON, 1997, p. 45.

3 BENJAMIN, Walter. **Sobre arte, técnica, linguagem e política**. Tradução: Maria Luz Moita, Maria Amélia Cruz e Manuel Alberto. Lisboa: Relógio D'Água Editores, 1992. p. 197-229.

4 MARX; ENGELS, 2007.

5 BUZAN, Barry; WÆVER, Ole; WILDE, Jaap de. **Security**: a new framework for analysis. Boulder: Lynne Rienner, 1998.

6 GIDDENS, 2012, p. 789.

7 MENDES; BRANCO, 2014, p. 264, grifo nosso.

8 RUA, Maria das Graças. **Análise de políticas públicas**: conceitos básicos. Brasília, DF: [s.n.], 1998. p. 5, grifo nosso.

> [...]não se pode ignorar o papel da mídia. Principalmente os jornais e a televisão são importantes agentes formadores de opinião, que possuem capacidade de mobilizar a ação de outros atores. Na verdade, principalmente a televisão, tem um grande poder de formar a agenda de demandas públicas, de chamar a atenção do público para problemas diversos, de mobilizar a indignação popular, enfim, de influir sobre as opiniões e valores da massa popular. É importante assinalar, ainda, que a mídia impressa e/ou eletrônica pode ser, ao mesmo tempo ou alternativamente, um ator, um recurso de poder e um canal de expressão de interesses.

A Comunicação Social é, ainda, uma variável relevante para se medir a qualidade da democracia de um país como o Brasil, a tal ponto de possuir um capítulo exclusivo em sua Constituição[9]. Nesse viés, para que a mídia possa ser efetivamente o canal de expressão de interesses de que fala Rua, ela se atrela inexoravelmente ao direito fundamental à **liberdade de imprensa**[10], a que corresponde um regime constitucional de "liberdade de informação jornalística" que proíbe qualquer forma de censura prévia, na medida em que sua plenitude funciona como "reforço ou sobretutela das liberdades de manifestação do pensamento, de informação e de expressão artística, científica, intelectual e comunicacional"[11]. Como estabeleceu o Supremo Tribunal Federal no julgamento da ADPF 130:

> A imprensa como plexo ou conjunto de "atividades" ganha a dimensão de instituição-ideia, de modo a poder influenciar cada pessoa de per se e até mesmo formar o que se convencionou chamar de opinião pública. Pelo que ela, Constituição, destinou à imprensa o direito de controlar e revelar as coisas respeitantes à vida do Estado e da própria sociedade. A imprensa como alternativa à explicação ou versão estatal de tudo que possa repercutir no seio da sociedade e como garantido espaço de irrupção do pensamento crítico em qualquer situação ou contingência.[12]

Por seu turno, a **opinião pública** é assim descrita pelo Dicionário de Sociologia[13]:

DEFINIÇÃO DE OPINIÃO PÚBLICA
Opinião pública é o agregado de uma parcela da sociedade sobre determinado tema.

9 *Vide* Capítulo V em Brasil (1988).

10 MENDES, Gilmar Ferreira; BRANCO, Paulo Gustavo Gonet. **Curso de Direito Constitucional.** 9. ed. rev. e atual. São Paulo: Saraiva, 2014. p. 263-265.

11 ADPF 130, p. 1.

12 ADPF 130, p. 3.

13 JOHNSON, 1997, p. 162.

Em voto na ADPF 130, o Ministro aposentado Carlos Ayres Britto apresenta bem a relação entre liberdade de imprensa, opinião pública e Estado. Como aponta, a imprensa representa uma modalidade de comunicação que não se volta para uma pessoa determinada, mas sim ao maior número de pessoas, ao público em geral. Em seus dizeres, com isso:

> a imprensa passa a se revestir da característica central de instânica de comunicação de massa, de sorte a poder influenciar cada pessoa de per se e até mesmo formar o que se convencionou chamar de opinião pública. Opinião pública ou modo coletivo de pensar e sentir acerca de fatos, circunstâncias, episódios, causas, temas, relações que a dinamicidade da vida faz emergir como respeitantes à coletividade mesma. Incumbindo à imprensa o direito e ao mesmo tempo o dever de sempre se postar como o olhar mais atento ou o foco mais aceso sobre o dia-a-dia do Estado e da sociedade civil. O que enseja a tomada de posições, a feitura de escolhas e a assunção de condutas igualmente massivas, que são direitos elementares de todo agrupamento humano o agir e o reagir como conjunto mesmo. Donde a imprensa, matriz por excelência de opinião pública, rivaliza com o próprio Estado nesse tipo de interação de máxima abrangência pessoal.[14]

Em paralelo à mídia impressa, vive-se a realidade da mídia digital, veiculada na rede mundial de computadores. Tendo como objeto de análise a própria mídia, e, mais especificamente, a Internet, pesquisa publicada pela Secretaria Especial de Comunicação da Presidência da República (SECOM/PR) aponta a percepção de cidadãos acerca das notícias veiculadas na rede. Ao todo, 9.307 pessoas foram indagadas sobre o nível de confiança nas notícias que circulam na Internet – conferir considerações sobre *fake news* e pós-verdade, ao final desta seção. Entre as respostas, destacamos que: 6% confiam sempre nessas notícias; 16,5% nunca confiam nelas; e 65% confiam pouco.[15] Assim, podemos afirmar, com passe nessa pesquisa, que a opinião pública brasileira tende a confiar pouco nas notícias que circulam pela Internet.

Na era da **Sociedade da Informação** – chamada igualmente de **Era da Informação** –, o compartilhamento e a difusão de conhecimento, sobretudo pela Internet, tornaram-se uma constante nos debates sociais. A opinião pública se forma não apenas a partir daquilo que é veiculado nas grandes cadeias de televisão, rádio e impressos, mas também nesse novo **fenômeno social** que são os *sites* de notícias, *blogs* e, mais recentemente, **redes sociais**.

---

14 ADPF 130, p. 23-24.

15 BRASIL. Pesquisa brasileira de mídia 2016: hábitos de consumo de mídia pela população brasileira. Brasília, DF: Secretaria Especial de Comunicação Social da Presidência da República, 2016. p. 52-53.

Torna-se, assim, inevitável o desenvolvimento de setores especializados e direcionados de comunicação social nos distintos órgãos públicos para digitalmente atingir seu público. Com o Judiciário não é diferente, tendo em mente que é prudente manter uma relação profissionalmente estreita com a mídia, a fim de poder apresentar, quando oportuno e conveniente, versões oficiais dos fatos, bem como o teor objetivo de decisões e seus impactos. Isso nada mais é do que respeitar o princípio constitucional da publicidade de que versa o *caput* do art. 37 da Constituição[16] e, ao mesmo tempo, levar à sociedade informações relevantes sobre justiça, a que ela tem, diga-se de passagem, fundamental direito.

Nessa direção, por exemplo, para além de prever ações de comunicação social e campanhas publicitárias, o CNJ, por meio da Instrução Normativa n. 53/2013, ora vigente, estabelece mídias virtuais como instrumentos de sua comunicação com o público externo, entre as quais inclui o portal do CNJ e seus direcionamentos, o facebook, o twitter, o youtube, o flickr e o canal "cnj_oficial"[17].

Nesse mesmo viés de busca por diálogo transparente com a sociedade que, em 2009, o CNJ lançou a "Política Nacional de Comunicação Social Integrada para o Poder Judiciário", por meio da Resolução n. 85/2009, cujos principais objetivos podem ser vistos no **Quadro 11**, abaixo.

DE QUE FORMA O PLANO NACIONAL DE COMUNICAÇÃO SOCIAL DO JUDICIÁRIO PODE AUXILIAR A RELAÇÃO ENTRE MAGISTRATURA E OPINIÃO PÚBLICA?	
OBJETIVOS PRINCIPAIS DO PLANO NACIONAL[18]	**EXEMPLOS**
I – Dar amplo conhecimento à sociedade das políticas públicas e programas do Poder Judiciário.	Publicar no *site* oficial do tribunal a porcentagem de metas cumpridas para diminuição do número de processos (execução penal, trabalhista, cível etc.).
II – Divulgar, de forma sistemática, em linguagem acessível e didática, os direitos do cidadão e os serviços colocados à sua disposição pelo Poder Judiciário, em todas as suas instâncias.	Neste ponto específico, o CNJ está se referindo à *Carta de Serviços ao Cidadão*, de previsão legal[19] e aos moldes do "Guia metodológico" do GESPÚBLICA[20]. A título de exemplo, consultar a Carta do TRE-RS.

16 BRASIL, 1988.

17 Instrução Normativa n. 53, de 03-10-2013, da Presidência do CNJ, artigo 11.

18 Objetivos extraídos de: CNJ, 2009b, p. 2.

19 BRASIL. Decreto nº 6.932. Institui a "Carta de Serviços ao Cidadão". Brasília, DF: Presidência da República, 11 de agosto de 2009.

20 BRASIL. Carta de Serviços ao Cidadão: guia metodológico. Brasília, DF: Ministério do Planejamento, Orçamento e Gestão, 2014.

III – Estimular a participação da sociedade no debate e na formulação de políticas públicas que envolvam os seus direitos.	A exemplo do que já ocorre com órgãos do Poder Executivo, o tribunal pode realizar Audiências Públicas sobre temas pertinentes a um julgado.
IV – Disseminar informações corretas sobre assuntos que sejam de interesse público para os diferentes segmentos sociais e que envolvam as ações do Poder Judiciário.	Além de seguir o disposto no art. 5º, IV, da CF, este objetivo para o Poder Judiciário pode ser realizado de várias formas, inclusive por *mailing list* ou panfleto.
V – Incentivar, no âmbito dos magistrados e servidores, através da comunicação, a integração com as ações previstas nesta Resolução, de modo a garantir a eficácia dos objetivos nela colimados.	Exemplo do caso concreto: visite o Tribunal Superior do Trabalho (TST), em Brasília, e veja que os principais macrodesafios do seu Plano Estratégico estão dispostos em pequenos *folders* espalhados pelas paredes do prédio-sede.
VI – Promover o Poder Judiciário junto à sociedade de modo a conscientizá-la sobre a missão exercida pela Magistratura, em todos os seus níveis, otimizando a visão crítica dos cidadãos a respeito da importância da Justiça como instrumento da garantia dos seus direitos e da paz social.	Certamente, uma das formas mais eficientes de se transmitir informações e que alcance o maior número de pessoas na menor quantidade de tempo é a Internet e, especificamente, as redes sociais. Todavia, nada desaconselha membros do Judiciário de irem a programas de TV ou rádio para tal intento.

Legenda:

GESPÚBLICA = Programa Nacional de Gestão Pública e Desburocratização.

CNJ = Conselho Nacional de Justiça.

TRE-RS = Tribunal Regional Eleitoral do Rio Grande do Sul.

TV = televisão.

QUADRO 11. Comunicação Social do Judiciário e opinião pública.

As ações de Comunicação Social no Judiciário abarcam determinadas áreas privilegiadas por sua Política Nacional[21], quais sejam:

1. Imprensa;
2. Relações Públicas;
3. Comunicação Digital;
4. Promoção;
5. Patrocínio; e

21 CNJ, 2009b, p. 3.

6. Publicidade:
   6.1. de utilidade pública;
   6.2. institucional;
   6.3. mercadológica; e
   6.4. legal.

No que toca especificamente à sexta área – Publicidade –, destacamos um tema a ela inerente em que podemos observar, de maneira latente, a aproximação entre direito e Comunicação Social, qual seja: a **Lei de Acesso à Informação** (LAI)[22], a qual preconiza, em seu art. 3º, I, a "[...]observância da publicidade como preceito geral e do sigilo como exceção", de forma a expressar a máxima divulgação das informações públicas, em respeito ao **Princípio da Publicidade**, que repousa no *caput* do art. 37 da Constituição Federal.

Apesar de a ideia de transparência democrática ser praticamente inquestionável em regimes democráticos, tal situação nem sempre foi assim. Aliás, como podemos ver na data de publicação da LAI, esse mote passa a fazer parte, de forma mais sistemática, das relações jurídicas e sociais brasileiras a partir de 2011.

Não obstante a CF já prever o direito de acesso à informação e a ressalva ao sigilo apenas nos casos em que a segurança do Estado e da sociedade seja posta em perigo, até poucos anos antes da promulgação da Constituição Cidadã, vigorava um regime político em que o sigilo era a regra, resguardado sobremaneira pelo ordenamento jurídico da época, a exemplo das Leis de Imprensa (Lei nº 5.250/1967, não recepcionada pela CF atual) e de Segurança Nacional (Lei nº 7.170/1983, ainda em vigor, mas sem sua proeminência original[23]).

Por meio desse arcabouço jurídico, e somado ao Ato Institucional nº 5 (AI-5), a **censura** passa a ser uma constante nas liberdades de expressão e de imprensa brasileiras. Objetivando coibir tal prática – e evitar os erros cometidos em um passado não tão distante –, a CF prevê explicitamente, no § 2º do art. 220, a vedação a toda e qualquer censura de natureza política, ideológica e artística[24].

---

22 BRASIL. **Lei nº 12.527**. Regula o acesso a informações. Brasília, DF: Presidência da República, de 18 nov. 2011.

23 Vale destacar também que esta lei revogou a Lei nº 6.620/1978, que definia os crimes contra a Segurança Nacional e estabelecia sistemática para seu processo e julgamento. Por sua vez, esta lei revogou o Decreto-Lei nº 898/1969, que, além de ter como objetos os crimes e as sistemáticas da Lei 6.620, definia os crimes contra a ordem política e social.

24 BRASIL, 1988.

Agora, vamos ver como esse assunto já foi abordado em duas questões de concursos públicos para o TJSC.

JÁ CAIU EM PROVA!

(Analista jurídico, TJSC, 2009)

"Com relação ao período da Ditadura Militar no Brasil, leia as proposições abaixo:

V. Também são acontecimentos deste período a criação da Lei de Imprensa e da Lei de Segurança Nacional, em 1967."

Comentário: Como vimos, a censura à liberdade de expressão e informação – atingindo em cheio qualquer possibilidade de imprensa livre – foi uma das ferramentas de que o regime militar se utilizou para garantir a governabilidade, já que não fora chancelado pelo poder popular. Além das Leis de Imprensa e de Segurança Nacional, o regime também se fez valer dos Atos Institucionais (especialmente do AI-5) que tinham praticamente força constitucional. Como se percebe, ao contrário de hoje, a ditadura militar brasileira valeu-se do sigilo como regra e da publicidade como exceção. Válido destacar que a Lei de Imprensa (Lei n. 5.250, de 1967) não foi recepcionada pela Constituição de 1988, como declarado pelo STF no julgamento da ADPF n. 130.

(Assistente Social, TJSC, 2010)

"São características do modelo político do período da Ditadura no Brasil[...]:

d) A censura dos meios de comunicação e a criação da Lei de Imprensa e Lei de Segurança Nacional."

Gabarito: Certo.

Nesse ponto, podemos associar alguns conceitos interrelacionados de direito, Comunicação Social e opinião pública, a saber: democracia, *accountability* e transparência[25].

Levando-se em conta os estudos mais recentes sobre **qualidade democrática** – medição via variáveis que ajudam a atestar quão democrático um país é –, perceberemos que inexiste um consenso sobre o conceito de **democracia**[26] . Mas é certo que a versão subminimalista de democracia – tese econômica que defende a democracia a partir de uma única variável, o voto popular[27] – é

25 GONÇALVES, Joanisval B. ***Sed quis custodiet ipso custodes*? O controle da Atividade de Inteligência em regimes democráticos**: os casos de Brasil e Canadá. 2008. 797 f. Tese (Doutorado em Relações Internacionais) – Instituto de Relações Internacionais da Universidade de Brasília, Brasília, 2008. p. 229.

26 MAINWARING, Scott; BRINKS, Daniel; PÉREZ-LIÑÁN, Aníbal. Classificando regimes políticos na América Latina. **Dados**, v. 44, n. 4, 2001, p. 648.

27 Cf. MAINWARING; BRINKS; PÉREZ-LIÑÁN, 2001; PRZEWORSKI, Adam. Minimalist conception of democracy: a defense. In: SHAPIRO, Ian; HACKER-CORDÓN, Casiano (Ed.). **Democracy's value**. Cambridge: Cambridge University Press, 1999. p. 23-55.

atualmente minoritária nas análises político-sociais, fazendo surgir uma gama de definições em que a democracia está atrelada à concretização e à efetividade de direitos fundamentais, tal como o direito à informação[28] aqui enfatizado.

Accountability, por sua vez, traz a ideia de prestação de contas[29] e de responsabilização pública[30]. De acordo com a tipologia amplamente difundida pelo argentino Guillermo O'Donnel[31], destaca-se *accountability*, em que os cidadãos e a sociedade civil organizada estabelecem controles sobre o Estado[32]. Para se chegar a um alto grau de *accountability* vertical, é necessário também que os governados possam ter acesso à informação pública, que é provida mediante transparências ativa e passiva de quem os governa.

Nesse viés, a **transparência** é um imperativo das democracias modernas e "[...] pode ser percebida como a necessidade de ampla publicidade dos atos de Estado e de governo. Nesse caso, o acesso à informação é elemento fundamental da transparência[...]"[33].

Em conjunto, esses três elementos mantêm uma relação diretamente proporcional entre si: quanto mais transparência, mais *accountability* e, consequentemente, mais democrático um regime político é. Vejamos, agora, como isso já caiu em uma prova de concurso para o TJPR.

JÁ CAIU EM PROVA!

(Administrador, TJPR, 2013)

"Numere os conceitos da coluna da direita de acordo com sua correspondência com a coluna da esquerda.

2. *Accountability*.

---

28 PAGLIARINI, Alexandre C.; AGOSTINI, Leonardo C. de. A relação entre o regime democrático e direito à informação. **Direitos Fundamentais e Justiça**, n. 8, jul.-set. 2009, p. 73-80. p. 77.

29 SOUSA, Diego A. F. de. **Controle da Atividade de Inteligência de Estado**: um debate entre a necessidade de sigilo e o princípio da transparência. 2012. 64 f. Trabalho de Conclusão de Curso (Graduação em Direito) – Universidade de Brasília, Brasília, 2012. p. 28.

30 MAINWARING; BRINKS; PÉREZ-LIÑÁN, 2001, p. 651; BRESSER PEREIRA, L. C. Prefácio à primeira edição: política e insulamento burocrático no Brasil. In: NUNES, Edson de O. **Gramática política do Brasil**: clientelismo e insulamento. Rio de Janeiro: Zahar, 1997. p. 29.

31 O'DONNELL, Guillermo. Acerca de varias accountabilities y sus inter-relaciones. In: PERUZZOTTI, Enrique; SMULOVITZ, Catalina (Ed.). **Controlando la política**: ciudadanos y medios en las nuevas democracias latinoamericanas. Buenos Aires: Temas Grupos Editorial, 2002. p. 87-102.

32 Cf. subseção 2.2, *supra*.

33 GONÇALVES, 2008, p. 229.

(2) É um sistema desejável para que a população exerça de fato o controle sobre os seus governantes e possa tomar decisões com racionalidade e clareza sobre a permanência ou não deles, bem como possa monitorar a maior ou menor eficácia na aplicação dos recursos públicos, em especial, das transferências recebidas.

Gabarito: Correto.

Comentário: Como expomos mais acima, para se chegar a um alto grau de *accountability* vertical, é necessário que os governados possam ter acesso à informação pública, a qual lhes é provida mediante transparências ativa e passiva de quem os governa.

Tem-se assim que o direito à informação, "embora nascido com o timbre de direito individual, atualmente [...]espelha dimensão coletiva, no sentido de que a todos, de um modo geral, deve assegurar-se o direito"[34] como um todo. Trata-se, portanto, da fundamental **transparência** no trato da **coisa pública** como um dever do Estado, e não como um mero direito do **cidadão**.

Na direção dos preceitos constitucionais de amplas transparência e informação, o CNJ editou – antes mesmo, vale frisar, da publicação da LAI – a Resolução nº 102/2009, que dispõe sobre a regulamentação da publicação de informações alusivas à gestão orçamentária e financeira, aos quadros de pessoal e respectivas estruturas remuneratórias dos tribunais e conselhos.[35] Tanto é que expressamente invoca como fundamento o princípio da publicidade e, ademais, destaca a importância da publicação de informações relacionadas à gestão orçamentário-financeira para a garantia da transparência e do controle social.

Não se pode, logo, esperar controle social sem a devida publicidade, constituindo-se, assim, em instrumento para o fim democrático de controle do povo sobre aquilo de que ele é o próprio titular. Mais que isso, esse princípio da publicidade deve vir acompanhado de formato e linguagem acessíveis para todos os tipos de público. É nisso que se fundamenta o **princípio da ampla publicidade dos atos administrativos**.

O **Quadro 12** nos aponta alguns desses fundamentos que balizam a Resolução nº 102/2009 do CNJ e que tratam do acesso à informação.

34 CARVALHO FILHO, José dos Santos. **Manual de Direito Administrativo**. 27. ed. rev., ampl. e atual. São Paulo: Atlas, 2014. p. 27.

35 CNJ. **Resolução n. 102/2009** [texto compilado e atualizado até 26 abr. 2020]. Brasília, DF: CNJ, 15 dez. 2009c.

TEMÁTICA DO CONSIDERANDO DA RESOLUÇÃO N. 102/2009/CNJ	DISPOSITIVO CONSTITUCIONAL A QUE FAZ REFERÊNCIA
Controle da atuação administrativa e financeira do Poder Judiciário pelo CNJ	art. 103-B, § 4º, VI, da CF
Princípios da legalidade, impessoalidade, moralidade, publicidade e eficiência	art. 37, *caput*, da CF
Transparência da gestão	-
Mecanismo de controle social	-
Padronização das informações em prol da inteligibilidade e comparabilidade para eficácia do controle social sobre os gastos públicos	-
Construção de indicadores de eficiência e mecanismos de comparação entre os órgãos jurisdicionados	-

QUADRO 12. Considerandos da Resolução nº 102/2009/CNJ que tratam do acesso à informação.

De maneira simplificada, consoante a supramencionada Resolução n. 102, no § 1º de seu art. 1º, informações devem ser prestadas, no ícone "Transparência", no sítio eletrônico dos órgãos públicos – o que inclui os de Justiça –, por intermédio daquilo que se conhece por **transparência ativa.**[36]

DEFINIÇÃO DE TRANSPARÊNCIA ATIVA
Transparência ativa, em contrapartida à passiva, é o ato de disponibilizar informações independentemente de petição ou solicitação.

No sentido de ampliar o acesso a informações acerca das atividades judiciárias, sobressaem-se os seguintes dispositivos da Resolução nº 102/2009 do CNJ, mostrados no **Quadro 13.**

36 CONTROLADORIA-GERAL DA UNIÃO – CGU. **Acesso à informação pública**: uma introdução à Lei nº 12.527, de 18 de novembro de 2011. Brasília: CGU e UNESCO, 2011. p. 24; BRASIL. **Decreto nº 7.724**. Regulamenta a Lei de Acesso à Informação e dá outras providências. Brasília: Presidência da República, 16 maio 2012, art. 7º-9º; CUNHA FILHO, Marcio C.; XAVIER, Vítor C. S. **Lei de Acesso à Informação**: teoria e prática. Rio de Janeiro: Lumen Juris, 2014. p. 126.

O QUE A RESOLUÇÃO 102/2009/CNJ DIZ SOBRE A REGULAMENTAÇÃO DA PUBLICAÇÃO DE INFORMAÇÕES ORÇAMENTÁRIAS, FINANCEIRAS E DE PESSOAS?	
DISPOSITIVO	**INFORMAÇÃO**
art. 1º, I	Dados de sua gestão orçamentária e financeira
art. 1º, II	Estruturas remuneratórias, quantitativos de pessoal efetivo e comissionado, e origem funcional dos ocupantes dos cargos em comissão
art. 1º, III, e 3º, III	Relação de membros da magistratura e demais agentes públicos, efetivos ou não
art. 1º, IV, e 3º, IV	Relação dos empregados de empresas contratadas em exercício nos órgãos
art. 1º, V, e 3º, V	Relação dos servidores e/ou empregados não integrantes do quadro próprio, em exercício no órgão mediante requisição, cessão, exercício temporário ou qualquer outra forma, excluídos os ocupantes de cargo em comissão ou função de confiança
art. 3º, I	Estruturas remuneratórias dos respectivos quadros de pessoal efetivo, dos cargos e funções comissionados, e os subsídios dos membros do Poder Judiciário e demais agentes públicos neles atuantes, vigentes em 31 de agosto de 2009
art. 3º, II	Quantitativos de cargos efetivos e comissionados existentes em 31 de agosto de 2009, discriminando, por níveis, no caso dos cargos efetivos, os vagos, os ocupados por servidores estáveis e os ocupados por servidores não estáveis, e, no caso dos cargos e funções comissionados, os vagos, os ocupados por servidores com e sem vínculo com o respectivo ente federado, na situação vigente em 31 de agosto de 2009
art. 3º, VI	Remunerações, diárias, indenizações e quaisquer outras verbas pagas aos membros da magistratura e aos servidores a qualquer título, colaboradores e colaboradores eventuais ou deles descontadas, com identificação nominal do beneficiário e da unidade na qual efetivamente presta os seus serviços

QUADRO 13. Dispositivos da Resolução nº 102/2009/CNJ que tratam do acesso à informação.

A ampla publicação dos atos públicos – resguardados os com sigilo legal –, sobretudo aquela realizada de forma ativa pelo Judiciário, facilita não só o direito de acesso à informação, como também antecipa o trabalho dos meios de comunicação e, mais ainda, legitima cada vez mais a administração da justiça, pois assim ela se resguarda pelo crivo sempre atento da opinião pública e da sociedade como um todo.

Cabe ainda destacar que a mídia é presença permanente no dia a dia dos cidadãos, quaisquer que sejam seus meios de comunicação – Internet, rádio e TV, jornais e revistas. Fato é que cotidianamente acontecem episódios que afetam a vida das pessoas ou que aguçam sua sede por informações, oportunidades estas em que fato vira notícia. Distintos são os fatores que fazem do fato uma notícia, desde a proximidade em relação ao público e que podem influenciá-lo, ao impacto do acontecimento em si – que vem a chocar –, ou, ainda, a questões relacionadas a humor, raridade, utilidade, importância, originalidade e repercussão que congrega.

Certo é que o/a jornalista sempre busca a notícia "para ontem", na medida em que agilidade é a própria essência do jornalismo, que se pauta pela atualidade e, quando possível, exclusividade ou ineditismo da manchete. Assim, é preciso que o/a magistrado/a compreenda essa realidade e busque manter um **bom relacionamento com a mídia**, o que pressupõe, por exemplo, preparo para entrevistas, que não devem ser concedidas no improviso, mas, pelo contrário, pensadas estrategicamente por meio de um verdadeiro *media training*, com a articulação de possíveis perguntas e respostas – inclusive aquelas "ruins" ou "capciosas" –, para o que será importante **conhecer, *a priori*, o perfil da imprensa e do/a jornalista** que conduzirá a entrevista.

DEFINIÇÃO DE *MEDIA TRAINING*

Media training é a catalogação de um conjunto das perguntas e respostas mais frequentes (FAQs) sobre tema(s), objetivando dotar a entrevista de maior previsibilidade e direcionar a pessoa entrevistada a enfocar as questões de forma adequada, ao arrolar o que pode vir a ser abordado por parte da imprensa.

Ao se manifestar perante a imprensa, é importante colocar o **interlocutor em primeiro lugar**, que é o verdadeiro destinatário da notícia e o principal interessado nela. Assim, não é salutar se fixar na ideia de que a imprensa atende a interesses econômicos, ou que se furta da parcialidade para não prestar informações verossímeis. É importante prestá-las e, ao fornecê-las, **ser objetivo em seu intento** e usar palavras simples e frases curtas, além de, logicamente, **dizer a verdade** e de não sonegar informações – se o sigilo não for um imperativo processual –, bem como complementá-las ou corrigi-las, quando oportuno.

No caso específico do **sigilo**, é importante explicitar ao/à jornalista os empecilhos legais para informar o que se pede. Além disso, não se deve chamar a imprensa sem que se disponha de informações concretas e úteis, muito menos discriminar seus veículos ou jornalistas, de modo que as solicitações devam ser tratadas com igual respeito e atenção, independentemente do maior ou menor destaque dado por parte do veículo ou jornalista, mantendo-se, sempre que possível, os canais de comunicação abertos.

Some-se ainda o que o Código de Ética da Magitratura Nacional expressamente postula:

> "Art. 12. Cumpre ao magistrado, na sua relação com os meios de comunicação social, comportar-se de forma prudente e equitativa, e cuidar especialmente:
>
> I - para que não sejam prejudicados direitos e interesses legítimos de partes e seus procuradores;
>
> II - de abster-se de emitir opinião sobre processo pendente de julgamento, seu ou de outrem, ou juízo depreciativo sobre despachos, votos, sentenças ou acórdãos, de órgãos judiciais, ressalvada a crítica nos autos, doutrinária ou no exercício do magistério."[37]

Agora, vejamos como essa temática caiu em provas orais para a magistratura.

JÁ CAIU EM PROVA!

(Juiz de Direito Substituto, TJDFT, 2015)
"Como deve ser o relacionamento do juiz com a mídia?"

(Juiz Federal, TRF5, 2012)
"Disserte sobre o relacionamento do juiz com a mídia em geral e o público em geral."

Comentário: Quem vai prestar concurso para a magistratura deve ficar sempre atento ao fato de que, se, por um lado, existe um dever da instituição na prestação de informações, por outro, é preciso também que os/as magistrados/as estejam prontos/as para prestar esclarecimentos e informações, quando procurados/as pela mídia e/ou para a devida divulgação ante o interesse público. Conforme salientamos no presente tópico, a relação do juiz e da juíza com a mídia e o público – opinião pública – em geral deve ser a mais objetiva e verossímil possível, por meio de ou com a assessoria de uma ASCOM, especialmente para o trato com a mídia e a impessoalidade com o público.

Além disso, como estabelece o Código de ética da Magistratura Nacional, em contato com os meios de comunicação social, seu comportamento deverá ser prudente e equitativo, bem como deverá abster-se da crítica em determinadas circunstâncias, salvo nas três exceções – autos, doutrina e magistério.

Aqui também se deve ressaltar a relevância da **assessoria de comunicação institucional** (ASCOM), que, além de manter a ponte entre o Judiciário e a imprensa, pode também prestar orientações e acompanhar entrevistas, bem

37 CNJ. Código de Ética da Magistratura Nacional. Brasília, DF: CNJ, 2008.

como redigir matérias, notas e sugestões de pauta para os meios de comunicação, assim como definir e efetivar políticas, estratégias e ações de comunicação[38].

Para finalizar nossas discussões sobre este tópico, trazemos aqui um dos temas mais debatidos nos últimos anos, que, porventura, pode ser objeto de julgado ou, mesmo, de questão de concurso. Então, fique de olho!

Analise a seguinte manchete sobre as chamadas notícias faltas (*fake news*): "ONU diz que 'notícias falsas' representam uma preocupação global"[39]. Antes de ser surpreendido/a pela imprensa sobre qual a opinião do/a magistrado/a frente à tal tema, é natural que ele/a tenha ciência do que vem a ser *fake news*, a partir de um prisma sociojurídico.

A problemática das *fake news* não é novidade, mas tem chamado a atenção mundial, especialmente no contexto de eleições tanto dentro quanto fora do Brasil. Na realidade, elas estão relacionadas a outro termo igualmente famoso – e que, por sinal, foi escolhido como a *Palavra do Ano de 2016* pela Universidade de Oxford[40] –, qual seja: **pós-verdade (*post-truth*)**. O próprio Dicionário Oxford[41] a define assim:

DEFINIÇÃO DE PÓS-VERDADE (*POST-TRUTH*)

Pós-verdade (post-truth) é a qualidade de relatar ou denotar circunstâncias nas quais os apelos emocionais e crenças pessoais influenciam mais na formação da opinião pública do que os fatos que realmente ocorreram.

Como se vê, a criação de notícias falsas é reiteradamente feita para formar – neste caso, para manipular – a opinião pública sobre um dado tema, geralmente controverso, tal como uma eleição presidencial ou a votação de uma PEC durante a madrugada.

Ao pormos os olhos nesse assunto tão em voga – especialmente no âmbito do STF e do TSE –, não podemos deixar de relacioná-lo ao direito. Nesse sentido, trazemos a seguinte ponderação do ministro do STF Gilmar Mendes

38 TJMG, [20--?], p. 35-37.

39 ONU NEWS. ONU diz que "notícias falsas" representam uma preocupação global. **EBC Agência Brasil**, Nova York, 3 mar. 2017. Internacional. Disponível em: http://agenciabrasil.ebc.com.br/internacional/noticia/2017-03/onu-diz-que-noticias-falsas-representam-uma-preocupacao-global. Acesso em: 10 abr. 2020.

40 UNIVERSITY OF OXFORD. Word of the Year 2016 is... **Oxford Dictionaries**, Oxford, 16 nov. 2016. Disponível em: http://en.oxforddictionaries.com/word-of-the-year/word-of-the-year-2016. Acesso em: 10 abr. 2020.

41 UNIVERSITY OF OXFORD. Post-truth. **Oxford Dictionaries**, Oxford, [2016]. (tradução nossa). Disponível em: http://en.oxforddictionaries.com/definition/post-truth. Acesso em: 10 abr. 2020.

e do Subprocurador-geral da República Paulo Gonet Branco: "[a] informação falsa não seria protegida pela Constituição [brasileira], porque conduziria a uma pseudo-operação da formação da opinião"[42]. Embora informação seja sinônimo de poder, "[...]a verdade é que só alguma informação é, de facto, poder: a informação válida (*reliable*)[...]"[43].

Pode-se citar como política para o combate à desinformação gerada pelas fake news o "Painel de checagem de Fake News", criado por iniciativa do CNJ, de associações da magistratura, de tribunais superiores e da imprensa, por meio do qual é feito e divulgado um monitoramento que verifica o conteúdo de postagens suspeitas sobre decisões e atos do Superior Tribunal de Justiça e do STF, que conta também com parceiras que auxiliam a promover a conscientização sobre os malefícios decorrentes da divulgação de notícias falsas[44].

Vejamos no **Quadro 14** como esse tema pode ser cobrado em questão para a magistratura, inclusive sua relação com o direito fundamental de acesso à informação.

EM QUE MEDIDA AS CHAMADAS NOTÍCIAS FALSAS (*FAKE NEWS*) E PÓS-VERDADE (*POST-TRUTH*) OBSTAM O DIREITO À INFORMAÇÃO?	
COMENTÁRIO	**DISPOSITIVOS CONSTITUCIONAIS QUE PODEM SER CITADOS NA RESPOSTA**
Por um lado, a liberdade de pensamento (pluralismo político) e a capacidade de expô-lo – respeitados os limites constitucionais explícitos e os implicitamente inerentes a um direito não absoluto – é, ao mesmo tempo, um fundamento do Estado Democrático de Direito brasileiro e um direito fundamental. Por outro lado, a publicação de notícias falsas (*fake news*) no amplo espectro do que se convenciona chamar de pós-verdade (*post-truth*) obsta, conforme analogia a Mendes e Branco[45], o direito a ser informado/a, haja vista que as notícias irreais não cumprem sua função social para quem as recebe.	• Art. 1º, V; • Art. 5º, IV-V, IX-X e, especialmente, XIV; e • Art. 220

QUADRO 14. Direito à informação na era da pós-verdade.

42 MENDES; BRANCO, 2014, p. 274.

43 COUTINHO, Clara P. **Metodologia de investigação em Ciências Sociais e Humanas**: teoria e prática. Coimbra: Almedina, 2011. p. 79.

44 O Painel de Checagem de Fake News está disponível no site do CNJ e acessível em: https://www.cnj.jus.br/programas-e-acoes/painel-de-checagem-de-fake-news/.

45 MENDES; BRANCO, 2014, p. 274-275.

Assim, terminamos este terceiro tópico do nosso conteúdo programático, reforçando a ideia de que a relação entre direito, Comunicação Social e opinião pública vai mais no sentido de obter de magistrados/as e tribunais respostas e condutas profissionais e objetivas.

Capítulo 4

CONFLITOS SOCIAIS E MECANISMOS DE RESOLUÇÃO. SISTEMAS NÃO-JUDICIAIS DE COMPOSIÇÃO DE LITÍGIOS

SUMÁRIO: 4.1. CONFLITOS SOCIAIS E MECANISMOS DE RESOLUÇÃO; **4.2.** SISTEMAS NÃO-JUDICIAIS DE COMPOSIÇÃO DE LITÍGIOS.

Para iniciar os estudos deste tópico, é importante entender o que é um conflito, no âmbito das relações sociais.

DEFINIÇÃO DE CONFLITO
Conflito é um processo ou estado em que duas ou mais pessoas divergem em razão de interesses ou objetivos individuais percebidos como mutuamente incompatíveis. [1]

Os grandes problemas sociológicos começaram a ser sistematicamente levantados e discutidos na medida em que as transformações sociais foram moldando as normas de conduta – jurídicas ou não – das sociedades modernas, especialmente no interior das suas relações mais conflitivas, como é o caso da luta pelos direitos sociais, e, mais especificamente, trabalhistas.

JÁ CAIU EM PROVA!
(Juiz Substituto, TJCE, 2018, CESPE/UnB) "Conceitue e explique a teoria do conflito." **Comentário**: Para um melhor esclarecimento e contextualização da questão, transcrevemos a seguir o padrão de respostas fornecido pela banca. Em seguida, aprofundaremos o assunto à luz da Sociologia do Direito. "O conflito pode ser definido como uma situação em que dois ou mais indivíduos divergem de opinião, ideias, objetivos, interesses ou formas de planejar e agir, com uma percepção de incompatibilidade de posições. Segundo o Conselho Nacional de Justiça,

1 CNJ. **Manual de mediação judicial**. 6. ed. Brasília, DF: CNJ, 2016b.

o conflito é 'um processo ou estado em que duas ou mais pessoas divergem em razão de metas, interesses ou objetivos individuais percebidos como mutuamente incompatíveis. Em regra, intuitivamente se aborda o conflito como um fenômeno negativo nas relações sociais que proporciona perdas para, ao menos, uma das partes envolvidas.' (AZEVEDO, André Gomma de (Org.). Manual de Mediação Judicial. 6a ed. Brasília: CNJ, 2016, p. 49). Do conflito podem surgir mudanças ou resultados positivos, não necessariamente resultados negativos. As espirais de conflito ou a escalada do conflito são um progressivo aumento da relação conflituosa, tornando mais severa a disputa. A conceituação de conflito utilizada por diversas teorias ou autores ao longo da história, como exemplo, Niklas Luhmann, Karl Marx, Hobbes, Maquiavel ou Foucault, não pode ser aceita exclusivamente como resposta, mas como um elemento maior ou argumentativo para a definição de 'conflito' nos moldes descritos pelo CNJ ou na doutrina moderna, cuja conceituação trazida pelo candidato deve ser centralizada no Direito Processual e à Justiça, conforme enunciado."

Peguemos como ponto de partida a Revolução Francesa de 1789 e veremos que importantes mudanças sociais (como a possibilidade não só de ter amplo acesso aos Poderes, mas também de fazer parte deles) tiveram *outputs* jurídicos (a exemplo da Declaração dos Direitos do Homem e do Cidadão e da Constituição Francesa de 1791).

Mais de um século depois, os direitos sociais vieram no rastro dos direitos civis e políticos, sendo reconhecidos juridicamente apenas no início do século XX, a partir de mudanças sociais promovidas pela Constituição Mexicana, Revolução Russa e República de Weimar na Alemanha.

Isso tudo sem mencionar as externalidades negativas engendradas pela Revolução Industrial, originalmente na Inglaterra, que, como vimos, foi o principal foco de análise dos pensadores sociológicos clássicos. Não é, pois, por coincidência que o "Manifesto Comunista", de Marx e Engels, é publicado em 1848, mesmo ano do ápice do conjunto de movimentos sociais europeus de cunho socialista conhecido por Primavera dos Povos.[2] Sobre isso, o historiador britânico Eric **Hobsbawm** (1917-2012) chega a afirmar que a Revolução Inglesa gerou "[...]um mundo no qual todos os laços sociais se desintegravam, exceto os laços entre o ouro e o papel-moeda[...]"[3].

Vejamos como essa temática foi explorada em questão de concurso para a magistratura trabalhista.

2 HOBSBAWM, Eric. **A era das revoluções**: 1789-1848. 36. ed. Tradução: Maria Tereza Teixeira e Marcos Penchel. São Paulo; Rio de janeiro: Paz e Terra, 2016. p. 58, 183, 320.

3 HOBSBAWM, 2016, p. 58.

JÁ CAIU EM PROVA!

(Juiz do Trabalho, TRT-21, 2010)

"Leia as assertivas abaixo e assinale, em seguida, a alternativa correta:

I – 'O Direito do Trabalho nasceu no final do século XIX como forma de absorver os conflitos sociais que ora se instauravam em face das tensões provocadas pela (primeira) revolução industrial [...]' (DALLEGRAVE NETO, José Affonso. Novos contornos da relação de emprego diante dos avanços tecnológicos. *Revista LTR Legislação do Trabalho*. Ano 67, n. 05. São Paulo: LTr, maio de 2003). O surgimento do direito do trabalho se deu, portanto, numa época de flexibilidade das relações entre trabalhador e empregador, que se apoiavam numa linha de produção conforme a demanda."

Gabarito: Errado.

Comentário: Esta assertiva reflete o que acontece com praticamente todas as assertivas longas de concurso público: se estiver errada, ela pode ser refutada por completo ou por partes. Como queremos ser o mais eficiente possível – resolver o maior número de questões *certas* no menor número de tempo –, podemos aferir o erro de uma assertiva procurando por uma ou pela primeira informação falsa que aparecer nela. Uma das possibilidades aqui é eliminarmos essa assertiva por meio do conhecimento histórico acerca das lutas travadas por movimentos de classe pela tutela dos direitos sociais durante e após a Revolução Industrial, sobretudo no século XIX.

Geralmente esses fatos são narrados e analisados sob uma perspectiva predominantemente – mas não exclusivamente – marxista da história, em que, não por acaso, sua abordagem na Sociologia é conhecida como **conflitivista ou do materialismo histórico**[4]. Por exemplo, Hobsbawm afirma que o trabalhador fabril na época da Revolução Inglesa "[...]não era livre, encontrava-se sob o rígido controle e a disciplina ainda mais rígida imposta pelo patrão ou por seus supervisores, contra quem realmente *não tinha quaisquer recursos legais e só alguns rudimentos de proteção pública*".[5]

A partir dessa perspectiva, concluímos que tal estado de coisas trabalhista, ao contrário do que indica a questão, não pode ser considerado como "[...]uma época de flexibilidade das relações entre trabalhador e empregador, que se apoiavam numa linha de produção conforme a demanda", e sim o contrário.

No imediato pós-Segunda Guerra Mundial, as transformações sociais oriundas das novas conquistas dos direitos coletivos fizeram com que o **direito de acesso à justiça** passasse a ser criticamente concebido como um direito humano esvaziado, pois lhe faltavam mecanismos efetivos de concretização. Isso fez com que os aspectos sociais em torno da organização da justiça fossem preferidos àqueles meramente técnicos.[6]

4 GIDDENS, 2012, p. 26, 32.

5 HOBSBSAWM, 2016, p. 325.

6 SANTOS, 1986, p. 18.

Conflitos ou lutas sociais, ao lado da crise da administração judiciária nos anos 1960, são uma das principais razões que levaram os sociólogos – e não mais apenas os cientistas políticos – a se interessar pelas questões processuais e organizacionais do direito. É desse período que emergem **grupos de pressão** e **movimentos sociais** que até então estavam à margem da sociedade – a exemplo dos movimentos negros, estudantis e feministas – e que a partir daí começam a se engajar em **ações sociais coletivas** mais organizadas e conflitivas. Some-se a isso o fato de que a efetividade do princípio *formal* da igualdade jurídica começa a ser também questionada diante do *materialismo* da igualdade no caso concreto, de modo a surgir discussões sociológicas mais acentuadas sobre o acesso à justiça, no momento em que a crise financeira dos anos 1970 torna insustentáveis as promessas assistencialistas do Estado, tocando, por consequência, a administração judiciária.[7]

Nesse contexto, Cappelletti e Garth[8] analisam os entraves ao acesso à Justiça e apresentam seu relatório de pesquisa sob o título "*Access to justice: the worldwide movement to make rights effective*", considerado um marco teórico sobre tal temática. Nesse estudo, que em muito trata de aspectos processuais, destacam elementos impeditivos do acesso à justiça, a exemplo do *tempo*, haja vista que a Justiça que não cumpre suas funções dentro de um prazo razoável é, para muitas pessoas, inacessível. Relevam, ainda, as barreiras existentes para a concretização do acesso à justiça como um direito humano. Nesse ponto, dispõem que:

> O acesso à justiça pode, portanto, ser encarado como requisito fundamental – o mais básico dos direitos humanos – de um sistema jurídico moderno e igualitário que pretende garantir, e não apenas proclamar os direitos de todos. [...] O "acesso" não é apenas um direito social fundamental, crescentemente reconhecido; ele é, também, necessariamente, o ponto central da moderna processualística.[9]

Cappelletti e Garth afirmam, assim, que, entre essas barreiras, podem ser incluídas também a pobreza, a emergência de lesões/danos em massa sem o tratamento jurídico adequado e a necessidade de caminhos extrajudiciais para a solução dos conflitos. Nesse argumento, os autores propõem três soluções práticas para essa questão, as quais nominam de "ondas de acesso à justiça", quais sejam:

---

7 SANTOS, 1986, p. 15-17.

8 CAPPELLETTI, Mauro; GARTH, Bryant. **Acesso à justiça**. Tradução: Ellen Gracie Northfleet. Porto Alegre: Fabris, 1993. p. 20-21.

9 CAPPELLETTI; GARTH, 1993, p. 12-13.

1. Assistência jurídica aos pobres;
2. Representação dos interesses difusos; e
3. Meios alternativos de solução dos conflitos – abordaremos este último tema mais à frente, na parte sobre Mediação.[10]

Incluem-se, no primeiro item, medidas como a garantia da assistência jurídica integral e gratuita (conforme, por exemplo, o art. 5º, LXXIV, da CF), a gratuidade do registro civil e de óbito (art. 5º, LXXVI, "a" e "b", da CF), bem como dos atos necessários à cidadania (art. 5º, LXXVII, parte final, da CF).

É inerente ao segundo item o desenvolvimento do microssistema de tutela coletiva, integrado por distintos diplomas legislativos, como as leis da Ação Civil Pública (Lei nº 7.347/1985), da Ação Popular (Lei nº 4.717/1965), de Improbidade Administrativa (Lei nº 8.429/1992) e o Código de Defesa do Consumidor (CDC, Lei nº 8.078/1990). No art. 81, parágrafo único, do CDC, inclusive, define-se o objeto da tutela coletiva, a saber, os interesses ou direitos difusos (inciso I), coletivos (inciso II) e individuais homogêneos (inciso III).

Para os estudos da magistratura, destacamos aqui a terceira solução proposta por Cappelletti e Garth, **meios alternativos de solução de conflitos**, que, por sua vez, dão ênfase à mediação, à conciliação e à arbitragem, destrinchados mais adiante e cuja relevância mostra-se cada vez maior quanto ao tema em foco. Uma prova disso é que, nos concursos para a magistratura, eles integram não só o programa de Sociologia do Direito, como, igualmente, de Direto Processual Civil.

No plano material, uma das respostas às demandas levantadas durante os conflitos sociais iniciados na década de 1960 é o chamado **Estado de bem-estar social** – do inglês, *Welfare state* ou Estado assistencial ou, ainda, Estado-providência –, que, ao buscar envolver-se ativamente na **gestão dos conflitos** entre classes e grupos sociais, acabou por expandir **direitos sociais**, como aqueles originalmente pleiteados, por exemplo, pelos movimentos das mulheres, as quais começaram a se integrar cada vez mais ao mercado de trabalho.[11]

Especificamente no Brasil, onde transformações sociais de âmbito nacional ocorrem com frequência, sobretudo nas esferas política e econômica, uma constância é a questão da **desigualdade social** provocada de maneira decisiva pela péssima distribuição de renda e pela corrupção por parte de agentes públicos e econômicos.

10 CAPPELLETTI; GARTH, 1993, p. 31-73.

11 SANTOS, 1986, p. 16.

Para se ter uma dimensão dessa problemática, peguemos, por exemplo, o *ranking* do Índice de Desenvolvimento Humano (IDH), da Organização das Nações Unidas (ONU). Para a construção desse índice, as Nações Unidas levam em consideração indicadores de três áreas-chave para o desenvolvimento de um país, quais sejam: educação, renda e saúde. O Brasil ocupa a vergonhosa 79ª posição de um total de 188 países.[12] Nesse viés, os órgãos do Judiciário, incluindo-se aí os/as próprios/as magistrados/as, devem ser não apenas agentes do direito, mas também agentes sociais, pois suas decisões implicarão não só na eficiência do tribunal – de que já falamos na subseção 1.3, como também na **efetividade** das políticas públicas, por meio de algumas de suas decisões.

JÁ CAIU EM PROVA!

(Juiz de Direito, TJRJ, 2014)

"*A sociedade brasileira é muito desigual. Logo, o juiz tem de ser parcial para poder ser imparcial. Deve ser um agente de transformação social*".

Comente a afirmação acima, salientando sua posição"

Comentário: Não é raro encontrar decisões judiciais que vão no rastro de punir desvios por meio da aplicação de multas de ressarcimento ou indenização, mas também de prestação alternativa de serviço relacionado à localidade ou comunidade em que a pessoa – física ou jurídica – é condenada. Assim, construções de equipamentos públicos, pavimentação de rua e saneamento de bairros vão nesse sentido de o/a magistrado/a agir também como agente de transformação social.

Portanto, a resposta a esta questão deve ir ao encontro da máxima de que as relações jurídicas não estão desassociadas das sociais e do mundo social. Mais que isso, o/a candidato/a deve acreditar nela, pois assim já estará dando um passo para a construção de uma sociedade brasileira mais justa e igualitária, *de facto et de jure*.

Especificamente quanto à passagem do texto que afirma que "[...]*o juiz tem de ser parcial para poder ser imparcial*", que o candidato mantenha em mente a célebre frase de Rui Barbosa, contextualizada no trato da questão da desigualdade social, de que "[a] regra da igualdade não consiste senão em quinhoar desigualmente aos desiguais, na medida em que se desigualam"[13].

Como já dito, *en passant*, ao largo da crise do Estado de bem-estar social nas últimas décadas, muitos grupos, classes e movimentos sociais outrora marginalizados têm agora suas "bandeiras" levantadas, bem como buscado, de forma cada vez mais crescente, um maior **empoderamento**. Isso ocorreu,

12 ORGANIZAÇÃO DAS NAÇÕES UNIDAS – ONU. **Overview Human Development Report 2019**. Nova York, NY: PNUD, 2020. p. 23, 27.

13 BARBOSA, Rui. **Oração aos moços**. 5. ed. Rio de Janeiro: Casa de Rui Barbosa, 1999. p. 26.

dentre outros, por meio da **ação coletiva** direta (marchas, greves, criação de sindicatos, igrejas, associações etc.) e igualmente pela disposição legal que impede o Estado de embaraçar a vida coletiva (como nos incisos XVI a XIX do art. 5º e no inciso I do art. 19 da Constituição Federal).

Somando-se esses fatores jurídicos a reivindicações sociais, na crista da crise do Estado de bem-estar social, temos visualizado um forte movimento mundial no sentido de o poder público buscar iniciativas para se autorreformar[14] – nas chamadas reformas do aparelho do Estado ou desburocratização, geralmente atreladas a fortes políticas de austeridade. As alternativas de solução para os litígios também aparecem nesse contexto.

4.1. CONFLITOS SOCIAIS E MECANISMOS DE RESOLUÇÃO

Na direção da Resolução nº 125/2010 do CNJ, que dispõe sobre a "Política Judiciária Nacional de tratamento adequado dos conflitos de interesses no âmbito do Poder Judiciário"[15], o próprio Conselho elaborou o **Manual de Mediação Judicial**, cujo disciplinamento buscamos seguir aqui por ser também a bússola a guiar as principais questões de concurso para a magistratura.

JÁ CAIU EM PROVA!

(Juiz Federal, TRF5, 2011)

"Fale sobre os sistemas não judiciais de resolução de conflitos, estabelecendo suas diferenças e semelhanças e dê sua opinião sobre os mesmos."

Comentário: Uma vez existindo posições contrapostas que podem transbordar em conflitos, faz-se necessária a subsistência de distintos mecanismos para solvê-los. O CNJ identifica os principais sistemas não judiciais, como:

- Negociação;
- Mediação;
- Conciliação;
- Decisão administrativa; e
- Arbitragem.

Iremos analisá-los a seguir, dando destaque também para a decisão judicial como mecanismo para solução de conflitos.

---

14 LUCENA, 2001, p. 13.

15 CNJ. **Resolução nº 125**. Dispõe sobre a Política Judiciária Nacional de tratamento adequado dos conflitos de interesses no âmbito do Poder Judiciário e dá outras providências. Brasília, DF: CNJ, 29 nov. 2010.

A Resolução n. 125/2010 do CNJ institucionaliza a Política Judiciária Nacional de tratamento adequado dos conflitos de interesses e, para o disciplinamento que propõe, parte, dentre outros, das premissas de garantia de acesso à justiça como "acesso à ordem jurídica justa e a soluções efetivas" (art. 5º, XXXV, da CF), bem como dos objetivos estratégicos do Poder Judiciário de eficiência operacional, acesso ao sistema de justiça e a responsabilidade social, conforme Resolução do CNJ n. 70/2009. Ademais, apresenta como fundamento a constatação de que a conciliação e a mediação compreendem "instrumentos efetivos de pacificação social, solução e prevenção de litígios", os quais têm "reduzido a excessiva judicialização dos conflitos de interesses, a quantidade de recursos e da execução de sentenças".

Essa política regulamenta a prestação de serviços de boa qualidade e a difusão da cultura de pacificação social e assinala que, nos termos do artigo 334 do CPC e do art. 27 da Lei 13.140/2015 (Lei de Mediação), cabe aos órgãos judiciários oferecer outros mecanismos de solução das controvérsias, como os meios consensuais da conciliação e mediação, antes da resolução da questão por meio de sentença (art. 1º, parágrafo único).

A proposta de tratamento adequado dos conflitos também passa pela criação dos Núcleos Permanentes de Métodos Consensuais de Solução de Conflitos (Núcleos), que inclui, entre suas atribuições, a instalação dos Centros Judiciários de Solução de Conflitos e Cidadania (CEJUSC), os quais concentram a realização de sessões de conciliação e mediação (art. 6º, XII, c/c art. 7º, IV, da Resolução n. 125/2010). Ainda, os Núcleos podem inclusive incentivar a realização de programas de mediação comunitária, que não podem se confundir com os Centros de conciliação e mediação judicial (art. 7º, § 2º, da Resolução n. 125/2010). Para a mediação e conciliação, admite-se o trabalho voluntário, conforme art. 169, § 1º, do CPC, sendo que o/a mediador/a ou conciliador/a fica impedido de assessorar, representar ou patrocinar qualquer das partes pelo prazo de 1 ano, contado da data da última audiência em que atuou (art. 7º, § 7º, da Resolução n. 125/2010).

No contexto do tratamento adequado de conflitos, destacam-se os Centros Judiciários de Solução de Conflitos e Cidadania (CEJUSC), previstos na Lei de Mediação e na Resolução n. 125/2010, alterada posteriormente, em que deverão ser realizadas as sessões pré-processuais de conciliação e mediação. Cada unidade do CEJUSC deverá incluir setor de solução de conflitos pré-processual, de solução de conflitos processual e de cidadania (art. 10), já que sua atribuição inclui a gestão de sessões e audiências de conciliação e mediação e o atendimento e orientação dos cidadãos (art. 8º). Todavia, admite-se excepcionalmente que as sessões e audiências no curso do processo sejam realizadas nos Juízos, Juizados ou Varas, desde que conduzidas por conciliadores/as e mediadores/as cadastrados/as no respectivo tribunal, com supervisão do/a Juiz ou Juíza Coordenador/a do Centro (art. 8º, § 1º).

São previstas ainda as Câmaras Privadas de Conciliação e Mediação – ou órgãos similares –, cujas pessoas mediadoras e conciliadoras deverão ser cadastradas no tribunal respectivo ou no Cadastro Nacional de Mediadores Judiciais e Conciliadores (CCMJ), a fim de que possam realizar sessões de mediação ou conciliação incidentes em processos judiciais (art. 12-C). Já para a realização de sessões pré-processuais de mediação e conciliação, esse cadastramento é facultativo. Tais Câmaras deverão realizar um percentual de audiências não remuneradas, em atendimento a processos nos quais deferida gratuidade de justiça, como contrapartida do credenciamento (art. 12-D) e não podem fazer uso do brasão da República Federativa do Brasil nem possuírem a denominação de "tribunal" ou expressão similar ou a de "juiz" ou equivalente para seus membros (art. 12-F).

Prevê-se, ainda, o Sistema de Mediação e Conciliação Digital ou a distância (art. 18-C c/c art. 6º, X) para atuação pré-processual de conflitos e, se ocorrida adesão do tribunal, para atuação em demandas em curso, como dispõe o art. 334, § 7º, do CPC e 46 da Lei de Mediação.

VOCÊ SABIA?

O CNJ recomenda aos TJs, TRTs e TRFs que, por meio dos Núcleos Permanentes de Métodos Consensuais de Solução de Conflitos (Núcleos), realizem estudos e ações para dar continuidade ao Movimento Permanente pela Conciliação.

Assim, por meio da Recomendação n. 50/2014, recomenda, entre outros que: realizem oficinas de parentalidade como política pública de resolução e prevenção de conflitos familiares; estimulem magistrados/as a encaminharem para a mediação conflitos de qualquer natureza em que seja necessária preservação ou recomposição de vínculo interpessoal ou social; e acompanhem a satisfação dos/as jurisdicionados/as nos encaminhamentos feitos a mediadores/as judiciais.

O CNJ editou a Recomendação n. 28/2018, originária da Corregedoria Nacional, por meio da qual recomenda aos TJs dos Estados e do Distrito Federal que, também por meio dos Núcleos, celebrem convênios com notários e registradores do Brasil para instalação de centros judiciários de solução de conflitos e cidadania, onde ainda não tenham sido implantados. E fixa que os CEJUSCs instalados nos serviços notariais e de registro serão fiscalizados pela Corregedoria-Geral de justiça e por juiz ou juíza coordenador/a do CEJUSC da jurisdição a que o serviço notarial e registral esteja vinculado (art. 3º).

Essa Recomendação segue a direção do Provimento n. 67/2018, também originário da corregedoria geral, que dispõe sobre mediação e conciliação nos serviços notariais e de registro do Brasil, prevendo que esses procedimentos são facultativos e seus conciliadores e mediadores devem manter capacitação regular e observar os princípios e regras da Lei n. 13.140/2015, do art. 166 do CPC e do Código de Ética de Conciliadores e Mediadores (art. 7º).

A todo procedimento, ainda, aplica-se o dever de confidencialidade, exceto nas hipóteses do art. 30 da Lei n. 13.140/2015, o que se estende a todos os atores que dele participem – como conciliador/a, mediador/a, partes, prepostos/as, advogados/as, auxiliares técnicos/as (art. 8º, § 1º). Tal confidencialidade não está protegida nas situações de crime de ação penal pública nem afastar o dever de prestar informações à administração tributária (art. 8º, §§ 2º e 3º).

A mediação, a **negociação** e a **conciliação** implicam a tomada de decisão particular pelos próprios envolvidos no conflito. Já a **decisão administrativa** e a **arbitragem**, por seu turno, envolvem a tomada de decisão extrajudicial por terceiro. E a **decisão judicial** diz respeito à tomada de decisão judicial por terceiro. Nos três primeiros mecanismos de resolução de conflito, os processos não são vinculantes e seus controle e resultado cabem às próprias partes. Nos demais, são vinculantes, cujos controle e resultado dizem respeito a terceiro(s). Sobre a vinculação processual, vejamos o que reza o Manual do CNJ.

DEFINIÇÃO DE PROCESSO VINCULANTE

Processo vinculante ocorre quando os interessados possuem o ônus de participar dos atos procedimentais, de modo que sua desistência causa perda processual e também potencial perda material.

O **Quadro 15** resume as principais características desses seis mecanismos de resolução de conflitos.

MECANISMO	NATUREZA DA DECISÃO	TOMADA DE DECISÃO	CONTROLE E RESULTADO	PROCESSOS
Negociação	Particular	Pelas próprias partes		Não-vinculantes
Mediação				
Conciliação				
Decisão administrativa	Extrajudicial	Por terceiro		Vinculantes
Arbitragem				
Decisão judicial	Judicial			

QUADRO 15. Principais características dos mecanismos de resolução de conflito.

Pensando linearmente nesses seis mecanismos, há uma série de *características intrínsecas* que aumentam de intensidade, conforme se passa de um mecanismo para outro. Nesse sentido, consoante o supramencionado Manual, quanto mais se aproxima do primeiro mecanismo (negociação), maior o grau de: sigilo; propensão à preservação dos relacionamentos; adimplemento espontâneo; flexibilidade procedimental; preocupação com a humanização e sensibilização das partes; celeridade; e utilização da linguagem cotidiana das partes/interessados. Em contrapartida, quanto mais nos aproximamos do sexto mecanismo (decisão judicial), vê-se um maior grau de: publicidade; propensão à solução do conflito como se fosse uma questão pontual; exequibilidade, em face das facilidades relativas à execução forçada; rigor com a observância de procedimento previamente estabelecido; desgaste emocional; recorribilidade; e custos processuais/operacionais.

A **Figura 4** esquematiza, à luz do Manual do CNJ, as características intrínsecas desses seis mecanismos de resolução de conflito.

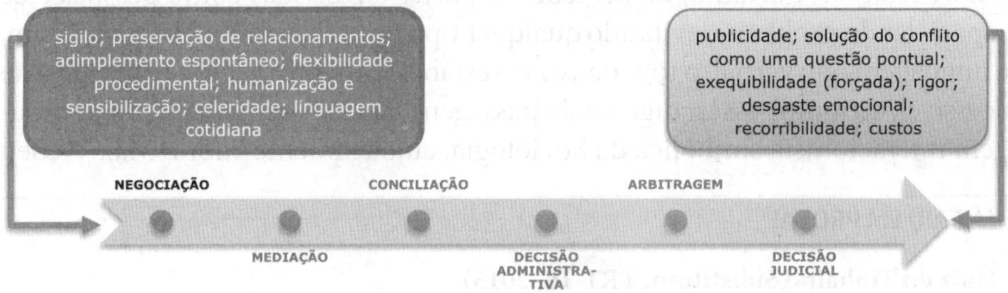

FIGURA 4. Características dos mecanismos de resolução de conflitos.

Quaisquer que sejam esses mecanismos resolutivos, o certo é que terceiros neutros ou imparciais à disputa devem buscar estabelecer uma relação de confiança mútua com as partes envolvidas. A essa relação chamamos de ***rapport***, que, em francês, significa algo como "conexão harmônica". Trazido da Psicologia, esse meio auxiliar na resolução de conflitos é preconizado expressamente pelo Manual do CNJ[16], que assim o define:

DEFINIÇÃO DE *RAPPORT*

Rapport é o relacionamento harmonioso por meio do qual se busca gerar – mediante fatores psicológicos, tais como simpatia e empatia – a confiança e o comprometimento recíprocos interpartes.

Na direção da doutrina seguida pelo referido Manual, *rapport* pressupõe três elementos necessários, esquematizados conforme mostra a **Figura 5**.

16 CNJ, 2016b, p. 174.

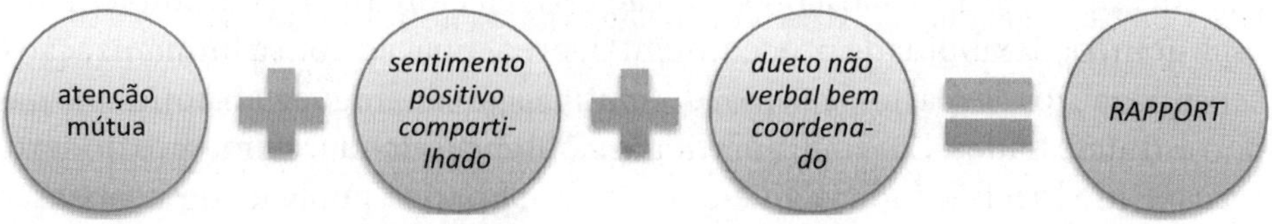

FIGURA 5. Divisão tripartite do conceito de *rapport*

O estabelecimento dessa relação de confiança mútua perpassa toda a estratégia de atuação do(s) terceiro(s) neutro(s) ao conflito, desde escutar ativamente e manter a receptividade e a sensibilidade em relação às partes, até à postura do(s) terceiros(s) e ao reconhecimento e validação dos sentimentos dos envolvidos. Trata-se, portanto, de perceber as partes envolvidas como pessoas e de separá-las do problema, evitando qualquer tipo de preconceito. Abrange, assim, a linguagem não verbal, o tom da voz e o estabelecimento de uma comunicação acessível, atributos esses, diga-se de passagem, deveras semelhantes à abordagem interacionista simbólica da Sociologia, cujo expoente-mor é Max Weber.

JÁ CAIU EM PROVA!

(Juiz do Trabalho Substituto, TRT-16, 2015)

"Qual a importância do *rapport* para o juiz e como ele poderia interferir na prática do cotidiano da magistratura?"

Comentário: Em que pese a questão ser bem objetiva e questionar acerca da importância do *rapport* para a atuação do/a magistrado/a, sugerimos partir sempre da definição do termo, que, ao tempo do certame, pegou vários/as candidatos/as de surpresa.

Assim, deve-se, *a priori*, definir o que é *rapport*, para, *a posteriori*, passar a tratar dos momentos, no cotidiano da magistratura, em que ele pode ser adotado.

Nesse ponto, ao versar sobre o *rapport*, o/a candidato/a deve destacar que, apesar de ele ser muito estudado no âmbito dos meios alternativos de solução de conflitos – como mediação e arbitragem –, também se caracteriza por ser importante elemento para a atuação do juízo, enquanto conciliador, julgador ou gestor, na medida em que o conceito pode potencializar desde a pactuação de acordo, nas audiências de conciliação, à busca da verdade real, na fase de instrução, e, ainda, à prevenção e resolução de conflitos inerentes à administração das Varas.

A apresentação de exemplos, em cada caso, é imprescindível para contextualizar a pertinência desse conceito oriundo da doutrina francesa, bem como demonstrar certo conhecimento da realidade da magistratura brasileira.

Importante ainda fundamentar, sempre que possível, com base na legislação existente. Por exemplo, ao tratar da conciliação como mecanismo de resolução de conflitos, sugere-se destacar a obrigação por parte de juízes e juízas – e demais atores do sistema de justiça a estimularem – e citar o § 3º do art. 3º do CPC.

PS: Como esta questão foi extraída de concurso para a Justiça do Trabalho, ao/à candidato/a cabe também demonstrar a importância do princípio da conciliação no Processo do Trabalho, bem como citar, por exemplo, o *caput* dos artigos 764, 846 e 850, bem como o art. 852-E da Consolidação das Leis do Trabalho (CLT).

4.2. SISTEMAS NÃO-JUDICIAIS DE COMPOSIÇÃO DE LITÍGIOS

Aqui, trazemos novamente à tela o relatório **Justiça em números**, do CNJ, para conhecermos uma das mais impactantes apreensões por parte do próprio Conselho – e, logicamente, da população nacional – que é "[...] o percentual de processos solucionados por meios consensuais"[17] no Brasil.

Se, de um lado, uma das mais notórias preocupações do Poder Judiciário brasileiro é com a vazão dos processos, do outro, uma das principais linhas de investigação da Sociologia do Direito é justamente compreender os grandes obstáculos sociais e culturais que impedem o **efetivo acesso à justiça**, sobretudo das camadas sociais mais baixas da população.[18]

Como pudemos ver na subseção anterior, dos seis mecanismos elencados pelo Manual do CNJ, cinco deles são do tipo não-judicial. Quanto às **decisões administrativas** (que, provenientes dos tribunais, devem ser públicas e motivadas, conforme preconiza o inciso X do art. 93 da CF), elas não são enfatizadas no *corpus* do citado Manual (certamente em face de as demais[19] terem a participação direta das partes como fator preponderante para a resolução do conflito). A seu respeito, contudo, é relevante destacar o desenvolvimento do projeto "Ouvidorias de Justiça: agentes potencializadores da mediação e da conciliação", que trata do estímulo à mediação e à conciliação. Isso ocorre quando os cidadãos procuram uma Ouvidoria Judicial para apresentar denúncias que reverberam na seara administrativa. Consoante o Relatório Anual do CNJ[20]:

> O projeto baseia-se no reconhecimento de que as Ouvidorias Judiciais são importantes canais de interlocução com a Sociedade e representam espaços de efetiva construção da cidadania. Assim, como ambientes de diálogo direto e personalizado com os demandantes, são searas adequadas de estímulo aos meios consensuais de solução de litígios e de disseminação da cultura da solução pacífica dos conflitos.

---

17 CNJ, 2016a, p. 13.

18 SANTOS, 1986, p. 20.

19 A nossa ênfase aqui é no sentido de demonstrar que, ao contrário dos outros mecanismos, as decisões administrativas representam um ato de vontade da Administração Pública.

20 CNJ, 2016a, p. 97-98. Para uma listagem atualizada das Ouvidorias Judiciais, acessar: http://www.cnj.jus.br/ouvidoria-cnj/contato-ouvidorias.

Por meio desse projeto, o Judiciário aproveita o momento exato da denúncia para apresentar ao cidadão – que é também parte no processo – a importância e a eficácia da mediação e da conciliação para a resolução de sua querela.

Uma vez ultrapassada a esfera administrativa, destacamos aqui as principais características da negociação, da mediação, da conciliação e da arbitragem. Convém destacar, antes, que a Lei nº 13.105/2015, que instituiu o atual Código de Processo Civil (CPC), positiva como obrigação de juízes/as, advogados/as, defensores/as públicos/as e membros do Ministério Público o estímulo à conciliação, à mediação e a outros métodos de solução consensual de conflitos, conforme o § 3º do seu art. 3º. Estabelece ainda que o Estado promoverá a solução consensual dos conflitos, sempre que possível (§ 2º do art. 3º do CPC). De tal forma, fixa também que os tribunais criarão centros judiciários por meio dos quais estimulará a **autocomposição** (art. 165 do CPC). Ainda, determina que os entes federados engendrarão câmaras de mediação e conciliação para a solução consensual de conflitos no âmbito administrativo, a exemplo das disputas envolvendo órgãos ou entidades da administração pública, bem como nas hipóteses em que seja possível celebrar termo de ajuste de conduta (TAC), conforme art. 174 do CPC.

Igualmente nessa mesma direção do CPC, foram promulgadas em 2015 as Leis nºs 13.129 e 13.140, que incluem como seus objetos precípuos, respectivamente, a arbitragem e a autocomposição na Administração Pública. Da mesma forma, consoante fixado no art. 166 do CPC, todos se pautam pelos princípios de independência, imparcialidade, autonomia da vontade, confidencialidade, oralidade, informalidade e decisão informada.

Neste ponto, torna-se cristalina a interlocução entre alguns desses princípios e os pressupostos de razão comunicativa contidos na **teoria da ação comunicativa** habermasiana[21], no sentido de compreender o agir comunicativo não apenas para engendrar a sociabilidade humana[22], mas também para "[...]liberar o potencial de racionalidade da linguagem e mobilizá-lo para funções da integração social"[23].

21 HABERMAS, 1984.

22 *Vide* seção 3, acima.

23 HABERMAS, 1997, p. 65.

VOCÊ SABIA?

Na Resolução n. 118/2014, o Conselho Nacional do Ministério Público (CNMP) instituiu a política nacional de incentivo à autocomposição no Ministério Público, documento em que estabelece que a garantia de acesso à justiça vai além do acesso ao Poder Judiciário para incluir o direito de acesso a outros mecanismos autocompositivos de resolução de conflitos, "inclusive o acesso ao Ministério Público, como garantia fundamental de proteção e efetivação de direitos e interesses individuais indisponíveis e sociais".

Nessa direção, o Conselho Superior do Ministério Público do Trabalho instituiu o Núcleo Permanente de Incentivo à Autocomposição (NUPIA), por meio da Resolução n. 157/2018, o qual implementa os mecanismos de autocomposição da negociação, mediação e conciliação no Ministério Público do Trabalho (MPT), A Resolução prevê a negociação para controvérsias ou conflitos em que o MPT possa atuar como parte, no cumprimento dos deveres constitucionais; a mediação, por sua vez, é definida como atividade exercida pelo MPT, sem poder decisório e com anuência das partes, em que o membro da instituição "as auxilia e estimula a identificar ou desenvolver soluções consensuais para a controvérsia"; já a conciliação é prevista como "meio alternativo de solução de conflitos [...] com criação ou proposta de soluções para a composição do conflito" também pelo membro do MPT (Resolução n. 157/2018, art. 6º). São princípios que devem reger a mediação e a conciliação no Ministério Público do Trabalho, segundo artigo 7º da Resolução, a (i) imparcialidade do mediador, (ii) isonomia das partes, (iii) oralidade, (iv) informalidade, (v) autonomia de vontade das partes, (vi) busca de consenso, (vii) confidencialidade e (viii) boa-fé. A confidencialidade só se excepciona por decisão das partes, nos casos de ofensa a direitos que devam ser defendidos pelo MPT e na hipótese de crime de ação penal pública, o que deve ser previamente informado pelo/a Procurador/a do Trabalho.

A mediação não ocorrerá quando houver investigação em curso no MPT, por meio de procedimento preparatório ou inquérito civil, ou, ainda, ação civil pública ajuizada. Por sua vez, o membro que atuar como mediador fica impedido, pelo prazo de 1 ano a partir da última audiência realizada, de conduzir investigação ou adotar providência judicial relacionada a qualquer das partes participantes de mediação ou conciliação (Resolução n. 157/2018, artigos 7º e 8º).

Nesse passo, ao distinguir cada um dos mecanismos arrolados, concebe-se que a **negociação** é uma *comunicação voltada à persuasão.* Nela, as partes possuem total controle sobre o processo e seu resultado. Assim, elas devem: escolher o momento e o local da negociação; estabelecer como serão os procedimentos, inclusive no que couber à ordem e à ocasião da discussão das questões e ao instante do debate das propostas; poder suspender, abandonar ou reiniciar as negociações; fixar os protocolos dos trabalhos de negociação; e possuir total controle sobre o resultado, a fim de que possam chegar a um acordo. Nesse mecanismo, todos os aspectos são considerados negociáveis, de modo que o acordo possa abranger desde os valores pecuniários envolvidos no caso até mesmo um mero pedido de desculpas.

Já a **mediação** é disciplinada pela Lei nº 13.140/2015, cujo art. 1º a define como um *meio de solução de controvérsias entre particulares cuja atividade técnica é exercida por terceiro imparcial sem poder decisório*, que, uma vez indicado ou aceito pelas partes, deve auxiliá-las e estimulá-las a identificar ou desenvolver soluções consensuais para a controvérsia[24]. Em sentido similar, o CNJ[25] concebe tal mecanismo como um "[...]processo autocompositivo segundo o qual as partes em disputa são auxiliadas por uma terceira parte neutra ao conflito[...], para se chegar a uma composição". Nela, admite-se que as partes continuem, suspendam, abandonem ou retomem as negociações, de modo que o processo possa ser encerrado a qualquer momento, já que não são obrigadas a participar da mediação, a qual exsurge como procedimento espontâneo e não vinculante.

Ainda na Mediação, os envolvidos podem se comunicar diretamente, embora a pessoa mediadora influencie a forma com que essa comunicação ou negociação ocorrerá. No particular, não se pode desconsiderar qualquer assunto ou solução que possa afetar a dinâmica dos interessados – não apenas as questões meramente monetárias, mas também as diretamente ligadas à disputa em geral. De qualquer maneira, não é obrigatório que as partes cheguem a um acordo por meio deste mecanismo resolutivo. Como veremos com a conciliação, a mediação é um método de resolução de conflitos de procedimento não vinculante e tem como uma de suas principais características a "[...]redução ou delegação do direcionamento e do controle do procedimento a um terceiro, mas pela manutenção do controle sobre os resultados pelas partes"[26].

A Lei de Mediação estabelece a mediação como meio de solução de controvérsias entre particulares e prevê a autocomposição de conflitos no âmbito da administração pública.

DEFINIÇÃO DE MEDIAÇÃO

Mediação compreende a atividade técnica exercida por terceiro imparcial sem poder decisório, que, escolhido ou aceito pelas partes, as auxilia e estimula a identificar ou desenvolver soluções consensuais para a controvérsia (art. 1º, parágrafo único, da Lei n. 13.140/2015).

Conforme a legislação, são princípios que regem a mediação: imparcialidade do mediador, isonomia das partes, oralidade, informalidade, autonomia da vontade das partes, busca do consenso, confidencialidade e boa-fé (art. 2º).

24 BRASIL. **Lei nº 13.140**. Dispõe sobre a mediação. Brasília, DF: Presidência da República, 26 de junho de 2015.

25 CNJ, 2016b, p. 20.

26 CNJ, 2016b, p. 21.

Podem ser objeto de mediação, por sua vez, conflito sobre direitos disponíveis ou sobre direitos indisponíveis que admitam transação; e o procedimento de mediação pode envolver todo o conflito ou parte dele (art. 3º). Nos casos de direitos indisponíveis que admitem transação, é obrigatória a homologação de acordo em juízo, bem como a oitiva do Ministério Público (art. 3º, § 2º).

A mediação pode ocorrer ainda que procedimento de arbitragem ou processo judicial estejam em curso, hipóteses em que as partes requererão a suspensão do processo ou procedimento ao juiz ou ao árbitro, respectivamente, por prazo suficiente para solução consensual do litígio (art. 16). A decisão de suspensão é irrecorrível (art. 16, § 1º), porém, enquanto o processo se mantém suspenso, podem ser concedidas medidas de urgência, tanto pelo juiz quanto pelo árbitro (art. 16, § 2º). Ademais, enquanto transcorre a mediação, o prazo prescricional permanece suspenso (art. 17, parágrafo único).

O **Quadro 16** resume as principais regras da medição extrajudicial, conforme a Lei n. 13.140/2015:

MEDIAÇÃO EXTRAJUDICIAL				
Convite	Qualquer meio de comunicação	Deverá estipular o escopo proposto para negociação, a data e o local da primeira reunião		Art. 21
Previsão contratual, salvo incidência de regulamento de instituição idônea que preste serviços de mediação	Prazo mínimo e máximo para a 1ª reunião	Local da 1ª reunião e critérios de escolha do mediador ou equipe de mediação	Penalidade por não comparecimento da parte convidada à 1ª reunião	Art. 22
Critérios para a 1ª reunião, em caso de previsão contratual incompleta	Prazo mínimo de 10 dias úteis e máximo de 3 meses, contado do recebimento do convite	Local adequado para reunião que possa envolver informações confidenciais	Lista com 5 nomes, contato e referências profissionais de mediadores capacitados para escolha de qualquer um deles pela parte convidada; sendo aceito o primeiro da lista, caso não se manifeste	Art. 22

Não comparecimento da parte convidada	50% das custas e honorários sucumbenciais, caso seja vencedora em procedimento arbitral ou processo judicial posterior, que inclua o objeto da mediação			Art. 22
Cláusula de mediação com compromisso de não iniciar arbitragem ou processo judicial antes de certo prazo ou até implemento de condição	Árbitro ou juiz suspenderá curso da arbitragem ou da ação por prazo previamente acordado ou até o implemento da condição	A previsão não se aplica às medidas de urgência em que o acesso ao Poder Judiciário seja necessário para evitar o perecimento de direito		Art. 23

QUADRO 16. Principais regras da mediação extrajudicial, conforme Lei n. 13.140/2015.

Na mediação judicial, por outro lado, os mediadores não estão sujeitos à prévia aceitação das partes, mas a eles se aplicam as regras legais de impedimento e suspeição. As partes deverão estar assistidas por advogados ou defensores públicos, exceto nas situações previstas nas Leis dos Juizados Especiais; no particular, é garantida a assistência pela Defensoria Pública aos que comprovarem insuficiência de recursos.

A audiência de mediação será designada pelo juiz, se a petição inicial preencher os requisitos legais e não for caso de improcedência liminar do pedido (art. 27 da Lei n. 13.140/2015). O procedimento de mediação judicial, por sua vez, deverá ser concluído em até sessenta dias, contados da primeira sessão, exceto se as partes requererem sua prorrogação em comum acordo (art. 28 da Lei n. 13.140/2015). Havendo acordo, o juiz determinará o arquivamento do processo judicial e, em caso de pedido das partes, homologará o acordo por sentença.

Todo o procedimento tem a confidencialidade como princípio (art. 2º, VII, da Lei n. 13.140/2015), de modo que as informações relativas à mediação são confidenciais e não podem ser reveladas em procedimento arbitral ou processo judicial, salvo quando as partes acordarem em sentido contrário ou sua divulgação por exigida por lei ou necessária para dar cumprimento ao acordo obtido na mediação. De se destacar que a confidencialidade não se aplica à informação de ocorrência de crime de ação penal pública (art. 30, § 3º, da Lei n. 13.140/2015), nem afasta o dever de prestar informações à administração tributária (art. 30, § 4º, da Lei n. 13.140/2015).

Essa confidencialidade é dever do mediador, das partes, prepostos, advogados, assessores técnicos ou quaisquer pessoas que participem da mediação e alcança, conforme os incisos do § 1º do art. 30 da Lei n. 13.140/2015:

- declaração, opinião, sugestão, promessa ou proposta formulada por uma parte à outra na busca de entendimento para o conflito;
- reconhecimento de fato por qualquer das partes no curso do procedimento de mediação;
- manifestação de aceitação de proposta de acordo apresentada pelo mediador;
- documento preparado unicamente para os fins do procedimento de mediação.

No plano da composição extrajudicial, objeto central deste tópico, a Lei de Mediação também prevê a criação de câmaras de prevenção e resolução administrativa de conflitos no âmbito dos órgãos da Advocacia Pública da União, Estados, Distrito Federal e Municípios, os quais poderão dirimir conflitos entre órgãos e entidades da administração pública; avaliar a admissibilidade de pedidos de resolução de conflitos por composição, na hipótese de controvérsia entre particular e pessoa jurídica de direito púbico; e promover a celebração de termo de ajustamento de conduta, quando couber (art. 32 da Lei 13.140/2015). A submissão do conflito às câmaras é facultativa e observa o regulamento de cada ente federado; concluído o procedimento com acordo, haverá sua redução a termo, que constituirá título executivo extrajudicial.

Incluem-se na competência das câmaras "a prevenção e a resolução de conflitos que envolvam equilíbrio econômico-financeiro de contratos celebrados pela administração com particulares (art. 32, § 5º, da Lei n. 13.140/2015). Ainda, é possibilitada a instauração de ofício ou a pedido de mediação coletiva de conflitos relativos à prestação de serviços públicos (art. 33, parágrafo único, da Lei n. 13.140/2015), bem como a resolução e conflitos entre particulares que tratem de atividades reguladas ou supervisionadas pelos órgãos ou entidades da administração pública (art. 43 da Lei n. 13.140/2015).

Também se admite a transação por adesão quanto a controvérsias jurídicas que envolvam a administração pública federal, suas autarquias e fundações, com fundamento em autorização do Advogado Geral da União, baseada em jurisprudência pacífica do STF e tribunais superiores, ou em parecer do Advogado Geral da União aprovado pelo Presidente da República (art. 35 da Lei n. 13.140/2015).

Nesse caso, o interessado, ao apresentar o pedido de adesão, deverá provar o atendimento dos requisitos e condições fixados em resolução administrativa; sua adesão implicará renúncia ao direito sobre o qual se fundamenta a ação ou recurso pendentes, de natureza administrativa ou judicial, naquilo que objeto da resolução administrativa. Se o interessado for parte beneficiária de ação coletiva, a renúncia ao direito deverá ser expressa, em petição endereçada ao juiz da causa (art. 35 da Lei n. 13.140/2015).

Quando o conflito envolver controvérsia jurídica entre órgãos ou entidades de direito público que integrem a administração pública federal, a Advocacia Geral da União deverá realizar composição extrajudicial do conflito, sem prejuízo de apuração de responsabilidade do agente público que deu causa à dívida reconhecida, quando, em tese, sua conduta ou omissão representar infração disciplinar. Se a matéria discutida também for objeto de ação de improbidade administrativa ou de decisão do Tribunal de Contas da União, a conciliação dependerá de concordância expressa do juiz da causa ou Ministro Relator (art. 36 da Lei n. 13.140/2015).

A instauração de procedimento de mediação no âmbito da administração pública também suspende o prazo prescricional. No caso, o procedimento é considerado instaurado quando o órgão ou entidade público emitir juízo de admissibilidade, sendo que a suspensão do prazo prescricional retroage à data da formalização do pedido de resolução consensual da controvérsia; e, na hipótese de matéria tributária, a suspensão da prescrição observa o Código Tributário Nacional (art. 34 da Lei n. 13.140/2015).

VOCÊ SABIA?

A Advocacia Geral da União, tendo o Banco Central (BACEN) como interveniente, mediou o conflito entre representantes de entidades civis de defesa do consumidor e dos poupadores e representantes de instituições financeiras, cujo objeto envolve a cobrança de expurgos inflacionários incidentes sobre as contas de poupança atingidas pelos Planos Econômicos Bresser, Verão e Color II.

O acordo coletivo foi homologado pelo Supremo Tribunal Federal e implicou em transação mediante concessões recíprocas pela qual os bancos pagarão valores correspondentes a expurgos inflacionários da caderneta de poupança, de acordo com os limites e critérios previstos, e, em contrapartida, haverá a extinção das ações judiciais individuais dos que aderirem ao acordo coletivo e das ações coletivas em que se pleiteiam os expurgos.

Com vistas à efetividade do acordo, o CNJ lançou o projeto "Resolve Poupança – Planos Econômicos", como mecanismo para garantir sua visibilidade e fomentar a adesão de autores de ações individuais e coletivas, com livre manifestação de vontade. A integra do acordo pode ser acessado em https://www.cnj.jus.br/programas-e-acoes/resolve-poupanca-planos-economicos/.

No contexto das boas práticas e da relação de atividades desenvolvidas em 2016, o CNJ alterou a Resolução nº 125/2010, por meio da Emenda nº 2, para adequá-la à Lei de Mediação (Lei nº 13.140/2015) e ao CPC vigente, a fim de prever o cadastro nacional de mediadores, a partir do qual magistrados/as e partes poderão escolher mediadores/as com base no seu histórico de casos, bem como no valor médio de sua remuneração (custo do mecanismo). Outrossim, o Conselho instituiu a **mediação digital**, *na direção do art. 46 da Lei n. 13.140/2015*, por meio da qual é possível celebrar acordos, elaborados virtualmente, ampliando assim o acesso à justiça, para abarcar também aquelas situações em que as partes se encontram em locais distintos – por exemplo, processos sobre consumo, seguros e execuções fiscais. Em momentos da pandemia de Covid-19, este mecanismo se mostra de potencial uso e estímulo.

Por seu turno, a **conciliação** constitui um *processo autocompositivo breve, no qual as partes ou os interessados são auxiliados por um terceiro neutro* ao conflito, ou por um conjunto de pessoas também desinteressadas na causa, *para*, por meio de técnicas adequadas, assisti-las a *chegar a uma solução ou acordo*. Antes, estabeleciam-se muitas distinções entre mediação e conciliação, mas, com a política nacional de conciliação capitaneada pelo CNJ, ambos os procedimentos se aproximaram, de forma que nada impede o uso de ferramentas de mediação na conciliação, bem como em ambos devem se respeitar os preceitos éticos expostos no **Código de Ética** da Resolução nº 125/2010 também do CNJ, a saber: confidencialidade, imparcialidade, voluntariedade e autonomia da vontade das partes.

Nesse passo, atualmente, a conciliação no Poder Judiciário objetiva harmonizar socialmente as partes, com a restauração da relação social mantida entre elas, de forma a ir além do firmamento de um acordo. Para tanto, fazem uso de técnicas persuasivas e também se demora tempo suficiente para que os envolvidos percebam o interesse do/a conciliador/a no seu caso e em sua solução. Pauta-se, no particular, pela *humanização do processo de resolução de disputas*, em que as partes se sintam ouvidas, de forma a se chegar construtivamente a uma solução com prospectivas para o conflito, por meio de técnicas multidisciplinares.

Finalmente chegamos ao mecanismo da **arbitragem**, que é disciplinado pela Lei nº 9.307/1996 (alterada, por sua vez, pela Lei nº 13.129/2015), cujo artigo inaugural estabelece que as pessoas capazes de contratar (incluindo-se nesse bojo a própria administração pública direta e indireta) poderão valer-se desse mecanismo para dirimir litígios concernentes a direitos patrimoniais disponíveis[27].

27 BRASIL. **Lei nº 9.307**. Dispõe sobre a arbitragem. Brasília, DF: Presidência da República, 23 set. 1996.

A arbitragem pode ser defendida como um *processo de natureza privada*, por meio do qual interessados/as recorrem ao *auxílio de um terceiro neutro* ao conflito, ou a um conjunto de pessoas também desinteressadas na causa, *para*, após o procedimento devido, *proferir uma decisão*, a **sentença arbitral**, com o fito de encerrar a disputa. É, em regra, vinculante, e, nela, ouvem-se testemunhas e se analisam documentos. Como estamos tratando de uma **heterocomposição privada**, as regras em relação às provas são flexibilizadas, porém o processo arbitral se aproxima, de certo modo, do inerente ao judicial, uma vez que fatos e normas também são levados em consideração.

DEFINIÇÃO DE HETEROCOMPOSIÇÃO PRIVADA

Heterocomposição privada é a composição de litígio em que um terceiro, estranho ao Poder Judiciário e escolhido pelas partes ou conforme disposto por elas, possui poder de decisão para a resolução do conflito.

Esse tipo de mecanismo de solução de conflitos é marcado pela coercibilidade e pela capacidade de pôr termo à disputa. Embora isso possa parecer, à primeira vista, semelhante ao processo judicial, podemos perceber como as partes aqui têm mais influência na condução para a efetiva resolução do conflito, haja vista a possibilidade de estabelecerem previamente árbitro(s) e procedimentos (desde que não violem os bons costumes e a ordem pública, conforme preconiza a lei), reduzindo, assim, custos e tempo.[28]

VOCÊ SABIA?

O STJ, por meio da Segunda Seção, já decidiu que "De acordo com o atual posicionamento sufragado pela Segunda Seção desta Corte de Justiça, compete ao Superior Tribunal de Justiça dirimir conflito de competência entre Juízo arbitral e órgão jurisdicional estatal, partindo-se, naturalmente, do pressuposto de que a atividade desenvolvida no âmbito da arbitragem possui natureza jurisdicional" (CC 150.830/PA, Rel. Ministro MARCO AURÉLIO BELLIZZE, SEGUNDA SEÇÃO, julgado em 10/10/2018, DJe 16/10/2018).

O **Quadro 17** resume esses quatro principais tipos de mecanismos não judiciais que objetivam acabar com um conflito.

MECANISMO	DEFINIÇÃO
Negociação	Comunicação voltada à persuasão
Mediação	Negociação facilitada ou catalisada por um terceiro

28 BRASIL, 1996.

Conciliação	Processo autocompositivo breve em que as partes são auxiliadas/ assistidas por um terceiro neutro para se chegar a um acordo
Arbitragem	Processo de natureza privada em que um terceiro neutro profere, após o devido procedimento, uma sentença arbitral

QUADRO 17. Principais mecanismos de resolução de conflito.

Agora, vejamos como essa temática foi cobrada em uma prova para Juiz de Direito.

JÁ CAIU EM PROVA!

(Juiz de Direito Substituto, TJDFT, 2014)

"Discorra sobre os mecanismos autocompositivos, com foco nos fundamentos jurídicos da conciliação (0,15), nos princípios e estratégias da mediação (0,15) e na análise de técnicas, posturas (0,30), condutas e procedimentos (0,30) aptos a facilitar a mediação e a obter a solução conciliada dos conflitos."

Comentário: Aqui, sugerimos que o candidato defina os mecanismos de resolução de conflitos, com abordagem das características intrínsecas de cada um, bem como destaque a legislação que preconiza a relevância dos mecanismos autocompositivos (por exemplo, artigos 3º, § 3º, e 165 e seguintes do CPC; Lei nº 9.307/1996; Lei nº 13.129/2015 e Lei nº 13.140/2015), conforme abordamos na subseção 4.2.

Em seguida, pode-se dispor sobre os princípios arrolados como inerentes à Mediação, na forma do artigo 166 do CPC e 2º da Lei nº 13.140/2015.

Ademais, na linha de investigação da subseção 4.1, pode-se tratar da necessidade de estabelecer uma relação de confiança mútua e, no ponto, destacar o conceito de *rapport*, apresentando sua definição e seus elementos constitutivos, para, então, enfatizar toda estratégia de atuação do terceiro neutro ao conflito, como a escuta ativa, a receptividade e à sensibilidade em relação às partes, além da postura neutra e do reconhecimento e validação dos sentimentos dos envolvidos. Abordar, ainda, a importância da linguagem não verbal, do tom da fala e do estabelecimento de uma comunicação acessível.

E assim terminamos nossa jornada, na certeza de que todo o conteúdo aqui reunido e resumido possa encorajar-lhe nessa empreitada.

Bons estudos!

REFERÊNCIAS

ABRUCIO, Fernando Luiz. **O impacto do modelo gerencial na administração pública**: um breve estudo sobre a experiência internacional recente. Brasília, DF: ENAP, 1997. (Cadernos ENAP; 10).

ARISTÓTELES. **A política**. Tradução: Nestor Silveira. São Paulo: Folha de S. Paulo, 2010. (Livros que mudaram o mundo, 11).

BARBOSA, Rui. **Oração aos moços**. 5. ed. Rio de Janeiro: Casa de Rui Barbosa, 1999.

BAUMAN, Zygmunt. **Identidade**: entrevista a Benedetto Vecchi. Tradução: Carlos Alberto Medeiros. Rio de Janeiro: 2005.

BENJAMIN, Walter. **Sobre arte, técnica, linguagem e política**. Tradução: Maria Luz Moita, Maria Amélia Cruz e Manuel Alberto. Lisboa: Relógio D'Água Editores, 1992.

BOBBIO, Norberto; MATTEUCCI, Nicola; PASQUINO, Gianfranco. **Dicionário de política**. 13. ed. 5. reimp. Tradução: Carmen C. Varriale et al. Brasília, DF: Editora UnB, 2016. v. 1.

BONAVIDES, Paulo. **Curso de Direito Constitucional**. 29. ed. São Paulo: Malheiros, 2014.

BOURDIEU, Pierre. O campo científico. *In*: ORTIZ, Renato (Org.). **Pierre Bourdieu**. Tradução: Paula Montero e Alícia Auzmendi. São Paulo: Ática, 1983b. cap. 4, p. 122-155. (Grandes cientistas sociais, 39).

BRASIL. **Carta de Serviços ao Cidadão**: guia metodológico. Brasília, DF: Ministério do Planejamento, Orçamento e Gestão, 2014.

______. [Constituição (1988)] **Constituição da República Federativa do Brasil**. Brasília, DF: Presidência da República, [2020]. Disponível em: http://www.planalto.gov.br/ccivil_03/constituicao/ConstituicaoCompilado.htm. Acesso em: 14 abr. 2020.

______. **Decreto nº 6.932**. Dispõe sobre a simplificação do atendimento público prestado ao cidadão, ratifica a dispensa do reconhecimento de firma em documentos produzidos no Brasil, institui a "Carta de Serviços ao Cidadão" e dá outras providências. Brasília, DF: Presidência da República, 11 de agosto de 2009. Disponível em: http://www.planalto.gov.br/ccivil_03/_ato2007-2010/2009/decreto/d6932.htm. Acesso em: 14 abr. 2020.

______. **Decreto nº 7.724**. Regulamenta a Lei de Acesso à Informação e dá outras providências. Brasília, DF: Presidência da República, 16 maio 2012. Disponível em: http://www.planalto.gov.br/ccivil_03/_ato2011-2014/2012/decreto/d7724.htm. Acesso em: 14 abr. 2020.

______. **Lei no 9.307**. Dispõe sobre a arbitragem. Brasília, DF: Presidência da República, 23 set. 1996. Disponível em: http://www.planalto.gov.br/ccivil_03/leis/L9307.htm. Acesso em: 14 abr. 2020.

______. **Lei no 12.527**. Regula o acesso a informações. Brasília, DF: Presidência da República, de 18 nov. 2011. Disponível em: http://www.planalto.gov.br/ccivil_03/_ato2011-2014/2011/lei/l12527.htm. Acesso em: 14 abr. 2020.

______. **Lei no 13.140**. Dispõe sobre a mediação. Brasília, DF: Presidência da República, 26 de junho de 2015. Disponível em: http://www.planalto.gov.br/ccivil_03/_ato2015-2018/2015/Lei/L13140.htm. Acesso em: 14 abr. 2020.

______. **Pesquisa brasileira de mídia 2016**: hábitos de consumo de mídia pela população brasileira. Brasília, DF: Secretaria Especial de Comunicação Social da Presidência da República, 2016. Disponível em: http://www.secom.gov.br/atuacao/pesquisa/lista-de-pesquisas-quantitativas-e-qualitativas-de-contratos-atuais/pesquisa-brasileira-de-midia-pbm-2016.pdf. Acesso em: 14 abr. 2020.

______. **Plano Diretor da Reforma do Aparelho do Estado**. Brasília, DF: Presidência da República, 1995. Disponível em: http://www.bresserpereira.org.br/documents/mare/planodiretor/planodiretor.pdf. Acesso em: 14 abr. 2020.

BRESSER PEREIRA, Luiz Carlos. A Reforma do Estado dos anos 90: lógica e mecanismos de controle. **Lua Nova**, n. 45, p. 49-95, 1998. Disponível em: http://www.bresserpereira.org.br/papers/1998/A_reforma_do_Estado_dos_anos_90.pdf. Acesso em: 14 abr. 2020.

______. Prefácio à primeira edição: política e insulamento burocrático no Brasil. In: NUNES, Edson de O. **Gramática política do Brasil**: clientelismo e insulamento. Rio de Janeiro: Zahar, 1997. p. 25-29.

BRITO, Rafael Almeida Cró. **Formação Humanística – Resolução n. 75 CNJ**: aspectos importantes para ingresso no concurso da magistratura. São Paulo: Nelpa, 2010.

BUZAN, Barry; WÆVER, Ole; WILDE, Jaap de. **Security**: a new framework for analysis. Boulder: Lynne Rienner, 1998.

CAPPELLETTI, Mauro; GARTH, Bryant. **Acesso à justiça**. Tradução: Ellen Gracie Northfleet. Porto Alegre: Fabris, 1993.

CARVALHO, José Murilo de. **Cidadania no Brasil**: o longo caminho. 21. ed. Rio de Janeiro: Civilização Brasileira, 2016.

CARVALHO FILHO, José dos Santos. **Manual de Direito Administrativo**. 27. ed. rev., ampl. e atual. São Paulo: Atlas, 2014.

CHEREM, Carlos Eduardo. O povo não está satisfeito, nem eu, diz Cármen Lúcia sobre Judiciário. **UOL Notícias**, Belo Horizonte, 7 jul. 2017. Disponível em: https://noticias.uol.com.br/politica/ultimas-noticias/2017/07/07/o-povo-nao-esta-satisfeito-nem-eu-diz-carmen-lucia-sobre-judiciario.htm. Acesso em: 14 abr. 2020.

CHIAVENATO, Idalberto. **Comportamento organizacional**: a dinâmica do sucesso das organizações. 2. ed. São Paulo: Elsevier-Campus, 2005.

______. **Gestão de pessoas**: o novo papel dos recursos humanos nas organizações. 3.ed. revis. e atual. 2. tir. Rio de Janeiro: Elsevier, 2010.

______. **Introdução à Teoria Geral da Administração**: uma visão abrangente da moderna administração das organizações. 7. ed. rev. e atual. 6. reimp. Rio de Janeiro: Elsevier, 2004.

CHEVALIER, Jean-Jacques. **As grandes obras políticas de Maquiavel a nossos dias**. 3. ed. Tradução: Lydia Christina. Brasília: UnB; Rio de Janeiro: Agir, 1982. (Pensamento político, 55).

COMTE, Auguste. Curso de Filosofia Positiva. In: CIVITA, Victor (Ed.). **Auguste Comte**. Tradução: José Arthur Giannotti e Miguel Lemos. São Paulo: Abril Cultural, 1978a. p. 1-39. (Os pensadores).

______. Discurso preliminar sobre o conjunto do Positivismo. In: GIANNOTTI, José Arthur (Org.). **Auguste Comte**. Tradução: José A. Giannotti e Miguel Lemos. São Paulo: Abril Cultural, 1978b. p. 228-266. (Os pensadores).

CONSELHO NACIONAL DE JUSTIÇA – CNJ. Código de Ética da Magistratura Nacional. Brasília, DF: CNJ, 2008.

______. Resolução n. 198/2014 [texto compilado]. Brasília, DF: CNJ, 2014. Disponível em: https://atos.cnj.jus.br/files/resolucao_comp_198_01072014_25032019141511.pdf. Acesso em: 23 abr. 2020.

______. **Justiça em números 2016**: ano-base 2015. Brasília, DF: CNJ, 2016a. Disponível em: http://www.cnj.jus.br/wp-content/uploads/2011/02/b8f46be3dbbff344931a933579915488.pdf. Acesso em: 23 abr. 2020.

______. **Justiça em números 2019: ano-base 2018. Brasília, DF: CNJ, 2019. Disponível em:** http://www.cnj.jus.br/wp-content/uploads/conteudo/arquivo/2019/08/justica_em_numeros20190919.pdf. **Acesso em: 23 abr. 2020.**

______. **Manual de mediação judicial** [de acordo com a Lei 13.140/15 (Lei de Mediação), a Lei 13.105/15 (Novo Código de Processo Civil) e a Emenda 2 da Resolução 125/10]. 6. ed. Brasília, DF: CNJ, 2016b. Disponível em: http://www.cnj.jus.br/wp-content/uploads/2015/06/f247f5ce60df2774c59d6e2dddbfec54.pdf. Acesso em: 23 abr. 2020.

______. **Resolução no 75** [texto compilado a partir das alterações promovidas pela Emenda 1/2009, pela Resolução nº 118/2010 e pela Resolução nº 208/2015]. Dispõe sobre os concursos públicos para ingresso na carreira da magistratura em todos os ramos do Poder Judiciário nacional. Brasília, DF: CNJ, 12 maio 2009a. Disponível em: http://atos.cnj.jus.br/files/resolucao_comp_75_12052009_29032019151033.pdf. Acesso em: 23 abr. 2020.

______. **Resolução no 85**. Dispõe sobre a Comunicação Social no âmbito do Poder Judiciário. Brasília, DF: CNJ, 8 set. 2009b. Disponível em: http://atos.cnj.jus.br/atos/detalhar/98. Acesso em: 23 abr. 2020.

______. **Resolução n. 102** [texto compilado e atualizado até 26 abr. 2020]. Dispõe sobre a regulamentação da publicação de informações alusivas à gestão orçamentária e financeira, aos quadros de pessoal e respectivas estruturas remuneratórias dos tribunais e conselhos. Brasília, DF: CNJ, 15 dez. 2009c.

______. **Resolução no 125** [texto compilado]. Dispõe sobre a Política Judiciária Nacional de tratamento adequado dos conflitos de interesses no âmbito do Poder Judiciário e dá outras providências. Brasília, DF: CNJ, 29 nov. 2010. Disponível em: https://atos.cnj.jus.br/files/resolucao_comp_125_29112010_19082019150021.pdf. Acesso em: 23 abr. 2020.

______. **Resolução n. 198**. Dispõe sobre o Planejamento e a Gestão Estratégica no âmbito do Poder Judiciário. Brasília, DF: CNJ, 1 jul. 2014. Disponível em: https://atos.cnj.jus.br/files/resolucao_comp_198_01072014_25032019141511.pdf. Acesso em: 23 abr. 2020.

CONTROLADORIA-GERAL DA UNIÃO – CGU. **Acesso à informação pública**: uma introdução à Lei nº 12.527, de 18 de novembro de 2011. Brasília, DF: CGU e UNESCO, 2011. Disponível em: http://www.acessoainformacao.gov.br/central-de-conteudo/publicacoes/arquivos/cartilhaacessoainformacao.pdf. Acesso em: 14 abr. 2020.

COUTINHO, Clara P. **Metodologia de investigação em Ciências Sociais e Humanas:** teoria e prática. Coimbra: Almedina, 2011.

CUNHA FILHO, Marcio C.; XAVIER, Vítor C. S. **Lei de Acesso à Informação**: teoria e prática. Rio de Janeiro: Lumen Juris, 2014.

DURKHEIM, Émile. **As regras do método sociológico**. 3. ed. Tradução: Paulo Neves. São Paulo: Martins Fontes, 2007. (Tópicos).

______. **Da divisão do trabalho social**. 2. ed. Tradução: Eduardo Brandão. São Paulo: Martins Fontes, 1999.

______. **Educação e Sociologia**. Tradução: Stephania Matousek. Petrópolis, RJ: Vozes, 2011. (Textos fundantes de educação).

______. **O suicídio**: estudo de sociologia. Tradução: Monica Stahel. São Paulo: Martins Fontes, 2000. (Tópicos).

GIANNOTTI, José Arthur. Comte: vida e obra. In: CIVITA, Victor (Ed.). **Comte**. Tradução: José Arthur Giannotti e Miguel Lemos. São Paulo: Abril Cultural, 1978. p. V-XVIII. (Os pensadores).

GIDDENS, Anthony. **Sociologia**. 6. ed. Tradução: Ronaldo Cataldo Costa. Porto Alegre: Penso, 2012.

GOHN, Maria da Glória. Apresentação. In: ______ (Org.). **Movimentos sociais no início do século XXI**: antigos e novos atores sociais. Petrópolis: Vozes, 2003.

GONÇALVES, Joanisval B. ***Sed quis custodiet ipso custodes*? O controle da Atividade de Inteligência em regimes democráticos**: os casos de Brasil e Canadá. 2008. 797 f. Tese (Doutorado em Relações Internacionais) – Instituto de Relações Internacionais da Universidade de Brasília, Brasília, 2008.

GUERRA FILHO, Willis Santiago; CARNIO, Henrique Garbellini. **Introdução à Sociologia do Direito**. São Paulo: Thomson Reuters Revista dos Tribunais, 2016.

HABERMAS, Jürgen. **Direito e democracia**: entre facticidade e validade. Tradução: Flávio Beno Siebeneichler. Rio de Janeiro: Tempo Brasileiro, 1997. v. 1. (Biblioteca tempo universitário, 101).

______. **The theory of communicative action**. Boston: Beacon Press, 1984. v. 1.

HOBBES, Thomas. **Leviatã**: ou, matéria, forma e poder de um Estado eclesiástico e civil. Tradução: Heloísa da Graça Burati. São Paulo: Rideel, 2005.

HOBSBAWM, Eric. **A era das revoluções**: 1789-1848. 36. ed. Tradução: Maria Tereza Teixeira e Marcos Penchel. São Paulo; Rio de janeiro: Paz e Terra, 2016.

JOHNSON, Allan G. **Dicionário de Sociologia**: guia prático da linguagem sociológica. Tradução: Ruy Jungmann. Rio de Janeiro: Zahar, 1997.

KANT, Emmanuel. **Doutrina do Direito**. Tradução: Edson Bini. São Paulo: Ícone, 1993. (Fundamentos do Direito).

KIPPENBERGER, Tony. **Leadership styles**. Oxford, UK: Capstone Publishing, 2002.

LENIN, Vladimir. **As três fontes**. São Paulo: Expressão Popular, 2001.

LÉVY-BRUHL, Henri. **Sociologia do Direito**. 2. ed. 3. tir. Tradução: Antonio de Pádua Danesi. São Paulo: Martins Fontes, 2000.

LOPES, Paula Cristina. Educação, Sociologia da Educação e teorias sociológicas clássicas: Marx, Durkheim e Weber. **Biblioteca Online de Ciências da Comunicação**, Lisboa, 2012. Disponível em: http://www.bocc.ubi.pt/pag/lopes-paula-educacao-sociologia--da-educacao-e-teorias-sociologicas.pdf. Acesso em: 14 abr. 2020.

LUCENA, Eunice Maria G. Marquesini. **Gestão de recursos humanos e a LRF**. Rio de Janeiro: IBAM, 2001. (Lei de responsabilidade fiscal, 6).

MAINWARING, Scott; BRINKS, Daniel; PÉREZ-LIÑÁN, Aníbal. Classificando regimes políticos na América Latina. **Dados**, v. 44, n. 4, 2001, p. 645-687. Disponível em: http://www.scielo.br/pdf/dados/v44n4/a01v44n4.pdf. Acesso em: 14 abr. 2020.

MAQUIAVEL, Nicolau. **O príncipe** [com as Notas de Napoleão Bonaparte]. Tradução: José Cretella Jr. e Agnes Cretella. São Paulo: Revista dos Tribunais, 1996.

MARX, Karl; ENGELS, Friedrich. **A ideologia alemã**. Tradução: Rubens Enderle, Nélio Schneider e Luciano Cavini Martorano. São Paulo: Boitempo, 2007.

______. Manifesto do Partido Comunista. **Estudos Avançados**, São Paulo, USP, v. 12, n. 34, set.-dez. 1998. Disponível em: http://www.scielo.br/pdf/ea/v12n34/v12n34a02.pdf. Acesso em: 14 abr. 2020.

MENDES, Gilmar Ferreira; BRANCO, Paulo Gustavo Gonet. **Curso de Direito Constitucional**. 9. ed. rev. e atual. São Paulo: Saraiva, 2014.

MILLS, C. Wright **A imaginação sociológica**. 6. ed. Tradução: Waltensir Dutra. Rio de Janeiro: Zahar Editores, 1982. (Biblioteca de ciências sociais)

NALINI, José Renato. Tema irrelevante. **O Estado de S. Paulo**, 7 mar. 2011, Espaço aberto, p. A2.

NOGUEIRA, Marco Aurélio. **As ruas e a democracia**: ensaios sobre o Brasil contemporâneo. Brasília, DF: Contraponto, 2013.

O'DONNELL, Guillermo. Acerca de varias accountabilities y sus inter-relaciones. In: PERUZZOTTI, Enrique; SMULOVITZ, Catalina (Ed.). **Controlando la política**: ciudadanos y medios en las nuevas democracias latinoamericanas. Buenos Aires: Temas Grupos Editorial, 2002. p. 87-102.

ONU NEWS. ONU diz que "notícias falsas" representam uma preocupação global. **EBC Agência Brasil**, Nova York, 3 mar. 2017. Internacional. Disponível em: http://agenciabrasil.ebc.com.br/internacional/noticia/2017-03/onu-diz-que-noticias-falsas--representam-uma-preocupacao-global. Acesso em: 14 abr. 2020.

ORGANIZAÇÃO DAS NAÇÕES UNIDAS – ONU. **Overview Human Development Report 2019**. Nova York, NY: PNUD, 2020.

PAGLIARINI, Alexandre C.; AGOSTINI, Leonardo C. de. A relação entre o regime democrático e direito à informação. **Direitos Fundamentais e Justiça**, n. 8, jul.-set. 2009, p. 73-80. Disponível em: http://www.dfj.inf.br/Arquivos/PDF_Livre/08_Artigo_4.pdf. Acesso em: 14 abr. 2020.

PATEMAN, Carole. **Participação e teoria democrática**. Tradução: Luiz Paulo Rouanet. Rio de Janeiro: Paz e Terra, 1992.

PRZEWORSKI, Adam. Minimalist conception of democracy: a defense. In: SHAPIRO, Ian; HACKER-CORDÓN, Casiano (Ed.). **Democracy's value**. Cambridge: Cambridge University Press, 1999. p. 23-55.

QUEIROZ, Francisco M. R. de; GONÇALVES, Marcos B. **Fundamentos de Sociologia**. 3. ed. Brasília, DF: [s.n.], 2008.

REALE, Miguel. **Fundamentos do Direito**. 3. ed. São Paulo: Revista dos Tribunais, 1998. (RT textos fundamentais).

______. **Teoria do Direito e do Estado**. 5. ed. rev. São Paulo: Saraiva, 2000.

REIS, Márlon. **O gigante acordado**: manifestações, ficha limpa e reforma política. Rio de Janeiro: LeYa, 2013.

RUA, Maria das Graças. **Análise de políticas públicas**: conceitos básicos. Brasília, DF: [s.n.], 1998. Disponível em: http://portal.mda.gov.br/o/1635738. Acesso em: 14 abr. 2020.

SANTOS, Boaventura de Sousa. Introdução à sociologia da administração da justiça. **Revista Crítica de Ciências Sociais**, n. 21, p. 11-44, nov. 1986.

SANTOS, Milton. **Por uma outra globalização**: do pensamento único à consciência universal. 6. ed. Rio de Janeiro: Record, 2001.

SOËTARD, Michel. **Jean-Jacques Rousseau**. Tradução: José Eustáquio Romão e Verone Lane. Recife: Fundação Joaquim Nabuco, Editora Massangana, 2010. (Educadores MEC).

SOUSA, Diego A. F. de. **Controle da Atividade de Inteligência de Estado**: um debate entre a necessidade de sigilo e o princípio da transparência. 2012. 64 f. Trabalho de Conclusão de Curso (Graduação em Direito) – Universidade de Brasília, Brasília, 2012.

TRIBUNAL DE JUSTIÇA DO ESTADO DE MINAS GERAIS – TJMG. **Relacionamento com os meios de comunicação**: compartilhar para multiplicar. Belo Horizonte: TJMG, [20--?]. Disponível em: http://www.tjmg.jus.br/lumis/portal/file/fileDownload.jsp?fileId=FF8080813C8B1CEE013CB5CB2DBD0FAD. Acesso em: 14 abr. 2020.

TRIBUNAL DE JUSTIÇA DO DISTRITO FEDERAL E TERRITÓRIOS – TJDFT. **Conhecendo a imprensa**: noções básicas da linguagem jornalística. Brasília, DF: TJDFT, [199-]. Disponível em: http://www.tjdft.jus.br/publicacoes/manuais-e-cartilhas/GlossarioConhecendoAImprensa.pdf. Acesso em: 14 abr. 2020.

TRIBUNAL REGIONAL ELEITORAL DO RIO GRANDE DO SUL – TRE-RS. **Carta de Serviços aos Cidadãos**. Porto Alegre: GESPÚBLICA; TRE-RS, [201-?]. Disponível em: http://www.gespublica.gov.br/sites/default/files/documentos/tre-rs_carta_servicos.pdf. Acesso em: 14 abr. 2020.

UNIVERSITY OF OXFORD. Post-truth. **Oxford Dictionaries**, Oxford, [2016]. Disponível em: https://en.oxforddictionaries.com/definition/post-truth. Acesso em: 14 abr. 2020.

______. Word of the Year 2016 is... **Oxford Dictionaries**, Oxford, 16 nov. 2016. Disponível em: https://en.oxforddictionaries.com/word-of-the-year/word-of-the-year-2016. Acesso em: 14 abr. 2020.

WEBER, Max. **A 'objetividade' do conhecimento nas Ciências Sociais**. Tradução: Gabriel Cohn. São Paulo: Ática, 2006. (Ensaios comentados).

______. A política como vocação. In: GERTH, Hans Heinrich; MILLS, Charles W. (Org). **Max Weber**: ensaios de Sociologia. Rio de Janeiro: Livros Técnicos e Científicos, 1967. p. 58-88.

______. **Economia e sociedade**: fundamentos da Sociologia compreensiva. Tradução: Regis Barbosa e Karen E. Barbosa. 4. ed. 4. reimp. Brasília, DF: Ed. UnB, 2015. v. 1.

______. **Metodologia das Ciências Sociais**. 5. ed. Tradução: Augustin Wernet. São Paulo: Cortez; Campinas: Editora Unicamp, 2016.

TEORIA GERAL DO DIREITO E DA POLÍTICA

Gabriel Dias Marques da Cruz

Capítulo 1

DIREITO OBJETIVO E DIREITO SUBJETIVO

> "Dentro do âmbito de compreensão do conceito de direito no sentido objetivo e no sentido subjetivo são, porém, vários os sentidos em que o empregamos. Ora através desse conceito referimos a faculdade jurídica de exigir uma prestação devida pelo sujeito obrigado; ora referimos a liberdade jurídica ou o movimento espontâneo da conduta dentro do âmbito mais amplo do não-proibido pelas normas de ordenamento; ora como a faculdade do particular de criar normas individuais, como ocorre num contrato e num testamento (...) Esses diversos sentidos em que pode ser corretamente empregado o conceito de direito subjetivo, guardam, contudo, uma unidade conceitual inequívoca, o que pode ser comprovado se observamos que, em qualquer desses casos, o conceito que se lhe há de opor é o de dever jurídico como conceito correlato do de direito subjetivo".
>
> (MACHADO NETO, A. L. **Compêndio de Introdução à Ciência do Direito**, pp. 155-156).

1.1. INTRODUÇÃO

Este capítulo inaugura a abordagem sobre Teoria Geral do Direito e da Política, em conformidade com os tópicos exigidos pela Resolução de nº 75, exarada pelo Conselho Nacional de Justiça e de exigência obrigatória nos concursos para ingresso na carreira da Magistratura. Desse modo, o recorte da abordagem a seguir será, justamente, prestigiar, de modo objetivo, os tópicos contidos na Resolução, de modo a tornar a análise mais fiel aos temas cobrados nas respectivas avaliações.

Vale esclarecer que serão prestigiados os elementos centrais dos tópicos de forma mais objetiva, focando as provas das seleções. Alguns elementos importantes para debate em cada tópico serão apresentados, pois, de forma sumária, com a indicação de eventuais leituras para aprofundamento, respeitado o direcionamento esperado desta obra.

Caso, ainda assim, os temas aqui trabalhados não fiquem devidamente esclarecidos, fico à inteira disposição de vocês, caros leitores, em meu *e-mail* pessoal[1], no qual poderemos continuar nosso contato virtual para além da leitura destes capítulos. Escrevam quando quiserem, e será um prazer ajudar na preparação para um concurso tão exigente, e do qual se espera termos candidatos extremamente dedicados diante de tão seleta concorrência.

Trataremos, portanto, de pontos relevantes no âmbito da Teoria Geral do Direito e da Política, começando a abordagem pelas temáticas do direito objetivo e do direito subjetivo, nos termos expostos a seguir.

1.2. DIREITO OBJETIVO

O termo **direito objetivo** costuma ser utilizado para identificar os diversos ramos jurídicos que contemplam regras gerais e abstratas de uma realidade específica. Sendo assim, cada país estabelece as regras jurídicas válidas por meio dos seus Poderes competentes, sendo que cada direito objetivo assumirá os moldes das escolhas centrais de cada sociedade para que seja evidenciado o seu perfil.

Estas escolhas serão, então, positivadas, gerando uma normatividade apta a constituir o seu direito objetivo. Vale aqui lembrar o pensamento de Miguel Reale, quando enuncia uma relação entre os termos ao dizer que se implicam, sendo que as regras do Direito positivo objetivo "(...) vigem e têm eficácia, em certo tempo, como realidades culturais, postas e garantias pela sociedade e pelo Estado"[2]. Cabe citar a opinião do autor sobre o significado do direito objetivo, sendo que o contempla como conjunto de normas de modelos jurídicos que constitui "(...) um sistema global que, através de um termo italiano já integrado em nossa língua, se denomina *ordenamento jurídico*"[3].

Neste sentido, torna-se importante definir, ao menos, algumas questões políticas centrais na conformação do Estado, a saber: (1) qual será a forma de Estado adotada; (2) qual será a forma de Governo adotada; (3) qual será

1 Segue o endereço: gabriel_dmc@yahoo.com.br. Caso a mensagem seja urgente, peço que indiquem com a palavra "Urgente" no assunto do e-mail, pois terei uma atenção mais ágil nestes casos. Contudo, mesmo que não se trate de mensagem urgente, farei um esforço para responder a todas as mensagens que chegarem à minha caixa. Vamos em frente!

2 REALE, Miguel. **Lições preliminares de direito**, pp. 188-189.

3 REALE, Miguel. **Lições preliminares de direito**, pp. 189-190.

o sistema de governo adotado; (4) qual será o regime político adotado. Em breve síntese, o Brasil possui, em sua Constituição vigente, a forma de Estado **Federal**, a forma **Republicana** de governo, o sistema **Presidencialista** de Governo e o regime político **Democrático**.

Estas escolhas políticas centrais repercutem nas regras estabelecidas pelo Direito Objetivo brasileiro. Haverá, por exemplo, preocupação com regras que assegurem a autonomia política dos entes que integram o Estado Federal; haverá, por sua vez, preocupação com a eletividade e responsabilidade dos Governantes, já que adotamos uma República; também haverá preocupação com a reunião das Chefias de Estado e Governo nas mãos de uma mesma liderança, por acolhermos um Sistema Presidencialista; por fim, a Democracia impõe regras que determinem a soberania popular nas principais escolhas políticas, servindo a participação popular como critério de legitimidade das decisões essenciais do Estado.

São assuntos de conhecimento geral e que caracterizam o formato político adotado pela República Federativa do Brasil. Contudo, os candidatos devem ter atenção redobrada com algumas novidades recentes na organização política nacional, em especial no que diz respeito à nossa Federação e algumas de suas características.

Um primeiro tema que merece ser notado contempla a formação dos Consórcios Regionais, alianças entre Estados com características geográficas e socioeconômicas similares, e que tenha por finalidade lutar pela efetivação de temas de interesse comum[4].

Um dos exemplos mais significativos foi a formação do chamado Consórcio Nordeste. A iniciativa surgiu em março de 2019, no Fórum de Governadores do Nordeste. Tem por finalidade obter – a partir da integração dos esforços dos respectivos Governos Estaduais – vantagens competitivas nas contratações de bens e serviços, além da realização de políticas públicas que atendam às especificidades regionais.

Importante destacar, para efeito de atualização, o teor da Lei Estadual da Bahia de nº 14.087, de 2019. A lei ratifica o Protocolo de Intenções do Consórcio Interestadual de Desenvolvimento Sustentável do Nordeste – Consórcio Nordeste, e assegura que, uma vez alcançado o percentual mínimo de

4 Além da criação, em 2019, do **Consórcio do Nordeste** e do **Consórcio do Sul e Sudeste (Cosud)**, podem ser citados como exemplos o **Brasil Central**, criado em 2016, e o **Amazônia Legal**, de 2018; neste sentido, cf. VARGAS, Daniel. Formação de consórcios regionais é passo original na direção certa. **Consultor Jurídico**. Disponível em: https://www.conjur.com.br/2019-mai-02/daniel-vargas-formacao-consorcios-regionais-passo-original. Acesso em: 05/05/20.

ratificações, ocorrerá a conversão em Contrato de Consórcio Público, sendo criada uma autarquia interfederativa.

IMPORTANTE: Os objetivos do Consórcio Nordeste contemplam, segundo a lei: I - ganhos de escala na contratação de serviços e bens e nas ações em geral realizadas em conjunto pelos entes consorciados; II - acesso a informações e ao know-how entre os Estados, propiciando troca de experiência mais efetiva, aprendizado em ciclo mais curto e o compartilhamento de boas práticas; III - melhor compreensão e encaminhamento das necessidades e agendas políticas regionais; IV - fortalecimento das capacidades dos entes consorciados com a fusão de recursos e desenvolvimento de sinergias; V - estabelecimento de ente capaz de figurar como catalisador para o estabelecimento de parcerias; VI - ampliação de redes colaborativas entre os Estados; VII - promover inovação a partir da ligação de setores com uma maior coordenação e coerência".

Além da novidade relativa à disseminação dos Consórcios Regionais, outro assunto merece atenção específica: o papel de maior protagonismo dos entes da Federação no combate às trágicas consequências da pandemia que tem assolado à humanidade, no que diz respeito à proliferação do coronavírus.

O assunto veio a ser enfrentando, especialmente, pelo Supremo nos autos da ADPF de nº 672. A arguição de descumprimento de preceito fundamental foi ajuizada pelo Conselho Federal da Ordem dos Advogados do Brasil, tendo como Relator o Ministro Alexandre de Moraes.

Houve a concessão parcial da liminar requerida no dia 8/4/2020, sendo que a decisão reconheceu o exercício da competência concorrente dos Governos Estadual e Distrital, assim como suplementar dos Municípios, "cada qual no exercício de suas atribuições e no âmbito de seus respectivos territórios, para a adoção ou manutenção de medidas restritivas legalmente permitidas durante a pandemia, tais como, a imposição de distanciamento/isolamento social, quarentena, suspensão de atividades de ensino, restrições de comércio, atividades culturais e à circulação de pessoas, entre outras; independentemente de superveniência de ato federal em sentido contrário, sem prejuízo da competência geral da União para estabelecer medidas restritivas em todo o território nacional, caso entenda necessário. Obviamente, a validade formal e material de cada ato normativo específico estadual, distrital ou municipal poderá ser analisada individualmente. Intimem-se e publique-se."

No âmbito da referida ação merecem destaque as lições da Corte no sentido de que os entes da Federação possuem competência concorrente para a adoção de medidas de restrição a direitos fundamentais, tendo por norte a proteção da saúde como bem de interesse coletivo.

Evidentemente, o reconhecimento das competências dos Estados, Municípios e Distrito Federal deve ser implantado com a devida atenção à proporcionalidade, medida de verificação da compatibilidade entre as restrições a direitos fundamentais e os objetivos presentes na Constituição.

Além das escolhas políticas centrais mencionadas, é bem comum subdividir o **direito objetivo** em **diversos ramos**, de modo a tornar mais didática a sua compreensão. A divisão mais tradicional e clássica separa o **Direito Público** ante o **Direito Privado**, homenageando, no primeiro caso, o primado do chamado **princípio da legalidade**, enquanto o segundo seria marcado pela prevalência do **princípio da autonomia privada**.

Trata-se de divisão antiga e, atualmente, bastante questionada. Há **críticas** no sentido de que a divisão não contempla as diversas complexidades das relações jurídicas, que muitas vezes são atingidas por características que envolvem legalidade e autonomia privada simultaneamente. Além disso, há ramos do Direito que não encontrariam localização exata nem no Direito Público, nem no Direito Privado, o que traduz mais um elemento desafiador para a pretensão classificatória.

De todo modo, a essência da distinção tradicional encontra-se exposta a seguir:

RAMOS DO DIREITO OBJETIVO	
Direito Público	Prevalência do Princípio da Legalidade
Direito Privado	Prevalência do Princípio da Autonomia da Vontade

A intenção desta divisão é a de separar um ramo jurídico centrado na garantia de que o Estado apenas possa fazer o que a lei permita (**princípio da legalidade**) diante de outro ramo no qual há, de regra, liberdade para adoção de comportamentos, salvo expressa vedação legal (**autonomia da vontade**).

Citando um exemplo básico para cada realidade, seria possível cogitar, no âmbito do princípio da legalidade, a realização de um **concurso público** para provimento de cargos, no qual as etapas seguem uma previsão via edital, ancorado em notória preocupação com o princípio da igualdade. Por sua vez, quando pensamos na autonomia privada, o exemplo clássico envolve a celebração de **contratos**, ligação jurídica entre particulares que possui liberdade de celebração das suas cláusulas, ressalvada explícita vedação legal.

Ocorre que a divisão entre direito público e privado, embora ainda hoje utilizada, possui apenas uma simples intenção didática, já que existe um profundo intercâmbio entre as áreas que integrariam cada suposto ramo autônomo do Direito, como anteriormente mencionado.

Em síntese, entende-se por **direito objetivo** o conjunto de regras e princípios específicos de certa ordem jurídica, elaborados pela respectiva autoridade competente e com pretensão de validade em certo âmbito territorial, tendo por base a incidência da respectiva soberania.

1.3. DIREITO SUBJETIVO: CONCEITO, TEORIAS E CLASSIFICAÇÃO

O termo **direito subjetivo** possui um significado conceitual bem diferente. Encontra-se centrado no autor de uma pretensão que, valendo-se do direito objetivo, deseja ver aplicável alguma regra ou princípio jurídicos em seu favor.

Existe uma clássica divisão entre duas expressões utilizadas, em latim, para fazer referência ao direito objetivo e ao direito subjetivo: no primeiro caso, utiliza-se a expressão *norma agendi*; no segundo, a expressão *facultas agendi*.

A visão usual acerca do assunto ensina que o titular de um direito subjetivo pode vir a invocar, com base no direito objetivo vigente em certa realidade territorial, alguma pretensão jurídica perante outrem[5].

Revela, portanto, "(...) uma situação particular da pessoa em relação ao ordenamento jurídico que lhe confere um direito, o faz *titular* de um direito"[6], de acordo com Dimitri Dimoulis. Outra interessante definição pode ser encontrada em Miguel Reale, ao dizer ser o direito subjetivo "(...) a possibilidade de exigir-se, de maneira garantida, aquilo que as normas de direito atribuem a alguém como próprio"[7]. Também podemos aqui citar a opinião de Tércio Sampaio Ferraz Jr., para o qual o direito subjetivo "(...) aponta para a posição de um sujeito numa situação comunicativa, que se vê dotado de faculdades jurídicas (modos de interagir) que o titular pode fazer valer mediante procedimentos garantidos por normas"[8].

Vejamos, então, os conceitos citados para que tenhamos uma ideia geral:

---

5 Neste sentido, cf. DINIZ, Maria Helena. **Compêndio de introdução à ciência do direito**, p. 269; SIQUEIRA JR., Paulo Hamilton. **Teoria do Direito**, p. 47.

6 DIMOULIS, Dimitri. **Manual de introdução ao estudo do direito**, p. 232.

7 REALE, Miguel. **Lições preliminares de direito**, p. 260.

8 FERRAZ JR., Tércio Sampaio. **Introdução ao estudo do direito**: técnica, decisão, dominação, p. 124.

CONCEITOS DE DIREITO SUBJETIVO	
DIMITRI DIMOULIS	Situação particular da pessoa em relação ao ordenamento jurídico que lhe confere um direito, o faz titular de um direito;
MIGUEL REALE	Possibilidade de exigir-se, de maneira garantida, aquilo que as normas de direito atribuem a alguém como próprio.
TÉRCIO SAMPAIO FERRAZ JR.	Posição de um sujeito numa situação comunicativa, que se vê dotado de faculdades jurídicas (modos de interagir) que o titular pode fazer valer mediante procedimentos garantidos por normas.

Tércio Sampaio Ferraz Jr.[9] explica, ainda, alguns **elementos básicos** que seriam importantes para delinear o direito subjetivo, sendo composto pelos seguintes: (1) sujeito do direito, que é o seu titular; (2) o conteúdo do direito, que corresponde a uma faculdade de agir ou de dispor, por exemplo; (3) o objeto do direito, que corresponde ao bem protegido; (4) a proteção do direito, que garante o mecanismo de assegurar o direito concretamente.

Ocorre que, ao longo do tempo, foram construídas algumas **teorias** sobre qual seria a **natureza do direito subjetivo**.

O tema é antigo, polêmico e profundamente diversificado.

Serão expostos, na sequência, traços centrais de algumas visões sobre o tema, tendo por base a reunião das sistematizações construídas por André Franco Montoro[10], Miguel Reale[11], Tércio Sampaio Ferraz Jr.[12], Dimitri Dimoulis[13], Maria Helena Diniz[14], Antônio Luís Machado Neto[15], Ricardo Maurício Freire Soares[16] e Paulo Hamilton Siqueira Jr.[17].

Os pensadores mais trabalhados sobre o assunto foram apresentados na tabela que aparece a seguir, contendo passagens valiosas que eviden-

---

9 FERRAZ JR., Tércio Sampaio. **Introdução ao estudo do direito**: técnica, decisão, dominação, p. 124.

10 MONTORO, André Franco. **Introdução à ciência do direito**, pp. 495-511.

11 REALE, Miguel. **Lições preliminares de direito**, pp. 251-260.

12 FERRAZ JR., Tércio Sampaio. **Introdução ao estudo do direito**: técnica, decisão, dominação, pp. 116-120.

13 DIMOULIS, Dimitri. **Manual de introdução ao estudo do direito**, pp. 231-233.

14 DINIZ, Maria Helena. **Compêndio de introdução à ciência do direito**, pp. 266-269.

15 MACHADO NETO, A. L. **Compêndio de introdução à ciência do direito**, pp. 156-159.

16 SOARES, Ricardo Maurício Freire. **Curso de Introdução ao Estudo do Direito**, pp. 112-114.

17 SIQUEIRA JR., Paulo Hamilton. **Teoria do Direito**, pp. 190-194.

ciam os principais traços das teorias que explicam a **natureza jurídica do direito subjetivo**:

TEORIAS SOBRE O DIREITO SUBJETIVO	
Teoria da Vontade (Savigny e Windscheid)	Direito subjetivo concebido como poder oriundo da vontade humana, alvo de reconhecimento pela ordem jurídica. O direito subjetivo seria, portanto, "o poder ou domínio da vontade livre do homem, que o ordenamento protege e confere"[18], a "capacidade do indivíduo de impor determinada norma ou decisão"[19], ou o "poder da vontade reconhecido pela ordem jurídica"[20], também visto como a "vontade juridicamente protegida"[21];
Teoria do Interesse (Jhering)	Direito subjetivo concebido como "interesse juridicamente protegido"[22]. Contemplaria, portanto, um elemento material (interesse), conectado a um elemento formal (proteção do interesse pelo direito)[23];
Teoria Eclética (Jellinek)	Direito subjetivo concebido como interesse tutelado pela ordem jurídica via reconhecimento da vontade individual. Nesta teoria são reunidos os elementos interesse e vontade, razão pela qual é conhecida como eclética. Seria o direito subjetivo o "poder da vontade reconhecido e protegido pela ordem jurídica, tendo por objeto um bem ou interesse"[24] ou "(...) o interesse protegido que dá a alguém a possibilidade de agir"[25];
Teoria da Garantia (Thon)	Direito subjetivo concebido a partir da sua garantia judicial. Neste caso, a base do direito subjetivo não seria a vontade, "(...) mas a possibilidade de fazer a garantia da ordem jurídica tornar efetiva a proteção do direito"[26]; "(...) mais a proteção do interesse do que o interesse protegido, mais as grades que circundam e guardam o jardim, do que o jardim cercado pelas grades"[27];

18 FERRAZ JR., Tércio Sampaio. **Introdução ao estudo do direito**: técnica, decisão, dominação, p. 118.

19 DIMOULIS, Dimitri. **Manual de introdução ao estudo do direito**, p. 232.

20 DINIZ, Maria Helena. **Compêndio de introdução à ciência do direito**, p. 266.

21 REALE, Miguel. **Lições preliminares de direito**, p. 251; SIQUEIRA JR., Paulo Hamilton. **Teoria do Direito**, p. 191.

22 REALE, Miguel. **Lições preliminares de direito**, p. 254; SIQUEIRA JR., Paulo Hamilton. **Teoria do Direito**, p. 191. No mesmo sentido, cf. DIMOULIS, Dimitri. **Manual de introdução ao estudo do direito**, p. 232.

23 DINIZ, Maria Helena. **Compêndio de introdução à ciência do direito**, p. 267.

24 DINIZ, Maria Helena. **Compêndio de introdução à ciência do direito**, p. 268.

25 REALE, Miguel. **Lições preliminares de direito**, p. 255.

26 FERRAZ JR., Tércio Sampaio. **Introdução ao estudo do direito**: técnica, decisão, dominação, p. 119.

27 REALE, Miguel. **Lições preliminares de direito**, p. 254.

Teoria Pura do Direito (Kelsen)	Direito subjetivo necessariamente associado ao objetivo, concebido nos casos em que a aplicação da sanção pelo Estado dependa da iniciativa do particular. Logo, o direito objetivo e o direito subjetivo, segundo Kelsen, "(...) são apenas posições distintas do Direito, que é um único sistema lógico-gradativo de normas"[28];
Teoria Egológica do Direito (Cossio)	Direito subjetivo concebido como exercício da liberdade no campo das condutas que não são proibidas pelo direito. Haveria um duplo tratamento do direito subjetivo. Em um plano lógico, representa a "(...) determinação do dever jurídico enquanto este dever vem determinado por um sujeito pretensor"[29]; em um plano ontológico, corresponde, por sua vez, ao reconhecimento de uma faculdade pelo ordenamento;
Teoria da Vontade-Potência (Del Vecchio)	Direito subjetivo concebido como faculdade de querer, à qual corresponde uma obrigação por parte dos outros. Quando respeitado, o direito subjetivo mantém-se latente, em estado de potência. Caso seja desrespeitado, manifesta-se expressamente e é afirmado perante outrem[30]. Seria, portanto, "(...) uma possibilidade lógica de querer no âmbito normativo"[31].

Há, ainda, teorias que **negam a existência** de direitos subjetivos, sendo exemplos as teorias de Leon Duguit e Karl Larenz. O primeiro buscou substituir a noção de direito subjetivo pela de **situação subjetiva**[32]; o segundo, por sua vez, a substituiu pela noção de **deveres comunitários**[33].

Vale dizer, também, que alguns autores acreditam que o pensamento de **Hans Kelsen** poderia ser incluído dentre os que **negam a existência** dos direitos subjetivos. No caso do pensamento de Kelsen, tal conclusão deriva do fato de que o autor associa, necessariamente, o direito subjetivo ao direito objetivo ou norma, em sua conhecida vertente do positivismo normativista. Neste sentido, Machado Neto esclarece que a visão de Kelsen sobre o direito subjetivo "(...) ao identificar esse último conceito como uma decorrência da norma, há de aparecer como a sua negação, porque a sua inclusão no conceito oposto"[34]. André Franco Montoro também o inclui como negador da existência do direito subjetivo[35].

28 REALE, Miguel. **Lições preliminares de direito**, p. 256.

29 MACHADO NETO, A.L. **Compêndio de Introdução à Ciência do Direito**, p. 158.

30 SIQUEIRA JR., Paulo Hamilton. **Teoria do Direito**, p. 193.

31 REALE, Miguel. **Lições preliminares de direito**, p. 256.

32 MONTORO, André Franco. **Introdução à ciência do direito**, pp. 496-498.

33 SOARES, Ricardo Maurício Freire. **Curso de Introdução ao Estudo do Direito**, p. 114.

34 MACHADO NETO, A.L. **Compêndio de Introdução à Ciência do Direito**, p. 158.

35 MONTORO, André Franco. **Introdução à ciência do direito**, p. 498.

Hans Kelsen tinha por intuito, em sua célebre "Teoria Pura do Direito", caracterizar um objeto específico e delimitado para a Ciência do Direito. Neste sentido, desejava libertá-la de uma confusão quando ao seu objeto que chamou de **sincretismo metodológico**[36], e que dificultava saber o que deveria ser especificamente trabalhado pelo Direito. Quis construir uma teoria anti-ideológica, capaz de representar o Direito "(...) tal como ele é, e não como ele deve ser: pergunta pelo Direito real e possível, não pelo Direito "ideal" ou "justo". Neste sentido, é uma teoria do Direito radicalmente realista, isto é, uma teoria do positivismo jurídico. Recusa-se a valorar o Direito positivo"[37].

Examinadas algumas das principais teorias sobre a natureza do direito subjetivo, pode-se falar, ainda, sobre algumas **classificações dos direitos subjetivos**.

No particular, também se percebe uma variedade de pensamentos a respeito do tema. Destacaremos, a seguir, duas interessantes classificações, marcadamente didáticas: a de Miguel Reale e a de André Franco Montoro.

Na tabela a seguir é possível encontrar a classificação de Miguel Reale: [38]

CLASSIFICAÇÃO DOS DIREITOS SUBJETIVOS (VISÃO DE MIGUEL REALE)	
Direitos Subjetivos Privados	(1) Incluem direitos subjetivos simples, que correspondem a prestações específicas (Exemplo: direito de um credor a uma prestação prevista em um contrato); incluem direitos subjetivos complexos (Exemplo: proprietário de um prédio dispõe de diversas possibilidades de ação); incluem também status juridicus, que correspondem a um conjunto de direitos subjetivos que converge para uma pessoa, conferindo-lhe uma dimensão jurídica (Exemplo: estados da mulher casada ou do indivíduo que adquire ações de uma sociedade anônima); (2) Incluem direitos pessoais, obrigacionais e reais; (3) Incluem direitos absolutos (oponíveis a todos, com eficácia erga omnes, como os direitos pessoais e reais) e relativos (oponíveis a pessoas determinadas, como os direitos obrigacionais);
Direitos Públicos Subjetivos	(1) São direitos de reconhecimento mais recente, datados da segunda metade do século XIX, a partir do momento em que são reconhecidas as primeiras formas de governo representantivo[39];

36 KELSEN, Hans. **Teoria pura do direito**, pp. 1-2.

37 KELSEN, Hans. **Teoria pura do direito**, p. 118.

38 REALE, Miguel. **Lições preliminares de direito**, p. 267.

39 REALE, Miguel. **Lições preliminares de direito**, p. 268.

	(2) Segundo Reale, a "(...) teoria do direito público subjetivo é, pois, uma teoria fundamental, porquanto implica a afirmação de que o indivíduo possui uma esfera de ação inviolável, em cujo âmbito o Poder público não pode penetrar"[40]; (3) Segundo a Constituição Brasileira de 1988, estão incluídos no Título II, consagrando extenso catálogo de direitos e garantias fundamentais. Para Reale[39], incluem: direitos subjetivos públicos de natureza política, direitos subjetivos públicos de natureza social e direitos subjetivos públicos de natureza estritamente jurídica;

Uma outra classificação dos direitos subjetivos que merece destaque foi a formulada por André Franco Montoro[41]. O autor teve o mérito de efetuar uma classificação compreensiva dos direitos subjetivos na esfera privada e na esfera pública, empregando quatro critérios para tanto:

CLASSIFICAÇÃO DOS DIREITOS SUBJETIVOS (VISÃO DE FRANCO MONTORO)	
Quanto ao Sujeito Passivo	Compreendem os direitos absolutos (têm sujeito passivo indeterminado, sendo exemplo a propriedade) e os direitos relativos (têm sujeito passivo determinado, sendo exemplo os direitos de crédito);
Quanto ao Sujeito Ativo	Compreendem os direitos individuais (exclusivos do indivíduo, sendo exemplo os direitos de liberdade), direitos institucionais (exclusivos das instituições, sendo exemplo o direito que o Estado possui de legislar), e os direitos comuns aos indivíduos e instituições (são exercidos por ambos, sendo exemplos os direitos de crédito e de propriedade);
Quanto ao Objeto	Compreendem os direitos da personalidade (contemplam direitos da pessoa física e jurídica, tanto no que diz respeito aos direitos sobre a própria pessoa – vida, segurança, liberdade, por exemplo – quanto aos direitos em relação à pessoa de outrem, como o poder familiar, assim como os direitos das instituições e pessoas jurídicas), os direitos reais (direitos sobre coisas materiais e imateriais) e, por fim, os direitos obrigacionais (direitos sobre uma ação ou prestação de outrem, contemplando, por exemplo, obrigações de dar, fazer e não-fazer);
Quanto à Finalidade	Compreendem os direitos-interesse (buscam o benefício do próprio titular, sendo exemplos os direitos à vida, à liberdade e ao nome) e os direitos-função (buscam o benefício de outrem, sendo exemplos o poder familiar, o poder de tutela e os direitos das autoridades).

40 REALE, Miguel. **Lições preliminares de direito**, pp. 270-271.

41 MONTORO, André Franco. **Introdução à ciência do direito**, pp. 537-551.

Feitas a análise da natureza jurídica e da classificação dos direitos subjetivos, também se revela interessante perceber como a normatividade brasileira emprega a expressão, sendo que analisaremos, a seguir, alguns exemplos de direitos subjetivos conforme a Constituição Federal de 1988.

A Constituição Federal de 1988 emprega o termo **direito público subjetivo** quando se refere ao exercício do **direito à educação**, por exemplo, como esclarece o seu artigo 208, §1º[42]. Na referida passagem a Constituição assegura o acesso ao ensino obrigatório e gratuito nesta exata condição.

A utilização do termo justamente associado ao direito à educação tem por motivação a sua especial importância, já que representa base para a edificação de uma sociedade que se pretende desenvolvida, crítica, e consciente do papel de proteção das conquistas civilizatórias da humanidade, assumindo especial papel a defesa dos direitos humanos e fundamentais.

A Constituição também fala em direito subjetivo ao retratar o **sufrágio**, evidentemente inserido no âmbito do exercício dos direitos políticos fundamentais. Neste caso não emprega a mesma expressão utilizada em se tratando do acesso à educação, mas enuncia, em seu artigo 14[43], que a soberania popular se encontra amparada no sufrágio universal e no direito ao voto direto e secreto, com valor igual para todos. O direito de sufrágio também foi especialmente protegido pela Constituição na condição de uma cláusula pétrea, o que se depreende do seu artigo 60, §4º, inciso II[44], assegurando que quatro traços do voto não possam ser alvo de qualquer mudança tendente à sua abolição: (1) o voto direto; (2) o voto secreto; (3) o voto universal; e (4) o voto periódico.

Uma interessante curiosidade é o fato de que a obrigatoriedade do voto **não foi** consagrada como cláusula pétrea pela Constituição Federal de 1988, o que evidencia a viabilidade, em tese, de que ocorra a adoção futura do voto em caráter facultativo para todos. Trata-se de característica distinta do formato atual, que o consagra em apenas algumas situações previstas pelo §1º do artigo 14[45]. Logicamente que a eventual alteração da obrigatoriedade

---

42 Artigo 208. O dever do Estado com a educação será efetivado mediante a garantia de: (...) §1º O acesso ao ensino obrigatório e gratuito é direito público subjetivo.

43 Art. 14. A soberania popular será exercida pelo sufrágio universal e pelo voto direto e secreto, com valor igual para todos, e, nos termos da lei, mediante.

44 § 4º Não será objeto de deliberação a proposta de emenda tendente a abolir: I – a forma federativa de Estado; II – o voto direto, secreto, universal e periódico; III – a separação dos Poderes; IV – os direitos e garantias individuais.

45 § 1º O alistamento eleitoral e o voto são: I – obrigatórios para os maiores de dezoito anos; II – facultativos para: a) os analfabetos; b) os maiores de setenta anos; c) os maiores de dezesseis e menores de dezoito anos.

do voto ensejaria inúmeras discussões quanto à conveniência e viabilidade da medida.

Há, portanto, uma íntima conexão entre direito subjetivo e a exigibilidade do Direito: o titular de um direito subjetivo deseja invocá-lo para que garanta alguma prerrogativa, prevista em lei, e que precisa ser cumprida.

Em síntese, entende-se por **direito subjetivo** a prerrogativa, amparada pelo direito objetivo, de exigir o cumprimento de alguma regra ou princípio jurídicos, restando assegurada a devida exigibilidade perante o Estado e o particular.

A título de conclusão, podemos, então, dizer que:

DIREITO OBJETIVO E SUBJETIVO	
Direito Objetivo	Conjunto de regras e princípios específicos de certa ordem jurídica, elaborados pela respectiva autoridade competente e com pretensão de validade em certo âmbito territorial, tendo por base a incidência da respectiva soberania;
Direito Subjetivo	Prerrogativa, amparada pelo Direito Objetivo, de exigir o cumprimento de alguma regra ou princípio jurídicos, assegurada a correspondente exigibilidade perante o Estado e o particular.

Uma vez tendo sido examinadas, em linhas gerais, as categorias do direito objetivo e do direito subjetivo, cabe examinar mais a fundo o segundo capítulo desta parte de Teoria Geral do Direito e da Política: a explicação sobre as fontes do direito objetivo, alvo da abordagem que faremos em seguida.

1.4. QUESTÕES

(2014 – CESPE – MPE-AC – Promotor de Justiça) No que se refere às vertentes teóricas acerca da natureza jurídica do direito subjetivo, assinale a opção correta.

A) Segundo a teoria da garantia, o direito subjetivo constitui interesse tutelado pela ordem jurídica mediante o reconhecimento da vontade individual, o que pressupõe um direito subsistente na volição.

B) A teoria lógico-formal, centrada em depurar do estudo do direito quaisquer elementos metajurídicos, promove a redução formalista do dever jurídico e, concomitantemente, do direito subjetivo à norma jurídica.

C) De acordo com a teoria da vontade-potência, da conjugação dos elementos vontade e interesse, o direito subjetivo seria o bem ou interesse protegido pelo reconhecimento do poder da vontade humana, visto que é dirigido a um bem reconhecido pela ordem jurídica.

D) Segundo a teoria eclética, não há direito subjetivo: nem o indivíduo nem a coletividade possuem direitos, uma vez que a regra de direito cria um comportamento (positivo ou negativo), configurando-se uma situação de caráter objetivo.

E) A teoria egológica do direito confere novo tratamento à noção de direito subjetivo, que, identificado com a liberdade humana, expressa o movimento espontâneo da vida humana (liberdade fenomenizada) no campo do não proibido.

GABARITO: **E**.

(2010 – FCC – TRT – 22ª Região (PI) – Analista Judiciário – Área Judiciária) O sufrágio é um direito:

A) público objetivo de natureza política.

B) público subjetivo de natureza política.

C) privado objetivo de natureza nacional.

D) privado objetivo ilimitado.

E) público objetivo ilimitado.

GABARITO: **B**.

(2012 – FEPESE – DPE-SC – Defensor Público) Hans Kelsen afirmou que a teoria pura do direito é uma teoria geral do direito positivo. Para ele, o Direito é "uma ordem normativa da conduta humana, ou seja, um sistema de normas que regulam o comporta- mento humano". Com o termo norma, Kelsen buscou significar algo que "deve ser ou acontecer, especialmente que um homem se deve conduzir de determinada maneira". Na obra "Teoria Pura do Direito", que leva o mesmo nome da teoria de Kelsen, o autor afirma que essa teoria pura busca única e exclusivamente conhecer o seu próprio objeto, ou seja:

A) o que é e como é o Direito.

B) como deve ser o Direito.

C) como deve ser feito o Direito.

D) como deve ser feita a política do Direito.

E) como ocorre a relação entre o Direito e as demais áreas do saber.

GABARITO: **A**.

(2012 – CESPE – DPE-RO – Defensor Público) Com relação ao conceito de direito e de equidade, assinale a opção correta:

A) Equidade pode ser definida como o conjunto de princípios que, atribuídos a Deus, à razão, ou havidos como decorrentes da natureza das coisas, independem de convenção ou legislação, e que seriam determinantes, informativos ou condicionantes das leis positivas.

B) Define-se equidade como a autorização, dada pelo direito objetivo, de fazer ou ter o que não pode ser impedido ou tirado, sem violação da norma jurídica.

C) O direito, definido como conjunto de princípios imanentes, constitui a substância jurídica da humanidade, segundo a sua natureza e o seu fim; tais princípios, imutáveis em essência, se adaptam à realidade histórica e geográfica.

D) Segundo Dante, o direito representa uma proporção real e pessoal, de homem para homem, que, conservada, conserva a sociedade, e, corrompida, corrompe-a.

E) O direito pode ser definido como a justa aplicação da norma jurídica geral ao caso concreto para que o *summum jus* não se transforme em *summa injuria*.

GABARITO: **D**.

(2010 – FCC – DPE-SP – Defensor Público) Em sua teoria do ordenamento jurídico, Norberto Bobbio estuda os aspectos da unidade, da coerência e da completude do ordenamento. Relativamente ao aspecto da coerência do ordenamento jurídico, "a situação de normas incompatíveis entre si" refere-se ao problema:

A) das antinomias.

B) da analogia.

C) do espaço jurídico vazio.

D) das lacunas.

E) da incompletude.

GABARITO: **A**.

Capítulo 2

FONTES DO DIREITO OBJETIVO: PRINCÍPIOS GERAIS DE DIREITO, JURISPRUDÊNCIA E SÚMULA VINCULANTE

> "Podemos aceitar, neste momento, uma definição que já se tornou comum: "fontes do direito" são aqueles fatos ou atos dos quais o ordenamento jurídico faz depender a produção de normas jurídicas. O conhecimento de um ordenamento jurídico (e também de um setor particular desse ordenamento) começa sempre pela enumeração de suas fontes (...) O que nos interessa notar numa teoria geral do ordenamento jurídico não é tanto quantas e quais sejam as fontes do Direito de um ordenamento jurídico moderno, mas o fato de que, no mesmo momento em que se reconhece existirem atos ou fatos dos quais se faz depender a produção de normas jurídicas (as fontes do direito), reconhece-se que o ordenamento jurídico, além de regular o comportamento das pessoas, *regula também o modo pelo qual se devem produzir as regras*".
>
> (BOBBIO, Norberto. **Teoria do ordenamento jurídico**, p. 45).

2.1. INTRODUÇÃO

Neste capítulo trataremos da temática das fontes do direito objetivo, preocupada em saber quais seriam os institutos que servem de base para a geração de direitos, obrigações e competências na seara jurídica.

A expressão **fonte** costuma ser identificada com a ideia de origem; logo, discutir fontes do direito objetivo significa descobrir de onde surgem as normas jurídicas, e como a sua gênese influencia o fenômeno jurídico como um todo. Segundo Miguel Reale, seria possível conceituar as fontes do direito como "(...) processos ou meios em virtude dos quais as regras jurídicas se positivam com legítima força obrigatória, isto é, com vigência e eficácia no contexto de uma *estrutura normativa*"[1].

Como Norberto Bobbio esclarece na epígrafe deste capítulo, pode-se dizer que um ordenamento jurídico possui tanto **normas de conduta** quanto **normas de estrutura**: enquanto as primeiras estão preocupadas com a regulação do comportamento, as segundas estão preocupadas em regrar a criação de outras normas[2].

Vejamos, então, duas ideias importantes acerca do significado das fontes do direito:

VISÕES SOBRE O SIGNIFICADO DAS FONTES DO DIREITO	
MIGUEL REALE	"(...) processos ou meios em virtude dos quais as regras jurídicas se positivam com legítima força obrigatória, isto é, com vigência e eficácia no contexto de uma estrutura normativa";
NORBERTO BOBBIO	"(...)"fontes do direito" são aqueles fatos ou atos dos quais o ordenamento jurídico faz depender a produção de normas jurídicas";

Os tópicos a seguir versam sobre as principais fontes do direito objetivo brasileiro, sendo realçado o impacto da inserção do Brasil no âmbito de uma família jurídica de *civil law*, assim como as alterações que têm atingido, mais recentemente, a aludida classificação.

2.2. FONTES DO DIREITO OBJETIVO

As fontes do direito estão relacionadas com a preocupação em se saber acerca da origem da normatividade jurídica. Giorgio Del Vecchio explica que, em geral, "(...) o direito tem como fonte essencial a natureza humana"[3]. Contudo, a abordagem jurídica tradicional a respeito do assunto diferencia as **fontes formais** do direito das suas **fontes materiais**[4].

No âmbito das **fontes formais**, a preocupação do intérprete está relacionada aos critérios que embasam a própria normatividade jurídica, segundo um ordenamento jurídico específico. Neste caso, deve-se verificar quais crité-

1 REALE, Miguel. **Lições preliminares de direito**, p. 140.

2 BOBBIO, Norberto. **Teoria do ordenamento jurídico**, pp. 45-48.

3 DEL VECCHIO, Giorgio. **O Estado e suas fontes do direito**, p. 42.

4 Neste sentido, cf. DIMOULIS, Dimitri. **Manual de introdução ao estudo do direito**, p. 170; SOARES, Ricardo Maurício Freire. **Curso de Introdução ao Estudo do Direito**, p. 75.

rios algum direito objetivo específico reconhece, em seu conjunto normativo válido, como capazes de ensejar regras de competência e de comportamento.

No âmbito das **fontes materiais**, por sua vez, é possível discutir os valores que influenciam a produção de normas jurídicas. Trata-se, neste caso, de um olhar voltado para a ideologia prevalecente e as forças sociais, políticas, econômicas e culturais de maior preponderância na sociedade em cada período histórico, e que são capazes de influenciar a construção do regramento jurídico.

Há, ainda, quem defenda as chamadas **fontes históricas**[5], na medida em que fazem referência aos documentos mais importantes do passado, que ainda hoje exercem nítida influência na prática do direito.

Podemos assim sintetizar a diversidade de sentidos nas fontes do direito:

FONTES DO DIREITO: SENTIDOS POSSÍVEIS	
Fontes Formais	Critérios oficialmente eleitos por um ordenamento específico
Fontes Materiais	Valores que influenciam a criação de normas no Direito
Fontes Históricas	Documentos relevantes na História do Direito

Faremos, aqui, um recorte voltado para as **fontes em sua dimensão formal**, por se tratar do critério eleito pela Resolução nº 75 do CNJ para exigir o conhecimento no âmbito da Teoria Geral do Direito. Estão, pois, correlacionadas ao **direito objetivo brasileiro**.

Vale salientar que no âmbito das fontes formais, a doutrina[6] também elabora uma outra classificação, dividindo-as em **fontes formais escritas e não escritas**.

Haveria, na primeira categoria, as leis, a jurisprudência e a doutrina; na segunda, por sua vez, podemos encontrar os costumes jurídicos, os princípios gerais do direito e a vontade dos particulares, conhecida como poder negocial. Logo:

FONTES DO DIREITO	
Fontes Escritas	Lei, Jurisprudência, Doutrina
Fontes Não Escritas	Costumes, Princípios Gerais do Direito e Poder Negocial

No âmbito das **fontes escritas**, a **lei** corresponde à norma jurídica escrita, que entrou em vigor por decisão das autoridades estatais dotadas de

5 SIQUEIRA JR., Paulo Hamilton. **Teoria do Direito**, pp. 51-52.

6 DIMOULIS, Dimitri. **Manual de introdução ao estudo do direito**, pp. 170-196.

competência para tanto, elaborada de acordo com o procedimento previsto por normas superiores, e dotada de generalidade e abstração[7].

A **jurisprudência**, a seu turno, reflete o conjunto de decisões fruto dos Juízes e Tribunais, correspondendo às suas sentenças, acórdãos e decisões monocráticas, por exemplo.

A **doutrina**, por sua vez, contempla as opiniões de estudiosos do Direito, que se dedicam a apontar as melhores interpretações jurídicas em cada caso, servindo como elemento de influência na aplicação das normas. Reflete o que Dimoulis chamou de fonte formal indireta, "(...) pois seus argumentos influenciam de forma decisiva a cultura jurídica de um país e, consequentemente, a aplicação do direito"[8].

Autores como Machado Neto defendem ser a doutrina fonte do direito porque realiza tarefas científicas, práticas e críticas: no âmbito científico, sistematiza logicamente o ordenamento; no âmbito prático ou técnico-jurídico, contribui para facilitar a tarefa de aplicação do direito; por fim, no âmbito crítico, auxilia na reforma do direito e de suas instituições[9].

O tema, contudo, é polêmico. Miguel Reale, por exemplo, não considera a doutrina como fonte do direito. Em sua visão, a doutrina não pode ser considerada fonte porque não se desenvolve em uma estrutura de poder, o que se trata de um requisito essencial para considerar algo na qualidade de fonte do direito. Para Reale, enquanto as fontes do direito produzem modelos jurídicos prescritivos, ou seja, "(...) *estruturas normativas* que, com caráter obrigatório, disciplinam as distintas modalidades de relações sociais"[10], a doutrina produz modelos dogmáticos, esquemas teóricos que têm por objetivo determinar: "a) como as fontes podem produzir modelos jurídicos válidos; b) que é que estes modelos significam; e c) como eles se correlacionam entre si para compor figuras, institutos e sistemas, ou seja, modelos de mais amplo repertório"[11].

Já André Franco Montoro[12] registra o quanto a questão não pode ser resolvida em termos absolutos e universais, lembrando, por exemplo, do grande impacto da doutrina em Roma, na época em que vigorou a "Lei das Citações" (ano 426 d.C.), e que assegurava obrigatoriedade às opiniões formuladas por doutrinadores como Papiniano, Gaio, Paulo, Ulpiano e Modestino.

---

7 DIMOULIS, Dimitri. **Manual de introdução ao estudo do direito**, pp. 172-173.

8 DIMOULIS, Dimitri. **Manual de introdução ao estudo do direito**, p. 185.

9 MACHADO NETO, A.L. **Compêndio de Introdução à Ciência do Direito**, p. 215.

10 REALE, Miguel. **Lições preliminares de direito**, p. 176.

11 REALE, Miguel. **Lições preliminares de direito**, p. 176.

12 MONTORO, André Franco. **Introdução à ciência do direito**, p. 408.

No âmbito das **fontes não escritas**, os **costumes** correspondem aos hábitos reiteradamente observados na sociedade, fruto de comportamento espontâneo, que passa a ser considerado de caráter vinculante[13].

Os **princípios gerais de direito**, a seu turno, representam conteúdos abstratos, que servem de orientação na tarefa de aplicação do Direito. Serão tratados com mais pormenor a seguir, por se tratar de um item especificamente exigido pela Resolução nº 75 do CNJ.

Por fim, o **poder negocial** corresponde à atuação dos particulares, que podem, legitimamente, no âmbito da sua **autonomia da vontade**, constituir regras jurídicas próprias, dotadas de exigibilidade em caso de inobservância. Um dos melhores exemplos reside na formulação dos contratos, acordos estipulados entre particulares que geram direitos e obrigações recíprocos. Em muitos casos são formulados contratos de modo verbal, embora também sejam possíveis via modalidade escrita, consoante as exigências da legislação[14].

Importante salientar, ainda, a recente valorização da autonomia da vontade pelo Código de Processo Civil brasileiro: houve a decisiva preocupação com os chamados "negócios jurídicos processuais", acordos que permitem às partes adaptar o procedimento em curso às especificidades da causa, como prevê o artigo 190 do CPC[15].

Vale aqui lembrar da caracterização do poder negocial segundo Miguel Reale[16], já que o autor aponta **quatro elementos** para a sua consagração, consoante a tabela abaixo:

CARACTERIZAÇÃO DO PODER NEGOCIAL (VISÃO DE MIGUEL REALE)			
(1) Manifestação de vontade de pessoas legitimadas a fazê-lo;	(2) Forma de querer que não contrarie a exigida em lei;	(3) Objeto lícito;	(4) Quando não paridade, pelo menos uma devida proporção entre os partícipes da relação jurídica.

13 DIMOULIS, Dimitri. **Manual de introdução ao estudo do direito**, pp. 188-189.

14 DIMOULIS, Dimitri. **Manual de introdução ao estudo do direito**, pp. 193-194.

15 **Art. 190.** Versando o processo sobre direitos que admitam autocomposição, é lícito às partes plenamente capazes estipular mudanças no procedimento para ajustá-lo às especificidades da causa e convencionar sobre os seus ônus, poderes, faculdades e deveres processuais, antes ou durante o processo.

Parágrafo único. De ofício ou a requerimento, o juiz controlará a validade das convenções previstas neste artigo, recusando-lhes aplicação somente nos casos de nulidade ou de inserção abusiva em contrato de adesão ou em que alguma parte se encontre em manifesta situação de vulnerabilidade.

16 REALE, Miguel. **Lições preliminares de direito**, p. 180.

Adotado o recorte voltado para as fontes do direito em sua dimensão formal, é imprescindível para a temática das fontes do direito objetivo saber em que **família jurídica** o sistema brasileiro encontra-se inserido. Tal providência revela-se indispensável porque cada realidade jurídica incorpora, de modo distinto, a geração de normas obrigatórias segundo tradições e cultura próprias.

Neste sentido, é tradicional mencionar, a princípio, que o Brasil está situado no domínio das famílias jurídicas de *civil law*, derivadas da **inspiração romano-germânica**. Neste sentido, a lei representa a fonte jurídica por excelência de direitos e obrigações. A segurança e previsibilidade trazidos pela legislação fizeram com que fosse alçada a patamar privilegiado diante das demais fontes.

É bem verdade, também, mencionar que a incorporação ao Brasil no âmbito de um regime de civil law já merece alguns comentários adicionais. Normalmente o regime de *civil law* opõe-se ao regime de *common law*: enquanto no primeiro a lei assume posição central, no segundo nota-se a preponderância da jurisprudência e dos costumes como fontes de direito por excelência.

Ocorre que o sistema brasileiro tem sido atingido, com intensidade cada vez maior, pela **força das decisões judiciais**. Esta percepção acontece tanto no âmbito da Constituição quanto no âmbito infraconstitucional, e contempla a incorporação, por exemplo, da **força vinculante dos precedentes**, geradores de efeito vinculante a partir de decisões do Supremo Tribunal Federal e de outros Tribunais atuantes em todo o País.

Nos sistemas de *common law* a máxima do *stare decisis et non quieta movere* – também conhecido apenas como princípio do *stare decisis* – representa justamente a força dos precedentes, que servem de guia e inspiração, há séculos, para os novos casos decididos pela jurisprudência.

No Brasil o processo é mais recente e possui a peculiaridade de adicionar cada vez maior importância das decisões em um cenário no qual a lei desde sempre gozou de grande projeção. A edição do recente Código de Processo Civil reforça a preocupação com o respeito aos precedentes, o que já permite notar, no mínimo, um **caráter híbrido** no sistema brasileiro, em sede do qual a lei e a decisão judicial **dividem o palco** das atenções do intérprete e aplicador do Direito.

Feitas estas ressalvas, então, pode-se concluir que o Brasil pertence, originalmente, ao âmbito do sistema de *civil law*, embora já seja legítimo mencionar o grande impacto da observância compulsória das decisões judiciais nesta seara. Tais mudanças conduzem ao reconhecimento do caráter híbrido da sistemática nacional.

O maior símbolo do regime brasileiro de *civil law* é a Lei de Introdução às Normas sobre o Direito Brasileiro. Vale notar que o ordenamento jurídico brasileiro se preocupou em editar uma **legislação metalinguística**: uma lei que versa sobre as leis em geral, anteriormente intitulada de Lei de Introdução ao Código Civil, mas cuja nomenclatura foi atualizada, no ano de 2010, para se chamar Lei de Introdução às Normas sobre o Direito Brasileiro. Nela encontraremos a base da divisão das nossas fontes, realçado o patamar privilegiado da legislação.

A LINDB menciona em seu artigo 4º[17] que, em caso de omissão legislativa, deve o Juiz recorrer à **analogia**, aos **costumes** e aos **princípios gerais do Direito** para resolver controvérsias.

No caso da **analogia** tem-se o tradicional raciocínio por semelhança, que recomenda, na tarefa de aplicação do direito, a identificação de alguma situação similar, regrada legalmente, para que sirva de inspiração ao caso examinado. Logo, invoca-se a similaridade de raciocínio para sanar a lacuna legal. A analogia trata, em essência, da aplicação do **princípio da igualdade** diante da lacuna, prelecionando a famosa ideia de que onde houver a mesma razão deve haver o mesmo direito.

Deve-se também lembrar, consoante a advertência de Norberto Bobbio, ser indispensável que haja uma **semelhança relevante** entre dois casos, de tal sorte que permitam a mesma solução jurídica[18].

Alguns autores falam em **três modalidades** de analogia: (1) a analogia *facti*; (2) a analogia *legis*; (3) a analogia *juris*. Na primeira tem-se a semelhança entre fatos; na segunda, a semelhança contida em legislação que serve de inspiração para o caso concreto a ser resolvido; por fim, a analogia *juris* está "(...) fundada na ascensão até os princípios jurídicos gerais de natureza análoga, para, daí, descer até o caso supostamente não previsto"[19].

Há divergências a respeito da classificação, o que pode ser ilustrado com algumas opiniões doutrinárias. Neste sentido, segundo Machado Neto, toda e qualquer analogia seria uma analogia *juris*, já que se trata, em verdade, da aplicação não de uma norma apenas, mas do ordenamento jurídico inteiro[20]. Já para Norberto Bobbio, por sua vez, a analogia *juris* não teria relação alguma com o raciocínio por analogia, que ele identifica com a analogia *legis*. Nela

---

17 Art. 4º Quando a lei for omissa, o juiz decidirá o caso de acordo com a analogia, os costumes e os princípios gerais de direito.

18 BOBBIO, Norberto. **Teoria do ordenamento jurídico**, p. 153.

19 MACHADO NETO, A.L. **Compêndio de Introdução à Ciência do Direito**, p. 225.

20 MACHADO NETO, A.L. **Compêndio de Introdução à Ciência do Direito**, p. 225.

teríamos um procedimento "(...) através do qual se tira uma nova regra para um caso imprevisto não mais da regra que se refere a um caso singular, como acontece na analogia *legis*, mas de todo o sistema ou de uma parte dele"[21]. Para Miguel Reale, por sua vez, a analogia propriamente dita seria a analogia *legis*; a analogia *juris* seria o "(...) procedimento pelo qual se supre a deficiência legal mediante o recurso aos princípios gerais de direito"[22].

Façamos, então, uma pequena tabela para que tenhamos ideia da diversidade de posições doutrinárias a respeito:

ESPÉCIES DE ANALOGIA – VISÕES DOUTRINÁRIAS	
MACHADO NETO	Acredita que toda analogia seria uma analogia *juris*, por se tratar da aplicação do ordenamento jurídico inteiro;
NORBERTO BOBBIO	Acredita que apenas seria analogia a analogia *legis*;
MIGUEL REALE	Acredita que apenas seria analogia a analogia *legis*.

Os **costumes**, por sua vez, representam as práticas sociais usuais, incorporadas pelo seu uso constante e por sua necessidade. Revelam a necessidade de um olhar atento do aplicador do direito para a realidade social em que se encontra inserido. No caso do Brasil, torna-se vital conhecer a imensa variedade e desigualdade social, característicos de um país em essência plural, marcado por uma riqueza e diversidade de costumes que desafia uma aplicação justa da normatividade. A identificação de um costume aplicável diante da lacuna da lei exige a consideração atenta da realidade.

Usualmente, segundo a doutrina[23], devem ser verificados **dois elementos básicos** na caracterização de um costume jurídico: (1) um **elemento objetivo**, que reflete o próprio comportamento em si, verificado, de forma reiterada, na sociedade; (2) um **elemento subjetivo**, que contempla a convicção de sua efetiva necessidade de ser respeitado. Em uma visão clássica, a necessidade do costume tem sido explicada como *opinio juris et necessitatis*, a demonstrar a sua vinculação.

Há, ainda, uma famosa divisão doutrinária[24] do costume jurídico em **três modalidades**: (1) o costume *secundum legem*, que diz respeito ao costume

21 BOBBIO, Norberto. **Teoria do ordenamento jurídico**, p. 154.

22 REALE, Miguel. **Lições preliminares de direito**, pp. 298 e 315.

23 Neste sentido, por exemplo: MONTORO, André Franco. **Introdução à ciência do direito**, p. 399; REALE, Miguel. **Lições preliminares de direito**, p. 158; MACHADO NETO, A.L. **Compêndio de Introdução à Ciência do Direito**, pp. 206-207; DEL VECCHIO, Giorgio. **O Estado e suas fontes do direito**, p. 50; DIMOULIS, Dimitri. **Manual de introdução ao estudo do direito**, p. 190; SIQUEIRA JR., Paulo Hamilton. **Teoria do Direito**, p. 99.

24 Neste sentido, por exemplo: MACHADO NETO, A.L. **Compêndio de Introdução à Ciência do Direito**, p. 211; DINIZ, Maria Helena. **Compêndio de introdução à ciência do direito**,

aceito conforme a legislação; (2) o costume *praeter legem*, que diz respeito ao costume aceito na falta da legislação, servindo como elemento de integração; (3) o costume *contra legem*, que seria o caso da formação de um costume contrário à aplicação da própria legislação.

No primeiro caso, temos um costume aceito expressamente pela própria legislação. No segundo, temos, justamente, a previsão do artigo 4º da LINDB, que assegura o recurso, pelo aplicador do direito, ao costume como recurso legítimo nos casos de omissão legislativa. Por fim, no caso do polêmico costume *contra legem* há um debate quanto à sua admissibilidade, por se tratar do reconhecimento de que uma prática social pode vir a se confrontar com o conteúdo expresso da legislação aplicável.

Façamos, então, um resumo sobre os pontos essenciais relativos aos costumes:

COSTUMES – PONTOS ESSENCIAIS	
Elementos dos Costumes	Objetivo e Subjetivo
Espécies de Costumes	*Secundum legem, praeter legem* e *contra legem*

Por fim, a LINDB ainda contempla a possível aplicação, pelo Juiz, dos chamados **princípios gerais do direito**, alvo específico do próximo tópico em razão do destaque que possui entre as abordagens exigíveis pela Resolução nº 75 do CNJ.

2.3. PRINCÍPIOS GERAIS DO DIREITO

Os princípios gerais de direito aparecem formalmente, segundo a Lei de Introdução às Normas sobre o Direito Brasileiro, como o último recurso a ser lembrado pelo órgão de aplicação do direito nos casos de lacuna legislativa.

Como visto anteriormente, a LINDB menciona que, quando a lei for omissa, deve o Juiz recorrer à analogia, aos costumes e aos princípios gerais do Direito. Ocorre que a referida regra legal não esclarece o significado dos princípios gerais de Direito, sendo importante pesquisar quais as principais lições doutrinárias a seu respeito.

Em primeiro lugar, cabe registrar que existe uma antiga discussão sobre qual seria o significado da palavra **princípio**. A terminologia já foi entendida de diversas formas, sendo usualmente oposta às regras quando examinada no que diz respeito ao seu significado normativo.

pp. 489-490; SIQUEIRA JR., Paulo Hamilton. **Teoria do Direito**, pp. 100-102; DIMOULIS, Dimitri. **Manual de introdução ao estudo do direito**, pp. 190-191.

Costumeiramente, os princípios gerais do direito são vistos como conteúdos abstratos, que orientam a atividade do intérprete por traduzir imperativos de justiça. Em muitos casos acabam por colidir entre si, o que torna ainda mais difícil a tarefa de decidir qual deve ser aplicado em algum caso concreto[25].

Norberto Bobbio chega a identificá-los, por exemplo, com a analogia *juris*, mencionada anteriormente, na medida em correspondem às "(...) normas fundamentais ou generalíssimas do sistema, as normas mais gerais"[26].

Reale, os concebe como "(...) enunciações normativas de valor genérico, que condicionam e orientam a compreensão do ordenamento jurídico, quer para a sua aplicação e integração, quer para a elaboração de novas normas"[27].

Vejamos uma síntese de ambas as ideias:

PRINCÍPIOS GERAIS DO DIREITO – SIGNIFICADO	
NORBERTO BOBBIO	Normas fundamentais ou generalíssimas do sistema
MIGUEL REALE	Enunciações normativas de valor genérico, que condicionam e orientam a compreensão do ordenamento jurídico, quer para a sua aplicação e integração, quer para a elaboração de novas normas

Vale esclarecer, também, que Miguel Reale divide os princípios em **três categorias**, contemplando: (a) **princípios omnivalentes**, que são válidos para todas as formas de saber, como o da identidade e da razão suficiente; (b) **princípios plurivalentes**, que são aplicáveis a vários campos do conhecimento, sendo exemplo o princípio da causalidade, aplicável ao âmbito das ciências naturais, mas não extensivo a todos os outros campos; (c) por fim, **princípios monovalentes**, que "(...) só valem no âmbito de determinada ciência, como é o caso dos princípios gerais de direito"[28].

O debate quanto ao significado dos princípios gerais do direito possui uma relação com a discussão de qual seria o seu **fundamento.** Uma das mais interessantes visões a respeito foi sistematizada por Miguel Reale.

O autor explica em sua obra que foram pensados três fundamentos para os princípios gerais, explicados abaixo[29]:

25 DIMOULIS, Dimitri. **Manual de introdução ao estudo do direito**, pp. 191-193.

26 BOBBIO, Norberto. **Teoria do ordenamento jurídico**, pp. 156-160.

27 REALE, Miguel. **Lições preliminares de direito**, p. 304.

28 REALE, Miguel. **Lições preliminares de direito**, p. 304.

29 REALE, Miguel. **Lições preliminares de direito**, pp. 306-314.

PRINCÍPIOS GERAIS DO DIREITO – FUNDAMENTAÇÃO (VISÃO DE REALE)	
Princípios do Direito Pátrio	A aplicação dos princípios gerais está legitimada pela legislação positivada de cada ordenamento jurídico nacional. O autor critica esta posição, já que é possível encontrar princípios similares em culturas próximas[30];
Direito Comparado	A aplicação dos princípios gerais está legitimada pelos princípios comuns às legislações de muitos povos, respeitadas as peculiaridades sociais e políticas[31];
Direito Natural	A aplicação dos princípios gerais está legitimada pelos princípios de Direito Natural[32], "(...) que espelha as esperanças e as exigências da espécie humana, jamais conformada com as asperezas da lei positiva, no processo dramático da história"[33].

Além da discussão quanto ao conceito dos princípios, também existe um sério debate quanto ao **rol ou conjunto** de princípios gerais de direito. Já que a LINDB faz menção aos princípios gerais, quais seriam os princípios gerais?

Cabe aqui citar, a título exemplificativo, algumas opiniões doutrinárias a respeito de qual seria o rol dos princípios gerais do direito.

Sobre o assunto, Tércio Sampaio Ferraz Jr. assevera serem os princípios gerais do direito uma "(...) reminiscência do direito natural como fonte"[34], aduzindo que há autores que os identificam com o próprio direito natural, os que os associam à equidade e os que os vinculem aos preceitos romanos do *honeste vivere*, *alterum non laedere* e *suum cuique tribuere*. O autor evidencia tratar-se, por conseguinte, de formulação indefinida.

Maria Helena Diniz[35], ao tratar do tema, trabalha o sentido da expressão segundo a visão de diversas escolas jurídicas, dividindo-as nas seguintes correntes: (1) a que questiona os princípios gerais, concebendo-os como mecanismos de suprimento que não seriam passíveis de determinação; (2) a que associa os princípios gerais de direito ao direito natural; (3) a que associa os princípios gerais de direito à equidade; (4) a que associa os princípios gerais de direito ao caráter universal; (5) a que associa os princípios gerais de direito

30 REALE, Miguel. **Lições preliminares de direito**, pp. 306-307.

31 REALE, Miguel. **Lições preliminares de direito**, pp. 307-310.

32 REALE, Miguel. **Lições preliminares de direito**, pp. 310-314.

33 REALE, Miguel. **Lições preliminares de direito**, p. 312.

34 FERRAZ JR., Tércio Sampaio. **Introdução ao estudo do direito**: técnica, decisão, dominação, p. 213.

35 DINIZ, Maria Helena. **Compêndio de introdução à ciência do direito**, pp. 490-497.

às normas prevalecentes em cada ordenamento jurídico; (6) a que associa os princípios gerais de direito à posições ecléticas, empregando elementos de diversas outras posições.

Diante de tamanha variedade de abordagens possíveis, a autora defende, então, que os princípios gerais de direito possuem uma **natureza múltipla**. São elementos componentes do direito, mencionando que são "(...) normas de valor genético que orientam a compreensão do sistema jurídico, em sua aplicação e integração, estejam ou não positivadas"[36]. Segundo a autora, não se confundem com os brocardos ou máximas, "(...) embora sejam, em parte, integrados por estas"[37]. A seguir, podemos encontrar uma síntese das suas ideias sobre os princípios gerais do direito[38]:

PRINCÍPIOS GERAIS DE DIREITO (VISÃO DE MARIA HELENA DINIZ)
(1) Decorrem das normas do ordenamento jurídico, servindo como ferramenta de integração do sistema normativo
(2) Decorrem das ideias políticas e sociais vigentes, apresentando conexão com a filosofia política ou ideologia prevalecentes
(3) São reconhecidos pelas nações civilizadas como base comum a todos os povos ou a alguns, em cada período histórico

Vale lembrar, ainda, que a Professora sugere um **roteiro de aplicação dos princípios gerais de direito**. O roteiro apresentado sugere uma sequência de etapas de busca principiológica na tarefa de aplicação do direito, contemplando as seguintes fases: (1) a busca pelos princípios relacionados à instituição envolvida no caso concreto; (2) a busca progressiva pela principiologia incidente, tendo por base as normas relacionadas ao caso concreto, até alcançar os princípios gerais de todo o direito escrito; (3) a busca pelos princípios de direito consuetudinário; (4) a busca pelos princípios do direito das gentes, com foco especial nos princípios do direito comparado; (5) a busca pelos princípios essenciais no âmbito da filosofia, caracterizados pela autora como "elementos de justiça"[39].

Continuando o nosso percurso doutrinário apresentando exemplos de sistematizações de princípios gerais de direito, cabe aqui referenciar uma visão que também enriquece a abordagem, embora em perspectiva distinta. Nesta

36 DINIZ, Maria Helena. **Compêndio de introdução à ciência do direito**, p. 496.
37 DINIZ, Maria Helena. **Compêndio de introdução à ciência do direito**, p. 496.
38 DINIZ, Maria Helena. **Compêndio de introdução à ciência do direito**, p. 494.
39 DINIZ, Maria Helena. **Compêndio de introdução à ciência do direito**, p. 497.

linha, Bernardo Montalvão[40] sistematiza seis princípios gerais do direito, nos seguintes termos:

ROL DE PRINCÍPIOS GERAIS DE DIREITO (VISÃO DE BERNARDO MONTALVÃO)	
Princípio do *Suum Cuique Tribuere* (Cícero)	Garante o direito de dar a cada um o que é seu, revelando o direito de autodeterminação individual, respeitando o direito alheio;
Regra de Ouro (Jesus)	Garante o direito de tratar cada pessoa como gostaríamos de ser tratados, revelando nítida preocupação com a igualdade de tratamento;
Imperativo Categórico (Kant)	Garante que as pessoas devam ser respeitadas como fins em si mesmas, jamais servindo de instrumento para alcançar finalidades;
Equidade (John Rawls)	Garante que tanto os benefícios quanto os prejuízos sejam suportados pelas mesmas pessoas, também revelando preocupação com igualdade de tratamento;
Responsabilidade (Hans Jonas)	Garante que a ação humana respeite a vida humana e o meio ambiente;
Tolerância (Arthur Kaufmann)	Garante que as ações humanas também estejam preocupadas com os mais necessitados, revelando preocupação com a prevenção ou redução da miséria humana;

Tendo em vista a relação costumeiramente realizada entre **princípios gerais de direito e equidade**, é importante explicar qual seria o significado do termo. Entende-se por equidade a aplicação da justiça vinculada ao caso concreto. Trata-se de um apelo à sensibilidade do aplicador do direito para perceber que, em certos casos, a simples incidência automática da legislação pode conduzir a uma situação gravosa, devendo ser examinado o conjunto de fatores que merece aplicação para a obtenção da solução mais justa.

Neste sentido, Miguel Reale leciona que existem casos em que "(...) é necessário abrandar o texto, operando-se tal abrandamento através da equidade, que é, portanto, a justiça amoldada à especificidade de uma situação real"[41]. O autor lembra, inclusive, a tradicional lição romana de que a escrita aplicação do Direito pode, em alguns casos, nos conduzir a uma situação de injustiça, o que ficou consagrado com a expressão *summum jus, summa injuria*[42].

40 MONTALVÃO, Bernardo. **Resolução nº 75**: descomplicando a filosofia do direito, pp. 106-108.

41 REALE, Miguel. **Lições preliminares de direito**, p. 299.

42 REALE, Miguel. **Lições preliminares de direito**, p. 299.

Nas lições de Reale, esta seria uma das mais bonitas noções da jurisprudência romana, "(...) porque ela nos põe em evidência a noção fundamental de que o Direito não é apenas sistema lógico-formal, mas, sobretudo, a apreciação estimativa, ou axiológica da conduta"[43]. O autor relembra, ainda, ser clássica a lição de **Aristóteles** sobre equidade, sendo que o autor à comparava à **régua de Lesbos**, uma régua especial que os operários da época utilizavam para medir blocos de granito e que, por ser formada por um metal flexível, tinha a aptidão de se ajustar às irregularidades do objeto. Na lição de Reale, a "(...) justiça é uma proporção genérica e abstrata, ao passo que a equidade é específica e concreta, como a "régua de Lesbos" flexível, que não mede apenas aquilo que é normal, mas, também, as variações e curvaturas inevitáveis de experiência humana"[44].

Por fim, cabe também relembrar que, desde o pós-Segunda Guerra Mundial, tem havido um fenômeno mundial de valorização dos princípios, alvo de uma reconhecida força normativa. Com uma intensidade cada vez maior, os princípios têm sido alvo de referência doutrinária e respeitabilidade.

A mudança é substancial, porque traduz um cuidado com os princípios que anteriormente não existia. Se a aplicação do direito já foi marcada pelo predomínio exclusivo das regras, hoje em dia o recurso aos princípios tem sido cada vez mais comum.

Há quem caracterize a situação atual como o reconhecimento da **normatividade dos princípios**, tendo por base a referência central exercitada pelo célebre princípio da dignidade da pessoa humana, previsto no inciso III do artigo 1º da Constituição Federal de 1988.

Podemos, então, traçar a seguinte síntese no âmbito dos princípios gerais:

PRINCÍPIOS GERAIS DO DIREITO		
Debate quanto ao conceito, significado e fundamentação: pluralidade de visões sobre o que seria o termo princípio e a origem de sua legitimidade;	Debate quando ao rol ou conjunto: conjunto dos princípios gerais conta com diversas opiniões doutrinárias e pluralidade de sistematizações;	Aceitação de seu caráter normativo, devendo haver cuidado, contudo, com os excessos em sua aplicação;

Sendo assim, a mensagem mais significativa a ser transmitida é a de que, muito embora os princípios gerais do direito ocupem, conforme a LINDB, o

43 REALE, Miguel. **Lições preliminares de direito**, p. 125.

44 REALE, Miguel. **Lições preliminares de direito**, p. 123.

último lugar dentre as fontes formais de aplicação jurídica no Brasil, é possível que, com amparo na força normativa dos princípios e na dignidade da pessoa humana, seja proferida uma decisão que reconheça a incidência **imediata** de algum princípio geral de direito, capaz de servir como ferramenta apta a melhor decisão judicial, em algum caso concreto.

Se precisamos, por certo, tomar cuidado com os excessos de aplicação principiológica, também importa sublinhar a decisiva constatação de que os princípios gerais de direito não ocupam uma função apenas subalterna no processo de interpretação.

2.4. JURISPRUDÊNCIA

Como salientado anteriormente, a jurisprudência representa uma cada vez mais importante fonte do direito objetivo. Com efeito, as decisões judiciais, em sua tarefa de construção normativa, determinam a incidência de soluções que recomendam intensa sensibilidade não apenas para descobrir o resultado aplicável em cada caso, mas também para testar a justiça da decisão proferida.

Decisões judiciais têm, progressivamente, ocupado um espaço de legitimação como fonte do direito objetivo tendo por base a inspiração de previsibilidade trazida pelo sistema de *common law*. Saber que casos similares serão decididos pela mesma razão de decidir de casos similares anteriores representa um aumento do respeito sistêmico ao **princípio da igualdade**, significado o alcance da justiça.

Cabe destacar, também, que a lógica jurisprudencial da *common law* contempla dois institutos que evitam a aplicação de um julgado descabido: a **técnica da distinção** (*distinguish*), que revela uma comparação entre o caso julgado com o caso paradigma para evidenciar as suas semelhanças e diferenças; e a **técnica da superação** (*overruling*), a qual busca a superação do precedente invocado quando não mais tiver razão de ser diante da evolução social.

Ambas as técnicas vêm sendo usadas há muito tempo na prática da *common law*, e têm obtido paulatina incorporação ao Brasil. A doutrina vem mencionado, com intensidade cada vez maior, a relevância das decisões judiciais no âmbito da interpretação jurídica[45].

A força dos julgados, no Brasil, tem sido cada vez mais reconhecida **pela própria normatividade**, inclusive.

---

45 Neste sentido, cf. SOARES, Ricardo Maurício Freire. **Curso de Introdução ao Estudo do Direito**, p. 89.

A Constituição Federal de 1988, em seu artigo 102, §2º[46], contemplou o chamado **efeito vinculante**, técnica que assegura o obrigatório respeito às decisões judiciais proferidas pelo Supremo Tribunal Federal. Quando o STF decide causas dotadas de efeito vinculante o conteúdo da decisão é de observância obrigatória para os demais órgãos do Poder Judiciário e para a Administração Pública, em suas dimensões federal, estadual e municipal, inclusive. O desrespeito ao teor da decisão dotada de efeito vinculante reflete situação tão séria que enseja o emprego de **reclamação constitucional**, instituto que assegura que o Supremo Tribunal Federal tenha conhecimento da decisão violadora de sua autoridade, tendo a legitimidade de revertê-la.

Neste sentido, cabe também mencionar o importante impacto da chegada do novo **Código de Processo Civil**, em 2015. A referida codificação está repleta de exemplos em que o anterior julgamento de uma causa repercute em causas futuras, o que evidencia o valor, cada vez mais significativo, da jurisprudência. Um dos seus artigos mais significativos é o 926, que exige que os Tribunais zelem pela uniformização de sua jurisprudência, mantendo-a íntegra, estável e coerente[47].

Desse modo, é **sim possível** considerar a jurisprudência como fonte do direito objetivo[48], sendo que Juízes e Tribunais têm colaborado, em muitos casos, para construções jurídicas ricas, capazes de ensejar novas compreensões como fonte de obrigatoriedade jurídica. Na visão de André Franco Montoro, ela representa, como fonte formal do direito positivo, o "(...) conjunto uniforme e constante das decisões judiciais sobre casos semelhantes"[49].

Diante da diversidade de entendimentos jurisprudenciais sobre as mais variadas matérias, tornou-se necessário construir um conhecido mecanismo de síntese, viabilizando a sistematização das orientações dos Tribunais em um documento de acesso facilitado. Trata-se da adoção dos celebrados **enuncia-**

46 § 2º As decisões definitivas de mérito, proferidas pelo Supremo Tribunal Federal, nas ações diretas de inconstitucionalidade e nas ações declaratórias de constitucionalidade produzirão eficácia contra todos e efeito vinculante, relativamente aos demais órgãos do Poder Judiciário e à administração pública direta e indireta, nas esferas federal, estadual e municipal. (Redação dada pela Emenda Constitucional nº 45, de 2004).

47 Art. 926. Os tribunais devem uniformizar sua jurisprudência e mantê-la estável, íntegra e coerente.

48 Há, na doutrina, discussão sobre o reconhecimento da jurisprudência como fonte. Adotamos, aqui, a visão de que seria, sim, de tal modo aceita, sendo exemplos desta corrente autores como MACHADO NETO, A.L. **Compêndio de Introdução à Ciência do Direito**, pp. 212-214; DEL VECCHIO, Giorgio. **O Estado e suas fontes do direito**, pp. 51-52.

49 MONTORO, André Franco. **Introdução à ciência do direito**, pp. 403-404, merecendo especial destaque as páginas 406 a 408.

dos de súmula, alvo do tópico seguinte, em análise conjugada às chamadas **súmulas vinculantes**.

2.5. SÚMULA VINCULANTE

A inspiração em prol da criação dos enunciados de súmula deve muito à atuação de Victor Nunes Leal.

O então Ministro do Supremo Tribunal Federal percebeu que seria importante consolidar, em enunciados de fácil acesso, o entendimento consolidado do Tribunal sobre os assuntos por ele julgados, tornando a solução dos casos jurídicos previsível e ordenada. Desejava que a súmula fosse capaz de substituir a "(...) loteria judiciária das maiorias ocasionais pela perseverança esclarecida dos autênticos profissionais do direito"[50].

Foi o mote para a elaboração dos enunciados de súmula: a súmula seria a publicação do Tribunal contendo uma série de enunciados das matérias julgadas. Trata-se, portanto, de um documento que sintetiza enunciados alvo de decisões reiteradas dos Tribunais. Com o passar do tempo a comunidade jurídica acabou por chamar cada enunciado de súmula, sendo este o uso corriqueiro até hoje em dia.

A técnica disseminou-se, e o uso das súmulas passou a ser bem comum pelos Tribunais brasileiros. A legislação incorporou, inclusive, o julgamento baseado em súmulas, justamente com o intuito de trazer mais harmonia e previsibilidade na aplicação do Direito.

Ocorre que a súmula passou a conviver com a crítica de que restringe a liberdade de aplicação do direito por parte do Magistrado. Na medida em que os Tribunais editam súmulas reduz-se o espaço de interpretação dos Juízes, compelidos que são à sua aplicação. Para evitar maior conflito, prevaleceu o entendimento de que as súmulas seriam, então, **persuasivas**, podendo o Juiz deixar de aplicá-las, no caso concreto, invocando o tradicional princípio do livre convencimento motivado.

A solução, contudo, gerou mais incerteza no âmbito do Direito. Havia Juízes que aplicavam súmulas e traduziam harmonia com o entendimento do Tribunal; outros, contudo, amparados em seu livre convencimento motivado, não aplicavam as súmulas e decidiam os casos sujeitos à sua apreciação de modo distinto. A cristalização, nas súmulas, dos entendimentos consagrados pelos Tribunais não era capaz de resolver as controvérsias na aplicação do

50 NUNES LEAL, Victor. Passado e Futuro da Súmula do STF. **Revista de Direito Administrativo**, p. 10.

direito, que continuava indeterminada, passível de gerar, inclusive, decisões díspares para casos análogos.

Este cenário fez com que começasse a surgir a ideia de que seria necessário construir uma categoria especial de súmulas, dotadas de **caráter obrigatório**, editadas pelo Supremo Tribunal Federal, e que deveriam ser seguidas compulsoriamente, de modo a fazer resguardar a incidência estrita do princípio da igualdade.

Exatamente nesta linha surgiram, em 2004, os enunciados de súmula vinculante, que passaram a ser conhecidos como **súmulas vinculantes**. A intenção era a de trazer maior igualdade na aplicação do Direito, sacrificando, como perceptível, a maior liberdade do Juiz na apreciação dos casos concretos.

As súmulas vinculantes foram previstas, então, no artigo 103-A da Constituição Federal de 1988, sendo um dos frutos da chamada Reforma do Judiciário, responsável por incorporar várias novidades ao Texto Constitucional com o advento da Emenda Constitucional de nº 45. O artigo 103-A da Constituição veio a ser regulamentado pela Lei nº 11.417/06.

O instituto possui, portanto, **diversos traços importantes**, que merecem a atenção especial e são alvo dos itens a seguir, já que expressamente destacado na Resolução nº 75 do CNJ.

2.5.1. Edição, Revisão e Cancelamento das Súmulas Vinculantes

Em primeiro lugar, **apenas o Supremo Tribunal Federal** pode editar, revisar ou cancelar enunciados de súmula vinculante. Todos os Tribunais continuam tendo o poder de criação de súmulas, mas as vinculantes seguem de competência exclusiva do Supremo Tribunal Federal. A intenção foi a de conferir mais poder ao mais importante órgão do Poder Judiciário brasileiro, no intuito de homogeneizar as decisões do guardião da Constituição Federal de 1988.

Vale dizer que a Constituição trouxe **três possibilidades de atuação** do STF no tema: a **criação**, a **revisão** e o **cancelamento**. Além de editar a súmula vinculante, pode o Supremo revisá-la para que seja adaptada a novas circunstâncias ou então até mesmo cancelá-la, caso não haja mais sentido para a sua adoção. Estas três modalidades de conduta trazem para o Supremo alguma flexibilidade para lidar com os temas que chegarem ao seu conhecimento, evitando o indevido engessamento na aplicação do Direito diante das inevitáveis mudanças sociais.

2.5.2. Iniciativa de Atuação

O Supremo Tribunal Federal pode, uma vez verificados os pressupostos constitucionais, editar, revisar ou cancelar a súmula vinculante por meio da atuação de ofício ou provocado. Sendo assim, pode atuar a partir da percepção, em sua jurisprudência, da necessidade de cristalizar algum enunciado obrigatório ou então pode vir a ser provocado a fazê-lo.

A questão central é: **quem detém o poder de provocar o Supremo?** Segundo a Constituição, no §2º do seu artigo 103-A[51], sem prejuízo de outros legitimados previstos em lei, seriam os mesmos legitimados ativos para a propositura de ação direta de inconstitucionalidade, previstos no artigo 103 da Constituição Federal de 1988. Cabe então, relembrar do importante rol de legitimados ativos do artigo 103 da Constituição Federal, que permite que diversas autoridades e entidades possam provocar o STF.

Ocorre que o §2º do artigo 103-A deixa claro que, **sem prejuízo de outros legitimados previstos em lei**, são legitimados os presentes no artigo 103 da Constituição de 1988.

A Lei nº 11.417/06 merece importante citação quanto à legitimidade de provocação do STF para edição, revisão ou cancelamento das súmulas vinculantes, **já que contempla três legitimados ativos não citados pela Constituição**, a saber: (1) o Defensor-Público Geral da União; (2) os Tribunais; (3) os Municípios, em caráter incidental. É possível encontrá-los nos incisos VI e XI da Lei, assim como, no caso dos Municípios, no §1º do art. 3º.

Houve, no primeiro caso, cuidado com a autoridade mais importante da Defensoria Pública da União, responsável por conduzir ao Supremo temas de interesse do órgão, encarregado da defesa dos necessitados. No segundo caso, é até mesmo natural que os Tribunais detenham a competência para provocar o Supremo a editar, revisar ou cancelar enunciados de súmula vinculante, já que lidam diariamente com uma imensidão de processos e são conhecedores das controvérsias mais usuais. Por fim, a lei entregou aos Municípios a chance de provocar o Supremo em temas de seu interesse, exigindo-se, contudo, que a provocação ocorra em demandas judiciais concretas (caráter incidental), certamente de modo a filtrar a esperada quantidade excessiva de processos que surgiria caso não houvesse restrição alguma a respeito.

2.5.3. Objeto

As súmulas vinculantes possuem como objeto assuntos que sejam alvo de **matéria constitucional controversa**, capaz de ensejar grave multiplicação

---

51 Art. 103-A (...) §2º. Sem prejuízo do que vier a ser estabelecido em lei, a aprovação, revisão ou cancelamento de súmula poderá ser provocada por aqueles que podem propor a ação direta de inconstitucionalidade.

de processos sobre questão idêntica, nos termos da redação do §1º do artigo 103-A da Constituição[52]. Nesta linha, o objetivo da súmula vinculante foi o de pacificar, hierarquicamente, controvérsias constitucionais, criando entendimento homogêneo do Supremo a respeito.

Diante da extensão e grau de detalhes da amplamente analítica Constituição brasileira, torna-se possível dizer que as súmulas vinculantes acabam contemplando diversos ramos do Direito. Com efeito, uma análise das 57 (cinquenta e sete) **súmulas vinculantes**[53] aprovadas até o momento evidencia a existência de um rol diversificado de assuntos, contemplando as mais variadas abordagens jurídicas com base na Constituição.

As provas de concurso têm por hábito cobrar atualizações dos candidatos. Neste sentido, cabe aqui conhecer o conteúdo integral da SV 57, que preceitua: "A imunidade tributária constante do art. 150, VI, d, da CF/88 aplica-se à importação e comercialização, no mercado interno, do livro eletrônico (e-book) e dos suportes exclusivamente utilizados para fixá-los, como leitores de livros eletrônicos (e-readers), ainda que possuam funcionalidades acessórias."

Por fim, uma última observação: há notícia[54], no Portal do STF, sobre a edição de uma Súmula Vinculante de nº 58, nos seguintes termos: "Por maioria de votos, o Plenário aprovou a Proposta de Súmula Vinculante (PSV) 26, com o seguinte enunciado, proposto pelo ministro Ricardo Lewandowski: "Inexiste direito a crédito presumido de IPI relativamente à entrada de insumos isentos, sujeitos à alíquota zero ou não tributáveis, o que não contraria o princípio da não cumulatividade". O novo enunciado será registrado como Súmula Vinculante 58". Contudo, até o fechamento desta edição ainda não houve a atualização da lista contendo as Súmulas no site do Tribunal.

Fica o registro para que fiquemos atentos aos novos enunciados aprovados pela Corte.

---

52 Art. 103-A (...) §1º A súmula terá por objeto a validade, a interpretação e a eficácia de normas determinadas, acerca das quais haja controvérsia atual entre órgãos judiciários ou entre esses e a administração pública que acarrete grave insegurança jurídica e relevante multiplicação de processos sobre questão idêntica.

53 O total de súmulas vinculantes corresponde aos dados atualizados no *site* de STF até 24 de abril de 2020, ocasião em que o Tribunal divulgou uma publicação contendo todos os verbetes de súmula vinculante, acompanhados da respectiva fundamentação. O material pode ser consultado no *site* do Tribunal. Disponível em: http://portal.stf.jus.br/textos/verTexto.asp?servico=jurisprudenciaSumulaVinculante. Acesso em: 05/05/2020.

54 Disponível em: http://www.stf.jus.br/portal/cms/verNoticiaDetalhe.asp?idConteudo=442185&caixaBusca=N. Acesso em: 05/05/20.

2.5.4. Quórum

O *quórum* para edição, revisão ou cancelamento da súmula vinculante é de 2/3 (dois terços) do Supremo Tribunal Federal, o que corresponde a, no mínimo, 8 (oito) Ministros da Corte. Trata-se de um *quórum* elevado, pensado justamente por conta do significativo impacto que os novos enunciados trarão em todo o ordenamento jurídico brasileiro.

Vale dizer que é o mesmo *quórum* para que seja **efetivada modulação temporal dos efeitos da súmula vinculante**, como evidencia o artigo 4º da Lei nº 11.417/06. Neste sentido, pode-se dizer que o Supremo precisa de uma significativa quantidade de votos em dois momentos cruciais: seja para **aprovar** a súmula vinculante, seja para determinar a partir de quando os seus **efeitos** incidirão concretamente (técnica da modulação temporal).

A técnica da modulação temporal tem por finalidade dotar o Supremo de uma ferramenta que permita decidir **a partir de quando o enunciado gerará efeitos**, já que é possível, em casos concretos, que a adoção imediata de uma nova súmula vinculante traga prejuízos efetivos. A Lei trouxe, então, a possibilidade de que o Supremo examine os impactos da nova súmula vinculante na vida prática, determinando a partir de quando o enunciado trará eficácia concreta.

Há aqui, uma **importante distinção para os julgamentos de inconstitucionalidade**, feitos pelo Supremo: neles exige-se, com fulcro no artigo 97 da Constituição, maioria absoluta para decidir que uma lei ou ato normativo do Poder Público seja considerado inconstitucional, regra conhecida como cláusula de reserva de plenário. Contudo, a modulação temporal em julgamentos de inconstitucionalidade enseja o quórum de 2/3 (dois terços) do STF, nos termos do artigo 27 da Lei nº 9.868/99.

No caso da súmula vinculante, entretanto, deve-se lembrar, ser exigível o mesmo *quórum* de 2/3 (dois terços), seja para aprovação da súmula vinculante, seja para a decisão acerca da incidência dos seus efeitos (técnica da modulação temporal).

O procedimento de elaboração de súmulas vinculantes encontra-se disciplinado pelo Regimento Interno do Supremo Tribunal Federal, em consonância ao teor do artigo 103-A da Constituição, associado ao teor da Lei nº 11.417/06. Aliás, a própria Lei da Súmula Vinculante determinou, em seu artigo 10, que o Regimento Interno do STF terá papel subsidiário em relação ao procedimento de edição, revisão e cancelamento das súmulas.

O **papel do Procurador-Geral da República** é bem interessante no decorrer do procedimento de criação das súmulas vinculantes, já que, conforme o §2º do artigo 2º da Lei nº 11.417/06[55], apenas deve se manifestar quando não for o autor do pedido de criação, revisão ou cancelamento de enunciado vinculante.

2.5.5. Efeitos

Uma vez criada, a súmula gera o chamado **efeito vinculante**, determinação que obriga os demais órgãos do Poder Judiciário e a Administração Pública a seguir o seu entendimento.

Cabe salientar, desde logo, que a chegada do efeito vinculante ao Brasil não ocorreu com a súmula vinculante, mas sim com a ação declaratória de constitucionalidade (ADC), oriunda da Emenda Constitucional nº 3/93. À época o Poder Executivo precisava contar com um instrumento judicial que fosse capaz de trazer homogeneidade decisória a partir de entendimentos do Supremo. Surgiu, então, a ADC, voltada para declarar a constitucionalidade de lei ou ato normativo federal, como previsto no artigo 102, inciso I, alínea *a*, da Constituição Federal de 1988.

O efeito vinculante viria a se expandir para a ação direta de inconstitucionalidade, o que ocorreu com a Emenda Constitucional nº 45/04. Trata-se da Reforma do Judiciário, responsável por novidades jurídicas como o instituto da súmula vinculante, que passou a ganhar sede normativa no artigo 103-A da Constituição.

Um esclarecimento a respeito do efeito vinculante exige a consideração do âmbito de abrangência do instituto: afinal de contas, **quem é vinculado pelo efeito vinculante?**

Como acima mencionado, entende-se, em primeiro lugar, que **os demais órgãos do Poder Judiciário** são vinculados. A expressão "os demais" significa que o próprio Supremo Tribunal Federal pode, eventualmente, vir a alterar o entendimento anteriormente proferido, já que possui competência para revisar e até mesmo cancelar o enunciado anteriormente elaborado. Ocorre que, além do Poder Judiciário, o efeito vinculante **também alcança a Administração Pública**, direta e indireta, federal, estadual, municipal e distrital. Nota-se que o efeito vinculante alcança tanto o Judiciário quanto o Executivo.

A única ressalva diz respeito ao Poder Legislativo, no exercício de sua função típica. Neste caso, costuma-se dizer que **o efeito vinculante não alcança o Poder Legislativo, já que ostenta, em sua feição típica** – a chamada função

55 Art. 2º (...) §2º. O Procurador-Geral da República, nas propostas que não houver formulado, manifestar-se-á previamente à edição, revisão ou cancelamento de enunciado de súmula vinculante.

normativa, por excelência. Não faria sentido reconhecer que uma construção normativa oriunda do Supremo Tribunal Federal servisse de obstáculo para a função normativa do Legislativo, conclusão que violaria o princípio da separação de poderes, um dos princípios fundamentais da Constituição Federal de 1988 e que também é considerado uma de suas cláusulas pétreas.

2.5.6. Reclamação fundada em violação de Súmula Vinculante

Ademais, cabe um questionamento interessante: **o que ocorre caso o efeito vinculante da súmula seja desrespeitado?** Nestes casos a Constituição consagrou, em seu artigo 103-A, §3º[56], um instituto que assegura a autoridade do Supremo Tribunal Federal: a chamada reclamação constitucional. Existe um sério debate acerca de qual seria a sua natureza jurídica, sendo forte a tese de que se trataria de uma **ação**, de competência originária do STF, destinada a garantir a autoridade de suas decisões. Sendo assim, em havendo algum descumprimento de súmula vinculante, o prejudicado pode manejar a reclamação constitucional para levar a questão diretamente ao conhecimento do Supremo, ao qual cabe verificar a procedência do pedido.

Neste ponto é imprescindível ter muito cuidado com a reclamação fundada em violação de súmula vinculante. Há, de acordo com a Lei nº 11.417/06, um tratamento distinto em se tratando de descumprimento gerado no âmbito judicial e no âmbito administrativo.

No particular, deve-se ter muito cuidado com o teor do artigo 7º, §2º, da Lei, que preceitua que a reclamação constitucional fundada em ato ou omissão da Administração Pública que viola súmula vinculante seja precedido do **esgotamento** das vias administrativas.

O dispositivo exige, textualmente, que **"contra omissão ou ato da administração pública, o uso da reclamação só será admitido após esgotamento das vias administrativas"**. Logo, o autor de uma reclamação constitucional deve exercer, previamente, o seu direito de petição frente a Administração Pública para pleitear a observância da súmula vinculante. Após o esgotamento da via administrativa torna-se cabível o ajuizamento da reclamação constitucional no Supremo Tribunal Federal.

56 § 3º Do ato administrativo ou decisão judicial que contrariar a súmula aplicável ou que indevidamente a aplicar, caberá reclamação ao Supremo Tribunal Federal que, julgando-a procedente, anulará o ato administrativo ou cassará a decisão judicial reclamada, e determinará que outra seja proferida com ou sem a aplicação da súmula, conforme o caso. (Incluído pela Emenda Constitucional nº 45, de 2004).

Uma outra controvérsia interessante diz respeito ao **significado da palavra esgotamento** da via administrativa. No particular, nota-se que a Lei da Súmula Vinculante (Lei nº 10.417/06) empregou uma palavra mais severa do que a Lei do *Habeas Data* (Lei nº 9.507/97), diploma normativo que, ao tratar do ajuizamento da ação constitucional, pressupôs recusa ou silêncio da Administração. O que seria, então, concretamente, o **esgotamento** exigido?

No particular, o entendimento prevalecente deve ser o de exigir uma postura ativa do autor da reclamação no sentido de fazer com que a Administração Pública tenha contato com a sua petição demonstrando a violação de súmula vinculante. Caberá ao Supremo Tribunal Federal apreciar, concretamente, a prova do prévio contato com a Administração Pública para atestar se houve a tentativa incisiva de fazer com que o entendimento da Corte fosse assegurado.

Em síntese, podemos sistematizar os traços principais das súmulas vinculantes:

SÚMULAS VINCULANTES – PRINCIPAIS CARACTERÍSTICAS	
(1) Base Normativa	CF/88, art. 103-A, Lei nº 10.417/06 e Regimento Interno do STF;
(2) Edição, Revisão e Cancelamento	Exclusivos do STF;
(3) Iniciativa de Atuação	STF, de ofício, ou provocado pelos legitimados do art. 103 da CF/88 + 3 (três) novos legitimados da Lei nº 10.417/06 (Defensor Público-Geral da União, Tribunais e Municípios, incidentalmente) (cf. art. 3º, incisos VI, XI e §1º da Lei nº 11.417/06);
(4) Objeto	Matéria constitucional alvo de controvérsia que seja capaz de gerar grave multiplicação de processos sobre questão idêntica;
(5) Quórum	2/3 do STF (no mínimo 8 Ministros); atentar para o papel do PGR no procedimento, pois apenas se manifesta quando não for o autor do pedido;
(6) Efeitos	Efeito vinculante (obrigatório) para os demais órgãos do Poder Judiciário e Administração Pública (ressalva: Poder Legislativo, em sua função típica);
(7) Reclamação fundada em violação de Súmula Vinculante	Trata-se de ação, de competência originária do STF, que assegura a autoridade do Tribunal em caso de violação da Súmula Vinculante, sendo essencial o esgotamento da via administrativa em se tratando de violação praticada pela Administração Pública (artigo 7º, §2º, da Lei nº 11.417/06).

Uma vez visualizadas as principais fontes do direito objetivo brasileiro, é importante compreender como se projeta a eficácia da lei no tempo, alvo do próximo capítulo.

2.6. QUESTÕES

(2016 – VUNESP – TJ-RJ – Juiz Substituto) No que se refere à Súmula Vinculante, é correto afirmar que:

A) o Supremo Tribunal Federal poderá propor Súmula Vinculante que tenha por objeto a interpretação constitucional e o Superior Tribunal de Justiça matéria referente a controvérsia atual entre órgãos jurisdicionais.

B) do ato administrativo ou judicial que contrariar súmula vinculante caberá, respectivamente, reclamação e recurso extraordinário.

C) partido político com representação no Congresso Nacional pode interpor reclamação constitucional contra texto ou entendimento de Súmula Vinculante.

D) o efeito vinculante se estende aos Poderes Legislativo, Executivo e ao Poder Judiciário.

E) o cancelamento de Súmula poderá ser provocado pelo Governador do Estado.

GABARITO: **E.**

(2012 – UFPR – TJ-PR – Juiz) Quanto ao instituto da súmula vinculante, é correto afirmar:

A) A edição de súmula vinculante pelo Supremo Tribunal Federal só pode ser realizada de ofício, mediante proposição de um dos Ministros da Corte, não sendo admitida a criação de súmulas oriundas de provocação de terceiros.

B) O entendimento consolidado em tais súmulas vincula os demais órgãos dos Poderes Judiciário, Executivo e Legislativo, nas esferas federal, estadual e municipal, não vinculando, no entanto, futuras decisões do próprio Supremo Tribunal Federal.

C) Somente os legitimados para propositura de ação direta de inconstitucionalidade poderão formular pedido de cancelamento de súmula vinculante.

D) Constitui requisito para a aprovação de súmulas vinculantes a existência de controvérsia atual sobre a matéria em questão entre órgãos judiciários ou entre estes e a Administração Pública, que esteja a suscitar grave insegurança jurídica.

GABARITO: **D.**

(2011 – VUNESP – TJ-SP – Juiz) Sobre as súmulas vinculantes, indique a resposta correta:

A) São aprovadas pelo Supremo Tribunal Federal, de ofício ou por provocação, mediante decisão de dois terços dos seus membros, após reiteradas decisões sobre matéria constitucional.

B) Serão revisadas ou canceladas por provocação de todos quantos legitimados à propositura de ação popular.

C) São editadas pelo Supremo Tribunal Federal, quando se cuidar de tema constitucional, ou pelo Superior Tribunal de Justiça, quando se cuidar de questão infraconstitucional, e terão efeito vinculante em relação aos demais órgãos do Poder Judiciário e à administração pública direta e indireta, nas esferas federal, estadual e municipal.

D) Apenas quanto ao ato administrativo que contrariar a súmula vinculante é que caberá reclamação ao Supremo Tribunal Federal.

E) Enquanto permanecer inalterada a composição do Supremo Tribunal Federal existente quando da edição da súmula vinculante não será permitida a sua revisão.

GABARITO: **A**.

(2011 – CESPE – TJ-PB – Juiz) Com relação aos institutos da interpretação e da integração da lei, assinale a opção correta:

A) Segundo a doutrina, os princípios gerais do direito expressam- se nas máximas jurídicas, nos adágios ou brocardos, sendo todas essas expressões fórmulas concisas que representam experiência secular, com valor jurídico próprio.

B) A interpretação histórica tem por objetivo adaptar o sentido ou a finalidade da norma às novas exigências sociais, em atenção às demandas do bem comum.

C) Implícito no sistema jurídico civil, o princípio segundo o qual ninguém pode transferir mais direitos do que tem é compreendido como princípio geral de direito, podendo ser utilizado como meio de integração das normas jurídicas.

D) No direito civil, não há doutrina que admita a hierarquia na utilização dos mecanismos de integração das normas jurídicas constantes no Código Civil.

E) Não há distinção entre analogia legis e analogia *juris*, uma vez que ambas se fundamentam em um conjunto de normas para a obtenção de elementos que permitam sua aplicação em casos concretos.

GABARITO: **C**.

(2013 – CESPE – TJ-RN – Juiz) Consoante a Lei de Introdução às Normas do Direito Brasileiro, assinale a opção correta:

A) A lei posterior somente revoga a anterior quando expressamente o declare, podendo a revogação ser total (ab-rogação) ou parcial (derrogação).

B) As regras de aplicação da lei no espaço estabelecem que deve ser aplicada a lei brasileira quando a obrigação resultante de contrato tenha de ser cumprida no Brasil, ainda que o domicílio do proponente seja em outro país.

C) Na sucessão por morte ou por ausência de estrangeiro, a lei do domicílio do herdeiro ou legatário regula a capacidade para suceder, independentemente do lugar do domicílio do falecido ou ausente.

D) A prova dos fatos ocorridos em país estrangeiro rege-se pela lei brasileira quanto ao ônus e aos meios de produzir-se, não admitindo os tribunais brasileiros provas que a lei brasileira desconheça.

E) A referida lei prevê, como métodos de integração das normas, em ordem preferencial e taxativa, a analogia, os costumes, os princípios gerais de direito e a equidade.

GABARITO: **C.**

(2018 – VUNESP – TJ-SC - Juiz Leigo)

Considerando o disposto nas Súmulas Vinculantes do Supremo Tribunal Federal, assinale a alternativa que contempla ato ou conduta violadora da Constituição Federal:

A) Decisão do Poder Judiciário que aumenta vencimentos de servidores públicos sob o fundamento de isonomia.

B) A falta de defesa técnica por advogado no processo administrativo disciplinar.

C) Estabelecimento de remuneração inferior ao salário mínimo para as praças prestadoras de serviço militar inicial.

D) A taxa cobrada exclusivamente em razão dos serviços públicos de coleta, remoção e tratamento ou destinação de lixo ou resíduos provenientes de imóveis.

E) Edição de lei que sujeita a exame psicotécnico a habilitação de candidato a cargo público.

GABARITO: **A.**

Capítulo 3

EFICÁCIA DA LEI NO TEMPO. CONFLITO DE NORMAS JURÍDICAS NO TEMPO... E O DIREITO BRASILEIRO: DIREITO PENAL, DIREITO CIVIL, DIREITO CONSTITUCIONAL E DIREITO DO TRABALHO

"É característico da teoria tradicional considerar o espaço – o território –, mas não o tempo, como um "elemento" do Estado. No entanto, um Estado existe não apenas no espaço, mas também no tempo, e, se considerarmos o território um elemento do Estado, então temos de considerar também o período de sua existência como um elemento do Estado"

(KELSEN, Hans. **Teoria geral do direito e do estado**, p. 314).

3.1. INTRODUÇÃO

O presente capítulo destina-se à compreensão do significado da lei no tempo, examinando os efeitos derivados a partir do impacto da legislação.

O capítulo encontra-se dividido em duas partes: (1) O significado da eficácia da lei no tempo; (2) Os conflitos relativos à lei no tempo segundo o Direito Brasileiro, focando, em especial, as áreas do Direito Constitucional, Penal, Civil e do Trabalho.

3.2. EFICÁCIA DA LEI NO TEMPO: SIGNIFICADO E LINDB (DECRETO-LEI 4.657/1942 COM REDAÇÃO DADA PELA LEI Nº 12.376/2010)

Em primeiro lugar, sabe-se que a compreensão da legislação no tempo assume grande significado no âmbito da tutela da **segurança jurídica**. É crucial que seja devidamente conhecido, com antecedência, o impacto da legislação para que se saiba o momento a partir do qual os seus efeitos são gerados. Fala-se, então, em uma **doutrina da irretroatividade** das leis, que evita a sucessão indeterminada de conflitos a partir da assunção da tese de que, em regra, a norma válida vigora a partir de sua publicação[1].

Cabe sublinhar a distinção usual, construída pela doutrina, entre os planos normativos da **vigência**, **validade** e **eficácia**.

Malgrado seja tema polêmico, normalmente costuma-se reconhecer a vigência como a **existência** da lei, exigindo-se a presença de certos elementos para que a legislação ingresse na ordem jurídica brasileira.

Por sua vez, a **validade** encontra-se associada ao plano de adjetivação da lei: corresponde, no caso, à legislação que respeita os critérios previstos pela ordem jurídica para que tenha valor. Neste caso, fala-se de um conceito formal, já que vinculado a um plano relacionado a um ordenamento jurídico específico. Ocorre que também é comum, segundo a doutrina, associar um **mínimo de eficácia como condição de validade**[2] do ordenamento, já que não faria sentido defender, apenas, a validade da normatividade em um plano exclusivamente abstrato.

Por fim, a **eficácia** correspondente à produção de efeitos da legislação. A referida produção de efeitos geralmente abrange, segundo a doutrina[3], duas espécies: a eficácia **jurídica** e a eficácia **social**, também conhecida como efetividade. No primeiro caso (eficácia jurídica) temos a produção de efeitos da lei em âmbito normativo; no segundo caso, tem-se a produção de efeitos no plano da realidade. Podemos ilustrar a primeira situação com a ocorrência

---

1 FERRAZ JR., Tércio Sampaio. **Introdução ao estudo do direito**: técnica, decisão, dominação, pp. 214-217.

2 REALE, Miguel. **Lições preliminares de direito**, pp. 112-115.

3 Há quem diferencie a eficácia técnico-jurídica (aplicabilidade) da eficácia social, associando à primeira aos casos em que uma norma jurídica "(...) disponha das condições normativas necessárias para a produção dos seus efeitos no universo jurídico", enquanto a segunda seria verificada quando houver "(...) correspondência da norma jurídica com a realidade circundante" (SOARES, Ricardo Maurício Freire. **Curso de Introdução ao Estudo do Direito**, pp. 38-39). Em sentido similar, cf. SIQUEIRA JR., Paulo Hamilton. **Teoria do Direito**, pp. 164-170.

da revogação, já que a lei vigorará até que outra a modifique ou revogue. Já o segundo tipo de eficácia será verificado quando houver o efetivo respeito e obediência ao conteúdo da legislação.

Portanto, enquanto no âmbito da eficácia jurídica a preocupação com a geração de efeitos ocorre no âmbito normativo, no âmbito da eficácia social (efetividade) há uma preocupação em se saber se há incidência, de fato, da norma na realidade social, sendo perceptível a sua observância.

Como o tópico exigido pela Resolução nº 75 do CNJ contempla a eficácia da lei **no tempo**, a nossa preocupação dirá respeito à geração de efeitos da lei nesta exata perspectiva, as quais contemplam, basicamente, as situações de efeito **imediato** e de efeito **mediato (ou diferido)**[4].

No primeiro caso, a lei publicada entra em vigor na mesma data de sua publicação. No segundo caso, entende-se que a lei publicada entrará em vigor posteriormente, existindo um intervalo temporal entre a publicação e a vigência.

No âmbito da eficácia da lei no tempo devem ser examinados, com atenção, alguns **institutos interessantes**, merecendo especial destaque os seguintes[5]: (1) a revogação; (2) a ultratividade; (3) a retroatividade; (4) e o desuso.

Sabemos que, em regra, as normas jurídicas vigoram em caráter indeterminado no tempo, tendo sido elaboradas com a pretensão de durabilidade. Contudo, nos casos de **revogação**, nota-se que ocorre uma substituição de uma norma por outra. As necessidades sociais podem fazer com que seja necessário atualizar o regramento vigente, o que enseja a criação de uma nova norma, que substitui a anterior.

É possível notar algumas modalidades de revogação, contemplando: a revogação **total** (ab-rogação) ou **parcial** (derrogação), as quais explicam a extensão da revogação. Ademais, pode-se falar em revogação **expressa** ou **tácita**, que dizem respeito, no primeiro caso, à efetiva menção, por alguma norma, de que revogou a outra, sendo a segunda modalidade aplicável quando houver regulação, por nova norma, do mesmo assunto da antiga, conflitando com ela.

A **ultratividade**, por sua vez, corresponde aos casos em que a normatividade continua regulando os casos em que incidiu mesmo após o término de sua vigência. Ocorre, no caso, uma situação curiosa: a norma incidiu e não mais vigora; contudo, permanece sendo aplicável aos fatos que aconteceram durante a sua vigência. Há um interessante caso de ultratividade previsto

4 DIMOULIS, Dimitri. **Manual de introdução ao estudo do direito**, p. 197.

5 DIMOULIS, Dimitri. **Manual de introdução ao estudo do direito**, pp. 199-205.

pela Constituição Federal de 1988 no âmbito das medidas provisórias. Neste caso, em havendo, pelo Congresso Nacional, rejeição expressa ou tácita de uma medida provisória, cabe ao Congresso regulamentar, dentro de 60 dias, as relações jurídicas travadas na vigência da medida provisória. Entretanto, se o Congresso nada fizer, tais relações conservar-se-ão regidas pela medida provisória, nos termos do §11 do artigo 62 da CF/88[6].

A **retroatividade** ocorre nos casos em que uma norma jurídica produza efeitos em relação a fatos ocorridos antes de sua vigência. Vale dizer que a doutrina construiu algumas **teorias sobre a retroatividade**. Algumas das mais celebradas foram comentadas por Antônio Luís Machado Neto[7], e serão sistematizadas a seguir:

TEORIAS DA RETROATIVIDADE (SISTEMATIZAÇÃO DE MACHADO NETO)	
Teoria da Situação Jurídica Concreta (Bonnecase)	Distingue a situação jurídica **abstrata** e a **concreta**. Na primeira, temos a situação potencial ou teórica de cada um perante a lei; na situação jurídica concreta, temos a situação real já verificada, ensejando direitos subjetivos e deveres jurídicos;
Teoria dos Fatos Cumpridos (Windscheid, Debnburg e Ferrara)	Segundo esta teoria, haveria retroatividade "(...) quando a lei nova suprime ou altera os efeitos já produzidos de um fato anterior e quando altera para o futuro um de nossos direitos em razão de um fato pretérito"[8];
Teoria Formal (Roubier e Planiol)	Leis terão efeito retroativo se possuem aplicação: "a) aos fatos consumados sob o império de uma lei anterior (*facta praeterita*), ou b) a situações jurídicas em curso no que diz respeito aos efeitos realizados antes de iniciar-se a vigência da nova lei (*facta pendentia*)"[9];

Por fim, além da situação de retroatividade, pode-se verificar os casos de **desuso**. O **desuso** pode ser compreendido como a interferência da realidade na aplicação da normatividade. Com o passar do tempo, é possível que sejam formados costumes em dissonância com a normatividade; em outras palavras, leis que estão ainda, formalmente, em vigor, acabam colidindo com

---

6 § 11. Não editado o decreto legislativo a que se refere o § 3º até sessenta dias após a rejeição ou perda de eficácia de medida provisória, as relações jurídicas constituídas e decorrentes de atos praticados durante sua vigência conservar-se-ão por ela regidas. (Incluído pela Emenda Constitucional nº 32, de 2001).

7 MACHADO NETO, A. L. **Compêndio de introdução à ciência do direito**, pp. 228-231.

8 MACHADO NETO, A. L. **Compêndio de introdução à ciência do direito**, p. 230.

9 MACHADO NETO, A. L. **Compêndio de introdução à ciência do direito**, p. 230.

o comportamento social, que não as observa por diversas razões. Segundo Dimoulis, "(...) o longo desuso não influencia diretamente a validade da norma. Pode, porém, afetá-la de forma indireta"[10]. Há uma possível conexão entre o desuso, a inefetividade de uma norma e a formação, inclusive, de um costume *contra legem*, sendo discutível a sua aceitação na doutrina[11].

Façamos, então, a seguinte síntese:

EFICÁCIA DA LEI NO TEMPO	
Revogação	Substituição de uma norma por outra, podendo ser total (ab-rogação), parcial (derrogação), expressa ou tácita;
Ultratividade	Incidência de uma norma sobre fatos por ela regulados mesmo após o término de sua vigência;
Retroatividade	Incidência de uma norma sobre fatos ocorridos antes de sua vigência;
Desuso	Ausência de aplicação, por longo período de tempo, de uma norma, não sendo aplicada pelos seus destinatários;

Antes de examinarmos as peculiaridades de alguns ramos do Direito, cabe analisar quais são as principais regras da **Lei de Introdução às Normas sobre o Direito Brasileiro (LINDB)** que tratam do assunto.

A LINDB possui, atualmente, 30 artigos no total. A referida legislação contempla artigos dedicados à Teoria Geral do Direito, assim como outros dispositivos que versam sobre Direito Internacional Privado. Mais recentemente, tendo em vista o advento da Lei nº 13.655/2018, foi alterada para vir a contemplar novos dispositivos, destinados a regrar segurança jurídica e eficiência no âmbito do Direito Público.

Devemos fazer constar aqui um comentário para explicar, mesmo que brevemente, os novos conteúdos da Lei de Introdução: afinal, que motivação inspirou a inserção de mais dez artigos na tradicional legislação?

Dentre as novidades trazidas pela redação atualizada da LINDB destacam-se, ao menos, três tendências que informam a aplicação de normas:

(1) o **pragmatismo** e a atenção às consequências práticas das decisões adotadas;

(2) o recurso à **técnica da proporcionalidade** como inspiração nas decisões adotadas;

---

10 DIMOULIS, Dimitri. **Manual de introdução ao estudo do direito**, p. 204.

11 DIMOULIS, Dimitri. **Manual de introdução ao estudo do direito**, pp. 203-205. Dimoulis, por exemplo, revela-se crítico da aceitação dos costumes *contra legem*.

(3) o cuidado com a **segurança jurídica** como padrão de conduta da Administração.

O prestígio do **pragmatismo** aparece, por exemplo, no artigo 20, ao se exigir que não se decida com base em valores jurídicos abstratos "sem que sejam consideradas as consequências práticas da decisão". O mesmo raciocínio pode ser encontrado no artigo 21, que exige atenção às consequências jurídicas e administrativas quando houver decisão de invalidação de ato, contrato, ajuste, processo ou norma administrativa. A observação das dificuldades reais que atingem a atuação do gestor também aparece no artigo 22, que cuida da interpretação de normas gerais sobre gestão pública.

O artigo 22 merece, aqui, uma atenção especial, por ter incorporado, segundo Eduardo Jordão, uma atitude antirromântica ou anti-idealista[12]. Um dos elementos centrais do artigo foi a incorporação, segundo o autor, da chamada **doutrina Chevron** – a mais citada decisão da história do constitucionalismo norte-americano. De acordo com a referida compreensão, deve haver uma dupla providência em se tratando do exercício da atividade de controle da Administração Pública: (1) em primeiro lugar, a verificação, pelo controlador, acerca da veracidade da dificuldade jurídica em cada caso; (2) a seguir, uma vez sendo efetivamente verificada a dificuldade jurídica, ocorre a análise da razoabilidade da escolha realizada pela Administração Pública.

O recurso à **técnica da proporcionalidade** como elemento de equilíbrio que deve balizar decisões adotadas no âmbito do Direito Público aparece em algumas importantes passagens da alteração legal. São exemplos: o parágrafo único do artigo 20, que exige motivação ancorada na demonstração de adequação e necessidade na atuação da Administração; o parágrafo único do artigo 21, que expressamente menciona a proporcionalidade e necessidade de prestigiar a igualdade; os §§ 2º e 3º do artigo 22, que exigem, na aplicação de sanções, a consideração da natureza e gravidade das infrações praticadas, com respeito ao princípio da igualdade quando da realização da dosimetria.

Por fim, a atenção em relação à **segurança jurídica** resulta da análise, por exemplo, do artigo 23, que determina a criação de regime de transição quando houver interpretação ou orientação nova sobre norma de conteúdo indeterminado, que traga a imposição de novo dever ou condicionamento de direito. O cuidado com o respeito às situações devidamente constituídas está

12 JORDÃO, Eduardo. Acabou o romance: reforço do pragmatismo no direito público brasileiro. **Revista de Direito Administrativo**, Rio de Janeiro, Edição Especial: Direito Público na Lei de Introdução às Normas de Direito Brasileiro – LINDB (Lei nº 13.655/2018), novembro de 2018: pp. 65-66, assim como, em especial, pp. 78-79.

presente no artigo 24, que demanda cuidados específicos quando houver a revisão de atos nas esferas administrativa, controladora ou judicial. Pode-se mencionar, ainda, o teor do artigo 30 da Lei, que expressamente exige atenção especial das autoridades públicas para que haja aumento da segurança jurídica na aplicação das normas, "inclusive por meio de regulamentos, súmulas administrativas e respostas a consultas".

Vale, ainda, destacar uma providência que pode contribuir para que haja uma prática administrativa mais atenta aos interesses dos cidadãos. Nesse sentido, a Lei fala, em seu artigo 29, na possibilidade de realização de consulta pública – preferencialmente por meio eletrônico, inclusive – em qualquer órgão ou Poder, quando houver edição de atos normativos por autoridade administrativa.

Tendo em vista as reflexões geradas pelas novidades inseridas na Lei de Introdução, todos devemos ficar atentos para os impactos gerados, tratando-se de novidades que podem ser exigidas nas avaliações dos concursos públicos brasileiros.

Retomemos, então, a nossa análise da eficácia temporal, tema deste Capítulo

Da análise de todo o conjunto normativo da LINDB, nota-se que há **três artigos valiosos** no âmbito da eficácia temporal.

O **artigo 1º da LINDB** já traz disposição importante nesta linha, dispondo que, salvo disposição contrária, a lei começa a vigorar em todos o país quarenta e cinco dias depois de oficialmente publicada. Nos Estados estrangeiros, quando admitida a obrigatoriedade da lei brasileira, a vigência ocorrerá três meses depois de oficialmente publicada. Vale, ainda, esclarecer que se, antes de entrar a lei em vigor, houver alguma nova publicação destinada à correção do seu texto, os prazos anteriormente mencionados começarão a correr a partir da nova publicação (§3º do artigo 1º). Caso haja correção a texto de lei em vigor estas serão consideradas lei nova (§4º do artigo 1º).

O **artigo 2º da LINDB** estipula que, ressalvados os casos de legislação temporária, a lei vigorará até que outra a modifique ou revogue. Merecem menção, ainda, os três casos em que uma lei revogará a anterior (§1º do artigo 2º): (1) quando expressamente o declarar; (2) quando for incompatível com ela; (3) quando regular, inteiramente, a matéria nela versada.

O **artigo 6º da LINDB** diz que a legislação em vigor terá efeito imediato e geral, respeitados o ato jurídico perfeito, o direito adquirido e a coisa julgada. É a própria legislação quem prevê o significado dos três institutos, sendo usual a diferenciação entre o direito adquirido e a expectativa de direito. Concebe-se o **direito adquirido** como aquele que já foi incorporado ao patrimônio do titular; a expectativa de direito, por sua vez, é visualizada com a potencialidade de aquisição do direito adquirido. A legislação considera o **ato jurídico perfeito** como aquele consumado ao tempo da legislação vigente, sendo a **coisa julgada** a decisão não mais passível de recurso. Vale lembrar, contudo, que o ato jurídico perfeito e a coisa julgada refletem "(...) dois casos especiais de "direitos adquiridos"; e, por isso, são geralmente estudados pela doutrina sob essa última denominação"[13].

3.3. CONFLITO DE NORMAS JURÍDICAS NO TEMPO E O DIREITO BRASILEIRO: DIREITO PENAL, CIVIL, CONSTITUCIONAL E DO TRABALHO

Neste tópico examinaremos quais as principais regras que explicam a produção de efeitos da legislação em diversos âmbitos do Direito. Por conta da sua posição hierarquicamente privilegiada começaremos pela análise do **Direito Constitucional**, focando a normatividade constitucional numa dimensão temporal. Segundo a Constituição Federal de 1988, em seu artigo 5º, inciso XXXVI, a lei não prejudicará o direito adquirido, o ato jurídico perfeito e coisa julgada, previsão que possui total harmonia ao disposto no artigo 6º da LINDB, anteriormente citado.

No âmbito do Direito Constitucional, uma das mais comuns discussões sobre retroatividade das normas constitucionais possui relação com a **teoria do Poder Constituinte**. O tema deve muito ao conteúdo do panfleto "O que é o Terceiro Estado", da autoria de Emmanuel Sieyès, na época da Revolução Francesa (1789).

O autor buscava enaltecer a relevância do chamado "Terceiro Estado" na França da época. Politicamente, as decisões políticas eram tomadas pela votação dos "Estados", palavra usada para contemplar grupos da sociedade. Havia, então, o 1º, o 2º e o 3º Estados. Ocorre que o 3º Estado – que era o mais numeroso, pois congregava o povo e a burguesia franceses – não possuía a mesma relevância política dos demais. Sieyès, com a sua obra, tentou demonstrar a importância política também deste 3º Estado, enaltecendo a distinção entre os dois momentos centrais da vida política de um País: o momento de criação de uma Constituição, frente ao momento de alteração de uma Constituição.

Compreende-se o Poder Constituinte como o poder de criação de uma nova Constituição, sendo também chamado de Poder Constituinte Originário. Ele é distinto do Poder Constituinte Derivado, que seria o Poder responsável

13 MONTORO, André Franco. **Introdução à ciência do direito**, pp. 448-449.

por atuar em uma ordem jurídico-constitucional previamente constituída. O Poder Constituinte Derivado contempla, ao menos, duas modalidades; (1) o Poder Constituinte Derivado Reformador, dedicado às modificações na Constituição; (2) o Poder Constituinte Derivado Decorrente, voltada para a criação e modificação das Constituições Estaduais. O tema possui diversas variações terminológicas, e foram aqui adotadas nomenclaturas usuais para compreender o assunto.

No campo exato do Poder Constituinte Originário – ou seja, como visto, da criação de novas normas constitucionais – compreende-se o necessário respeito à retroatividade mínima, o que significa que "(...) aplicam-se a fatos que venham a acontecer após a sua promulgação, referentes a negócios passados"[14]. Cabe aqui citar a interessante sistematização feita por Pedro Lenza sobre o assunto[15]:

RELAÇÃO ENTRE PODER CONSTITUINTE E DIREITO ADQUIRIDO (VISÃO DE PEDRO LENZA)
(1) Normas constitucionais têm, em regra, retroatividade mínima, sendo aplicáveis aos fatos ocorridos a partir do seu advento, mesmo que relacionados a negócios celebrados no passado;
(2) Pode haver retroatividade máxima (norma que atinge fatos consumados) ou média (norma que atinge efeitos pendentes de atos jurídicos verificados antes dela) de norma introduzida pelo Poder Constituinte Originário se houver expressa previsão neste sentido;
(3) Nos demais casos (Poder Constituinte Derivado Reformador ou Decorrente, ou criação de leis infraconstitucionais), deve-se observar o princípio da irretroatividade da lei, que consagra a retroatividade mínima.

Já no âmbito do **Direito Penal**, costuma-se compreender o alcance da legislação de forma distinta. Sabe-se que o Direito Penal protege os bens jurídicos mais relevantes, assumindo um importante caráter subsidiário. Sendo assim, recorre-se à tutela penal para assegurar o respeito aos bens jurídicos de maior significado na comunidade, incidindo, em seu favor, a imperatividade da norma restritiva. Nestes casos assume especial valor, então, a chamada irretroatividade da lei penal como regra. A lei não retroagirá para prejudicar o réu, o que usualmente se explica pela proibição da chamada *reformatio in pejus* no âmbito penal.

14 LENZA, Pedro. **Direito constitucional esquematizado**, p. 242.
15 LENZA, Pedro. **Direito constitucional esquematizado**, pp. 242-244.

Vale lembrar, então, os artigos 1º e 2º do Código Penal, que estipulam o fato de que não há crime sem lei anterior que o defina, nem pena sem a prévia cominação legal, admitida a retroatividade da lei penal mais benigna[16]. Estão em consonância com o conteúdo da Constituição, em seu artigo 5º, incisos XXXIX[17] e XL[18].

Recomenda-se ao candidato atenção especial às regras instituídas pelo chamado Pacote Anticrime, tema que costuma ser aprofundado em obras específicas sobre o assunto.

Já no campo do **Direito Civil**, por sua vez, vigora a mesma lógica dos institutos de proteção ao direito adquirido, ao ato jurídico perfeito e à coisa julgada. Luciano e Roberto Figueiredo lembram, por exemplo, o teor do artigo 2035 do Código Civil, que estabelece um caso de **retroatividade motivada**, "(...) ordenando a aplicação, aos negócios jurídicos celebrados antes da vigência do CC/02, cujos efeitos adentrem o ano de 2003, as normas de ordem pública do atual diploma civilista, como função social e boa-fé"[19].

No que diz respeito à aplicação das leis civis no tempo cabe conferir, em especial, a sistematização realizada por Cristiano Chaves de Farias e Nelson Rosenvald[20], exposta a seguir:

LEIS CIVIS NO TEMPO (VISÃO DE CRISTIANO CHAVES E NELSON ROSENVALD)
(1) Lei aplicável aos contratos será a do tempo de sua constituição no que diz respeito à sua existência e validade; quanto à eficácia, aplicam-se as normas vigentes quando de sua execução (artigo 2.035 do CC);
(2) Direitos sucessórios são regidos pela lei em vigor no tempo da abertura da sucessão (artigo 1.784 do CC);
(3) O testamento obedece às leis do tempo em que foi elaborado (art. 1.861 do CC);
(4) Não se perde a capacidade já adquirida pelo advento de lei revogadora;
(5) O casamento tem sua validade regida pelas normas vigentes quando de sua celebração, sendo o regime de bens disciplinado pela lei em vigor na celebração do pacto antenupcial no que diz respeito à eficácia e validade, sendo a eficácia submetida à lei atual;

16 MONTORO, André Franco. **Introdução à ciência do direito**, p. 449.

17 XXXIX - não há crime sem lei anterior que o defina, nem pena sem prévia cominação legal.

18 XL – a lei penal não retroagirá, salvo para beneficiar o réu.

19 FIGUEIREDO, Luciano L.; FIGUEIREDO, Roberto. **Direito Civil**, p. 59.

20 FARIAS, Cristiano Chaves de; ROSENVALD, Nelson. **Direito Civil**: teoria geral, pp. 114-115.

(6) A existência e validade do pacto antenupcial estão submetidas à norma vigente no momento de sua celebração, mas sua eficácia está subordinada à norma atual;
(7) A qualificação dos direitos reais submete-se à lei nova.

Por fim, no âmbito do **Direito do Trabalho** também prevalecem as regras mencionadas pela LINDB, assumindo especial relevo o disposto no parágrafo único do artigo 8º da CLT[21]. Cabe aqui repisar a advertência formulada por Ricardo Resende[22] em relação ao que ocorre quando sobrevém regra nova que altera direito de empregado com contrato de trabalho em vigor.

Segundo o autor, neste caso deve-se observar a natureza da alteração, distinguindo a alteração **contratual** da alteração **legal**. No primeiro caso, em havendo alteração contratual, não há a possibilidade de perda de direitos, incidindo o princípio que garante a condição mais benéfica e proíbe mudança lesiva, nos termos do artigo 468 da CLT[23]. Já em se tratando de alteração legal, ocorre aplicação imediata e não retroativa.

O autor explica, então, que o primeiro caso (alteração de natureza contratual) tem relação com a **aderência contratual absoluta**, o que significa que as cláusulas contratuais jamais podem ser suprimidas caso conduzam a prejuízo ao trabalhador. Por sua vez, os casos de **aderência contratual relativa** guardam relação com o âmbito da normatividade jurídica, sendo que, uma vez alterada a legislação, "(...) as prestações contratuais já consolidadas não são afetadas, mas as novas prestações sucessivas submetem-se à lei nova"[24].

Ainda no âmbito do Direito do Trabalho, Sérgio Pinto Martins lembra que, se um contrato de trabalho estiver terminado, a lei nova não irradiará

---

21 Art. 8º – As autoridades administrativas e a Justiça do Trabalho, na falta de disposições legais ou contratuais, decidirão, conforme o caso, pela jurisprudência, por analogia, por eqüidade e outros princípios e normas gerais de direito, principalmente do direito do trabalho, e, ainda, de acordo com os usos e costumes, o direito comparado, mas sempre de maneira que nenhum interesse de classe ou particular prevaleça sobre o interesse público. Parágrafo único – O direito comum será fonte subsidiária do direito do trabalho, naquilo em que não for incompatível com os princípios fundamentais deste.

22 RESENDE, Ricardo. **Direito do trabalho esquematizado**, pp. 51-52.

23 Art. 468 – Nos contratos individuais de trabalho só é lícita a alteração das respectivas condições por mútuo consentimento, e ainda assim desde que não resultem, direta ou indiretamente, prejuízos ao empregado, sob pena de nulidade da cláusula infringente desta garantia. Parágrafo único – Não se considera alteração unilateral a determinação do empregador para que o respectivo empregado reverta ao cargo efetivo, anteriormente ocupado, deixando o exercício de função de confiança.

24 RESENDE, Ricardo. **Direito do trabalho esquematizado**, p. 52.

efeitos sobre o pacto, graças ao princípio da irretroatividade. Contudo, se o ato ainda não foi praticado, "(...) deve-se observar a lei vigente à época de sua prática"[25].

Recomenda-se ao candidato atenção especial com as mudanças constantes no âmbito da legislação laboral, tendo em vista as frequentes modificações que integram a chamada Reforma Trabalhista, tema que costuma ser aprofundado em obras específicas sobre o assunto.

São estes os pontos usualmente mais trabalhados no que diz respeito à eficácia temporal da legislação, assunto que possui evidente repercussão no âmbito da concretização do direito, tendo em vista os imperativos de segurança jurídica e necessidade de preservação de situações jurídicas definitivamente constituídas.

Uma vez finalizada esta abordagem enfrentaremos as relações entre política e direito, alvo do próximo capítulo.

3.4. QUESTÕES

(2015 – CESPE – TJ-PB – Juiz Substituto) Acerca da eficácia da lei no tempo e no espaço, assinale a opção correta:

A) O direito brasileiro veda o denominado efeito repristinatório das normas, mesmo que previsto expressamente, de modo que uma lei nova não pode prever a recuperação da vigência de lei já revogada.

B) Caso uma lei cujo prazo de vigência não se tenha iniciado seja novamente publicada para correção de erro material constante da publicação anterior, o prazo da *vacatio legis* será contado a partir da primeira publicação, salvo se outra data nela vier expressa.

C) A contagem do prazo para a entrada em vigor das leis que estabeleçam período de vacância deve ser feita nos termos da regra geral do direito civil, de modo a se excluir a data da publicação da lei e se incluir o último dia do prazo.

D) No que se refere à eficácia espacial da lei, o ordenamento pátrio adotou o sistema da territorialidade moderada, de forma a permitir a aplicação de lei brasileira dentro do território nacional e, excepcionalmente, fora, sem, contudo, admitir a aplicação de lei estrangeira nos limites do Brasil.

E) Em razão da denominada ultratividade da norma, mesmo revogado, o Código Civil de 1916 tem aplicação às sucessões abertas durante a sua vigência, ainda que o inventário tenha sido proposto após o advento do Código Civil de 2002.

GABARITO: **E.**

---

25 MARTINS, Sérgio Pinto. **Direito do trabalho**, p. 72.

(2016 – CESPE – TJ-AM – Juiz Substituto) A respeito da eficácia da lei no tempo e no espaço, assinale a opção correta conforme a LINDB:

A) Para ser aplicada, a norma deverá estar vigente e, por isso, uma vez que ela seja revogada, não será permitida a sua ultratividade.

B) Tendo o ordenamento brasileiro optado pela adoção, quanto à eficácia espacial da lei, do sistema da territorialidade moderada, é possível a aplicação da lei brasileira dentro do território nacional e, excepcionalmente, fora, e vedada a aplicação de lei estrangeira nos limites do Brasil.

C) Quando a sucessão incidir sobre bens de estrangeiro residente, em vida, fora do território nacional, aplicar-se-á a lei do país de domicílio do defunto, quando esta for mais favorável ao cônjuge e aos filhos brasileiros, ainda que todos os bens estejam localizados no Brasil.

D) Não havendo disposição em contrário, o início da vigência de uma lei coincidirá com a data da sua publicação.

E) Quando a republicação de lei que ainda não entrou em vigor ocorrer tão somente para correção de falhas de grafia constantes de seu texto, o prazo da *vacatio legis* não sofrerá interrupção e deverá ser contado da data da primeira publicação.

GABARITO: **C**.

(2013 – FGV – TJ-AM – Juiz) Sobre a aplicação da Lei Processual Penal, é correto afirmar que:

A) no Brasil, adota-se integralmente o princípio da irretroatividade da lei processual penal, que impede que as inovações na norma processual penal sejam aplicadas de imediato para fatos praticados antes de sua entrada em vigor.

B) ela admitirá interpretação extensiva e o suplemento de princípios gerais do direito, mas não a aplicação analógica.

C) o processo penal reger-se-á, em todo o território brasileiro, pelo Código de Processo Penal, não havendo qualquer ressalva prevista neste diploma.

D) as normas previstas no Código de Processo Penal de natureza híbrida, ou seja, com conteúdo de direito processual e de direito material, devem respeitar o princípio que veda a aplicação retroativa da lei penal, quando seu conteúdo for prejudicial ao réu.

E) ela admitirá interpretação extensiva e aplicação analógica, mas não o suplemento dos princípios gerais do direito.

GABARITO: **D**.

(2012 – PUC-PR – TJ-MS – Juiz) Sobre a Constituição e a aplicabilidade de suas normas, afirma-se:

I. Se uma lei fere o processo legislativo previsto na Constituição sob a qual foi editada e, até o advento da nova Constituição, não fora objeto de controle de constitucionalidade, ela não pode ser recebida pela nova Constituição, uma vez que o Supremo Tribunal Federal já se manifestou contra a adoção da teoria da constitucionalidade superveniente.

II. Utilizando-se da classificação elaborada por José Afonso da Silva, o Supremo Tribunal Federal decidiu que a norma constitucional que prevê que '"lei complementar estabelecerá outros casos de inelegibilidade...", além das previstas no texto constitucional, é norma de eficácia contida, portanto, não autoaplicável e dependente de lei para poder ser aplicada.

III. O STF adota o entendimento de que as normas constitucionais, fruto da manifestação do poder constituinte originário são dotadas de retroatividade mínima, ou seja, a norma atingirá prestações vencidas, mas ainda não adimplidas, ou, em outras palavras, a nova norma constitucional atingirá os efeitos pendentes de atos jurídicos verificados antes de sua vigência.

Está(ão) CORRETA(S):

A) Apenas a afirmativa I.

B) Apenas as afirmativas I, II e III.

C) Apenas as afirmativas II e III.

D) Apenas as afirmativas I e II.

E) Apenas a afirmativa III.

GABARITO: **A.**

(2012 – FCC – TRT – 20ª REGIÃO (SE) – Juiz do Trabalho) Em relação à hermenêutica e à eficácia das normas trabalhistas no tempo e espaço é correto afirmar:

A) Aplica-se para solução dos problemas de eficácia da lei trabalhista no tempo apenas o princípio da irretroatividade, não sendo aplicado o princípio do efeito imediato.

B) Em relação à eficácia da norma trabalhista no espaço, aplica-se o princípio da territorialidade, que justifica o fato de que a relação jurídica trabalhista será regida pelas leis vigentes no país da prestação dos serviços e não por aquelas do local da contratação.

C) A teoria de Kelsen, segundo a qual as normas são dispostas segundo uma pirâmide que tem como vértice uma norma fundamental é aplicada de forma absoluta no Direito do Trabalho.

D) A especificidade da interpretação justrabalhista reside na jurisprudência axiológica, inspirada na prevalência de valores e princípios, abrangendo inclusive o campo dos fatos e sua aferição no âmbito judicial.

E) A analogia não é aplicada ao ramo justrabalhista como fator de integração por falta de previsão legal em face do princípio da norma mais favorável ao trabalhador.

GABARITO: **B.**

Capítulo 4

O CONCEITO DE POLÍTICA. POLÍTICA E DIREITO

"A Política fica então vista como o estudo e a prática da canalização de interesses com a finalidade de conseguir decisões. Isto já foi chamado de arte, com razão".

(RIBEIRO, João Ubaldo. **Política**: quem manda, por que manda, como manda, pp. 16-17).

SUMÁRIO: 4.1. INTRODUÇÃO; **4.2.** CONCEITOS DE POLÍTICA; **4.3.** FENÔMENO POLÍTICO E O DIREITO; **4.4.** JUDICIALIZAÇÃO DA POLÍTICA E ATIVISMO JUDICIAL; **4.5.** QUESTÕES.

4.1. INTRODUÇÃO

Existe uma notória relação entre política e direito, muito embora a pretensão de cientificidade da área jurídica, por vezes, procure isolar os impactos do fenômeno político em seu interior. Em verdade, atividades como interpretação e aplicação no âmbito jurídico estão repletas de escolhas políticas, que evidenciam diferentes visões sobre relações de poder na sociedade.

Sendo assim, o objetivo deste capítulo será o de explicar, em primeiro lugar, alguns significados da política e do fenômeno político. A seguir, serão evidenciadas as relações possíveis entre política e direito. Na sequência, examinaremos uma situação contemporânea extremamente polêmica, conhecida como judicialização da política, a qual repercute, em muitos casos, na prática do ativismo judicial.

4.2. CONCEITOS DE POLÍTICA

A política pode ser compreendida, conforme a cuidadosa definição de Dimitri Dimoulis[1], como um processo social marcado por **quatro características**:

1 DIMOULIS, Dimitri. **Manual de introdução ao estudo do direito**, pp. 68-71.

(1) ter o Estado como sede; (2) servir para influenciar a tomada de decisões por meio de ações coletivas; (3) objetivar a transformação das relações sociais; (4) trata-se de relação racional e pacífica, embora passível de confronto e violência.

Portanto, de acordo com o autor, podemos construir a seguinte explicação:

CARACTERÍSTICAS DA POLÍTICA (VISÃO DE DIMITRI DIMOULIS)	
Sede Institucional	Tem por referência central o Estado
Mecanismo de Funcionamento	Exige mobilização coletiva para que haja pressão na tomada de decisões políticas
Finalidade	Tem por objetivo a manutenção (conservadores) ou a transformação (contestadores) das relações sociais
Caracterização da Atividade Política	Atividade racional amparada na discussão e argumentação, embora haja, eventualmente, emprego de violência

A política costuma ser associada ao **exercício do poder**, constatação que enseja uma diversidade de concepções a respeito. Alguns explicam o poder no âmbito de um **jogo de soma zero**[2], explicando a desigualdade ínsita ao próprio conceito de poder: a lógica da soma zero seria obtida pelo fato de que alguém exerce poder perante, necessariamente, outrem que não exerce. Efetua-se, então, um básico cálculo matemático, alcançando a soma zero.

Outros preferem enfocar o quanto os meios da política incluem a **dominação pela força e a ação pelo consentimento**[3]. Nota-se, neste caso, uma relação direta entre as noções de poder e de dominação, refletindo uma desigualdade entre os que possuem poder e os que não o possuem.

Há, ainda, quem explique, como características do poder a **socialidade** e a **bilateralidade**: no primeiro caso, entende-se que onde houver sociedade haverá poder; a segunda característica, por sua vez, explica o fato de que o exercício do poder exige ao menos dois participantes da relação de poder, sendo que um exerce a sua dominação perante o outro, como mencionado[4].

Vejamos, então, a seguinte síntese:

COMPREENSÕES ACERCA DO PODER E DA POLÍTICA	
Poder como jogo de soma zero	Reflete o cálculo matemático entre os exercem poder e os que não o exercem

2 LEBRUN, Gérard. **O que é Poder**, pp. 18 e 21.

3 MAAR, Wolfgang Leo. **O que é Política?**, p. 49.

4 DALLARI, Dalmo de Abreu. **Elementos de Teoria Geral do Estado**, p. 34.

Poder como dominação pela força e ação pelo consentimento	Associação entre os que possuem força para impor regras, fundadas na concordância dos que são destinatários do seu cumprimento
Poder como fenômeno social e bilateral	Reflete o fato de que onde houver sociedade haverá exercício de poder, visto como uma relação entre, no mínimo, dois participantes

Uma das melhores definições de poder pode ser encontrada segundo a ótica de Paulo Bonavides, que o concebe como uma "(...) energia básica que anima a existência de uma comunidade humana num determinado território, conservando-a unida, coesa e solidária"[5].

Bonavides explica, ainda, uma diferença importante no exercício do poder: a distinção entre o **poder de fato** – ancorado em meios violentos para que haja o seu exercício – e o **poder de direito**, sendo este último amparado no consentimento dos governados[6].

É interessante perceber que Bonavides também utilizará esta distinção em outro momento de sua obra: quando trata da teoria das formas de governo, ocasião em que diferenciará **governos pelo consentimento e governos pela coação**. Neste caso, fará uma contraposição entre governos "(...) limitados ou governos absolutos, governos livres ou governos totalitários, governos de liberdade ou governos de ditadura"[7]. A explicação possui clara conexão com a sua visão sobre o exercício do poder, razão pela qual merece essa aproximação.

Vejamos, então, uma pequena síntese:

PODER E GOVERNO (VISÃO DE PAULO BONAVIDES)	
Poder de Fato	Governo pela Coação
Poder de Direito	Governo pelo Consentimento

Trata-se, portanto, de uma diferença que explica a legitimidade no exercício do poder, assunto que enfrentaremos a seguir.

De todo modo, embora haja uma diversidade de olhares a respeito, costuma-se entender a política como o exercício do poder na sociedade, baseado na relação de desigualdade entre os que detêm a condição de adotar e impor posições políticas e os que precisam obedecer aos comandos políticos.

5 BONAVIDES, Paulo. **Ciência Política**, p. 115.
6 BONAVIDES, Paulo. **Ciência Política**, p. 115.
7 BONAVIDES, Paulo. **Ciência Política**, pp. 213-215.

Deve-se compreender a importância da sociedade política[8], na qual desenvolvemos as nossas atividades. Nos mais diversos espaços de poder travamos múltiplas relações, o que evidencia o quanto a atividade política está presente, e não apenas em sua dimensão partidária. A realização de escolhas políticas é inerente ao ser humano, e seus impactos são examinados no âmbito da Ciência Política, disciplina que se dedica a estudá-los de forma sistematizada.

Há, portanto, uma clara noção de cidadania relacionada ao âmbito da política. Todos estamos inseridos em um universo político: as relações que travamos em nossa vida possuem, em maior ou menor medida, aspectos políticos, já que vinculadas ao poder. Nesta linha, podemos perceber exercício político, por exemplo, no seio de nossas famílias; nas escolas e universidades; nas relações de trabalho; nas instituições religiosas; nas instituições punitivas, etc. Não é incomum encontrar, nos autores dedicados ao assunto, a percepção de uma grande amplitude da palavra política, presente em diversos aspectos de nossa vida social.

Caberia, então, uma pergunta: **será que todo poder seria legítimo**?

Sabemos que não. Em verdade, a legitimidade para o exercício do poder envolve uma preocupação com o consentimento dos que são destinatários das decisões políticas. Na história da humanidade é comum perceber regimes que se baseiam na força para o exercício do poder, enquanto outros buscam o respeito às regras democráticas. Desse modo, o simples fato de se notar o exercício do poder não significa, automaticamente, que o poder exercido será legítimo.

Uma das mais famosas construções para explicar a **legitimidade do exercício do poder** pode ser encontrada na visão do sociólogo Max Weber. Weber acreditava em **tipos ideais** como ferramentas de construção de sua teoria[9]. Sabia, portanto, que o que explicaria muitas vezes não seria encontrado de forma pura na realidade. O tipo ideal, então, corresponde a uma figura abstrata do raciocínio, dedicada a isolar os elementos fundamentais de certa categoria a ser explicada e problematizada. Não significa que, necessariamente, será encontrado, com perfeição, na realidade.

No que diz respeito ao debate acerca da legitimidade, Weber pensava em **três tipos ideais de legitimidade** no exercício do poder e da dominação, contemplando: a legitimação tradicional; a legitimação carismática e a legitimação racional-legal[10].

---

8 DALLARI, Dalmo de Abreu. **Elementos de Teoria Geral do Estado**, p. 48.

9 WEBER, Max. **Ciência e Política**: duas vocações, p. 23.

10 WEBER, Max. **Ciência e Política**: duas vocações, pp. 60-61. A construção também pode ser encontrada em diversas obras que tratam de política, sendo exemplos: BONAVIDES, Paulo. **Ciência Política**, pp. 125-127; MAAR, Wolfgang Leo. **O que é Política?**, p. 60.

Na legitimação **tradicional** a obediência encontra-se ancorada no respeito à história, aos costumes, às práticas que têm sido reiteradas há tempos. Nestes casos, a legitimidade no exercício do poder deriva daquilo que tem sido sempre respeitado, desde tempos, por vezes, imemoriais. Como exemplo, podemos citar os regimes monárquicos. Estão constituídos há muitos anos, e, embora haja variação no que diz respeito aos índices de legitimidade, usualmente não encontram a divergência da maioria dos súditos no sentido de conduzir à sua extinção.

Na legitimação **carismática**, por sua vez, assume grande relevância a figura da liderança que exerce o poder. Neste caso, o respeito dos comandados ocorre porque alguém possui um perfil de destaque, que inspira confiança na liderança. Aqui, os traços pessoais de quem comanda são os mais significativos, e que ensejam o respeito e credibilidade dos que o respeitam. Em muitos casos, a retórica e uma posição de eloquência na fala são elementos que gozam de grande admiração; em outros casos, a percepção subjetiva de que o líder tem características tão especiais que o tornam merecedor de ocupar uma posição proeminente. Podem ser citados os líderes políticos de destaque, e que foram capazes, com a sua atuação, de gerar obediência e respeitabilidade generalizadas.

Por sua vez, na legitimação **racional-legal** o respeito a quem exerce o poder deriva da garantia de que a liderança está sendo exercitada com respeito aos procedimentos legais. O líder alcançou esta posição e tem suas condutas respeitadas porque os liderados perceberam que o procedimento democrático de escolha foi respeitado. Aqui o exemplo mais citado é o das burocracias ocidentais, que têm procedimentos de escolha democrática como caminho usual para apontar as futuras lideranças políticas. Mesmo os que não tiveram a sua escolha política tida como vencedora precisam respeitar os resultados colhidos no respeito ao procedimento democrático.

Podemos, então, efetuar a seguinte síntese:

LEGITIMIDADE NO EXERCÍCIO DO PODER (MAX WEBER)	
Legitimação Tradicional	Relevância do passado e da história para a obediência
Legitimação Carismática	Relevância dos traços pessoais da liderança para a obediência
Legitimação Racional-Legal	Relevância do respeito aos procedimentos burocráticos para a obediência

Há, também, vários **sentidos** para a palavra política. Em um sentido **amplo**, designa o exercício da relação de poder na sociedade. Podemos, aqui, citar como exemplo a criação e execução de uma política externa, vinculada às escolhas de poder feitas pelo Brasil por nossa Chefia de Estado, exercida pela Presidência da República. Também podemos mencionar a criação e execução de uma política pública, momento em que o Estado elege prioridades – usualmente vinculadas ao âmbito dos direitos sociais – e procura concretizá-las para o alcance de uma sociedade mais fraterna.

Ocorre que, em um sentido mais **estrito** e usual, a política costuma ser vinculada ao exercício da política partidária, desencadeada pelos **partidos políticos**. Cabe aqui relembrar que os partidos políticos são peças de extrema relevância em um regime democrático. Devem ilustrar alguma corrente ideológica da sociedade e lutar, dentro dos meios democraticamente aceitos para tanto, para ocupar espaços de poder, marcados pela representatividade dos segmentos sociais que neles depositam a sua confiança. Portanto, há uma conexão direta entre os partidos políticos, a ideologia, a confiança e a busca pelo poder. A maior pretensão partidária é a de alcançar uma posição de liderança no contexto das sociedades, evidentemente que dentro das regras do jogo.

Sabe-se, contudo, que, em especial no âmbito político-partidário brasileiro, predominam denúncias de notórios esquemas de corrupção e negociações ilícitas, o que pode ser facilmente comprovado quando examinamos os baixos índices de confiança parlamentar no Brasil[11].

Segundo o Índice de Confiança Social, do IBOPE, em 2015 o Congresso Nacional e os partidos políticos obtiveram, apenas, 22 e 17 pontos, respectivamente, em uma escala de 0 a 100 pontos possíveis. Na mesma pesquisa o Poder Judiciário e a Justiça obtiveram 46 pontos, o que evidencia um nítido distanciamento na aferição popular dos resultados alcançados pelas referidas instituições. Paradoxalmente, em nosso País, confiamos mais – por diversas razões, que serão posteriormente examinadas neste tópico – em quem não votamos[12].

Tendo em vista a sua importância para a democracia, entretanto, é essencial que conheçamos as principais regras estruturantes dos partidos políticos.

Vale lembrar, desde logo, a garantia constitucional de liberdade de criação, fusão, incorporação e extinção dos partidos políticos no Brasil, exigindo-se o

11 CRUZ, Gabriel Dias Marques da. PEC 106: alguém discorda da redução do número de parlamentares? **Consultor Jurídico**. Disponível em: http://www.conjur.com.br/2016-abr-05/gabriel-marques-alguem-reducao-total-parlamentares. Acesso em: 3/7/2017.

12 CRUZ, Gabriel Dias Marques da. PEC 106: alguém discorda da redução do número de parlamentares? **Consultor Jurídico**. Disponível em: http://www.conjur.com.br/2016-abr-05/gabriel-marques-alguem-reducao-total-parlamentares. Acesso em: 3/7/2017.

respeito à soberania nacional, ao regime democrático, ao pluripartidarismo e aos direitos fundamentais da pessoa humana. No particular, precisamos relembrar o contexto de criação da Constituição Federal de 1988, momento de redemocratização e superação das restrições autoritárias de funcionamento parlamentar durante a ditadura, iniciada em 1964.

Neste sentido, **dois aspectos** chamam a atenção, na Constituição de 1988, em relação aos partidos políticos: (1) a sua inscrção no Título dedicado aos Direitos e Garantias Fundamentais da Constituição, compreensivo dos artigos 5º até o 17; (2) a vinculação entre os partidos políticos e um dos fundamentos da República Federativa do Brasil: o chamado pluralismo político, previsto no inciso V do artigo 1º da Constituição.

No primeiro caso, a inserção dos partidos **dentre os direitos e garantias fundamentais** é ilustrativa da superação do quadro restritivo que vigorava anteriormente. Se, na época militar, fomos caracterizados por um bipartidarismo artificial, sendo perseguidas agremiações políticas que desagradavam os princípios fundantes do regime autoritário, agora a Constituição enaltece, justamente, o inverso: a liberdade de criação partidária, respeitadas as regras democráticas e os direitos da pessoa humana.

No segundo caso, temos a menção, no artigo 1º da Constituição, a um dos seus fundamentos mais valiosos, correspondente ao **pluralismo político**. A Constituição, então, encontra-se ancorada na defesa da livre exposição de ideias – base dos direitos de liberdade de manifestação e de expressão –, sendo que condena o exercício da censura. Ocorre que a mesma noção de pluralismo político também encontra eco na dimensão partidária, já que assegura a garantia de liberdade de criação de partidos e de luta democrática para a ocupação dos espaços de poder na República Federativa do Brasil.

Façamos, então, uma síntese dessas ideias:

ASPECTOS FUNDAMENTAIS DOS PARTIDOS NA CONSTITUIÇÃO DE 1988	
Inclusão dentre os Direitos e Garantias Fundamentais (artigo 17), assegurada liberdade de criação e funcionamento	Celebração do Pluralismo Político como um dos fundamentos da República Federativa do Brasil (artigo 1º, inciso V)

Além da base ideológica dos partidos políticos na Constituição, precisamos dedicar alguns comentários para as regras que condicionam a sua criação e funcionamento. A Constituição Federal Brasileira de 1988 as prevê, em particular, no seu artigo 17.

Os partidos políticos são pessoas jurídicas de **direito privado**, que precisam efetuar **duplo registro** para que tenham personalidade: além do natural registro das pessoas jurídicas, os seus estatutos devem ser registrados no Tribunal Superior Eleitoral. Os partidos devem ter **caráter nacional** – ou seja, precisam contar com um número mínimo de assinaturas apoiando a criação do partido em todo o Brasil, consoante critérios fixados pela Lei Orgânica dos Partidos Políticos[13] –, bem como devem **prestar contas** à Justiça Eleitoral.

Ademais, o seu funcionamento deve respeitar a legislação eleitoral, garantida a sua **autonomia**, inclusive, na formação de coligações eleitorais. Têm, também, direito aos **recursos** do fundo partidário e acesso gratuito ao rádio e televisão, conforme a legislação respectiva.

Por outro lado, dentre as vedações para a atuação parlamentar, a Constituição estipula a proibição de que **recebam recursos** financeiros de entidade ou governo estrangeiros, vedando a respectiva subordinação. Estabelece, ainda, a proibição de que possuam caráter de **organização paramilitar**.

No quadro a seguir podemos verificar um resumo das suas características:

PARTIDOS POLÍTICOS NA CONSTITUIÇÃO DE 1988 (ARTIGO 17)	
Principais Características	1. Liberdade de criação, fusão, incorporação e extinção; 2. Caráter nacional; 3. Prestação de contas à Justiça Eleitoral; 4. Funcionamento parlamentar conforme a lei; 5. Autonomia de atuação, inclusive para firmar coligações; 6. Direito a recursos do fundo partidário; 7. Acesso gratuito à rádio e televisão; 8. Duplo registro (Cartório de Pessoas Jurídicas e TSE).

13 No particular, deve-se ter especial atenção ao disposto no artigo 7º da Lei Orgânica dos Partidos Políticos (Lei nº 9096/95), que dispõe: "Art. 7º O partido político, após adquirir personalidade jurídica na forma da lei civil, registra seu estatuto no Tribunal Superior Eleitoral. § 1º Só é admitido o registro do estatuto de partido político que tenha caráter nacional, considerando-se como tal aquele que comprove, no período de dois anos, o apoiamento de eleitores não filiados a partido político, correspondente a, pelo menos, 0,5% (cinco décimos por cento) dos votos dados na última eleição geral para a Câmara dos Deputados, não computados os votos em branco e os nulos, distribuídos por um terço, ou mais, dos Estados, com um mínimo de 0,1% (um décimo por cento) do eleitorado que haja votado em cada um deles. (Redação dada pela Lei nº 13.165, de 2015) § 2º Só o partido que tenha registrado seu estatuto no Tribunal Superior Eleitoral pode participar do processo eleitoral, receber recursos do Fundo Partidário e ter acesso gratuito ao rádio e à televisão, nos termos fixados nesta Lei. § 3º Somente o registro do estatuto do partido no Tribunal Superior Eleitoral assegura a exclusividade da sua denominação, sigla e símbolos, vedada a utilização, por outros partidos, de variações que venham a induzir a erro ou confusão".

Principais Vedações	1. Respeito à soberania nacional, regime democrático, pluripartidarismo e direitos fundamentais da pessoa humana; 2. Proibição de receber recursos estrangeiros e de ser subordinado a interesses estrangeiros; 3. Proibição de organização paramilitar.

Sendo assim, examinados os sentidos básicos da palavra política, assim como uma das mais citadas associações políticas – os partidos políticos –, cabe analisar, com mais atenção, a relação entre o fenômeno político e o direito.

4.3. FENÔMENO POLÍTICO E O DIREITO

Existe uma relação necessária entre direito e política, muito embora, por vezes, seja perceptível o intuito de camuflá-la e neutralizá-la. Segundo a visão de Dimitri Dimoulis[14], o direito representa um **produto da política**, já que os que não detêm poder político não têm condições de criar o direito e a própria aplicação do direito reflete o desejo de implementação da vontade política do legislador.

Vale dizer, também, que existe um outro aspecto na relação entre direito e política, consubstanciado no intuito de que o direito funciona como **limitação da política**, pois esperamos, por exemplo, que os políticos respeitem as regras estabelecidas.

Deve-se registrar, portanto, que a proximidade entre ambos é muito maior do que parece, sendo que merece especial atenção, então, o chamado **fenômeno político**.

Um dos mais interessantes conceitos de fenômeno político pode ser encontrado na obra do Professor Nelson Sampaio, clássico pesquisador no âmbito da Ciência Política brasileira, extremamente preocupado com a defesa de um caráter científico para a própria Ciência Política. Ele definiu o fenômeno político como o processo de conservação, distribuição e conservação das relações de poder em uma associação política ou entre associações políticas[15].

Alguns elementos são marcantes em tal definição. É possível destacar ao menos dois: (1) a conexão do fenômeno político com o **princípio da separação de poderes**; (2) a conexão do fenômeno político com o reconhecimento da existência de uma **pluralidade de associações políticas**, dentre as quais o Estado acaba sendo representado como a mais significativa.

14 DIMOULIS, Dimitri. **Manual de introdução ao estudo do direito**, p. 67.

15 SAMPAIO, Nelson de Sousa. **Prólogo à Teoria do Estado (Ideologia e Ciência Política)**, p. 246.

Em primeiro lugar, deve-se evidenciar a conexão direta entre o **fenômeno político e separação de poderes**. O elemento **poder** revela-se central para a explicação do fenômeno político, sendo de extrema relevância entender como se operam as relações entre os poderes.

A mais célebre sistematização da relação entre poderes foi construída por Montesquieu, em sua famosa obra **O Espírito das Leis**. É bem verdade que a teoria da divisão de poderes já contava com outras formulações mais antigas, sendo usualmente mencionadas as visões de Aristóteles e John Locke, por exemplo. Contudo, é na obra de Montesquieu que notaremos um cuidado mais significativo em desenhar o campo propício da tripartição de poderes.

Montesquieu acreditava que toda pessoa que possui poder tende a dele abusar. Sendo assim, torna-se importante dividir as atribuições, de tal modo a evitar a indesejada concentração do poder[16]. Haveria, então, três poderes: (1) o poder legislativo; (2) o poder executivo das coisas de que depende o direito das gentes; (3) o poder executivo das coisas de que depende o direito civil. Ele resolve chamá-los, respectivamente, de Poder Legislativo, Executivo e Judiciário.

Um dos elementos de maior curiosidade na abordagem de Montesquieu é a visão que possuía do Judiciário, e que precisará ser contextualizada, evidentemente, quando do momento de sua concepção. O autor o enxergava como um poder, de certo modo, nulo. Os juízes deveriam ser a boca que pronuncia as palavras da lei, verdadeiros seres inanimados, dos quais não se deve moderar nem a força, nem o vigor. Montesquieu desejava, portanto, um Judiciário que simplesmente aplicasse a legislação, não exercendo, nesta tarefa tanta criatividade.

Hoje em dia o perfil desejado do Judiciário foi profundamente alterado, sendo esperado, em diversos casos, um comportamento mais ativo na garantia de direitos. Esta constatação ganha um relevo ainda mais especial em países em desenvolvimento como o Brasil, que lidam, infelizmente, com os mais diversos problemas de confiança na representação política e esperam do Judiciário uma solução mais técnica e efetiva para os problemas enfrentados.

Cabe falar, ainda, que a visão atual da separação de poderes no âmbito do fenômeno político a associa a **duas regras** de grande significado, presentes na Constituição Federal de 1988. Em seu **artigo 2º**, a separação de poderes é mencionada pela Constituição como um dos seus princípios fundamentais –

16 Neste mesmo sentido, cf. SALDANHA, Nelson. **O Estado moderno e a separação de poderes**, p. 97, ao dizer que Montesquieu buscava: "(...) evitar a concentração, impossibilitadora de qualquer pretensão liberal, e foi também a de condicionar o equilíbrio (ou o *concerto*) entre os poderes".

na atualidade, inclusive, costuma ser pulverizada na compreensão de que haveria, em verdade, uma separação de funções entre os Poderes, exercitadas de forma mais ou menos intensa[17]. Tal constatação faz com que seja usual dizer que há funções principais de cada Poder – chamadas de **funções típicas** – e também funções acessórias, conhecidas como **funções atípicas**. Esta compreensão faz com que seja aceitável o múltiplo exercício de atividades pelos Poderes, devendo existir um cuidado, evidentemente, com o limite da referida atuação.

Ocorre que, além desta primeira regra constitucional importante sobre a separação de poderes, deve-se lembrar do seu reconhecimento como cláusula pétrea[18], o que ocorre por conta de sua previsão no **artigo 60, §4º, inciso III**, da Constituição de 1988. Reconhece-se, com isso, ser possível fazer modificações na Constituição Federal com o objetivo de atualizar o seu conteúdo; entretanto, tais modificações jamais podem tender a abolir o princípio da separação de poderes, um dos elementos basilares do constitucionalismo moderno, expressamente abraçado pelo Brasil.

O fenômeno político não possui relação, apenas, com a separação de poderes. Também está intimamente vinculado à percepção de que existe uma **pluralidade de associações políticas**, cada qual manifestando o exercício do poder em suas peculiaridades. Nelson de Sousa Sampaio falava, há algumas décadas, em uma divisão ainda atual, classificando as associações políticas em: (1) pré-estatais; (2) estatais; (3) intraestatais; (4) interestatais; (5) supraestatais[19].

Nota-se, nesta classificação, o **papel de extremo significado ocupado pelo Estado**, visto, por muitos autores, como o próprio fenômeno político por excelência[20].

Dentre os autores da Ciência Política é possível encontrar as mais diversas definições de Estado. Usualmente, as definições enaltecem os **três elementos**

17 No sentido da menção à separação de funções, pode-se citar a título exemplificativo: REALE, Miguel. **Teoria do direito e do Estado**, p. 352.

18 Vale dizer que Oscar Vilhena Vieira utiliza o conceito de cláusulas superconstitucionais, definidas como um "(...) conjunto de princípios normativos fundamentais que – reconhecidos explícita ou implicitamente pela Constituição – se encontram em posição hierarquicamente superior em relação aos demais preceitos da Constituição"; neste sentido, cf. VIEIRA, Oscar Vilhena. **A Constituição e sua reserva de justiça** (um ensaio sobre os limites materiais ao poder de reforma), p. 20, rodapé nº 9.

19 SAMPAIO, Nelson de Sousa. **Prólogo à Teoria do Estado (Ideologia e Ciência Política)**, p. 250.

20 BASTOS, Celso Ribeiro. **Curso de teoria do Estado e ciência política**, pp. 25-26, apontando o Estado como principal exemplo de sociedade política.

que normalmente são apontados como elementos essenciais do Estado: povo, território e soberania.

O **povo** contempla a dimensão humana do Estado, já que evidencia os cidadãos do Estado, que com ele mantêm vínculo jurídico-político. Trata-se de um conceito distinto dos conceitos de população e de nação. População costuma ser associada a um significado demográfico, correspondendo ao conjunto de habitantes que ocupam um certo território. Tais habitantes podem ou não ter vínculo jurídico-político com o Estado. Nação, por sua vez, retrata um conceito de base sentimental, referindo-se ao sentimento de pertencimento de alguém em relação a uma memória e passado comuns. Representa uma noção subjetiva e variável.

A expressão povo, portanto, reflete, objetivamente, os cidadãos de um Estado; em outras palavras, os nacionais que gozam direitos políticos em certo Estado. No caso do Brasil, devemos lembrar da conjugação entre os artigos 12, 14 e 15 da Constituição: integram o nosso povo brasileiro os nacionais (brasileiros natos e naturalizados), que gozam direitos políticos em conformidade com o nosso ordenamento jurídico.

O **território**, por sua vez, consagra a dimensão geográfica do Estado, estando associado ao âmbito espacial da incidência de suas regras. Contempla não apenas o âmbito terrestre, mas também o espaço marítimo e o espaço aéreo, assim como as embaixadas e consulados, embarcações e aeronaves públicas brasileiras. Trata-se, no caso, da aplicação dos princípios da territorialidade e extraterritorialidade, consubstanciados na legislação nacional que rege a matéria.

A **soberania**, por fim, retrata a própria dimensão do poder do Estado, capaz de determinar as regras aplicáveis no seu âmbito territorial. Desde o fim da Guerra dos 30 anos, o que se deu com a celebração dos acordos de Paz de Westfália, em 1648, a soberania vem sendo reconhecida como critério essencial na dimensão de poder dos Estados nacionais. Embora tenha, com o passar do tempo, sido questionado e relativizado, ainda desempenha função importante, tendo sido consagrado como um dos princípios fundamentais da Constituição Federal de 1988, previsto no inciso I do seu artigo 1º[21].

Vejamos, então, alguns **exemplos de conceitos de Estado** para que se tenha uma ideia mais completa do seu perfil:

21 Art. 1º A República Federativa do Brasil, formada pela união indissolúvel dos Estados e Municípios e do Distrito Federal, constitui-se em Estado Democrático de Direito e tem como fundamentos: I – a soberania.

EXEMPLOS DE CONCEITOS DE ESTADO	
DALMO DE ABREU DALLARI[22]	Ordem jurídica soberana que tem por fim o bem comum de um povo situado em determinado território;
PAULO BONAVIDES[23] **(concorda com o conceito do famoso Professor GEORG JELLINEK, transcrito ao lado)**	Corporação de um povo, assentada num determinado território e dotada de um poder originário de mando;
NELSON DE SOUSA SAMPAIO[24]	Associação política de base territorial, com capacidade jurídica interna e externa, cujo govêrno é dotado do poder originário de sanção direta e incondicionada, bem como da atribuição de conferir a pessoas e bens a condição de nacionalidade que os distingue na órbita internacional;
MIGUEL REALE[25]	Sociedade estavelmente organizada em uma unidade de Poder, tendo por escopo a realização do bem comum;
GIORGIO DEL VECCHIO[26]	Sujeito da vontade que estabelece (impõe) uma organização jurídica; centro de irradiação das normas que constituem um sistema jurídico positivo;
HANS KELSEN[27]	Ordem jurídica relativamente centralizada, limitada no seu domínio espacial e temporal de vigência, soberana ou imediata relativamente ao Direito internacional e que é, globalmente ou de um modo geral, eficaz.

Devemos notar, entretanto, que o Estado não esgota a representação do fenômeno político. Em cada associação citada será perceptível, também, a relação de poder. Vejamos os exemplos de cada uma para que a situação fique mais clara.

---

22 DALLARI, Dalmo de Abreu. **Elementos de Teoria Geral do Estado**, p. 119.

23 BONAVIDES, Paulo. **Ciência Política**, p. 71.

24 SAMPAIO, Nelson de Sousa. **Prólogo à Teoria do Estado (Ideologia e Ciência Política)**, p. 265.

25 REALE, Miguel. **Teoria do direito e do Estado**, p. 388. Conceito similar do mesmo autor pode ser encontrado em sua obra Lições Preliminares de Direito: "Sem precisar invadir a seara da Teoria do Estado, dizemos que o Estado é a organização do poder, ou, por outras palavras, que é a sociedade ou a Nação organizada numa unidade de poder, com a distribuição originária e congruente das esferas de competência segundo campos distintos de autoridade" (REALE, Miguel. **Lições preliminares de direito**, p. 189).

26 DEL VECCHIO, Giorgio. **O Estado e suas fontes do direito**, p. 19.

27 KELSEN, Hans. **Teoria pura do direito**, p. 321.

No âmbito das **associações políticas pré-estatais** podemos citar o exemplo dos clãs e tribos. Grupos de organização política peculiar, que são dotados de traços próprios, que contam com uma figura de liderança e com um grupo de liderados. Neles também se percebe o exercício do poder, muito embora em um âmbito completamente distinto das organizações encontradas nos demais casos.

As **associações políticas estatais** são aquelas que têm o Estado como referência central, fenômeno político examinado preferencialmente com maior intensidade. Alguns exemplos de conceitos de Estado já foram anteriormente apresentados, a revelar o quanto a figura do Estado domina a explicação do fenômeno político.

Já no âmbito das **associações políticas intraestatais** podemos encontrar associações políticas atuantes dentro do próprio Estado. Um dos melhores exemplos são os partidos políticos, que desempenham uma luta constante pela ocupação de espaços de poder, e foram anteriormente examinados em seus principais traços estruturais, constantes no artigo 17 da Constituição.

Nas **associações políticas interestatais** notamos, por sua vez, uma conexão política entre mais de uma associação política. Um dos exemplos mais interessantes pode ser encontrado nas Confederações. As Confederações são compreendidas como relações entre Estados soberanos, que decidem, por meio de um tratado, fixar regras em comum. Há uma busca por vantagens comerciais e de defesa mútua, por exemplo, quando da formação de uma Confederação, sendo assegurado, também, que algum Estado eventualmente descontente possa abandoná-la. Tal prerrogativa é conhecida como direito de secessão ou de retirada.

Um dos exemplos pioneiros de Confederação ocorreu nos Estados Unidos após a independência; contudo, o fracasso dessa experiência fez com os norte-americanos buscassem a adoção de uma Federação. Vejam, aqui, uma importante distinção: em uma Federação há apenas um Estado soberano, mas ele assegura a autonomia das partes constitutivas. Não se fala mais em um documento como um tratado internacional, mas sim em uma Constituição como documento central de uma Federação. Por fim, não se permite o direito de secessão ou de retirada, sendo exigida a indissolubilidade do vínculo federativo. O Brasil foi declaradamente inspirado pela Forma Federativa norte-americana, vindo a adotar uma Federação quando da sua primeira Constituição republicana, editada em 1891, também reiterada pelo modelo constitucional de 1988.

Vejamos, então, uma síntese das distinções entre Confederação e Federação:

DISTINÇÕES ENTRE CONFEDERAÇÃO E FEDERAÇÃO			
Confederação	Estados Soberanos	Documento Central: Tratado Internacional	Viabilidade do Direito de Secessão ou Retirada
Federação	Estado Soberano e Entes Autônomos	Documento Central: Constituição Federal	Inviabilidade do Direito de Secessão (Indissolubilidade do Vínculo)

Por fim, quando falamos em **associações políticas supraestatais**, a preocupação está dirigida para a análise das relações de poder travadas além da figura dos Estados, em um plano superior ao da própria soberania de cada ente estatal.

Revela-se interessante, neste caso, analisar o cenário internacional, repleto de tratados e convenções que disciplinam direitos e deveres em um âmbito pretensamente global. A mais importante associação política supraestatal do mundo surgiu logo após o final da Segunda Guerra Mundial: trata-se da Organização das Nações Unidas (ONU), criada com a intenção de evitar a repetição da violência física e moral deflagrada de forma generalidade durante o mais severo conflito armado mundial, ocorrido entre os anos de 1939 e 1945. Teremos a chance de examinar este assunto com mais cuidado no Capítulo VI, dedicado à Declaração Universal de Direitos Humanos, criada em 1948.

Podemos, então, efetuar a seguinte síntese:

CONEXÕES ESSENCIAIS DO FENÔMENO POLÍTICO	
Separação de Poderes	Pluralidade de Associações Políticas
1. Valor da obra de Montesquieu;	1. Associações Pré-Estatais;
2. Mudança no papel do Judiciário;	2. Associações Estatais;
3. Princípio Fundamental na CF/88;	3. Associações Intraestatais;
4. Cláusula Pétrea na CF/88.	4. Associações Interestatais;
	5. Associações Supraestatais.

Vale também lembrar que existe uma grande discussão acerca da possibilidade de existir uma **"Ciência"** Política.

Trata-se de uma discussão no âmbito da **epistemologia da Ciência Política**. Afinal de contas, seria uma **Ciência** mesmo? Há um debate profundo e antigo no sentido de discutir qual seria o objeto deste campo do conhecimento, e se, de fato, os acontecimentos políticos permitiram uma análise impessoal e desapaixonada, sendo capazes de uma aproximação metódica e racional[28].

Nesta linha, há autores como Nelson de Sousa Sampaio, que defendem a viabilidade de existência de uma Ciência Política. Ele aponta dificuldades relativas à natureza dos fenômenos políticos, havendo, por exemplo, inimigos externos e internos do estudioso da disciplina, capazes de dificultar uma análise mais imparcial e afastada dos temas de característica política predominante[29].

Contudo, há quem discorde profundamente da viabilidade de existência de uma Ciência Política, sendo exemplo Antônio Luís Machado Neto, para o qual "(...) o político, pelo caráter decisional que envolve, é visceralmente valorativo e, portanto, incompatível com o tratamento científico"[30].

Tem predominado a visão de que o fenômeno político seria o objeto da Ciência Política, voltada para a discussão dos fatos políticos em geral. Ela possui, contudo, uma relação muito próxima com a Teoria do Estado, que foca este importante elemento político, em especial, em sua abordagem.

A título de conclusão, portanto, podemos notar uma **direta relação** entre política e direito. Se em qualquer sociedade haverá decisões políticas que precisam ser tomadas, há uma lógica de dominação inerente ao convívio humano, amparada no fato de que alguém exerce poder perante outros, que não o possuem.

Desse modo, o direito acaba servindo como instrumento de legitimação do poder, de modo a garantir o respeito às regras básicas de convivência para uma sociedade organizada, o que costuma ser chamado de **mínimo ético social**[31], na medida em que tais regras estipulam "(...) padrões de conduta e os valores indispensáveis para a sobrevivência de um dado grupo social"[32].

Sem que houvesse esse cuidado na construção e estabelecimento de normas jurídicas poderíamos, facilmente, nos deparar com um cenário de exercício de poder em completa barbárie, antítese da preocupação civilizatória humana. O direito, então, funciona como instrumento de garantia da nossa

---

28 BONAVIDES, Paulo. **Ciência Política**, pp. 37-39.

29 SAMPAIO, Nelson de Sousa. A Ciência e a Arte da Política. **Revista da Faculdade de Direito da Universidade Federal do Paraná**, pp. 114-119.

30 MACHADO NETO, A. L. Contribuição Baiana à Filosofia Jurídica e à Sociologia do Direito. **Revista da Faculdade de Direito da USP**, p. 144.

31 BARREIROS NETO, Jaime. **Temas de Ciência Política**, pp. 17-18.

32 SOARES, Ricardo Maurício Freire. **Curso de Introdução ao Estudo do Direito**, p. 27.

integridade, frente aos limites esperados das mais diversas decisões tomadas nos círculos de poder.

Vale dizer, ainda, que o tema comporta aprofundamento significativo no âmbito de disciplinas como a Filosofia do Direito, sendo que, a depender da corrente de pensamento adotada, haverá uma relação diferenciada entre direito, poder, moral e justiça. Por conta do recorte adotado nesta obra, não enfrentaremos, aqui, a análise, que pode ser encontrada no âmbito das obras de matriz filosófica[33].

Na atualidade, um dos mais comentados traços do fenômeno político diz respeito ao incremento da atividade judicial. Muitos denominam a incursão do Poder Judiciário em temas políticos de **ativismo judicial**.

Sendo assim, no próximo tópico abordaremos a judicialização da política e o ativismo judicial, tentando mostrar as aproximações e distinções entre ambos.

4.4. JUDICIALIZAÇÃO DA POLÍTICA E ATIVISMO JUDICIAL

Vale saber que o mundo atual, especialmente em países como o Brasil, tem apresentado um claro descontentamento com o exercício da atividade política partidária. Neste sentido, políticos e partidos políticos costumam aparecer dentre os que possuem menor índice de aprovação e confiança populares, como anteriormente citado.

Trata-se de uma conclusão impactante e trágica, especialmente tendo em vista a legitimidade da escolha que, enquanto povo, fazemos dos nossos representantes. Mostra-se usual a associação entre a política partidária e a negociação ilícita, desprovida de ideologia, voltada para interesses escusos, por vezes criminosos, inclusive. Além disso, o Poder Legislativo tem se mostrado omisso em relação a definir importantes assuntos da agenda política nacional, omissão que tem sido visualizada, por muitos, como um desprestígio do cumprimento da própria Constituição Federal.

Em paralelo à desconfiança popular, um outro elemento pôde se somar no cenário das relações políticas atuais: o fortalecimento do Poder Judiciário. Com a chegada da Constituição de 1988, nota-se um desenho institucional mais fortalecido para o Poder Judiciário e para as instituições de defesa de direitos, tais como o Ministério Público e a Defensoria Pública.

Um dos melhores exemplos do novo cenário inaugurado com o advento da nova Constituição foi a liberdade de acesso ao Poder Judiciário, contida no artigo

---

33 Neste sentido, DIMOULIS, Dimitri. **Positivismo jurídico**, pp. 105-110.

5º, inciso XXXV, da CF/88 e conhecida como **princípio da inafastabilidade da jurisdição**. Diz o dispositivo expressamente que nenhuma lei afastará lesão ou ameaça a direito da apreciação do Poder Judiciário. Cabe aqui comparar o conteúdo de tão importante liberdade de acesso ao Poder Judiciário com regra anterior, pertencente ao período autoritário da ditadura militar brasileira.

Durante a ditadura militar o polêmico e trágico Ato Institucional nº 5, de 1968 – visto como exemplo mais nefasto de instrumento restritivo de liberdades e promotor de violência – dizia justamente o contrário, ao vedar o acesso ao Poder Judiciário para questionar lesões aos direitos fundamentais. Cabe aqui citar, em especial, o teor do artigo 11 do referido Ato Institucional, que impedia o acesso ao Poder Judiciário para questionar os atos praticados com base no próprio Ato Institucional e seus Atos Complementares[34].

Felizmente, após o processo de redemocratização brasileira, temos na Constituição de 1988 um documento fértil na proclamação de direitos e garantias fundamentais, e que conta com a atuação judicial como suporte para combater eventuais violações.

Além do **perfil** mais estruturado do Poder Judiciário, tem-se notado uma **confiança popular** mais elevada nos Juízes e Tribunais. Usualmente vistos como espaços de acesso mais técnico e impessoal, Juízes e Tribunais acabam exercendo uma função em que servem de esperança no combate às mazelas que atormentam a realidade política brasileira, dentre as quais, em especial, os corriqueiros casos de denúncia de corrupção.

Esta valorização do Poder Judiciário alcançou, também, a cúpula deste Poder. O Supremo Tribunal Federal passou por um processo de valorização ainda mais intenso: hoje em dia exerce uma posição de influência significativa frente aos demais ramos do Poder Judiciário. Exerce, ainda, uma influência significativa perante os demais Poderes. Tal processo de tamanho significado veio a ser chamado, com uma expressão muito apropriada, de **Supremocracia**, na visão de Oscar Vilhena Vieira[35].

Vale destacar que o autor, recentemente, lançou uma obra que atualiza histórica e juridicamente o fenômeno da grande valorização da posição do

---

34 Nesse sentido, cf. o teor do artigo: Art. 11 – Excluem-se de qualquer apreciação judicial todos os atos praticados de acordo com este Ato institucional e seus Atos Complementares, bem como os respectivos efeitos.

35 VIEIRA, Oscar Vilhena. Supremocracia. **Revista Direito GV**, pp. 441-464. O autor caracteriza a Supremocracia tanto no que diz respeito à autoridade do Supremo face às demais instâncias do Poder Judiciário quanto (p. 444) quanto no sentido da expansão de sua autoridade no âmbito dos outros Poderes (p. 445).

Supremo Tribunal Federal no Brasil. Após traçar uma cuidadosa análise de uma série de acontecimentos marcantes na história recente do País, Oscar Vilhena Vieira sugere duas modificações para o aperfeiçoamento do STF: (1) a redistribuição de suas competências, de modo a reduzir a quantidade de processos e elevar a qualidade das decisões; (2) o aperfeiçoamento do processo deliberativo, melhorando o processo decisório de modo a elevar o grau de colegialidade do Tribunal. São pontos importantes, que merecem reflexão e servem de inspiração para possíveis reformas futuras na Corte[36].

Ocorre que não apenas veio a ser fortalecido o Poder Judiciário na nova Constituição. É possível notar uma preocupação com o fortalecimento de instituições de defesa de direitos. O Ministério Público passou a ter uma estrutura constitucional mais consolidada, preocupada com a função de promoção de interesses difusos e coletivos; progressivamente a Defensoria Pública vem empreendendo uma defesa dos necessitados de forma operosa, embora ainda sejam nítidas as carências estruturais. Em paralelo, tem-se notado uma maior conscientização da sociedade civil brasileira, sendo cada vez mais notada a constituição de organizações não-governamentais e associações, voltadas para a defesa de interesses muitas vezes marginalizados e esquecidos no processo de afirmação efetiva da dignidade humana.

Se somarmos, então, um contexto de desvalorização e omissão do Poder Legislativo a um contexto de fortalecimento do Judiciário e das instituições promotoras de direitos fundamentais teremos um quadro para que questões políticas sejam, cada vez mais, encaminhadas à apreciação do Poder Judiciário. Trata-se da chamada **judicialização dos fatos políticos**, que faz com que assuntos de tal natureza sejam levados aos Tribunais, e não sejam decididos, apenas, nos ambientes parlamentares.

No Brasil, um dos fatores-chave para o incremento da judicialização da política foi a **Constituição Federal de 1988**, na medida em que assegurou o fortalecimento institucional do Poder Judiciário e das instituições promotoras de direitos, como anteriormente mencionado. Estaria desenhado, então, um cenário propício para que fatos políticos chegassem, com intensidade cada vez maior, à apreciação do Poder Judiciário.

Vale registrar, inclusive, que tais fatos têm chegado aos Tribunais, em muitos casos, graças aos próprios partidos políticos: muitas vezes o partido

36 VIEIRA, Oscar Vilhena. **A Batalha dos Poderes**: da transição democrática ao mal-estar constitucional, posições 3145-3218. A referência às "posições" ocorre por se tratar de obra eletrônica, na qual as referências às páginas não possuem a mesma precisão das obras em meio físico.

político, com representação no Congresso Nacional, que veio a ser derrotado em alguma votação parlamentar acaba por provocar a jurisdição do Supremo Tribunal Federal, por meio de uma ação direta de inconstitucionalidade, questionando, justamente, a lei que não queria ver aprovada. A Constituição Federal de 1988 assegurou, expressamente, em seu artigo 103, a possibilidade de que partidos políticos provoquem a jurisdição do Supremo Tribunal Federal, uma vez que lhes garantiu a chance de ajuizar ações de controle concentrado de constitucionalidade.

Perpetua-se, então, o debate parlamentar. O STF acaba se transformando no que alguns têm chamado de **terceira Casa Parlamentar**. Caso algum partido político venha a perder uma deliberação política na Câmara ou no Senado, costuma provocar o STF para tentar sair vitorioso no terreno judicial.

Todos esses fatores têm colaborado, inclusive, para que haja uma postura mais ativa do Poder Judiciário na apreciação de questões de natureza política. Esta postura mais ativa do Judiciário, proferindo decisões que, em muitos casos, seriam esperadas na arena política e não na arena judicial, tem sido conhecida como **ativismo judicial**.

Tem havido um sério debate a respeito da conceituação e principais características deste fenômeno, justamente examinado na ótica da separação de poderes. O Professor Elival da Silva Ramos veio a conceituá-lo, por exemplo, como a "(...) ultrapassagem das linhas demarcatórias da função jurisdicional, em detrimento principalmente da função legislativa, mas, também, da função administrativa e, até mesmo, da função de governo"[37]. A percepção dos limites deste fenômeno fez com que o referido Professor tentasse construir parâmetros dogmáticos para o ativismo, tarefa a que dedicou sua obra[38].

Tem havido preocupações sobre o tema no próprio Supremo. Merece destaque, por exemplo, sugestão apresentada pelo Min. Marco Aurélio à Presidência do Tribunal no sentido de assegurar que haja deliberação colegiada nos casos de apreciação de atos urgentes de outros Poderes[39]. A sugestão surgiu no âmbito de controvérsia instaurada por força de questionada indicação presidencial.

Não seria, então, o exercício do ativismo judicial um questionamento severo ao princípio da separação de poderes?

37 RAMOS, Elival da Silva. **Ativismo judicial**: parâmetros dogmáticos, p. 116.

38 RAMOS, Elival da Silva. **Ativismo judicial**: parâmetros dogmáticos, pp. 27-29, 151-167.

39 Fonte: Notícia do STF: "Ministro Marco Aurélio propõe que Plenário julgue pedidos urgentes contra atos de outros Poderes da República". Disponível em: http://portal.stf.jus.br/noticias/verNoticiaDetalhe.asp?idConteudo=442602&ori=1. Acesso em: 05/05/20.

A questão não possui apenas uma resposta, e tem sido alvo de um debate polêmico no Brasil e no mundo. Um dos mais célebres debates sobre as virtudes da atuação judicial mais ativa em contraponto às virtudes do debate legislativo foi protagonizado por dois pensadores com obras disseminadas globalmente: Ronald Dworkin e Jeremy Waldron. Enquanto o primeiro possui um pensamento favorável a uma leitura moral da Constituição, aceitando como legítima a atuação proativa dos Juízes, o segundo acredita que, em questões que envolvem escolhas políticas substantivas, haveria melhores condições de o Legislador efetuar as decisões necessárias. Trata-se de um debate rico e profundo, que não pode ser enfrentado com o devido cuidado nos limites do nosso recorte temático[40].

No Brasil, tem prevalecido um **olhar generoso** quanto à legitimidade da atuação judicial, em especial no sentido de ensejar uma efetiva promoção e concretização de direitos fundamentais. O debate continua, e possui defensores e críticos ardorosos.

De todo modo, para que possamos encerrar este capítulo, devemos ter em mente que a relação entre política e direito sempre foi próxima, restando evidenciada pela conexão de ambos com os fenômenos de poder.

O ativismo judicial reitera, então, um dos pontos vitais do fenômeno político: a vitalidade do princípio da separação de poderes como referência central nas discussões, perpetuando-se, por séculos, como assunto básico na diuturna discussão sobre quais seriam os limites no exercício do poder para a contenção das arbitrariedades[41].

4.5. QUESTÕES

(2014 – CESPE – MPE-AC – Promotor de Justiça) Considerando as relações entre política e direito bem como os princípios gerais do direito, assinale a opção correta.

A) O fenômeno da judicialização da política coincide com o surgimento do controle de constitucionalidade no Brasil, ou seja, com a promulgação da CF de 1891.

B) A judicialização da política decorre da tensão entre o Poder Legislativo e Poder Judiciário, restando ao Poder Executivo o papel de mediador de tal conflito.

40 No Brasil, uma das melhores análises sobre o debate pode ser encontrada na obra de MENDES, Conrado Hübner. **Controle de Constitucionalidade e Democracia**, pp. 33-110.

41 Para uma visão crítica quando ao emprego radical da separação de poderes, realçando a sua importância, ainda hoje, como "missão moderadora contra os excessos desnecessários de poderes eventualmente usurpadores", cf. BONAVIDES, Paulo. **Ciência Política**, pp. 157-159.

C) Os princípios gerais do direito, considerados sucedâneos dos princípios constitucionais fundamentais, podem, ainda, ser considerados sinônimos destes, vistos que são entendidos como permissivos para a livre criação jurisprudencial do direito.

D) O direito tem relação tão estreita com o poder que seu estudo, muitas vezes, reduz-se às relações de poder, o que acarreta uma politização absoluta, autoritária e, em certos casos, totalitária do direito, que passa à condição de uma espécie de disfarce da política e mero instrumento do poder político.

E) Os princípios omnivalentes, tal como o princípio da causalidade, essencial às ciências naturais, não se estendem a todos os campos do conhecimento.

GABARITO: **D**.

(2012 – FCC – DPE-SP – Defensor Público) Já há algum tempo, pelo menos desde o julgamento da Ação de Descumprimento de Preceito Fundamental (ADPF) no 45, de relatoria do Min. Celso de Mello, no ano de 2004, no âmbito do Supremo Tribunal Federal, a questão da "judicialização" dos direitos fundamentais sociais tem sido pautada na atuação do Poder Judiciário brasileiro, tendo o STF, inclusive, realizado audiência pública para tratar das ações judiciais na área da saúde. A audiência pública, convocada pelo Presidente do STF à época, Ministro Gilmar Mendes, "ouviu 50 especialistas, entre advogados, defensores públicos, promotores e procuradores de justiça, magistrados, professores, médicos, técnicos de saúde, gestores e usuários do sistema único de saúde, nos dias 27, 28 e 29 de abril, e 4, 6 e 7 de maio de 2009". A partir de tais considerações, com base na jurisprudência constitucional brasileira e na doutrina especializada sobre o tema, é correto afirmar:

A) A intervenção do Poder Judiciário em políticas públicas, por exemplo, nas áreas da saúde e da educação, deve se dar de forma subsidiária, ou seja, quando verificada situação concreta de omissão ou atuação insuficiente dos Poderes Legislativo e Executivo, em respeito ao princípio da separação dos poderes.

B) Conforme entendimento doutrinário majoritário e consagrado na jurisprudência do STF, os direitos sociais devem ser tratados exclusivamente como direitos difusos, sob pena de, admitindo-se o ajuizamento individual de ações para pleitear direitos sociais, subverter-se o princípio da igualdade.

C) A atuação da Defensoria Pública, com base no inciso II do art. 4o, da Lei Complementar no 80/94, não deve privilegiar a atuação extrajudicial no tocante ao controle de políticas públicas, buscando sempre, de forma preferencial, a resolução dos conflitos por intermédio do Poder Judiciário.

D) A fundamentação jurídico-constitucional que legitima a intervenção judicial em matéria de direitos sociais, tanto em sede individual quanto coletiva, está alicerçada no direito--garantia fundamental ao mínimo existencial, consagrado de forma expressa na Lei Fundamental de 1988, cabendo ao Estado-Juiz assegurar tais condições materiais mínimas indispensáveis a uma vida digna, de modo a suprimir as omissões do Estado-Legislador e do Estado-Administrador.

E) A atuação da Defensoria Pública em matéria de direitos fundamentais sociais esgota-se no ajuizamento de ações judiciais, uma vez que não se encontra na legislação qualquer embasamento normativo para práticas extrajudiciais tal como a conscientização e educação em direitos.

GABARITO: **A**.

(2009 – CESPE – TRF – 5ª REGIÃO – Juiz Federal) Acerca do direito econômico, assinale a opção correta:

A) Sistema econômico é a forma por meio da qual o Estado estrutura sua política e organiza suas relações sociais de produção, isto é, a forma adotada pelo Estado no que se refere à distribuição do produto do trabalho e à propriedade dos fatores de produção. Atualmente, existem apenas dois sistemas econômicos bem distintos e delineados no mundo: o capitalismo e o socialismo.

B) A ordem econômica, consoante o tratamento dado pelo legislador constituinte de 1988, admite duas vertentes conceituais. Para uma delas, a vertente ampla, a ordem econômica constitui uma parcela da ordem de direito, inerente ao mundo do dever-ser, ou seja, é o tratamento jurídico dispensado para disciplinar o comportamento dos agentes econômicos no mercado.

C) O modelo do Estado intervencionista econômico é fortemente influenciado pelas doutrinas de John Maynard Keynes, que sustentou que os níveis de emprego e de desenvolvimento socioeconômico devem-se muito mais às políticas públicas implementadas pelo governo e a certos fatores gerais macroeconômicos, e não meramente ao somatório dos comportamentos microeconômicos individuais dos empresários.

D) O Estado intervencionista socialista atua com o fito de garantir o exercício racional das liberdades individuais, e sua política intervencionista não visa ferir os postulados liberais, mas, apenas, coibir o exercício abusivo e pernicioso do liberalismo.

E) No que tange à atuação do Estado no domínio econômico, a intervenção regulatória ocorre quando o Estado, nos casos expressos e devidamente autorizados no ordenamento jurídico, atua, em regime de igualdade com o particular, na exploração de atividade econômica.

GABARITO: **C**.

(2008 – FCC – TJ-RR – Juiz de Direito Substituto) Os partidos políticos:

A) adquirem personalidade jurídica com o registro do estatuto no Tribunal Superior Eleitoral.

B) têm ação de caráter regional.

C) podem adotar uniforme para seus membros.

D) são pessoas jurídicas de direito privado.

E) podem receber recursos do Fundo Partidário independentemente do registro de seus estatutos no Tribunal Superior Eleitoral.

GABARITO: **D**.

(2014 – FUNDEP (Gestão de Concursos) – TJ-MG – Juiz) Sobre os direitos políticos, assinale a alternativa INCORRETA:

A) Direitos políticos são as prerrogativas e os deveres inerentes à cidadania. Englobam o direito de participar direta ou indiretamente do governo, da organização e do funcionamento do Estado.

B) A soberania popular será exercida pelo sufrágio universal e pelo voto direto e secreto, com valor igual para todos.

C) A Constituição Federal declara que, no Brasil, o alistamento eleitoral e o voto são obrigatórios para os maiores de 18 anos e facultativos para os analfabetos, os maiores de 70 anos e os maiores de 16 e menores de 18 anos.

D) É certo afirmar que a cassação do direito político é permitida e se equipara à perda e à suspensão dos direitos políticos.

GABARITO: **D.**

(CESPE / CEBRASPE– Órgão: DPU– Prova: CESPE - 2017 - DPU - Defensor Público Federal)

Tendo como referência os sistemas democráticos no mundo contemporâneo, julgue o item subsequente:

Dada a duração dos mandatos do presidente da República e dos parlamentares, o que estabelece regra mais previsível para governo e oposição, é correto afirmar que há uma relação positiva entre o sistema presidencialista, de um lado, e estabilidade política e democracia, de outro.

( ) Certo

( ) Errado

GABARITO: **Errado.**

(CESPE / CEBRASPE– Órgão: DPU – Prova: CESPE - 2017 - DPU - Defensor Público Federal)

Tendo como referência os sistemas democráticos no mundo contemporâneo, julgue o item subsequente:

Considerando-se que, nos sistemas parlamentaristas de governo, o Poder Executivo depende da confiança da Câmara dos Deputados, que, por sua vez, está sujeita à dissolução pela convocação de eleições antecipadas, devem-se considerar parlamentaristas os sistemas de governo chamados mistos ou semipresidencialistas.

( ) Certo

( ) Errado

GABARITO: **Certo.**

Capítulo 5

IDEOLOGIAS

> "tôda concepção global da sociedade e da história, carregada de conteúdo valorativo e emocional. O lastro de aspirações e ideais que tôda ideologia traz no seu bojo faz com que ela não se reduza a uma fria ou intelectualizada interpretação da história, mas represente uma força propulsora para atuar sôbre a mesma história"
>
> (SAMPAIO, Nelson de Sousa. **A Propaganda e o Direito**, p. 57).

5.1. INTRODUÇÃO

A ideologia pode ser compreendida como tema de difícil apreensão. Revela um conteúdo extremamente valorativo da sociedade, e desperta paixões que podem, em muitos casos, desencadear um contexto de irracionalidade.

O objetivo deste capítulo será o de, em primeiro lugar, compreender o significado da ideologia. Em seguida, apresentar os principais movimentos ideológicos da história, apontados, genericamente, em seus traços fundamentais. Por fim, apresentar uma conexão entre a ideologia e o direito de resistência constitucional.

5.2. CONCEITO E SIGNIFICADO DA IDEOLOGIA

Como consta no conceito exposto na epígrafe deste capítulo, conforme o cuidadoso conceito trazido por Nelson Sampaio[1], a ideologia seria uma concepção da sociedade, marcada por ao menos dois traços peculiares: (1) o caráter global; (2) o caráter valorativo.

---

1 SAMPAIO, Nelson de Sousa. **A Propaganda e o Direito**, p. 57.

A ideologia tem, portanto, uma pretensão de condicionar, genericamente, condutas e comportamentos; por outro lado, está marcada por uma evidente característica valorativa, na medida em que tem a intenção de empregar um olhar próprio sobre os rumos da sociedade.

Jaime Barreiros Neto, por sua vez, caracteriza a ideologia como conjunto de "(...) crenças e valores unificadores do corpo social, capazes de garantir a ordem e a estabilidade"[2].

Na mesma linha, Pedro Sabino de Farias Neto explica ser a ideologia um "(...) conjunto formado de ideias, pensamentos, crenças, doutrinas e concepções de mundo, próprias de um indivíduo ou de um grupo, eventualmente"[3]. O referido autor também explica que a ideologia tanto serve para a explicação teórica quanto orienta a realização prática da atividade política[4].

Desse modo, pode-se perceber **duas características** presentes em toda e qualquer ideologia:

CARACTERÍSTICAS DA IDEOLOGIA	
Característica Teórica: formula uma explicação de mundo fundada em crenças próprias, que orientam uma proposta de pensamento acerca da realidade política	Característica Prática: deseja que a formulação teórica seja aplicada e condicione a realidade política, afastando outras compreensões de mundo

Cabe também explicar qual seria a relação entre a aplicação do Direito e a ideologia. Como a ideologia revela uma evidente preocupação com as escolhas e orientações do pensamento humano, é natural que também estejam presentes nos órgãos de aplicação do Direito. Somos todos seres repletos de convicções sobre nosso papel no mundo, o que repercute nas escolhas e decisões que fazemos.

Uma das mais celebradas construções jurídicas crítica das repercussões indesejadas da ideologia foi a famosa teoria pura do direito, elaborada por **Hans Kelsen**, em 1934. Nela o autor evidencia a tentativa de construir uma **teoria anti-ideológica**, caso seja a ideologia concebida como "(...) representação não-objetiva, influenciada por juízos de valor subjetivos, que encobre, obscurece ou desfoca o objeto do conhecimento"[5]. Com a pretensão declarada de trazer para o direito um objeto próprio, específico perante outras áreas do

2 BARREIROS NETO, Jaime. **Temas de Ciência Política**, p. 19.

3 FARIAS NETO, Pedro Sabino de. **Ciência política**: enfoque integral avançado, p. 195.

4 FARIAS NETO, Pedro Sabino de. **Ciência política**: enfoque integral avançado, p. 196.

5 KELSEN, Hans. **Teoria pura do direito**, p. 117.

conhecimento[6], Kelsen efetua uma escolha em prol da normatividade, sendo que a teoria pura do direito se recusa a valorar o direito, mas sim a explicá-lo como é. Para o autor, deve haver uma pergunta pelo Direito real e possível, e não pelo Direito ideal ou justo, sendo que seria exatamente a sua tendência anti-ideológica que faria com que a teoria pura do direito fosse considerada uma verdadeira ciência do Direito[7].

A escolha da melhor decisão judicial a ser tomada é influenciada por diversos aspectos, sendo que a ideologia desempenha, também, um papel extremamente relevante. No âmbito da persuasão característica do fenômeno jurídico, pode-se dizer que a ideologia traduz, conforme **Tércio Sampaio Ferraz Jr.**, um **sistema de valorações encobertas**, operando em prol de uma neutralização de valores. Precisamos examinar a definição do Professor Tércio com mais cuidado ao estabelecer uma diferenciação entre **valores** e **ideologias**.

Para ele, os **valores** são "(...) centros significativos que expressam uma *preferibilidade* (abstrata e geral) por certos conteúdos de expectativa, ou melhor, por certos conjuntos de conteúdo abstratamente integrados num sentido consistente"[8], "(...) símbolos de preferência para ações indeterminadamente permanentes, ou ainda, fórmulas integradoras e sintéticas para a representação do sentido de consenso social"[9]. Poderíamos citar como um exemplo o valor do que consideramos justo.

Já as **ideologias**, também segundo Tércio Sampaio, servem para, mesmo genericamente, conferir concretude aos valores. Elas são "(...) conjuntos mais ou menos consistentes, últimos e globais, de avaliações dos próprios valores"[10]. Elas são rígidas e limitadas, avaliam os valores no sentido de torná-los conscientes, hierarquizando-os. Seriam exemplos de ideologia a justiça no sentido liberal, comunista ou fascista. Assim, é possível notar que a ideologia atua como "(...) um processo de neutralização das relevâncias valorativas possíveis"[11].

6 KELSEN, Hans. **Teoria pura do direito**, pp. 1-2.

7 KELSEN, Hans. **Teoria pura do direito**, p. 118.

8 FERRAZ JR., Tércio Sampaio. **Introdução ao estudo do direito**: técnica, decisão, dominação, p. 86.

9 FERRAZ JR., Tércio Sampaio. **Introdução ao estudo do direito**: técnica, decisão, dominação, p. 86.

10 FERRAZ JR., Tércio Sampaio. **Introdução ao estudo do direito**: técnica, decisão, dominação, p. 86.

11 DINIZ, Maria Helena. **Compêndio de introdução à ciência do direito**, p. 231.

Vejamos os pontos centrais desta distinção na tabela a seguir:

VALORES E IDEOLOGIAS (VISÃO DE TÉRCIO SAMPAIO FERRAZ JR.)		
Valores	Símbolos de preferência para ações indeterminadamente permanentes, fórmulas integradoras e sintéticas para a representação do sentido de consenso social;	Exemplo: justo
Ideologias	Conjuntos mais ou menos consistentes de avaliação dos valores, possuindo caráter rígido, limitado e fechado, voltado a polemizar entre si e buscar a hegemonia de uma perante a outra	Exemplo: justiça em um sentido liberal, comunista ou fascista

Uma das mais importantes e difundidas visões sobre ideologia pode ser encontrada na obra **Dicionário de Política**, que teve **Norberto Bobbio** como um dos seus organizadores. O livro possui diversos verbetes relevantes para os assuntos políticos em geral e a passagem que disserta sobre ideologia é da autoria de Mario Stoppino, um dos Professores colaboradores.

Nesta abordagem acerca da ideologia examina-se a distinção entre dois sentidos no emprego do termo ideologia, contemplando um **significado forte** e um **significado fraco**. Em um **significado forte**, inspirado na visão de Marx sobre o assunto, a ideologia corresponde a um sentido negativo, que "(...) denota precisamente o caráter mistificante de falsa consciência de uma crença política"[12].

Por sua vez, em um **significado fraco**, ela corresponde a "(...) um conjunto de idéias e de valores respeitantes à ordem pública e tendo como função orientar os comportamentos políticos coletivos"[13], significando um conceito neutro, "(...) que prescinde do caráter eventual e mistificante das crenças políticas"[14]. Esclarece-se a predominância do sentido fraco da ideologia no âmbito da ciência e da sociologia política, realçando que, em uma acepção particular, "(...) aquilo que é "ideológico" é normalmente contraposto, de modo explícito ou implícito, ao que é "pragmático""[15].

12 BOBBIO, Norberto. **Dicionário de política**, p. 585.
13 BOBBIO, Norberto. **Dicionário de política**, p. 585.
14 BOBBIO, Norberto. **Dicionário de política**, p. 585.
15 BOBBIO, Norberto. **Dicionário de política**, p. 585.

Vejamos, então, uma síntese de algumas visões acerca da ideologia:

VISÕES SOBRE IDEOLOGIA – SÍNTESE	
HANS KELSEN	Procura construir uma teoria pura do Direito anti-ideológica, já que destinada a explicar o Direito tal como é, e não como deve ser;
TÉRCIO SAMPAIO FERRAZ JR.	Explica as ideologias como conjuntos mais ou menos consistentes, últimos e globais de avaliações dos próprios valores, possuindo caráter rígido e limitado;
NORBERTO BOBBIO	Abordagem de um significado fraco e de um significado forte no tratamento da ideologia.

Ocorre que, além de explicar o sentido básico da ideologia, é importante conhecer alguns exemplos de célebres correntes de pensamento na história, tema a que se dedica o próximo tópico.

5.3. PRINCIPAIS MOVIMENTOS E IDEOLOGIAS NA HISTÓRIA

Vamos, então, analisar os mais famosos movimentos ideológicas na história, tentando sintetizar os seus pontos mais significativos. Teremos por base a interessante síntese elaborada por Jaime Barreiros Neto[16], a qual permite apresentar, a título exemplificativo e resumido, os seguintes exemplos de ideologia ao longo da história:

EXEMPLOS DE IDEOLOGIAS NA HISTÓRIA	
Liberalismo	Associado aos eventos relacionados à Revolução Francesa (final do século XVIII), defende a visão de um Estado não-intervencionista (Estado mínimo), reconhecendo a liberdade como valor primordial, sem que haja maior influência do Estado
Conservadorismo	Associado às primeiras décadas do século XIX, defende as virtudes da tradição, da disciplina e da hierarquia no âmbito da estabilidade desejada para as sociedades
Socialismo	Associado ao século XX, defende uma nova visão da sociedade amparada na crítica do capitalismo e da propriedade privada, sugerindo uma divisão social ancorada na cooperação e na extinção da disputa de classes

16 BARREIROS NETO, Jaime. **Temas de Ciência Política**, pp. 21-38.

EXEMPLOS DE IDEOLOGIAS NA HISTÓRIA	
Nacionalismo	Associado à primeira metade do século XX, defende valores da nação como princípio básico de organização social, ressaltando a relevância do patriotismo e da defesa de uma memória coletiva comum
Anarquismo	Associado ao século XIX, defende uma crítica ao governo e à autoridade, defendendo uma organização natural da sociedade em prol dos direitos de liberdade e de igualdade
Fascismo	Associado ao século XX, defende os valores de um nacionalismo forte, vinculado a um papel importante do Estado, com grande valorização da esfera pública em detrimento da figura do indivíduo

No âmbito da história brasileira pode-se verificar uma pluralidade de ideologias, que tiveram poder de influência mais ou menos significativo na elaboração de cada Constituição.

A título exemplificativo, pode-se mencionar que o constitucionalismo francês do final do século XVIII, marcado pelos ideais pronunciados pela Declaração de Direitos do Homem e do Cidadão, de 1789, foi influente na **Constituição Brasileira de 1824**. Nela são proclamados direitos de cunho liberal – com a evidente contradição de se tratar o Brasil de um regime de escravidão, que ainda custaria a ser extirpada – e há um controle legislativo de constitucionalidade, embora a aplicação prática da Constituição se mostrasse condicionada pelo imperador, no exercício questionável do chamado Poder Moderador.

A **Constituição de 1891** já representou, a seu turno, uma nítida migração do Brasil para a zona de influência ideológica norte-americana, tendo sido transplantados para a realidade nacional muitos institutos do país, fruto, em especial, da influência conhecida de Ruy Barbosa em sua redação. Surgiram, então, novidades como o controle judicial de constitucionalidade, a federação, a república e o presidencialismo, evidências do grau de admiração que os Estados Unidos passariam a exercer no imaginário político-constitucional brasileiro.

A **Constituição de 1934** ficou conhecida por se tratar do grande símbolo do constitucionalismo social, movimento que defendia um papel ativo do Estado na garantia de direitos fundamentais, e que teve por antecedentes as Constituições do México, de 1917, e da República de Weimar, de 1919. Ocorre, a partir de então, a consagração de um conjunto significado de direitos sociais pelo regime constitucional brasileiro, já que se passa a reconhecer que o Estado não deveria, apenas, se abster de intervir na sociedade, como propunha o paradigma liberal, mas também atuar concretamente de forma a efetivar garantias fundamentais. Trata-se de um modelo constitucional que viria a influenciar, inclusive, a **Constituição de 1946**.

Ocorre que entre as Constituições de 1934 e 1946 sobreveio a altamente criticada **Constituição de 1937**, também chamada de "Polaca". Trata-se de uma Constituição de caráter fascista, inspirada pela Constituição Polonesa de 1935, o que lhe conferiu o apelido. Constituição marcadamente autoritária, concentradora de poderes e redutora de direitos fundamentais, serviu aos propósitos de valorização do Poder Executivo no Estado Novo de Vargas, que contou com o talento de Francisco Campos em sua redação.

As inspirações autoritárias viriam a ressurgir no Brasil no período militar, com as **Constituições de 1967 e 1969** (Emenda Constitucional nº 1/69). Ambas surgiram em um contexto de Guerra Fria, no qual os setores militares, com apoio da Igreja Católica e da classe média, deflagraram um golpe com o intuito de afastar a suposta ameaça comunista que pairava sobre o Brasil. Trata-se de um período em que predominaram a repressão política, a censura e a restrição a direitos, consagrada, em especial, pelos questionados Atos Institucionais, dentre os quais o mais criticado foi o AI-5, de 1968.

Por fim, com a chegada da **Constituição de 1988**, nota-se um amplo processo de redemocratização no Brasil, que volta a contar com um regime de promoção ampla de direitos e garantias fundamentais e fortalecimento das instituições garantidoras de direitos. A Constituição de 1988 retoma a preocupação de 1934 no sentido da construção de um Estado Democrático de Direito, o que ocorre com o nítido intuito de intervenção na sociedade em prol da garantia de direitos fundamentais, assumindo especial papel os direitos sociais, resguardados, por exemplo, no artigo 6º da CF/88. Com a notória influência da Constituição de Portugal, de 1976, o Brasil de 1988 abraça as teses de uma Constituição que pretende transformar a sociedade em prol de mais desenvolvimento, desafio que continuamos a enfrentar com o intuito de melhorar nossos indicadores sociais para as atuais e para as próximas gerações.

Podemos verificar, portanto, o quanto a ideologia impacta a nossa visão da realidade, possuindo uma íntima conexão com a história de cada etapa vivenciada pelo Brasil, refletida em seu mais importante documento político. Cada Constituição brasileira carrega em seu âmago as opções ideológicas de cada etapa de nosso passado, o que nos ajuda a compreender os nossos desafios e um pouco do que somos hoje.

Espero que possamos, com isso, entender o papel fundamental da ideologia na vida humana, verdadeira energia que guia comportamentos, orienta condutas, e nos faz caminhar no sentido que acreditamos ser o mais correto.

Como diria **João Ubaldo Ribeiro**, a "(...) conscientização ideológica gera paixões, sim. Mas só podemos ser grandes se houver paixão"[17].

5.4. IDEOLOGIA E DIREITO DE RESISTÊNCIA CONSTITUCIONAL

Uma das melhores demonstrações práticas da contraposição ideológica pode ser encontrada em um instituto polêmico, conhecido como Direito de Resistência Constitucional. Ele pode ser encontrado, por exemplo, expressamente positivado na Constituição da Alemanha, conhecida como a Lei Fundamental de Bonn, de 1949. Há, no caso, uma notória preocupação com o amparo jurídico para questionar normas injustas, tema que, na história alemã, encontra-se associado às arbitrariedades e violência praticados, de forma disseminada, pelo regime nazista.

Mas o que seria o direito de resistência?

Um dos autores que tratou com maior cuidado do tema foi José Carlos Buzanello. Segundo o autor, o conceito do referido direito corresponde ao "(...) conjunto harmonioso de princípios políticos e jurídicos que descumprem determinada obrigação jurídica para realizar a justiça e salvaguardar a dignidade humana"[18].

O direito de resistência retrata a prerrogativa de questionamento de normas substancialmente injustas. Assegura, então, que haja uma democrática contraposição e descumprimento de norma materialmente injusta, que colidiria com aspirações maiores de justiça e dignidade em algum caso concreto. Já se percebe, por sua própria definição, tratar-se de assunto de natureza polêmica e subjetiva: qual seria o critério para que uma norma pudesse vir a ser, legitimamente, reconhecida como uma norma injusta, a permitir o seu descumprimento e questionamento?

Certamente por esse motivo o tema não é de fácil apreensão.

Alguns autores efetivamente reconhecem a legitimidade do direito de resistência, ancorada no direito de se defender de uma norma extremamente injusta; outros, contudo, dirão que se trata de um desrespeito às autoridades constituídas, sendo negado o reconhecimento do referido direito. De toda sorte, resta clara a vinculação do tema com o cenário das ideologias: é, justamente, por conta da ofensa ao pensamento íntimo de alguém que se

17 RIBEIRO, João Ubaldo. **Política:** quem manda, por que manda, como manda, p. 201.

18 BUZANELLO, José Carlos. **Direito de Resistência Constitucional**, p. 128.

pretende formular uma base argumentativa que permita a divergência e o descumprimento de um pensamento majoritário.

No caso do Brasil, a Constituição Federal de 1988 revela uma proximidade, por exemplo[19], entre o **direito de resistência e a escusa de consciência.**

A escusa de consciência consubstancia a prerrogativa – expressamente assegurada nos incisos VI e VIII do artigo 5º da Constituição Federal de 1988 – de descumprir uma determinação imposta a todos, sendo invocada convicção religiosa, política ou filosófica. Nestes casos, a própria Constituição garantiu, em homenagem à liberdade de consciência, crença e religião, que alguém invoque a sua liberdade de divergir, não cumprindo obrigação imposta a todos, mas, em compensação, cumprindo prestação alternativa. Vejam que a Constituição exige do exercente do direito de escusa de consciência o cumprimento de uma prestação alternativa, sob pena de ensejar uma restrição nos seus direitos políticos, nos termos do que prescreve o artigo 15.

Temos, no caso do direito de resistência, um dos assuntos mais polêmicos em se tratando das projeções da ideologia na normatividade. Mais uma prova da repercussão das paixões e crenças no direito: estão sempre presentes, embora, por vezes, recônditas nas decisões e orientações políticas.

Revelar a ideologia de cada crença ajuda, certamente, na busca pela verdade. Se as paixões são elementos essenciais da vida, a sua revelação contribui para um debate, ao menos, mais honesto e transparente.

5.5. QUESTÕES

(2017 – UFMT – POLITEC-MT – Papiloscopista) De acordo com a filósofa Hannah Arendt, o totalitarismo é uma forma de governo essencialmente diferente de outras formas de opressão política conhecidas, como o despotismo, a tirania e a ditadura. Considerando as características e as expressões históricas do totalitarismo no século XX, assinale a afirmativa INCORRETA.

A) O totalitarismo procura reforçar a distinção entre esfera pública e esfera privada.

B) Nazismo e stalinismo são dois exemplos históricos de regimes totalitários.

C) A propaganda é um meio importante para a difusão da ideologia oficial nos governos totalitários.

D) O terror é um princípio fundamental da ação política totalitária.

GABARITO: **A.**

---

19 Buzanello exemplifica, na Constituição Federal de 1988, o direito de resistência com a menção à escusa de consciência e à greve política. Neste sentido, cf. BUZANELLO, José Carlos. **Direito de Resistência Constitucional**, pp. 231-238.

(2018 – FCC - Câmara Legislativa do Distrito Federal - Consultor Legislativo - Redação Parlamentar)

A ascensão do Nacional-socialismo (Nazismo) (1919-1933) foi possível graças à conjugação dos defeitos da política alemã, desde os primórdios do século XIX, com as raízes fatídicas e a história repleta de crises da República de Weimar. A democracia de 1918 foi considerada responsável pelas consequências da derrota na Primeira Guerra Mundial. O novo Governo se tornou o bode expiatório e o objeto do ódio das forças da restauração e da reação no Estado e na sociedade, bem como nos movimentos revolucionários ditatoriais reunidos nos belicosos Freikorps, em seitas populares antissemitas e em organizações paramilitares. O "espantalho vermelho" da revolução comunista completou a tarefa de tornar exército e burocracia, classe média e patrões, fácil conquista de tais sentimentos.

(Adaptado de: BOBBIO, Norberto, MATTEUCI, Nicola e PASQUINO, Gianfranco. Nacional--Socialismo. Dicionário de Política v.2, Brasília: Universidade de Brasília, 12.ed., 2004, p. 809)

A vigilância e o terror de Estado, uma ideologia oficial abrangendo Estado, Indivíduo e Sociedade, a concentração dos meios de propaganda, dos meios militares, o controle central e a direção de toda a economia, permitem caracterizar o regime nazista como

A) antidemocrático.

B) totalitário.

C) ditatorial.

D) autoritário.

E) militarista.

GABARITO: B.

(2014 – CESPE – Câmara dos Deputados – Analista Legislativo) No que se refere ao conceito de ideologia, julgue o item a seguir.

Segundo Bobbio, o termo ideologia tomado em concepção genérica, opõe-se a pragmatismo.

GABARITO: **C**.

(2012 – COPEVE-UFAL – ALGÁS – Analista de Tecnologia da Informação) "Ao contrário dos valores, que são núcleos significativos mais abstratos e podem, por isso, representar mais genericamente o sentido do consenso social, as ideologias são fechadas, delimitadas, não dialogam, mas polemizam entre si e buscam a hegemonia de umas sobre as outras. Há, certamente, ideologias mais ou menos rígidas. Todavia, todas, indistintamente, opõem-se entre si como universos fechados. Assim, uma ideologia liberal pode aceitar, na vida política, a presença de uma ideologia socialista, desde que esta respeite o valor máximo da liberdade entendida de forma liberal, com suas consequências sobre propriedade, as relações econômicas etc. Em sua contraposição polêmica, as ideologias funcionam, pois, como mecanismo estabilizador, mas também atuam como mecanismo de denúncia de outras ideologias. No primeiro caso, falamos de ideologia crítica, no segundo, de crítica da ideologia. Trata-se de uma função única, vista de ângulos diferentes" (Tércio Sampaio Ferraz Jr.).

Assinale a opção incorreta acerca da leitura e interpretação do texto.

A) Não há ideologias que não sejam mais ou menos rígidas.

B) O texto reconhece dois aspectos positivos das ideologias.

C) As ideologias nunca podem conter elementos de outra ideologia.

D) Ideologia alguma carece de função crítica, duplamente atuante.

E) Ao contrário dos valores, as ideologias jamais podem representar o sentido de consenso social.

GABARITO: **E**.

(2015 – NUCEPE – SEDUC-PI – Professor – Filosofia) Sobre as relações entre os conceitos de "alienação" e "ideologia", marque a alternativa INCORRETA:

A) O conceito de alienação não foi originalmente articulado ao de ideologia em sua formulação, mas no pensamento marxista ideologia sempre pressupõe alguma forma de alienação daqueles que a possuem.

B) A articulação entre os conceitos de alienação e ideologia encontrou no pensamento de Karl Marx sua formulação mais precisa e importante na filosofia política e social.

C) Para Marx, ideologia significava uma falsa consciência compartilhada pelos membros de uma classe social particular, cuja formulação mascara a realidade da dominação política e econômica de uma classe social sobre outra.

D) Na filosofia política e social o termo ideologia sempre significou uma visão de mundo não alienada e, assim, essa compreensão permanece incólume no pensamento contemporâneo.

E) Originalmente, ideologia significava um conjunto de ideias destinadas a expressar uma certa visão de mundo, não estando associada conceitualmente a qualquer forma de alienação.

GABARITO: **D**.

(2015 – FCC – TRT – 3ª Região (MG) – Analista Judiciário) A Constituição Federal brasileira de 1934, que tratou pela primeira vez no Brasil de Direito de Trabalho (art.121), ao garantir a liberdade sindical, isonomia salarial e outros direitos ao trabalhador, foi influenciada:

A) pela doutrina marxista soviética.

B) pelo anarco-coletivismo social.

C) pela ideologia socialista alemã.

D) pelo constitucionalismo social.

E) pela ideologia europeia.

GABARITO: **D**.

Capítulo 6

A DECLARAÇÃO UNIVERSAL DOS DIREITOS HUMANOS (ONU)[1]

"**Artigo 1º**. Todos os seres humanos nascem livres e iguais em dignidade e em direitos. Dotados de razão e de consciência, devem agir uns para com os outros em espírito de fraternidade".

(Declaração Universal dos Direitos Humanos)

6.1. INTRODUÇÃO

Neste capítulo trataremos do item final da parte de Teoria Geral do Direito e da Política, e que contempla um documento de extrema importância na esfera mundial: a Declaração Universal dos Direitos Humanos, editada pela Organização das Nações Unidas (ONU), em 1948.

1 Cabe registrar, desde logo, pequena imprecisão terminológica constante na Resolução nº 75/2009 do CNJ, na medida em que denomina o documento de Declaração Universal de Direitos "do Homem" (cf. Disponível em: http://www.cnj.jus.br/images/stories/docs_cnj/resolucao/rescnj_75b.pdf, p. 41. Acesso em: 24/01/2017). A tradução mais usual em língua portuguesa, entretanto, não é essa, sendo recomendado empregar "Declaração Universal dos Direitos Humanos", nomenclatura que consta, inclusive, no *site* oficial das Nações Unidas (Disponível em: http://www.un.org/en/universal-declaration-human-rights/index.html. Acesso em: 24/01/2017) e vem sendo alvo de ampla citação doutrinária no Brasil. A correção possui importante efeito simbólico e pedagógico, pois homenageia o princípio da igualdade ao evidenciar o respeito aos direitos de todos os gêneros, guardando harmonia ao teor do artigo 5º, inciso II, da Constituição Federal de 1988.

Neste sentido, há três pontos centrais que merecem destaque: o contexto histórico de criação da Declaração Universal dos Direitos Humanos; as suas principais características; os principais desafios que tem enfrentado em relação à sua aplicabilidade.

Além disso, logo após a referida exposição, empreende-se uma análise dos chamados **Sistemas Regionais de Proteção aos Direitos Humanos**, sendo privilegiada a abordagem do **Sistema Interamericano de Proteção**, usualmente exigido em avaliações que contemplam a Declaração Universal de Direitos. Trata-se, justamente, do Sistema Regional ao qual encontra-se filiado o Brasil.

Por fim, também examinaremos, o chamado **Incidente de Deslocamento de Competência**, mais uma novidade incorporada à Constituição Brasileira graças ao advento da Emenda Constitucional nº 45/04. Representa uma ferramenta pensada com o intuito de incrementar a proteção aos direitos humanos, como veremos na sequência.

6.2. CONTEXTUALIZAÇÃO HISTÓRICA

A Declaração Universal dos Direitos Humanos possui uma relação direta com a criação da Organização das Nações Unidas e o término da Segunda Guerra Mundial, em 1945.

Com efeito, o maior conflito armado da História envolveu a confrontação entre diversos países, sendo marcante, em especial, a oposição firmada entre os principais integrantes do chamado **Eixo** (Itália, Alemanha e Japão) e os **Aliados** (Estados Unidos, Inglaterra, França e União Soviética).

Entre os anos de 1939 e 1945 uma onda de devastação física e moral se alastrou por parte significativa do mundo. Mortos e feridos não eram contados apenas nas tropas militares; a vida civil foi extremamente sacrificada, sendo incontáveis os casos de homicídio, estupros e violências de toda sorte que ocorreram. A Segunda Guerra Mundial foi ocasionada por problemas não resolvidos da Primeira Guerra, envolvendo a disputa por territórios e poder. O grau de sofrimento vivenciado por milhões fez com a palavra **inferno** fosse a mais utilizada pelos sobreviventes para descrever a terrível experiência por que passaram, manifestando-se por privações que comprometeram a sua própria saúde psíquica[2].

O pior exemplo de desrespeito ao ser humano veio da Alemanha e de suas políticas discriminatórias. A violência constituiu parte integrante do

2 Sobre a temática, conferir HASTINGS, Max. **Inferno**. O mundo em guerra 1939-1945, pp. 14, 162-163, 185, 231, 333, 357, 510.

movimento nacional-socialista, que acreditava na supremacia de uma suposta raça "ariana" diante dos demais seres humanos, vistos como de natureza inferior. Dentro deste pensamento racista e completamente desrespeitoso, foram articuladas medidas de aniquilação dos tidos como indesejáveis, sendo a perseguição aos judeus o episódio mais marcante e devastador, testemunhado pelos campos de concentração. O nazismo elegeu algumas categorias de pessoas como inimigas do regime, tendo construído um aparato de repressão mortal, destinada à sua completa aniquilação.

Um dos piores símbolos de o quanto a legislação pode servir para propósitos discriminatórios adveio com as chamadas **Leis de Nuremberg**. Como leciona George Marmelstein, "(...) oficializaram o antissemitismo, proibindo, por exemplo, a união matrimonial, a coabitação e as relações sexuais entre judeus e alemães, além de estabelecer uma divisão social que relegava os judeus a cidadãos de segunda categoria"[3].

Tais leis foram editadas na cidade alemã que, finalizada a Segunda Guerra, sediaria o célebre Tribunal de Nuremberg, responsável por julgar atrocidades cometidas pelos autores de numerosos casos de genocídio. A legislação permitiu a consolidação de um regime de discriminação ao ser humano, contando com a sua aplicação servil pelos órgãos constituídos[4].

É essencial, então, perceber que o cenário existente ao final da Segunda Guerra Mundial era um cenário de descrença no ser humano e surpresa diante das mais incríveis atrocidades. Milhões de mortes por todo o mundo evidenciaram que era necessário reestabelecer a crença no **valor da dignidade humana** como prioridade para todos os Governos.

As potências vencedoras da Segunda Guerra Mundial decidiram, então, fundar uma Organização que estivesse acima da soberania dos próprios Estados, capaz de zelar pelo respeito ao ser humano, e que viria a ser conhecida como **Organização das Nações Unidas (ONU)**.

A ONU foi concebida pela Carta das Nações Unidas, de 1945. Nascia para evitar um novo conflito mundial, cabendo-lhe promover a **dignidade da pessoa humana** como valor central. Tratava-se de tarefa desafiadora, já que precisava não repetir os mesmos erros da antiga Liga das Nações, experiência fracassada de organização internacional.

---

3 MARMELSTEIN, George. **Curso de Direitos Fundamentais**, pp. 5-6.

4 VIEIRA, Oscar Vilhena. **A Constituição e sua reserva de justiça** (um ensaio sobre os limites materiais do poder de reforma), pp. 105-106. Nesta passagem de sua obra o autor faz menção ao direito vigente no período nazista, mencionando o "Ato de Habilitação", as leis vagas e de conteúdo aberto e a discricionariedade do Judiciário em sua aplicação.

A dignidade da pessoa humana transformou-se, então, em referência maior na esfera internacional e nas esferas nacionais de proteção: as Constituições que surgiram após o fim da Segunda Guerra Mundial tiveram um cuidado especial em consagrar a dignidade como um valor inspirador, o que tem como grande símbolo, justamente, a Lei Fundamental de Bonn, de 1949. No Brasil, a referência à dignidade da pessoa humana aparece como um dos **fundamentos** da República Federativa do Brasil pode ser encontrada em nosso artigo 1º, inciso III, anteriormente mencionado.

Há uma **diversidade de compreensões** sobre o significado da dignidade da pessoa humana, sendo usual associá-la ao imperativo categórico kantiano, que determina que todo e qualquer ser humano precisa ser visto e considerado como um fim em si mesmo, e jamais como meio para alcançar uma finalidade. Na doutrina brasileira, uma das mais citadas definições de dignidade da pessoa humana foi difundida pelo Professor Ingo Sarlet, que a considera qualidade intrínseca e distintiva do ser humano.

Vejamos ambas as compreensões na tabela abaixo:

COMPREENSÕES SOBRE A DIGNIDADE DA PESSOA HUMANA	
Visão de KANT	Associação da dignidade ao âmbito do imperativo categórico, já que vinculada ao ideal de respeito de qualquer ser humano como fim em si mesmo;
Visão de INGO SARLET	"(...) qualidade intrínseca e distintiva reconhecida em cada ser humano que o faz merecedor do mesmo respeito e consideração por parte do Estado e da comunidade, implicando, neste sentido, um complexo de direitos e deveres fundamentais que assegurem a pessoa tanto contra todo e qualquer ato de cunho degradante e desumano, como venham a lhe garantir as condições existenciais mínimas para uma vida saudável, além de propiciar e promover sua participação ativa e corresponsável nos destinos da própria existência e da vida em comunhão com os demais seres humanos"[37].

A necessidade de difusão de uma cultura de respeito aos direitos humanos, que se tornaria elemento central das preocupações da Organização das Nações Unidas, precisava contar com uma Declaração que reunisse os principais temas relevantes. Seria importante, então, construir um documento paradigmático, que contivesse as bases do pensamento comum a respeito das principais garantias de todas as pessoas.[5]

5 SARLET, Ingo Wolfgang. As dimensões da dignidade da pessoa humana: construindo uma compreensão jurídico-constitucional necessária e possível. **Revista Brasileira de Direito Constitucional**, p. 383.

Estavam lançadas, então, as bases para a criação da Declaração Universal dos Direitos Humanos, editada três anos depois, em 1948.

Veremos, a seguir, quais são as suas características principais.

6.3. PRINCIPAIS CARACTERÍSTICAS DA DECLARAÇÃO UNIVERSAL DOS DIREITOS HUMANOS

A Declaração Universal dos Direitos Humanos possui uma importância especial: representa o **mais importante documento mundial** de proteção aos Direitos Humanos, sendo o resultado do compromisso assumido, após o final da Segunda Guerra Mundial, com a tutela da dignidade da pessoa humana.

No âmbito da proteção aos Direitos Humanos é comum distinguir dois Sistemas complementares de garantia:

(a) O **Sistema Global** de Proteção aos Direitos Humanos, que tem alcance mundial e possui a Declaração Universal de Direitos Humanos como peça central;

(b) Os **Sistemas Regionais** de Proteção aos Direitos Humanos, que são construídos em cada região do Planeta em conformidade com as peculiaridades locais.

A intenção, com a coexistência de Sistemas de Proteção, é dotar o ser humano de um amplo leque de garantias. Neste sentido, entende-se pela construção de um **sistema de proteção cumulativa aos direitos humanos**, compreendendo tanto os direitos previstos na esfera regional quanto a proteção mais ampla, consagrada pelo Sistema Global de Proteção.

Vale esclarecer, contudo, que a preocupação com a menção dos direitos humanos em Declarações de Direitos não surgiu com a Declaração Universal.

Pode-se dizer, em verdade, que ela representa o ápice de uma lenta evolução histórica, que, para muitos, começou no século XIII, com a celebrada Magna Carta inglesa no ano de 1215, vista como símbolo do Estado de Direito[6] a partir da consagração, em particular, das raízes do devido processo legal em sua Cláusula 39.

É possível ressaltar, portanto, que as Declarações de Direitos, ao longo do tempo, tiveram fértil desenvolvimento na experiência inglesa, norte-americana

---

6 Para uma análise mais profunda da Magna Carta, cf. JENNINGS, Ivor. **Magna Carta and its influence in the world today**, em especial pp. 13 e 15; COMPARATO, Fábio Konder. **A afirmação histórica dos direitos humanos**, pp. 77, 78 e 80.

e francesa, que gerariam três modelos básicos de Constituição com o passar dos anos[7]. Vale lembrar, também, que há diversas outras experiências no âmbito do chamado **constitucionalismo** – amplo movimento de limitação do poder do Estado e garantia de direitos fundamentais, e que conta com manifestações antigas e modernas[8] –, que não serão aqui examinadas por conta do recorte adotado, voltado para os pontos expressamente exigidos pela Resolução nº 75 do CNJ.

No caso inglês, são sempre lembradas, por exemplo, a Magna Carta, de 1215, assim como a Petição de Direitos (1628), a Lei de *Habeas Corpus* (1679) e o *Bill of Rights* (1689). No caso norte-americano, por sua vez, são sempre lembradas a Declaração do Bom Povo da Virgínia (1787), sucedida pela Constituição norte-americana (1787) e por sua Declaração de Direitos (1791). Já no caso francês, um dos documentos mais reverenciados é a Declaração de Direitos do Homem e do Cidadão, datada de 1789.

Como tentativa de resgate histórico, cabe lembrar, ainda, a importante atuação de Olímpia de Gouges, ativista francesa defensora dos direitos das mulheres, e que chegou a redigir uma Declaração de Direitos da Mulher e da Cidadã, também no final do século XVIII. Contudo, acabou sendo uma das trágicas vítimas da violência e intolerância do período, sendo apenas mais recentemente relembrada pela sua relevante biografia[9].

Tornou-se muito famosa, também, a célebre conferência de Karel Vasak, proferida em 1979, e que ajudou a categorizar o avanço histórico na proteção aos direitos nas chamadas **gerações de direitos**[10].

Haveria, então, sucessivamente, os direitos de primeira, segunda e terceira geração, contemplando o lema da Revolução Francesa. Os direitos de primeira geração corresponderiam ao avanço e reconhecimento dos direitos de liberdade (direitos civis e políticos); os de segunda geração contemplariam o reconhecimento dos direitos de igualdade (direitos sociais, econômicos e culturais); e, por fim, os direitos de terceira geração guardam relação com o ideal de fraternidade, contemplando os direitos difusos e coletivos.

---

7 Acerca do assunto, conferir DALLARI, Dalmo de Abreu. **A Constituição na Vida dos Povos**: da Idade Média ao Século XXI, p. 169.

8 MCILWAIN, Charles Howard. **Constitucionalismo Antiguo y Moderno**, p. 35.

9 Nesse sentido, cf. DALLARI, Dalmo de Abreu. **Os direitos da mulher e da cidadã por Olímpia de Gouges**, pp. 116-121.

10 A referência às gerações de direitos, assim como as críticas à terminologia, podem ser encontradas nos mais diversos autores, desde os clássicos até os contemporâneos. São exemplos: FERREIRA FILHO, Manoel Gonçalves. **Direitos humanos fundamentais**, p. 6; RAMOS, André de Carvalho. **Curso de Direitos Humanos**, pp. 55-58.

Contudo, há muitos questionamentos acerca do uso do **termo "geração"**. Trata-se, reconhecidamente, de uma nomenclatura discutível, já que alguns acreditam que o termo pode levar à noção equivocada de que a chegada de uma geração simplesmente substituiria a outra, sem que houvesse um acúmulo protetivo na garantia de direitos. Por esta razão alguns preferem usar o termo "**dimensões de direitos**", os quais seriam mais vantajosos no sentido de demonstrar que ocorre, em verdade, uma proteção progressiva a direitos, e não uma simples substituição de uns por outros.

A menção às Declarações anteriores – e, também, à célebre construção da teoria das gerações de direitos – evidencia o quanto o percurso histórico que desembocou na Declaração Universal de Direitos Humanos enfrentou diversas etapas repletas de significado[11].

A breve análise histórica anterior serve, ainda, para evidenciar algumas semelhanças e diferenças entre as demais Declarações de Direitos e a Declaração Universal de Direitos Humanos. Ela retoma o cunho **verdadeiramente universalista** na garantia de direitos, anteriormente proclamado pela Declaração francesa, de 1789, sendo que alguns artigos possuem redação similar, inclusive.

Em termos formais, a Declaração Universal possui 30 (trinta) artigos, precedidos de uma série de 7 (sete) considerandos. Tais considerandos refletem, justamente, o quadro trágico do pós-Guerra, sendo enaltecido o valor do ser humano e a preocupação em evitar a repetição de um conflito armado nas futuras gerações.

Justamente nesse sentido é possível encontrar uma **dupla preocupação** neste trecho inicial da Declaração Universal: (1) enaltecer a importância dos direitos fundamentais do ser humano em regimes marcados pelo Estado de Direito; (2) incentivar o desenvolvimento da fraternidade entre os Estados, responsáveis por colaborar com a Organização das Nações Unidas para o fomento a uma cultura de efetivo respeito das garantias fundamentais.

Cabe registrar, então, os seus artigos mais importantes[12].

De início, cabe destacar o simbólico **artigo 1º**, citado na epígrafe deste capítulo. Consagra, literalmente, o seguinte: "Todos os seres humanos nascem livres e iguais em dignidade e em direitos. Dotados de razão e de consciência, devem agir uns para com os outros em espírito de fraternidade".

---

11 Para uma análise mais completa, cf. COMPARATO, Fábio Konder. **A afirmação histórica dos direitos humanos**. 4ª ed. São Paulo: Saraiva, 2005.

12 Para acesso ao teor integral da Declaração em português, cf. http://www.ohchr.org/EN/UDHR/Pages/Language.aspx?LangID=por. Acesso em: 25/01/2017.

Nota-se, portanto, que a Declaração Universal de Direitos Humanos retoma o espírito do famoso lema da Revolução Francesa, citando, expressamente, **liberdade**, **igualdade** e **fraternidade**.

Acrescenta, ainda, a importância menção à **dignidade**, que passaria a ser previsão normativa em inúmeros Textos Constitucionais dali em diante. Nesse sentido, merece expresso destaque o exemplo da Alemanha: após o término da Segunda Guerra Mundial foi editada, na então Alemanha Ocidental, a Lei Fundamental de Bonn, uma nova Constituição que consagrava, justamente em seu artigo 1º, o valor da dignidade do ser humano.

Esta nova Lei Fundamental, além de fundar uma sistemática normativa extremamente preocupada com a dignidade humana, vem sendo alvo de uma fértil jurisprudência protetiva de direitos fundamentais, a cargo do respeitado Tribunal Constitucional Federal da Alemanha, intérprete maior do respectivo Texto Constitucional.

Cabe registrar, ainda, que a importância da dignidade humana vem a ser tão central para a Declaração Universal que é mencionada **quatro** vezes: além do artigo 1º da Declaração, podemos encontrar a palavra duas vezes no Preâmbulo, ocasião em que aparece relacionada à dignidade **inerente a todos os membros da família humana** e à fé dos povos das Nações Unidas na **dignidade e no valor da pessoa humana**.

Além destas passagens ainda podemos encontrar uma quarta, constante no artigo 23, item 3, que diz respeito à garantia, para quem trabalha, de uma **remuneração equitativa e satisfatória, que lhe permita e à sua família uma existência conforme com a dignidade humana**.

Nos demais artigos é possível encontrar uma série de providências que viria a ser reconhecida, doravante, pelas Constituições dos Estados, sendo exemplo o rol generoso de direitos fundamentais, previsto pela Constituição Brasileira de 1988.

Podemos, então, perceber a **consagração dos seguintes direitos na Declaração Universal**: à vida, liberdade e segurança pessoal (artigo 3º); reconhecimento da personalidade jurídica (artigo 6º); igualdade e vedação de discriminação (artigo 7º); recurso às jurisdições nacionais em caso de violação a direitos fundamentais (artigo 8º); julgamento equitativo e público por Tribunal independente e imparcial (artigo 10); presunção de inocência (artigo 11, 1); anterioridade e legalidade, assim como irretroatividade da lei penal mais severa (artigo 12, 2); liberdade de locomoção (artigo 13); direito de asilo em caso de perseguição (artigo 14); nacionalidade (artigo 15); casamento (artigo 16); propriedade (artigo 17); liberdade de pensamento, consciência e religião (artigo 18); opinião e expressão (artigo 19); reunião e associação (artigo 20);

manifestação política e acesso às funções públicas (artigo 21); seguridade social (artigo 22); trabalho, fundação e filiação sindical (artigo 23); repouso, lazer, limitação razoável do trabalho e férias periódicas (artigo 24); direito a nível de vida que permite saúde e bem-estar (artigo 25, 1); auxílio especial para maternidade e infância (artigo 25, 2); educação (artigo 26); cultura, arte e progresso científico (artigo 27, 1); proteção aos direitos autorais (artigo 27, 2); direito à efetividade dos direitos previstos na Declaração (artigo 28).

Também devem ser mencionadas algumas proibições da Declaração, e que acabam por realçar o efetivo respeito aos direitos fundamentais. **São proibidos**: a escravidão ou servidão, sob todas as formas (artigo 4º); a tortura, as penas degradantes e os tratamentos cruéis, desumanos ou degradantes (artigo 5º); a prisão e a detenção arbitrárias, assim como o exílio (artigo 9º); intromissões à vida privada ou familiar, assim como ataques à honra e reputação (artigo 12); a privação arbitrária de nacionalidade ou do direito de mudança de nacionalidade (artigo 15, 2); a privação arbitrária da propriedade (artigo 17, 2); obrigar alguém a fazer parte de uma associação (artigo 20, 2).

Algumas disposições especiais também merecem destaque. Nesta linha, devem ser registrados **dois artigos interessantes**. O **artigo 29, 1**, consagra a importância dos **deveres** do indivíduo para com a comunidade, registrando evidente preocupação com a garantia da alteridade. Cabe verificar que a preocupação com os deveres fundamentais já pode ser encontrada na Constituição da França de 1795, sendo reforçada pela Declaração Universal no referido dispositivo[13].

Por fim, o **artigo 30** destaca que nenhuma disposição da Declaração pode ser interpretada no sentido de assegurar a prática de **nenhum ato** dedicado à destruição de direitos e liberdades fundamentais. Mais uma vez fica evidente o cuidado com uma proteção ampliativa de direitos, nos moldes das trágicas e cruéis experiências ocorridas ao longo da Segunda Guerra Mundial.

A Declaração Universal foi promulgada no dia 10 de dezembro de 1948 pela Assembleia Geral das Nações Unidas, tendo sido traduzida em mais de 500 idiomas[14].

---

13 Neste sentido, cf. MARTINS, Carlos Eduardo Behrmann Rátis. **Introdução ao Estudo sobre os Deveres Fundamentais**, p. 32. O autor destaca os deveres fundamentais na condição de deveres jurídicos, fruto da criação do Poder Constituinte e representando categoria autônoma ao lado dos direitos fundamentais (cf. pp. 55-56).

14 Informações obtidas no *site* oficial das Nações Unidas. Disponível em: http://www.un.org/en/universal-declaration-human-rights/index.html. Acesso em: 25/01/2017.

Cabe relembrar seus traços mais importantes, alvo do quadro a seguir:

PRINCIPAIS CARACTERÍSTICAS DA DECLARAÇÃO UNIVERSAL DE DIREITOS HUMANOS	
(1) Significado:	Documento mais importante do Sistema Global de Proteção aos Direitos Humanos;
(2) Antecedentes:	A evolução histórica dos direitos e das Declarações é antiga, tendo como referências centrais, especialmente, as seguintes experiências internacionais: inglesa (séculos XIII e XVII), norte-americana e francesa (século XVIII);
(3) Promulgação:	Paris, pela Assembleia Geral da ONU, em 10/12/1948;
(4) Composição:	A Declaração é composta por um total de 30 artigos, precedidos por 7 considerandos;
(5) Considerandos:	Contextualizam a criação da Declaração e evidenciam dupla finalidade: (1) enaltecer a proteção aos Direitos Fundamentais: (2) requisitar a colaboração dos Estados, junto às Nações Unidas, para a promoção de uma cultura de respeito progressivo ao ser humano;
(6) Artigos Centrais:	Destaca-se, de logo, o importante artigo 1º, que registra a preocupação com a liberdade, igualdade e fraternidade. Ademais, a Declaração consagra diversos direitos importantes, contemplando declarações de direitos e proibições de condutas atentatórias ao seu conteúdo;
(7) Dignidade Humana:	Muito importante registrar o valor central informador da Declaração Universal dos Direitos Humanos: a nítida preocupação com a Dignidade Humana, que aparece em duas passagens do Preâmbulo e em dois artigos da Declaração.

Contudo, a Declaração Universal passou a enfrentar uma série de desafios, que serão alvo de análise no próximo tópico.

6.4. DESAFIOS DA DECLARAÇÃO UNIVERSAL DE DIREITOS HUMANOS: NATUREZA JURÍDICA, PRETENSÃO DE UNIVERSALIDADE E PACTOS INTERNACIONAIS

Muito embora tenha sido inspirada por um contexto amplamente aceito de celebração dos direitos, a Declaração Universal de Direitos Humanos passou a enfrentar uma série de desafios.

Três, em especial, merecem destaque: (a) a **natureza jurídica** da Declaração Universal, o que ensejou discussão sobre caráter efetivo da Declaração e o seu real potencial de vinculação; (b) a sua **pretensão de universalidade**, o que ensejou discussão sobre o alcance da Declaração e a legitimidade da incidência mundial de suas regras; (c) as **dificuldades de aplicabilidade**, o que ensejou dúvidas a respeito do real cumprimento do seu conteúdo.

DESAFIOS DA DECLARAÇÃO UNIVERSAL DE DIREITOS HUMANOS	
(1) Natureza Jurídica	Discussão acerca do caráter da Declaração Universal: seria vinculante como um Tratado Internacional ou não?
(2) Pretensão de Universalidade	Discussão sobre o alcance da Declaração Universal: seria legítimo falar em direitos universais diante da diversidade de culturas em todo o mundo?
(3) Aplicabilidade	Discussão sobre a aplicabilidade da Declaração Universal: seria possível aplicar o seu conteúdo na prática?

No que diz respeito à sua **natureza jurídica**, surgiu um importante questionamento quanto à vinculação ou não da Declaração. Em outras palavras, surgiu o seguinte questionamento: seria a Declaração Universal obrigatória para todos os Estados, que seriam, portanto, passíveis de sanções em casos de descumprimento; ou será que estamos diante de documento dotado, apenas, de efeito simbólico, incapaz de gerar maiores repercussões?

Após uma série de negociações, e tendo em vista, em especial, a posição norte-americana, defensora do efeito simbólico, foi justamente essa a posição que prevaleceu: a Declaração Universal não representa um tratado internacional, tendo apenas, portanto, a finalidade de servir como elemento de convencimento em prol de uma cultura de promoção dos direitos humanos. Certamente foi uma derrota em relação às pretensões de maior aplicabilidade da Declaração. Contudo, o contexto político de celebração de tais documentos faz com que, muitas vezes, predomine uma posição intermediária, justificada em prol da necessidade maior de sua aprovação por muitos Estados.

Em segundo lugar, a Declaração Universal enfrentou um novo desafio: seria realmente legítima a **pretensão de universalidade** dos direitos consagrados? O problema apresenta grande complexidade. Sabe-se que os direitos humanos são elementos integrantes de cada cultura, sendo natural, portanto, que algumas sociedades reconheçam certas práticas sociais como direitos que surpreenderiam outras realidades.

É possível citar, aqui, alguns exemplos intrigantes: na Índia há um costume de reverenciar animais como sagrados; em alguns países africanos persiste a prática da extirpação do clitóris, baseada na crença sobre a inconveniência de prazer sexual feminino; no Irã há, constitucionalmente, um papel reduzido conferido à mulher frente ao homem; no Brasil, algumas tribos praticam o infanticídio indígena, já que acreditam que alguns índios portadores de deficiência ou gêmeos poderiam trazer o mal para a comunidade.

A pergunte central é a seguinte: **o que justifica a legitimidade de uma cultura?**

Quais são os limites da noção de prática cultural legítima frente à crueldade ou barbaridade? Vejam que, no Brasil, esta discussão foi enfrentada pelo Supremo Tribunal Federal no julgamento da vaquejada, por exemplo. Por uma pequena diferença de votos, prevaleceu a tese de que se tratava, em verdade, de prática cruel, não sendo reconhecida como cultura. A polêmica foi tão grande que fez com que houvesse uma grande mobilização, após a decisão final do STF, no sentido de aprovação de alguma lei que considerasse tanto a vaquejada quanto o rodeio como práticas culturais, representativas do patrimônio imaterial brasileiro. Ocorreu, portanto, uma nítida oposição entre o Supremo Tribunal Federal e o Congresso Nacional e Presidência da República, o que revela as complexidades do assunto. Esta oposição concretizou-se, posteriormente, com o advento da Emenda Constitucional de nº 96/17.

O grande questionamento que se projeta em relação ao tema seria, portanto, o seguinte: fixar um conjunto de trinta artigos e dizer que retratam, para todas as culturas, uma Declaração Universal não seria propagar uma noção autoritária, exclusivamente ancorada em valores ocidentais?

Trata-se de um tema não resolvido e extremamente polêmico, opondo, ao menos, duas crenças fundamentais[15]: os partidários do universalismo dos direitos – defensores da ideia de que existem sim valores universais, válidos para todas as culturas, e que representam o mínimo esperado na proteção ao ser humano – frente aos partidários do relativismo cultural, partidários da noção de que cada cultura possui uma carga naturalmente peculiar à sua própria construção histórica, e precisa ser respeitada em suas características centrais para não ser simplesmente abolida pela prevalência de outros valores.

Vale lembrar, também, ser possível aqui constatar um possível imperialismo dos direitos humanos, discussão que pode fazer com que sejam, sem a devida fundamentação normativa, tornando-se uma espécie de "(...) figura de retórica político-militar"[16], a serviço de interesses extremamente questionáveis. Trata-se de um debate profundo, que não será aqui aprofundado por conta da limitação do nosso recorte.

---

15 Para uma interessante visão sobre o assunto, cf. SANTOS, Boaventura de Sousa. Por uma concepção multicultural de direitos humanos. **Revista Crítica de Ciências Sociais**, pp. 11-30. O autor traça uma análise de três tensões dialéticas, envolvendo regulação e emancipação social, Estado e sociedade civil, assim como Estado-nação e globalização, sendo que busca reforçar o potencial emancipatório da política de direitos humanos.

16 NEVES, Marcelo. A Força Simbólica dos Direitos Humanos. **Revista Eletrônica de Direito do Estado**, p. 27.

Por fim, no que diz respeito à sua **efetiva aplicabilidade**, a Declaração Universal também sofreu a acusação de ser excessivamente genérica, não contando com instrumentos de aplicação efetiva. É perceptível, neste ponto, uma conexão entre as dificuldades de aplicabilidade da Declaração e o reconhecimento de sua natureza jurídica não vinculante, como exposto anteriormente. Aqui cabe lembrar da famosa advertência de Norberto Bobbio no sentido de ser o problema fundamental dos direitos do homem não a sua justificação, mas sim a sua proteção efetiva, o que evidencia um problema político, e não filosófico[17]. Esta constatação também atingiu a Declaração Universal.

Esta crítica foi tão intensa que levou ao surgimento, em 1966, de **dois Pactos Internacionais de Direitos**, voltados a servir como uma espécie de operacionalização da Declaração. Mais uma vez, então, os Países se reuniram com a intenção de tornar efetiva a Declaração, já que continuava a enfrentar desafios na aplicação real.

Nesta linha, cabe citar a interessante posição de Guilherme Assis de Almeida[18]. Ele divide a história do Direito Internacional dos Direitos Humanos em duas etapas, contemplando a **fase legislativa** e a **fase de implementação**. Na primeira, a partir de 1945, haveria a elaboração dos principais tratados e instrumentos jurídicos de proteção; ocorre que na segunda, a partir de 1966 – justamente com os mencionados Pactos Internacionais – temos a tentativa de assegurar, concretamente, normas já existentes.

Os Pactos ficaram conhecidos como **Pacto Internacional de Direitos Civis e Políticos (PIDCP)** e **Pacto Internacional de Direitos Econômicos, Sociais e Culturais (PIDESC)**. Surge, então, uma pergunta interessante: qual o porquê da existência de dois Pactos Internacionais, no mesmo ano, para proteger direitos vinculados à Declaração Universal?

A resposta pode ser encontrada no contexto maior, vivenciado à época, da Guerra Fria, etapa histórica marcada pela oposição política, econômica, ideológica e militar entre os blocos capitalista e socialista, liderados, respectivamente, pelos Estados Unidos e pela União Soviética.

Antigos aliados durante a Segunda Guerra Mundial, norte-americanos e soviéticos passaram a atuar em lados opostos após o término do conflito, lutando por zonas de influência em que pudessem exercer um poderio cres-

---

17 BOBBIO, Norberto. **A era dos direitos**, p. 24: "O problema fundamental em relação aos direitos do homem, hoje, não é tanto o de *justificá-los*, mas o de *protegê-los*. Trata-se de um problema não filosófico, mas político".

18 ALMEIDA, Guilherme Assis de. **Direitos humanos e não-violência**, p. 63.

cente. Nas discussões internacionais era frequente, então, que não chegassem a um consenso, sendo um exemplo a temática dos Pactos Internacionais.

O Pacto Internacional de Direitos Civis e Políticos (PIDCP) representou o acolhimento da esfera de **influência norte-americana**, historicamente mais voltada para garantia de direitos com o referido perfil, o que resta nítido desde o processo de independência. Por sua vez, o Pacto Internacional de Direitos Econômicos, Sociais e Culturais (PIDESC) retratou a incidência da **influência soviética**, tendo por base os traços marcantes do regime socialista, que passara a vigorar após o advento da Revolução Russa, de 1917.

Sendo assim, podemos traçar a seguinte síntese sobre os principais desafios enfrentados pela Declaração Universal de Direitos Humanos:

DESAFIOS DA DECLARAÇÃO UNIVERSAL DE DIREITOS HUMANOS – CONCLUSÕES	
(1) Natureza Jurídica	A Declaração NÃO possui caráter vinculante, NÃO possuindo a natureza jurídica de um tratado internacional. Logo, funciona como elemento simbólico do Sistema Global de Proteção aos Direitos Humanos;
(2) Pretensão de Universalidade	Trata-se de discussão que perdura. No mundo ocidental, é comum a menção à persistência da universalidade, sendo que os choques culturais ainda não encontraram solução definitiva;
(3) Aplicabilidade	Há esforços em prol da real aplicabilidade da Declaração, sendo exemplo o advento dos Pactos Internacionais de Direitos (PIDCP e PIDESC) e os instrumentos de cobrança de providências dos Estados omissos e violadores de direitos humanos. Contudo, ainda estamos distantes do ideal de avanço na garantia de direitos, preconizado pela Declaração.

Sendo assim, pode-se notar que a Declaração Universal de Direitos Humanos continua sendo um símbolo importante do desejo de luta em prol da garantia real de direitos para todos.

Se é bem verdade constatar que reflete uma luz, ainda distante, no horizonte de resguardo da dignidade da pessoa humana, também é justo reconhecer que, desde 1948, o caminho da civilização ficou um pouco mais iluminado.

6.5. SISTEMAS REGIONAIS DE PROTEÇÃO AOS DIREITOS HUMANOS: ANÁLISE DO SISTEMA INTERAMERICANO

Além do Sistema Global de Proteção aos Direitos Humanos, também se percebe uma progressiva preocupação da humanidade com a construção de Sistemas Regionais de Proteção. Como vimos, a Declaração Universal de

Direitos Humanos representa a peça central do Sistema Global de Proteção, dotado de pretensão de universalidade para que qualquer pessoa, em qualquer lugar de mundo, venha a ser alcançado pela incidência de suas regras e princípios.

Contudo, também se mostra importante conhecer e valorizar as peculiaridades de cada região do mundo, tendo por base a grande diferença cultural existente. Há traços que aproximam culturalmente, por exemplo, países asiáticos, africanos, europeus e americanos entre si. Tal percepção fez com que as regiões do mundo tivessem uma preocupação em construir seus próprios Sistemas Regionais de Proteção.

No que diz respeito ao Brasil, mostra-se conveniente conhecer, de forma mais detida, as regras centrais do Sistema Regional a que pertencemos: o **Sistema Interamericano de Proteção aos Direitos Humanos**. Este Sistema foi criado por inspiração da OEA – Organização dos Estados Americanos. Vale dizer que a OEA foi fundada em 1948, em Bogotá, na Colômbia, sendo o seu documento de fundação chamado de **Carta da OEA**, que entrou em vigor em dezembro de 1951[19].

O documento central deste Sistema encontra citação usual na esfera jurídica brasileira: trata-se do celebrado **Pacto de São José da Costa Rica**, também conhecido como Convenção Americana de Direitos Humanos. Tal documento – celebrado em 1969 na cidade de São José, capital da Costa Rica – veio a ser ratificado pelo Brasil em 1992.

Posteriormente veio a ser enriquecido pelo **Protocolo de São Salvador**, responsável pela consagração de Direitos Econômicos, Sociais e Culturais. O artigo 1º do referido Protocolo registra o esforço que deve ser feito pelos Estados no sentido da realização progressiva, na medida dos recursos disponíveis, dos direitos por ele elencados[20].

---

19 Vale conferir o seguinte resumo, constante no Portal oficial da Organização: "A OEA foi fundada em 1948 com a assinatura, em Bogotá, Colômbia, da Carta da OEA que entrou em vigor em dezembro de 1951. Posteriormente, a Carta foi emendada pelo Protocolo de Buenos Aires, assinado em 1967 e que entrou em vigor em fevereiro de 1970; pelo Protocolo de Cartagena das Índias, assinado em 1985 e que entrou em vigor em 1988; pelo Protocolo de Manágua, assinado em 1993 e que entrou em vigor em janeiro de 1996; e pelo Protocolo de Washington, assinado em 1992 e que entrou em vigor em setembro de 1997". Disponível em: http://www.oas.org/pt/sobre/quem_somos.asp. Acesso em: 30/06/2017.

20 Fonte: Artigo 1 do Protocolo de São Salvador: Obrigação de adotar medidas. Os Estados Partes neste Protocolo Adicional à Convenção Americana sobre Direitos Humanos comprometem-se a adotar as medidas necessárias, tanto de ordem interna como por meio da cooperação entre os Estados, especialmente econômica e técnica, até o máximo dos recursos disponíveis e levando

Cabe fazer um **registro importante**: embora a adesão do Brasil à Convenção tenha ocorrido em 1992, a aceitação, pelo País, da competência da Corte Interamericana de Direitos Humanos – um dos mais importantes órgãos contemplados pelo Pacto, como será esclarecido a seguir – ocorreu no dia 12.10.1998[21].

É muito importante conhecer as regras principais do Pacto de São José da Costa Rica, celebrado no dia 22 de novembro de 1969. Serão, abaixo, destacados os seus artigos mais importantes, sendo recomendável a leitura integral do Pacto para uma cuidadosa preparação para os concursos públicos[22].

Inicialmente, merece atenção o **Preâmbulo do Pacto**. Nele há referência à necessidade de proteção aos direitos essenciais do ser humano, sendo mencionada, também, a relevância da Declaração Universal dos Direitos Humanos.

A seguir, nota-se que o Pacto possui um total de 82 artigos, divididos da seguinte forma: Parte I (Deveres dos Estados e Direitos Protegidos), contemplando os artigos 1º a 32; Parte II (Meios de Proteção), contemplando os artigos 33 a 73; e, por fim, uma Parte III (Disposições Gerais e Transitórias), contemplando os artigos 74 a 82.

Há dois órgãos do Pacto que merecem especial atenção: a **Comissão Interamericana de Direitos Humanos** e a **Corte Interamericana de Direitos Humanos**. Ambos foram criados pelo artigo 33 do Pacto, e desempenham, respectivamente, uma espécie de papel Executivo e Judiciário na seara regional. Tal conclusão deriva da análise do perfil das funções que o Pacto associa à Comissão e à Corte, o que o Pacto estabelece nos seus artigos 41 e 63.

A **Comissão Interamericana** de Direitos Humanos é **composta** por sete pessoas dotadas de alta autoridade moral e reconhecido saber em matéria de direitos humanos, sendo eleitos pela Assembleia Geral da Organização dos Estados Americanos a partir de listas elaboradas pelos Governos dos Estados membros da OEA (artigos 34 e 35). Seus membros são eleitos para um mandato de quatro anos, admitida uma reeleição. Vale dizer, ainda, ser vedado que haja mais de um nacional do mesmo Estado, simultaneamente, na composição da Comissão (artigo 37, 2).

---

em conta seu grau de desenvolvimento, a fim de conseguir, progressivamente e de acordo com a legislação interna, a plena efetividade dos direitos reconhecidos neste Protocolo.

21 Fonte: Pacto de São José da Costa Rica. Disponível em: https://www.cidh.oas.org/Basicos/Portugues/d.Convencao_Americana_Ratif..htm. Acesso em: 30/06/2017.

22 O texto integral do Pacto pode ser encontrado no Portal eletrônico da Comissão Interamericana de Direitos Humanos. Disponível em: https://www.cidh.oas.org/Basicos/Portugues/c.Convencao_Americana.htm. Acesso em: 30/06/2017.

Deve-se salientar que a atuação da Comissão pode ser provocada por **qualquer pessoa**, **grupo de pessoas** ou **entidade não-governamental** legalmente reconhecida em um ou mais Estados membros da Organização. Deve-se, então, apresentar uma denúncia ou queixa de violação aos direitos humanos, sendo que o Pacto estabelece os critérios para aceitação e rejeição das petições nos seus artigos 46 e 47. Os artigos 48 a 51 do Pacto estabelecem as regras de tramitação do processo na Comissão, sendo, que, caso sejam procedentes as alegações do autor da petição, é possível que a Comissão elabore um relatório exigindo a adoção de providências por parte do Estado responsável, como dispõe o artigo 51.

Por sua vez, a **Corte Interamericana** de Direitos Humanos é composta por sete juristas da mais alta autoridade moral e de elevada competência em se tratado de matérias de direitos humanos, como dispõe o artigo 52. Também não pode haver dois juízes da mesma nacionalidade atuando, simultaneamente, na Corte. Os juízes são escolhidos por votação secreta e maioria absoluta dos votos dos Estados parte da Organização, em sua Assembleia Geral (artigo 53). O seu mandato é de seis anos, permitida uma reeleição, nos termos do artigo 54.

É muito importante o teor do artigo 61, 1, ao dispor que **somente os Estados parte e a Comissão têm competência para submeter um caso à jurisdição da Corte Interamericana**. Não houve, portanto, a aceitação de provocação direta por qualquer pessoa, ausência que costuma ser alvo de crítica doutrinária[23]. Cabe lembrar, também, da importante alteração, efetuada em 2009, pelo Regulamento da Corte Interamericana no sentido de exigir a notificação das vítimas ou de seus representantes para que possam, a partir da provocação da Corte Interamericana pela Comissão, participar do processo. Não foi resolvida, ainda, a omissão quanto à possibilidade direta de provocação da Corte pelo indivíduo, mas, ao menos, a sua participação democrática e engajamento no processo de tramitação foram ampliados[24].

Também merece especial atenção o fato de que a Corte pode, em casos de gravidade e urgência, adotar medidas provisórias com o intuito de, nos termos do artigo 63, 2, evitar danos irreparáveis às pessoas. Reconhece-se, aqui, uma **espécie de atuação de natureza cautelar**, justamente voltada para evitar a ocorrência de danos ainda mais severos.

---

23 Neste sentido, sugerindo a inserção do indivíduo como capaz de ter representação legal independente junto à Corte Interamericana de Direitos Humanos, cf. HANASHIRO, Olaya Sílvia Machado Portella. **O Sistema Interamericano de Proteção aos Direitos Humanos**, p. 50.

24 Neste sentido, cf. BELTRAMELLI NETO, Sílvio. **Direitos Humanos**, p. 385.

A Corte possui, além de sua **função contenciosa**, uma **função consultiva**, podendo formular uma interpretação acerca dos dispositivos do Pacto ou de outros tratados de direitos humanos, nos termos do artigo 64, bem como examinar a compatibilidade entre eventual legislação interna de um Estado e os dispositivos internacionais.

Para que a comparação entre o perfil dos dois órgãos fique mais clara cabe consultar a seguinte tabela das suas principais funções:

COMISSÃO INTERAMERICANA DE DIREITO HUMANOS (ART. 41)	CORTE INTERAMERICANA DE DIREITOS HUMANOS (ART. 63, 1)
a. estimular a consciência dos direitos humanos nos povos da América; b. formular recomendações aos governos dos Estados membros, quando o considerar conveniente, no sentido de que adotem medidas progressivas em prol dos direitos humanos no âmbito de suas leis internas e seus preceitos constitucionais, bem como disposições apropriadas para promover o devido respeito a esses direitos; c. preparar os estudos ou relatórios que considerar convenientes para o desempenho de suas funções; d. solicitar aos governos dos Estados membros que lhe proporcionem informações sobre as medidas que adotarem em matéria de direitos humanos; e. atender às consultas que, por meio da Secretaria-Geral da Organização dos Estados Americanos, lhe formularem os Estados membros sobre questões relacionadas com os direitos humanos e, dentro de suas possibilidades, prestar-lhes o assessoramento que eles lhe solicitarem; f. atuar com respeito às petições e outras comunicações, no exercício de sua autoridade, de conformidade com o disposto nos artigos 44 a 51 desta Convenção; e g. apresentar um relatório anual à Assembleia Geral da Organização dos Estados Americanos.	Quando decidir que houve violação de um direito ou liberdade protegidos nesta Convenção, a Corte determinará que se assegure ao prejudicado o gozo do seu direito ou liberdade violados. Determinará também, se isso for procedente, que sejam reparadas as consequências da medida ou situação que haja configurado a violação desses direitos, bem como o pagamento de indenização justa à parte lesada.

É importante destacar que há, também, casos de colisão entre decisões proferidas pela Corte Interamericana de Direitos Humanos e o Supremo Tribunal Federal.

Um dos mais conhecidos exemplos foi o caso do julgamento da **Lei de Anistia (Lei nº 6.683/79)**: enquanto a Corte Interamericana entendeu que o Brasil não poderia invocar a Lei de Anistia para deixar de processar e julgar pessoas envolvidas com o cometimento de violações a direitos humanos[25], o Supremo Tribunal Federal entendeu, ao julgar a ADPF 153/DF[26], ser a Lei de Anistia fruto de um compromisso político-democrático do País com a superação das tensões existentes no período militar brasileiro, evitando realizar a sua revisão. Trata-se de um julgado extremamente polêmico, usualmente alvo de crítica doutrinária[27].

Esta contrariedade entre decisões nacionais e internacionais envolvendo temáticas de direitos fundamentais vem sendo tratada como exemplo de um fenômeno chamado de **transconstitucionalismo**, sendo especialmente relevante, neste caso, a obra do Professor Marcelo Neves[28]. O referido Professor defende, em linhas gerais, que haja um diálogo entre instâncias decisórias de direitos fundamentais, diálogo enriquecedor na medida em que cada instância pode vir a aprender com argumentos desenvolvidos pela outra. Haveria, portanto, uma lógica de entrelaçamento entre instâncias decisórias envolvendo direitos fundamentais[29]. Trata-se de uma teoria instigante, que não será aqui aprofundada por conta do nosso recorte temático.

Embora muitas decisões proferidas no cenário internacional ainda imponham aos Estados sanções vistas, por vezes, como apenas de caráter

---

25 CIDH, Caso Gomes Lund e Outros ("Guerrilha do Araguaia") vs. Brasil, Sentença de 24/11/2010, p. 113: "(...) 3. As disposições da Lei de Anistia brasileira que impedem a investigação e sanção de graves violações de direitos humanos são incompatíveis com a Convenção Americana, carecem de efeitos jurídicos e não podem seguir representando um obstáculo para a investigação dos fatos do presente caso, nem para a identificação e punição dos responsáveis, e tampouco podem ter igual ou semelhante impacto a respeito de outros casos de graves violações de direitos humanos consagrados na Convenção Americana ocorridos no Brasil".

26 STF, ADPF 153, Rel. Min. Eros Grau, DJe nº 145, Publicação 6.8.2010.

27 Exemplo de crítica doutrinária pode ser encontrado em ROTHENBURG, Walter Claudius. Constitucionalidade e Convencionalidade da Lei de Anistia. **Revista Direito GV**, pp. 700-702, sugerindo que o Supremo Tribunal Federal dê provimento aos embargos de declaração interposto pela Ordem dos Advogados do Brasil para executar a decisão da Corte Interamericana, proferida no caso Gomes Lund.

28 O autor invoca o conceito de "direito ao dissenso", de Welsch, para usá-lo como fonte do seu raciocínio. Tal aproximação já se percebia em artigo dedicado à força simbólica dos direitos, publicado em 2005 (NEVES, Marcelo. A Força Simbólica dos Direitos Humanos. **Revista Eletrônica de Direito do Estado**, p. 9).

29 NEVES, Marcelo. **Transconstitucionalismo**, pp. 34, 38, 118-122 e 298.

moral e político[30], já se percebe, progressivamente, um incremento na geração de efetivas consequências práticas das decisões internacionais, sendo exemplos medidas adotadas pelo Brasil a partir das denúncias procedentes em âmbito internacional[31].

6.6. INCORPORAÇÃO DE TRATADOS INTERNACIONAIS E O DIREITO BRASILEIRO

Devemos examinar também uma questão interessante a respeitos das obrigações constantes em tratados internacionais subscritos pelo Brasil: afinal de contas, qual seria a natureza jurídica dos tratados internacionais devidamente ratificados pelo ordenamento jurídico brasileiro? Trata-se de um importante tema relacionado aos Direitos Humanos.

Em linhas gerais, o entendimento atualmente aplicado sobre o assunto foi profundamente discutido pelo Supremo Tribunal Federal nos autos do Recurso Extraordinário de nº 466343, julgado no dia 3.12.2008. Tratava-se de um Recurso envolvendo questionamento acerca da prisão civil do depositário infiel. Cabe, aqui, uma lembrança do que tratou esta importante controvérsia, que viria, anos depois, a gerar a seguinte conclusão por parte do Supremo: "É ilícita a prisão civil de depositário infiel, qualquer que seja a modalidade de depósito"[32].

Neste sentido, precisamos lembrar que a Constituição Federal prevê duas hipóteses, em tese, de prisão civil: a prisão civil do devedor alimentício e a prisão civil do depositário infiel. Ambas podem ser encontradas no inciso LXVII do artigo 5º da Constituição[33]. Contudo, o Brasil é signatário, como vimos, do Pacto de São José da Costa Rica, que estabelece em seu artigo 7º, 7[34], por sua vez, que a única hipótese de prisão civil por dívida admissível, nos países subscritores do Pacto, será a prisão civil do devedor alimentício.

---

30 HANASHIRO, Olaya Sílvia Machado Portella. **O Sistema Interamericano de Proteção aos Direitos Humanos**, p. 86.

31 Em alguns casos famosos o Brasil foi condenado pela Corte Interamericana, sendo exemplos os casos: Damião Ximenes Lopes; Escher; Garibaldi e Gomes Lund; neste exato sentido, cf. levantamento feito por RAMOS, André de Carvalho. **Curso de Direitos Humanos**, pp. 338-340.

32 Esta redação foi aprovada como Tese de Repercussão Geral nos termos do item 2 da 12ª Sessão Administrativa do STF, realizada em 9.12.2015. Fonte: www.stf.jus.br, Acesso em: 29/06/2017.

33 LXVII – não haverá prisão civil por dívida, salvo a do responsável pelo inadimplemento voluntário e inescusável de obrigação alimentícia e a do depositário infiel.

34 7. Ninguém deve ser detido por dívidas. Este princípio não limita os mandados de autoridade judiciária competente expedidos em virtude de inadimplemento de obrigação alimentar.

Sendo assim, **como resolveríamos esta colisão** entre a Constituição Federal de 1988 e o Pacto de São José da Costa Rica?

No julgamento do referido Recurso prevaleceu a linha de pensamento do Ministro Gilmar Mendes, por apertada maioria face à posição vencida, defendida pelo Ministro Celso de Mello. Para que a posição do Supremo fique clara, imagine que um tratado internacional tenha sido devidamente incorporado pelo ordenamento jurídico brasileiro – em outras palavras, tenham sido preenchidas as etapas de celebração do tratado pelo Presidente da República, aprovação do tratado pelo Congresso Nacional e, após, ocorrido a promulgação do seu conteúdo pelo Presidente.

Uma vez incorporado pelo Brasil, cabe perguntar qual o **assunto** do tratado. Aqui, podemos ter duas respostas possíveis: ou temos um **tratado que não versa sobre direitos humanos**, ou então temos um **tratado que versa sobre direitos humanos.**

No primeiro caso – tratados que não versam sobre direitos humanos – o Supremo Tribunal Federal costuma entender que possuem natureza jurídica de lei ordinária, estando, portanto, no mesmo nível da legislação comum brasileira.

Já no segundo caso – tratados que são de direitos humanos – precisaremos fazer uma **segunda indagação**: qual foi o procedimento de incorporação deste tratado? Em outras palavras, com que quórum o Congresso Nacional aprovou este tratado?

Se o Congresso Nacional aprovou este tratado por maioria simples, suas regras terão **natureza jurídica supralegal, com eficácia paralisante**. Isto significa que as regras do tratado ocuparão uma posição intermediária, ficando situadas entre as leis e a Constituição. Encontrar-se-ão, portanto, abaixo da Constituição, mas acima das demais leis, paralisando os efeitos gerados por eventual legislação contrária ao seu conteúdo.

Entretanto, uma segunda situação pode acontecer. O tratado internacional pode vir a ser aprovado pelo quórum de, ao menos, 3/5 (três quintos) dos membros do Congresso Nacional, 2 (dois) turnos em cada Casa do Congresso. Neste caso, suas regras terão valor maior: terão a chamada **equivalência às emendas constitucionais**, ocupando o mesmo patamar das emendas constitucionais.

Vale lembrar que a aprovação por maioria simples ocorre por força do artigo 47 da Constituição, que estabelece a regra das votações parlamentares no Brasil.

Por sua vez, a aprovação pelo quórum de 3/5 em cada Casa do Congresso, dois turnos em cada Casa, está prevista no §3º do artigo 5º da Constituição, fazendo com que, neste caso, as regras de um tratado ocupem o mesmo patamar hierárquico das emendas constitucionais. Tal conclusão ocorre com base em um critério formal, de fácil verificação: a Constituição utiliza o **mesmo quórum** quando trata da aprovação de uma emenda constitucional e quando contempla a incorporação de um tratado internacional de direitos humanos com status de equivalência às emendas constitucionais.

Para sistematizar a posição do STF, consultemos a tabela a seguir:

STF (RE 466343/SP – JULGAMENTO EM 03.12.2008)	
Tratados que NÃO são de Direitos Humanos	Natureza de Lei Ordinária
Tratados de Direitos Humanos aprovados por MAIORIA SIMPLES do Congresso	Natureza Supralegal com Eficácia Paralisante
Tratados de Direitos Humanos aprovados por 3/5 e 2 turnos em cada Casa do Congresso Nacional	Natureza de Equivalência às Emendas Constitucionais

Mas haveria algum exemplo importante para ser lembrado em prova a esse respeito? Sim, **dois exemplos** muito importantes.

No caso do tratado internacional com natureza supralegal o mais famoso que temos é o já citado Pacto de São José da Costa Rica, também conhecido como Convenção Americana de Direitos Humanos.

Já no caso de tratado incorporado com equivalência às emendas constitucionais **tínhamos**, até o mês de outubro de 2018, o singular exemplo da Convenção de Proteção aos Portadores de Deficiência. Houve, então, uma **importante atualização**: o Brasil promulgou o Decreto de incorporação do **Tratado de Marraqueche**, cujo conteúdo dispõe sobre o acesso, por parte de portadores de deficiência visual, aos livros.

Os exemplos citados merecem total cuidado, pois são reiteradamente cobrados nas mais diversas avaliações. O cuidado, agora, deve ser **ainda mais redobrado**, tendo em vista a recente incorporação, ao ordenamento jurídico brasileiro, do conteúdo do Tratado de Marraqueche.

Em síntese:

EXEMPLOS DE TRATADOS INTERNACIONAIS INCORPORADOS PELO BRASIL		
Natureza Supralegal e Eficácia Paralisante	Pacto de São José da Costa Rica	Celebrado no dia 22.11.1969; Decreto nº 678, de 6.11.1992

EXEMPLOS DE TRATADOS INTERNACIONAIS INCORPORADOS PELO BRASIL		
Natureza de Equivalência às Emendas Constitucionais (Exemplo 1)	Convenção Internacional sobre os Direitos das Pessoas com Deficiência e seu Protocolo Facultativo	Decreto Legislativo nº 186, de 9.7.2008 e Decreto nº 6.949, de 25.8.2009
Natureza de Equivalência às Emendas Constitucionais (Exemplo 2)	Tratado de Marraqueche para Facilitar o Acesso a Obras Publicadas às Pessoas Cegas, com Deficiência Visual ou com Outras Dificuldades para Ter Acesso ao Texto Impresso	Decreto Legislativo nº 261, de 25.11.2015 e Decreto nº 9.522, de 08.10.2018

Podemos, agora, concluir a questão de como ficou a situação jurídica da prisão civil do depositário infiel. O STF entendeu que o Pacto de São José da Costa seria um tratado internacional de direitos humanos dotado de natureza jurídica supralegal e eficácia paralisante de legislação contrária. Ele ocupa, então, uma posição intermediária entre a Constituição e as demais leis; não tem como alterar a Constituição, mas consegue paralisar a eficácia da legislação que concretizava a prisão civil do depositário infiel.

Desse modo, a Constituição Federal de 1988 continua a prever, em tese, a prisão civil em dois casos (devedor alimentício e depositário infiel). Contudo, **na prática**, apenas reconhecemos a incidência da prisão civil do devedor alimentício, já que o **Pacto de São José da Costa Rica**, com sua natureza supralegal, **paralisou a eficácia** da legislação que concretizava a prisão civil do depositário infiel.

Sendo assim, pode-se concluir ter o Supremo Tribunal construído uma posição jurisprudencial mais favorável à tutela dos direitos previstos em tratados e convenções internacionais. Antes da decisão proferida em 2008 a situação destes tratados era ainda pior: valiam como legislação ordinária apenas, na linha dos demais tratados internacionais incorporados. Contudo, o Supremo Tribunal Federal perdeu a oportunidade de defender uma posição ainda mais favorável aos tratados internacionais de direitos humanos, contida no voto vencido do Ministro Celso de Mello.

Temos, com isso, um panorama dos pontos centrais que envolvem a incidência da importante Declaração Universal de Direitos Humanos, associada à proteção conferida pelos Sistemas Regionais de Proteção a Direitos, dentre os quais, em especial, o Sistema Regional Interamericano, ao qual o Brasil encontra-se vinculado.

A expectativa é de que haja uma progressiva garantia de direitos na história, com a absorção de novos direitos diante da natural evolução da sociedade, e garantindo que não abandonemos direitos anteriormente conquistados. Esta tentativa de evitar o atraso social e a perda de direitos conquistados tem recebido o nome de **princípio da proibição do retrocesso social**[35], de reconhecimento polêmico na doutrina, mas marcado pelo intuito, justamente, de assegurar o acréscimo na esfera protetiva do ser humano, e não a sua redução.

6.7. IDC E EFETIVIDADE DOS DIREITOS HUMANOS NO BRASIL

Vale, ainda, lembrar que o Brasil conta, desde 2004, com um instrumento concebido para elevar a efetividade na defesa dos direitos humanos. Trata-se do chamado **Incidente de Deslocamento de Competência (IDC)**, previsto no artigo 109, inciso V-A c/c o §5º, da Constituição de 1988.

O IDC deve ser proposto pelo Procurador-Geral da República perante o Superior Tribunal de Justiça, nos casos de graves violações a direitos humanos ocorridas no Brasil que não estejam sendo alvo da devida apuração ou processamento nas instâncias estaduais. A finalidade do IDC é, justamente, a de ampliar a efetividade na proteção aos direitos: caso o STJ julgue o pedido de deslocamento procedente, o inquérito ou processo que tramita no âmbito estadual serão deslocados para o âmbito federal.

A intenção da novidade foi a de garantir um processamento e julgamento mais estruturados no âmbito federal, o que faz com que, necessariamente, deva ser demonstrada, pelo Procurador-Geral da República, a inércia e inefetividade dos ramos estaduais.

O instituto é passível de críticas, tais como o de que feriria o pacto federativo, o devido processo legal e o juiz natural. Há que se cogitar, ademais, se a simples mudança de competência trará a efetividade desejada na garantia dos direitos.

Por outro lado, acumulavam-se as queixas de que o Brasil não contava com um instrumento capaz de ensejar maior efetividade na tutela dos direitos humanos. Nota-se, portanto, que o IDC dividiu a doutrina brasileira, contando com adeptos e críticos[36]. De toda sorte, foi incorporado à Constituição Brasi-

35 A proibição do retrocesso social buscaria a "(...) vedação ao legislador de suprimir, pura e simplesmente, a concretização de norma constitucional que trata de núcleo essencial de um direito fundamental social, impedindo a sua fruição, sem que sejam criados mecanismos equivalentes ou compensatórios" (cf. DERBLI, Felipe. **O Princípio da Proibição do Retrocesso Social na Constituição de 1988**, p. 298).

36 Para uma posição favorável ao IDC, amparada nos argumentos de que não enseja violação da federação, do devido processo legal e do juiz natural, cf. RAMOS, André de Carvalho. **Curso de Direitos Humanos**, pp. 416-417.

leira como uma das novidades da Reforma do Poder Judiciário, via Emenda Constitucional nº 45/04.

Mas será que o instituto **já foi utilizado na prática**? Sim, em algumas ocasiões. Ao menos duas merecem, aqui, uma atenção especial: o IDC 1/PA e o IDC 2/DF.

O IDC 1/PA contemplou a acusação, pelo Procurador-Geral da República, de inefetividade na apuração do trágico crime de homicídio, que vitimou a missionária norte-americana Dorothy Stang, combativa defensora de direitos humanos no Estado do Pará. O Superior Tribunal de Justiça decidiu, contudo, pela improcedência do pedido, estando convencido da efetiva apuração do ocorrido pelas autoridades estaduais[37].

Já o IDC 2/DF representou o **primeiro caso de IDC julgado procedente no Brasil**. Trata-se do caso Manoel Mattos, advogado e vereador de Pernambuco, também notório defensor de direitos humanos, vítima de crime de homicídio no dia 24/01/2009 pelas sucessivas denúncias que fazia de grupos de extermínio atuantes entre os Estados da Paraíba e de Pernambuco. Neste caso o STJ se convenceu da inefetividade da apuração estadual, julgando o pedido procedente para autorizar o processamento, no âmbito federal, da causa[38].

Vejamos, então, uma síntese das principais características do IDC:

---

37 STJ, IDC 1/PA, Rel. Min. Arnaldo Esteves Lima, Julgamento: 8/6/2005, DJ 10/10/2005. Cabe examinar uma parte essencial da ementa do julgado, que evidencia o porquê da improcedência do pedido: "Na espécie, as autoridades estaduais encontram-se empenhadas na apuração dos fatos que resultaram na morte da missionária norte-americana Dorothy Stang, com o objetivo de punir os responsáveis, refletindo a intenção de o Estado do Pará dar resposta eficiente à violação do maior e mais importante dos direitos humanos, o que afasta a necessidade de deslocamento da competência originária para a Justiça Federal, de forma subsidiária, sob pena, inclusive, de dificultar o andamento do processo criminal e atrasar o seu desfecho, utilizando-se o instrumento criado pela aludida norma em desfavor de seu fim, que é combater a impunidade dos crimes praticados com grave violação de direitos humanos".

38 STJ, IDC 2/DF, Rel. Min. Laurita Vaz, Julgamento: 27/10/2010, DJe 22/11/2010. Cabe examinar uma passagem essencial do julgado, na qual fica clara a inefetividade da apuração estadual: "5. É notória a incapacidade das instâncias e autoridades locais em oferecer respostas efetivas, reconhecida a limitação e precariedade dos meios por elas próprias. Há quase um pronunciamento uníssono em favor do deslocamento da competência para a Justiça Federal, dentre eles, com especial relevo: o Ministro da Justiça; o Governador do Estado da Paraíba; o Governador de Pernambuco; a Secretaria Executiva de Justiça de Direitos Humanos; a Ordem dos Advogados do Brasil; a Procuradoria-Geral de Justiça do Ministério Público do Estado da Paraíba. 6. As circunstâncias apontam para a necessidade de ações estatais firmes e eficientes, as quais, por muito tempo, as autoridades locais não foram capazes de adotar, até porque a zona limítrofe potencializa as dificuldades de coordenação entre os órgãos dos dois Estados. Mostra-se, portanto, oportuno e conveniente a imediata entrega das investigações e do processamento da ação penal em tela aos órgãos federais".

INCIDENTE DE DESLOCAMENTO DE COMPETÊNCIA – IDC	
(1) Previsão Normativa	Artigo 109, inciso V-A e §5º, CF/88;
(2) Legitimidade Ativa	Procurador-Geral da República;
(3) Motivação	Inefetividade estadual da apuração/processamento de graves violações a direitos humanos, fundadas em tratados internacionais dos quais o Brasil faça parte;
(4) Momento de Instauração	Qualquer fase do Inquérito ou Processo;
(5) Exemplos Práticos	IDC 1/PA – Caso Dorothy Stang e IDC 2/DF – Caso Manoel Mattos, tratando-se, respectivamente, de casos de improcedência e procedência do pedido.

No dia 15 de março de 2020 foi publicada uma matéria especial[39], no *site* do Superior Tribunal de Justiça, dedicada a refletir sobre os 15 anos da primeira autuação de Incidente de Deslocamento de Competência na Corte. Além de traçar um breve histórico sobre a criação do instituto, a matéria comenta o primeiro caso de IDC, anteriormente citado. Também aborda o primeiro caso efetivo de federalização, ocorrido nos autos do IDC 2/DF – Caso Manoel Mattos.

Três opiniões de Ministros da Corte são citadas pela reportagem, e servem como reforço no aprendizado do instituto: a visão da Ministra Laurita Vaz, proferida no IDC 2, de que o instituto deve ser utilizado com "parcimônia e ponderação, sob pena de se desvirtuar a divisão de atribuições e competências entre os entes da federação, com potencial capacidade de criar com o remédio mais problemas do que a solução buscada"; a visão do Ministro Jorge Mussi, proferida no IDC 3, no sentido de ser "obrigatória a demonstração inequívoca da total incapacidade das instâncias e autoridades locais em oferecer respostas às ocorrências de grave violação aos direitos humanos"; por fim, a visão do Ministro Rogério Schietti, proferida no IDC 5, acerca da necessidade de prova, no incidente, de que haja "descaso, desinteresse, ausência de vontade política em levar a cabo a responsabilização dos envolvidos na conduta criminosa".

Por fim, a reportagem comenta alguns temas delicados em apreciação no Superior Tribunal de Justiça em sede de IDC[40], sendo destaque o caso do

---

39 Disponível em: http://www.stj.jus.br/sites/portalp/Paginas/Comunicacao/Noticias/Federalizacao.aspx. Acesso em: 05/05/2020.

40 Segundo a reportagem disponível no site do STJ, além do caso Marielle e Anderson, tramitam no Tribunal mais cinco Incidentes de Deslocamento de Competência: (1) a chacina do Parque Bristol, em São Paulo (IDC 9); (2) a atuação de grupos de extermínio no Ceará (IDC 15): (3) conflitos agrários em Rondônia (IDC 22); (4) a chacina na Favela Nova Brasília, no Rio de Janeiro; (5) violação a direitos de adolescentes que cumprem medidas socioeducativas, no

trágico homicídio da Vereadora Marielle Franco e do seu motorista, Anderson Gomes, crime de notável repercussão nacional e internacional, infelizmente ainda não elucidado.

Sendo assim, alcançamos o final desta parte desta obra, dedicada à Teoria Geral do Direito e da Política no âmbito da Resolução nº 75 do Conselho Nacional de Justiça.

Após toda a leitura, espero que tenha sido possível ter uma ideia mais completa do percurso que travamos, em especial, até o estágio atual de proteção aos Direitos Humanos.

A Magistratura representa uma carreira da qual se espera muito envolvimento nesta temática, na esperança de uma República Federativa do Brasil verdadeiramente fundada na liberdade, igualdade e fraternidade – ideais enaltecidos pela França no final do século XVIII, e relembrados por nossa Constituição Federal dentre os seus objetivos fundamentais, no âmbito do artigo 3º, inciso I.

Desejo, caros leitores, que sejamos parte desta construção, refletida nos valores do nosso horizonte maior, preenchido pelo valor substancial da dignidade humana.

6.8. QUESTÕES

(2011 – CESPE – Tribunal Regional da 5ª Região – Juiz Federal) A Declaração Universal dos Direitos Humanos:

A) não trata de direitos econômicos.

B) trata dos direitos de liberdade e igualdade.

C) trata o meio ambiente ecologicamente equilibrado como direito de todos.

D) não faz referência a direitos políticos.

E) não faz referência a direitos culturais e à bioética.

GABARITO: **B**.

(2016 – VUNESP – TJM/SP – Juiz de Direito Substituto) Ainda sobre a Declaração Universal dos Direitos do Homem, é correto afirmar que:

A) prevê expressamente o direito à participação política, mas não o de acesso a serviços públicos.

B) garante a todos, sem qualquer tipo de distinção, educação, direito ao trabalho e saúde pública gratuita.

Espírito Santo. O caso Marielle e Anderson, assim como os dois últimos casos, encontram-se em segredo judicial.

C) prevê a criação de um tribunal internacional para julgamento de violações aos direitos humanos.

D) não estabelece nenhuma forma de governo para garantir a aplicação dos direitos humanos, pois entende que isso deve ser livremente decidido pelas nações individualmente de acordo com sua realidade.

E) prevê o direito ao trabalho e ao repouso e lazer, inclusive a limitação razoável das horas de trabalho e as férias remuneradas periódicas.

GABARITO: **E.**

(2010 – TJ-PR – Juiz de Direito) Enumeradas as alternativas abaixo, assinale a opção VERDADEIRA:

I. Segundo prescreve a Declaração Universal dos Direitos do Homem, de 1948, todo homem tem direito ao trabalho, à livre escolha do emprego, a condições justas e favoráveis de trabalho e à proteção contra o desemprego.

II. O direito à livre escolha do emprego, contemplado na Declaração Universal dos Direitos do Homem, é de natureza individual no ordenamento jurídico brasileiro vigente.

III. A Declaração Universal dos Direitos do Homem, em determinado dispositivo, trata do "bem-estar social", que, inclusive, é um dos objetivos da Ordem Social, contemplada na Constituição "cidadã" de 1988.

IV. O ser humano deve ter um padrão de vida capaz de "assegurar saúde e bem-estar", conceito este ligado ao "bem-estar social" contemplado na Declaração Universal dos Direitos do Homem subscrita pelo Brasil.

V. No ordenamento constitucional brasileiro vigente, o princípio do primado do trabalho é a base da Ordem Social. A falta de trabalho (direito social) afasta a igualdade entre os homens, dando azo às desigualdades sociais.

A) Apenas as alternativas I, II, III e IV estão corretas.

B) Apenas as alternativas III, IV e V estão corretas.

C) Apenas a alternativa II está incorreta.

D) Todas as alternativas estão corretas.

GABARITO: **D.**

(2009 – VUNESP – TJ/SP – Juiz) Os tratados e as convenções internacionais sobre direitos humanos celebrados pelo Brasil:

A) serão imediatamente incorporados ao direito nacional, com a natureza de emenda constitucional.

B) equivalerão às emendas constitucionais quando forem aprovados, em cada Casa do Congresso Nacional, em dois turnos, por três quintos dos votos dos respectivos membros.

C) vigerão, no Brasil, após o *exequatur* do Supremo Tribunal Federal.

D) equivalerão às emendas constitucionais quando aprovados pelo Senado Federal, em dois turnos, pela maioria absoluta dos seus membros.

GABARITO: **B**.

(2016 – VUNESP – TJM-SP – Juiz de Direito Substituto) Em relação à Comissão e à Corte Interamericana de Direitos Humanos, é correto afirmar que:

A) apenas em 2001 o Brasil reconheceu a competência jurisdicional da Corte.

B) apenas a Comissão e os Estados-membros podem submeter um caso à Corte Interamericana. Contudo, em situações excepcionais, o indivíduo tem legitimidade direta para submeter um caso à essa Corte.

C) no plano contencioso, se reconhecida a efetiva ocorrência de violação a algum direito do homem, a Corte recomendará a adoção de medidas que se façam necessárias à restauração do direito violado. Contudo, essa decisão não possui força vinculante e obrigatória para os envolvidos, não podendo ser executada nos países respectivos.

D) a Corte possui duas atribuições essenciais: uma de natureza consultiva, outra de natureza contenciosa. A primeira pode ser solicitada por qualquer membro da OEA, já quanto à segunda, a competência é limitada aos Estados-membros e à Comissão.

E) em caso de urgência, a Comissão poderá, por iniciativa própria ou mediante solicitação da parte, implementar medidas cautelares para evitar danos irreparáveis.

GABARITO: **D**.

(2019 - CESPE / CEBRASPE – TJ-PR - Juiz Substituto)

Considerando-se o surgimento e a evolução dos direitos fundamentais em gerações, é correto afirmar que o direito ao meio ambiente ecologicamente equilibrado é considerado, pela doutrina, direito de:

A) primeira geração.

B) segunda geração.

C) terceira geração.

D) quarta geração.

GABARITO: **C**.

REFERÊNCIAS

ALMEIDA, Guilherme Assis de. **Direitos humanos e não-violência**. São Paulo: Atlas, 2001.

BARREIROS NETO, Jaime. **Temas de Ciência Política**. Salvador: Juspodivm, 2014.

BASTOS, Celso Ribeiro. **Curso de teoria do Estado e ciência política**. 4 ed. São Paulo: Saraiva, 1999.

BELTRAMELLI NETO, Sílvio. **Direitos Humanos**. 3ª ed. Salvador: Juspodivm, 2016.

BOBBIO, Norberto. **A era dos direitos**. Tradução de Carlos Nelson Coutinho. Rio de Janeiro: Campus, 1992.

BOBBIO, Norberto; MATTEUCCI, Nicola; PASQUINO, Gianfranco. **Dicionário de política**. Brasília: Editora da Universidade de Brasília (UnB), 1998.

______. **Teoria do ordenamento jurídico**. 10ª ed. Brasília: Editora da Universidade de Brasília, 1999.

BONAVIDES, Paulo. **Ciência Política**. 21ª ed. São Paulo: Malheiros, 2014.

BUZANELLO, José Carlos. **Direito de Resistência Constitucional**. 2ª ed. Rio de Janeiro: Lumen Juris, 2006.

COMPARATO, Fábio Konder. **A afirmação histórica dos direitos humanos**. 4ª ed. rev. E atual. São Paulo: Saraiva, 2005.

CRUZ, Gabriel Dias Marques da. PEC 106: alguém discorda da redução do número de parlamentares? **Consultor Jurídico**. Disponível em: http://www.conjur.com.br/2016-abr-05/gabriel-marques-alguem-reducao-total-parlamentares. Acesso em: 03/07/17.

DALLARI, Dalmo de Abreu. **A Constituição na Vida dos Povos**: da Idade Média ao Século XXI. São Paulo: Saraiva, 2010.

______. **Elementos de Teoria Geral do Estado**. 25 ed. São Paulo: Saraiva, 2005.

______. **Os direitos da mulher e da cidadã por Olímpia de Gouges**. São Paulo: Saraiva, 2016.

DEL VECCHIO, Giorgio. **O Estado e suas fontes do direito**. Tradução de Henrique de Carvalho. Belo Horizonte: Líder, 2005.

DERBLI, Felipe. **O Princípio da Proibição do Retrocesso Social na Constituição de 1988**. Rio de Janeiro: Renovar, 2007.

DIMOULIS, Dimitri. **Manual de introdução ao estudo do direito**. 7ª ed. rev. atual. e ampl. São Paulo: Revista dos Tribunais, 2016.

______. **Positivismo jurídico**: introdução a uma teoria do direito e defesa do pragmatismo jurídico-político. São Paulo: Método, 2006.

DINIZ, Maria Helena. **Compêndio de introdução à ciência do direito**: introdução à teoria geral do direito, à filosofia do direito, à sociologia jurídica. 25 ed. São Paulo: Saraiva, 2014.

FARIAS, Cristiano Chaves de; ROSENVALD, Nelson. **Direito civil**: teoria geral. 9ª ed. Rio de Janeiro: Lumen Juris, 2011.

FARIAS NETO, Pedro Sabino de. **Ciência política**: enfoque integral avançado. São Paulo: Atlas, 2011.

FERRAZ JR. Tércio Sampaio. **Introdução ao Estudo do Direito**: técnica, decisão, dominação. 7ª ed. São Paulo: Atlas, 2013.

FERREIRA FILHO, Manoel Gonçalves. **Direitos humanos fundamentais**. 5 ed. rev. São Paulo: Saraiva, 2002.

FIGUEIREDO, Luciano L.; FIGUEIREDO, Roberto Lima. **Direito Civil**. 3ª ed. Salvador: Juspodivm, 2013.

HANASHIRO, Olaya Sílvia Machado Portella. **O Sistema Interamericano de Proteção aos Direitos Humanos**. São Paulo: Fapesp (Biblioteca EDUSP de Direito), 2001.

HASTINGS, Max. **Inferno**. O mundo em guerra 1939-1945. Tradução de Berilo Vargas. Rio de Janeiro: Intrínseca, 2012.

JENNINGS, Ivor. **Magna Carta and its influence in the world today**. London: Prepared for British Information Services by the Central Office of Information, 1965.

JORDÃO, Eduardo. Acabou o romance: reforço do pragmatismo no Direito Público brasileiro. **Revista de Direito Administrativo**. Rio de Janeiro, Edição Especial: Direito Público na Lei de Introdução às Normas do Direito Brasileiro – LINDB (Lei nº 13.655/2018), pp. 63-92, novembro de 2018.

KELSEN, Hans. **Teoria pura do direito**. Tradução de João Baptista Machado. 8ª ed. São Paulo: Martins Fontes, 2009.

______. **Teoria geral do direito e do Estado**. Tradução de Luís Carlos Borges. 4ª ed. São Paulo: Martins Fontes, 2005.

LEBRUN, Gérard. **O que é Poder**. Tradução: Renato Janine Ribeiro; Silvia Lara. Coleção Primeiros Passos. São Paulo: Brasiliense, 1999.

LENZA, Pedro. **Direito constitucional esquematizado**. 20 ed. São Paulo: Saraiva, 2016.

MAAR, Wolfgang Leo. **O que é Política**. 16 ed. Coleção Primeiros Passos. São Paulo: Brasiliense, 1994.

MACHADO NETO, A.L. **Compêndio de Introdução à Ciência do Direito**. 5ª ed. São Paulo: Saraiva, 1984.

______. Contribuição Baiana à Filosofia Jurídica e à Sociologia do Direito. **Revista da Faculdade de Direito da USP**. Volume LXI – Fascículo I. São Paulo: Universidade de São Paulo, 1966.

MARMELSTEIN, George. **Curso de Direitos Fundamentais.** 7ª ed. São Paulo: Atlas, 2018.

MARTINS, Carlos Eduardo Behrmann Rátis. **Introdução ao Estudo sobre os Deveres Fundamentais**. Salvador: Juspodivm, 2011.

MARTINS, Sérgio Pinto. **Direito do trabalho**. 17 ed. São Paulo: Atlas, 2003.

MENDES, Conrado Hübner. **Controle de Constitucionalidade e Democracia**. Rio de Janeiro: Elsevier, 2008.

MCILWAIN, Charles Howard. **Constitucionalismo Antiguo y Moderno**. Traducción de José Rovira Armengol. Buenos Aires: Editora Nova, 1958.

MONTALVÃO, Bernardo. **Resolução nº 75 do CNJ**: descomplicando a filosofia do direito. Salvador: Juspodivm, 2017.

MONTORO, André Franco. **Introdução à ciência do direito**. 30 ed. São Paulo: Revista dos Tribunais, 2013.

NEVES, Marcelo. A Força Simbólica dos Direitos Humanos. **Revista Eletrônica de Direito do Estado**. Salvador: Instituto de Direito Público da Bahia, nº 4. Outubro/Novembro/Dezembro de 2005. Disponível em: www.direitodoestado.com.br. Acesso em: 29/06/2017.

NUNES LEAL, Victor. Passado e Futuro da Súmula no STF. **Revista de Direito Administrativo**. Vol. 145. Jul-Set de 1981: 1-20.

______. **Transconstitucionalismo**. São Paulo: Martins Fontes, 2012.

RAMOS, André de Carvalho. **Curso de Direitos Humanos**. 2ª ed. São Paulo: Saraiva, 2015.

RAMOS, Elival da Silva. **Ativismo judicial**: parâmetros dogmáticos. São Paulo: Saraiva, 2010.

REALE, Miguel. **Lições preliminares de direito**. 27ª ed. São Paulo: Saraiva, 2002.

______. **Teoria do direito e do Estado**. 5ª ed. rev. São Paulo: Saraiva, 2000.

RESENDE, Ricardo. **Direito do trabalho esquematizado**. 4ª ed. São Paulo: Método, 2014.

RIBEIRO, João Ubaldo. **Política**: quem manda, por que manda, como manda. 9ª ed. Rio de Janeiro: Nova Fronteira, 1986.

ROTHENBURG, Walter Claudius. Constitucionalidade e Convencionalidade da Lei de Anistia. **Revista Direito GV**. 9(2). São Paulo. Jul-Dez 2013: 681-705.

SALDANHA, Nelson. **O Estado moderno e a separação de poderes**. São Paulo: Saraiva, 1987.

SAMPAIO, Nelson de Sousa. A Ciência e a Arte da Política. **Revista da Faculdade de Direito da Universidade Federal do Paraná**. V. 3. 1955: 100-131.

______. **A Propaganda e o Direito**. Rio de Janeiro: Editor Borsoi, 1969.

______. **Prólogo à Teoria do Estado (Ideologia e Ciência Política)**. 2ª ed. Rio de Janeiro: Forense, 1960.

SANTOS, Boaventura de Sousa. Por uma concepção multicultural de direitos humanos. **Revista Crítica de Ciências Sociais**. Nº 48. Junho de 1997: 11-32.

SARLET, Ingo Wolfgang. As dimensões da dignidade da pessoa humana: construindo uma compreensão jurídico-constitucional necessária e possível. **Revista Brasileira de Direito Constitucional (RBDC)**. Nº 9. Jan./Jun. 2007: 361-388.

SIQUEIRA JR., Paulo Hamilton. **Teoria do Direito**. 4ª ed. São Paulo: Saraiva, 2017.

SOARES, Ricardo Maurício Freire. **Curso de Introdução ao Estudo do Direito**. 2ª ed. Salvador: Juspodivm, 2011.

WEBER, Max. **Ciência e Política**: duas vocações. São Paulo: Martin Claret, 2006.

VARGAS, Daniel. Formação de consórcios regionais é passo original na direção certa. Consultor Jurídico. Disponível em: https://www.conjur.com.br/2019-mai-02/daniel-vargas-formacao-consorcios-regionais-passo-original. Acesso em: 05/05/2020.

VIEIRA, Oscar Vilhena. A Batalha dos Poderes: da transição democrática ao mal-estar constitucional. São Paulo: Companhia das Letras, 2018.

______. **A Constituição e sua reserva de justiça** (um ensaio sobre os limites materiais ao poder de reforma). São Paulo: Malheiros, 1999.

______. Supremocracia. **Revista Direito GV**. Nº 4(2). Jul-Dez de 2008: 441-464.

SITES CONSULTADOS:

Casa Civil do Estado da Bahia: http://www.legislabahia.ba.gov.br

Comissão Interamericana de Direitos Humanos: https://www.cidh.oas.org/Basicos/Portugues/c.Convencao_Americana.htm

Conselho Nacional de Justiça: www.cnj.jus.br

Consultor Jurídico: www.conjur.com.br

Organização dos Estados Americanos: http://www.oas.org/pt/

Organização das Nações Unidas: www.un.org

Planalto (Presidência): http://www.planalto.gov.br/ccivil_03/constituicao/constituicao compilado.htm

Protocolo de São Salvador: http://www.cidh.org/Basicos/Portugues/e.Protocolo_de_San_Salvador.htm

QConcursos – Questões de Concursos: www.qconcursos.com

Supremo Tribunal Federal: www.stf.jus.br

Superior Tribunal de Justiça: www.stj.jus.br

ESTATUTO JURÍDICO DA MAGISTRATURA

Alexandre Henry Alves

Siglas utilizadas

ABIN	Agência Brasileira de Inteligência
AC	Apelação Cível
ADIn	Ação Direta de Inconstitucionalidade
AJUFE	Associação dos Juízes Federais do Brasil
CJF	Conselho da Justiça Federal
CNJ	Conselho Nacional de Justiça
CPC	Código de Processo Civil
CSJT	Conselho Superior da Justiça do Trabalho
ENFAM	Escola Nacional de Formação e Aperfeiçoamento de Magistrados
LOMAM	Lei Orgânica da Magistratura Nacional
MP	Ministério Público
MPF	Ministério Público Federal
OAB	Ordem dos Advogados do Brasil
ROMS	Recurso Ordinário em Mandado de Segurança
STF	Supremo Tribunal Federal
STJ	Superior Tribunal de Justiça
STM	Superior Tribunal Militar
TJ	Tribunal de Justiça
TRF	Tribunal Regional Federal
TRT	Tribunal Regional do Trabalho
TSE	Tribunal Superior Eleitoral
TST	Tribunal Superior do Trabalho

Capítulo 1

REGIME JURÍDICO DA MAGISTRATURA NACIONAL

1.1. CARREIRAS

1.1.1. Introdução

A divisão clássica dos poderes estatais presente na maioria dos estados democráticos ocidentais traz como poderes o Legislativo, o Executivo e o Legislativo. Na verdade, o poder é um só, o seu exercício é que é dividido. As atribuições de cada ramo podem se confundir em alguns momentos, mas em regra o Legislativo é responsável pela criação de leis, o Executivo pela administração estatal e o Judiciário pela resolução de conflitos.

Como o Brasil é uma federação, essa divisão de poderes é reproduzida em cada um dos entes estatais. O Legislativo é representado nacionalmente pelo Congresso, com suas duas casas, seus deputados e senadores, sob o comando de um presidente. No âmbito estadual, há as assembleias legislativas, com seus deputados estaduais. E nos municípios existem as câmaras, com os vereadores. Em relação ao Executivo, ele é chefiado pelo presidente, no âmbito nacional, pelos governadores nos estados e pelos prefeitos nos municípios, assessorados pelos ministros e secretários, conforme cada caso. Por fim, resta o Judiciário, o único dos poderes que está presente apenas nos níveis nacional e estadual. Os municípios não contam com órgãos próprios do Poder Judiciário.

A Constituição brasileira de 1988 expressamente previu a existência desses três poderes em seu art. 2º, dizendo que eles são independentes e harmônicos. Independentes porque não podem sofrer interferências uns dos outros, a não ser aquelas constitucionalmente previstas e necessárias para assegurar o sistema de freios e contrapesos. Harmônicos porque exercem suas atribuições de maneira coordenada, teoricamente sem conflitos e somando forças para a consecução dos fins a que se destina a organização estatal.

Interessa-nos aqui o Poder Judiciário. Ele é tratado no Título IV, da Constituição Federal, que cuida da organização dos poderes. Os artigos 92 a 126, que compõem o Capítulo III desse Título, trazem a estrutura do Judiciário, falam da divisão de competências entre seus diversos ramos e tribunais, além de cuidar dos pontos fundamentais do regime jurídico da Magistratura.

A leitura desses artigos é fundamental e deve ser o ponto de partida de qualquer estudo sobre o Poder Judiciário, antes mesmo da leitura de obras doutrinárias. É preciso lembrar que o objeto de estudo do Direito são as normas jurídicas e é a partir delas que qualquer estudo deve começar.

1.1.2. A estrutura do Poder Judiciário

O art. 92 da Constituição traz a estrutura geral do Poder Judiciário. Seus órgãos são os seguintes:

> I – o Supremo Tribunal Federal;
>
> I-A – o Conselho Nacional de Justiça;
>
> II – o Superior Tribunal de Justiça;
>
> II-A – o Tribunal Superior do Trabalho;
>
> III – os Tribunais Regionais Federais e Juízes Federais;
>
> IV – os Tribunais e Juízes do Trabalho;
>
> V – os Tribunais e Juízes Eleitorais;
>
> VI – os Tribunais e Juízes Militares;
>
> VII – os Tribunais e Juízes dos Estados e do Distrito Federal e Territórios.

As competências e atribuições de cada um desses órgãos também estão, em regra, na própria Constituição. O quadro a seguir traz uma visão geral da estrutura do Poder Judiciário brasileiro, incluindo apenas os órgãos com competência jurisdicional, pois o CNJ é visto em outro capítulo:

TRIBUNAL OU RAMO	COMPOSIÇÃO	COMPETÊNCIA PRINCIPAL*	ARTS. DA CF
Supremo Tribunal Federal (STF)	11 ministros, escolhidos dentre cidadãos brasileiros com mais de 35 e menos de 65 anos de idade, de notável saber jurídico e reputação ilibada, nomeados pelo Presidente da República, após aprovação pelo Senado Federal.	Interpretação das normas da Constituição Federal e defesa de sua força normativa.	101 a 103-A
Superior Tribunal de Justiça (STJ)	33 ministros (mínimo), escolhidos dentre brasileiros com mais de trinta e cinco e menos de sessenta e cinco anos, de notável saber jurídico e reputação ilibada, nomeados pelo Presidente da República depois de aprovada a escolha pela maioria absoluta do Senado Federal, sendo: I – um terço dentre juízes dos Tribunais Regionais Federais e um terço dentre desembargadores dos Tribunais de Justiça, indicados em lista tríplice elaborada pelo próprio Tribunal; II – um terço, em partes iguais, dentre advogados e membros do Ministério Público Federal, Estadual, do Distrito Federal e Territórios, alternadamente.	Interpretação e harmonização da legislação federal.	104 e 105
Justiça Federal	Tribunais regionais federais (TRF) e juízes federais. Os membros dos tribunais, em número mínimo de sete, são nomeados pelo Presidente da República, dentre brasileiros com mais de trinta e menos de sessenta e cinco anos de idade, sendo: I – um quinto dentre advogados com mais de dez anos de efetiva atividade profissional e membros do Ministério Público Federal com mais de dez anos de carreira; II – os demais, mediante promoção de juízes federais com mais de cinco anos de exercício, por antiguidade e merecimento, alternadamente. Já os juízes federais, na 1ª instância, ingressam na carreira por meio de concurso público.	Julgamento das causas em que a União, entidade autárquica ou empresa pública federal forem interessadas na condição de autoras, rés, assistentes ou oponentes, exceto as de falência, as de acidentes de trabalho e as sujeitas à Justiça Eleitoral e à Justiça do Trabalho.	94, 106 a 110

TRIBUNAL OU RAMO	COMPOSIÇÃO	COMPETÊNCIA PRINCIPAL*	ARTS. DA CF
Justiça do Trabalho	Tribunal Superior do Trabalho (TST), tribunais regionais do trabalho (TRT) e juízes do trabalho. O TST é composto de vinte e sete ministros, escolhidos dentre brasileiros com mais de trinta e cinco e menos de sessenta e cinco anos, nomeados pelo Presidente da República após aprovação pela maioria absoluta do Senado Federal, sendo: I – um quinto dentre advogados com mais de dez anos de efetiva atividade profissional e membros do Ministério Público do Trabalho com mais de dez anos de efetivo exercício; II – os demais dentre juízes dos tribunais regionais do trabalho, oriundos da magistratura da carreira, indicados pelo próprio Tribunal Superior. Os tribunais regionais do trabalho (TRT) são compostos de, no mínimo, sete juízes, recrutados, quando possível, na respectiva região, e nomeados pelo Presidente da República dentre brasileiros com mais de trinta e menos de sessenta e cinco anos, sendo: I – um quinto dentre advogados com mais de dez anos de efetiva atividade profissional e membros do Ministério Público do Trabalho com mais de dez anos de efetivo exercício; II – os demais, mediante promoção de juízes do trabalho por antiguidade e merecimento, alternadamente. Os juízes do trabalho, na 1ª instância, ingressam na carreira por meio de concurso público.	Ações oriundas das relações de trabalho.	111 a 116

TRIBUNAL OU RAMO	COMPOSIÇÃO	COMPETÊNCIA PRINCIPAL*	ARTS. DA CF
Justiça Eleitoral	Tribunal Superior Eleitoral (TSE), tribunais regionais eleitorais (TRE) e juízes eleitorais. O TSE é composto, no mínimo, de sete membros, escolhidos: I – mediante eleição, pelo voto secreto: a) três juízes dentre os Ministros do Supremo Tribunal Federal; b) dois juízes dentre os Ministros do Superior Tribunal de Justiça; II – por nomeação do Presidente da República, dois juízes dentre seis advogados de notável saber jurídico e idoneidade moral, indicados pelo Supremo Tribunal Federal. Cada TRE será composto por: I – mediante eleição, pelo voto secreto: a) de dois juízes dentre os desembargadores do Tribunal de Justiça; b) de dois juízes, dentre juízes de direito, escolhidos pelo Tribunal de Justiça; II – de um juiz do Tribunal Regional Federal com sede na Capital do Estado ou no Distrito Federal, ou, não havendo, de juiz federal, escolhido, em qualquer caso, pelo Tribunal Regional Federal respectivo; III – por nomeação, pelo Presidente da República, de dois juízes dentre seis advogados de notável saber jurídico e idoneidade moral, indicados pelo Tribunal de Justiça. Por fim, na 1ª instância funcionam como juízes eleitorais os juízes de direito.	Organização do processo eleitoral e julgamento das ações dele decorrentes.	118 a 121

TRIBUNAL OU RAMO	COMPOSIÇÃO	COMPETÊNCIA PRINCIPAL*	ARTS. DA CF
Justiça Militar	No âmbito da União Federal, a Justiça Militar é composta pelo Superior Tribunal Militar (STM) e pelos juízes-auditores militares. O STM é composto de quinze ministros vitalícios, nomeados pelo Presidente da República, depois de aprovada a indicação pelo Senado Federal, sendo três dentre oficiais-generais da Marinha, quatro dentre oficiais-generais do Exército, três dentre oficiais-generais da Aeronáutica, todos da ativa e do posto mais elevado da carreira, e cinco dentre civis maiores de trinta e cinco anos, sendo: I – três dentre advogados de notório saber jurídico e conduta ilibada, com mais de dez anos de efetiva atividade profissional; II – dois, por escolha paritária, dentre juízes auditores e membros do Ministério Público da Justiça Militar. Os juízes-auditores militares ingressam na carreira por meio de concurso público. No âmbito dos estados, somente poderá ser criado o Tribunal de Justiça Militar nos Estados em que o efetivo militar seja superior a vinte mil integrantes. Nos demais casos, o julgamento em segunda instância será feito pelo Tribunal de Justiça. Na 1ª instância, atuam os juízes de direito militares, cujo ingresso no cargo se dá por meio de concurso público.	Julgamento de crimes militares.	122, 123, 124 e 125 (§§ 3º, 4º e 5º)

TRIBUNAL OU RAMO	COMPOSIÇÃO	COMPETÊNCIA PRINCIPAL*	ARTS. DA CF
Justiça Estadual	Cada estado tem um Tribunal de Justiça, composto por desembargadores escolhidos da seguinte forma: a) 4/5 por meio de promoção de juízes de direito, pelos critérios alternados de antiguidade e merecimento; b) 1/5 de membros oriundos, alternativamente, do Ministério Público, com mais de dez anos de carreira, e de advogados de notório saber jurídico e de reputação ilibada, com mais de dez anos de efetiva atividade profissional, indicados em lista sêxtupla pelos órgãos de representação das respectivas classes e nomeados pelo governador, a partir de uma lista tríplice votada pelo tribunal. A 1ª instância é composta por juízes de direito, que ingressam no cargo por meio de concurso público.	Competência residual: causas não abrangidas pelas competências dos tribunais superiores ou demais ramos do Poder Judiciário.	94, 122 a 126

* As competências dos tribunais são variadas e selecionou-se aqui uma competência principal apenas para fins didáticos.

Complementando as informações trazidas por esse quadro, cabe ainda dizer que geralmente se fala em *justiça comum* e *justiça especial*. Há uma certa confusão quanto a esses termos, pois muitas pessoas imaginam ser comum apenas a Justiça Estadual, quando na verdade a Justiça Federal também é considerada comum. Especiais, portanto, são a Justiça do Trabalho, Justiça Militar e Justiça Eleitoral, que cuidam de temas específicos.

Em relação aos tribunais, fala-se em tribunais superiores e tribunais de apelação ou de 2ª instância. Superiores, no Brasil, são o Supremo Tribunal Federal, Superior Tribunal de Justiça, Tribunal Superior do Trabalho, Tribunal Superior Eleitoral e Superior Tribunal Militar. Eles têm sede em Brasília e jurisdição sobre todo o território nacional. Em geral, são acionados apenas em casos extraordinários, após o preenchimento de determinados requisitos. Tomemos como exemplo uma ação ordinária ajuizada na Justiça Federal. Ela é proposta na 1ª instância e a parte que perdeu pode recorrer para o tribunal regional federal, sem exigências maiores para tanto além da sucumbência, ainda que parcial, e do interesse recursal. Porém, uma derrota no tribunal regional somente poderá ser objeto de recurso para o STF ou o STJ se estiverem presentes requisitos específicos, como a contrariedade ao texto constitucional ou à legislação federal.

Há somente alguns casos específicos nos quais os tribunais superiores analisam recursos sem a presença de pré-requisitos especiais. O principal deles é quando a competência é originária de um tribunal de apelação[1], pois em geral cabe recurso ordinário para algum tribunal superior. Exemplo: o cidadão que se sente ameaçado em seu direito de ir e vir, por conta de ato de um juiz federal, poderá ajuizar um habeas corpus diretamente no tribunal regional federal. Se o seu pedido for negado, ele poderá recorrer para o STJ sem a necessidade de demonstrar qualquer fato além da decisão que lhe foi desfavorável. Outro caso de julgamento de recurso em caráter ordinário se dá com o Superior Tribunal Militar. Isso porque a Justiça Militar da União não possui tribunais regionais ou de apelação, funcionando como 2ª instância o próprio STM.

Quanto aos tribunais de apelação, termo que não é muito comum atualmente, temos os tribunais de justiça, tribunais regionais federais, tribunais regionais eleitorais, tribunais regionais do trabalho e, em alguns casos, tribunais de justiça militar[2]. Eles atuam principalmente na revisão dos julgamentos proferidos pelos juízes de 1ª instância.

Alguns outros termos relativos à estrutura do Poder Judiciário precisam ser compreendidos. Acabamos de nos referir à *instância*, termo que se refere ao *grau de julgamento* de uma causa. Como regra, a 1ª instância será sempre formada por juízes que decidem sozinhos, como acontece com os juízes de direito, os juízes federais, eleitorais e trabalhistas. A 2ª instância é geralmente composta pelos tribunais de apelação, que julgam os recursos ordinários interpostos pelas partes perdedoras. Exceto em alguns casos específicos, esse julgamento em 2ª instância é feito de forma colegiada, participando dele três ou mais juízes ou desembargadores[3]. Por outro lado, embora seja costume leigo dizer que o STJ, o TST e o TSE são a 3ª instância e o STF é a 4ª instância do Poder Judiciário brasileiro, esses citados tribunais superiores não podem ser considerados verdadeiras instâncias, pois os recursos a eles dirigidos, em geral, são de caráter extraordinário e vinculados a pré-requisitos específicos, conforme já falamos.

---

1 Ou de um tribunal superior, quando o julgamento se dá pelo STF.

2 Somente podem ser criados tribunais de justiça militar nos Estados em que o efetivo militar for superior a 20.000 integrantes.

3 O termo *desembargador* é utilizado pela Constituição para se referir aos juízes que atuam nos tribunais de justiça estaduais. No âmbito federal, constantemente se utiliza esse mesmo termo para os membros dos tribunais regionais, mas a Constituição se refere a eles apenas como *juízes*.

Mas, tenha em mente que nem sempre a 1ª instância será composta pelos juízes que atuam sozinhos, nas comarcas ou seções judiciárias. A Constituição Federal traz diversos casos de foro especial, por exemplo, nos quais determinado cidadão é julgado diretamente por um tribunal. Se um desembargador comete um crime, seu julgamento será feito pelo STJ, que nesse caso atuará como 1ª instância. Outro exemplo interessante é o do julgamento colegiado em 1ª instância dos crimes praticados por organizações criminosas. Dispõe o art. 1º, § 1º, da Lei nº 12.694/2012 que o juiz poderá instaurar o colegiado, indicando os motivos e as circunstâncias que acarretam risco à sua integridade física em decisão fundamentada, da qual será dado conhecimento ao órgão correicional. O § 2º, por sua vez, diz que o colegiado será formado pelo juiz do processo e por 2 (dois) outros juízes escolhidos por sorteio eletrônico dentre aqueles de competência criminal em exercício no primeiro grau de jurisdição.

O termo *entrância* tem outro significado e serve para classificar as comarcas e o degrau na carreira no juiz, particularmente os estaduais. Tomando como exemplo a organização judiciária do Rio Grande do Sul, temos o território gaúcho dividido em *comarcas*, as quais ganham o nome do município onde está instalada a sede. Assim, por exemplo, há uma unidade da justiça estadual em Bento Gonçalves, que constitui sede de uma comarca que abrange também os municípios de Monte Belo do Azul, Santa Tereza e Pinto Bandeira. As comarcas são classificadas em três entrâncias de acordo com o movimento forense, densidade demográfica, rendas públicas, meios de transporte, situação geográfica e outros fatores socioeconômicos de relevância. No exemplo gaúcho, a classificação é em entrância inicial, intermediária e final. Alguns estados adotam classificação diferente, como 1ª, 2ª e 3ª entrâncias, mas a diferença reside apenas na denominação. Um juiz, ao ingressar na carreira, assume na condição de substituto. Após algum tempo, ele se titulariza, ou seja, torna-se responsável por uma vara de uma comarca, torna-se o *titular* dessa vara. O início se dá pelas comarcas de entrância inicial, normalmente localizadas em cidades com populações menores. Com o tempo, ele vai se promovendo de entrância em entrância, até chegar à final, de onde pode ser promovido para o tribunal de justiça.

Em outros ramos do Poder Judiciário, a divisão territorial é diferente. Na Justiça Federal, por exemplo, cada estado forma uma seção judiciária, com sede na capital, que pode ser dividida ou não em subseções judiciárias. As subseções são similares, de certa maneira, às comarcas, mas não se fala em entrâncias na Justiça Federal, da mesma forma como não se fala na Justiça do Trabalho. Em consequência, os juízes são classificados apenas em substitutos e titulares.

1.1.3. Demais órgãos previstos constitucionalmente

Além dos tribunais e ramos do Poder Judiciário descritos no tópico anterior, a Constituição Federal trouxe previsão expressa, a partir da EC 45/2004, da existência do Conselho Nacional de Justiça (CNJ), que se constitui no órgão máximo de controle administrativo e disciplinar do Judiciário, não possuindo competência apenas para questões judicializadas. Também não tem poder de fiscalização ou punição dos membros do STF, vez que por esse tribunal são julgados os atos expedidos pelo Conselho. Veremos com mais detalhes a estrutura e o papel do CNJ no capítulo 4.

A Constituição ainda fala de outros órgãos de natureza administrativa. Embora não componham a *espinha dorsal* do Poder Judiciário brasileiro, dele fazem parte e são previstos constitucionalmente: Escola Nacional de Formação e Aperfeiçoamento de Magistrados (ENFAM), vinculada ao STJ; Conselho da Justiça Federal (CJF), também vinculado ao STJ; Escola Nacional de Formação e Aperfeiçoamento de Magistrados do Trabalho (ENAMAT), vinculada ao TST; Conselho Superior da Justiça do Trabalho (CSJT), também vinculado ao TST.

A ENFAM tem como missão principal regulamentar os cursos oficiais para o ingresso e promoção na carreira da magistratura. A Resolução STJ nº 3/2006 instituiu o órgão, tratou de sua composição e de suas funções principais, que não se restringem aos citados cursos oficiais, mas abrangem toda uma gama de atividades ligadas à promoção do conhecimento entre os juízes e o desenvolvimento dos trabalhos do Poder Judiciário.

Quanto ao CJF, o qual estudaremos novamente no capítulo 4, ele tem a função de exercer, na forma da lei, a supervisão administrativa e orçamentária da Justiça Federal de primeiro e segundo graus, como órgão central do sistema e com poderes correicionais, cujas decisões terão caráter vinculante. Atualmente, o CJF tem sua estrutura e competência definidas pela Lei nº 11.798/2008, sendo composto por ministros do STJ e pelos presidentes dos TRF. Importante destacar duas competências: 1) julgar processos administrativos disciplinares relativos a membros dos tribunais regionais federais, imputando, quando for o caso, as penalidades cabíveis, assegurados a ampla defesa e o contraditório; 2) decidir, em grau de recurso, as matérias relacionadas aos direitos e deveres dos servidores de sua secretaria e dos juízes, quando a esses for aplicada sanção em processo disciplinar decidido pelo tribunal regional federal. Assim, além de ser o órgão central de administração e decisão da Justiça Federal, o CJF também atua como um órgão correicional, competente para aplicar sanções disciplinares em juízes de 1ª e 2ª instâncias.

A ENAMAT tem funções semelhantes à ENFAM, porém dirigidas especificamente para a Justiça do Trabalho. Quanto ao CSJT, ele tem como função exercer, na forma da lei, a supervisão administrativa, orçamentária, financeira e patrimonial da Justiça do Trabalho de primeiro e segundo graus, como órgão central do sistema, cujas decisões terão efeito vinculante. É um órgão semelhante ao CJF, mas com uma diferença considerável: não possui competência para aplicar penas disciplinares nos juízes trabalhistas[4].

1.1.4. Estrutura da Magistratura

A magistratura é composta por cargos isolados e por cargos organizados em carreira. Carvalho Filho explica que "carreira é o conjunto de classes funcionais em que seus integrantes vão percorrendo os diversos patamares de que se constitui a progressão funcional. As classes são compostas de cargos que tenham as mesmas atribuições. Os cargos que compõem as classes são cargos de carreira, diversos dos cargos isolados que, embora integrando o quadro, não ensejam o percurso progressivo do servidor"[5].

Assim, isolados são os cargos dos tribunais superiores, como o STF, STJ, TST e STM, de provimento vitalício, sendo o Tribunal Superior Eleitoral composto por cargos de provimento temporário.

Os tribunais de 2ª instância[6], outrora conhecidos por tribunais de apelação, também têm cargos de provimento isolados, que são aqueles destinados ao chamado *quinto constitucional*, instituto que estudaremos no tópico seguinte.

Além dos cargos de provimento isolado, a Magistratura também tem suas carreiras. O ingresso nelas se dá por meio de concurso público, como determina o art. 37 da Constituição Federal, o qual diz, em seu inciso III, que a investidura em cargo ou emprego público depende de aprovação prévia em concurso público de provas ou de provas e títulos, de acordo com a natureza e a complexidade do cargo ou emprego, na forma prevista em lei, ressalvadas as nomeações para cargo em comissão declarado em lei de livre nomeação e exoneração.

---

4 O art. 6º do Regimento Interno do CSJT traz como competência o seguinte: "XIX – apreciar processo administrativo não disciplinar de interesse de magistrados trabalhistas de primeiro e segundo graus que não tenha sido julgado no Tribunal Regional do Trabalho originariamente competente por ausência de quórum por suspeição ou impedimento de seus membros". Note que há uma clara referência ao caráter não disciplinar dos processos administrativos envolvendo magistrados.

5 CARVALHO FILHO, José dos Santos. *Manual de Direito Administrativo*. 21 ed. Rio de Janeiro: Editora Lumen Júris, 2009. p. 580.

6 Embora o Superior Tribunal Militar julgue processos da Justiça Militar da União em segunda instância, ele é considerado um tribunal superior.

O candidato aprovado no concurso é nomeado e toma posse como juiz substituto, conforme determina o art. 93, inciso I, da Constituição Federal. Ao longo do tempo, ele poderá ser promovido, seja por antiguidade ou por merecimento, passando então para a condição de juiz titular.

Na justiça estadual, as carreiras são organizadas em entrâncias e o magistrado vai progredindo por meio de promoções de entrância para entrância, até chegar ao ápice da carreira na 1ª instância, conforme já vimos. Quando isso ocorre, a progressão na carreira já é para o tribunal, ou seja, para a 2ª instância. Na Justiça Federal e Justiça do Trabalho, há apenas juízes substitutos e titulares, com possibilidade de promoção posterior para os tribunais regionais. A Justiça Eleitoral, por sua vez, é composta na 1ª instância por juízes de direito e, nos tribunais regionais eleitorais, por juízes advindos da Justiça Estadual, Federal e da advocacia. Por conta disso, não se fala em carreira da magistratura eleitoral, pois ela não conta com cargos permanentes ou estruturados em níveis diferentes e acessíveis por meio de promoção. Por fim, a Justiça Militar da União, regida pela Lei nº 8.457/1992, é formada na 1ª instância por uma carreira composta de juízes federais da Justiça Militar e juízes federais substitutos da Justiça Militar.

1.2. INGRESSO

1.2.1. Quinto constitucional

O instituto do *quinto constitucional* é previsto na Constituição Federal em vários artigos e determina que um quinto das vagas dos tribunais de justiça, tribunais regionais do trabalho e tribunais regionais federais devem ser preenchidos, alternadamente, por membros do Ministério Público e da Advocacia.

Assim, se um tribunal de justiça possui 100 cargos de desembargador, 80 devem ser providos por juízes concursados advindos da 1ª instância e 20 dessas duas carreiras citadas. A jurisprudência se inclina pelo privilégio ao *quinto constitucional* quando a divisão não é exata. Assim, um tribunal que tenha 23 cargos de desembargador deverá ter 5 cargos providos pelo *quinto constitucional*, ainda que um quinto exato de 23 seja 4,6.

Pois bem, quando há uma vaga de tribunal por conta da saída de um membro que ocupava vaga destinada ao *quinto*, verifica-se inicialmente se o seu provimento deve ser feito por membros da Advocacia ou do Ministério Público. Em seguida, a instituição (OAB ou MP, conforme o caso) elabora, de acordo com seus regramentos, uma lista sêxtupla, que é encaminhada então ao tribunal, que formará uma lista tríplice a partir daqueles seis nomes previamente indicados. Essa lista tríplice é enviada então ao chefe do Poder

Executivo (presidente ou governador, de acordo com a esfera a que pertence o tribunal), que fará a escolha e nomeará o novo desembargador.

Ao tomar posse, o novo membro assume as suas funções no tribunal e adquire imediatamente a vitaliciedade, tendo os mesmos direitos e deveres dos demais membros que ingressaram na magistratura por meio de concurso.

Para concorrer à vaga, dispõe o art. 94 da Constituição Federal que o advogado precisa preencher dois requisitos: possuir notório saber jurídico e ter reputação ilibada, bem como contar com mais de dez anos de efetiva atividade profissional. Em relação aos integrantes do Ministério Público, exige-se apenas que tenham mais de dez anos de carreira, o que não impede a própria instituição ou o tribunal de deixar de escolher um promotor cuja reputação esteja abalada.

Em relação aos tribunais superiores, em alguns casos há também a reserva de determinado percentual de vagas a membros advindos da Advocacia e do Ministério Público. Como vimos, por exemplo, o STJ tem em sua composição um terço dos ministros advindos dessas duas carreiras.

1.2.2. Concurso público

Durante muitas décadas, o Poder Judiciário foi composto quase que exclusivamente por juízes nomeados politicamente pelo presidente ou pelos governadores. Quando a Justiça Federal foi recriada em 1966, por exemplo, a Lei nº 5.010/1966 estabeleceu em seu art. 74 que as primeiras nomeações de juízes federais e de juízes federais substitutos seriam feitas por livre escolha do Presidente da República, dentre brasileiros de saber jurídico e reputação ilibada, com prévio assentimento do Senado Federal. Esse sistema, embora pudesse às vezes resultar na escolha de grandes e independentes magistrados, estava sujeito às pressões políticas mais diversas, não sendo condizente com os princípios da isonomia e do amplo acesso aos cargos públicos.

Deste a Constituição de 1967, porém, já se estabelecia o concurso como forma de ingresso nas carreiras da magistratura, tanto na Justiça Estadual (art. 136) quanto na Justiça Federal (art. 118), o que foi reforçado pela Lei Orgânica da Magistratura Nacional (LOMAN) – Lei Complementar nº 35/1979. Com a promulgação da Constituição Federal de 1988, definiu-se de uma vez por todas que o provimento de qualquer cargo da magistratura que seja organizado por meio de carreira deve ser feito por concurso público de provas e títulos (art. 93, I).

A Emenda Constitucional nº 45/2004 deu nova redação ao dispositivo para determinar que é requisito para ingressar na magistratura de carreira ser bacharel em direito e contar, no mínimo, com três anos de atividades jurídica. Posteriormente, o Conselho Nacional de Justiça editou a Resolução CNJ nº

75/2009, com vistas a uniformizar as regras de todos os concursos para juiz do Brasil. É recomendável uma leitura atenta dessa norma e daquelas que vierem a sucedê-la.

Tratemos de alguns pontos específicos sobre o tema.

Conforme determina a própria Constituição, o concurso deve abranger não apenas provas, mas também títulos. A avaliação dos títulos, porém, se dá apenas para fins classificatórios, não podendo haver eliminação do candidato nesse ponto, ainda que ele não apresente título algum[7].

Também seguindo determinação constitucional, é obrigatória a participação da Ordem dos Advogados do Brasil (OAB) em todas as fases do concurso, ou seja, a OAB nomeará um representante que participará da avaliação dos candidatos e das decisões sobre o processo desde a abertura do concurso, não participando apenas da confecção do edital, pois essa atividade antecede o certame[8]. Se não houver participação da OAB, a validade do concurso poderá ser questionada.

A questão da *atividade jurídica* ainda é tormentosa, mas aos poucos, até mesmo por conta da normatização estabelecida pelo CNJ, vai se pacificando na jurisprudência. A Resolução CNJ nº 75/2009 estabeleceu o seguinte:

> Art. 59. Considera-se atividade jurídica, para os efeitos do art. 58, § 1º, alínea "i":
>
> I – aquela exercida com exclusividade por bacharel em Direito;
>
> II – o efetivo exercício de advocacia, inclusive voluntária, mediante a participação anual mínima em 5 (cinco) atos privativos de advogado (Lei nº 8.906, 4 de julho de 1994, art. 1º) em causas ou questões distintas;
>
> III – o exercício de cargos, empregos ou funções, inclusive de magistério superior, que exija a utilização preponderante de conhecimento jurídico;
>
> IV – o exercício da função de conciliador junto a tribunais judiciais, juizados especiais, varas especiais, anexos de juizados especiais ou de varas judiciais, no mínimo por 16 (dezesseis) horas mensais e durante 1 (um) ano;
>
> V – o exercício da atividade de mediação ou de arbitragem na composição de litígios.
>
> § 1º É vedada, para efeito de comprovação de atividade jurídica, a contagem do estágio acadêmico ou qualquer outra atividade anterior à obtenção do grau de bacharel em Direito.
>
> § 2º A comprovação do tempo de atividade jurídica relativamente a cargos, empregos ou funções não privativos de bacharel em Direito será realizada mediante certidão circunstanciada, expedida pelo órgão competente, indicando

7 Resolução CNJ nº 75/2009, art. 5º, V.

8 STJ, ROMS 199300243578, PEDRO ACIOLI – SEXTA TURMA, 27/03/1995.

> as respectivas atribuições e a prática reiterada de atos que exijam a utilização preponderante de conhecimento jurídico, cabendo à Comissão de Concurso, em decisão fundamentada, analisar a validade do documento.

Sobre o tema, escrevi em meu livro "Juiz Federal: lições de preparação para um dos concursos mais difíceis do Brasil"[9] as seguintes considerações: "Cabe dizer que algumas questões foram pacificadas e dificilmente o Supremo Tribunal Federal as alterará. Em primeiro lugar, quanto ao momento de comprovação, tanto o CNJ quanto o CJF definiram que é o da inscrição definitiva, ou seja, não é nem na inscrição preliminar e nem na posse. Houve um questionamento perante o STF, reflexo inclusive da Súmula nº. 266 do STJ[10], pleiteando que os três anos de atividade jurídica fossem exigidos somente no momento da posse, mas o STF entendeu como válida a exigência na inscrição definitiva. Além disso, na mesma oportunidade o STF decidiu que o tempo de atividade jurídica é contado somente após a conclusão do curso de Direito[11]. Quanto às atividades privativas de bacharel em Direito, é certo que são suficientes para a comprovação do requisito constitucional. Dificuldade haverá quanto às outras atividades não privativas, mas nas quais se observe a utilização preponderante de conhecimento jurídico. Não há como evitar certa discricionariedade nesse caso, por parte da banca examinadora de cada concurso, pois são infinitas as situações práticas que podem ser levadas a exame. Somente a casuística levada às bancas e ao Judiciário delineará, com o tempo, o que será aceito ou não. De qualquer maneira, entendo que uma certidão do órgão onde o serviço foi prestado, detalhando o que o candidato lá fazia e indicando claramente que a utilização do Direito era relevante em suas atividades, ou seja, era preciso um conhecimento jurídico para o exercício da função, será suficiente para superar essa exigência".

Em relação à estrutura do concurso, o CNJ definiu a sua divisão em cinco etapas de avaliação. A primeira delas é uma prova objetiva, de caráter eliminatório e classificatório, com peso 1, que deve ser dividida em três blocos de disciplinas agrupadas. Para passar à fase seguinte, o candidato precisa, além de se classificar entre os 200 primeiros colocados (para concursos com até 1.500 inscritos) ou entre os 300 primeiros (para concursos com mais de 1.500 inscritos), acertar pelo menos 30% das questões de cada bloco e 60%

---

9 Editora Verbo Jurídico.

10 STJ Súmula nº. 266: "O diploma ou habilitação legal para o exercício do cargo deve ser exigido na posse e não na inscrição para o concurso público".

11 Ação Direta de Inconstitucionalidade nº. 3.460-0/DF, Relator Ministro Carlos Britto.

do total da prova, lembrando que não é permitido qualquer tipo de consulta, nem mesmo aos códigos não comentados.

A segunda etapa do concurso é composta por duas provas escritas, com duração de quatro horas cada, podendo haver consulta à legislação desacompanhada de anotação ou comentário, vedada a consulta a obras doutrinárias, súmulas e orientação jurisprudencial. Na primeira avaliação, serão cobradas questões gerais de direito e de formação humanística, além de questões específicas de acordo com o ramo do Poder Judiciário. A segunda avaliação, que deverá ocorrer em outro dia, é a prova de sentença, cobrando-se duas delas (uma cível e outra criminal) na Justiça Estadual e na Justiça Federal, e apenas uma na Justiça do Trabalho (sentença trabalhista) e na Justiça Militar (criminal), seja estadual ou da União.

Cada prova dessa segunda etapa tem peso 3, ou seja, na avaliação escrita estão em jogo nada menos do que 60% de toda a nota do concurso. Isso significa que um bom exame em tal fase certamente poderá levar o candidato não apenas à aprovação, caso superadas as demais etapas, mas também às primeiras colocações. Além disso, o desempate tem como primeiro critério a nota das provas discursivas.

A terceira fase do concurso não influencia na classificação, mas pode eliminar o candidato. Nela, os candidatos apresentam todos os documentos necessários para o ingresso no cargo, inclusive diploma e comprovação dos três anos de atividade jurídica, comprovação de regularidade eleitoral e com o serviço militar (esta última, só para homens), além de diversas certidões. Ao tempo em que são avaliados os documentos, também são analisados nessa etapa três pontos distintos: a) sindicância da vida pregressa e investigação social; b) exame de sanidade física e mental; c) exame psicotécnico.

O primeiro ponto serve para avaliar a idoneidade do postulante à vaga de juiz, cargo que exige de seu ocupante uma reputação mais que ilibada. Em geral, o tribunal envia ofícios para as autoridades com as quais você tenha trabalhado, analisa certidões judiciais e policiais para ver seu passado, podendo em alguns casos solicitar investigação por parte de órgãos como a ABIN, exigir que você apresente atestados de boa conduta ou declaração assinada, da qual conste nunca haver sido indiciado em inquérito policial ou processado criminalmente ou, em caso contrário, a notícia da ocorrência. Não está pacificado ainda na jurisprudência se o candidato somente pode ser excluído do certame por conta de decisão judicial transitada em julgado, se basta uma condenação em 1ª ou 2ª instância ou, ainda, se é suficiente, por exemplo, apenas a existência de diversos inquéritos policiais. Mas, pode-se dizer com segurança que a exclusão deve se dar por motivos objetivos e, caso o candidato assim deseje, ele tem o direito de saber quais foram os fatos responsáveis por sua exclusão[12].

Conforme determina a normatização estabelecida pelo CNJ, o candidato, no ato de apresentação da inscrição definitiva, receberá da secretaria do concurso instruções para submeter-se aos exames de saúde e psicotécnico, por ele próprio custeados. Os exames de saúde destinam-se a apurar as condições de higidez física e mental do candidato e, em meu entendimento, somente podem levar à exclusão se forem conclusivos quanto à incapacidade específica para o exercício do cargo, não sendo suficiente a constatação de incapacidade parcial superável com o uso de equipamentos ou recursos tecnológicos.

O exame psicotécnico avaliará as condições psicológicas do candidato, devendo ser realizado por médico psiquiatra ou por psicólogo. Também segundo meu entendimento, esse exame deve ser objetivo, de maneira a possibilitar ao candidato conhecer das razões de sua eventual eliminação.

Segundo a resolução do CNJ, o candidato fará os exames de saúde e psicotécnico com profissional do próprio tribunal ou por ele indicado, que encaminhará laudo à comissão de concurso.

Os candidatos cuja documentação estiver regular e forem aprovados na investigação da vida pregressa, bem como nos exames de saúde e psicotécnico, são então convocados para a quarta etapa, consistente na prova oral. O exame será realizado em sessão pública, na presença de todos os membros da comissão examinadora, ou seja, não é admitida a avaliação do candidato de forma isolada com apenas um membro da banca, sendo vedada também a arguição simultânea de mais de um candidato. Para manter a lisura do certame, haverá registro em gravação de áudio ou por qualquer outro meio que possibilite a sua posterior reprodução[13].

A sistemática da prova oral é simples. Em até cinco dias antes da realização das arguições, a comissão deverá divulgar o programa específico a ser exigido, o

---

12 STJ, ROMS 199200075673, ARI PARGENDLER – SEGUNDA TURMA, 29/09/1997.

13 Diz o art. 70, § 1º, da Resolução CNJ nº 75/2009: § 1º É irretratável em sede recursal a nota atribuída na prova oral. O STJ possui precedente relativo a concurso da magistratura estadual permitindo recursos contra a nota dada nessa fase: "(...) 3. A jurisprudência do Superior Tribunal de Justiça é pródiga em reconhecer ao candidato de concurso público o direito de recorrer de resultados desfavoráveis aos exames a que se submeteu, nessa compreensão havendo incluir-se eventual prova oral, assim por que devido o fornecimento da gravação do áudio realizada no dia da respectiva sessão de avaliação, a fim de que o candidato possa ter conhecimento dos motivos pelos quais houve a banca examinadora de não o aprovar e, se do seu alvedrio, buscar a impugnação disso. 4. Recurso especial conhecido parcialmente e, nessa extensão, provido. (REsp 1735392/MS, Rel. Ministro MAURO CAMPBELL MARQUES, SEGUNDA TURMA, julgado em 23/08/2018, DJe 29/08/2018)".

qual deve ser dividido em pontos, sendo o candidato avaliado sobre um ponto específico sorteado com antecedência de 24 horas. A ordem de arguição dos candidatos será definida por sorteio, no dia e hora marcados para início da prova oral. Segundo o CNJ, a arguição do candidato versará sobre conhecimento técnico acerca dos temas relacionados ao ponto sorteado, cumprindo à comissão avaliar-lhe o domínio do conhecimento jurídico, a adequação da linguagem, a articulação do raciocínio, a capacidade de argumentação e o uso correto do vernáculo. Cada examinador disporá de até quinze minutos para a arguição do candidato, atribuindo-lhe nota na escala de zero a dez. Durante a arguição, o candidato poderá consultar códigos ou legislação esparsa não comentados ou anotados, a critério da comissão examinadora. A nota final da prova oral será o resultado da média aritmética simples das notas atribuídas pelos examinadores, considerando-se aprovados nessa etapa os candidatos que obtiverem média não inferior a seis.

Por fim, a quinta etapa constitui-se na avaliação dos títulos, de caráter meramente classificatório, conforme já dissemos. Os títulos já devem ter sido apresentados no momento da inscrição definitiva e a lista do que é aceito consta no art. 67 da Resolução CNJ nº 75/2009.

Os tribunais ainda podem incluir no regulamento do concurso a realização de uma sexta etapa, constituída de um curso de formação, de caráter eliminatório ou não. Esse curso não é o que normalmente os juízes fazem após a posse, para aprender um pouco mais sobre a estrutura do tribunal, bem como sobre o exercício da magistratura. Trata-se de um curso que faz parte do processo do concurso, ministrado antes do resultado final do certame e que pode, inclusive, ser objeto de avaliação com vistas à eliminação de candidatos. Caso o tribunal decida pela sua realização, deverá constar do regulamento do concurso previamente publicado.

Após a aprovação e posse, o novo juiz passará por um período de avaliação de dois anos, chamado de vitaliciamento ou estágio probatório, objeto de nosso próximo tópico.

1.2.3. Vitaliciamento

Uma das principais garantias para o exercício da magistratura, ao lado da inamovibilidade e da irredutibilidade de subsídios, é a chamada vitaliciedade. Ao contrário dos demais servidores públicos, os juízes[14] somente podem perder o cargo em decorrência de decisão judicial transitada em

14 Os membros do Ministério Público também contam com a vitaliciedade.

julgado. Em resumo, não podem ser demitidos por meio de simples processo administrativo.

A vitaliciedade é adquirida em momentos distintos para juízes de 1º grau e para os que tomam posse nos tribunais.

Ao ingressar na carreira por meio de concurso, o magistrado passa por um período de dois anos de avaliação, conforme determina o art. 95, I, da Constituição, durante o qual serão avaliados pontos como a produtividade, assiduidade etc. Também por força de previsão constitucional, constitui-se etapa obrigatória do processo de vitaliciamento a participação em curso oficial ou reconhecido por escola nacional de formação e aperfeiçoamento de magistrados (art. 93, IV). Durante esse período, o juiz pode ser exonerado ou demitido administrativamente. Exonerado, caso ao final dos dois anos não seja considerado apto pelo tribunal para exercer o caso, decisão essa que deve ser fundamentada e baseada em dados concretos e objetivos. Demitido, caso cometa alguma falta que gere um procedimento administrativo disciplinar.

Expirado o prazo de avaliação sem que tenha sido constatado motivo suficiente para afastar o juiz do cargo, ele adquire a vitaliciedade e então somente poderá ser demitido, conforme dissemos, por decisão judicial transitada em julgado. Por outro lado, mesmo enquanto está em estágio probatório, o juiz pode praticar todos os atos da judicatura, ou seja, ele julga da mesma maneira, as mesmas causas e as mesmas partes que os juízes que já superaram o período de vitaliciamento.

Em relação aos membros de tribunais, desde a posse, a eles é concedida a vitaliciedade, mesmo que tenham acabado de ingressar na magistratura.

1.3. PROMOÇÕES

A definição de *carreira* no serviço público leva em conta, necessariamente, a existência de vários níveis, padrões, cargos ou categorias pelas quais o servidor aprovado em concurso pode evoluir, conforme já vimos. Essa evolução se dá por critérios variados conforme a carreira, mas não pode ser por meio de um novo concurso com participação de qualquer um que desejar, ainda que não seja pertencente àquela carreira específica.

Na magistratura, isso também acontece, exceto nos casos de cargos de provimento isolado. O ingresso inicial no 1º grau se dá pelo cargo de *juiz substituto*[15], conforme determinação do art. 93, I, da Constituição. Daí

15 Exceto na Justiça Eleitoral, que não possui cargos de magistrados organizados em carreira.

em diante, a evolução dependerá do ramo do Poder Judiciário e mesmo de tribunal para tribunal. Na Justiça Estadual, por exemplo, há locais em que o juiz substituto é promovido a juiz de entrância inicial, depois intermediária e, então, entrância final. Na Justiça Federal e na Justiça do Trabalho, a promoção é de juiz substituto para juiz titular, situação similar à que ocorre na Justiça Militar da União.

O termo *acesso* é utilizado especificamente para as promoções de juízes para os tribunais, ou seja, quando há mudança de instância. As regras para as promoções no 1º grau e os acessos ao 2º grau, ambas formas de progressão na carreira, são similares em praticamente todos os pontos, razão pela qual os ensinamentos a seguir valem para os dois casos.

Os critérios para a progressão na magistratura são dados principalmente pelo texto constitucional. Em qualquer ramo do Poder Judiciário, ela se dá de forma alternada, sempre por dois critérios: antiguidade e merecimento (CF/1988, art. 93, II). Peguemos o exemplo da Justiça Federal. Quando há vacância de um cargo de juiz federal já titular, é aberto um edital para o seu preenchimento. Verifica-se primeiramente por qual critério foi provido o último cargo. Se foi por antiguidade, o novo provimento se dará por merecimento, e vice-versa.

A promoção por antiguidade é simples. Aberto o edital, o tribunal vai simplesmente verificar quem, dentre os juízes inscritos e que preencham os requisitos (como pertencer à entrância imediatamente inferior, no caso da Justiça Estadual), é o mais antigo. Na apuração de antiguidade, o tribunal somente poderá recusar o juiz mais antigo pelo voto fundamentado de dois terços de seus membros, conforme procedimento próprio, e assegurada ampla defesa, repetindo-se a votação até fixar-se a indicação. A Constituição também traz outra previsão de impedimento à promoção, que vale tanto para o critério de antiguidade quanto de merecimento: não será promovido o juiz que, injustificadamente, retiver autos em seu poder além do prazo legal, não podendo devolvê-los ao cartório sem o devido despacho ou decisão. Não havendo rejeição por parte do tribunal em relação ao nome do juiz mais antigo, e não tendo ele autos retidos injustificadamente além do tempo previsto em lei, será então promovido. Caso seja juiz federal substituto, passará a juiz federal titular de uma vara; caso seja juiz de direito de entrância inicial, passará a ser de entrância intermediária e assim por diante, conforme cada carreira.

A promoção por merecimento é um pouco mais complexa e foi regulamentada pelo CNJ por meio de sua Resolução nº 106/2010. Aberta a vaga, os juízes interessados se inscrevem. A promoção por merecimento pressupõe dois anos de exercício na respectiva entrância e integrar o juiz a primeira quinta parte da lista de antiguidade desta, salvo se não houver com tais requisitos quem aceite o lugar vago[16]. Não havendo na primeira quinta parte quem tenha os dois anos de efetivo exercício ou aceite o lugar vago, poderão concorrer à vaga os magistrados que integram a segunda quinta parte da lista de antiguidade e que atendam aos demais pressupostos, e assim sucessivamente. Se algum integrante da quinta parte não manifestar interesse, apenas participam os demais integrantes dela, não sendo admissível sua recomposição. Assim, em um tribunal que conte com 100 juízes de entrância inicial, havendo uma vaga de entrância intermediária a ser preenchida pelo critério de merecimento, poderão participar apenas os 20 mais antigos. Se somente 15 deles de inscreverem, não haverá abertura de inscrição para que mais cinco concorram.

A aplicação aos ramos do Poder Judiciário não organizados em entrâncias, como a Justiça Federal e a Justiça do Trabalho, dessa regra constitucional - dois anos no cargo ou entrância e figurar o juiz na quinta parte mais antiga - ainda não foi pacificada na jurisprudência. De qualquer maneira, o CNJ estabeleceu em sua Resolução nº 106/2010 (art. 3º, § 4º) que apenas não há a exigência de tais requisitos para o acesso aos tribunais regionais federais.

Ainda segundo o CNJ, não pode ser promovido por merecimento o juiz punido, nos últimos doze meses, em processo disciplinar, com pena igual ou superior à de censura[17].

Na sequência, cabe ao tribunal avaliar os inscritos, por meio de votação na qual é formada uma lista tríplice, atentando os membros do tribunal para o que determina o art. 93, II, c, da Constituição: a aferição do merecimento será feita conforme o desempenho e pelos critérios objetivos de produtividade e presteza no exercício da jurisdição e pela frequência e aproveitamento em cursos oficiais ou reconhecidos de aperfeiçoamento. A Resolução CNJ nº 106/2010 foi mais específica e estabeleceu, no art. 4º, que, nessa votação, os membros votantes

---

16 Sobre o tema, já decidiu o STF: "Mandado de segurança. Conselho Nacional de Justiça. Decisão liminar em procedimento de controle administrativo. Possibilidade. Dispensa do interstício de dois anos na entrância para remoção e promoção de magistrados. Interpretação do art. 93, II, alínea b, da Constituição Federal. (...) 2. Somente se aplica a parte final da alínea b do inciso II do art. 93 da Constituição Federal quando não houver, considerados os concursos de remoção e de promoção, nenhum magistrado que, "com tais requisitos", aceite o lugar vago. 3. O Tribunal de Justiça não dispõe de poder discricionário para dispensar ou não o requisito do interstício para remoção e promoção de juízes, sob pena de desrespeito ao princípio constitucional da impessoalidade. Não havendo outros candidatos à vaga, nem por remoção nem por promoção, impõe-se a dispensa do interstício de dois anos na entrância. 4. Segurança concedida. (MS - MANDADO DE SEGURANÇA 27.704 , DIAS TOFFOLI, STF. 05/08/2014)

17 Nesse ponto, a Resolução CNJ nº 106/2010 vai além do que dispõe a LOMAN, que estabelece essa vedação apenas aos casos de punição com censura (art. 44, parágrafo único).

do Tribunal deverão declarar os fundamentos de sua convicção, com menção individualizada aos critérios utilizados na escolha relativos à: I – desempenho (aspecto qualitativo da prestação jurisdicional – 20 pontos); II – produtividade (aspecto quantitativo da prestação jurisdicional – 30 pontos); III – presteza no exercício das funções (25 pontos); IV – aperfeiçoamento técnico (10 pontos); V – adequação da conduta ao Código de Ética da Magistratura Nacional (15 pontos). O detalhamento de cada um desses critérios pode ser encontrado no texto da Resolução, cuja leitura integral é importante para compreender o regramento das promoções por merecimento feito pelo CNJ.

Formada a lista tríplice por votação no tribunal, dela sairá o nome do magistrado promovido por merecimento. A escolha cabe ao próprio tribunal, exceto nos casos de acesso aos tribunais regionais federais e tribunais regionais do trabalho, hipótese em que a lista tríplice é enviada ao presidente da república, que fará a escolha e nomeará o novo membro do tribunal.

Há duas situações, porém, nas quais obrigatoriamente deve ser nomeado determinado magistrado: quando ele estiver integrando pela terceira vez consecutiva a lista de promoção por merecimento, ou então pela quinta vez alternada. Podemos pensar do exemplo de um juiz que já tenha figurado por duas vezes seguidas na lista de promoção (acesso) por merecimento ao TJ da Bahia. Aberta a terceira seleção seguida por esse mesmo critério e ele fazendo parte dos três escolhidos, o nome final para a nomeação para o cargo de desembargador deve ser o dele.

Apenas para encerrar este tópico, cabe lembrar que não pode um juiz ser promovido pulando entrâncias ou cargos intermediários[18]. Se o magistrado pertence à entrância inicial, deve primeiro passar pela intermediária para depois ir para a final, ainda que não exista nenhum candidato de entrância intermediária interessado em se promover para a final. Da mesma forma, um juiz do trabalho substituto não pode ter acesso direto ao tribunal sem antes passar pelo cargo de juiz do trabalho, titular de uma vara.

1.4. REMOÇÕES

O juiz tem seu lugar específico de trabalho, sua lotação, que pode ser alterada, porém, quando ele se promove ou se remove. A promoção já foi vista no tópico anterior. Vejamos agora as remoções.

---

18 Nesse sentido, conferir: ROMS - RECURSO ORDINÁRIO EM MANDADO DE SEGURANÇA - 15395 2002.01.23362-3, MARIA THEREZA DE ASSIS MOURA, STJ - SEXTA TURMA, DJE DATA:30/03/2009.

No serviço público em geral, os servidores podem ser removidos de ofício pela administração. Um auditor-fiscal da Receita Federal que trabalhe em Porto Alegre, por exemplo, pode ser obrigado, mesmo contra sua própria vontade, a trabalhar em Pelotas, desde que haja justificável interesse administrativo para tanto. Essa mesma situação não ocorre com os juízes, protegidos pela garantia da *inamovibilidade*. A única maneira de um magistrado ser removido contra a sua vontade é quando ele pratica alguma falta disciplinar grave que justifique a sua punição por meio de remoção compulsória, situação que veremos em um capítulo específico, ou nos casos de extinção da unidade jurisdicional em que ele atuava[19].

Quanto à mudança voluntária de lotação, ela pode se dar de duas maneiras: por meio de permuta, que é a troca de lotação orquestrada entre dois magistrados, um indo para o lugar do outro, e a remoção propriamente dita.

O CNJ editou a pequena Resolução nº 32/2007 sobre o tema, na qual dispôs poucas regras. A primeira delas é que as permutas e remoções a pedido de magistrados de igual entrância devem ser apreciadas pelos tribunais em sessões públicas, com votações nominais, abertas e fundamentadas. Em síntese, o que o CNJ pretendeu foi vetar as votações secretas, cujas motivações quase nunca eram conhecidas pelos juízes interessados. A Resolução nº 32/2007 estabeleceu ainda que, até que seja editado o Estatuto da Magistratura previsto no art. 93, "caput", da Constituição Federal, os critérios para as remoções a pedido e permutas de magistrados serão os estabelecidos em leis de organização judiciária, atos normativos e/ou regimentos internos dos tribunais, do Conselho Superior da Justiça do Trabalho e do Conselho da Justiça Federal. Espera-se, portanto, que a futura LOMAN discipline o assunto, mas enquanto isso não ocorre quem estabelece os critérios não é o CNJ, mas os órgãos que a resolução cita.

Os tribunais estaduais podem adotar dois critérios para a remoção: antiguidade e merecimento. Havendo remoção por merecimento, aplicam-se a ela as normas da Constituição acerca das promoções por tal critério, as quais já vimos no tópico anterior. Quanto aos demais ramos do Poder Judiciário, é controversa a adoção da remoção por merecimento, sendo comum que os tribunais federais adotem apenas o critério da antiguidade. Por ele, é removido o juiz mais antigo que se candidata à nova lotação, em um sistema simples, justo e que evita a politização da magistratura.

Em relação a essa questão, a Resolução CNJ nº 32/2007 determinou que os tribunais que não dispusessem de normas que definissem critérios para as

19 Sobre o tema, conferir precedente do STF: RMS nº 21950

remoções a pedido e permutas de magistrados deveriam editar atos normativos específicos para esse fim no prazo de 120 dias da sua publicação. Por outro lado, determinou também que, até que fossem editadas essas normas, e ressalvado o interesse público, a antiguidade deveria ser adotada como critério único para as remoções a pedido e permuta de magistrados.

Uma questão importante é quanto ao preenchimento da vaga por remoção ou por promoção. Imaginemos o caso de um tribunal estadual, no qual foi aberta uma vaga para juiz de entrância intermediária em determinada cidade. Pergunta-se: essa vaga deve ser preenchida por remoção entre juízes da própria entrância intermediária ou por meio de promoção de juízes da entrância inicial? Em geral, o preenchimento deverá ser por meio de remoção. Porém, a LOMAN diz, em seu art. 81, que na Justiça Estadual (e apenas nela), ao provimento inicial e à promoção por merecimento precederá a remoção. Em síntese, a promoção por antiguidade tem preferência sobre a remoção. Como dito, essa regra não vale para os tribunais federais.

De se notar que, embora o art. 81, § 1º, da atual LOMAN diga que a remoção far-se-á mediante escolha pelo Poder Executivo, essa competência atualmente pertence exclusivamente aos próprios tribunais, sem interferências externas.

Por fim, é importante observar a determinação do art. 3º, § 2º, da Resolução CNJ nº 32/2007: os atos normativos dos tribunais que disponham sobre as remoções deverão, obrigatoriamente, vedar a remoção voluntária em caso de acúmulo injustificado de processos na vara ou gabinete que estejam sob a jurisdição do magistrado. Essa regra busca evitar que um juiz relapso deixe acumular muitos processos atrasados em sua vara e mude de lotação apenas para se livrar do trabalho acumulado.

Apenas uma sugestão, para encerrar este tópico: se a sua intenção é concorrer a uma vaga em concurso para a magistratura, busque conhecer o que as regras do tribunal respectivo (ou dos conselhos, no caso da Justiça Federal e Justiça do Trabalho) dizem acerca das remoções.

Capítulo 2

DIREITOS E DEVERES FUNCIONAIS DA MAGISTRATURA

2.1. INTRODUÇÃO

O exercício da magistratura está cercado de inúmeros cuidados para que seja feito de forma independente e imparcial, assegurando-se ao juiz um regime jurídico que ao mesmo tempo ofereça essa proteção e o obrigue a ter uma conduta compatível com as exigências do cargo exercido.

Para tanto, são estabelecidos direitos e deveres. Por questões didáticas, vamos tomar a palavra *direitos* como um gênero, dentro do qual estão abrigadas três espécies: garantias, prerrogativas e direitos em sentido estrito. Da mesma maneira, vamos dividir o gênero *deveres* em duas espécies: vedações e deveres em sentido estrito. De certa maneira, tanto a Constituição quanto a LOMAN fazem essas diferenciações, embora, como vimos, todas essas peculiaridades do regime jurídico dos magistrados tenham um único objetivo maior, que é o de garantir o exercício independente da nobre função de julgar.

2.2. GARANTIAS AO EXERCÍCIO DA MAGISTRATURA

Há um rol de direitos conferidos aos magistrados que pode ser mais bem classificado como rol de garantias ao exercício da magistratura, para que este aconteça de forma desimpedida de pressões que poderiam colocar em risco a livre convicção do magistrado.

Três são as principais garantias, todas elas expressamente consignadas no texto constitucional. A primeira é a *vitaliciedade*, da qual já tratamos em outros tópicos. Essa garantia assegura aos magistrados a permanência no cargo até que uma sentença judicial transitada em julgado determine a demissão. Para os servidores públicos em geral, basta uma decisão em processo administrativo.

A *vitaliciedade* é assegurada aos membros de tribunais desde a posse, exceto nos casos de provimento temporário, como se dá na Justiça Eleitoral. Ainda assim, um juiz de tribunal regional eleitoral, embora exerça mandato com prazo certo, durante esse mandato não pode ser retirado definitivamente do cargo por decisão administrativa. Quanto aos juízes de carreira, a *vitaliciedade* é adquirida após dois anos de exercício no cargo. Durante o período de estágio probatório, o magistrado pode por meio de decisão administrativa ser demitido, caso cometa alguma infração grave, ou exonerado, caso seja reprovado no estágio.

A segunda garantia constitucionalmente prevista é a *inamovibilidade.* Por conta dela, os juízes somente podem ter a lotação alterada quando assim desejarem, a não ser que tenham cometido falta funcional punível com a remoção compulsória. Conforme foi explicado anteriormente, os servidores públicos em geral podem ser removidos somente com base no interesse da administração, ainda que nada tenham feito de errado.

A *inamovibilidade* significa não apenas a garantia de não ser removido de cidade, mas também de permanecer na mesma vara de atuação, pois um de seus principais objetivos é evitar que interesses escusos afastem o magistrado do julgamento de algum processo. Em consequência, por exemplo, um juiz lotado na 3ª vara criminal não pode ser removido de ofício para outra vara, ainda que de mesma competência. Aliás, essa alteração de lotação não pode se dar nem por via indireta, ou seja, por meio de promoção compulsória.

A terceira garantia é a da *irredutibilidade de subsídio.* Garantia semelhante já é estendida a todos os servidores públicos no art. 37, XV, da Constituição Federal, mas ganhou reforço no caso dos magistrados. Ainda não está totalmente pacificado na jurisprudência se essa garantia diz respeito à irredutibilidade nominal ou se abrange também a manutenção do poder de compra. Por outro lado, a *irredutibilidade de subsídio* não impede a redução do valor líquido recebido pelo juiz por conta, por exemplo, de aumento da alíquota do imposto de renda[1].

2.3. PRERROGATIVAS

A LOMAN assegura aos magistrados algumas prerrogativas especiais, que são ao mesmo tempo direitos dos juízes e também garantias ao exercício independente do cargo. Essas prerrogativas estão expressas no art. 33 da LOMAN.

1 Diz o art. 95, III, da Constituição que é garantida aos juízes a irredutibilidade de subsídio, *ressalvado o disposto nos arts. 37, X e XI, 39, § 4º, 150, II, 153, III, e 153, § 2º, I.*

São elas:

> I – ser ouvido como testemunha em dia, hora e local previamente ajustados com a autoridade ou juiz de instância igual ou inferior;
>
> II – não ser preso senão por ordem escrita do tribunal ou do órgão especial competente para o julgamento, salvo em flagrante de crime inafiançável, caso em que a autoridade fará imediata comunicação e apresentação do magistrado ao presidente do tribunal a que esteja vinculado;
>
> III – ser recolhido a prisão especial, ou a sala especial de Estado-Maior, por ordem e à disposição do tribunal ou do órgão especial competente, quando sujeito a prisão antes do julgamento final;
>
> IV – não estar sujeito a notificação ou a intimação para comparecimento, salvo se expedida por autoridade judicial;
>
> V – portar arma de defesa pessoal.

Algumas observações importantes quanto a essas prerrogativas. Quanto ao inciso I, deve-se atentar para o fato de que a lei não garante a prerrogativa quando o juiz for de instância superior. Assim, um magistrado de 1ª instância não tem o direito de ajustar previamente o momento de seu testemunho em um processo que corre no tribunal. Também não tem esse direito se for parte no processo e não testemunha, independentemente, nesse caso, da instância à qual pertença o juiz que conduzirá a audiência.

Em relação ao inciso II, pode o juiz ser preso por ordem de tribunal superior ao qual por regra ele tem seu foro privilegiado. Exemplo: um juiz de direito que cometa determinado crime, cujo flagrante tenha se exaurido, pode ser preso por ordem de seu tribunal de justiça, mas também pode ser preso por ordem do STJ, se o caso lá estiver sob análise. Quanto aos crimes inafiançáveis, que justificam a prisão em flagrante, atentar para as alterações no Código de Processo Penal, promovidas pela Lei nº 12.403/2011, que deram nova redação ao art. 323[2].

Quanto ao inciso IV, o juiz só é obrigado a comparecer perante determinada autoridade se esta for judicial. Nos demais casos, como de um processo disciplinar administrativo no qual o magistrado foi arrolado como testemunha, seu comparecimento ocorrerá se assim o juiz desejar.

---

2 Art. 323. Não será concedida fiança: I – nos crimes de racismo; II – nos crimes de tortura, tráfico ilícito de entorpecentes e drogas afins, terrorismo e nos definidos como crimes hediondos; III – nos crimes cometidos por grupos armados, civis ou militares, contra a ordem constitucional e o Estado Democrático.

Por fim, o direito de portar armas[3] abrange apenas aquelas de defesa pessoal, não alcançando armamento de uso militar com finalidade diversa. Em regra, a competência para definir quais as armas são consideradas de uso pessoal e podem ser utilizadas por juízes cabe às Forças Armadas.

A LOMAN ainda traz uma última prerrogativa no parágrafo único do art. 33, segundo a qual quando, no curso de investigação, houver indício da prática de crime por parte do magistrado, a autoridade policial, civil ou militar, remeterá os respectivos autos ao tribunal ou órgão especial competente para o julgamento, a fim de que prossiga na investigação. A intenção é evitar que autoridades policiais investiguem a vida pessoal ou profissional do magistrado sem a verificação, por parte do tribunal competente para julgá-lo, da necessidade e adequação dessa investigação, a qual poderia servir, em alguns casos, de instrumento de ameaça ao livre exercício da magistratura.

2.4. DIREITOS

2.4.1. Valores pecuniários

O direito mais elementar do juiz é o de receber o seu *subsídio* no valor estipulado pela Constituição. Assim consta no art. 93, V: o subsídio dos ministros dos tribunais superiores corresponderá a noventa e cinco por cento do

---

3 Sobre o tema, é importante conferir o seguinte precedente do STJ: "ADMINISTRATIVO. REGISTRO DE ARMA DE FOGO. COMPROVAÇÃO DE CAPACIDADE TÉCNICA. MEMBRO DO MINISTÉRIO PÚBLICO. NECESSIDADE. PORTE E REGISTRO. DISTINÇÃO. 1. O Estatuto do Desarmamento estabelece que o registro do material bélico é obrigatório, nos órgãos competentes (art. 3º da Lei 10.826/2003) proibindo o porte de arma em todo o território nacional, salvo para os casos previstos em legislação própria (art. 6º da Lei 10.826/2003). 2. A Lei 10.826/2003 condiciona a aquisição de arma de fogo e a expedição do respectivo registro ao cumprimento de requisitos dispostos no art. 4º da referida lei. Segundo o art. 4º, III, do Estatuto do Desarmamento, para o registro de arma de fogo é necessário, entre outros requisitos, que o interessado comprove capacidade técnica para o manuseio de arma de fogo, atestada na forma disposta no regulamento da Lei 10.826/2003. 3. A Lei 8.625/1993 (Lei Orgânica Nacional do Ministério Público) garante o porte de arma, independentemente de qualquer ato formal de licença ou autorização (art. 42), com similar prerrogativa aos magistrados (art. 33 da Lei Orgânica da Magistratura Nacional). 4. A capacidade técnica é um dos requisitos para o registro de arma de fogo, e não para o porte de arma. O presente requisito técnico visa atestar que o interessando possui conhecimentos básicos, teóricos e práticos, para o manuseio e uso de arma de fogo que se pretende adquirir. Não resta dúvida de que aquele que visa adquirir arma de fogo deve ao menos conhecer o funcionamento do instrumento bélico, bem como as normas de segurança sobre o uso e manuseio de arma de fogo. 5. O Superior Tribunal de Justiça, na Ação Penal 657/PB, teve a oportunidade de consignar que a Lei 10.826/2003 "não dispensa o respectivo registro de arma de fogo, não fazendo exceções quanto aos agentes que possuem autorização legal para o porte ou posse de arma". 6. A mens legis do Estatuto do Desarmamento sempre foi o de restringir o porte e a posse de armas de fogo, estabelecendo regras rígidas para este fim. Há também um procedimento rigoroso de

subsídio mensal fixado para os ministros do Supremo Tribunal Federal e os subsídios dos demais magistrados serão fixados em lei e escalonados, em nível federal e estadual, conforme as respectivas categorias da estrutura judiciária nacional, não podendo a diferença entre uma e outra ser superior a dez por cento ou inferior a cinco por cento, nem exceder a noventa e cinco por cento do subsídio mensal dos ministros dos tribunais superiores, obedecido, em qualquer caso, o disposto nos arts. 37, XI, e 39, § 4º.

Quem vai dizer qual é o percentual de diferença entre cada nível da magistratura, exceto nos casos dos tribunais superiores, é a lei específica de cada ente da federação. No caso dos juízes federais, por exemplo, essa diferença é estabelecida no mínimo, ou seja, em cinco por cento.

Além do subsídio, a LOMAN diz em seu art. 65 que poderão ser outorgadas algumas outras vantagens para os juízes. A primeira delas é a *ajuda de custo, para despesas de transporte e mudança*. Quando um juiz é removido, ainda que voluntariamente, ele tem direito ao custeamento de suas despesas com a mudança de local de trabalho. Os valores e as condições são dados pela legislação específica de cada ente.

Outra vantagem que pode ser concedida, segundo a LOMAN, é a *ajuda de custo, para moradia, nas localidades em que não houver residência oficial à disposição do magistrado*. Quanto ao *salário-família*, cujo pagamento também é previsto pela LOMAN, sob a vigência da Constituição de 1988 essa verba é paga apenas aos trabalhadores de baixa renda, não alcançando os juízes. É previsto também o pagamento de *diárias*, que representam na verdade o custeio das despesas em que incorre o juiz quando tem que exercer suas atividades fora da sua localidade de origem, representando de certa forma uma indenização desses gastos.

O pagamento de verbas de *representação*, conforme previsto na LOMAN, é controverso após a implantação do regime de subsídios. Veremos logo à frente o que diz o CNJ sobre o tema.

Também pode ser instituída em favor dos juízes a *gratificação pela prestação de serviço à Justiça Eleitoral*. Essa gratificação é detalhada pela Lei nº 8.350/1991 e é estipulada da seguinte forma: a) ministros do TSE: três por cento do vencimento básico de ministro do Supremo Tribunal Federal, por sessão a que comparecerem; b) membros de tribunais regionais eleitorais:

---

registro e recadastramento de material bélico. 7. Recurso Especial provido". (RESP - RECURSO ESPECIAL - 1327796 2012.00.36690-2, HERMAN BENJAMIN, STJ - SEGUNDA TURMA, DJE DATA:04/08/2015 ..DTPB:.)

três por cento do vencimento básico de juiz do tribunal regional federal, por sessão a que comparecerem; c) juízes eleitorais: dezoito por cento do subsídio de juiz federal, por mês.

O art. 65, VII, da LOMAN estabelece outra vantagem que pode ser outorgada: *gratificação pela prestação de serviço à Justiça do Trabalho*, nas comarcas onde não forem instituídas varas do trabalho. Essa gratificação depende da edição de lei, o que não havia ocorrido mesmo depois de anos da edição da LOMAN[4]. Quanto à previsão de pagamento de *gratificação adicional de cinco por cento por quinquênio de serviço, até o máximo de sete*, essa verba foi extinta com a introdução do regime de subsídios.

Ainda há previsão para pagamento de *gratificação de magistério*, por aula proferida em curso oficial de preparação para a magistratura ou em Escola Oficial de Aperfeiçoamento de Magistrados, exceto quando o magistrado receber remuneração específica para esta atividade (art. 65, IX). Por fim, a LOMAN diz que pode ser instituída a *gratificação pelo efetivo exercício em comarca de difícil provimento*, assim definida e indicada em lei.

Deve-se ressaltar que a jurisprudência se inclina pela necessidade de lei específica de cada ente da federação instituindo as vantagens previstas em seu art. 65, não bastando a previsão genérica na LOMAN.

É muito importante atentar para o que diz o CNJ a respeito da remuneração dos juízes, principalmente por conta das inúmeras controvérsias surgidas após a instituição do regime de subsídios, tendo em vista que a Constituição determina que o subsídio constitui parcela única, vedado o acréscimo de qualquer gratificação, adicional, abono, prêmio, verba de representação ou outra espécie remuneratória (art. 39, § 4º). Embora também pairem muitas discussões a respeito da constitucionalidade e da legalidade de diversos dispositivos previstos na Resolução CNJ nº 13/2006, sua leitura é essencial[5].

Vejamos seus principais pontos.

Segundo seu art. 4º, estão compreendidas no subsídio dos magistrados e por ele extintas as seguintes verbas do regime remuneratório anterior à instituição do subsídio:

---

4 AC 2000.35.00.010577-9/GO, Rel. Desembargador Federal Antônio Sávio De Oliveira Chaves, Conv. Juiz Federal Miguel Ângelo De Alvarenga Lopes (conv.), Primeira Turma,DJ p.06 de 16/04/2007.

5 É preciso ficar atento com eventuais alterações e até revogação da Resolução nº 13/2006, pois seu texto deve ser revisado em breve pelo CNJ.

I – vencimentos: a) no Poder Judiciário da União, os previstos na Lei nº 10.474/02 e na Resolução STF nº 257/03; b) no Poder Judiciário dos Estados, os fixados nas tabelas das leis estaduais respectivas.

II – gratificações de: a) Vice-Corregedor de Tribunal; b) Membros dos Conselhos de Administração ou de Magistratura dos Tribunais; c) Presidente de Câmara, Seção ou Turma; d) Juiz Regional de Menores; e) exercício de Juizado Especial Adjunto; f) Vice-Diretor de Escola; g) Ouvidor; h) grupos de trabalho e comissões; i) plantão; j) Juiz Orientador do Disque Judiciário; k) Decanato; l) Trabalho extraordinário; m) Gratificação de função.

III – adicionais: a) no Poder Judiciário da União, o Adicional por Tempo de Serviço previsto na Lei Complementar nº 35/79 (LOMAN), art. 65, inciso VIII; b) no Poder Judiciário dos Estados, os adicionais por tempo de serviço em suas diversas formas, tais como: anuênio, biênio, triênio, sexta-parte, "cascatinha", 15% e 25%, e trintenário.

IV – abonos;

V – prêmios;

VI – verbas de representação;

VII – vantagens de qualquer natureza, tais como: a) gratificação por exercício de mandato (Presidente, Vice-Presidente, Corregedor, Diretor de Foro e outros encargos de direção e confiança); b) parcela de isonomia ou equivalência; c) vantagens pessoais e as nominalmente identificadas (VPNI); d) diferenças individuais para compensar decréscimo remuneratório; e) gratificação de permanência em serviço mantida nos proventos e nas pensões estatutárias; f) quintos; e g) ajuda de custo para capacitação profissional.

VIII – outras verbas, de qualquer origem, que não estejam explicitamente excluídas pelo art. 5º.

No art. 5º, a Resolução CNJ nº 13/2006 disciplinou o que não foi extinto com a instituição do regime de subsídios:

I – de caráter permanente: retribuição pelo exercício, enquanto este perdurar, em comarca de difícil provimento;

II – de caráter eventual ou temporário: a) exercício da Presidência de Tribunal e de Conselho de Magistratura, da Vice-Presidência e do encargo de Corregedor; b) investidura como Diretor de Foro; c) exercício cumulativo de atribuições, como nos casos de atuação em comarcas integradas, varas distintas na mesma Comarca ou circunscrição, distintas jurisdições e juizados especiais; d) substituições; e) diferença de entrância; f) coordenação de Juizados; g) direção de escola; h) valores pagos em atraso, sujeitos ao cotejo com o teto junto com a remuneração do mês de competência; i) exercício como Juiz Auxiliar na Presidência, na Vice-Presidência, na Corregedoria e no Segundo Grau de Jurisdição; j) participação em Turma Recursal dos Juizados Especiais.

A Resolução CNJ nº 13/2006 ainda detalha outras verbas que não foram extintas e, mais do que isso, que não entram no cômputo do teto remuneratório, como as verbas indenizatórias (auxílio-moradia, diárias etc.) ou de caráter temporário (auxílio pré-escolar, benefícios de plano de assistência médico-social etc.), bem como verbas cuja cumulação é permitida pela própria Constituição, como as relativas ao trabalho como professor. Como dito, recomenda-se a leitura completa da Resolução nº 13/2006 para uma melhor compreensão do assunto, levando-se sempre em conta que o regime de subsídios ainda tem inúmeros pontos controversos na doutrina e na jurisprudência.

É importante ressaltar que mesmo as verbas que, segundo o CNJ, não foram extintas pelo pagamento dos subsídios, dependem de previsão legal para seu pagamento.

Cabe destacar também a simetria entre os regimes jurídicos da magistratura e do Ministério Público. Provocado pela AJUFE – Associação dos Juízes Federais do Brasil[6], o CNJ editou a Resolução nº 133/2011, reconhecendo a todos os juízes, independentemente de previsão legal específica, o direito às seguintes vantagens já asseguradas legalmente aos membros do Ministério Público: a) Auxílio-alimentação; b) Licença não remunerada para o tratamento de assuntos particulares; c) Licença para representação de classe, para membros da diretoria, até três por entidade; d) Ajuda de custo para serviço fora da sede de exercício; e) Licença remunerada para curso no exterior; f) indenização de férias não gozadas, por absoluta necessidade de serviço, após o acúmulo de dois períodos.

A Resolução CNJ nº 133/2011 traz as considerações para justificar sua própria edição, entre as quais destacam-se as seguintes: a) a simetria constitucional existente entre a Magistratura e o Ministério Público, nos termos do art. 129, § 4º, da Constituição da República, e a autoaplicabilidade do preceito; b) as vantagens previstas na Lei Complementar nº 75/1993 e na Lei nº 8.625/1993, e sua não previsão na LOMAN – Lei Orgânica da Magistratura Nacional; c) a inadequação da LOMAN frente à Constituição Federal; d) a revogação do art. 62 da LOMAN face ao regime remuneratório instituído pela Emenda Constitucional nº 19; e) a concessão de vantagens às carreiras assemelhadas induz a patente discriminação, contrária ao preceito constitucional, e ocasiona desequilíbrio entre as carreiras de Estado; f) a necessidade de preservar a magistratura como carreira atrativa face à paridade de vencimentos.

Embora tenha reconhecido o direito à simetria, o CNJ não consignou em sua Resolução nº 133/2011 todos os direitos atualmente previstos aos membros do Ministério Público, tal como requerido pela AJUFE, por conta

---

6 Pedido de Providências nº 0002043-22.2009.2.00.0000.

da existência de divergências jurisprudenciais em relação a alguns desses direitos. Aliás, as divergências sobre o que os juízes podem ou não receber devem perdurar e até se acentuar após a normatização pelo CNJ, ao menos até que o STF tome uma posição definitiva sobre o tema ou seja editada a nova LOMAN, conforme determina a Constituição. Por conta disso, o tema exige atenção redobrada de todos os que o estudam.

2.4.2. Férias, licenças e afastamentos

Os magistrados têm direito a sessenta dias de férias anuais, conforme estabelece o art. 66 da LOMAN, que podem ser divididos em dois períodos de trinta dias. Por outro lado, estabelece o art. 93, XII, da Constituição que a atividade jurisdicional será ininterrupta, sendo vedado férias coletivas nos juízos e tribunais de segundo grau, funcionando, nos dias em que não houver expediente forense normal, juízes em plantão permanente. Em síntese, não mais vigora no Poder Judiciário o regime de férias coletivas, exceto nos casos dos tribunais superiores, que ainda podem prevê-las.

Quanto às licenças, a primeira prevista pela LOMAN em seu art. 69 é a para tratamento de saúde. Na iniciativa privada, os trabalhadores contam com o auxílio-doença, um benefício de natureza previdenciária que substitui a remuneração paga pela empresa a partir do 16º dia de afastamento. Para os magistrados, existe essa licença para tratamento de saúde, que de certa forma cumpre com os mesmos objetivos, ou seja, possibilitar ao juiz que trate de sua saúde sem riscos de perda do cargo ou do subsídio. Em geral, para licenças de até trinta dias, basta o magistrado apresentar ao tribunal um atestado de seu médico particular. Porém, a licença para tratamento de saúde por prazo superior a trinta dias, bem como as prorrogações que importem em licença por período ininterrupto, também superior a trinta dia, dependem de inspeção por junta médica. Se a licença perdurar por muito tempo, normalmente por mais de dois anos, o juiz é avaliado para ver se não é o caso de aposentadoria por invalidez.

A LOMAN também prevê a licença por motivo de doença na família. Imaginemos o caso de uma juíza que viva sozinha com a sua filha pequena e esta venha a adoecer, necessitando ficar internada. Nessa hipótese, sendo imprescindível que a juíza esteja constantemente ao lado de sua filha, acompanhando o tratamento, será concedida a ela a devida licença. Em não havendo previsão legal específica em relação ao tribunal no qual o juiz atua, pode ser aplicado o Estatuto dos Servidores Públicos Civis da União – Lei nº 8.112/1990. Em seu art. 83, essa lei diz que poderá ser concedida licença ao servidor por motivo de doença do cônjuge ou companheiro, dos pais, dos filhos, do padrasto ou madrasta e enteado, ou dependente que viva a suas expensas e conste do seu assentamento funcional, mediante comprovação por perícia médica oficial. Além disso, estabelece que a licença somente será deferida se a assistência direta do servidor for indispensável e não puder ser prestada simultaneamente com o exercício do cargo ou mediante compensação de horário.

Outra licença é para repouso da gestante, mais conhecida como licença maternidade, com previsão constitucional (art. 7º, XIII) de duração de 120 dias. Porém, a Lei nº 11.770/2008 autorizou a administração pública, direta, indireta e fundacional, a instituir programa que garanta prorrogação de 60 dias da licença-maternidade para suas servidoras, passando assim para 180 dias. Essa prorrogação foi estabelecida de forma geral no âmbito do Judiciário pela Resolução CNJ nº 279/2019, que também previu a licença de 120 dias (além de prever a prorrogação por mais 60 dias) para a juíza ou juiz que adote uma criança, por aplicação extensiva do art. 227, § 6º, da Constituição Federal, que prevê igualdade de tratamento entre os filhos havidos ou não da relação do casamento e os adotados.

Ainda que não conste na LOMAN, há também a licença paternidade, por conta de previsão constitucional. Em não havendo lei específica de cada ente acerca de sua duração, devem ser adotados os parâmetros do Estatuto dos Servidores Públicos Civis da União – Lei nº 8.112/1990: a licença será de cinco dias, sendo que, a partir da Lei nº 13.257/2016, alguns tribunais (assim como o Poder Executivo Federal, conforme Decreto nº 8.737/2016) passaram a conceder a prorrogação da licença por mais quinze dias, prorrogação essa que acabou sendo prevista na Resolução CNJ nº 279/2019.

Há previsão legal de alguns afastamentos por parte do magistrado, que na prática têm o mesmo significado das licenças. O art. 72 da LOMAN prevê o afastamento por oito dias consecutivos por motivo de casamento. Diz ainda que o juiz poderá se afastar pelo mesmo prazo no caso de falecimento de cônjuge, ascendente, descendente ou irmão. A melhor interpretação, nesse caso, é de que o afastamento também deverá ser concedido no caso de falecimento de companheiro em regime de união estável.

O art. 73 traz mais três afastamentos: I) para frequência a cursos ou seminários de aperfeiçoamento e estudos, a critério do tribunal ou de seu órgão especial, pelo prazo máximo de dois anos; II) para a prestação de serviços, exclusivamente à Justiça Eleitoral; III) para exercer a presidência de associação de classe.

Em relação aos cursos ou seminários, o CNJ editou a Resolução nº 64/2008. O art. 2º da Resolução classificou os cursos em três espécies: a) curta duração – até 30 dias; b) média duração – 31 a 90 dias; c) longa duração – mais de 90 dias. Para estes últimos, o total de afastamentos não poderá exceder a

5% do número de magistrados em atividade em primeira e segunda instâncias, limitado, contudo, a vinte afastamentos simultâneos. A Resolução traz ainda inúmeras normas a serem seguidas tanto para a formulação dos pedidos de afastamento, quanto para o deferimento e os compromissos a serem assumidos pelos juízes afastados, como o de permanecer na instituição pelo mesmo prazo do curso após seu regresso ao trabalho.

A Resolução CNJ nº 133/2011, que tratou da simetria com o regime do Ministério Público, garantiu o direito à licença remunerada para curso no exterior, o que já vinha acontecendo na maioria dos tribunais, até porque a Resolução nº 64/2008 de certa forma já regulava esse direito, embora tratasse de forma mais ampla dos afastamentos para estudo.

A licença para exercer a presidência de associação de classe, prevista no art. 73 da LOMAN, foi ampliada pela Resolução CNJ nº 133/2011, com base na citada simetria com o regime jurídico do Ministério Público. Com isso, foi garantida a licença para representação de classe, para membros da diretoria (não só o presidente), até três por entidade.

Outra inovação trazida pelo reconhecimento da simetria de regimes com o Ministério Público foi a previsão de licença para tratar de assuntos particulares. Essa licença já é prevista para os servidores públicos civis da União Federal, na Lei nº 8.112/1990, bem como, evidentemente, para os membros do MP. Em geral, depende da discricionariedade da administração pública, que vai analisar o pedido com base nos critérios da oportunidade e da conveniência.

2.5. VEDAÇÕES

Poderíamos dizer que as vedações são deveres de abstenção dos juízes, ou seja, ações que ele tem o dever de não tomar. Em palavras mais simples, proibições.

A Constituição enumera várias vedações em seu art. 95, parágrafo único. A primeira delas é o exercício, ainda que em disponibilidade, de outro cargo ou função, salvo uma de magistério. Segundo interpretação do CNJ, essa proibição alcança tanto atividades públicas quanto privadas. A Resolução CNJ nº 10/2005, por exemplo, fixou que é vedado o exercício pelos integrantes do Poder Judiciário de funções nos tribunais de justiça desportiva e em suas comissões disciplinares. Até o exercício da função de grão-mestre da Maçonaria já foi vedado pelo CNJ[7]. Em síntese, vige o princípio da exclusividade

7 CNJ – PP 596 – Rel. Ministro Antônio de Pádua Ribeiro – 29ª Sessão Ordinária – j. 14.11.2006 – DJU 06.12.2006 – Ementa não oficial.

da atuação jurisdicional, o qual exige do magistrado uma dedicação completa ao seu cargo, permitindo apenas o magistério e o exercício de atividades sem vínculo e descompromissadas, como a participação eventual do juiz na organização de uma festa beneficente de sua igreja, desde que para isso não tenha que acumular algum cargo ou função permanente.

A exceção, conforme acabamos de dizer, fica por conta do *magistério*. O tema foi disciplinado pelo CNJ por meio da Resolução nº 34/2007, a qual estabeleceu que os juízes podem lecionar e, além disso, podem exercer cargos ou funções de coordenação acadêmica, como tais considerados aqueles que envolvam atividades estritamente ligadas ao planejamento e/ou assessoramento pedagógico, desde que haja compatibilidade entre os horários fixados para o expediente forense e para a atividade acadêmica. A mesma norma infralegal estabeleceu que é vedado o desempenho de cargo ou função administrativa ou técnica em estabelecimento de ensino, ou seja, o magistrado está autorizado a executar apenas atividades acadêmicas, exceto em curso ou escola de aperfeiçoamento dos próprios tribunais, de associações de classe ou de fundações estatutariamente vinculadas a esses órgãos e entidades. Além disso, alteração de 2016 estabeleceu expressamente que atividades de *coaching*, similares e congêneres, destinadas à assessoria individual ou coletiva de pessoas, inclusive na preparação de candidatos a concursos públicos, não são consideradas atividade docente, sendo vedada a sua prática por magistrados.

Outra vedação que recai sobre os juízes é a de receber, a qualquer título ou pretexto, custas ou participação em processo. Essa proibição só não alcança os honorários que o magistrado venha a receber por serviços advocatícios prestados antes de seu ingresso na magistratura, vez que, nesse caso, não haverá qualquer relação com o exercício do cargo de juiz em si.

Aos juízes também é vedado dedicar-se à atividade político-partidária[8]. Isso implica não apenas em se abster de filiações a partidos políticos, mas também da participação em comícios, carreatas eleitorais, programas partidários, enfim, em tudo o que se relacione com os partidos políticos e suas atividades.

A quarta vedação trazida pelo parágrafo único do art. 95 da Constituição é a de receber, a qualquer título ou pretexto, auxílios ou contribuições de pessoas físicas, entidades públicas ou privadas, ressalvadas as exceções previstas em lei. O juiz deve ser remunerado pelo Poder Judiciário apenas

8 Sobre o tema, é importante verificar as limitações impostas aos juízes pelo CNJ na Resolução nº 305, que trata do uso de redes sociais por parte de magistrados. Referida normatização foi objeto da ADI nº 6.293 junto ao STF, ainda sem julgamento quando do fechamento desta edição.

ou, eventualmente, pela instituição na qual ministrar aulas. Isso não implica em não poder receber lucros de empresas das quais eventualmente seja sócio ou o rendimento advindo de aplicações ou alugueis de imóveis, por exemplo.

A última vedação constitucional é a de exercer a advocacia no juízo ou tribunal do qual se afastou, antes de decorridos três anos do afastamento do cargo por aposentadoria ou exoneração. É a popular *quarentena*, que não proíbe ao juiz de advogar em outros juízos ou tribunais logo após sua aposentadoria, pois a intenção da norma é evitar influências indevidas sobre servidores ou colegas de magistratura dos locais onde o magistrado atuou pouco antes de deixar o cargo.

A LOMAN também traz um rol de vedações às quais os juízes se sujeitam (art. 36). Assim, de acordo com a LOMAN, o juiz não pode exercer o comércio ou participar de sociedade comercial, inclusive de economia mista, exceto como acionista ou quotista. Em síntese, o juiz não pode exercer atividade empresarial, permitido-se a ele apenas ser proprietário de quotas ou ações de sociedades empresariais, mas sem o exercício de qualquer atividade. Não pode, ainda, ser titular de empresa individual de responsabilidade limitada, ainda que seja administrada por terceiro[9]. A segunda vedação estabelecida pela LOMAN repete, de certa forma, o que diz a Constituição: é vedado ao juiz exercer cargo de direção ou técnico de sociedade civil, associação ou fundação, de qualquer natureza ou finalidade, salvo de associação de classe, e sem remuneração. É o princípio da exclusividade da atuação jurisdicional. Reitere-se que não importa se a entidade é sem fins lucrativos, pois ainda assim o juiz não poderá nela exercer cargo ou função.

---

9 Nesse sentido, decidiu o CNJ no procedimento de consulta nº 0005350-37.2016.2.00.0000: "CONSULTA. CONHECIMENTO PARCIAL. CONSTITUIÇÃO DE EIRELI POR MAGISTRADO. IMPOSSIBILIDADE. 1. Consulta acerca da possibilidade de o magistrado ser titular de Empresa Individual de Responsabilidade Limitada (EIRELI) e de constituir terceiro para ser seu gerente ou administrador. 2. Nos termos dos arts. 36, I, da LOMAN e 38 do Código de Ética da Magistratura, e consoante precedentes do CNJ, é vedada a participação de magistrados em sociedade comercial ou o exercício do comércio, exceto na condição de acionista ou cotista e desde que não exerça o controle ou gerência. 3. A constituição de empresa que tem o condão de personificar/individualizar a atuação do seu titular, como ocorre na EIRELI, revela-se incompatível com o exercício da magistratura, porquanto cria para o seu titular interesses e obrigações que não se coadunam com a dedicação plena à judicatura e, sobretudo, com a independência e a imparcialidade necessárias ao desempenho da função jurisdicional. 4. A incompatibilidade permanece mesmo com a designação de um terceiro como administrador, uma vez que o controle continua com o titular, único detentor de todo o capital social, do poder decisório e indiscutivelmente o principal interessado no sucesso econômico da atividade explorada. 5. Consulta a que se conhece parcialmente e que se responde negativamente.(CNJ - CONS - Consulta - 0005350-37.2016.2.00.0000 - Rel. MÁRCIO SCHIEFLER FONTES - 290ª Sessão - j. 07/05/2019)".

Por fim, a LOMAN proíbe o juiz de manifestar, por qualquer meio de comunicação, opinião sobre processo pendente de julgamento, seu ou de outrem, ou juízo depreciativo sobre despachos, votos ou sentenças, de órgãos judiciais, ressalvada a crítica nos autos e em obras técnicas ou no exercício do magistério. Enfim, juiz não critica o trabalho de outro juiz, exceto em livros jurídicos ou quando estiver dando aulas, ainda assim com o objetivo primordial de transmitir conhecimentos técnicos.

2.6. DEVERES

Os deveres a que estão sujeitos os juízes estão disciplinados no art. 35 da LOMAN. Eles objetivam estabelecer padrões de comportamentos para os magistrados que os mantenham dentro dos parâmetros comportamentais esperados pelo mundo jurídico e pela sociedade em geral para um juiz.

Em primeiro lugar, deve o magistrado cumprir e fazer cumprir, com independência, serenidade e exatidão, as disposições legais e os atos de ofício. Se o juiz é o responsável por determinar a aplicação das normas do sistema legal aos casos concretos, não pode ele, em sua vida profissional, agir em desacordo com esse sistema. Mas, não basta o cumprimento das normas: é preciso que isso se dê de forma independente (sem influências externas), serena (sem arroubos de paixão) e exata (nada além ou aquém dos postulados da justiça).

Cabe ao juiz não exceder injustificadamente os prazos para sentenciar ou despachar – esse é outro dever trazido pela LOMAN. Quem determina os prazos, em regra, são as leis processuais. Diz-se que os prazos para o juiz são impróprios, por não gerarem consequências, mas essa afirmação não é de todo verdadeira. É certo que um advogado não pode justificar a perda de um prazo para recorrer por conta do excesso de processos em seu escritório, enquanto o juiz pode alegar que não prolatou uma decisão no prazo de dez dias, conforme manda o art. 226, II, do Código de Processo Civil, devido ao acúmulo de processos em seu gabinete. Porém, se ao juiz não são imputadas consequências graves quando os prazos são descumpridos devido a fatores alheios à sua vontade ou capacidade de trabalho, como ocorre quando há ausência de servidores ou excesso de causas, por outro lado se não há justificativa para os atrasos o magistrado sofre punições. Conforme vimos, a própria Constituição Federal diz que não será promovido o juiz que, injustificadamente, retiver autos em seu poder além do prazo legal, não podendo devolvê-los ao cartório sem o devido despacho ou decisão. O CNJ regulamentou as remoções estabelecendo regra semelhante. Desídia reiterada de juiz pode gerar, inclusive, punição disciplinar ou reprovação no estágio probatório, caso ainda não seja vitalício.

Outro dever do magistrado é o de determinar as providências necessárias para que os atos processuais se realizem nos prazos legais. Isso implica, por exemplo, em cuidar para que um perito não exceda o prazo que tem para a entrega de seu laudo.

Norma importante da LOMAN é a que determina que o juiz deve tratar com urbanidade as partes, os membros do Ministério Público, os advogados, as testemunhas, os funcionários e auxiliares da Justiça, e atender aos que o procurarem, a qualquer momento, quanto se trate de providência que reclame e possibilite solução de urgência (art. 35, IV). São dois deveres principais nesse inciso: 1) tratamento cordial de todas as pessoas envolvidas na atividade jurisdicional; 2) atendimento aos que necessitarem falar com o juiz. Essas obrigações a que estão sujeitos os juízes encontram muitas vezes divergências de limites na doutrina e na jurisprudência, não sendo raro que o CNJ tenha que enfrentar, por exemplo, questões como o estabelecimento de horário pelo juiz para atendimento de advogados.

O quinto dever estabelecido pelo art. 35 da LOMAN é o de residir na sede da comarca, salvo autorização do órgão disciplinar ao qual o juiz estiver subordinado. Há previsão semelhante no art. 93, VII, da Constituição. Essa determinação tem o objetivo de fazer com que a prestação jurisdicional não seja prejudicada pela ausência constante do magistrado da comarca em que exerce suas atividades, colocando em risco, por exemplo, a aplicação de medidas de urgência, como a soltura de uma pessoa presa ilegalmente. Em casos específicos, porém, como possibilita a própria LOMAN, o tribunal pode autorizar o juiz a residir em outra cidade. Isso pode acontecer, por exemplo, quando um casal de magistrados exerce as suas atividades em cidades próximas, sendo possível preservar o núcleo familiar sem que isso prejudique o exercício da atividade jurisdicional. Pode ocorrer também em grandes regiões metropolitanas, nas quais há um núcleo urbano contínuo formado por vários municípios. Por fim, é preciso ressaltar, conforme já decidiu o CNJ, que o dever de residir na comarca não implica na necessidade de pedir autorização sempre que o magistrado dela precisar se ausentar[10].

Em relação à assiduidade e à pontualidade, determina o sexto dever estabelecido pela LOMAN que é obrigação do juiz comparecer pontualmente à hora de iniciar-se o expediente ou a sessão, e não se ausentar injustificadamente antes de seu término. Isso não implica em controle de ponto do juiz e nem penalização caso ele trabalhe determinado período do dia em casa, por exemplo. O importante é que ele esteja acessível sempre que sua presença no

10 CNJ – PCA 18819 – Relator Conselheiro Paulo Lobo – 57ª Sessão Ordinária de Julgamento.

fórum for necessária, como no caso de realização de audiências e atendimento aos advogados e demais pessoas que o procurarem.

O sétimo dever é o de exercer assídua fiscalização sobre os subordinados, especialmente no que se refere à cobrança de custas e emolumentos, embora não haja reclamação das partes. Quanto à essa cobrança de valores monetários, ela deixou de ter grande importância a partir do momento em que o pagamento dos preços judiciários passou a ser feito por meio do sistema bancário, embora seja dever do juiz velar para que a secretaria verifique se as partes juntaram os respectivos comprovantes de pagamento.

Encerrando, determina a LOMAN que o juiz deve manter conduta irrepreensível na vida pública e particular. Como eu sempre digo, da mesma maneira que um médico desidiosamente obeso e compulsivamente fumante tem sua credibilidade abalada perante seus pacientes, um magistrado que pratique atos públicos ou particulares que maculem a sua boa imagem perde a credibilidade perante os jurisdicionados. Isso não implica, porém, em prolatar decisões que agradem a todos. Muitas vezes, o que o juiz sentencia provoca uma enxurrada de críticas da população e da imprensa. Mas, não é disso que o dever de conduta irrepreensível previsto na LOMAN trata. Não se espera do juiz que agrade com suas decisões e, sim, que aplique a justiça conforme determina a legislação e os princípios do direito. Espera-se, por outro lado, que ele não se envolva em atividades ilícitas ou imorais, que mantenha uma conduta serena, respeite o próximo e seja tido como um modelo de cidadão.

No art. 56, a LOMAN traz ainda alguns comportamentos que justificam a aplicação da pena de aposentadoria compulsória, podendo ser punido o juiz que:

> I – manifestadamente negligente no cumprimento dos deveres do cargo;
>
> Il – de procedimento incompatível com a dignidade, a honra e o decoro de suas funções;
>
> III – de escassa ou insuficiente capacidade de trabalho, ou cujo proceder funcional seja incompatível com o bom desempenho das atividades do Poder Judiciário.

Deve-se destacar, porém, que a Emenda Constitucional nº 103/2019 retirou do texto da Carta Magna as previsões de aplicação da pena de aposentadoria compulsória. De toda forma, ainda podemos tomar esses comportamentos previstos no art. 56 da LOMAN como deveres negativos do magistrado. Assim, ele deve cumprir seus deveres de forma eficiente, sem demonstrar negligência; deve manter um procedimento compatível com a dignidade, a honra e o decoro de suas funções; deve demonstrar capacidade para trabalhar de forma produtiva.

Capítulo 3

CÓDIGO DE ÉTICA DA MAGISTRATURA NACIONAL

SUMÁRIO: 3.1. INTRODUÇÃO; **3.2.** ÉTICA; **3.3.** CONTEÚDO DO CÓDIGO.

3.1. INTRODUÇÃO

A criação de um Código de Ética da Magistratura Nacional, por parte do Conselho Nacional de Justiça, é uma iniciativa interessante e positiva para o aprimoramento do trabalho e da conduta dos juízes. De toda forma, a força normativa de seus artigos está condicionada à prévia adequação de cada um deles à Constituição e às leis em sentido estrito, especialmente à LOMAN. Isso porque uma norma infralegal sem suporte em instrumentos normativos superiores não pode gerar punições para quem a desobedecer.

Acredito, porém, que esse fato não invalida as disposições do Código de Ética estabelecido pelo CNJ, quando a conduta do magistrado consistir em uma ofensa não apenas a tais disposições, mas também ao dever estabelecido pela LOMAN de o juiz manter uma conduta irrepreensível na vida pública e particular. Em síntese, o Código de Ética apenas detalha comportamentos que se espera de um juiz para que essa conduta irrepreensível seja preservada. Quando houver algum caso específico e concreto que gere discussão acerca da aplicabilidade de algum mandamento do Código de Ética, bastará verificar se esse mandamento excede os objetivos estabelecidos pela LOMAN ao disciplinar os deveres dos magistrados.

A fundamentação legal exposta na parte introdutória do Código, para justificar a sua edição pelo CNJ, é a seguinte: Constituição Federal (art. 103-B, § 4º, I e II), Lei Orgânica da Magistratura Nacional (art. 60 da LC nº 35/79) e Regimento Interno do próprio Conselho (art. 19, incisos I e II). Quanto à referência à Constituição Federal, o principal suporte do Código se encontra no inciso art. 103-B, § 4º, I, que dá ao CNJ a competência para zelar pela autonomia do Poder Judiciário e pelo cumprimento do Estatuto da Magistratura, *podendo expedir atos regulamentares*. Com base nisso, é defensável que o Conselho expeça um Código de Ética, regulamentando os deveres dos magistrados que já vimos no capítulo anterior. Quanto à referência feita à LOMAN na parte introdutória, o artigo de suporte é o 60, que diz: "O Conselho Nacional da Magistratura estabelecerá, em seu Regimento Interno, disposições complementares das constantes deste Capítulo". Porém, esse Conselho Nacional da Magistratura já não mais existe há anos e guarda apenas algumas semelhanças com o CNJ. Em síntese, bastaria ao Código de Ética fazer referência à Constituição e isso já seria suficiente para fundamentar a sua existência.

3.2. ÉTICA

A palavra ética tem várias acepções e é utilizada em contextos por vezes absolutamente distintos. Basta dar uma olhada no dicionário e se constatará a amplitude de significados e usos, especialmente quando a palavra é acompanhada de um adjetivo. Assim, temos ética autônoma, ética formal, ética material etc.

Tomando de empréstimo uma das definições trazidas pelo Dicionário Houaiss, temos ética como sendo "parte da filosofia responsável pela investigação dos princípios que motivam, distorcem, disciplinam ou orientam o comportamento humano, refletindo especialmente a respeito da essência das normas, valores, prescrições e exortações presentes em qualquer realidade social". Porém, para esse nosso estudo, é ainda mais apropriada outra definição do mesmo dicionário, segundo a qual a ética é o "conjunto de regras e preceitos de ordem valorativa e moral de um indivíduo, de um grupo social ou de uma sociedade".

Em síntese, quando se fala em *Código de Ética da Magistratura Nacional*, estamos nos referindo a um conjunto de regras e preceitos que expõem quais são valores morais – alguns com reflexos legais também – que devem pautar a conduta do magistrado.

Não é objetivo desta obra fazer qualquer aprofundamento acerca das teorias filosóficas sobre ética, especialmente pela complexidade que envolve o tema e os intensos debates que ele gera. Assim, caso seja de interesse do leitor, recomenda-se a busca por livros mais específicos, a começar pelas imprescindíveis obras do filósofo grego Aristóteles, ponto de partida para qualquer um que deseje se aprofundar no estudo da ética.

3.3. CONTEÚDO DO CÓDIGO

O Código de Ética da Magistratura Nacional é dividido em onze capítulos que disciplinam a conduta dos juízes e um capítulo trazendo as disposições finais. Sua leitura integral é altamente recomendável para quem deseja ou precisa conhecer seu conteúdo, razão pela qual ele foi transcrito no anexo final deste livro.

Pois bem, o primeiro capítulo traz as disposições gerais, com o art. 1º resumindo o que se espera de um juiz: que sua conduta seja norteada pelos princípios da independência, da imparcialidade, do conhecimento e capacitação, da cortesia, da transparência, do segredo profissional, da prudência, da diligência, da integridade profissional e pessoal, da dignidade, da honra e do decoro. Cada item desses faz parte de um dos capítulos.

O item trabalhado e que consta no segundo capítulo é dedicado à *independência* dos magistrados. É a regulamentação do art. 35, I, da LOMAN, o qual diz que é dever do juiz cumprir e fazer cumprir, com independência, serenidade e exatidão, as disposições legais e os atos de ofício. É interessante notar que o Código de Ética ressaltou esse valor não apenas em sua vertente negativa, ou seja, deixar-se influenciar, mas também na vertente positiva: influenciar outro juiz. Nesse sentido, exige-se do juiz que não interfira, de qualquer modo, na atuação jurisdicional de outro colega, exceto em respeito às normas legais. Por outro lado, se alguém tentar influenciá-lo, cabe ao magistrado denunciar essa conduta. A quem? À corregedoria ou ao próprio CNJ.

O terceiro capítulo é dedicado à *imparcialidade*, uma das virtudes que a sociedade mais espera encontrar em um juiz. O Código de Ética define o que considera um juiz imparcial: aquele que busca nas provas a verdade dos fatos, com objetividade e fundamento, mantendo ao longo de todo o processo uma distância equivalente das partes, e evita todo o tipo de comportamento que possa refletir favoritismo, predisposição ou preconceito. Ciente de que existe uma situação específica que poderia provocar conflitos morais nos juízes, o CNJ esclareceu nesse mesmo capítulo que o magistrado pode receber o advogado de uma das partes sem a presença do advogado da outra, desde que a ele assegure o mesmo direito posteriormente, não configurando tal conduta uma infração ética. Muitos juízes, buscando privilegiar ao máximo a imparcialidade, evitam recebem advogados de uma das partes sem que o da outra esteja presente.

O quarto capítulo é dedicado à *transparência*. Notam-se dois objetivos principais nesse ponto do Código de Ética: 1) assegurar o cumprimento do princípio constitucional da publicidade, que norteia toda a administração pública (art. 37, *caput*); 2) orientar os juízes quanto ao seu relacionamento com os veículos de comunicação. Em relação a este último ponto, por exemplo, diz o Código que o juiz deve, na sua relação com os meios de comunicação social, comportar-se de forma prudente e equitativa, evitando comportamentos que impliquem a busca injustificada e desmesurada por reconhecimento social, mormente a autopromoção em publicação de qualquer natureza. Em síntese, não se espera que o juiz *fale somente nos autos*, como diz a máxima de longa data conhecida no meio jurídico, mas que fale também aos meios de comunicação, desde que de forma prudente, serena, imparcial e sem objetivar a promoção pessoal.

O capítulo seguinte trata da *integridade pessoal e profissional*, explicando o art. 15 que a integridade de conduta do magistrado fora do âmbito estrito da atividade jurisdicional contribui para uma fundada confiança dos cidadãos na judicatura. Relembro aquele exemplo que dei do médico desidiosamente obeso e fumante inveterado. Vale também o velho ditado segundo o qual "à mulher de César não basta ser honesta, tem de parecer honesta". O mesmo deve ser dito também aos juízes. O comportamento do magistrado deve demonstrar não apenas que ele não comete ilegalidades ou imoralidades, deve principalmente demonstrar que ele é honesto e tem uma moral inabalável. Nesse sentido, por exemplo, diz o art. 19 do Código de Ética que cumpre ao magistrado adotar as medidas necessárias para evitar que possa surgir qualquer dúvida razoável sobre a legitimidade de suas receitas e de sua situação econômico-patrimonial.

Em seu sexto capítulo, o Código de Ética trata da *diligência e dedicação*. Assim, determina aos juízes que zelem pelo curso célere e correto de seus processos, reproduzindo o disposto no art. 35, III, da LOMAN. Em outra vertente, trata do princípio da exclusividade da atuação jurisdicional, estipulando que o magistrado não deve assumir encargos ou contrair obrigações que perturbem ou impeçam o cumprimento apropriado de suas funções específicas, ressalvadas as acumulações permitidas constitucionalmente. Tocando em um ponto que também diz respeito à integridade pessoal e profissional tratada no capítulo anterior, o Código de Ética estabelece: o magistrado, no exercício do magistério, deve observar conduta adequada à sua condição de juiz, tendo em vista que, aos olhos de alunos e da sociedade, o magistério e a magistratura são indissociáveis, e faltas éticas na área do ensino refletirão necessariamente no respeito à função judicial. Em síntese, espera-se que a mesma correção e sobriedade do gabinete no fórum sejam mantidas nas salas de aula.

Na sequência, é tratada a *cortesia*. Em relação ao dever trazido pelo art. 35, IV, da LOMAN, o qual já estudamos, há poucas inovações. A mais importante é a imposição ao magistrado da utilização de linguagem escorreita, polida, respeitosa e compreensível, no trato com todos os que o cercam no ambiente profissional. A partir dessa determinação, pode-se, por exemplo, considerar antiético o linguajar de um juiz que, abusando de rebuscamentos, torna-se praticamente incompreensível para as partes durante uma audiência.

Se o magistrado não deve descuidar da correção no uso da língua, nem por isso pode enfeitá-la a ponto de não se fazer entender.

O oitavo capítulo cuida da *prudência*, essa virtude desejável aos profissionais de praticamente todas as áreas. E quem é o juiz prudente? Segundo o Código de Ética, é o que busca adotar comportamentos e decisões que sejam o resultado de juízo justificado racionalmente, após haver meditado e valorado os argumentos e contra argumentos disponíveis, à luz do direito aplicável. Destaca ainda o Código que, especialmente ao proferir decisões, incumbe ao magistrado atuar de forma cautelosa, atento às consequências que pode provocar. Em minha vida profissional, por exemplo, já analisei casos nos quais determinada decisão parecia correta perante a lei, porém suas consequências seriam tão desastrosas para tantas pessoas inocentes que a melhor solução foi buscar, ainda dentro dos parâmetros de legalidade, outra alternativa.

O *sigilo profissional* é outro aspecto abordado pelo Código. Assim como os médicos e os líderes religiosos, os juízes tomam conhecimentos de fatos de toda ordem sobre pessoas, empresas, instituições etc. São informações que, em muitos casos, podem causar diversos prejuízos a terceiros caso divulgadas. Por isso, impõe-se o dever de sigilo, devendo o juiz guardar absoluta reserva, na vida pública e privada, sobre dados ou fatos pessoais de que haja tomado conhecimento no exercício de sua atividade. Em relação aos julgamentos colegiados, o Código de Ética determina o sigilo dos votos que ainda não hajam sido proferidos e daqueles de cujo teor tomem conhecimento os juízes, eventualmente, antes do julgamento.

No décimo capítulo, é abordada a exigência de *conhecimento e capacitação*. A própria Constituição já determina ao juiz a necessidade de se reciclar e se aprimorar, ao estabelecer no art. 93, IV, que deverão ser previstos cursos oficiais de preparação, aperfeiçoamento e promoção de magistrados, constituindo etapa obrigatória do processo de vitaliciamento a participação em curso oficial ou reconhecido por escola nacional de formação e aperfeiçoamento de magistrados. Nesse sentido, estabelece o Código de Ética que o magistrado bem formado é o que conhece o Direito vigente e desenvolveu as capacidades técnicas e as atitudes éticas adequadas para aplicá-lo corretamente.

Por fim, o Código de Ética trata da *dignidade, honra e decoro*. Já vimos que comportamentos incompatíveis com essas três qualidades podem levar o juiz a ser punido, nos termos do art. 56, II, da LOMAN. Assim, além de ser um dever ético manter-se digno, honrado e com decoro, tal comportamento também é um dever legal. Nesse capítulo, o Código de Ética inclui ainda outra vedação já contida em textos legais: a proibição do exercício de atividades empresariais, podendo o juiz apenas ter ações ou quotas de empresas, mas sem o exercício de controle ou gerência.

Por fim, o mesmo capítulo diz que é atentatório à dignidade do cargo qualquer ato ou comportamento do magistrado, no exercício profissional, que implique discriminação injusta ou arbitrária de qualquer pessoa ou instituição. É importante destacar a palavra *injusta*, pois um tratamento desigual a pessoas em condições desiguais não será injusto, ao contrário, é o esperado. É a velha máxima: deve-se tratar igualmente os iguais e desigualmente os desiguais, na medida de sua desigualdade.

O Código de Ética diz em sua parte final que seus preceitos complementam os deveres funcionais dos juízes que emanam da Constituição, da LOMAN e das demais disposições legais. Na verdade, o que o Código de Ética faz é detalhar os deveres já impostos nesses instrumentos normativos citados, pois ele não poderia criar novos deveres para os juízes, a não ser no campo exclusivamente ético mesmo, sem possibilidade de sanção jurídica em caso de descumprimento.

Capítulo 4

SISTEMAS DE CONTROLE INTERNO DO PODER JUDICIÁRIO

SUMÁRIO: 4.1. INTRODUÇÃO; **4.2.** CORREGEDORIAS; **4.3** OUVIDORIAS; **4.4** CONSELHOS SUPERIORES; **4.4.1.** CONSELHO DA JUSTIÇA FEDERAL; **4.4.2.** CONSELHO SUPERIOR DA JUSTIÇA DO TRABALHO; **4.5.** CONSELHO NACIONAL DE JUSTIÇA.

4.1. INTRODUÇÃO

Iniciemos com as lições de Carvalho Filho sobre o tema[1]:

> "Ocorre o **controle externo** quando o órgão fiscalizador se situa em Administração diversa daquela de onde a conduta administrativa se originou. É o controle externo que dá bem a medida da harmonia que deve reinar entre os Poderes, como o impõe o art. 2º da CF. Por envolver aspectos que de alguma forma atenuam a independência entre eles, esse tipo de controle está normalmente contemplado na Constituição. É o caso do controle do Judiciário sobre atos do Executivo em ações judiciais. Ou do Tribunal de Contas sobre atos do Executivo e do Judiciário.
>
> **Controle interno** é aquele exercido por órgãos de um Poder sobre condutas administrativas produzidas dentro de sua esfera. Desse modo, o controle que um órgão ministerial exerce sobre os vários departamentos administrativos que o compõem se caracteriza como interno, e isso porque todos integram o Poder Executivo. No Judiciário, por exemplo, é controle interno o que a Corregedoria exercer sobre os atos dos serventuários da Justiça."

O controle interno do Poder Judiciário é bastante complexo e abrangente, alcançando não apenas as corregedorias dos tribunais, mas também outros órgãos e setores. Para reforçar a necessidade da instituição desses sistemas de controle, o CNJ publicou a Resolução nº 86/2009, posteriormente substi-

1 Obra citada, p. 895.

tuída pela Resolução nº 308/2020, a qual definiu a auditoria interna como a atividade independente e objetiva de avaliação e consultoria com o objetivo de agregar valor às operações da organização, de modo a auxiliar na concretização dos objetivos organizacionais, mediante avaliação da eficácia dos processos de gerenciamento de riscos, de controles internos, de integridade e de governança. A Resolução nº 308/2020 também dispôs sobre o chamado Sistema de Auditoria Interna do Poder Judiciário – SIAUD-Jud, que tem como objetivo organizar o processo de auditoria em âmbito nacional, uniformizando procedimentos de auditoria, definindo diretrizes e estabelecendo parâmetros para a atividade de auditoria interna do Poder Judiciário.

Já a Resolução CNJ nº 309/2020 dispôs sobre importantes diretrizes técnicas das atividades de auditoria interna do Poder Judiciário, recomendando-se a sua leitura na íntegra.

Ressalte-se que há sistemas de controle interno dentro do Poder Judiciário, mas fora dos tribunais, como é o caso do controle exercido pelo Conselho Nacional de Justiça, pelo Conselho da Justiça Federal e o Conselho Superior da Justiça do Trabalho.

A fiscalização feita por esses órgãos não é apenas a disciplinar sobre servidores e juízes[2], abrangendo também a correção da execução orçamentária, a correção das rotinas de trabalho, o uso correto e produtivo dos recursos materiais e imateriais postos do Poder Judiciário. Enfim, o sistema de controle interno busca, por meio de seus vários órgãos e em linhas gerais, trabalhar para que o Judiciário atue respeitando os princípios constitucionais da administração pública dispostos no art. 37 da Constituição: legalidade, impessoalidade, moralidade, publicidade e eficiência.

4.2. CORREGEDORIAS

Em relação às corregedorias dos tribunais, elas constituem o órgão mais evidente de controle interno. Mas, ao contrário do que possa parecer, não cuidam apenas de questões disciplinares. Peguemos como exemplo a Corregedoria Regional do Tribunal Regional Federal da 1ª Região. Entre suas atribuições, por exemplo, temos: a) fiscalizar e superintender as atividades relativas ao aperfeiçoamento, à disciplina e à estatística forense de primeiro grau, adotando, desde logo, as medidas adequadas à eliminação de erros e abusos; b) expedir instruções e orientações normativas destinadas ao aperfeiçoamento, à padronização e racionalização dos serviços forenses de primeiro

2 Recorde-se que o CSJT não tem competência disciplinar sobre juízes, em sentido estrito.

grau; c) aprovar, anualmente, a escala de férias dos juízes federais e juízes federais substitutos; d) autorizar o afastamento de juiz federal e juiz federal substituto por prazo inferior a trinta dias[3].

Percebe-se que o poder disciplinar da corregedoria é, em muitos casos, de natureza muito mais informativa e de orientação do que punitiva, até mesmo porque, ao menos em relação aos juízes, a decisão de puni-los ou não é exclusiva do plenário do tribunal ou de seu órgão especial, nos termos do art. 93, X, da Constituição. Assim, a corregedoria funciona, em primeiro lugar, como o órgão responsável por orientar juízes e servidores na condução de seus trabalhos de maneira produtiva e eficiente, devendo ser um órgão parceiro e de auxílio.

Cada tribunal possui a sua própria corregedoria, com atribuições dadas por ato interno. A direção do órgão cabe a um dos membros do tribunal, que ocupa o cargo de corregedor. Segundo o art. 103, § 2º, da LOMAN, nos estados com mais de cem comarcas e duzentas varas, poderá haver até dois corregedores.

Entre as atribuições mais comuns da corregedoria está justamente a de fazer correições periódicas nas varas. Segundo a LOMAN, em seu art. 105, a lei estabelecerá o número mínimo de comarcas a serem visitadas, anualmente, pelo corregedor, em correição geral ordinária, sem prejuízo das correições extraordinárias, gerais ou parciais, que entenda fazer. Mas, o que é uma correição? É uma fiscalização feita em períodos específicos pela corregedoria em uma unidade, normalmente uma vara, na qual são analisados processos selecionados (em muitos casos, por amostragem) para verificar se a condução deles está sendo feita de forma correta e produtiva. Verifica-se também se não há algum desvio de conduta por parte de servidores e magistrados e são analisadas as rotinas da vara para saber se elas estão de acordo com os regulamentos e também se há alguma inovação positiva que deva ser reproduzida em outras varas. Ao final, normalmente é elaborado um relatório descrevendo os trabalhos da correição, bem como sugerindo ou determinando providências por parte dos servidores e do magistrado.

Ainda tomando como exemplo o TRF da 1ª Região, o Provimento Geral da Corregedoria traça as linhas gerais, em seus artigos 68 e 69, do que é a correição[4]:

> Art. 68. A Corregedoria Regional procederá às correições ordinárias e extraordinárias nas unidades e serviços judiciários vinculados à 1ª Região, com a finalidade de:

3 Regimento Interno do TRF da 1ª Região, art. 23.

4 Provimento COGER 10126799 do TRF da 1ª Região, de 19 de abril de 2020.

> I – manter a regularidade de funcionamento na distribuição da justiça e nas atividades administrativas;
>
> II – coletar e difundir boas práticas;
>
> III – aprimorar os serviços jurisdicionais e administrativos;
>
> IV – buscar a eficiência;
>
> V – fomentar a troca de experiências;
>
> VI – esclarecer situações de fato; e
>
> VII – prevenir irregularidades.
>
> Art. 69. O corregedor, ao realizar a atividade correcional, que é administrativa, não exerce função jurisdicional.

É importante destacar que a corregedoria não tem poderes para rever a atuação jurisdicional dos juízes. Se, durante a correição, for verificado, por exemplo, que o juiz tem proferido muitas decisões temerárias autorizando em sede de liminar a liberação de grandes quantias de dinheiro de um banco público, o máximo que o corregedor poderá fazer será analisar cautelosamente para ver se não há indícios de alguma falta funcional naqueles casos. A revogação das liminares, porém, é ato jurisdicional que deverá ser feito pelo órgão recursal do tribunal, após a interposição de agravo pela parte interessada.

Quanto às correições em si, existem as *ordinárias* e as *extraordinárias*. As primeiras são aquelas feitas de tempos em tempos, dentro dos trabalhos normais da corregedoria e de acordo com o cronograma estabelecido pelas normas internas do tribunal. As extraordinárias, como o próprio nome diz, são feitas quando algum fato anormal pede a fiscalização do tribunal. Ainda tomando como exemplo o TRF da 1ª Região, diz o art. 93 do Provimento Geral[5] que o corregedor regional, a qualquer tempo, procederá à correição extraordinária em decorrência de indicadores, informações, reclamações ou denúncias que apontem para a existência de situações especiais de interesse público que as justifiquem, ou em decorrência de fundadas suspeitas ou reclamações que indiquem prática de erros, omissões ou abusos que prejudiquem a prestação jurisdicional, a disciplina judiciária, o prestígio da Justiça Federal ou o regular funcionamento dos serviços de administração da justiça. Em síntese, havendo notícia de uma situação anormal, cuja verificação não possa esperar a correição ordinária, o corregedor fará a extraordinária.

Embora as correições sejam procedimentos relativos ao controle interno promovido pelos tribunais, é comum a previsão de convite a órgãos como

5 Idem.

o Ministério Público, a OAB, a Advocacia-Geral da União ou as advocacias públicas estaduais, bem como a Defensoria Pública, para que também acompanhem o trabalho, reforçando o caráter imparcial e público dos trabalhos.

Por fim, cabe ressaltar que o juiz é corregedor permanente dos serviços que lhe são afetos, especialmente porque a LOMAN diz, em seu art. 35, que é dever do juiz determinar as providências necessárias para que os atos processuais se realizem nos prazos legais, bem como exercer assídua fiscalização sobre os subordinados. Em síntese, cada juiz de 1ª instância está sujeito à sua corregedoria, mas ao mesmo tempo exerce poderes relativamente semelhantes, em caráter permanente, sobre os servidores e os trabalhos que estão sob sua responsabilidade. Se houver algum problema na vara por ele titularizada, por exemplo, é sua obrigação e responsabilidade apurar os fatos e determinar as providências cabíveis, a qualquer tempo.

No âmbito do CNJ, existe a Corregedoria Nacional de Justiça, que estudaremos com mais detalhes no capítulo 4.5, referente ao CNJ.

4.3. OUVIDORIAS

As ouvidorias são órgãos responsáveis por receber reclamações, denúncias, sugestões, elogios, enfim, por "ouvir" o que as pessoas têm a dizer sobre o Poder Judiciário e seus membros. Em geral, cada tribunal tem a sua própria ouvidoria, variando bastante as estruturas. Algumas funcionam em conjunto com a corregedoria ou com a presidência, outras são órgãos totalmente independentes, conforme definido nas normas internas do próprio tribunal.

Por outro lado, a EC nº 45/2004 incluiu na Constituição o art. 103-B, § 7º, para determinar que a União, inclusive no Distrito Federal e nos Territórios, criasse ouvidorias de justiça, competentes para receber reclamações e denúncias de qualquer interessado contra membros ou órgãos do Poder Judiciário, ou contra seus serviços auxiliares, representando diretamente ao Conselho Nacional de Justiça.

Pois bem, o CNJ instituiu sua ouvidoria por meio do art. 41 de seu Regimento Interno, dispondo que seria coordenada por um dos conselheiros. Posteriormente, a Resolução CNJ nº 103/2010 dispôs sobre as atribuições da Ouvidoria do Conselho Nacional de Justiça, determinando ainda a criação de ouvidorias no âmbito dos tribunais. O art. 2º dessa Resolução detalhou a missão do novo órgão: servir de canal de comunicação direta entre o cidadão e o Conselho Nacional de Justiça, com vistas a orientar, transmitir informações e colaborar no aprimoramento das atividades desenvolvidas pelo Conselho, bem como promover a articulação com as demais ouvidorias judiciais para o eficaz atendimento das demandas acerca dos serviços prestados pelos órgãos do Poder Judiciário. Entre as competências dadas à Ouvidoria do CNJ, uma se destaca: a de receber informações, sugestões, reclamações, denúncias, críticas e elogios sobre as atividades do Conselho e encaminhar tais manifestações aos setores administrativos competentes, mantendo o interessado sempre informado sobre as providências adotadas.

Nota-se, a partir dessa definição, que a ouvidoria não é um órgão com funções de fiscalizar o Poder Judiciário, apresentando-se mais como um canal de comunicação do cidadão com ele. Tanto é assim que a Resolução CNJ nº 103/2010 foi expressa ao dizer que não serão admitidas pela Ouvidoria do Conselho: I – consultas, reclamações, denúncias e postulações que exijam providência ou manifestação da competência do Plenário ou da Corregedoria Nacional de Justiça; II – notícias de fatos que constituam crimes, tendo em vista as competências institucionais do Ministério Público e das polícias, nos termos dos arts. 129, inciso I, e 144 da Constituição Federal; III – reclamações, críticas ou denúncias anônimas.

Os parâmetros delineados para a Ouvidoria do CNJ são semelhantes aos que devem ser adotados pelas ouvidorias dos tribunais, que devem ser dirigidas por magistrados escolhidos pelo órgão especial ou tribunal pleno, para período mínimo de um ano, permitida a recondução.

4.4. CONSELHOS SUPERIORES

4.4.1. Conselho da Justiça Federal

O art. 106, parágrafo único, II, da Constituição Federal diz que funciona junto ao Superior Tribunal de Justiça o Conselho da Justiça Federal, cabendo--lhe exercer, na forma da lei, a supervisão administrativa e orçamentária da Justiça Federal de primeiro e segundo graus, como órgão central do sistema e com poderes correicionais, cujas decisões terão caráter vinculante.

Atualmente, a lei de regência do Conselho da Justiça Federal (CJF) é a nº 11.798/2008, dispondo, entre outras coisas, que sua composição será feita pelo presidente e vice do STJ, mais três ministros daquela corte, além dos presidentes dos tribunais regionais federais. Apesar da Constituição já delinear bem o papel do CJF, é o art. 3º da referida lei que resume sua função ao assim estabelecer: "As atividades de administração judiciária, relativas a recursos humanos, gestão documental e de informação, administração orçamentária e financeira, controle interno e informática, além de outras que necessitem coordenação central e padronização, no âmbito da Justiça Federal de primeiro e segundo graus, serão organizadas em forma de sistema, cujo órgão central será o Conselho da Justiça Federal".

Em síntese, o CJF é o centro de decisão, administração e controle das matérias que não sejam de competência exclusiva dos tribunais e que tenham relevância para toda a Justiça Federal. O órgão não possui competência para interferir em processos judiciais, ou seja, não pode analisar uma decisão judicial para revertê-la ou confirmá-la, pois essa competência é dada apenas aos tribunais.

Porém, o CJF possui competência disciplinar, podendo, por exemplo: a) julgar processos administrativos disciplinares relativos a membros dos tribunais regionais federais, imputando, quando for o caso, as penalidades cabíveis, assegurados a ampla defesa e o contraditório; b) avocar processos administrativos em curso; c) representar ao Ministério Público para a promoção das ações judiciais cabíveis contra magistrados, inclusive com vistas na propositura de ação civil para a decretação de perda de cargo ou de cassação de aposentadoria; d) decidir, em grau de recurso, as matérias relacionadas aos direitos e deveres dos servidores de sua secretaria e dos juízes, quando a esses for aplicada sanção em processo disciplinar decidido pelo tribunal regional federal. No âmbito do CJF, funciona, aliás, a Corregedoria-Geral da Justiça Federal, dirigida por Ministro do Superior Tribunal de Justiça eleito Corregedor-Geral conforme o Regimento Interno do Superior Tribunal de Justiça.

Assim, ao menos em tese, um juiz federal de 1ª instância pode ser julgado disciplinarmente pelo seu próprio tribunal, pelo CJF e pelo CNJ.

4.4.2. Conselho Superior da Justiça do Trabalho

Assim como criou o CJF, a Constituição instituiu o Conselho Superior da Justiça do Trabalho (CSJT), conforme dispõe o art. 111-A, segundo o qual funcionará junto ao Tribunal Superior do Trabalho o Conselho Superior da Justiça do Trabalho, cabendo-lhe exercer, na forma da lei, a supervisão administrativa, orçamentária, financeira e patrimonial da Justiça do Trabalho de primeiro e segundo graus, como órgão central do sistema, cujas decisões terão efeito vinculante.

As atribuições do CSJT são similares às do CJF, com a diferença apenas quanto à área de atuação, pois aqui o controle é da Justiça do Trabalho e não da Justiça Federal. Outro ponto que diferencia os dois conselhos é quanto ao fato do CSJT não possuir competência disciplinar e, portanto, não poder punir os magistrados da Justiça do Trabalho, ao contrário do que ocorre com o CJF.

O CSJT tem a seguinte composição: I) presidente e vice-presidente do Tribunal Superior do Trabalho e corregedor-geral da Justiça do Trabalho, como membros natos; II) três ministros do Tribunal Superior do Trabalho, eleitos pelo tribunal pleno; III) cinco presidentes de tribunais regionais do trabalho, eleito cada um deles por região geográfica do País.

Para uma compreensão mais abrangente do órgão e de suas funções, é recomendável a leitura de seu regimento interno, o qual pode ser encontrado na página eletrônica do CSJT[6].

4.5. CONSELHO NACIONAL DE JUSTIÇA

O Conselho Nacional de Justiça faz parte da estrutura do Poder Judiciário nacional, conforme vimos, sendo o órgão responsável, em nível nacional, pelo controle da atuação administrativa e financeira do Poder Judiciário e do cumprimento dos deveres funcionais dos juízes, conforme o art. 103-B da Constituição Federal, incluído pela EC nº 45/2004. Não tem competência para julgar processos judiciais em hipótese alguma, nem mesmo como instância recursal.

Formado por quinze membros, com mandato de dois anos (admitida uma recondução), tem em sua composição: I – o Presidente do Supremo Tribunal Federal; II – um Ministro do Superior Tribunal de Justiça, indicado pelo respectivo tribunal; III – um Ministro do Tribunal Superior do Trabalho, indicado pelo respectivo tribunal; IV – um desembargador de Tribunal de Justiça, indicado pelo Supremo Tribunal Federal; V – um juiz estadual, indicado pelo Supremo Tribunal Federal; VI – um juiz de Tribunal Regional Federal, indicado pelo Superior Tribunal de Justiça; VII – um juiz federal, indicado pelo Superior Tribunal de Justiça; VIII – um juiz de Tribunal Regional do Trabalho, indicado pelo Tribunal Superior do Trabalho; IX – um juiz do trabalho, indicado pelo Tribunal Superior do Trabalho; X – um membro do Ministério Público da União, indicado pelo Procurador-Geral da República; XI – um membro do Ministério Público estadual, escolhido pelo Procurador-Geral da República dentre os nomes indicados pelo órgão competente de cada instituição estadual; XII – dois advogados, indicados pelo Conselho Federal da Ordem dos Advogados do Brasil; XIII – dois cidadãos, de notável saber jurídico e reputação ilibada, indicados um pela Câmara dos Deputados e outro pelo Senado Federal.

A constitucionalidade da criação desse órgão de controle administrativo do Poder Judiciário foi decidida pelo STF no julgamento da ADIn nº 3.367, de relatoria do Ministro Cezar Peluso, processo esse no qual se decidiu, por outro lado, que não é constitucional a criação de órgãos semelhantes ao CNJ no âmbito dos estados.

---

6 http://www.csjt.jus.br.

A competência administrativa e disciplinar do CNJ abrange todos os tribunais e ramos do Poder Judiciário brasileiro, com exceção do STF, pois este é o responsável por julgar os atos e decisões daquele e, por isso mesmo, não poderiam seus membros ou o próprio tribunal se sujeitarem às decisões do CNJ.

O art. 103-B, § 4º, da Constituição especifica quais são as competências do CNJ:

> I – zelar pela autonomia do Poder Judiciário e pelo cumprimento do Estatuto da Magistratura, podendo expedir atos regulamentares, no âmbito de sua competência, ou recomendar providências;
>
> II – zelar pela observância do art. 37 e apreciar, de ofício ou mediante provocação, a legalidade dos atos administrativos praticados por membros ou órgãos do Poder Judiciário, podendo desconstituí-los, revê-los ou fixar prazo para que se adotem as providências necessárias ao exato cumprimento da lei, sem prejuízo da competência do Tribunal de Contas da União;
>
> III – receber e conhecer das reclamações contra membros ou órgãos do Poder Judiciário, inclusive contra seus serviços auxiliares, serventias e órgãos prestadores de serviços notariais e de registro que atuem por delegação do poder público ou oficializados, sem prejuízo da competência disciplinar e correicional dos tribunais, podendo avocar processos disciplinares em curso e determinar a remoção, a disponibilidade ou a aposentadoria com subsídios ou proventos proporcionais ao tempo de serviço e aplicar outras sanções administrativas, assegurada ampla defesa;
>
> IV – representar ao Ministério Público, no caso de crime contra a administração pública ou de abuso de autoridade;
>
> V – rever, de ofício ou mediante provocação, os processos disciplinares de juízes e membros de tribunais julgados há menos de um ano;
>
> VI – elaborar semestralmente relatório estatístico sobre processos e sentenças prolatadas, por unidade da Federação, nos diferentes órgãos do Poder Judiciário;
>
> VII – elaborar relatório anual, propondo as providências que julgar necessárias, sobre a situação do Poder Judiciário no País e as atividades do Conselho, o qual deve integrar mensagem do Presidente do Supremo Tribunal Federal a ser remetida ao Congresso Nacional, por ocasião da abertura da sessão legislativa.

Os limites dessa competência, porém, ainda são objetos de intensos debates, tanto na doutrina quanto na jurisprudência. Recomenda-se, portanto, um acompanhamento constante das decisões do STF, que a cada dia se pronuncia sobre novos elementos dos limites da competência do CNJ.

Funciona junto ao CNJ a *Corregedoria Nacional de Justiça*, chefiada pelo Corregedor Nacional de Justiça, cargo ocupado pelo conselheiro advindo do

STJ. Entre as suas atribuições, estão: a) receber as reclamações e denúncias, de qualquer interessado, relativas aos magistrados e aos serviços judiciários; b) exercer funções executivas do Conselho, de inspeção e de correição geral; c) requisitar e designar magistrados, delegando-lhes atribuições, e requisitar servidores de juízos ou tribunais, inclusive nos Estados, Distrito Federal e Territórios. Retiramos na página eletrônica do CNJ um pequeno texto que bem ilustra o papel da Corregedoria e de seu titular[7]: "O papel do Corregedor Nacional de Justiça é exercer o controle disciplinar e promover a correta administração da justiça, delegando atribuições e instruções e zelando pelo bom funcionamento dos serviços judiciários. É importante compreender que não é função do Corregedor punir os desvios de conduta praticados por magistrados e servidores, mas de apurar os fatos trazidos ao seu conhecimento e levar à apreciação do Plenário do CNJ as questões relacionadas à atividade judiciária que se apresentem mais graves e que possam macular a imagem do Judiciário frente ao cidadão".

Algumas observações precisam ser feitas. Esse controle disciplinar abrange todos os magistrados do Poder Judiciário brasileiro, inclusive os ministros do próprio STJ, de onde advém o corregedor, ficando excluídos apenas os ministros do STF, conforme já dito. Por outro lado, o controle disciplinar não significa competência para aplicar penas, pois essa competência cabe apenas ao plenário do CNJ, em respeito à determinação contida no art. 93, incisos VIII e X, da Constituição Federal. Também não cabe ao corregedor suspender decisões judiciais, por mais absurdas que sejam, pois essas decisões são alteráveis apenas por meio dos recursos processuais próprios.

7 Disponível em http://www.cnj.jus.br/corregedoriacnj/o-corregedor. Consultado em 17.agosto.2017.

Capítulo 5

RESPONSABILIDADE ADMINISTRATIVA, CÍVEL E CRIMINAL DOS MAGISTRADOS

5.1. RESPONSABILIDADE ADMINISTRATIVA

5.1.1. Penas disciplinares

Já vimos quais são os deveres e as vedações a que se submetem os magistrados. Pois bem, desobedecidos os mandamentos constitucionais e legais, o juiz ficará sujeito a responder por um processo administrativo, o qual poderá gerar uma punição, assim como ocorre com os servidores públicos em geral e mesmo com os membros de poder.

A diferença, conforme já adiantamos, é que os juízes gozam da garantia constitucional da vitaliciedade, segundo a qual a demissão de um magistrado vitalício somente poderá ser feita por meio de decisão judicial e apenas após o seu trânsito em julgado.

Para disciplinar e dar um tratamento homogêneo ao tema em todos os tribunais, o CNJ expediu a Resolução nº 30/2007, posteriormente substituída pela Resolução nº 135/2011, cuja leitura integral é bastante recomendável. De toda sorte, vejamos os principais pontos da LOMAN e da Resolução CNJ nº 135/2011 relativos à responsabilidade administrativa dos magistrados.

O rol das penas disciplinares é dado pela LOMAN em seu art. 42. São elas: I – advertência; II – censura; III – remoção compulsória; IV – disponibilidade com vencimentos proporcionais ao tempo de serviço. O inciso V prevê a aposentadoria compulsória com vencimentos proporcionais ao tempo de serviço, mas, conforme já dito, a aposentadoria compulsória deixou de ser prevista na Constituição Federal como pena aplicável aos magistrados, a partir da Emenda Constitucional nº 103/2019. A LOMAN fala ainda na demissão como pena disciplinar, devendo o dispositivo ser interpretado, nesse caso, apenas como a demissão que alcança os juízes que ainda não obtiveram o vitaliciamento.

A pena de *advertência* é a mais branda e é aplicada reservadamente, por escrito, no caso de negligência no cumprimento dos deveres do cargo. E quais são os deveres do cargo? São aqueles previstos especialmente no art. 35 da LOMAN, já estudado anteriormente[1]. Assim, por exemplo, um juiz que for negligente com o seu dever de não exceder injustificadamente os prazos para sentenciar ou despachar pode ser punido com uma advertência, caso essa seja a primeira vez que o tribunal apure tal falta funcional. Deve-se estar atento para a determinação da LOMAN de que a advertência é aplicável apenas aos juízes de 1ª instância, ou seja, os membros de tribunais não podem ser punidos com advertência. Não se incluem nesta exceção os juízes de direito substitutos em segundo grau[2].

A pena de *censura* também é aplicável apenas aos juízes de 1ª instância, e será aplicada reservadamente, por escrito, no caso de reiterada negligência no cumprimento dos deveres do cargo, ou no de procedimento incorreto, se a infração não justificar punição mais grave. Uma das consequências da aplicação dessa pena é a proibição do juiz punido figurar em lista de promoção por merecimento pelo prazo de um ano, contado da imposição da pena.

Quanto à pena de *remoção compulsória*, ela será aplicada quando o juiz se mostrar incompatível para o exercício funcional em qualquer órgão fracionário, na seção, na turma, na câmara, na vara ou na comarca em que atue. Em síntese, essa punição ocorre quando as mais brandas (advertência e censura) não forem aplicáveis ou não tiverem surtido efeito, e especificamente nos casos em que a falta funcional cometida pelo juiz estiver relacionada especificamente com o juízo em que atua. Segundo o art. 45 da LOMAN, a remoção compulsória será aplicada a juiz de instância inferior, ou seja, o tribunal não pode remover compulsoriamente seus próprios membros. Se a falta disciplinar sujeita a essa pena tiver sido cometida por um membro do tribunal, a punição poderá advir apenas do CJF, caso seja membro de tribunal regional federal, ou do CNJ, nos demais casos.

---

1 A Resolução CNJ nº 30/2007 ainda colocou no rol de deveres do cargo os previstos no Código de Processo Civil de 1973 (art. 125) e no Código de Processo Penal (art. 251).

2 Alguns tribunais preveem a figura do *juiz substituto em segundo grau*, que normalmente pertencem à última classe da 1ª instância, mas não titularizam nenhuma vara, ficando com atribuições exclusivas de substituir os membros do tribunal, embora a ele não pertençam.

A pena de *disponibilidade compulsória* implica no afastamento temporário do juiz de seu cargo, com o recebimento de subsídios proporcionais ao tempo de serviço. Segundo o art. 57, § 1º da LOMAN, o magistrado posto em disponibilidade somente poderá pleitear o seu aproveitamento, decorridos dois anos do afastamento. Além disso, o tempo de disponibilidade não será computado, senão para efeito de aposentadoria. Em síntese, o juiz colocado em disponibilidade não poderá exercer nenhuma outra função ou cargo (exceto de professor, por expressa previsão constitucional), pois continuará sendo juiz e, portanto, sujeito às vedações de seu cargo. Não poderá, por exemplo, advogar para complementar a sua renda. Além disso, seu tempo de disponibilidade será contado apenas para a aposentadoria, o que acarretará diversos prejuízos ao juiz, como a perda de posições na lista de antiguidade da sua carreira.

Conforme já foi dito, a pena de *aposentadoria compulsória* era a mais grave a ser aplicada administrativamente a um juiz vitalício. Ela era aplicada quando o magistrado: I – mostrava-se manifestamente negligente no cumprimento de seus deveres; II – procedia de forma incompatível com a dignidade, a honra e o decoro de suas funções; III – demonstrava escassa ou insuficiente capacidade de trabalho, ou apresentava proceder funcional incompatível com o bom desempenho das atividades do Poder Judiciário. Embora aos olhos leigos a aposentadoria compulsória pudesse parecer um prêmio e não uma punição, seus efeitos normalmente eram cruéis. Em primeiro lugar, o juiz tinha seus rendimentos reduzidos de acordo com o tempo de serviço. Além disso, na maioria dos casos, a aposentadoria compulsória era apenas o primeiro passo para a completa punição do magistrado, pois em regra a ela era seguido um processo judicial para sua cassação. Enfim, em muitos casos de faltas funcionais gravíssimas, a consequência para o magistrado era a aposentadoria compulsória no âmbito administrativo, seguida pela cassação desse benefício por meio da respectiva ação judicial. De qualquer maneira, não se fala mais em pena de aposentadoria compulsória, conforme já dito, dada a retirada dessa previsão do texto constitucional feita pela EC 103/2019. Como a referida alteração constitucional nada dispôs sobre o art. 95, I, da CF/1988, que prevê a vitaliciedade para os magistrados e a perda do cargo, após dois anos, apenas por meio de sentença judicial transitada em julgado, a pena máxima aplicável na esfera administrativa passou a ser a de disponibilidade.

Por razões lógicas, a pena de *disponibilidade* não deve ser aplicada aos magistrados em estágio probatório, pois a gravidade dos fatos que justificam a aplicação dessa pena aos juízes vitalícios é suficiente para considerar que o magistrado em estágio probatório não tem condições de prosseguir no cargo.

Quanto à *demissão*, já dissemos reiteradas vezes que ela só é aplicável administrativamente aos magistrados que ainda não se tornaram vitalícios. A

Resolução CNJ nº 135/2011 enumerou as hipóteses em que o juiz em estágio probatório poderá ser demitido: I – falta que derive da violação às proibições contidas na Constituição Federal e nas leis; II – manifesta negligência no cumprimento dos deveres do cargo; III – procedimento incompatível com a dignidade, a honra e o decoro de suas funções; IV – escassa ou insuficiente capacidade de trabalho; V – proceder funcional incompatível com o bom desempenho das atividades do Poder Judiciário.

Tecnicamente, o mais adequado é usar o termo *demissão* para os casos de punição, deixando o termo *exoneração* para as hipóteses em que o juiz perde seu cargo por não aprovação no estágio probatório. Um juiz recém empossado no cargo que agrida dolosamente um servidor poderá ter aberto contra si um processo administrativo, resultando em sua demissão antes mesmo do término do período de avaliação de dois anos. Da mesma maneira, se ele for escandalosamente desidioso, recusando-se a fazer seu trabalho rotineiro, poderá ser aberta investigação culminando com sua demissão. Porém, se essa desídia for verificada ao longo de seu vitaliciamento, ao final verificando-se que ele não logrou ser aprovado no estágio probatório, sua saída do cargo se dará por meio de exoneração, em analogia ao que dispõe o art. 20, § 2º, da Lei nº 8.112/1990. Aliás, era isso o que estabelecia o art. 18 da revogada Resolução CNJ nº 30/2007, ao dizer que, negada a vitaliciedade, o presidente do tribunal expedirá o ato de *exoneração*.

5.1.2. Processo administrativo disciplinar

Além de tratar das penas, a Resolução CNJ nº 135/2011 detalha o processo administrativo disciplinar contra juízes, tomando por base as escassas normas constitucionais sobre o tema, bem como as determinações da LOMAN, fazendo neste último caso as devidas adequações, posto que a LOMAN em vários pontos não foi recepcionada pela Constituição de 1988. Também são tomados de empréstimos alguns comandos veiculados por meio da Lei nº 8.112/1990, ou seja, o Estatuto dos Servidores Públicos Civis da União.

Antes do início do processo, porém, há uma espécie de depuração das denúncias ofertadas contra magistrados. Diz o art. 8º da Resolução CNJ nº 135/2011 que o corregedor, no caso de magistrados de primeiro grau, ou o presidente do tribunal, nos demais casos, que tiver ciência de irregularidade é obrigado a promover a apuração imediata dos fatos. Essa investigação preliminar não significa propor, desde já, a abertura de processo administrativo disciplinar. Isso porque as denúncias sobre irregularidades serão primeiramente objeto de apuração, e isso desde que contenham a identificação e o endereço do denunciante e sejam formuladas por escrito, confirmada a autenticidade.

Identificados os fatos, o magistrado será notificado para, no prazo de cinco dias, prestar informações. Mas, essa notificação não se dará em todos os casos de denúncias, pois quando o fato narrado não configurar evidente infração disciplinar ou ilícito penal, a denúncia será arquivada de plano pelo corregedor ou pelo presidente do tribunal, conforme o caso. Além desse arquivamento de plano, a acusação poderá ter o mesmo destino se o magistrado chegar a prestar informações, caso não haja indícios de materialidade ou de autoria de infração administrativa. Para isso, bastará uma decisão fundamentada da autoridade competente, sem necessidade de chancela por parte do colegiado da corte.

O processo propriamente dito terá início após essas investigações preliminares, caso tenham sido realizadas e não for feito o arquivamento preliminar. Ele terá início, segundo o art. 13 da Resolução CNJ nº 135/2011, por determinação do Conselho Nacional de Justiça, acolhendo proposta do Corregedor Nacional ou deliberação do seu plenário, ou por determinação do pleno ou órgão especial, mediante proposta do corregedor, no caso de magistrado de primeiro grau, ou ainda por proposta do presidente do tribunal respectivo, nas demais ocorrências. Em síntese, não é o corregedor que decide instaurar um processo disciplinar, embora possa ele fazer averiguações prévias.

Seguindo determinação da LOMAN, a Resolução CNJ nº 135/2011 prevê a existência da chamada *defesa prévia*. Assim, antes da instauração do processo, ao magistrado será concedido um prazo de quinze dias para a defesa prévia, contado da data da entrega da cópia do teor da acusação e das provas existentes. Findo o prazo da defesa prévia, haja ou não sido apresentada, o relator submeterá ao tribunal pleno ou ao seu órgão especial relatório conclusivo com a proposta de instauração do processo administrativo disciplinar, ou de arquivamento, intimando o magistrado ou seu defensor, se houver, da data da sessão do julgamento. O relator da acusação será o corregedor, nos casos de juízes de 1ª instância, ou o próprio presidente, quando o acusado for membro do tribunal.

Caso a proposta de abertura de processo administrativo disciplinar contra magistrado seja adiada ou deixe de ser apreciada por falta de quórum, cópia da ata da sessão respectiva, com a especificação dos nomes dos presentes; dos ausentes; dos suspeitos e dos impedidos, será encaminhada para a Corregedoria do Conselho Nacional de Justiça, no prazo de quinze dias, contados da respectiva sessão, para fins de deliberação, processamento e submissão a julgamento.

Se não ocorrer a hipótese do parágrafo anterior, é realizada então a sessão para decidir se o juiz será processado administrativamente ou não. Se a decisão for negativa, o processo é arquivado. Se for positiva, será lavrado um acórdão, acompanhado de portaria que conterá a imputação dos fatos e a delimitação do teor da acusação, assinada pelo presidente do órgão.

Será também sorteado o relator, não havendo revisor. Esse relator conduzirá o processo, inclusive fazendo a colheita de provas, bem como apresentará seu voto ao final, para a condenação ou absolvição do magistrado.

Em alguns casos mais graves, torna-se necessário afastar o juiz de suas atividades. Imaginemos a hipótese de a acusação ser de maus tratos com os servidores da vara e com os demais funcionários do fórum. A presença do magistrado poderá, nesse caso, causar constrangimento às testemunhas e prejudicar a colheita de provas. Por conta disso, instaurado o processo administrativo disciplinar, o tribunal pleno ou o órgão especial, onde houver, poderá afastar preventivamente o magistrado até a decisão final, ou, conforme lhe parecer conveniente ou oportuno, por prazo determinado, assegurado o subsídio integral[3].

Instaurado o processo disciplinar, que tem prazo de cento e quarenta dias para ser concluído, prorrogável, quando imprescindível para o término da instrução e houver motivo justificado, mediante deliberação do plenário ou órgão especial, o passo seguinte é a intimação do Ministério Público para se manifestar no prazo de cinco dias.

Em seguida, o relator determinará a citação do magistrado para apresentar as razões de defesa e as provas que entender necessárias, em cinco dias, encaminhando-lhe cópia do acórdão que ordenou a instauração do processo administrativo disciplinar, com a respectiva portaria. Mas, e se o magistrado não apresentar sua defesa, após ter sido citado? Será então considerado revel, podendo o relator nomear defensor dativo, a quem será concedido igual prazo para a apresentação de defesa.

A fase seguinte é a de produção de provas. O relator decidirá sobre a realização dos atos de instrução e a produção de provas requeridas, determinando de ofício as que entender necessárias, podendo delegar poderes, a magistrado de primeiro ou segundo grau.

Na instrução do processo serão inquiridas, no máximo, oito testemunhas de acusação e, até oito de defesa, por requerido, que justificadamente tenham

3 O art. 15, § 1º, da Resolução CNJ nº 135/2011 dispõe que o afastamento do juiz "poderá ser cautelarmente decretado pelo Tribunal antes da instauração do processo administrativo disciplinar, quando necessário ou conveniente a regular apuração da infração disciplinar". Porém, esse afastamento cautelar, segundo nosso entendimento, não encontra amparo na LOMAN, que fala em seu art. 27, § 3º, apenas em afastamento na oportunidade em que for instaurado o processo ou durante o seu curso.

ou possam ter conhecimento dos fatos imputados. Recorde-se que o relator é o condutor da produção de provas. Por isso, será dele a tarefa – a não ser que a delegue, nos termos já vistos no parágrafo anterior – de realizar a colheita das provas orais. Importante: a delegação é só para a execução do ato, não abrangendo a decisão sobre a sua realização ou não.

O interrogatório do magistrado, precedido de intimação com antecedência de 48 quarenta e oito horas, será realizado após a produção de todas as provas. A inquirição das testemunhas e o interrogatório deverão ser feitos em audiência una, ainda que, se for o caso, em dias sucessivos, e poderão ser realizados por meio de videoconferência, nos termos do § 1º do artigo 405 do Código de Processo Penal e da Resolução no 105, de 2010, do Conselho Nacional de Justiça.

O depoimento das testemunhas, as acareações e as provas periciais e técnicas destinadas à elucidação dos fatos serão realizados com aplicação subsidiária, no que couber, das normas da legislação processual penal e da legislação processual civil, sucessivamente.

Após a conclusão da fase de produção de provas, o Ministério Público e, em seguida, o magistrado ou seu defensor terão dez dias para manifestação e razões finais, respectivamente. Em seguida, será disponibilizado para cada um dos membros do órgão julgador o acesso ao conteúdo de todo o processo. Segue-se então a audiência de julgamento. Seguindo determinação da Constituição, a Resolução CNJ nº 135/2011 estabelece que a punição ao magistrado somente será imposta pelo voto da maioria absoluta dos membros do tribunal pleno ou do órgão especial. Por outro lado, a Resolução estabelece que, na hipótese em que haja divergência quanto à pena, sem que se tenha formado maioria absoluta por uma delas, será aplicada a mais leve, ou, no caso de mais de duas penas alternativas, aplicar-se-á a mais leve que tiver obtido o maior número de votos.

Por fim, cabe registrar que, em razão da natureza das infrações objeto de apuração ou de processo administrativo, nos casos em que a preservação do direito à intimidade do interessado no sigilo não prejudique o interesse público à informação, poderá a autoridade competente limitar a publicidade dos atos ao acusado e a seus advogados.

5.2. RESPONSABILIDADE CIVIL

A LOMAN é bastante sintética no que diz respeito à responsabilidade civil dos magistrados, limitando-se a dizer que o juiz responderá nessa seara quando: I – no exercício de suas funções, proceder com dolo ou fraude; II – recusar, omitir ou retardar, sem justo motivo, providência que deva ordenar o ofício, ou a requerimento das partes. Nessa última hipótese, somente será configurada a recusa, omissão ou retardamento depois que a parte, por intermédio do escrivão, requerer ao magistrado que determine a providência, e este não lhe atender o pedido dentro de dez dias.

Em síntese, o magistrado não responde pelas suas decisões, mesmo que elas sejam posteriormente revertidas e por maiores que sejam os prejuízos por ela causados. Se não fosse assim, a segurança para julgar e a independência do juiz estariam inevitavelmente ameaçados. Em casos extremos, a jurisprudência admite a penalização civil do Estado, mas não do juiz em si. Este só responde se proceder com dolo ou fraude, conforme deixa explícito a LOMAN. Não basta, portanto, que os prejuízos sejam causados por negligência, imprudência ou imperícia do magistrado, sendo necessário que ele deseje maliciosamente o prejuízo da parte. Como exemplo, teríamos o caso de um juiz civil que expede uma ordem de prisão, sem processo correspondente, de uma pessoa que é seu desafeto, de forma dolosa e visando atender apenas à sua própria satisfação.

Em relação à demora na prática de atos, a responsabilidade somente será imputada ao juiz se não houver justo motivo para tanto. E quais seriam esses justos motivos? Deficiência do quadro de servidores, greves do serviço público, demora natural da marcha processual devido a dificuldades na produção de provas (como a realização de perícias complexas), carência de varas e juízes, excesso de processos na comarca etc.

Fora do contexto da LOMAN, encontramos outra forma de responsabilização cível dos juízes: a Lei nº 8.429/1992, que trata dos atos de *improbidade administrativa* e das sanções aplicáveis aos agentes públicos nos casos de enriquecimento ilícito no exercício do cargo. Embora possam ser encontradas vozes isoladas na doutrina, a maior parte dos doutrinadores e dos tribunais entende que a ação por improbidade administrativa tem natureza cível, razão pela qual a estudamos neste tópico.

Os juízes não estão imunes aos mandamentos da Lei nº 8.429/1992, cujo processamento se inicia na 1ª instância, conforme já decidiu o STF[4]. A única discussão que há é quanto aos atos que configurem também crimes de responsabilidade, hipótese em não caberia a aplicação da Lei nº. 8429/1992. Mas, não são todos os juízes que estão sujeitos a esses crimes, ficando os demais, seguramente, sujeitos às penas por atos de improbidade administrativa. Segundo o STJ, crimes de responsabilidades podem ser imputados aos ministros do Supremo Tribunal Federal e, desde a vigência da Lei 10.028/00,

4 AI-AgR 653882, Rel. Ministro Celso de Mello.

aos presidentes e seus substitutos no exercício da presidência dos tribunais superiores, tribunais de contas, dos tribunais regionais federais, do trabalho e eleitorais, dos tribunais de justiça e aos juízes e diretores de foro ou função equivalente no primeiro grau de jurisdição (arts. 39 e 39-A da Lei 1.079/50). Os demais membros da magistratura, que não se enquadram nas hipóteses dos arts. 39 e 39-A da Lei 1.079/50, não respondem por crime de responsabilidade, estando, todavia, sujeitos à lei de improbidade administrativa (Lei 8.429/92)[5].

5.3. RESPONSABILIDADE CRIMINAL

Os juízes, como todos os demais cidadãos, respondem pelos crimes que cometerem. A diferença é apenas a existência de um foro especial, determinado pela própria Constituição. Nesse sentido, segue um quadro com o foro a que se submetem os membros do Poder Judiciário em matéria criminal:

ÓRGÃO	TIPOS DE CRIME	MEMBROS DO PODER JUDICIÁRIO PELO ÓRGÃO JULGADOS
Senado	Responsabilidade	Ministros do STF e conselheiros do CNJ*
STF	Comuns	Ministros do STF
STF	Comuns / responsabilidade	Ministros do STJ, TSE, TST e STM
STJ	Comuns / responsabilidade	Desembargadores de tribunais de justiça, juízes de tribunais regionais federais, tribunais regionais do trabalho e tribunais regionais eleitorais
TRF	Comuns / responsabilidade	Juízes federais, juízes-auditores da Justiça Militar, juízes trabalhistas
TJ	Comuns / responsabilidade	Juízes de direito
TRE	Eleitorais	Juízes eleitorais**

* No caso de crimes comuns, a competência para julgar os conselheiros do CNJ será bastante variável. Se o conselheiro for também magistrado ou membro do Ministério Público, a competência será regida de acordo com o cargo ocupado. Se for da classe dos advogados ou dos cidadãos, a competência será da justiça de 1ª instância, de acordo com o tipo de crime (federal, eleitoral ou demais).

** Na esfera eleitoral, a competência para julgar os crimes cometidos por juízes é peculiar. O STF já entendeu reiteradas vezes que os crimes eleitorais, para fins de definição de competência originária para julgamento, inserem-se na categoria de crimes comuns (STF, Reclamação nº 4830, Rel. Ministro Cezar Peluso). Consequentemente, quando

5 RESP 200900443292, ARNALDO ESTEVES LIMA, STJ – PRIMEIRA TURMA, 12/11/2010.

a própria Constituição diz que determinado tribunal julgará determinados magistrados em casos de crimes comuns, esse julgamento abrange também os eleitorais. De toda sorte, o art. 96, III, faz uma exceção em relação a quem julgará os juízes eleitorais de 1ª instância por crimes nessa área: não será o TJ, mas os TRE.

As normas processuais aplicáveis aos magistrados acusados de crimes são aquelas constantes no Código de Processo Penal, exceto quando houver previsão legal de procedimento específico, como acontece nas ações penais de competência originária do STF e do STJ, que são reguladas pela Lei nº 8.038/1990. Em qualquer caso, os regimentos internos de cada tribunal trarão detalhes específicos acerca da marcha processual.

A LOMAN disciplina em seu art. 29 que quando, pela natureza ou gravidade da infração penal, se torne aconselhável o recebimento de denúncia ou de queixa contra magistrado, o tribunal, ou seu órgão especial, poderá, em decisão tomada pelo voto de dois terços de seus membros, determinar o afastamento do cargo do magistrado denunciado.

Quanto às penas aplicáveis aos magistrados condenados por crimes, são as mesmas aplicáveis às demais pessoas. Os juízes também estão sujeitos aos efeitos da condenação previstos no art. 92 do Código Penal, entre eles a perda do cargo: a) quando aplicada pena privativa de liberdade por tempo igual ou superior a um ano, nos crimes praticados com abuso de poder ou violação de dever para com a Administração Pública; b) quando for aplicada pena privativa de liberdade por tempo superior a quatro anos nos demais casos. Esses efeitos, como ressalta o próprio art. 92 em seu parágrafo único, não são automáticos e devem ser motivadamente declarados na sentença. Além disso, a perda do cargo, ainda que o juiz aguarde preso o julgamento de eventuais recursos, somente se dará após o trânsito em julgado, por conta do instituto da vitaliciedade.

Em relação aos crimes de responsabilidade, já vimos que não são todos os juízes que por eles respondem. Segundo o art. 39 da Lei nº 1.079/1950, os ministros do STF respondem pelos seguintes crimes: 1) alterar, por qualquer forma, exceto por via de recurso, a decisão ou voto já proferido em sessão do tribunal; 2) proferir julgamento, quando, por lei, seja suspeito na causa; 3) exercer atividade político-partidária; 4) ser patentemente desidioso no cumprimento dos deveres do cargo; 5) proceder de modo incompatível com a honra, dignidade e decoro de suas funções. Além dos ministros do STF, também cometem crimes de responsabilidade os ministros, desembargadores e juízes quando estiverem na presidência de tribunal ou em substituição à presidência, bem como os juízes diretores de foro ou função equivalente no primeiro grau de jurisdição. Tais magistrados respondem apenas pelos crimes previstos no art. 10 da Lei nº 1.079/1950, que são relativos à lei orçamentária, como deixar de promover ou de ordenar a liquidação integral de operação de crédito por antecipação de receita orçamentária, inclusive os respectivos juros e demais encargos, até o encerramento do exercício financeiro.

O rito processual é previsto na própria Lei nº 1.079/1950. A pena para o crime de responsabilidade, ainda que na forma tentada, é a perda do cargo, com inabilitação, até cinco anos, para o exercício de qualquer função pública. Por imposição constitucional, a perda só se efetiva após o trânsito em julgado. Importante lembrar que a imposição dessa pena não exclui o processo e julgamento do acusado por crime comum, na justiça ordinária, nos termos das leis de processo penal.

Por fim, cabe destacar que os juízes também estão sujeitos aos crimes de abuso de autoridade, nos termos da Lei nº 13.869/2019, que prevê punição, por exemplo, para a autoridade que decretar medida de privação da liberdade em manifesta desconformidade com as hipóteses legais ou que violar direito ou prerrogativa de advogado. A Lei nº 13.869/2019, porém, deixa claro que as condutas nela previstas somente constituem crime de abuso de autoridade quando praticadas pelo agente com a finalidade específica de prejudicar outrem ou beneficiar a si mesmo ou a terceiro, ou, ainda, por mero capricho ou satisfação pessoal, destacando ainda que a divergência na interpretação de lei ou na avaliação de fatos e provas não configura abuso de autoridade[6].

6 Foram ajuizadas várias ações diretas de inconstitucionalidade no STF contra a referida lei, como a ADI 6.238 e a ADI 6.239. Recomenda-se o acompanhamento atento à tramitação dessas ações.

Capítulo 6

ADMINISTRAÇÃO JUDICIAL

6.1. ADMINISTRAÇÃO JUDICIAL

6.1.1. Autonomia administrativa e financeira

Os tribunais do Poder Judiciário brasileiro têm autonomia administrativa e financeira assegurada constitucionalmente, nos termos do art. 99. Em relação à parte financeira, esse artigo diz que os tribunais elaborarão suas propostas orçamentárias dentro dos limites estipulados conjuntamente com os demais poderes na lei de diretrizes orçamentárias, propostas essas que serão encaminhadas da seguinte forma: I – no âmbito da União, pelos presidentes do Supremo Tribunal Federal e dos tribunais superiores, com a aprovação dos respectivos tribunais; II – no âmbito dos Estados e no do Distrito Federal e Territórios, pelos presidentes dos tribunais de justiça, com a aprovação dos respectivos tribunais.

No plano administrativo, o art. 96 da Constituição assegura competência privativa aos tribunais para:

a) eleger seus órgãos diretivos e elaborar seus regimentos internos, com observância das normas de processo e das garantias processuais das partes, dispondo sobre a competência e o funcionamento dos respectivos órgãos jurisdicionais e administrativos;

b) organizar suas secretarias e serviços auxiliares e os dos juízos que lhes forem vinculados, velando pelo exercício da atividade correicional respectiva;

c) prover, na forma prevista nesta Constituição, os cargos de juiz de carreira da respectiva jurisdição;

d) propor a criação de novas varas judiciárias;

e) prover, por concurso público de provas, ou de provas e títulos, obedecido o disposto no art. 169, parágrafo único, os cargos necessários à administração da Justiça, exceto os de confiança assim definidos em lei;

f) conceder licença, férias e outros afastamentos a seus membros e aos juízes e servidores que lhes forem imediatamente vinculados.

Ainda há outras competências constitucionalmente previstas em matéria de organização e administração judiciárias, previstas no art. 96, II, da Constituição. Assim, compete ao Supremo Tribunal Federal, aos tribunais superiores e aos tribunais de justiça propor ao Poder Legislativo respectivo, observadas as normas orçamentárias:

a) a alteração do número de membros dos tribunais inferiores;

b) a criação e a extinção de cargos e a remuneração dos seus serviços auxiliares e dos juízos que lhes forem vinculados, bem como a fixação do subsídio de seus membros e dos juízes, inclusive dos tribunais inferiores, onde houver;

c) a criação ou extinção dos tribunais inferiores;

d) a alteração da organização e da divisão judiciárias.

Percebe-se do texto constitucional que todos os tribunais detêm as competências privativas enumeradas no inciso I do art. 96 da Constituição, mas as previstas no inciso II não foram deferidas aos tribunais regionais federais e tribunais regionais do trabalho, em virtude das competências deferidas ao STJ e TST, bem como ao Conselho da Justiça Federal e ao Conselho Superior da Justiça do Trabalho.

6.1.2. Órgãos diretivos dos tribunais

Em relação à administração do tribunal em si, suas secretarias e juízos vinculados, a gestão é feita pelos seus membros que ocupam os cargos de presidente, vice-presidente e corregedor, sendo sempre o plenário o órgão máximo de decisão administrativa[1].

---

1 Constituição Federal, art. 93, XI: "Nos tribunais com número superior a vinte e cinco julgadores, poderá ser constituído órgão especial, com o mínimo de onze e o máximo de vinte e cinco membros, para o exercício das atribuições administrativas e jurisdicionais delegadas da competência do tribunal pleno, provendo-se metade das vagas por antigüidade e a outra metade por eleição pelo tribunal pleno".

Conforme vimos, cabe ao próprio tribunal eleger seu corpo diretivo, sem interferência do CNJ ou de qualquer tribunal superior, a não ser para correção de eventual ilegalidade ou inconstitucionalidade no processo. O art. 102 da LOMAN dispõe que os tribunais, pela maioria dos seus membros efetivos, elegerão dentre seus juízes mais antigos, em número correspondente ao dos cargos de direção, o presidente, vice-presidente e corregedor. O mandato será de dois anos, proibida a reeleição.

O critério, portanto, é o da antiguidade, mas com uma particularidade: quem tiver exercido quaisquer cargos de direção por quatro anos, ou o de presidente, não figurará mais entre os elegíveis, até que se esgotem todos os nomes, na ordem de antiguidade. Em síntese, ao término do mandato de uma diretoria, é feita a verificação dos nomes mais antigos da corte que não estão impedidos de ocupar cargos de direção pelos motivos acima. Será feita uma eleição para se escolher, dentre os três mais antigos[2], quem ocupará qual cargo. Assim, embora a eleição seja bastante restrita, não é obrigatório que o candidato mais antigo seja eleito presidente.

Não é possível a recusa do cargo, salvo se feita de forma expressa e aceita antes da eleição.

Para bem exercerem seus cargos, o presidente e o corregedor não integrarão câmaras ou turmas de julgamento. O presidente do tribunal é substituído pelo vice-presidente, e este e o corregedor, pelos demais membros, na ordem decrescente de antiguidade.

Quanto às competências específicas do presidente, de seu vice e do corregedor, quem as dará será o regimento interno de cada tribunal, dentro da autonomia administrativa constitucionalmente assegurada.

Embora o tribunal conte com um corpo diretivo, seu órgão máximo sempre será o plenário, ou seja, a reunião de todos os membros da corte. O plenário tem competência tanto para assuntos administrativos quanto para decisão de alguns processos judiciais (quanto há, por exemplo, divergência entre sessões). Porém, diversos tribunais possuem uma quantidade tão grande de membros que seria inviável reunir todos sempre que alguma matéria tivesse que ser decidida. Por conta disso, a Constituição previu a criação do chamado órgão especial, que foi tratado também pela Resolução CNJ nº 16/2006. Assim, nos tribunais com número superior a vinte e cinco julgadores, poderá ser constituído esse órgão, com no mínimo de onze e o máximo de vinte e cinco

2 Há casos de tribunais com mais de três dirigentes. Nessa hipótese, a eleição levará em conta tantos candidatos quantos forem os cargos disponíveis.

membros, respeitada a representação de advogados e membros do Ministério Público. O órgão especial, que em alguns tribunais recebe uma denominação um pouco diferente (ex.: corte especial), tem competência para o exercício das atribuições administrativas e jurisdicionais delegadas da competência do tribunal pleno, provendo-se metade das vagas por antiguidade e a outra metade por eleição pelo tribunal pleno, à medida em que ocorrerem.

A Resolução CNJ nº 16/2006 determinou ainda que, até que seja editada a nova lei orgânica da magistratura, conforme previsto no art. 93 da Constituição Federal, o mandato de cada membro da metade eleita do órgão especial será de dois anos, admitida uma recondução. Quem tiver exercido por quatro anos a função de membro da metade eleita não figurará mais entre os elegíveis, até que se esgotem todos os nomes.

6.1.3. O papel do CNJ na administração judicial

A autonomia administrativa e financeira dos tribunais não impede que o Conselho Nacional de Justiça estabeleça alguns parâmetros em matéria de administração judiciária, especialmente porque uma de suas mais importantes competências é zelar pela boa administração judicial, dando diretrizes para que os tribunais consigam gerir seus recursos físicos e humanos de forma produtiva e eficiente.

Assim, por exemplo, a eleição do presidente de um tribunal não pode ser feita pelo CNJ, retirando do próprio tribunal uma competência que lhe é exclusiva. Mas, pode o CNJ ser provocado para analisar eventual desrespeito às normas da LOMAN e da Constituição no procedimento eleitoral. Da mesma maneira, não cabe ao Conselho realizar concursos para juiz, pois só o próprio tribunal pode fazê-lo. Cabe, de outro lado, analisar se não houve qualquer ilegalidade na condução desse processo seletivo.

6.2. PLANEJAMENTO ESTRATÉGICO

Planejar significa definir antecipadamente um conjunto de ações e/ou intenções. Já *estratégia* é definida, entre outras coisas, como a arte de aplicar com eficácia os recursos de que se dispõe ou de explorar as condições favoráveis de que porventura se desfrute, visando ao alcance de determinados objetivos[3]. Os administradores utilizam bastante dessa ferramenta, o *planejamento estratégico*, para gerir instituições de forma mais produtiva. Aliás, um grande

3 Dicionário Houaiss.

teórico da Administração, Peter Drucker, bem definiu o termo[4]: "Planejamento estratégico é um processo contínuo de, sistematicamente e com o maior conhecimento possível do futuro contido, tomar decisões atuais que envolvam riscos; organizar sistematicamente as atividades necessárias à execução destas decisões e, através de uma retroalimentação organizada e sistemática, medir o resultado dessas decisões em confronto com as expectativas alimentadas".

Aos poucos, as organizações governamentais também passaram a adotar as lições das instituições privadas no campo administrativo, para melhor gerenciar seus recursos e atingir os objetivos delas esperados. O Poder Judiciário, capitaneado por iniciativas do Conselho Nacional de Justiça, também tem aprimorado sua visão acerca da própria gestão e definido antecipadamente as ações e metas para desenvolver os serviços prestados aos jurisdicionados.

Atualmente, há na estrutura do CNJ o chamado Departamento de Gestão Estratégica, que presta consultoria ao corpo diretor do Conselho para implementação, operacionalização e gestão do planejamento estratégico do CNJ e do Poder Judiciário, assessorando nas atividades relacionadas à gestão do planejamento, incluindo o gerenciamento de projetos e a otimização de processos de trabalho[5]. O Departamento está em consonância com as propostas e determinações contidas na Resolução CNJ nº 198/2014, que tratou justamente sobre o tema *planejamento estratégico.*

Vários termos comuns ao campo da Administração estão presentes no Anexo da citada Resolução nº 198/2014, estruturando seus principais fundamentos. Destacamos alguns deles:

> I – Missão do Poder Judiciário: realizar justiça.
>
> II – Visão: ser reconhecido pela Sociedade como instrumento efetivo de justiça, equidade e paz social.
>
> III – Atributos de Valor Judiciário para a Sociedade:
>
> a) credibilidade;
>
> b) acessibilidade;
>
> c) celeridade;
>
> d) ética;
>
> e) imparcialidade;
>
> f) modernidade;

---

4 DRUCKER, Peter. *Introdução à Administração.* São Paulo: Pioneira, 1984. p. 133-136.

5 Informações detalhadas podem ser obtidas em *http://www.cnj.jus.br/gestao-e-planejamento*

g) probidade;

h) responsabilidade socioambiental;

i) transparência e controle social.

Ao contrário da normatização anterior (Resolução CNJ nº 70/2009), que falava em objetivos estratégicos, a Resolução 198/2014 enumera macrodesafios do Poder Judiciário:

- Efetividade da prestação jurisdicional.
- Garantia dos direitos de cidadania.
- Combate à corrupção e à improbidade administrativa.
- Celeridade e produtividade na prestação jurisdicional.
- Adoção de soluções alternativas de conflito.
- Gestão das demandas repetitivas e dos grandes litigantes.
- Impulso às execuções fiscais, cíveis e trabalhistas.
- Aprimoramento da gestão na justiça criminal.
- Fortalecimento da segurança no processo eleitoral.
- Melhoria na Gestão de Pessoas.
- Aperfeiçoamento na Gestão de Custos.
- Instituição da governança judiciária.
- Melhoria da infraestrutura e governança de Tecnologia da Informação e Comunicação.

Por fim, cabe destacar ainda alguns termos adotados pela Resolução:

- Metas de Medição Continuada (MMC): metas aplicáveis aos órgãos do Poder Judiciário e acompanhadas pelo CNJ durante o período de vigência da Estratégia Nacional;
- Metas de Medição Periódica (MMP): metas aplicáveis aos órgãos do Poder Judiciário e acompanhadas pelo CNJ para períodos predefinidos durante a vigência da Estratégia Nacional;
- Metas Nacionais (MN): conjunto de metas formado pelas Metas de Medição Continuada (MMC) e pelas Metas de Medição Periódica (MMP);
- Iniciativa Estratégica Nacional (IEN): programa, projeto ou operação alinhado(a) à Estratégia Nacional do Poder Judiciário;
- Diretriz Estratégica (DE): orientações, instruções ou indicações a serem observadas na execução da Estratégia Nacional ou para se levar a termo uma meta ou iniciativa estratégica;

- Cesta de Indicadores e Iniciativas Estratégicas: repositório de métricas de desempenho institucional e de iniciativas (programas, projetos e operações).

6.3. MODERNIZAÇÃO DA GESTÃO

Desde o início, o CNJ tem tomado diversas medidas visando à modernização da gestão no Poder Judiciário. A Resolução nº 04, editada em 2005, nos primórdios do Conselho, já tratou de instituir o Sistema de Estatística do Poder Judiciário, ciente de que somente por meio de dados concretos e elaborados de acordo com as regras da estatística seria possível aprimorar a administração judicial. Essa normatização posteriormente seria aperfeiçoada por novas resoluções, inclusive a de nº 76/2009.

Logo em seguida, foi editada a Resolução nº 7/2005, que vedou a prática de nepotismo no âmbito de todos os órgãos do Poder Judiciário, sendo nulos os atos assim caracterizados. Pela importância que essa Resolução teve na modernização e moralização dos tribunais, cabe transcrever o seu art. 2º:

> Art. 2º Constituem práticas de nepotismo, dentre outras:
>
> 1 – o exercício de cargo de provimento em comissão ou de função gratificada, no âmbito da jurisdição de cada Tribunal ou Juízo, por cônjuge, companheiro ou parente em linha reta, colateral ou por afinidade, até o terceiro grau, inclusive, dos respectivos membros ou juízes vinculados;
>
> II – o exercício, em Tribunais ou Juízos diversos, de cargos de provimento em comissão, ou de funções gratificadas, por cônjuges, companheiros ou parentes em linha reta, colateral ou por afinidade, até o terceiro grau, inclusive, de dois ou mais magistrados, ou de servidores investidos em cargos de direção ou de assessoramento, em circunstâncias que caracterizem ajuste para burlar a regra do inciso anterior mediante reciprocidade nas nomeações ou designações;
>
> III – o exercício de cargo de provimento em comissão ou de função gratificada, no âmbito da jurisdição de cada Tribunal ou Juízo, por cônjuge, companheiro ou parente em linha reta, colateral ou por afinidade, até o terceiro grau, inclusive, de qualquer servidor investido em cargo de direção ou de assessoramento;
>
> IV – a contratação por tempo determinado para atender a necessidade temporária de excepcional interesse público, de cônjuge, companheiro ou parente em linha reta, colateral ou por afinidade, até o terceiro grau, inclusive, dos respectivos membros ou juízes vinculados, bem como de qualquer servidor investido em cargo de direção ou de assessoramento;
>
> V – a contratação, em casos excepcionais de dispensa ou inexigibilidade de licitação, de pessoa jurídica da qual sejam sócios cônjuge, companheiro ou parente em linha reta ou colateral até o terceiro grau, inclusive, dos respectivos

> membros ou juízes vinculados, ou servidor investido em cargo de direção e de assessoramento.
>
> § 1º Ficam excepcionadas, nas hipóteses dos incisos I, II e III deste artigo, as nomeações ou designações de servidores ocupantes de cargo de provimento efetivo das carreiras judiciárias, admitidos por concurso público, observada a compatibilidade do grau de escolaridade do cargo de origem, a qualificação profissional do servidor e a complexidade inerente ao cargo em comissão a ser exercido, e que o outro servidor também seja titular de cargo de provimento efetivo das carreiras jurídicas, vedada, em qualquer caso a nomeação ou designação para servir subordinado ao magistrado ou servidor determinante da incompatibilidade.
>
> § 2º A vedação constante do inciso IV deste artigo não se aplica quando a contratação por tempo determinado para atender a necessidade temporária de excepcional interesse público houver sido precedida de regular processo seletivo, em cumprimento de preceito legal.
>
> § 3º A vedação constante do inciso VI deste artigo se estende às contratações cujo procedimento licitatório tenha sido deflagrado quando os magistrados e servidores geradores de incompatibilidade estavam no exercício dos respectivos cargos e funções, assim como às licitações iniciadas até 6 (seis) meses após a desincompatibilização.
>
> § 4º A contratação de empresa pertencente a parente de magistrado ou servidor não abrangido pelas hipóteses expressas de nepotismo poderá ser vedada pelo tribunal, quando, no caso concreto, identificar risco potencial de contaminação do processo licitatório. (Incluído pela Resolução nº 229, de 22.06.16)

Os princípios constitucionais da eficiência e da moralidade (art. 37) foram alçados pelo CNJ ao primeiro plano com a vedação ao nepotismo, pois embora se saiba que a contratação de um parente nem sempre significa que ele será um mau funcionário, por outro lado é notório que esse fato fere os princípios da isonomia, do amplo acesso aos cargos públicos e, em muitos casos, faz do órgão apenas um ineficiente cabide de empregos.

Na sequência, o STF ratificou a norma do CNJ ao publicar a Súmula Vinculante nº 13, com o seguinte texto:

> A nomeação de cônjuge, companheiro ou parente em linha reta, colateral ou por afinidade, até o terceiro grau, inclusive, da autoridade nomeante ou de servidor da mesma pessoa jurídica, investido em cargo de direção, chefia ou assessoramento, para o exercício de cargo em comissão ou de confiança, ou, ainda, de função gratificada na Administração Pública direta e indireta, em qualquer dos Poderes da União, dos Estados, do Distrito Federal e dos municípios, compreendido o ajuste mediante designações recíprocas, viola a Constituição Federal.

Outra medida para uniformizar e modernizar o funcionamento dos tribunais foi a determinação de parâmetros mínimos para o funcionamento do plantão judiciário permanente, feita pela Resolução CNJ nº 36/2007, posteriormente substituída pela Resolução CNJ nº 71/2009. Ficou estabelecido que o plantão deverá funcionar em ambos os graus de jurisdição, e em todos os períodos em que não haja expediente normal, assim alcançando feriados, fins de semana e dias úteis fora do horário de atendimento ordinário.

Percebe-se que a preocupação do CNJ em matéria de modernização da gestão não se restringe a medidas com efeitos apenas internos ao Judiciário, mas também com reflexos importantes para a população jurisdicionada, como ocorreu nesse caso do plantão. Da mesma forma, com reflexos internos e externos, foram estabelecidas as tabelas processuais unificadas do Poder Judiciário, objetivando a padronização e uniformização taxonômica e terminológica de classes, assuntos e movimentação processuais no âmbito da Justiça Estadual, Federal, do Trabalho, Eleitoral, Militar da União, Militar dos Estados e do Superior Tribunal de Justiça. A intenção do CNJ com essa Resolução nº 46/2007 foi a de dar continuidade ao seu projeto de homogeneizar procedimentos judiciais em todos os tribunais do Brasil, estabelecendo as bases para a integração dos sistemas processuais de todo o Poder Judiciário brasileiro.

REFERÊNCIAS BIBLIOGRÁFICAS

ALVES, Alexandre Henry. *Juiz Federal: lições de preparação para um dos concursos mais difíceis do Brasil* – 3 ed. – Porto Alegre: Verbo Jurídico, 2011.

ARAUJO, Luiz Alberto David; NUNES JÚNIOR, Vidal Serrano. *Curso de Direito Constitucional* – 11 ed. – São Paulo: Editora Saraiva, 2007.

BONAVIDES, Paulo. *Curso de Direito Constitucional* – 22. ed. – São Paulo: Malheiros, 2008.

CARVALHO FILHO, José dos Santos. *Manual de Direito Administrativo* – 21. ed. – Rio de Janeiro: Lumen Juris Editora, 2009.

CINTRA, Antonio C. de Araújo; GRINOVER, Ada P.; DINAMARCO, Cândido R. *Teoria geral do processo* – 20. ed. – São Paulo: Malheiros Editores: 2004.

FERRAZ, Sergio; DALLARI, Adilson Abreu. *Processo Administrativo*. São Paulo: Malheiros Editores, 2001.

LEONEL, Ricardo de Barros. *Reforma do Poder Judiciário: Primeiras Reflexões*. Revista Magister de Direito Civil e Processual Civil nº. 04 – Jan/Fev de 2005.

MELLO, Celso Antônio Bandeira de. *Curso de Direito Administrativo* – 23 ed. – São Paulo: Malheiros, 2007.

MORAES, Alexandre de. *Direito Constitucional*. – 19. ed. – São Paulo: Atlas, 2006.

SILVA, José Afonso da. *Curso de Direito Constitucional*. – 21. ed. – São Paulo: Editora Saraiva, 2008. p. 1059.

________ *Ação Popular Constitucional – Doutrina e Processo*. – 2. ed. – São Paulo: Malheiros, 2007.

________ *Comentário contextual à Constituição*. – 5. ed. – São Paulo: Malheiros Editores, 2008.

TAVARES, André Ramos. *Curso de Direito Constitucional*. – 5 ed. – São Paulo: Editora Saraiva, 2007.

ANEXOS: RESOLUÇÕES DO CNJ

INGRESSO NA CARREIRA DA MAGISTRATURA – RESOLUÇÃO CNJ Nº 75/2009

O PRESIDENTE DO CONSELHO NACIONAL DE JUSTIÇA, no uso de suas atribuições constitucionais e regimentais, e

CONSIDERANDO que, nos termos do art. 103-B, § 4º, inciso I, da Constituição da República, compete ao Conselho Nacional de Justiça zelar pela autonomia do Poder Judiciário e pelo cumprimento do Estatuto da Magistratura, podendo expedir atos regulamentares, no âmbito de sua competência, ou recomendar providências;

CONSIDERANDO que o ingresso na magistratura brasileira ocorre mediante concurso público de provas e títulos, conforme o disposto no art. 93, inciso I, da Constituição da República, observados os princípios constitucionais da legalidade, impessoalidade, moralidade, publicidade e eficiência;

CONSIDERANDO a multiplicidade de normas e procedimentos distintos por que se pautam os Tribunais brasileiros na realização de concursos para ingresso na magistratura, com frequentes impugnações na esfera administrativa e/ou jurisdicional que retardam ou comprometem o certame;

CONSIDERANDO a imperativa necessidade de editar normas destinadas a regulamentar e a uniformizar o procedimento e os critérios relacionados ao concurso de ingresso na carreira da magistratura do Poder Judiciário nacional,

RESOLVE:

CAPÍTULO I
DAS DISPOSIÇÕES GERAIS

Seção I
DA ABERTURA DO CONCURSO

Art. 1º O concurso público para ingresso na carreira da magistratura é regulamentado por esta Resolução.

Art. 2º O ingresso na carreira, cujo cargo inicial será o de juiz substituto, far-se-á mediante concurso público de provas e títulos, de acordo com os arts. 93, I, e 96, I, "c", da Constituição Federal.

Parágrafo único. O provimento dos cargos será feito de acordo com a disponibilidade orçamentária e a necessidade do serviço.

Art. 3º A realização do concurso público, observadas a dotação orçamentária e a existência de vagas, inicia-se com a constituição da respectiva Comissão de Concurso, mediante resolução aprovada pelo órgão especial ou Tribunal Pleno.

Parágrafo único. A comissão de Concurso incumbir-se-á de todas as providências necessárias à organização e realização do certame, sem prejuízo das atribuições cometidas por esta Resolução, se for o caso, às Comissões Examinadoras e à instituição especializada contratada ou conveniada para execução das provas do certame. (Redação dada pela Resolução nº 118, de 03.08.10)

Art. 4º Às vagas existentes e indicadas no edital poderão ser acrescidas outras, que surgirem durante o prazo de validade do concurso.

Seção II
DAS ETAPAS E DO PROGRAMA DO CONCURSO

Art. 5º O concurso desenvolver-se-á sucessivamente de acordo com as seguintes etapas:

I – primeira etapa – uma prova objetiva seletiva, de caráter eliminatório e classificatório;

II – segunda etapa – duas provas escritas, de caráter eliminatório e classificatório;

III – terceira etapa – de caráter eliminatório, com as seguintes fases:

a) sindicância da vida pregressa e investigação social;

b) exame de sanidade física e mental;

c) exame psicotécnico;

IV – quarta etapa – uma prova oral, de caráter eliminatório e classificatório;

V – quinta etapa – avaliação de títulos, de caráter classificatório.

§ 1º A participação do candidato em cada etapa ocorrerá necessariamente após habilitação na etapa anterior.

§ 2º Os tribunais poderão realizar, como etapa do certame, curso de formação inicial, de caráter eliminatório ou não.

Art. 6º As provas da primeira, segunda e quarta etapas versarão, no mínimo, sobre as disciplinas constantes dos Anexos I, II, III, IV e V, conforme o segmento do Poder Judiciário nacional. As provas da segunda e quarta etapas também versarão sobre o programa discriminado no Anexo VI.

Seção III
DA CLASSIFICAÇÃO E DA MÉDIA FINAL

Art. 7º A classificação dos candidatos habilitados obedecerá à ordem decrescente da média final, observada a seguinte ponderação:

I – da prova objetiva seletiva: peso 1;

II – da primeira e da segunda prova escrita: peso 3 para cada prova;

III – da prova oral: peso 2;

IV – da prova de títulos: peso 1.

Parágrafo único. Em nenhuma hipótese, haverá arredondamento de nota, desprezadas as frações além do centésimo nas avaliações de cada etapa do certame.

Art. 8º A média final, calculada por média aritmética ponderada que leve em conta o peso atribuído a cada prova, será expressa com 3 (três) casas decimais.

Art. 9º Para efeito de desempate, prevalecerá a seguinte ordem de notas:

I - a das duas provas escritas somadas;

II - a da prova oral;

III - a da prova objetiva seletiva;

IV - a da prova de títulos.

Parágrafo único. Persistindo o empate, prevalecerá o candidato de maior idade.

Art. 10. Considerar-se-á aprovado para provimento do cargo o candidato que for habilitado em todas as etapas do concurso.

Parágrafo único. Ocorrerá eliminação do candidato que:

I - não obtiver classificação, observado o redutor previsto no art. 44, ficando assegurada a classificação dos candidatos empatados na última posição de classificação;

II - for contraindicado na terceira etapa;

III - não comparecer à realização de qualquer das provas escritas ou oral no dia, hora e local determinados pela Comissão de Concurso, munido de documento oficial de identificação;

IV - for excluído da realização da prova por comportamento inconveniente, a critério da Comissão de Concurso.

Art. 11. Aprovado pela Comissão de Concurso o quadro classificatório, será o resultado final do concurso submetido à homologação do tribunal.

Parágrafo único. A ordem de classificação prevalecerá para a nomeação dos candidatos.

Seção IV
DA PUBLICIDADE

Art. 12. O concurso será precedido de edital expedido pelo presidente da Comissão de Concurso, cuja divulgação dar-se-á mediante:

I - publicação integral, uma vez, no Diário Oficial, se for o caso também em todos os Estados em que o tribunal exerce a jurisdição;

II - publicação integral no endereço eletrônico do tribunal e do Conselho Nacional de Justiça;

III - afixação no quadro de avisos, sem prejuízo da utilização de qualquer outro tipo de anúncio subsidiário, a critério da Comissão de Concurso.

Art. 13. Constarão do edital, obrigatoriamente:

I - o prazo de inscrição, que será de, no mínimo, 30 (trinta) dias, contados da última ou única publicação no Diário Oficial;

II - local e horário de inscrições;

III - o conteúdo das disciplinas objeto de avaliação no certame, observada a respectiva relação mínima de disciplinas constantes dos anexos da presente Resolução e os conteúdos do Anexo VI;

IV - o número de vagas existentes e o cronograma estimado de realização das provas;

V - os requisitos para ingresso na carreira;

VI – a composição da Comissão de Concurso, das Comissões Examinadoras, com a participação da Ordem dos Advogados do Brasil, e da Comissão da instituição especializada, com os respectivos suplentes;

VII – a relação dos documentos necessários à inscrição;

VIII – o valor da taxa de inscrição;

IX – a fixação objetiva da pontuação de cada título, observado o art. 67.

§ 1º Todas as comunicações individuais e coletivas aos candidatos inscritos no concurso serão consideradas efetuadas, para todos os efeitos, por sua publicação em edital no órgão da imprensa oficial do tribunal promotor e no sítio eletrônico deste na rede mundial de computadores.

§ 2º Qualquer candidato inscrito ao concurso poderá impugnar o respectivo edital, em petição escrita e fundamentada endereçada ao Presidente da Comissão de Concurso, no prazo de 5 (cinco) dias após o término do prazo para a inscrição preliminar ao concurso, sob pena de preclusão.

§ 3º A Comissão de Concurso não realizará a primeira prova enquanto não responder às eventuais impugnações apresentadas na forma do parágrafo anterior.

§ 4º Salvo nas hipóteses de indispensável adequação à legislação superveniente, não se alterarão as regras do edital de concurso após o início do prazo das inscrições preliminares no tocante aos requisitos do cargo, aos conteúdos programáticos, aos critérios de aferição das provas e de aprovação para as etapas subsequentes.

§ 5º O edital do concurso não poderá estabelecer limite máximo de idade inferior a 65 (sessenta e cinco) anos.

Art. 14. As alterações nas datas e locais de realização de cada etapa previstos no edital serão comunicadas aos candidatos.

Seção V
DA DURAÇÃO E DO PRAZO DE VALIDADE DO CONCURSO

Art. 15. O concurso deverá ser concluído no período de até 18 (dezoito) meses, contado da inscrição preliminar até a homologação do resultado final.

Art. 16. O prazo de validade do concurso é de até 2 (dois) anos, prorrogável, a critério do tribunal, uma vez, por igual período, contado da data da publicação da homologação do resultado final do concurso.

Seção VI
DO CUSTEIO DO CONCURSO

Art. 17. O valor máximo da taxa de inscrição corresponderá a 1% (um por cento) do subsídio bruto atribuído em lei para o cargo disputado, cabendo ao candidato efetuar o recolhimento na forma do que dispuser normatização específica de cada tribunal.

Art. 18. Não haverá dispensa da taxa de inscrição, exceto:

I – em favor do candidato que, mediante requerimento específico, comprovar não dispor de condições financeiras para suportar tal encargo;

II – nos casos previstos em lei.

Parágrafo único. Cabe ao interessado produzir prova da situação que o favorece até o término do prazo para inscrição preliminar.

CAPÍTULO II
DAS COMISSÕES

Seção I
DA COMPOSIÇÃO, QUÓRUM E IMPEDIMENTOS

Art. 19. O concurso desenrolar-se-á perante Comissão de Concurso, ou perante Comissão de Concurso e Comissões Examinadoras. (Redação dada pela Resolução nº 118, de 03.08.10)

§ 1º As atribuições previstas nesta Resolução para as Comissões Examinadoras, quando houver apenas a Comissão de Concurso, serão por esta exercidas.

§ 2º Os magistrados componentes das Comissões Examinadoras de cada etapa, salvo prova oral, poderão afastar-se dos encargos jurisdicionais por até 15 (quinze) dias, prorrogáveis, para a elaboração das questões e correção das provas. O afastamento, no caso de membro de tribunal, não alcança as atribuições privativas do Tribunal Pleno ou do Órgão Especial.

§ 3º Os membros das Comissões Examinadoras, nos seus afastamentos, serão substituídos pelos suplentes, designados pela Comissão de Concurso.

§ 4º A Comissão de Concurso contará com uma secretaria para apoio administrativo, na forma do regulamento de cada tribunal. A secretaria será responsável pela lavratura das atas das reuniões da Comissão.

§ 5º Os tribunais, nos termos da lei, poderão celebrar convênio ou contratar serviços de instituição especializada para a execução de todas as etapas do concurso. (Incluído pela Resolução nº 118, de 03.08.10)

Art. 20. Aplicam-se aos membros das comissões os motivos de suspeição e de impedimento previstos nos arts. 134 e 135 do Código de Processo Civil.

§ 1º Constituem também motivo de impedimento:

I – o exercício de magistério em cursos formais ou informais de preparação a concurso público para ingresso na magistratura até 3 (três) anos após cessar a referida atividade;

II – a existência de servidores funcionalmente vinculados ao examinador ou de cônjuge, companheiro ou parente em linha reta, colateral ou por afinidade, até o terceiro grau, inclusive, cuja inscrição haja sido deferida;

III – a participação societária, como administrador, ou não, em cursos formais ou informais de preparação para ingresso na magistratura até 3 (três) anos após cessar a referida atividade, ou contar com parentes nestas condições, até terceiro grau, em linha reta ou colateral.

§ 2º Os motivos de suspeição e de impedimento deverão ser comunicados ao Presidente da Comissão de Concurso, por escrito, até 5 (cinco) dias úteis após a publicação da relação dos candidatos inscritos no Diário Oficial.

Seção II
DAS ATRIBUIÇÕES

Art. 21. Compete à Comissão de Concurso:

I – elaborar o edital de abertura do certame;

II – fixar o cronograma com as datas de cada etapa;

III – receber e examinar os requerimentos de inscrição preliminar e definitiva, deliberando sobre eles;

IV – designar as Comissões Examinadoras para as provas da segunda (duas provas escritas) e quarta etapas;

V – emitir documentos;

VI – prestar informações acerca do concurso;

VII – cadastrar os requerimentos de inscrição;

VIII – acompanhar a realização da primeira etapa;

IX – homologar o resultado do curso de formação inicial;

X – aferir os títulos dos candidatos e atribuir-lhes nota;

XI – julgar os recursos interpostos nos casos de indeferimento de inscrição preliminar e dos candidatos não aprovados ou não classificados na prova objetiva seletiva;

XII – ordenar a convocação do candidato a fim de comparecer em dia, hora e local indicados para a realização da prova;

XIII – homologar ou modificar, em virtude de recurso, o resultado da prova objetiva seletiva, determinando a publicação no Diário Oficial da lista dos candidatos classificados;

XIV – apreciar outras questões inerentes ao concurso.

Parágrafo único. As atribuições constantes deste dispositivo poderão ser delegadas à instituição especializada contratada ou conveniada para realização das provas do concurso. (Incluído pela Resolução nº 118, de 03.08.10)

Art. 22. Compete à Comissão Examinadora de cada etapa:

I – preparar, aplicar e corrigir as provas escritas;

II – arguir os candidatos submetidos à prova oral, de acordo com o ponto sorteado do programa, atribuindo-lhes notas;

III – julgar os recursos interpostos pelos candidatos;

IV – velar pela preservação do sigilo das provas escritas até a identificação da autoria, quando da realização da sessão pública;

V – apresentar a lista de aprovados à Comissão de Concurso.

Parágrafo único. Das decisões proferidas pelas Comissões Examinadoras não caberá novo recurso à Comissão de Concurso.

CAPÍTULO III
DA INSCRIÇÃO PRELIMINAR

Art. 23. A inscrição preliminar será requerida ao presidente da Comissão de Concurso pelo interessado ou, ainda, por procurador habilitado com poderes especiais, mediante o preenchimento de formulário próprio, acompanhado de:

I – prova de pagamento da taxa de inscrição, observado o art. 18;

II – cópia autenticada de documento que comprove a nacionalidade brasileira;

III – duas fotos coloridas tamanho 3x4 (três por quatro) e datadas recentemente;

IV – instrumento de mandato com poderes especiais e firma reconhecida para requerimento de inscrição, no caso de inscrição por procurador.

§ 1º O candidato, ao preencher o formulário a que se refere o "caput", firmará declaração, sob as penas da lei:

a) de que é bacharel em Direito e de que deverá atender, até a data da inscrição definitiva, à exigência de 3 (três) anos de atividade jurídica exercida após a obtenção do grau de bacharel em Direito;

b) de estar ciente de que a não apresentação do respectivo diploma, devidamente registrado pelo Ministério da Educação, e da comprovação da atividade jurídica, no ato da inscrição definitiva, acarretará a sua exclusão do processo seletivo;

c) de que aceita as demais regras pertinentes ao concurso consignadas no edital;

d) de que é pessoa com deficiência e, se for o caso, que carece de atendimento especial nas provas, de conformidade com o Capítulo X.

§ 2º Para fins deste artigo, o documento oficial de identificação deverá conter fotografia do portador e sua assinatura.

§ 3º Ao candidato ou ao procurador será fornecido comprovante de inscrição.

§ 4º Somente será recebida a inscrição preliminar do candidato que apresentar, no ato de inscrição, toda a documentação necessária a que se refere este artigo.

Art. 24. Não serão aceitas inscrições condicionais.

Art. 25. Os pedidos de inscrição preliminar serão apreciados e decididos pelo presidente da Comissão de Concurso.

Parágrafo único. Caberá recurso à Comissão de Concurso, no prazo de 2 (dois) dias úteis, nos casos de indeferimento de inscrição preliminar.

Art. 26. A inscrição preliminar deferida habilita o candidato à prestação da prova objetiva seletiva.

Art. 27. Deferido o requerimento de inscrição preliminar, incumbe ao presidente da Comissão de Concurso fazer publicar, uma única vez, no respectivo Diário Oficial, se for o caso também dos Estados compreendidos na jurisdição do tribunal, a lista dos candidatos inscritos e encaminhá-la à respectiva comissão ou instituição.

Parágrafo único. (Revogado pela Resolução nº 118, de 03.08.10)

Art. 28. A inscrição do candidato implicará o conhecimento e a tácita aceitação das normas e condições estabelecidas, das quais não poderá alegar desconhecimento.

CAPÍTULO IV
DA PRIMEIRA ETAPA DO CONCURSO

Seção I
DA INSTITUIÇÃO ESPECIALIZADA EXECUTORA

Art. 29. Os tribunais, nos termos da lei, poderão celebrar convênio ou contratar serviços de instituição especializada para a execução da primeira ou de todas as etapas do concurso. (Redação dada pela Resolução nº 118, de 03.08.10)

Art. 30. Caberá à Comissão Examinadora ou à instituição especializada:

I – formular as questões e aplicar a prova objetiva seletiva;

II – corrigir a prova;

III – assegurar vista da prova, do gabarito e do cartão de resposta ao candidato que pretender recorrer;

IV – encaminhar parecer sobre os recursos apresentados para julgamento da Comissão de Concurso;

V – divulgar a classificação dos candidatos.

Parágrafo único. Serão de responsabilidade da instituição especializada quaisquer danos causados ao Poder Judiciário ou aos candidatos, antes, durante e após a realização de qualquer etapa do concurso, no que se referir às atribuições constantes desta Resolução. (Redação dada pela Resolução nº 118, de 03.08.10)

Art. 31. A instituição especializada prestará contas da execução do contrato ou convênio ao tribunal e submeter-se-á à supervisão da Comissão de Concurso, que homologará ou modificará os resultados e julgará os recursos.

Seção II
DA PROVA OBJETIVA SELETIVA

Art. 32. A prova objetiva seletiva será composta de três blocos de questões (I, II e III), discriminados nos Anexos I, II, III, IV e V, conforme o segmento do Poder Judiciário nacional.

Art. 33. As questões da prova objetiva seletiva serão formuladas de modo a que, necessariamente, a resposta reflita a posição doutrinária dominante ou a jurisprudência pacificada dos Tribunais Superiores.

Art. 34. Durante o período de realização da prova objetiva seletiva, não serão permitidos:

I – qualquer espécie de consulta ou comunicação entre os candidatos ou entre estes e pessoas estranhas, oralmente ou por escrito;

II – o uso de livros, códigos, manuais, impressos ou anotações;

III – o porte de arma.

Parágrafo único. O candidato poderá ser submetido a detector de metais durante a realização da prova.

Art. 35. Iniciada a prova e no curso desta, o candidato somente poderá ausentar-se acompanhado de um fiscal.

§ 1º É obrigatória a permanência do candidato no local por, no mínimo, 1 (uma) hora.

§ 2º Após o término da prova, o candidato não poderá retornar ao recinto em nenhuma hipótese.

Art. 36. As questões objetivas serão agrupadas por disciplina e nos respectivos blocos, devidamente explicitados.

Parágrafo único. Se a questão for elaborada sob a forma de exame prévio de proposições corretas ou incorretas, constará de cada uma das alternativas de resposta expressa referência, em algarismos romanos, à assertiva ou às assertivas corretas, vedada qualquer resposta que não indique com precisão a resposta considerada exata.

Art. 37. O candidato somente poderá apor seu número de inscrição, nome ou assinatura em lugar especificamente indicado para tal finalidade, sob pena de anulação da prova e consequente eliminação do concurso.

Art. 38. É de inteira responsabilidade do candidato o preenchimento da folha de respostas, conforme as especificações nela constantes, não sendo permitida a sua substituição em caso de marcação incorreta.

Art. 39. Reputar-se-ão erradas as questões que contenham mais de uma resposta e as rasuradas, ainda que inteligíveis.

Art. 40. Finda a prova, o candidato deverá entregar ao fiscal da sala a Folha de Respostas devidamente preenchida.

Art. 41. Será automaticamente eliminado do concurso o candidato que:

I – não comparecer à prova;

II – for encontrado, durante a realização da prova, portando qualquer um dos objetos especificados no art. 85, mesmo que desligados ou sem uso;

III – for colhido em flagrante comunicação com outro candidato ou com pessoas estranhas;

IV – não observar o disposto no art. 34.

Art. 42. O gabarito oficial da prova objetiva será publicado, no máximo, 3 (três) dias após a realização da prova, no Diário Oficial, no endereço eletrônico do tribunal e, se for o caso, no da instituição especializada executora.

Parágrafo único. Nos 2 (dois) dias seguintes à publicação do resultado do gabarito da prova objetiva seletiva no Diário Oficial, o candidato poderá requerer vista da prova e, em igual prazo, a contar do término da vista, apresentar recurso dirigido à Comissão de Concurso.

Art. 43. Será considerado habilitado, na prova objetiva seletiva, o candidato que obtiver o mínimo de 30% (trinta por cento) de acerto das questões em cada bloco e média final de 60% (sessenta por cento) de acertos do total referente à soma algébrica das notas dos três blocos.

Art. 44. Classificar-se-ão para a segunda etapa:

I – nos concursos de até 1.500 (mil e quinhentos) inscritos, os 200 (duzentos) candidatos que obtiverem as maiores notas após o julgamento dos recursos;

II – nos concursos que contarem com mais de 1.500 (mil e quinhentos) inscritos, os 300 (trezentos) candidatos que obtiverem as maiores notas após o julgamento dos recursos.

§ 1º Todos os candidatos empatados na última posição de classificação serão admitidos às provas escritas, mesmo que ultrapassem o limite previsto no "caput".

§ 2º O redutor previsto nos incisos I e II não se aplica aos candidatos que concorram às vagas destinadas às pessoas com deficiência, as quais serão convocadas para a segunda etapa do certame em lista específica, desde que hajam obtido a nota mínima exigida para todos os outros candidatos, sem prejuízo dos demais 200 (duzentos) ou 300 (trezentos) primeiros classificados, conforme o caso.

§ 3º Os candidatos que se habilitarem às vagas reservadas aos portadores de deficiência e que alcançarem os patamares estabelecidos no caput serão convocados à segunda fase tanto pela lista geral quanto pela lista específica dos candidatos às vagas reservadas aos portadores de deficiência. (Incluído pela Resolução nº 208, de 10.11.2015)

Art. 45. Apurados os resultados da prova objetiva seletiva e identificados os candidatos que lograram classificar-se, o presidente da Comissão de Concurso fará publicar edital com a relação dos habilitados a submeterem-se à segunda etapa do certame.

CAPÍTULO V
DA SEGUNDA ETAPA DO CONCURSO

Seção I
DAS PROVAS

Art. 46. A segunda etapa do concurso será composta de 2 (duas) provas escritas, podendo haver consulta à legislação desacompanhada de anotação ou comentário, vedada a consulta a obras doutrinárias, súmulas e orientação jurisprudencial.

Parágrafo único. Durante a realização das provas escritas, a Comissão Examinadora permanecerá reunida em local previamente divulgado para dirimir dúvidas porventura suscitadas.

Art. 47. A primeira prova escrita será discursiva e consistirá:

I – de questões relativas a noções gerais de Direito e formação humanística previstas no Anexo VI;

II – de questões sobre quaisquer pontos do programa específico do respectivo ramo do Poder Judiciário nacional.

Art. 48. Cabe a cada tribunal definir os critérios de aplicação e de aferição da prova discursiva, explicitando-os no edital.

Parágrafo único. A Comissão Examinadora deverá considerar, em cada questão, o conhecimento sobre o tema, a utilização correta do idioma oficial e a capacidade de exposição.

Art. 49. A segunda prova escrita será prática de sentença, envolvendo temas jurídicos constantes do programa, e consistirá:

I – na Justiça Federal e na Justiça estadual, na elaboração, em dias sucessivos, de 2 (duas) sentenças, de natureza civil e criminal;

II – na Justiça do Trabalho, na elaboração de 1 (uma) sentença trabalhista;

III – na Justiça Militar da União e na Justiça Militar estadual, de lavratura de sentença criminal.

Parágrafo único. Em qualquer prova considerar-se-á também o conhecimento do vernáculo.

Seção II
DOS PROCEDIMENTOS

Art. 50. Com antecedência mínima de 15 (quinze) dias, o presidente da Comissão de Concurso convocará, por edital, os candidatos aprovados para realizar as provas escritas em dia, hora e local determinados, nos termos do edital.

Art. 51. O tempo mínimo de duração de cada prova será de 4 (quatro) horas.

Art. 52. As provas escritas da segunda etapa do concurso realizar-se-ão em dias distintos, preferencialmente nos finais de semana.

Art. 53. As provas escritas serão manuscritas, com utilização de caneta de tinta azul ou preta indelével, de qualquer espécie, vedado o uso de líquido corretor de texto ou caneta hidrográfica fluorescente.

§ 1º As questões serão entregues aos candidatos já impressas, não se permitindo esclarecimentos sobre o seu enunciado ou sobre o modo de resolvê-las.

§ 2º A correção das provas dar-se-á sem identificação do nome do candidato.

§ 3º A correção da prova prática de sentença dependerá da aprovação do candidato na prova discursiva.

Art. 54. A nota final de cada prova será atribuída entre 0 (zero) e 10 (dez).

Parágrafo único. Na prova de sentença, se mais de uma for exigida, exigir-se-á, para a aprovação, nota mínima de 6 (seis) em cada uma delas.

Art. 55. A identificação das provas e a divulgação das notas serão feitas em sessão pública no tribunal, pela Comissão de Concurso, para a qual se convocarão os candidatos, com antecedência mínima de 48 (quarenta e oito) horas, mediante edital veiculado no Diário Oficial e na página do tribunal na rede mundial de computadores.

Art. 56. Apurados os resultados de cada prova escrita, o presidente da Comissão de Concurso mandará publicar edital no Diário Oficial contendo a relação dos aprovados.

Parágrafo único. Nos 2 (dois) dias seguintes à publicação, o candidato poderá requerer vista da prova e, em igual prazo, a contar do término da vista, apresentar recurso dirigido à respectiva Comissão Examinadora.

Art. 57. Julgados os eventuais recursos, o presidente da Comissão de Concurso publicará edital de convocação dos candidatos habilitados a requerer a inscrição definitiva, que deverá ser feita no prazo de 15 (quinze) dias úteis, nos locais indicados.

Parágrafo único. Qualquer cidadão poderá representar contra os candidatos habilitados a requerer a inscrição definitiva, até o término do prazo desta, assegurados o contraditório e a ampla defesa. (Incluído pela Resolução nº 118, de 03.08.10)

Art. 57-A. Os candidatos classificados às vagas reservadas aos portadores de deficiência que obtiverem nota para serem classificados na concorrência geral, constarão das duas listagens, se habilitando a fazer inscrição definitiva tanto para as vagas reservadas aos portadores de deficiência quanto para as vagas gerais, sendo-lhes facultado fazer inscrição para ambas as concorrências. (Incluído pela Resolução nº 208, de 10.11.15)

CAPÍTULO VI
DA TERCEIRA ETAPA

Seção I
DA INSCRIÇÃO DEFINITIVA

Art. 58. Requerer-se-á a inscrição definitiva ao presidente da Comissão de Concurso, mediante preenchimento de formulário próprio, entregue na secretaria do concurso.

§ 1º O pedido de inscrição, assinado pelo candidato, será instruído com:

a) cópia autenticada de diploma de bacharel em Direito, devidamente registrado pelo Ministério da Educação;

b) certidão ou declaração idônea que comprove haver completado, à data da inscrição definitiva, 3 (três) anos de atividade jurídica, efetivo exercício da advocacia ou de cargo, emprego ou função, exercida após a obtenção do grau de bacharel em Direito;

c) cópia autenticada de documento que comprove a quitação de obrigações concernentes ao serviço militar, se do sexo masculino;

d) cópia autenticada de título de eleitor e de documento que comprove estar o candidato em dia com as obrigações eleitorais ou certidão negativa da Justiça Eleitoral;

e) certidão dos distribuidores criminais das Justiças Federal, Estadual ou do Distrito Federal e Militar dos lugares em que haja residido nos últimos 5 (cinco) anos;

f) folha de antecedentes da Polícia Federal e da Polícia Civil Estadual ou do Distrito Federal, onde haja residido nos últimos 5 (cinco) anos;

g) os títulos definidos no art. 67;

h) declaração firmada pelo candidato, com firma reconhecida, da qual conste nunca haver sido indiciado em inquérito policial ou processado criminalmente ou, em caso contrário, notícia específica da ocorrência, acompanhada dos esclarecimentos pertinentes;

i) formulário fornecido pela Comissão de Concurso, em que o candidato especificará as atividades jurídicas desempenhadas, com exata indicação dos períodos e locais de sua prestação bem como as principais autoridades com quem haja atuado em cada um dos períodos de prática profissional, discriminados em ordem cronológica;

j) certidão da Ordem dos Advogados do Brasil com informação sobre a situação do candidato advogado perante a instituição.

§ 2º Os postos designados para o recebimento dos pedidos de inscrição definitiva encaminharão ao presidente da Comissão de Concurso os pedidos, com a respectiva documentação.

Art. 59. Considera-se atividade jurídica, para os efeitos do art. 58, § 1º, alínea "i":

I – aquela exercida com exclusividade por bacharel em Direito;

II – o efetivo exercício de advocacia, inclusive voluntária, mediante a participação anual mínima em 5 (cinco) atos privativos de advogado (Lei nº 8.906, 4 de julho de 1994, art. 1º) em causas ou questões distintas;

III – o exercício de cargos, empregos ou funções, inclusive de magistério superior, que exija a utilização preponderante de conhecimento jurídico;

IV – o exercício da função de conciliador junto a tribunais judiciais, juizados especiais, varas especiais, anexos de juizados especiais ou de varas judiciais, no mínimo por 16 (dezesseis) horas mensais e durante 1 (um) ano;

V – o exercício da atividade de mediação ou de arbitragem na composição de litígios.

§ 1º É vedada, para efeito de comprovação de atividade jurídica, a contagem do estágio acadêmico ou qualquer outra atividade anterior à obtenção do grau de bacharel em Direito.

§ 2º A comprovação do tempo de atividade jurídica relativamente a cargos, empregos ou funções não privativos de bacharel em Direito será realizada mediante certidão circunstanciada, expedida pelo órgão competente, indicando as respectivas atribuições e a prática reiterada de atos que exijam a utilização preponderante de conhecimento jurídico, cabendo à Comissão de Concurso, em decisão fundamentada, analisar a validade do documento.

Seção II
DOS EXAMES DE SANIDADE FÍSICA E MENTAL E PSICOTÉCNICO

Art. 60. O candidato, no ato de apresentação da inscrição definitiva, receberá, da secretaria do concurso, instruções para submeter-se aos exames de saúde e psicotécnico, por ele próprio custeados.

§ 1º Os exames de saúde destinam-se a apurar as condições de higidez física e mental do candidato. O exame psicotécnico avaliará as condições psicológicas do candidato, devendo ser realizado por médico psiquiatra ou por psicólogo.

§ 2º O candidato fará os exames de saúde e psicotécnico com profissional do próprio tribunal ou por ele indicado, que encaminhará laudo à Comissão de Concurso.

§ 3º Os exames de que trata o "caput" não poderão ser realizados por profissionais que tenham parente até o terceiro grau dentre os candidatos.

Seção III
DA SINDICÂNCIA DA VIDA PREGRESSA E INVESTIGAÇÃO SOCIAL

Art. 61. O presidente da Comissão de Concurso encaminhará ao órgão competente do tribunal os documentos mencionados no § 1º do art. 58, com exceção dos títulos, a fim de que se proceda à sindicância da vida pregressa e investigação social dos candidatos.

Art. 62. O presidente da Comissão de Concurso poderá ordenar ou repetir diligências sobre a vida pregressa, investigação social, exames de saúde e psicotécnico, bem como convocar o candidato para submeter-se a exames complementares.

Seção IV
DO DEFERIMENTO DA INSCRIÇÃO DEFINITIVA E CONVOCAÇÃO PARA PROVA ORAL

Art. 63. O presidente da Comissão de Concurso fará publicar edital com a relação dos candidatos cuja inscrição definitiva haja sido deferida, ao tempo em que os convocará para realização do sorteio dos pontos para prova oral bem como para realização das arguições.

CAPÍTULO VII
DA QUARTA ETAPA

Art. 64. A prova oral será prestada em sessão pública, na presença de todos os membros da Comissão Examinadora, vedado o exame simultâneo de mais de um candidato.

Parágrafo único. Haverá registro em gravação de áudio ou por qualquer outro meio que possibilite a sua posterior reprodução.

Art. 65. Os temas e disciplinas objeto da prova oral são os concernentes à segunda etapa do concurso (art. 47), cabendo à Comissão Examinadora agrupá-los, a seu critério, para efeito de sorteio, em programa específico.

§ 1º O programa específico será divulgado no sítio eletrônico do Tribunal até 5 (cinco) dias antes da realização da prova oral.

§ 2º Far-se-á sorteio público de ponto para cada candidato com a antecedência de 24 (vinte e quatro) horas.

§ 3º A arguição do candidato versará sobre conhecimento técnico acerca dos temas relacionados ao ponto sorteado, cumprindo à Comissão avaliar-lhe o domínio do conhecimento jurídico, a adequação da linguagem, a articulação do raciocínio, a capacidade de argumentação e o uso correto do vernáculo.

§ 4º A ordem de arguição dos candidatos definir-se-á por sorteio, no dia e hora marcados para início da prova oral.

§ 5º Cada examinador disporá de até 15 (quinze) minutos para a arguição do candidato, atribuindo-lhe nota na escala de 0 (zero) a 10 (dez). Durante a arguição, o candidato poderá consultar códigos ou legislação esparsa não comentados ou anotados, a critério da Comissão Examinadora.

§ 6º A nota final da prova oral será o resultado da média aritmética simples das notas atribuídas pelos examinadores.

§ 7º Recolher-se-ão as notas em envelope, que será lacrado e rubricado pelos examinadores imediatamente após o término da prova oral.

§ 8º Os resultados das provas orais serão divulgados e publicados pelo presidente da Comissão de Concurso no prazo fixado pelo edital.

§ 9º Considerar-se-ão aprovados e habilitados para a próxima etapa os candidatos que obtiverem nota não inferior a 6 (seis).

CAPÍTULO VIII
DA QUINTA ETAPA

Art. 66. Após a publicação do resultado da prova oral, a Comissão de Concurso avaliará os títulos dos candidatos aprovados.

§ 1º A comprovação dos títulos far-se-á no momento da inscrição definitiva, considerados para efeito de pontuação os obtidos até então.

§ 2º É ônus do candidato produzir prova documental idônea de cada título, não se admitindo a concessão de dilação de prazo para esse fim.

Art. 67. Constituem títulos:

I – exercício de cargo, emprego ou função pública privativa de bacharel em Direito pelo período mínimo de 1 (um) ano:

a) Judicatura (Juiz): até 3 (três) anos – 2,0; acima de 3 (três) anos – 2,5;

b) Pretor, Ministério Público, Defensoria Pública, Advocacia-Geral da União, Procuradoria (Procurador) de qualquer órgão ou entidade da Administração Pública direta ou indireta de qualquer dos Poderes da União, dos Estados, do Distrito Federal e dos Municípios: até 3 (três) anos – 1,5; acima de 3 (três) anos – 2,0;

II – exercício do Magistério Superior na área jurídica pelo período mínimo de 5 (cinco) anos:

a) mediante admissão no corpo docente por concurso ou processo seletivo público de provas e/ou títulos (1,5);

b) mediante admissão no corpo docente sem concurso ou processo seletivo público de provas e/ou títulos (0,5);

III – exercício de outro cargo, emprego ou função pública privativa de bacharel em Direito não previsto no inciso I, pelo período mínimo de 1 (um) ano:

a) mediante admissão por concurso: até 3 (três) anos – 0,5; acima de 3 (três) anos -1,0;

b) mediante admissão sem concurso: até 3 (três) anos – 0,25; acima de 3 (três) anos – 0,5;

IV – exercício efetivo da advocacia pelo período mínimo de 3 (três) anos: até 5 (cinco) anos -0,5; entre 5 (cinco) e 8 (oito) anos -1,0; acima de 8 (oito) anos -1,5;

V – aprovação em concurso público, desde que não tenha sido utilizado para pontuar no inciso I:

a) Judicatura (Juiz/Pretor), Ministério Público, Defensoria Pública, Advocacia-Geral da União, Procuradoria (Procurador) de qualquer órgão ou entidade da Administração Pública direta ou indireta de qualquer dos Poderes da União, dos Estados, do Distrito Federal e dos Municípios: 0,5;

b) outro concurso público para cargo, emprego ou função privativa de bacharel em Direito não constante do subitem V, "a": 0,25;

VI – diplomas em Cursos de Pós-Graduação:

a) Doutorado reconhecido ou revalidado: em Direito ou em Ciências Sociais ou Humanas – 2,0;

b) Mestrado reconhecido ou revalidado: em Direito ou em Ciências Sociais ou Humanas – 1,5;

c) Especialização em Direito, na forma da legislação educacional em vigor, com carga horária mínima de trezentos e sessenta (360) horas-aula, cuja avaliação haja considerado monografia de final de curso: 0,5;

VII – graduação em qualquer curso superior reconhecido ou curso regular de preparação à Magistratura ou ao Ministério Público, com duração mínima de 1 (um) ano, carga horária mínima de 720 (setecentas e vinte) horas-aula, frequência mínima de setenta e cinco por cento (75%) e nota de aproveitamento: 0,5;

VIII – curso de extensão sobre matéria jurídica de mais de cem (100) horas-aula, com nota de aproveitamento ou trabalho de conclusão de curso e frequência mínima de setenta e cinco por cento (75%): 0,25;

IX – publicação de obras jurídicas:

a) livro jurídico de autoria exclusiva do candidato com apreciável conteúdo jurídico: 0,75;

b) artigo ou trabalho publicado em obra jurídica coletiva ou revista jurídica especializada, com conselho editorial, de apreciável conteúdo jurídico: 0,25;

X – láurea universitária no curso de Bacharelado em Direito: 0,5;

XI – participação em banca examinadora de concurso público para o provimento de cargo da magistratura, Ministério Público, Advocacia Pública, Defensoria Pública ou de cargo de docente em instituição pública de ensino superior: 0,75;

XII – exercício, no mínimo durante 1 (um) ano, das atribuições de conciliador nos juizados especiais, ou na prestação de assistência jurídica voluntária: 0,5;

§ 1º A pontuação atribuída a cada título considera-se máxima, devendo o edital do concurso fixá-la objetivamente.

§ 2º De acordo com o gabarito previsto para cada título, os membros da Comissão de Concurso atribuirão ao candidato nota de 0 (zero) a 10 (dez) pontos, sendo esta a nota máxima, ainda que a pontuação seja superior.

Art. 68. Não constituirão títulos:

I – a simples prova de desempenho de cargo público ou função eletiva;

II – trabalhos que não sejam de autoria exclusiva do candidato;

III – atestados de capacidade técnico-jurídica ou de boa conduta profissional;

IV – certificado de conclusão de cursos de qualquer natureza, quando a aprovação do candidato resultar de mera frequência;

V – trabalhos forenses (sentenças, pareceres, razões de recursos, etc).

Art. 69. Nos 2 (dois) dias seguintes à publicação do resultado da avaliação dos títulos no Diário Oficial, o candidato poderá requerer vista e apresentar recurso.

CAPÍTULO IX
DOS RECURSOS

Art. 70. O candidato poderá interpor recurso, sem efeito suspensivo, no prazo de 2 (dois) dias úteis, contado do dia imediatamente seguinte ao da publicação do ato impugnado.

§ 1º É irretratável em sede recursal a nota atribuída na prova oral.

§ 2º O recurso será dirigido ao presidente da Comissão de Concurso, nos locais determinados no edital, incumbindo-lhe, em 48 (quarenta e oito) horas, submetê-lo à Comissão de Concurso ou à Comissão Examinadora.

§ 3º O candidato identificará somente a petição de interposição, vedada qualquer identificação nas razões do recurso, sob pena de não conhecimento do recurso.

Art. 71. Os recursos interpostos serão protocolados após numeração aposta pela Secretaria, distribuindo-se à Comissão respectiva somente as razões do recurso, retida pelo Secretário a petição de interposição.

Parágrafo único. A fundamentação é pressuposto para o conhecimento do recurso, cabendo ao candidato, em caso de impugnar mais de uma questão da prova, expor seu pedido e respectivas razões de forma destacada, para cada questão recorrida.

Art. 72. A Comissão, convocada especialmente para julgar os recursos, reunir-se-á em sessão pública e, por maioria de votos, decidirá pela manutenção ou pela reforma da decisão recorrida.

Parágrafo único. Cada recurso será distribuído por sorteio e, alternadamente, a um dos membros da Comissão, que funcionará como relator, vedado o julgamento monocrático.

CAPÍTULO X
DA RESERVA DE VAGAS PARA PESSOAS COM DEFICIÊNCIA

Art. 73. As pessoas com deficiência que declararem tal condição, no momento da inscrição preliminar, terão reservados, no mínimo, 5% (cinco por cento) do total das vagas, vedado o arredondamento superior.

§ 1º Considera-se deficiência os impedimentos de longo prazo de natureza física, mental, intelectual ou sensorial, os quais, em interação com diversas barreiras, podem obstruir sua participação plena e efetiva na sociedade em igualdades de condições com as demais pessoas. (Redação dada pela Resolução nº 208, de 10.11.15)

§ 2º A avaliação sobre a compatibilidade da deficiência com a função judicante deve ser empreendida no estágio probatório a que se submete o candidato aprovado no certame. (Redação dada pela Resolução nº 118, de 03.08.10)

Art. 74. Além das exigências comuns a todos os candidatos para a inscrição no concurso, o candidato com deficiência deverá, no ato de inscrição preliminar:

I – em campo próprio da ficha de inscrição, declarar a opção por concorrer às vagas destinadas a pessoas com deficiência, conforme edital, bem como juntar atestado médico que comprove a deficiência alegada e que contenha a espécie, o grau ou nível da deficiência de que é portador, a CID (Classificação Internacional de Doenças) e a provável causa dessa deficiência.

II – preencher outras exigências ou condições constantes do edital de abertura do concurso.

§ 1º A data de emissão do atestado médico referido no inciso I deste artigo deverá ser de, no máximo, 30 (trinta) dias antes da data de publicação do edital de abertura do concurso.

§ 2º A não apresentação, no ato de inscrição, de qualquer um dos documentos especificados no inciso I, bem como o não atendimento das exigências ou condições referidas no inciso II, ambos do caput, implicará o indeferimento do pedido de inscrição no sistema de reserva de vaga de que trata o presente Capítulo, passando o candidato automaticamente a concorrer às vagas com os demais inscritos não portadores de deficiência, desde que preenchidos os outros requisitos previstos no edital.

Art. 75. O candidato com deficiência submeter-se-á, na mesma ocasião do exame de sanidade física e mental, à avaliação da Comissão Multiprofissional quanto à existência de deficiência e sua extensão. (Redação dada pela Resolução nº 208, de 10.11.15)

§ 1º A Comissão Multiprofissional, designada pela Comissão de Concurso, será composta por 2 (dois) médicos, 1 (um) representante da Ordem dos Advogados do Brasil e 2 (dois) membros do tribunal, cabendo ao mais antigo destes presidi-la.

§2º A Comissão Multiprofissional, necessariamente até 3 (três) dias da data fixada para deferimento da inscrição definitiva, proferirá decisão terminativa sobre a qualificação do candidato como deficiente. (Redação dada pela Resolução nº 208, de 10.11.15)

§ 3º A seu juízo, a Comissão Multiprofissional poderá solicitar parecer de profissionais capacitados na área da deficiência que estiver sendo avaliada, os quais não terão direito a voto.

§4º Concluindo a Comissão Multiprofissional pela inexistência da deficiência ou por sua insuficiência, estando o candidato habilitado a concorrer às vagas não reservadas, continuará o mesmo a estas concorrendo. (Redação dada pela Resolução nº 208, de 10.11.15)

Art. 76. Os candidatos com deficiência participarão do concurso em igualdade de condições com os demais candidatos no que tange ao conteúdo, avaliação, horário e local de aplicação das provas, podendo haver ampliação do tempo de duração das provas em até 60 (sessenta) minutos.

§ 1º Os candidatos com deficiência que necessitarem de alguma condição ou atendimento especial para a realização das provas deverão formalizar pedido, por escrito, até a data de encerramento da inscrição preliminar, a fim de que sejam tomadas as providências cabíveis, descartada, em qualquer hipótese, a realização das provas em local distinto daquele indicado no edital.

§ 2º Adotar-se-ão todas as providências que se façam necessárias a permitir o fácil acesso de candidatos com deficiência aos locais de realização das provas, sendo de responsabilidade daqueles, entretanto, trazer os equipamentos e instrumentos imprescindíveis à feitura das provas, previamente autorizados pelo tribunal.

Art. 77. A cada etapa a Comissão de Concurso fará publicar, além da lista geral de aprovados, listagem composta exclusivamente dos candidatos com deficiência que alcançarem a nota mínima exigida.

Parágrafo único. As vagas não preenchidas reservadas aos candidatos com deficiência serão aproveitadas pelos demais candidatos habilitados, em estrita observância da ordem de classificação no concurso.

Art. 78. A classificação de candidatos com deficiência obedecerá aos mesmos critérios adotados para os demais candidatos.

Art. 79. A publicação do resultado final do concurso será feita em 2 (duas) listas, contendo, a primeira, a pontuação de todos os candidatos, inclusive a dos com deficiência, e, a segunda, somente a pontuação destes últimos, os quais serão chamados na ordem das vagas reservadas às pessoas com deficiência.

Art. 80. O grau de deficiência de que for portador o candidato ao ingressar na magistratura não poderá ser invocado como causa de aposentadoria por invalidez.

CAPÍTULO XI
DAS DISPOSIÇÕES FINAIS

Art. 81. As sessões públicas para identificação e divulgação dos resultados das provas serão realizadas na sede do tribunal que realiza o concurso.

Art. 82. Não haverá, sob nenhum pretexto:

I – devolução de taxa de inscrição em caso de desistência voluntária;

II – publicação das razões de indeferimento de inscrição e de eliminação de candidato.

Art. 83. Correrão por conta exclusiva do candidato quaisquer despesas decorrentes da participação em todas as etapas e procedimentos do concurso de que trata esta

Resolução, tais como gastos com documentação, material, exames, viagem, alimentação, alojamento, transporte ou ressarcimento de outras despesas.

Art. 84. Os tribunais suportarão as despesas da realização do concurso.

Art. 85. Durante a realização das provas, o candidato, sob pena de eliminação, não poderá utilizar-se de telefone celular, "pager" ou qualquer outro meio eletrônico de comunicação, bem como de computador portátil, inclusive "palms" ou similares, e máquina datilográfica dotada de memória.

Art. 86. As embalagens contendo os cadernos de provas preparadas para aplicação serão lacradas e rubricadas pelo Secretário do Concurso, cabendo igual responsabilidade, se for o caso, ao representante legal da instituição especializada contratada ou conveniada para a prova objetiva seletiva.

Art. 87. A inviolabilidade do sigilo das provas será comprovada no momento de romper-se o lacre dos malotes, mediante termo formal e na presença de, no mínimo, 2 (dois) candidatos nos locais de realização da prova.

Art. 88. Os casos omissos serão resolvidos pela Comissão de Concurso.

Art. 89. Esta Resolução entra em vigor na data de sua publicação, não alcançando os concursos em andamento.

Art. 90. Fica revogada a Resolução nº 11/CNJ, de 31 de janeiro de 2006, assegurado o cômputo de atividade jurídica decorrente da conclusão, com frequência e aproveitamento, de curso de pós-graduação comprovadamente iniciado antes da entrada em vigor da presente Resolução.

Ministro **GILMAR MENDES**

* Os Anexos da resolução deixaram de ser publicados.

CÓDIGO DE ÉTICA DA MAGISTRATURA NACIONAL

(Aprovado na 68ª Sessão Ordinária do Conselho Nacional de Justiça, do dia 06 de agosto de 2008, nos autos do Processo nº 200820000007337)

O CONSELHO NACIONAL DE JUSTIÇA, no exercício da competência que lhe atribuíram a Constituição Federal (art. 103-B, § 4º, I e II), a Lei Orgânica da Magistratura Nacional (art. 60 da LC nº 35/79) e seu Regimento Interno (art. 19, incisos I e II);

Considerando que a adoção de Código de Ética da Magistratura é instrumento essencial para os juízes incrementarem a confiança da sociedade em sua autoridade moral;

Considerando que o Código de Ética da Magistratura traduz compromisso institucional com a excelência na prestação do serviço público de distribuir Justiça e, assim, mecanismo para fortalecer a legitimidade do Poder Judiciário;

Considerando que é fundamental para a magistratura brasileira cultivar princípios éticos, pois lhe cabe também função educativa e exemplar de cidadania em face dos demais grupos sociais;

Considerando que a Lei veda ao magistrado "procedimento incompatível com a dignidade, a honra e o decoro de suas funções" e comete-lhe o dever de "manter conduta irrepreensível na vida pública e particular" (LC nº 35/79, arts. 35, inciso VIII, e 56, inciso II); e

Considerando a necessidade de minudenciar os princípios erigidos nas aludidas normas jurídicas;

RESOLVE aprovar e editar o presente CÓDIGO DE ÉTICA DA MAGISTRATURA NACIONAL, exortando todos os juízes brasileiros à sua fiel observância.

CAPÍTULO I
DISPOSIÇÕES GERAIS

Art. 1º O exercício da magistratura exige conduta compatível com os preceitos deste Código e do Estatuto da Magistratura, norteando-se pelos princípios da independência, da imparcialidade, do conhecimento e capacitação, da cortesia, da transparência, do segredo profissional, da prudência, da diligência, da integridade profissional e pessoal, da dignidade, da honra e do decoro.

Art. 2º Ao magistrado impõe-se primar pelo respeito à Constituição da República e às leis do País, buscando o fortalecimento das instituições e a plena realização dos valores democráticos.

Art. 3º A atividade judicial deve desenvolver-se de modo a garantir e fomentar a dignidade da pessoa humana, objetivando assegurar e promover a solidariedade e a justiça na relação entre as pessoas.

CAPÍTULO II
INDEPENDÊNCIA

Art. 4º Exige-se do magistrado que seja eticamente independente e que não interfira, de qualquer modo, na atuação jurisdicional de outro colega, exceto em respeito às normas legais.

Art. 5º Impõe-se ao magistrado pautar-se no desempenho de suas atividades sem receber indevidas influências externas e estranhas à justa convicção que deve formar para a solução dos casos que lhe sejam submetidos.

Art. 6º É dever do magistrado denunciar qualquer interferência que vise a limitar sua independência.

Art. 7º A independência judicial implica que ao magistrado é vedado participar de atividade político-partidária.

CAPÍTULO III
IMPARCIALIDADE

Art. 8º O magistrado imparcial é aquele que busca nas provas a verdade dos fatos, com objetividade e fundamento, mantendo ao longo de todo o processo uma distância equivalente das partes, e evita todo o tipo de comportamento que possa refletir favoritismo, predisposição ou preconceito.

Art. 9º Ao magistrado, no desempenho de sua atividade, cumpre dispensar às partes igualdade de tratamento, vedada qualquer espécie de injustificada discriminação.

Parágrafo único. Não se considera tratamento discriminatório injustificado:

I – a audiência concedida a apenas uma das partes ou seu advogado, contanto que se assegure igual direito à parte contrária, caso seja solicitado;

II – o tratamento diferenciado resultante de lei.

CAPÍTULO IV
TRANSPARÊNCIA

Art. 10. A atuação do magistrado deve ser transparente, documentando-se seus atos, sempre que possível, mesmo quando não legalmente previsto, de modo a favorecer sua publicidade, exceto nos casos de sigilo contemplado em lei.

Art. 11. O magistrado, obedecido o segredo de justiça, tem o dever de informar ou mandar informar aos interessados acerca dos processos sob sua responsabilidade, de forma útil, compreensível e clara.

Art. 12. Cumpre ao magistrado, na sua relação com os meios de comunicação social, comportar-se de forma prudente e eqüitativa, e cuidar especialmente:

I – para que não sejam prejudicados direitos e interesses legítimos de partes e seus procuradores;

II – de abster-se de emitir opinião sobre processo pendente de julgamento, seu ou de outrem, ou juízo depreciativo sobre despachos, votos, sentenças ou acórdãos, de órgãos judiciais, ressalvada a crítica nos autos, doutrinária ou no exercício do magistério.

Art. 13. O magistrado deve evitar comportamentos que impliquem a busca injustificada e desmesurada por reconhecimento social, mormente a autopromoção em publicação de qualquer natureza.

Art. 14. Cumpre ao magistrado ostentar conduta positiva e de colaboração para com os órgãos de controle e de aferição de seu desempenho profissional.

CAPÍTULO V
INTEGRIDADE PESSOAL E PROFISSIONAL

Art. 15. A integridade de conduta do magistrado fora do âmbito estrito da atividade jurisdicional contribui para uma fundada confiança dos cidadãos na judicatura.

Art. 16. O magistrado deve comportar-se na vida privada de modo a dignificar a função, cônscio de que o exercício da atividade jurisdicional impõe restrições e exigências pessoais distintas das acometidas aos cidadãos em geral.

Art. 17. É dever do magistrado recusar benefícios ou vantagens de ente público, de empresa privada ou de pessoa física que possam comprometer sua independência funcional.

Art. 18. Ao magistrado é vedado usar para fins privados, sem autorização, os bens públicos ou os meios disponibilizados para o exercício de suas funções.

Art. 19. Cumpre ao magistrado adotar as medidas necessárias para evitar que possa surgir qualquer dúvida razoável sobre a legitimidade de suas receitas e de sua situação econômico-patrimonial.

CAPÍTULO VI
DILIGÊNCIA E DEDICAÇÃO

Art. 20. Cumpre ao magistrado velar para que os atos processuais se celebrem com a máxima pontualidade e para que os processos a seu cargo sejam solucionados em um prazo razoável, reprimindo toda e qualquer iniciativa dilatória ou atentatória à boa-fé processual.

Art. 21. O magistrado não deve assumir encargos ou contrair obrigações que perturbem ou impeçam o cumprimento apropriado de suas funções específicas, ressalvadas as acumulações permitidas constitucionalmente.

§ 1º O magistrado que acumular, de conformidade com a Constituição Federal, o exercício da judicatura com o magistério deve sempre priorizar a atividade judicial, dispensando-lhe efetiva disponibilidade e dedicação.

§ 2º O magistrado, no exercício do magistério, deve observar conduta adequada à sua condição de juiz, tendo em vista que, aos olhos de alunos e da sociedade, o magistério e a magistratura são indissociáveis, e faltas éticas na área do ensino refletirão necessariamente no respeito à função judicial.

CAPÍTULO VII
CORTESIA

Art. 22. O magistrado tem o dever de cortesia para com os colegas, os membros do Ministério Público, os advogados, os servidores, as partes, as testemunhas e todos quantos se relacionem com a administração da Justiça.

Parágrafo único. Impõe-se ao magistrado a utilização de linguagem escorreita, polida, respeitosa e compreensível.

Art. 23. A atividade disciplinar, de correição e de fiscalização serão exercidas sem infringência ao devido respeito e consideração pelos correicionados.

CAPÍTULO VIII
PRUDÊNCIA

Art. 24. O magistrado prudente é o que busca adotar comportamentos e decisões que sejam o resultado de juízo justificado racionalmente, após haver meditado e valorado os argumentos e contra-argumentos disponíveis, à luz do Direito aplicável.

Art. 25. Especialmente ao proferir decisões, incumbe ao magistrado atuar de forma cautelosa, atento às conseqüências que pode provocar.

Art. 26. O magistrado deve manter atitude aberta e paciente para receber argumentos ou críticas lançados de forma cortês e respeitosa, podendo confirmar ou retificar posições anteriormente assumidas nos processos em que atua.

CAPÍTULO IX
SIGILO PROFISSIONAL

Art. 27. O magistrado tem o dever de guardar absoluta reserva, na vida pública e privada, sobre dados ou fatos pessoais de que haja tomado conhecimento no exercício de sua atividade.

Art. 28. Aos juízes integrantes de órgãos colegiados impõe-se preservar o sigilo de votos que ainda não hajam sido proferidos e daqueles de cujo teor tomem conhecimento, eventualmente, antes do julgamento.

CAPÍTULO X
CONHECIMENTO E CAPACITAÇÃO

Art. 29. A exigência de conhecimento e de capacitação permanente dos magistrados tem como fundamento o direito dos jurisdicionados e da sociedade em geral à obtenção de um serviço de qualidade na administração de Justiça.

Art. 30. O magistrado bem formado é o que conhece o Direito vigente e desenvolveu as capacidades técnicas e as atitudes éticas adequadas para aplicá-lo corretamente.

Art. 31. A obrigação de formação contínua dos magistrados estende-se tanto às matérias especificamente jurídicas quanto no que se refere aos conhecimentos e técnicas que possam favorecer o melhor cumprimento das funções judiciais.

Art. 32. O conhecimento e a capacitação dos magistrados adquirem uma intensidade especial no que se relaciona com as matérias, as técnicas e as atitudes que levem à máxima proteção dos direitos humanos e ao desenvolvimento dos valores constitucionais.

Art. 33. O magistrado deve facilitar e promover, na medida do possível, a formação dos outros membros do órgão judicial.

Art. 34. O magistrado deve manter uma atitude de colaboração ativa em todas as atividades que conduzem à formação judicial.

Art. 35. O magistrado deve esforçar-se para contribuir com os seus conhecimentos teóricos e práticos ao melhor desenvolvimento do Direito e à administração da Justiça.

Art. 36. É dever do magistrado atuar no sentido de que a instituição de que faz parte ofereça os meios para que sua formação seja permanente.

CAPÍTULO XI
DIGNIDADE, HONRA E DECORO

Art. 37. Ao magistrado é vedado procedimento incompatível com a dignidade, a honra e o decoro de suas funções.

Art. 38. O magistrado não deve exercer atividade empresarial, exceto na condição de acionista ou cotista e desde que não exerça o controle ou gerência.

Art. 39. É atentatório à dignidade do cargo qualquer ato ou comportamento do magistrado, no exercício profissional, que implique discriminação injusta ou arbitrária de qualquer pessoa ou instituição.

CAPÍTULO XII
DISPOSIÇÕES FINAIS

Art. 40. Os preceitos do presente Código complementam os deveres funcionais dos juízes que emanam da Constituição Federal, do Estatuto da Magistratura e das demais disposições legais.

Art. 41. Os Tribunais brasileiros, por ocasião da posse de todo Juiz, entregar-lhe-ão um exemplar do Código de Ética da Magistratura Nacional, para fiel observância durante todo o tempo de exercício da judicatura.

Art. 42. Este Código entra em vigor, em todo o território nacional, na data de sua publicação, cabendo ao Conselho Nacional de Justiça promover-lhe ampla divulgação.

Brasília, 26 de agosto de 2008.

PROCEDIMENTO ADMINISTRATIVO DISCIPLINAR – RESOLUÇÃO CNJ Nº 135/2011

RESOLUÇÃO Nº 135, DE 13 DE JULHO DE 2011.

Dispõe sobre a uniformização de normas relativas ao procedimento administrativo disciplinar aplicável aos magistrados, acerca do rito e das penalidades, e dá outras providências.

O PRESIDENTE DO CONSELHO NACIONAL DE JUSTIÇA, no uso de suas atribuições constitucionais e regimentais;

CONSIDERANDO que as normas relativas ao procedimento administrativo disciplinar dos Magistrados, não obstante tenham de observar as disposições da Constituição, do Estatuto da Magistratura, da Lei Orgânica da Magistratura, e da legislação ordinária em vigor, têm peculiaridades que caracterizam sua natureza especial,

CONSIDERANDO que as leis de organização judiciária dos Estados, os Regimentos dos Tribunais e Resoluções em vigor a respeito da matéria são discrepantes, que se encontram muitas das quais desatualizadas ou superadas,

CONSIDERANDO que as disposições estatutárias devem prevalecer sobre os regramentos locais,

CONSIDERANDO a necessidade de sistematizar a disciplina legal em vigor acerca da matéria, e

CONSIDERANDO o decidido na 130ª Sessão Ordinária de 5 de julho de 2011, e com base no § 2º do artigo 5º da Emenda Constitucional no 45, de 8 de dezembro de 2004,

RESOLVE:

I - DISPOSIÇÕES GERAIS

Art. 1º Para os efeitos desta Resolução, são magistrados os Juízes Substitutos, os Juízes de Direito e os Desembargadores dos Tribunais de Justiça Estaduais, os Juízes Federais e dos Tribunais Regionais Federais, os Juízes do Trabalho e dos Tribunais Regionais do Trabalho, os Juízes Militares e dos Tribunais Militares, os Juízes Eleitorais e dos Tribunais Regionais Eleitorais, os Ministros do Superior Tribunal de Justiça, os Ministros do Tribunal Superior do Trabalho, os Ministros do Superior Tribunal Militar e os Ministros do Tribunal Superior Eleitoral, exceto aqueles que também integram o Supremo Tribunal Federal.

Art. 2º. Considera-se Tribunal, para os efeitos desta resolução, o Conselho Nacional de Justiça, o Tribunal Pleno ou o Órgão Especial, onde houver, e o Conselho da Justiça

Federal, no âmbito da respectiva competência administrativa definida na Constituição e nas leis próprias.

Art. 3º São penas disciplinares aplicáveis aos magistrados da Justiça Federal, da Justiça do Trabalho, da Justiça Eleitoral, da Justiça Militar, da Justiça dos Estados e do Distrito Federal e Territórios:

I – advertência;

II – censura;

III – remoção compulsória;

IV – disponibilidade;

V – aposentadoria compulsória[1];

VI – demissão.

§ 1º As penas previstas no art. 6º, § 1º, da Lei no 4.898, de 9 de dezembro de 1965, são aplicáveis aos magistrados, desde que não incompatíveis com a Lei Complementar no 35, de 1979.

§ 2º Os deveres do magistrado são os previstos na Constituição Federal, na Lei Complementar no 35, de 1979, no Código de Processo Civil (art. 125), no Código de Processo Penal (art. 251), nas demais leis vigentes e no Código de Ética da Magistratura.

Art. 4º O magistrado negligente, no cumprimento dos deveres do cargo, está sujeito à pena de advertência. Na reiteração e nos casos de procedimento incorreto, a pena será de censura, caso a infração não justificar punição mais grave.

Art. 5º O magistrado de qualquer grau poderá ser removido compulsoriamente, por interesse público, do órgão em que atue para outro.

Art. 6º O magistrado será posto em disponibilidade com vencimentos proporcionais ao tempo de serviço, ou, se não for vitalício, demitido por interesse público, quando a gravidade das faltas não justificar a aplicação de pena de censura ou remoção compulsória.

Art. 7º O magistrado será aposentado compulsoriamente, por interesse público, quando:

I – mostrar-se manifestamente negligente no cumprimento de seus deveres;

II – proceder de forma incompatível com a dignidade, a honra e o decoro de suas funções;

III – demonstrar escassa ou insuficiente capacidade de trabalho, ou apresentar comportamento funcional incompatível com o bom desempenho das atividades do Poder Judiciário.

II – Investigação preliminar

Art. 8º. O Corregedor, no caso de magistrados de primeiro grau, o Presidente ou outro membro competente do Tribunal, nos demais casos, quando tiver ciência de irregularidade, é obrigado a promover a apuração imediata dos fatos, observados os termos desta Resolução e, no que não conflitar com esta, do Regimento Interno respectivo.

---

1 Recorde-se que a Constituição Federal não mais prevê, desde a EC nº 103/2019, a pena administrativa de aposentadoria compulsória.

Parágrafo único. Se da apuração em qualquer procedimento ou processo administrativo resultar a verificação de falta ou infração atribuída a magistrado, será determinada, pela autoridade competente, a instauração de sindicância ou proposta, diretamente, ao Tribunal, a instauração de processo administrativo disciplinar, observado, neste caso, o art. 14, caput, desta Resolução.

Art. 9º. A notícia de irregularidade praticada por magistrados poderá ser feita por toda e qualquer pessoa, exigindo-se formulação por escrito, com confirmação da autenticidade, a identificação e o endereço do denunciante.

§ 1º. Identificados os fatos, o magistrado será notificado a fim de, no prazo de cinco dias, prestar informações.

§ 2º. Quando o fato narrado não configurar infração disciplinar ou ilícito penal, o procedimento será arquivado de plano pelo Corregedor, no caso de magistrados de primeiro grau, ou pelo Presidente do Tribunal, nos demais casos ou, ainda, pelo Corregedor Nacional de Justiça, nos casos levados ao seu exame.

§ 3º. Os Corregedores locais, nos casos de magistrado de primeiro grau, e os presidentes de Tribunais, nos casos de magistrados de segundo grau, comunicarão à Corregedoria Nacional de Justiça, no prazo de quinze dias da decisão, o arquivamento dos procedimentos prévios de apuração contra magistrados.

Art. 10. Das decisões referidas nos artigos anteriores caberá recurso no prazo de 15 (quinze) dias ao Tribunal, por parte do autor da representação.

Art. 11. Instaurada a sindicância, será permitido ao sindicado acompanhá-la.

III – Processo administrativo disciplinar

Art. 12. Para os processos administrativos disciplinares e para a aplicação de quaisquer penalidades previstas em lei, é competente o Tribunal a que pertença ou esteja subordinado o Magistrado, sem prejuízo da atuação do Conselho Nacional de Justiça.

Parágrafo único. Os procedimentos e normas previstos nesta Resolução aplicam-se ao processo disciplinar para apuração de infrações administrativas praticadas pelos Magistrados, sem prejuízo das disposições regimentais respectivas que com elas não conflitarem.

Art. 13. O processo administrativo disciplinar poderá ter início, em qualquer caso, por determinação do Conselho Nacional de Justiça, acolhendo proposta do Corregedor Nacional ou deliberação do seu Plenário, ou por determinação do Pleno ou Órgão Especial, mediante proposta do Corregedor, no caso de magistrado, de primeiro grau, ou ainda por proposta do Presidente do Tribunal respectivo, nas demais ocorrências.

Art. 14. Antes da decisão sobre a instauração do processo pelo colegiado respectivo, a autoridade responsável pela acusação concederá ao magistrado prazo de quinze dias para a defesa prévia, contado da data da entrega da cópia do teor da acusação e das provas existentes.

§ 1º. Findo o prazo da defesa prévia, haja ou não sido apresentada, o relator submeterá ao Tribunal Pleno ou ao seu Órgão Especial relatório conclusivo com a proposta de instauração do processo administrativo disciplinar, ou de arquivamento, intimando o magistrado ou seu defensor, se houver, da data da sessão do julgamento.

§ 2º. O Corregedor relatará a acusação perante o Órgão Censor, no caso de magistrado de primeiro grau, e o Presidente do Tribunal, nos demais casos.

§ 3º. O Presidente e o Corregedor terão direito a voto.

§ 4º. Caso a proposta de abertura de processo administrativo disciplinar contra magistrado seja adiada ou deixe de ser apreciada por falta de quórum, cópia da ata da sessão respectiva, com a especificação dos nomes dos presentes; dos ausentes; dos suspeitos e dos impedidos, será encaminhada para a Corregedoria do Conselho Nacional de Justiça, no prazo de 15 (quinze) dias, contados da respectiva sessão, para fins de deliberação, processamento e submissão a julgamento.

§ 5º. Determinada a instauração do processo administrativo disciplinar, pela maioria absoluta dos membros do Tribunal ou do respectivo Órgão Especial, o respectivo acórdão será acompanhado de portaria que conterá a imputação dos fatos e a delimitação do teor da acusação, assinada pelo Presidente do Órgão.

§ 6º. Acolhida a proposta de abertura de processo administrativo disciplinar contra magistrado, cópia da ata da sessão respectiva será encaminhada para a Corregedoria do Conselho Nacional de Justiça, no prazo de 15 dias, contados da respectiva sessão de julgamento, para fins de acompanhamento;

§ 7º O relator será sorteado dentre os magistrados que integram o Pleno ou o Órgão Especial do Tribunal, não havendo revisor.

§ 8º. Não poderá ser relator o magistrado que dirigiu o procedimento preparatório, ainda que não seja mais o Corregedor.

§ 9º. O processo administrativo terá o prazo de cento e quarenta dias para ser concluído, prorrogável, quando imprescindível para o término da instrução e houver motivo justificado, mediante deliberação do Plenário ou Órgão Especial.

Art. 15. O Tribunal, observada a maioria absoluta de seus membros ou do Órgão Especial, na oportunidade em que determinar a instauração do processo administrativo disciplinar, decidirá fundamentadamente sobre o afastamento do cargo do Magistrado até a decisão final, ou, conforme lhe parecer conveniente ou oportuno, por prazo determinado, assegurado o subsídio integral.

§ 1º. O afastamento do Magistrado previsto no caput poderá ser cautelarmente decretado pelo Tribunal antes da instauração do processo administrativo disciplinar, quando necessário ou conveniente a regular apuração da infração disciplinar.

§ 2º Decretado o afastamento, o magistrado ficará impedido de utilizar o seu local de trabalho e usufruir de veículo oficial e outras prerrogativas inerentes ao exercício da função.

Art. 16. O Relator determinará a intimação do Ministério Público para manifestação no prazo de 5 (cinco) dias.

Art. 17. Após, o Relator determinará a citação do Magistrado para apresentar as razões de defesa e as provas que entender necessárias, em 5 dias, encaminhando-lhe cópia do acórdão que ordenou a instauração do processo administrativo disciplinar, com a respectiva portaria, observando-se que:

I – caso haja dois ou mais magistrados requeridos, o prazo para defesa será comum e de 10 (dez) dias contados da intimação do último;

II - o magistrado que mudar de residência fica obrigado a comunicar ao Relator, ao Corregedor e ao Presidente do Tribunal o endereço em que receberá citações, notificações ou intimações;

III - quando o magistrado estiver em lugar incerto ou não sabido, será citado por edital, com prazo de trinta dias, a ser publicado, uma vez, no órgão oficial de imprensa utilizado pelo Tribunal para divulgar seus atos;

IV - considerar-se-á revel o magistrado que, regularmente citado, não apresentar defesa no prazo assinado;

V - declarada a revelia, o relator poderá designar defensor dativo ao requerido, concedendo-lhe igual prazo para a apresentação de defesa.

Art. 18. Decorrido o prazo para a apresentação da defesa prévia, o relator decidirá sobre a realização dos atos de instrução e a produção de provas requeridas, determinando de ofício as que entender necessárias.

§ 1º. Para a colheita das provas o Relator poderá delegar poderes a magistrado de primeiro ou segundo grau.

§ 2º. Para todos os demais atos de instrução, com a mesma cautela, serão intimados o magistrado processado ou seu defensor, se houver.

§ 3º. Na instrução do processo serão inquiridas, no máximo, oito testemunhas de acusação e, até oito de defesa, por requerido, que justificadamente tenham ou possam ter conhecimento dos fatos imputados.

§ 4º. O depoimento das testemunhas, as acareações e as provas periciais e técnicas destinadas à elucidação dos fatos, serão realizados com aplicação subsidiária, no que couber, das normas da legislação processual penal e da legislação processual civil, sucessivamente.

§ 5º. A inquirição das testemunhas e o interrogatório deverão ser feitos em audiência una, ainda que, se for o caso, em dias sucessivos, e poderão ser realizados por meio de videoconferência, nos termos do § 1º do artigo 405 do Código de Processo Penal e da Resolução no 105, de 2010, do Conselho Nacional de Justiça.

§ 6º. O interrogatório do magistrado, precedido de intimação com antecedência de 48 (quarenta e oito) horas, será realizado após a produção de todas as provas.

§ 7º. Os depoimentos poderão ser documentados pelo sistema audiovisual, sem a necessidade, nesse caso, de degravação.

Art. 19. Finda a instrução, o Ministério Público e, em seguida, o magistrado ou seu defensor terão 10 (dez) dias para manifestação e razões finais, respectivamente.

Art. 20. O julgamento do processo administrativo disciplinar será realizado em sessão pública e serão fundamentadas todas as decisões, inclusive as interlocutórias.

§1º. Em determinados atos processuais e de julgamento, poderá, no entanto, ser limitada a presença às próprias partes e a seus advogados, ou somente a estes, desde que a preservação da intimidade não prejudique o interesse público.

§ 2º. Para o julgamento, que será público, serão disponibilizados aos integrantes do órgão julgador acesso à integralidade dos autos do processo administrativo disciplinar.

§ 3º. O Presidente e o Corregedor terão direito a voto.

§ 4º. Os Tribunais comunicarão à Corregedoria Nacional de Justiça, no prazo de 15 dias da respectiva sessão, os resultados dos julgamentos dos processos administrativos disciplinares.

Art. 21. A punição ao magistrado somente será imposta pelo voto da maioria absoluta dos membros do Tribunal ou do Órgão Especial.

Parágrafo único. Na hipótese em que haja divergência quanto à pena, sem que se tenha formado maioria absoluta por uma delas, será aplicada a mais leve, ou, no caso de mais de duas penas alternativas, aplicar-se-á a mais leve que tiver obtido o maior número de votos.

Art. 22. Entendendo o Tribunal que existem indícios de crime de ação pública incondicionada, o Presidente remeterá ao Ministério Público cópia dos autos.

Parágrafo único. Aplicada a pena de disponibilidade ou de aposentadoria compulsória, o Presidente remeterá cópias dos autos ao Ministério Público e à Advocacia Geral da União ou Procuradoria Estadual competente para, se for o caso, tomar as providências cabíveis.

IV – Disposições finais

Art. 23. O processo disciplinar, contra juiz não vitalício, será instaurado dentro do biênio previsto no art. 95, I da Constituição Federal, mediante indicação do Corregedor ao Tribunal respectivo, seguindo, no que lhe for aplicável, o disposto nesta Resolução.

§ 1º. A instauração do processo pelo Tribunal suspenderá o curso do prazo de vitaliciamento.

§ 2º. No caso de aplicação das penas de censura ou remoção compulsória, o Juiz não vitalício ficará impedido de ser promovido ou removido enquanto não decorrer prazo de um ano da punição imposta.

§ 3º. Ao juiz não-vitalício será aplicada pena de demissão em caso de:

I – falta que derive da violação às proibições contidas na Constituição Federal e nas leis;

II – manifesta negligência no cumprimento dos deveres do cargo;

III – procedimento incompatível com a dignidade, a honra e o decoro de suas funções;

IV – escassa ou insuficiente capacidade de trabalho;

V – proceder funcional incompatível com o bom desempenho das atividades do Poder Judiciário.

Art. 24. O prazo de prescrição de falta funcional praticada pelo magistrado é de cinco anos, contado a partir da data em que o tribunal tomou conhecimento do fato, salvo quando configurar tipo penal, hipótese em que o prazo prescricional será o do Código Penal.

§ 1º. A interrupção da prescrição ocorre com a decisão do Plenário ou do Órgão Especial que determina a instauração do processo administrativo disciplinar.

§ 2º. O prazo prescricional pela pena aplicada começa a correr nos termos do § 8º do art. 14 desta Resolução, a partir do 141º dia após a instauração do processo administrativo disciplinar.

§ 3º. A prorrogação do prazo de conclusão do processo administrativo disciplinar, prevista no § 8º do artigo 14 desta Resolução, não impede o início da contagem do prazo prescricional de que trata o parágrafo anterior.

Art. 25. A instauração de processo administrativo disciplinar, bem como as penalidades definitivamente impostas pelo Tribunal e as alterações decorrentes de julgados do

Conselho Nacional de Justiça serão anotadas nos assentamentos do Magistrado mantidos pelas Corregedorias respectivas.

Art. 26. Aplicam-se aos procedimentos disciplinares contra magistrados, subsidiariamente, e desde que não conflitem com o Estatuto da Magistratura, as normas e os princípios relativos ao processo administrativo disciplinar das Leis nº 8.112/90 e nº 9.784/99.

Art. 27. O magistrado que estiver respondendo a processo administrativo disciplinar só terá apreciado o pedido de aposentadoria voluntaria após a conclusão do processo ou do cumprimento da penalidade.

Art. 28. Os Tribunais comunicarão à Corregedoria Nacional de Justiça as decisões de arquivamento dos procedimentos prévios de apuração, de instauração e os julgamentos dos processos administrativos disciplinares.

Art. 29. A presente Resolução entra em vigor na data de sua publicação e aplica-se aos processos pendentes, ficando revogada a Resolução no 30, de 7 de março de 2007.

SISTEMA REMUNERATÓRIO DA MAGISTRATURA – RESOLUÇÃO CNJ Nº 13/2006

RESOLUÇÃO Nº 13, DE 21 DE MARÇO DE 2006

O **PRESIDENTE DO CONSELHO NACIONAL DE JUSTIÇA**, no uso de suas atribuições, tendo em vista o decidido em Sessão de 21/03/2006,

CONSIDERANDO o disposto na Lei nº 11.143, de 26 de julho de 2005,

CONSIDERANDO o disposto no art. 37, inciso XI, da Constituição Federal, com a redação dada pela Emenda Constitucional nº 41, de 19 de dezembro de 2003,

CONSIDERANDO o disposto no art. 103-B, § 4º, II, da Constituição Federal, introduzido pela Emenda Constitucional nº 45, de 30 de dezembro de 2004,

CONSIDERANDO o decidido pelo Supremo Tribunal Federal nos autos do Processo nº 319269, conforme Ata da 1ª Sessão Administrativa realizada em 5 de fevereiro de 2004,

RESOLVE:

Art. 1º No âmbito do Poder Judiciário da União, o valor do teto remuneratório, nos termos do art. 37, inciso XI, da Constituição Federal, combinado com o seu art. 93, inciso V, é o subsídio de Ministro do Supremo Tribunal Federal e corresponde a R$ 24.500,00 (vinte e quatro mil e quinhentos reais).

Art. 2º Nos órgãos do Poder Judiciário dos Estados, o teto remuneratório constitucional é o valor do subsídio de Desembargador do Tribunal de Justiça, que não pode exceder a 90,25% (noventa inteiros e vinte e cinco centésimos por cento) do subsídio mensal de Ministro do Supremo Tribunal Federal. (Vide ADI/3854)

Art. 3º O subsídio mensal dos Magistrados constitui-se exclusivamente de parcela única, vedado o acréscimo de qualquer gratificação, adicional, abono, prêmio, verba de representação ou outra espécie remuneratória, de qualquer origem.

Art. 4º Estão compreendidas no subsídio dos magistrados e por ele extintas as seguintes verbas do regime remuneratório anterior:

I – vencimentos:

a) no Poder Judiciário da União, os previstos na Lei nº 10.474/02 e na Resolução STF nº 257/03;

b) no Poder Judiciário dos Estados, os fixados nas tabelas das leis estaduais respectivas.

II – gratificações de:

a) Vice-Corregedor de Tribunal;

b) Membros dos Conselhos de Administração ou de Magistratura dos Tribunais;

c) Presidente de Câmara, Seção ou Turma;

d) Juiz Regional de Menores;

e) exercício de Juizado Especial Adjunto;

f) Vice-Diretor de Escola;

g) Ouvidor;

h) grupos de trabalho e comissões;

i) plantão;

j) Juiz Orientador do Disque Judiciário;

k) Decanato;

l) Trabalho extraordinário;

m) Gratificação de função.

III – adicionais:

a) no Poder Judiciário da União, o Adicional por Tempo de Serviço previsto na Lei Complementar nº 35/79 (LOMAN), art. 65, inciso VIII;

b) no Poder Judiciário dos Estados, os adicionais por tempo de serviço em suas diversas formas, tais como: anuênio, biênio, triênio, sexta-parte, "cascatinha", 15% e 25%, e trintenário.

IV – abonos;

V – prêmios;

VI – verbas de representação;

VII – vantagens de qualquer natureza, tais como:

a) gratificação por exercício de mandato (Presidente, Vice-Presidente, Corregedor, Diretor de Foro e outros encargos de direção e confiança);

b) parcela de isonomia ou equivalência;

c) vantagens pessoais e as nominalmente identificadas (VPNI);

d) diferenças individuais para compensar decréscimo remuneratório;

e) gratificação de permanência em serviço mantida nos proventos e nas pensões estatutárias;

f) quintos; e

g) ajuda de custo para capacitação profissional.

VIII – outras verbas, de qualquer origem, que não estejam explicitamente excluídas pelo art. 5º.

Art. 5º As seguintes verbas não estão abrangidas pelo subsídio e não são por ele extintas:

I – de caráter permanente: retribuição pelo exercício, enquanto este perdurar, em comarca de difícil provimento;

II – de caráter eventual ou temporário:

a) exercício da Presidência de Tribunal e de Conselho de Magistratura, da Vice-Presidência e do encargo de Corregedor;

b) investidura como Diretor de Foro;

c) exercício cumulativo de atribuições, como nos casos de atuação em comarcas integradas, varas distintas na mesma Comarca ou circunscrição, distintas jurisdições e juizados especiais;

d) substituições;

e) diferença de entrância;

f) coordenação de Juizados;

g) direção de escola;

h) valores pagos em atraso, sujeitos ao cotejo com o teto junto com a remuneração do mês de competência;

i) exercício como Juiz Auxiliar na Presidência, na Vice-Presidência, na Corregedoria e no Segundo Grau de Jurisdição;

j) participação em Turma Recursal dos Juizados Especiais.

Parágrafo único. A soma das verbas previstas neste artigo com o subsídio mensal não poderá exceder os tetos referidos nos artigos 1º e 2º, ressalvado o disposto na alínea "h" deste artigo.

Art. 6º Está sujeita ao teto remuneratório a percepção cumulativa de subsídios, remuneração, proventos e pensões, de qualquer origem, nos termos do art. 37, inciso XI, da Constituição Federal, ressalvado o disposto no art. 8º desta Resolução.

Art. 7º Não podem exceder o valor do teto remuneratório, embora não se somem entre si e nem com a remuneração do mês em que se der o pagamento:

I – adiantamento de férias;

II – décimo terceiro salário;

III – terço constitucional de férias.

Art. 8º Ficam excluídas da incidência do teto remuneratório constitucional as seguintes verbas:

I – de caráter indenizatório, previstas em lei:

a) ajuda de custo para mudança e transporte;

b) auxílio-moradia;

c) diárias;

d) auxílio-funeral;

e) indenização de férias não gozadas;

f) indenização de transporte;

g) outras parcelas indenizatórias previstas na Lei Orgânica da Magistratura Nacional de que trata o art. 93 da Constituição Federal.

II – de caráter permanente:

a) remuneração ou provento decorrente do exercício do magistério, nos termos do art. 95, parágrafo único, inciso I, da Constituição Federal; e

b) benefícios percebidos de planos de previdência instituídos por entidades fechadas, ainda que extintas.

III – de caráter eventual ou temporário:

a) auxílio pré-escolar;

b) benefícios de plano de assistência médico-social;

c) devolução de valores tributários e/ou contribuições previdenciárias indevidamente recolhidos;

d) gratificação pelo exercício da função eleitoral, prevista nos art. 1º e 2º da Lei nº 8.350, de 28 de dezembro de 1991, na redação dada pela Lei nº 11.143, de 26 de julho de 2005;

e) gratificação de magistério por hora-aula proferida no âmbito do Poder Público;

f) bolsa de estudo que tenha caráter remuneratório.

IV – abono de permanência em serviço, no mesmo valor da contribuição previdenciária, conforme previsto no art. 40, § 19, da Constituição Federal, incluído pela Emenda Constitucional nº 41, de 31 de dezembro de 2003.

Parágrafo único. É vedada, no cotejo com o teto remuneratório, a exclusão de verbas que não estejam arroladas nos incisos e alíneas deste artigo.

Art. 9º As retribuições referidas no artigo 5º mantêm a mesma base de cálculo anteriormente estabelecida, ficando seus valores sujeitos apenas aos índices gerais de reajuste, vedada, até que sobrevenha lei específica de iniciativa do Poder Judiciário, a adoção do subsídio como base de cálculo.

Art. 10. Até que se edite o novo Estatuto da Magistratura, fica vedada a concessão de adicionais ou vantagens pecuniárias não previstas na Lei Complementar nº 35/79 (LOMAN), bem como em bases e limites superiores aos nela fixados.

Art. 11. Os Tribunais publicarão, no Diário Oficial respectivo, até 15 de janeiro de cada ano, os valores do subsídio e da remuneração de seus magistrados, em cumprimento ao disposto no § 6º do art. 39 da Constituição Federal.

Art. 12. Os Tribunais ajustar-se-ão, a partir do mês de junho de 2006, inclusive, aos termos desta Resolução.

Parágrafo único. Os Presidentes dos tribunais enviarão ao Conselho Nacional de Justiça, no mês de julho de 2006, relatório circunstanciado das medidas efetivadas, constando os subsídios dos membros do Poder Judiciário e os vencimentos de seus servidores.

Art. 13. O Conselho Nacional de Justiça editará resolução específica para os servidores do Poder Judiciário e para a magistratura dos Estados que não adotam o subsídio.

Art. 14. Esta Resolução entra em vigor na data de sua publicação.

SIMETRIA ENTRE A MAGISTRATURA E O MINISTÉRIO PÚBLICO – RESOLUÇÃO CNJ Nº 133/2011

RESOLUÇÃO Nº 133, DE 21 DE JUNHO DE 2011.

Dispõe sobre a simetria constitucional entre Magistratura e Ministério Público e equiparação de vantagens.

O **PRESIDENTE DO CONSELHO NACIONAL DE JUSTIÇA**, no uso de suas atribuições constitucionais e regimentais;

CONSIDERANDO a decisão do Pedido de Providências nº 0002043-22.2009.2.00.0000, que reconheceu a necessidade de comunicação das vantagens funcionais do Ministério Público Federal à Magistratura Nacional,

CONSIDERANDO a simetria constitucional existente entre a Magistratura e o Ministério Público, nos termos do art. 129, § 4º, da Constituição da República, e a auto-aplicabilidade do preceito,

CONSIDERANDO as vantagens previstas na Lei Complementar nº 75/1993 e na Lei nº 8.625/1993, e sua não previsão na LOMAN – Lei Orgânica da Magistratura Nacional,

CONSIDERANDO a inadequação da LOMAN frente à Constituição Federal,

CONSIDERANDO a revogação do art. 62 da LOMAN face ao regime remuneratório instituído pela Emenda Constitucional nº 19,

CONSIDERANDO que a concessão de vantagens às carreiras assemelhadas induz a patente discriminação, contrária ao preceito constitucional, e ocasiona desequilíbrio entre as carreiras de Estado,

CONSIDERANDO a necessidade de preservar a magistratura como carreira atrativa face à paridade de vencimentos,

CONSIDERANDO a previsão das verbas constantes da Resolução nº 14 deste Conselho (art. 4º, I, "b", "h" e "j"),

CONSIDERANDO a missão cometida ao Conselho Nacional de Justiça de zelar pela independência do Poder Judiciário,

CONSIDERANDO a decisão liminar proferida pelo Supremo Tribunal Federal nos autos do Mandado de Segurança no 28.286/DF,

RESOLVE:

Art. 1º São devidas aos magistrados, cumulativamente com os subsídios, as seguintes verbas e vantagens previstas na Lei Complementar nº 75/1993 e na Lei nº 8.625/1993:

a) Auxílio-alimentação;

b) Licença não remunerada para o tratamento de assuntos particulares;

c) Licença para representação de classe, para membros da diretoria, até três por entidade;

d) Ajuda de custo para serviço fora da sede de exercício;

e) Licença remunerada para curso no exterior;

f) indenização de férias não gozadas, por absoluta necessidade de serviço, após o acúmulo de dois períodos.

Art. 2º As verbas para o pagamento das prestações pecuniárias arroladas no artigo primeiro correrão por conta do orçamento do Conselho da Justiça Federal, do Tribunal Superior do Trabalho, do Superior Tribunal Militar e da dotação própria de cada Tribunal de Justiça, em relação aos juízes federais, do trabalho, militares e de direito, respectivamente.

Art. 3º Esta Resolução entra em vigor na data de sua publicação.

EXERCÍCIO DO MAGISTÉRIO – RESOLUÇÃO CNJ Nº 34/2007

RESOLUÇÃO Nº 34, de 24 de abril de 2007

A Presidente do Conselho Nacional de Justiça, no exercício da competência que lhe confere o inciso I do § 4º do art. 103-B da Constituição Federal, e

CONSIDERANDO que, nos termos do disposto no art. 103-B, §4º, I, da Constituição Federal, compete ao Conselho zelar pela autonomia do Poder Judiciário e pelo cumprimento do Estatuto da Magistratura, podendo expedir atos regulamentares, no âmbito de sua competência, ou recomendar providências;

CONSIDERANDO a regra constitucional inscrita no inciso I do parágrafo único do art. 95 da Constituição Federal, que permite ao magistrado o exercício do magistério;

CONSIDERANDO a conveniência e oportunidade de uniformização da matéria no âmbito do Poder Judiciário brasileiro, sobretudo em face do que dispõem os artigos 35, VI, e 36, II, e o § 1º do art. 26, todos da Lei Complementar nº. 35/79 (LOMAN);

CONSIDERANDO, ainda, a decisão proferida, em sede cautelar, pelo Excelso Supremo Tribunal Federal nos autos da ADI 3126-1/DF;

CONSIDERANDO, por fim, a decisão proferida pelo Plenário deste Conselho Nacional de Justiça nos autos do Pedido de Providências nº. 814,

RESOLVE:

Art. 1º Aos magistrados da União e dos Estados é vedado o exercício, ainda que em disponibilidade, de outro cargo ou função, salvo o magistério.

Parágrafo único. O exercício da docência por magistrados, na forma estabelecida nesta Resolução, pressupõe compatibilidade entre os horários fixados para o expediente forense e para a atividade acadêmica, o que deverá ser comprovado perante o Tribunal.

Art. 2º O exercício de cargos ou funções de coordenação acadêmica, como tais considerados aqueles que envolvam atividades estritamente ligadas ao planejamento e/ou assessoramento pedagógico, será admitido se atendidos os requisitos previstos no artigo anterior.

§ 1º É vedado o desempenho de cargo ou função administrativa ou técnica em estabelecimento de ensino.

§ 2º O exercício da docência em escolas da magistratura poderá gerar direito a gratificação por hora-aula, na forma da lei.

§ 3º Não se incluem na vedação referida no § 1º deste artigo as funções exercidas em curso ou escola de aperfeiçoamento dos próprios Tribunais, de associações de classe ou de fundações estatutariamente vinculadas a esses órgãos e entidades.

Art. 3º O exercício de qualquer atividade docente por magistrado deverá ser comunicado formalmente ao órgão competente do Tribunal, mediante registro eletrônico em sistema por ele desenvolvido, com a indicação da instituição de ensino, do horário e da(s) disciplina(s) ministrada(s).

§ 1º As informações referidas no caput serão inseridas no sistema, preferencialmente, no início de cada semestre letivo, devendo o magistrado promover periodicamente a sua atualização, caso haja modificação de instituição, disciplina ou carga horária.

§ 2º O Conselho Nacional de Justiça e a Corregedoria Nacional de Justiça promoverão o acompanhamento e a avaliação periódica das informações referidas no caput deste artigo.

§ 3º Verificado o exercício de cargo ou função de magistério em desconformidade com a presente Resolução, e, excluída a hipótese do parágrafo anterior, o Tribunal, por seu órgão competente, ouvido o magistrado, fixará prazo para as adequações devidas, observado o prazo máximo de 06 (seis) meses.

Art. 4º A presente resolução aplica-se inclusive às atividades docentes desempenhadas por magistrados em cursos preparatórios para ingresso em carreiras públicas e em cursos de pós-graduação.

Art. 4º-A A participação de magistrados na condição de palestrante, conferencista, presidente de mesa, moderador, debatedor ou membro de comissão organizadora, inclusive nos termos do art. 4º da Resolução CNJ 170/2013, é considerada atividade docente, para os fins desta Resolução. (Incluído pela Resolução nº 226, de 14.06.16)

§ 1º A participação nos eventos mencionados no caput deste artigo deverá ser informada ao órgão competente do Tribunal respectivo em até 30 (trinta) dias após sua realização, mediante a inserção em sistema eletrônico próprio, no qual deverão ser indicados a data, o tema, o local e a entidade promotora do evento. (Incluído pela Resolução nº 226, de 14.06.16)

§ 2º O Conselho Nacional de Justiça e a Corregedoria Nacional de Justiça promoverão o acompanhamento e a avaliação periódica das informações referidas no §1º deste artigo. (Incluído pela Resolução nº 226, de 14.06.16)

§ 3º A atuação dos magistrados em eventos aludidos no caput deste artigo deverá observar as vedações constitucionais relativamente à magistratura (art. 95, parágrafo único, da Constituição), cabendo ao juiz zelar para que essa participação não comprometa a imparcialidade e a independência para o exercício da jurisdição, além da presteza e da eficiência na atividade jurisdicional. (Incluído pela Resolução nº 226, de 14.06.16)

Art. 5º Os Tribunais deverão disponibilizar em seu sítio eletrônico base de dados com as informações indicadas no art. 3º e no § 1º do art. 4º-A, acessível a qualquer interessado, consoante as determinações da Resolução CNJ 215/2015, inclusive para os fins de aferição de situações de impedimento, nos termos do art. 144, VII, do Código de Processo Civil.

Parágrafo único. Caso o magistrado não reconheça seu impedimento para atuar no processo, nas hipóteses previstas nesta Resolução, a parte interessada poderá promover a respectiva arguição nos termos da lei processual correspondente.

Art. 5º-A As atividades de coaching, similares e congêneres, destinadas à assessoria individual ou coletiva de pessoas, inclusive na preparação de candidatos a concursos públicos, não são consideradas atividade docente, sendo vedada a sua prática por magistrados.

Art. 6º A presente Resolução entrará em vigor na data de sua publicação.

PLANEJAMENTO E GESTÃO ESTRATÉGICA – RESOLUÇÃO CNJ Nº 198/2014

RESOLUÇÃO N. 198, DE 1º DE JULHO DE 2014

Dispõe sobre o Planejamento e a Gestão Estratégica no âmbito do Poder Judiciário e dá outras providências.

O PRESIDENTE DO CONSELHO NACIONAL DE JUSTIÇA (CNJ), no uso de suas atribuições legais e regimentais, e

CONSIDERANDO competir ao CNJ, como órgão de controle da atuação administrativa e financeira dos tribunais, a atribuição de coordenar o planejamento e a gestão estratégica do Poder Judiciário;

CONSIDERANDO a unicidade do Poder Judiciário, a exigir a implementação de diretrizes nacionais para nortear a atuação institucional de seus órgãos;

CONSIDERANDO a necessidade de revisar o plano estratégico estabelecido pela Resolução CNJ n. 70/2009;

CONSIDERANDO as propostas apresentadas por todos os segmentos de justiça, para atualização da estratégia nacional do Poder Judiciário, em nove encontros de trabalho ocorridos a partir de junho de 2013;

CONSIDERANDO os Macrodesafios do Poder Judiciário para o sexênio 2015-2020, formulados pela Rede de Governança Colaborativa e aprovados no VII Encontro Nacional do Judiciário, ocorrido em Belém/PA, em novembro de 2013;

CONSIDERANDO a decisão plenária tomada no julgamento do Ato Normativo n. 0003559-04.2014.2.00.0000 na 191ª Sessão Ordinária, realizada em 16 de junho de 2014;

RESOLVE:

CAPÍTULO I
DAS DISPOSIÇÕES GERAIS

Art. 1º Instituir a Estratégia Nacional do Poder Judiciário para o sexênio 2015/2020 – Estratégia Judiciário 2020 – aplicável aos tribunais indicados nos incisos II a VII do art. 92 da Constituição Federal e aos Conselhos da Justiça, nos termos do Anexo, sintetizada nos seguintes componentes:

a) Missão;

b) Visão;

c) Valores;

d) Macrodesafios do Poder Judiciário.

Parágrafo único. Os atos normativos e as políticas judiciárias emanados do CNJ serão fundamentados, no que couber, na Estratégia Nacional do Poder Judiciário.

Art. 2º Considera-se, para os efeitos desta Resolução:

I – Órgãos do Poder Judiciário: os tribunais indicados nos incisos II a VII do art. 92 da Constituição Federal; o Conselho Nacional de Justiça (CNJ); o Conselho da Justiça Federal (CJF); e o Conselho Superior da Justiça do Trabalho (CSJT);

II – Metas de Medição Continuada (MMC): metas aplicáveis aos órgãos do Poder Judiciário e acompanhadas pelo CNJ durante o período de vigência da Estratégia Nacional;

III – Metas de Medição Periódica (MMP): metas aplicáveis aos órgãos do Poder Judiciário e acompanhadas pelo CNJ para períodos predefinidos durante a vigência da Estratégia Nacional;

IV – Metas Nacionais (MN): conjunto de metas formado pelas Metas de Medição Continuada (MMC) e pelas Metas de Medição Periódica (MMP);

V – Iniciativa Estratégica Nacional (IEN): programa, projeto ou operação alinhado(a) à Estratégia Nacional do Poder Judiciário;

VI – Diretriz Estratégica (DE): orientações, instruções ou indicações a serem observadas na execução da Estratégia Nacional ou para se levar a termo uma meta ou iniciativa estratégica;

VII – Cesta de Indicadores e Iniciativas Estratégicas: repositório de métricas de desempenho institucional e de iniciativas (programas, projetos e operações).

CAPÍTULO II
DO DESDOBRAMENTO DA ESTRATÉGIA JUDICÍARIO 2020

Art. 3º A Estratégia Judiciário 2020 poderá ser desdobrada e alinhada em três níveis de abrangência:

I – nacional, nos termos do Anexo, de aplicação obrigatória a todos os segmentos de justiça;

II – por segmento de justiça, de caráter facultativo;

III – por órgão do Judiciário, de caráter obrigatório, desdobrada a partir da estratégia nacional e, quando aplicável, também da estratégia do respectivo segmento, sem prejuízo da inclusão das correspondentes especificidades.

Art. 4º Os órgãos do Judiciário devem alinhar seus respectivos planos estratégicos à Estratégia Judiciário 2020, com a possibilidade de revisões periódicas.

§ 1º Os planos estratégicos, de que trata o caput, devem:

I – ter abrangência mínima de 6 (seis) anos;

II – observar o conteúdo temático dos Macrodesafios do Poder Judiciário; e

III – contemplar as Metas Nacionais (MN) e Iniciativas Estratégicas Nacionais (IEN) aprovadas nos Encontros Nacionais do Judiciário, sem prejuízo de outras aprovadas para o segmento de justiça ou específicas do próprio tribunal ou conselho;

§ 2º Os dados relativos às Metas Nacionais (MN) serão informados periodicamente ao CNJ, que divulgará o relatório anual até o final do primeiro quadrimestre do ano subsequente.

§ 3º Na elaboração dos seus planos estratégicos, os tribunais e conselhos devem considerar as Resoluções, Recomendações e Políticas Judiciárias instituídas pelo CNJ voltadas à concretização da Estratégia Judiciário 2020.

§ 4º As propostas orçamentárias dos tribunais devem ser alinhadas aos seus respectivos planos estratégicos, de forma a garantir os recursos necessários à sua execução.

Art. 5º As Metas Nacionais (MN) serão, prioritariamente, elaboradas a partir da Cesta de Indicadores e Iniciativas Estratégicas de que trata o art. 2º, inciso VII, desta Resolução.

§ 1º A Cesta de Indicadores e Iniciativas Estratégicas referida no caput será definida e revisada pela Comissão Permanente de Gestão Estratégica, Estatística e Orçamento e disponibilizada no sítio eletrônico do CNJ.

§ 2º A mesma Comissão poderá definir indicadores nacionais que integrarão o Relatório Justiça em Números, observado o disposto na Resolução CNJ n. 76, de 12 de maio de 2009.

Art. 6º Os órgãos do Poder Judiciário devem promover a participação efetiva de magistrados de primeiro e segundo graus, ministros, serventuários e demais integrantes do sistema judiciário e de entidades de classe, na elaboração de suas propostas orçamentárias e de seus planejamentos estratégicos, garantida a contribuição da sociedade.

CAPÍTULO III
DA EXECUÇÃO DA ESTRATÉGIA

Art. 7º A execução da estratégia é de responsabilidade de magistrados de primeiro e segundo graus, conselheiros, ministros e serventuários do Poder Judiciário.

Parágrafo único. Para promover a estratégia, devem ser realizados eventos, pelo menos anualmente.

Art. 8º Os órgãos do Poder Judiciário manterão unidade de gestão estratégica para assessorar a elaboração, a implementação e o monitoramento do planejamento estratégico.

§ 1º A unidade de gestão estratégica referida no caput também atuará nas áreas de gerenciamento de projetos, otimização de processos de trabalho e, a critério do órgão, produção e análise de dados estatísticos.

§ 2º As áreas jurisdicionais e administrativas devem prestar, à respectiva unidade de gestão estratégica, as informações sob a sua responsabilidade pertinentes ao plano estratégico.

Art. 9º Os órgãos do Poder Judiciário realizarão Reuniões de Análise da Estratégia (RAE), pelo menos quadrimestralmente, para avaliação e acompanhamento dos resultados, nas quais poderão promover ajustes e outras medidas necessárias à melhoria do desempenho institucional.

CAPÍTULO IV
DA GOVERNANÇA

Art. 10. Compete à Presidência do CNJ, conjuntamente à Comissão Permanente de Gestão Estratégica, Estatística e Orçamento, assessoradas pelo Departamento de Gestão Estratégica, coordenar as atividades de planejamento e gestão estratégica do Poder Judiciário, a preparação e a realização dos Encontros Nacionais.

Art. 11. À Rede de Governança Colaborativa do Poder Judiciário, coordenada pelo CNJ e com representação de todos os segmentos de justiça, compete apresentar propostas de aperfeiçoamento da Estratégia Judiciário 2020, bem como auxiliar a execução, o monitoramento dos trabalhos e a divulgação dos resultados, sem prejuízo de outras atribuições definidas em ato normativo expedido pela Presidência do CNJ.

§ 1º Os órgãos do Poder Judiciário indicarão representantes para compor a Rede de Governança Colaborativa do Poder Judiciário, nos termos estabelecidos no referido ato normativo.

§ 2º As propostas a que se refere o caput serão submetidas aos presidentes dos tribunais nos Encontros Nacionais do Poder Judiciário, após ajuste e complementação pela Comissão Permanente de Gestão Estratégica, Estatística e Orçamento do CNJ.

§ 3º As deliberações aprovadas nos Encontros Nacionais, sobretudo as Políticas Judiciárias, Recomendações, Diretrizes Estratégicas (DE), Metas Nacionais (MN) e Iniciativas Estratégicas Nacionais (IEN), serão comunicadas ao Plenário do CNJ e divulgadas no portal do CNJ.

CAPÍTULO V
DOS ENCONTROS NACIONAIS

Art. 12. Os Encontros Nacionais do Poder Judiciário serão realizados preferencialmente no mês de novembro de cada ano, observando-se os seguintes objetivos, sem prejuízo de outros:

I – avaliar a estratégia nacional;

II – divulgar e premiar o desempenho de tribunais, unidades e servidores no cumprimento das Metas Nacionais (MN), na criação e na implantação de boas práticas;

III – aprovar metas nacionais, diretrizes e iniciativas estratégicas para o biênio subsequente;

IV – ajustar, quando necessário, as metas nacionais, as diretrizes e as iniciativas estratégicas previamente aprovadas no encontro do ano anterior.

§ 1º Participarão dos Encontros Nacionais do Poder Judiciário os presidentes e corregedores dos tribunais e dos conselhos, bem como os integrantes do Comitê Gestor Nacional da Rede de Governança Colaborativa, sendo facultado o convite a outras entidades e autoridades.

§ 2º Os conselheiros do CNJ coordenarão os trabalhos realizados durante o evento.

§ 3º Os Encontros Nacionais do Judiciário serão precedidos de reuniões preparatórias que contarão com a participação dos gestores de metas e dos responsáveis pelas unidades de gestão estratégica dos tribunais, assim como das associações nacionais de magistrados e de servidores.

§ 4º Caberá ao CNJ a escolha da sede do Encontro Nacional, observadas as candidaturas dos tribunais interessados, privilegiando-se a alternância entre as regiões geográficas brasileiras. (Revogado pela Resolução nº 204, de 26.08.15).

§ 5º A organização dos encontros nacionais dar-se-á em parceria entre o CNJ e o(s) tribunal(ais)-sede do Encontro Nacional. (Revogado pela Resolução nº 204, de 26.08.15).

CAPÍTULO VI
DO BANCO DE BOAS PRÁTICAS E IDEIAS PARA O JUDICIÁRIO (BPIJus)

Art. 13. O CNJ manterá disponível, no seu portal, o Banco de Boas Práticas e Ideias para o Judiciário (BPIJus), a ser continuamente atualizado, com o intuito de promover a divulgação e o compartilhamento de práticas e ideias inovadoras, visando ao aperfeiçoamento dos serviços judiciais.

Art. 14. O BPIJus será constituído da seguinte forma:

I – práticas sugeridas por servidores, tribunais ou conselhos do Poder Judiciário, alinhadas aos Macrodesafios mencionados no Anexo; e

II – ideias inovadoras para melhoria do Judiciário, apresentadas por qualquer pessoa.

Parágrafo único. As práticas e ideias serão incluídas no BPIJus após processo de seleção, na forma de regulamento próprio a ser publicado pelo CNJ.

Art. 15. As práticas incluídas no BPIJus concorrerão ao Prêmio Excelência em Gestão Estratégica do Poder Judiciário.

CAPÍTULO VII
DAS DISPOSIÇÕES FINAIS

Art. 16. Os órgãos do Poder Judiciário terão até 31 de março de 2015 para proceder ao alinhamento a que se refere o artigo 4º.

Art. 17. Esta Resolução entra em vigor em 1º de janeiro de 2015, com a revogação, a partir dessa data, da Resolução CNJ n. 70, de 18 de março de 2009.

Ministro **JOAQUIM BARBOSA**

USO DE REDES SOCIAIS POR MAGISTRADOS – RESOLUÇÃO CNJ Nº 305/2019

O PRESIDENTE DO CONSELHO NACIONAL DE JUSTIÇA, no uso de suas atribuições legais e regimentais;

CONSIDERANDO que compete ao CNJ zelar pela autonomia e independência do Poder Judiciário, pelo cumprimento do Estatuto da Magistratura e pela observância do art. 37 da Constituição Federal, notadamente os princípios da impessoalidade e da moralidade, podendo, para tanto, expedir atos regulamentares, nos termos do art. 103-B, § 4º, da Constituição Federal;

CONSIDERANDO que é dever do Estado assegurar que os magistrados possam "decidir todos os casos que lhes sejam submetidos com imparcialidade, baseando-se nos fatos e em conformidade com a lei, sem quaisquer restrições e sem quaisquer outras influências, aliciamentos, pressões, ameaças ou intromissões indevidas, sejam diretas ou indiretas, de qualquer setor ou por qualquer motivo" (Resolução nº 40/32, de 29 de novembro de 1985, da Assembleia Geral das Nações Unidas, que assentou os Princípios Básicos Relativos à Independência da Magistratura);

CONSIDERANDO o disposto na Lei Orgânica da Magistratura Nacional no Código de Ética da Magistratura Nacional, nos Princípios de Bangalore de Conduta Judicial e no Código Ibero-Americano de Ética Judicial;

CONSIDERANDO o teor das diretrizes éticas a respeito do uso das redes sociais por magistrados expedidas pela Comissão Ibero-Americana de Ética Judicial e pela Rede Global de Integridade Judicial;

CONSIDERANDO que a integridade de conduta do magistrado fora do âmbito estrito da atividade jurisdicional contribui para uma fundada confiança dos cidadãos na judicatura, impondo-lhe restrições e exigências pessoais distintas das acometidas aos cidadãos em geral (arts. 15 e 16 do Código de Ética da Magistratura Nacional);

CONSIDERANDO que a atuação dos membros do Poder Judiciário deve ser pautada pelos valores da independência, da imparcialidade, da transparência, da integridade pessoal e profissional, da idoneidade, da dignidade, honra e decoro, da igualdade, da diligência e dedicação, da responsabilidade institucional, da cortesia, da prudência, do sigilo profissional, do conhecimento e capacitação;

CONSIDERANDO a multiplicidade de tecnologias digitais e a forma como as variadas plataformas de mídias e redes sociais transformaram a comunicação na sociedade, ampliando a possibilidade de interação com distintos públicos-alvo e o modo como as informações são coletadas, divulgadas e assimiladas, permitindo manifestações com alcance amplificado, difuso, indefinido e com efeitos permanentes e incontroláveis;

CONSIDERANDO os profundos impactos, positivos e negativos, que a conduta individual do magistrado nas redes sociais pode acarretar sobre a percepção da sociedade em relação à credibilidade, à legitimidade e à respeitabilidade da atuação da Justiça;

CONSIDERANDO que a confiança da sociedade no Poder Judiciário está diretamente relacionada à imagem dos magistrados, inclusive no uso que fazem das redes sociais fora do âmbito estrito da atividade jurisdicional;

CONSIDERANDO que a manifestação de pensamento e a liberdade de expressão são direitos fundamentais constitucionais dos magistrados que, por não serem absolutos, devem se compatibilizar com os direitos e garantias constitucionais fundamentais dos cidadãos, notadamente o direito de ser julgado perante um Poder Judiciário imparcial, independente, isento e íntegro;

CONSIDERANDO os riscos à segurança pessoal e à privacidade dos magistrados e de seus familiares relacionados com o uso das redes sociais, com a exposição de informações e dados relacionados à vida privada, sem as devidas precauções;

CONSIDERANDO a necessidade de formação profissional específica e de atualização dos magistrados sobre a natureza e o funcionamento das tecnologias digitais e das plataformas das mídias sociais, assim como seus riscos e implicações, particularmente sob a égide da independência, da imparcialidade judicial, da isenção dos julgamentos e da dignidade do cargo e da Justiça;

CONSIDERANDO a deliberação do Plenário do CNJ, no Procedimento de Ato nº 0004450-49.2019.2.00.0000, na 302ª Sessão Ordinária, realizada em 17 de dezembro de 2019;

RESOLVE:

CAPÍTULO I
DAS DISPOSIÇÕES GERAIS

Art. 1º Estabelecer os parâmetros para o uso das redes sociais pelos membros do Poder Judiciário, de modo a compatibilizar o exercício da liberdade de expressão com os deveres inerentes ao cargo.

Art. 2º O uso das redes sociais pelos magistrados deve observar os preceitos da Lei Orgânica da Magistratura Nacional, do Código de Ética da Magistratura Nacional, os valores estabelecidos nos Princípios de Bangalore de Conduta Judicial e o disposto nesta Resolução.

Parágrafo único. Consideram-se rede social todos os sítios da internet, plataformas digitais e aplicativos de computador ou dispositivo eletrônico móvel voltados à interação pública e social, que possibilitem a comunicação, a criação ou o compartilhamento de mensagens, de arquivos ou de informações de qualquer natureza.

CAPÍTULO II
DAS DIRETRIZES DE ATUAÇÃO DOS MAGISTRADOS NAS REDES SOCIAIS

Seção I
DAS RECOMENDAÇÕES DE CONDUTA

Art. 3º A atuação dos magistrados nas redes sociais deve observar as seguintes recomendações:

I – Relativas à presença nas redes sociais:

a) adotar postura seletiva e criteriosa para o ingresso em redes sociais, bem como para a identificação em cada uma delas;

b) observar que a moderação, o decoro e a conduta respeitosa devem orientar todas as formas de atuação nas redes sociais;

c) atentar que a utilização de pseudônimos não isenta a observância dos limites éticos de conduta e não exclui a incidência das normas vigentes; e

d) abster-se de utilizar a marca ou a logomarca da instituição como forma de identificação pessoal nas redes sociais.

II – Relativas ao teor das manifestações, independentemente da utilização do nome real ou de pseudônimo:

a) evitar expressar opiniões ou compartilhar informações que possam prejudicar o conceito da sociedade em relação à independência, à imparcialidade, à integridade e à idoneidade do magistrado ou que possam afetar a confiança do público no Poder Judiciário;

b) evitar manifestações que busquem autopromoção ou superexposição;

c) evitar manifestações cujo conteúdo, por impróprio ou inadequado, possa repercutir negativamente ou atente contra a moralidade administrativa, observada sempre a prudência da linguagem;

d) procurar apoio institucional caso seja vítima de ofensas ou abusos (*cyberbullying*, *trolls* e *haters*), em razão do exercício do cargo;

e) evitar expressar opiniões ou aconselhamento em temas jurídicos concretos ou abstratos que, mesmo eventualmente, possam ser de sua atribuição ou competência jurisdicional, ressalvadas manifestações em obras técnicas ou no exercício do magistério; e

f) abster-se de compartilhar conteúdo ou a ele manifestar apoio sem convicção pessoal sobre a veracidade da informação, evitando a propagação de notícias falsas (*fake news*).

III – Relativas à privacidade e à segurança:

a) atentar para o fato de que o uso das redes sociais, sem as devidas precauções, e a exposição de informações e dados relacionados à vida profissional e privada podem representar risco à segurança pessoal e à privacidade do magistrado e de seus familiares;

b) conhecer as políticas, as regras e as configurações de segurança e privacidade das redes sociais que utiliza, revisando-as periodicamente; e

c) evitar seguir pessoas e entidades nas redes sociais sem a devida cautela quanto à sua segurança.

Parágrafo único. É estimulado o uso educativo e instrutivo das redes sociais por magistrados, para fins de divulgar publicações científicas, conteúdos de artigos de doutrina, conhecimentos teóricos, estudos técnicos, iniciativas sociais para a promoção da cidadania, dos direitos humanos fundamentais e de iniciativas de acesso à justiça.

Seção II
DAS VEDAÇÕES

Art. 4º Constituem condutas vedadas aos magistrados nas redes sociais:

I – manifestar opinião sobre processo pendente de julgamento, seu ou de outrem, ou juízo depreciativo sobre despachos, votos ou sentenças, de órgãos judiciais, ressalvada a crítica nos autos e em obras técnicas ou no exercício do magistério (art. 36, inciso III, da Loman; arts. 4º e 12, inciso II, do Código de Ética da Magistratura Nacional);

II – emitir opinião que demonstre atuação em atividade político-partidária ou manifestar-se em apoio ou crítica públicos a candidato, lideranças políticas ou partidos políticos (art. 95, parágrafo único, inciso III, da Constituição Federal; art. 7º do Código de Ética da Magistratura Nacional);

III – emitir ou compartilhar opinião que caracterize discurso discriminatório ou de ódio, especialmente os que revelem racismo, LGBT-fobia, misoginia, antissemitismo, intolerância religiosa ou ideológica, entre outras manifestações de preconceitos concernentes a orientação sexual, condição física, de idade, de gênero, de origem, social ou cultural (art. 3º, inciso IV, da Constituição Federal; art. 20 da Lei nº 7.716/89);

IV – patrocinar postagens com a finalidade de autopromoção ou com intuito comercial (art. 95, parágrafo único, inciso I, da Constituição Federal; art. 36, inciso I, primeira parte, da Loman; art. 13 do Código de Ética da Magistratura Nacional);

V – receber patrocínio para manifestar opinião, divulgar ou promover serviços ou produtos comerciais (art. 95, parágrafo único, inciso IV, da Constituição Federal; art. 17 do Código de Ética da Magistratura Nacional); e

VI – associar a sua imagem pessoal ou profissional à de marca de empresas ou de produtos comerciais (art. 95, parágrafo único, inciso I, da Constituição Federal; art. 36, inciso I, primeira parte, da Loman; art. 13 do Código de Ética da Magistratura Nacional).

§ 1º Para os fins do inciso II deste artigo, a vedação de atividade político-partidária não abrange manifestações, públicas ou privadas, sobre projetos e programas de governo, processos legislativos ou outras questões de interesse público, de interesse do Poder Judiciário ou da carreira da magistratura, desde que respeitada a dignidade do Poder Judiciário.

§ 2º A divulgação de obras técnicas de autoria ou com participação do magistrado, bem como de cursos em que ele atue como professor, não se insere nas vedações previstas nos incisos IV, V e VI, desde que não caracterizada a exploração direta de atividade econômica lucrativa.

Seção III
DA ABRANGÊNCIA DAS RECOMENDAÇÕES E VEDAÇÕES

Art. 5º As recomendações e vedações previstas nesta Resolução aplicam-se também aos magistrados afastados por questões disciplinares ou em disponibilidade.

Art. 6º As recomendações e vedações previstas nesta Resolução não se aplicam aos magistrados representantes legais e demais diretores das entidades e associações de classe, durante o exercício de seus mandatos, que poderão se manifestar nas redes sociais, com vistas à representação dos interesses dos associados, bem como na defesa dos interesses de classe, no debate de temas de interesse público nacional e na defesa do Estado Democrático de Direito.

Seção IV
DAS AÇÕES DE CAPACITAÇÃO

Art. 7º As Escolas divulgarão informes contendo orientações e promoverão eventos e cursos voltados à capacitação dos magistrados nos temas das novas tecnologias e ética nas redes sociais, em suas diversas perspectivas, sob coordenação da Enfam e da Enamat, que definirão o conteúdo mínimo e o prazo de implementação em todos os Tribunais, assim como promoverão a inserção do tema de forma permanente em todas as fases da formação profissional.

Art. 8º A Comissão de Eficiência Operacional e Gestão de Pessoas estabelecerá, no prazo de 30 dias, diretrizes para capacitação de âmbito nacional dos servidores, incumbindo ao CEAJud o desenvolvimento e o oferecimento de curso na modalidade de educação a distância, no prazo de 120 dias.

CAPÍTULO III
DAS DISPOSIÇÕES FINAIS E TRANSITÓRIAS

Art. 9º Os tribunais manterão serviços de comunicação social para oferecer apoio técnico-profissional aos magistrados, especialmente para a atuação em casos sob julgamento que tenham ampla repercussão na mídia ou nas redes sociais e, se for o caso, possibilitar o auxílio previsto no art. 3º, inciso II, alínea 'd'.

Art. 10. Os juízes que já possuírem páginas ou perfis abertos nas redes sociais deverão adequá-las às exigências desta Resolução, no prazo de até seis meses contados da data de sua publicação.

Art. 11. A Corregedoria Nacional de Justiça e as demais Corregedorias acompanharão o cumprimento desta Resolução.

Art. 12. Esta Resolução entra em vigor na data de sua publicação.

Ministro **DIAS TOFFOLI**

ANOTAÇÕES

ANOTAÇÕES

ANOTAÇÕES

ANOTAÇÕES

ANOTAÇÕES

EDITORA JusPODIVM
www.editorajuspodivm.com.br